디자인이 세상을 바꾼다

블렌더 3D

박봄이 지음

**디자인이 세상을 바꾼다
블렌더 3D**

초판 1쇄 인쇄 2024년 9월 9일
초판 1쇄 발행 2024년 9월 25일

지은이 박봄이
펴낸이 한준희
펴낸곳 ㈜아이콕스

편집 윤진호
본문디자인 프롬디자인
표지디자인 김보라
영업 김남권, 조용훈, 문성빈
경영지원 김효선, 이정민

Education by Sympathy

주소 (14556) 경기도 부천시 조마루로 385번길 122 삼보테크노타워 2002호
홈페이지 www.icoxpublish.com
쇼핑몰 www.baek2.kr (백두도서쇼핑몰)
이메일 icoxpub@naver.com
전화 032-674-5685
팩스 032-676-5685
등록 2015년 7월 9일 제 386-251002015000034호
ISBN 979-11-6426-252-6 (13000)

※ 정가는 뒤표지에 있습니다.
※ 잘못된 책은 구입하신 서점에서 교환해 드립니다.

이 책은 저작권법에 따라 보호받는 저작물이므로 무단전제 및 복제를 금하며, 책의 내용을 이용하려면 반드시 저작권자와 ㈜아이콕스의 서면동의를 받아야 합니다. 내용에 대한 의견이 있는 경우 홈페이지에 내용을 기재해 주시면 감사하겠습니다.

머리말

BLENDER 3D

블렌더는 3D 모델링에서부터 질감 표현과 라이팅, 애니메이션, 카메라워크, 그리고 특수효과 분야까지 모든 과정에서 탁월한 성능을 보여주며, 3D 그래픽 분야에서 메이저 소프트웨어로 자리 잡았습니다.

우수한 성능을 바탕으로 영화, 광고, 게임, SNS 콘텐츠 등 다양한 애니메이션/그래픽 산업에서 폭넓게 활용되고 있으며, 쉬운 조작 방법과 직관적인 인터페이스 덕분에 전문가뿐만 아니라 아마추어와 취미 활동가들에게도 높은 선호도를 얻고 있습니다. 앞으로 블렌더의 활용 범위는 더욱 넓어질 것으로 예상됩니다.

이 책은 입문자들이 3D 그래픽과 애니메이션을 블렌더 하나만으로 해결할 수 있도록, 모든 과정에서 블렌더를 어떻게 활용하는지 설명하며, 전문적인 분야와 취미 분야 모두를 다룰 수 있도록 균형 잡힌 콘텐츠를 제공합니다. 또한, 3D 콘텐츠 제작 시 가장 난도가 높은 파트 중 하나인 캐릭터 애니메이션 부분에서는 AI 모션 캡처를 적용하여 비교적 쉽게 애니메이팅할 수 있는 솔루션을 제시합니다.

이 책을 통해 독자 여러분이 3D 그래픽 분야에 쉽게 입문하고, 창의적인 작업을 즐기고, 나아가 자신만의 독창적인 작품을 만들어 나가시길 바랍니다.

감사합니다.

2024년 9월 박봄이

이 책의 구성

B L E N D E R   3 D

이 책은 각 CHAPTER 별로 블렌더 3D의 핵심 기능을 설명하고 실습을 할 수 있도록 구성되어 있습니다. LESSON에서는 핵심 개념과 기능을 설명한 후 EXAMPLE에서 배운 내용을 실습하며 실무 감각을 익힙니다.

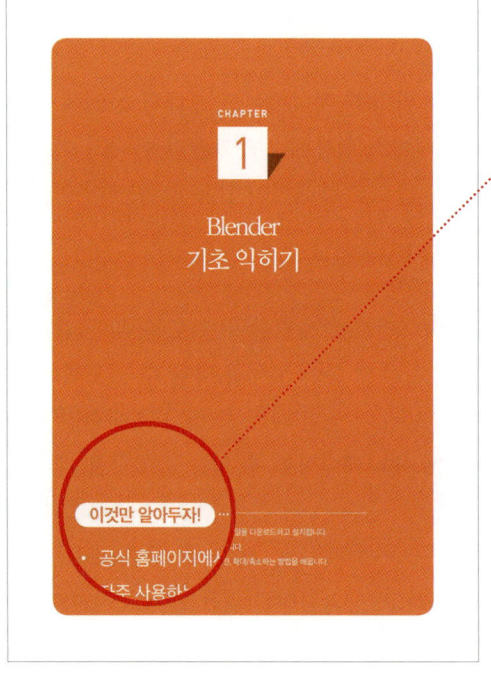

● 이것만 알아두자!
CHAPTER 시작 전에 해당 CHAPTER에서 배울 핵심 개념과 기능을 소개합니다.

● LESSON
제목과 부연 설명을 통해 이번 LESSON에서 배울 핵심 개념과 기능을 소개합니다.

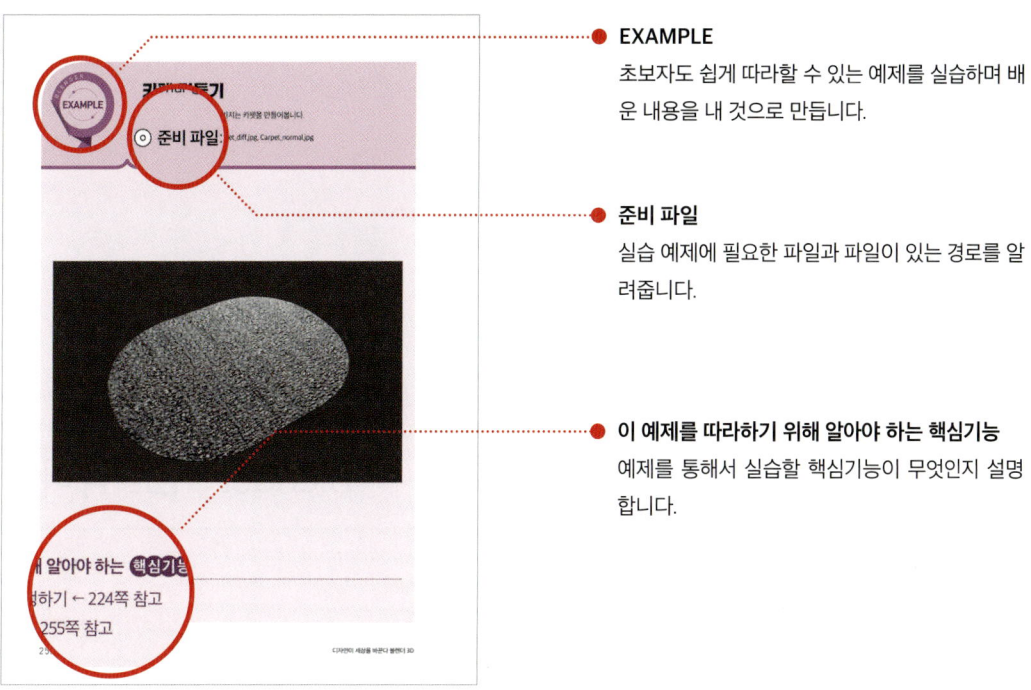

EXAMPLE
초보자도 쉽게 따라할 수 있는 예제를 실습하며 배운 내용을 내 것으로 만듭니다.

준비 파일
실습 예제에 필요한 파일과 파일이 있는 경로를 알려줍니다.

이 예제를 따라하기 위해 알아야 하는 핵심기능
예제를 통해서 실습할 핵심기능이 무엇인지 설명합니다.

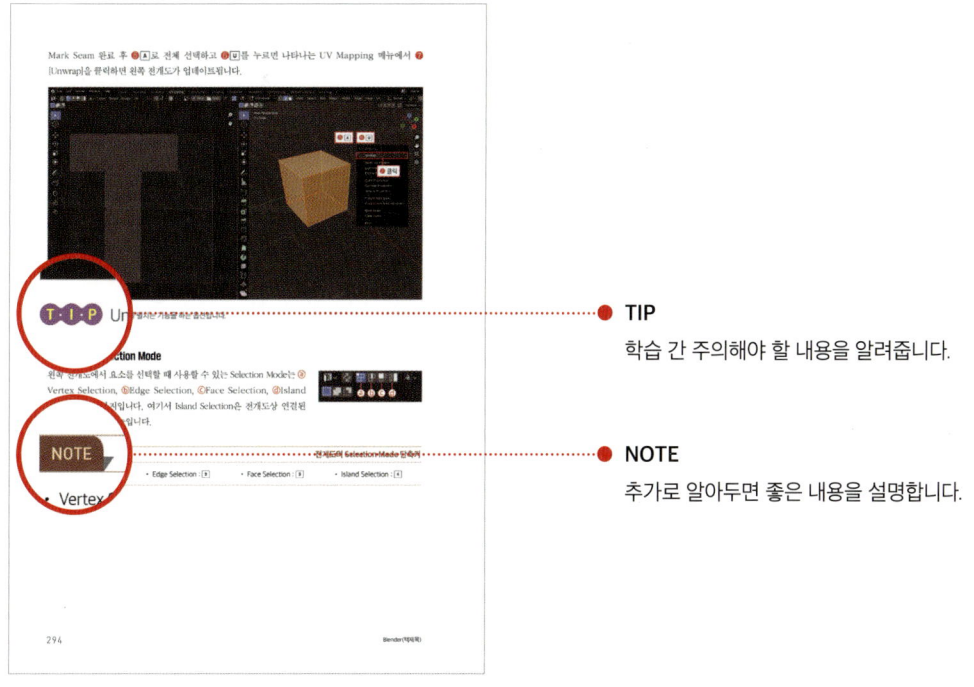

TIP
학습 간 주의해야 할 내용을 알려줍니다.

NOTE
추가로 알아두면 좋은 내용을 설명합니다.

이 책에서 사용한 예제 소스 다운로드

이 책에서 사용된 예제 소스는 아이콕스 홈페이지(http://icoxpublish.com)에서 다운로드할 수 있습니다. [자료실]-[도서 부록소스]에서 『블렌더 3D』를 선택한 후 예제 소스를 다운로드하면 됩니다.

차례

BLENDER 3D

머리말   003
이 책의 구성   004

CHAPTER 1   Blender 기초 익히기

LESSON 01   Blender 설치하기   016
    Blender란   016
    Blender 설치하기   016
    Blender 실행하기   018

LESSON 02   인터페이스 살펴보기   020
    Workspace   021
    3D Viewport   022

LESSON 03   3D Viewport 관리하기   023
    Viewport Shading와 Toggle X-ray   023
    시점 조절하기   024
    시점 전환하기   026

CHAPTER 2   오브젝트 만들기

LESSON 01   오브젝트 생성하기   030
    3D Cursor   031
    Mesh 오브젝트 생성하고 설정하기   032
    Text 오브젝트 생성하고 설정하기   035

LESSON 02 오브젝트 관리하기 036
Select Box 툴 036
오브젝트 선택 유형 036
오브젝트 선택하기 037
오브젝트 선택 추가하기 038
오브젝트 선택 제외하기 038
오브젝트 이동시키기 039
오브젝트 회전시키기 040
오브젝트 크기 조절하기 040
오브젝트 복제하기 041
오브젝트 삭제하기 042
명령 반복하기 042

LESSON 03 Shade Smooth 알아보기 043
• EXAMPLE • 오브젝트를 복제하고 Shade Smooth 적용하기 045

LESSON 04 Properties와 Import 알아보기 050
Properties 050
Import 051
• EXAMPLE • Import한 오브젝트를 배열하고 색상 지정하기 052

CHAPTER 3 프로젝트 저장과 렌더링하기

LESSON 01 프로젝트 소스 파일 같이 저장하기 062

LESSON 02 렌더링하기 064
렌더링 뷰 설정하기 064
렌더러란 066
공간의 밝기 조절하기 066
렌더링 실행하기 067
• EXAMPLE • 렌더링 이미지 저장하기 069

CHAPTER 4

스냅 기능 활용하기

LESSON 01 오브젝트 스냅하기 — 076
- 스냅 기준 선택하기 — 076
- 스냅 대상 선택하기 — 076
- 스냅 기준 마우스로 직접 선택하기 — 077
- 축 고정 스냅하기 — 077
- **EXAMPLE** 책상 만들기 — 078
- **EXAMPLE** 책꽂이 만들기 — 088

CHAPTER 5

Edit Mode로 오브젝트 수정하기

LESSON 01 Edit Mode의 Select Mode 알아보기 — 096
- 선택 추가하고 제외하기 — 097
- 요소 삭제하기 — 098

LESSON 02 Subdivide로 폴리곤 나누기 — 099
- Vertex Subdivide — 100
- Edge Subdivide — 100
- Face Subdivide — 101

LESSON 03 Extrude로 요소 연장하기 — 102
- Extrude Faces — 102
- Extrude Faces Along Normals — 103
- Extrude Individual faces — 103
- Extrude Manifold — 104

LESSON 04 Inset으로 축소된 새로운 Face 만들기 — 105
- **EXAMPLE** TV 테이블 만들기 — 107

LESSON 05 Bevel로 부드럽게 다듬기 — 122
- Bevel Vertices — 122
- Bevel Edges — 123
- **EXAMPLE** TV 만들기 — 124
- **EXAMPLE** 책 만들기 — 134

LESSON 06	Loop Cut과 Knife로 Face 나누기	140
	Loop Cut으로 Face를 수평/수직 기준으로 나누기	140
	Knife로 Face를 자유롭게 나누기	141
• EXAMPLE •	맥주컵 만들기	142

LESSON 07	Bridge로 서로 떨어진 Edge/Face 연결하기	152
• EXAMPLE •	머그컵 만들기	153

LESSON 08	New face/edge from Vertices로 요소 생성하기	164
	Vertex를 연결하여 Edge 생성하기	164
	Vertex를 연결하여 Face 생성하기	164
• EXAMPLE •	하트 쿠션 만들기	165

CHAPTER 6 Origin 알아보기

LESSON 01	Origin 개념 이해하기	178
	Origin의 역할	178
	Origin 위치 변경하기	179
• EXAMPLE •	벽걸이 시계 만들기	180

CHAPTER 7 오브젝트 묶기

LESSON 01	Join으로 오브젝트 합치기	198
• EXAMPLE •	책꽂이에 Join 적용하기	200

LESSON 02	Parent로 오브젝트 같이 변형하기	202
• EXAMPLE •	벽걸이 시계에 Parent 적용하기	204

CHAPTER 8 Proportional Editing 활용하기

LESSON 01	Proportional Editing으로 주변 요소 부드럽게 수정하기	208
• EXAMPLE •	사과 만들기	210

CHAPTER 9

오브젝트를 다양한 질감으로 표현하기

LESSON 01 오브젝트의 질감을 이미지 파일로 표현하기   222
    Image Texture 설정하기   224
    Projection 방식 변경하기   224
  • EXAMPLE • 주사위 만들기   225

LESSON 02 Metallic과 Roughness로 오브젝트 표면 반사 설정하기   230
    Metallic으로 오브젝트 표면 반사 정도 설정하기   230
    Roughness로 오브젝트 표면 반사 선명도 설정하기   231
  • EXAMPLE • 거울 만들기   232

LESSON 03 Transmission으로 오브젝트 표면 투영 설정하기   242
  • EXAMPLE • 맥주컵에 Transmission 적용하기   243

LESSON 04 Emission으로 오브젝트 빛 발산시키기   248
  • EXAMPLE • TV에 Emission 적용하기   249

LESSON 05 Normal로 오브젝트 표면에 굴곡 표현하기   255
  • EXAMPLE • 카펫 만들기   258

LESSON 06 Alpha로 오브젝트 표면을 투명하게 표현하기   264
  • EXAMPLE • 화분 만들기   266

LESSON 07 Texture Paint Workspace에서 오브젝트 표면 색상 표현하기   281
  • EXAMPLE • Texture Paint Workspace에서 사과 표면 색상 표현하기   284

LESSON 08 UV Editing Workspace에서 오브젝트 표면 질감 표현하기   292
    전개도 확인하기   292
    전개도를 원하는 형태로 펼치기   293
    전개도의 Selection Mode   294
    Image Texture 적용하기   295
  • EXAMPLE • UV Editing Workspace에서 책 표지 질감 표현하기   296

CHAPTER 10 — Modifier로 오브젝트를 다양한 방식으로 수정하기

LESSON 01 Subdivision Surface로 오브젝트를 세세하게 조정하기 · 304
- EXAMPLE · 커튼 만들기 · 306

LESSON 02 Boolean으로 오브젝트 집합 설정하기 · 315
- EXAMPLE · 복층룸 만들기 · 318

LESSON 03 Simple Deform으로 오브젝트를 다양한 형태로 변형하기 · 335
- EXAMPLE · 스탠드 만들기 · 336

LESSON 04 Array로 오브젝트를 규칙적으로 복제하기 · 343
- EXAMPLE · 2층 난간 만들기 · 344

LESSON 05 Screw로 일정한 간격을 가지는 오브젝트 만들기 · 350
- EXAMPLE · 원형 계단 만들기 · 351

LESSON 06 Mirror로 오브젝트를 대칭 복제하기 · 362
- EXAMPLE · 소파 만들기 · 363

CHAPTER 11 — Light 오브젝트 활용하기

LESSON 01 Light 오브젝트로 조명 표현하기 · 370
- EXAMPLE · 스탠드에 Point Light 추가하기 · 372
- EXAMPLE · 복층룸에 Area Light 추가하기 · 377

CHAPTER 12 카메라 활용하기

LESSON 01 화각 조절하기 — 386
- 렌더링 영역 및 화각 확인하기 — 386
- 렌더링 화각 설정하기 — 387

LESSON 02 초점과 심도 조절하기 — 388
- 초점 대상 및 거리 조절하기 — 388
- 심도 조절하기 — 389

CHAPTER 13 키프레임으로 애니메이션 만들기

LESSON 01 키프레임 다루기 — 392
- Timeline — 392
- 키프레임 생성하기 — 393
- 애니메이션 실행하기 — 393
- 키프레임 수정 및 삭제하기 — 394
- EXAMPLE 복층룸 커튼에 애니메이션 추가하기 — 395
- EXAMPLE 카메라 회전 애니메이션 만들기 — 403

CHAPTER 14 Cloth 시뮬레이션 활용하기

LESSON 01 Cloth 시뮬레이션으로 천 재질 표현하기 — 412
- Cloth 물리법칙 적용하기 — 412
- Cloth 물리법칙 설정 항목 살펴보기 — 413
- Cloth 시뮬레이션하기 — 414
- EXAMPLE 테이블 만들기 — 415
- EXAMPLE 침대 만들기 — 423

CHAPTER 15 — 오브젝트 Import 및 배치하기

LESSON 01 오브젝트 Import 주의사항 알아보기 436
- 불필요한 오브젝트 제외하기 436
- 오브젝트 이름 변경하기 437
- Modifier 적용하기 437
- 질감이 없는 오브젝트에 새 질감 적용하기 437
- 오브젝트 그룹화하기 437
- 질감/렌더링 설정 통일하기 438
- 스케일 조정하기 438
- **EXAMPLE** 복층룸에 지금까지 제작한 오브젝트를 Import하여 배치하기 439

CHAPTER 16 — 리깅하기

LESSON 01 Armature 다루기 454
- Armature 생성하기 454
- Armature 뼈 형성하기 455
- Weight 설정하기 456
- **EXAMPLE** 식물 오브젝트 리깅하기 459
- **EXAMPLE** 캐릭터 오브젝트 리깅하기 465

CHAPTER 17 — AI 모션 캡처 데이터 활용하기

LESSON 01 DeepMotion으로 AI 모션 캡처하기 474
- DeepMotion이란 474
- DeepMotion 사용하기 475
- **EXAMPLE** 모션 데이터 적용하기 479
- **EXAMPLE** 최종 애니메이션 렌더링하기 490

CHAPTER

1

Blender
기초 익히기

이것만 알아두자!

- 공식 홈페이지에서 Blender 설치 파일을 다운로드하고 설치합니다.
- 자주 사용하는 인터페이스를 익힙니다.
- 3D Viewport에서 시점 이동, 회전, 확대/축소하는 방법을 배웁니다.

Blender 설치하기

공식 홈페이지에서 Blender 설치 파일을 다운로드하고 설치합니다.

● Blender란

Blender는 무료 3D 모델링/애니메이션 소프트웨어입니다. 이 소프트웨어를 개발하는 Blender 재단에서는 오픈 GPL 라이선스에 기반하고 있으므로 계속 무료로 사용할 수 있다는 점을 강조합니다. 무료라고 해서 기능이 빈약한 것도 아닙니다. 윈도우뿐 아니라 맥OS, 리눅스 버전을 제공하고 있으며 인터페이스 또한 비교적 편리하게 구성되어 있어 배우고 사용하기 용이합니다. 무엇보다도 실행 요구 사양이 낮아, 성능이 비교적 좋지 않은 PC에서도 실행할 수 있습니다.

초기에는 게임 모델링에 주로 사용되었으나 현재는 애니메이션, 제품 디자인, 피규어 디자인, VFX에 이르기까지 다양한 분야에서 두루 사용되고 있습니다.

● Blender 설치하기

이제 본격적으로 Blender를 설치해보겠습니다. 앞서 설명한 것처럼 Blender는 무료 소프트웨어로, Blender 웹사이트에 접속하여 계정 생성이나 구독 없이 다운로드 및 설치할 수 있습니다.

01 웹 브라우저 주소창에 https://www.blender.org를 입력하여 Blender 웹사이트에 접속합니다. 그리고 상단에 있는 Download 탭을 클릭한 후 나타나는 화면에서 운영체제에 맞는 설치 파일을 다운로드할 수 있습니다. [Download Blender] 버튼을 클릭해서 설치 파일을 다운로드합니다.

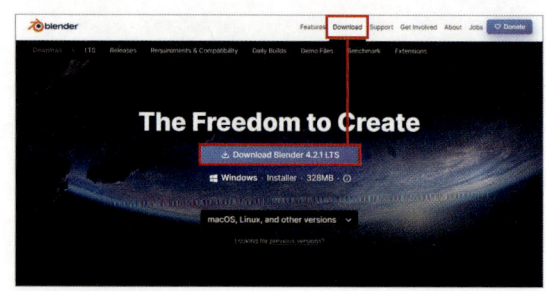

TIP 이 책에서는 윈도우용 Blender 4.2 버전을 기준으로 설명합니다. 다른 운영체제용 프로그램은 [macOS, Linux, and other versions] 버튼을 통해 다운로드할 수 있으며, 최신 버전이 아닌 이전 버전은 previous version?을 클릭해서 다운로드할 수 있습니다.

02 웹 브라우저 다운로드 목록에 표시되는 .msi 파일을 실행합니다.

T·I·P 다운로드 목록의 형태는 사용하는 웹 브라우저에 따라 다릅니다.

03 Welcome to the blender Setup Wizard 화면이 나타나면 [Next] 버튼을 클릭합니다. 그리고 End-User License Agreement 화면에서 I aceept the terms in the License Agreement를 체크하여 약관에 동의한 후 [Next] 버튼을 클릭합니다.

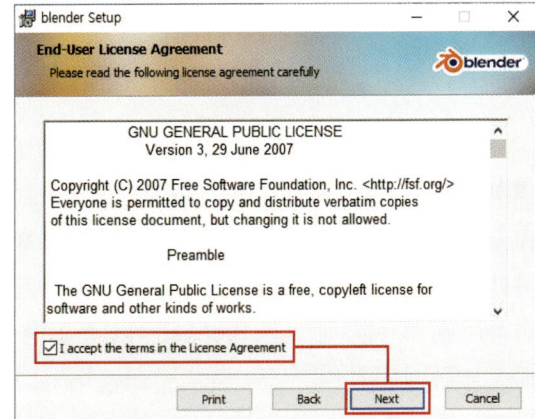

04 Custom Setup 화면에서는 Blender에서 기본 제공하는 그래픽 요소인 Libraries의 설치 유무와 설치 위치 등을 설정할 수 있습니다. 기본 설정은 함께 설치하게 되어있는데, 이 책에서는 기본 설정을 유지한 채로 설치하겠습니다. [Next] 버튼을 클릭합니다. 그리고 Ready to install blender 화면에서 [Install] 버튼을 클릭하여 설치를 진행합니다.

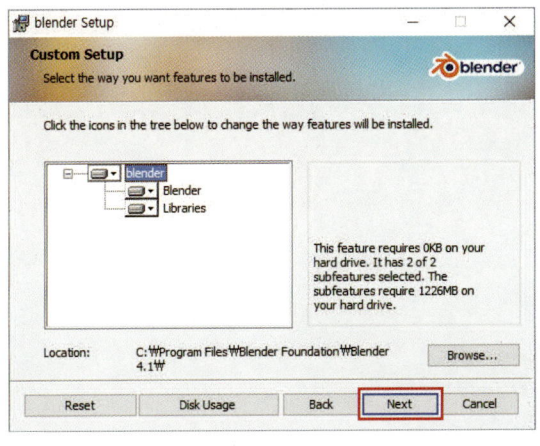
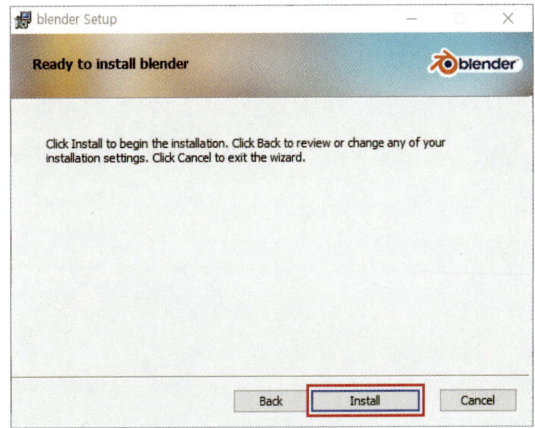

05 잠깐 설치가 진행된 후 다음과 같이 Completed the blender Setup Wizard 화면이 나타나면 무사히 설치가 완료된 것입니다. [Finish] 버튼을 클릭합니다.

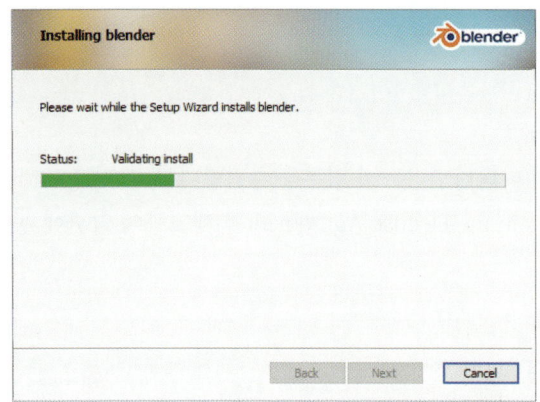 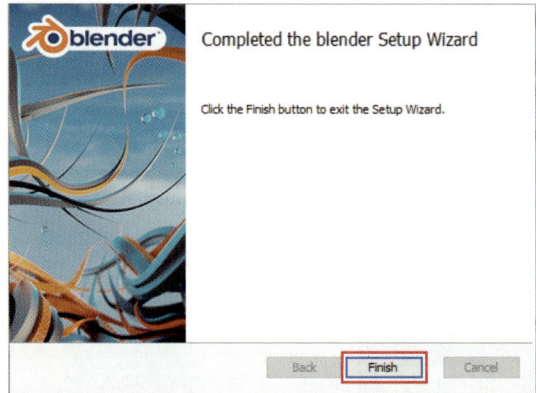

● **Blender 실행하기**

Blender를 실행하겠습니다. 바탕화면에 생성된 Blender 아이콘을 더블클릭하거나 윈도우 시작 버튼 - [모든 앱]을 클릭한 후 'B' 아래에 있는 Blender 아이콘을 클릭하여 Blender를 실행합니다.

T·I·P 윈도우 10을 사용하는 경우 윈도우 시작 버튼을 누르면 나오는 시작 메뉴 왼쪽의 앱 목록에서 'B' 아래에 있는 Blender 아이콘을 클릭하여 Blender를 실행할 수 있습니다.

그러면 다음과 같은 시작 화면이 나타납니다.

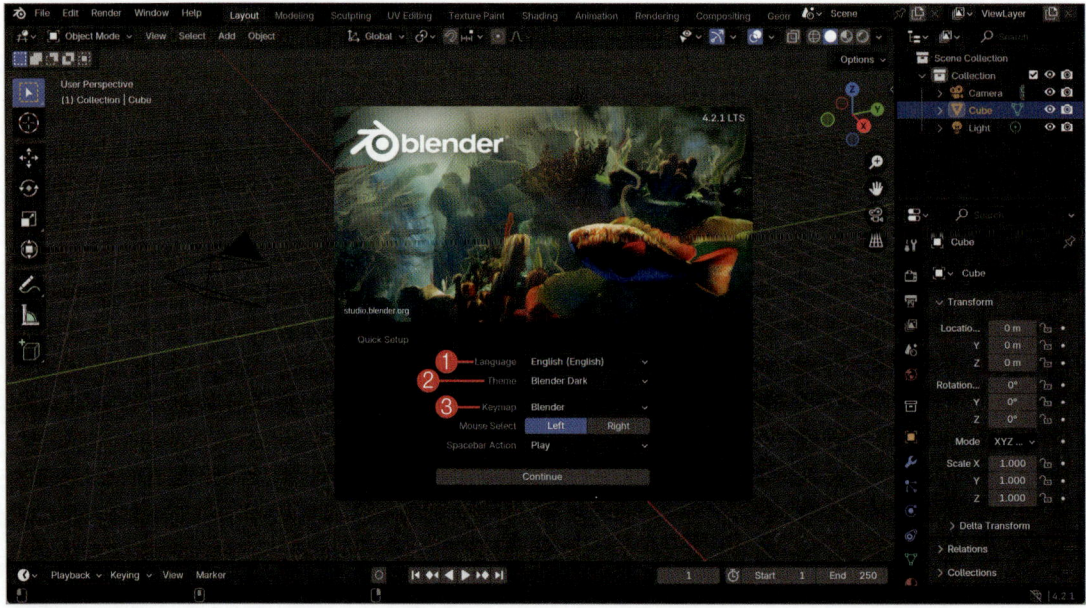

Blender 시작 화면에는 ❶Language(언어 선택), ❷Theme(테마), ❸Keymap(단축키) 등을 설정할 수 있는 옵션이 있습니다. 여기서는 별다른 설정을 하지 않고 진행하겠습니다.

시작 화면 바깥쪽을 클릭하거나 [Save New Settings] 버튼을 클릭하면 시작 화면이 사라집니다. 이러면 화면에 표시된 설정 내용이 적용된 채로 Blender를 이용할 수 있습니다. 시작 화면 바깥쪽을 클릭하여 본격적으로 Blender를 살펴보겠습니다.

> **NOTE** **Blender 영문판을 사용하는 이유**
>
> Blender 공식 웹사이트의 설명 자료와 튜토리얼 영상, 문제 해결 커뮤니티에서 영문판을 기준으로 내용을 설명하므로 독자 여러분도 영문판으로 학습하기를 권장합니다.

인터페이스 살펴보기

자주 사용하는 인터페이스를 익힙니다.

LESSON

blender의 화면 구성은 크게 8개의 영역으로 나뉘어 있습니다. 해당 영역의 배치와 기능을 살펴보겠습니다.

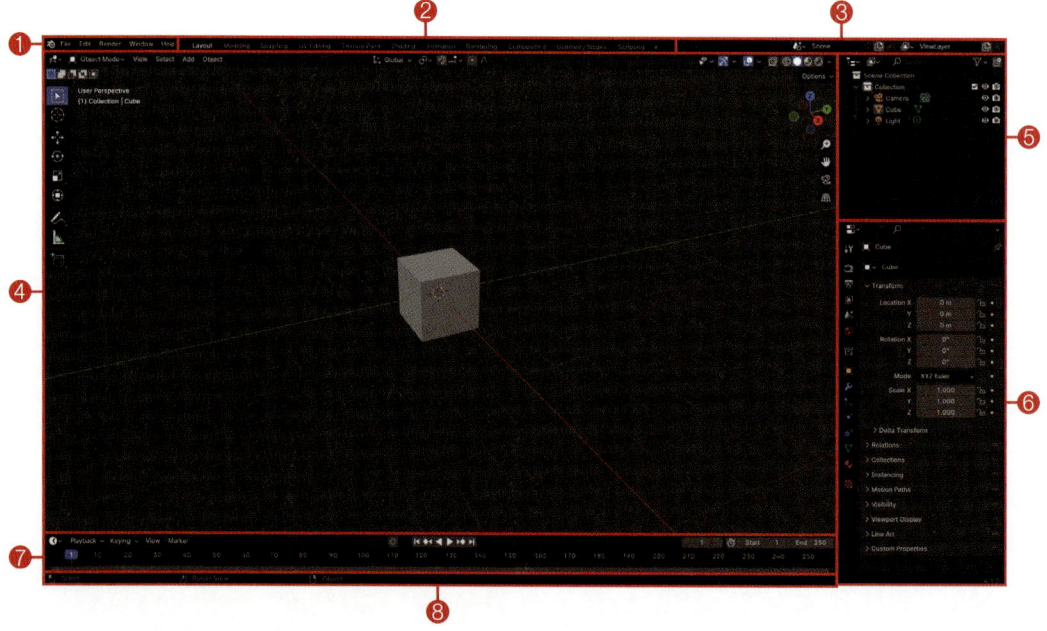

❶ **Menu(상단 메뉴)**: 새 프로젝트 만들기, 파일 저장, 가져오기, 렌더링 실행 등의 메뉴가 모여 있는 부분
❷ **Workspace(작업 공간)**: 각 탭을 클릭해서 작업 유형에 맞게 인터페이스를 변경할 수 있는 부분
❸ **Scene&Layers**: Scene과 Layer를 만들거나 변경할 수 있는 부분
❹ **3D Viewport**: 모델링 작업이 이루어지며 결과를 확인할 수 있는 부분
❺ **Outliner(오브젝트 목록 창)**: 오브젝트 목록을 확인할 수 있는 부분
❻ **Properties(속성 창)**: 프로젝트와 오브젝트의 속성을 설정할 수 있는 부분
❼ **Timeline**: 애니메이션 제작과 키프레임을 관리하는 부분
❽ **Status Bar(상태 표시줄)**: Shift, Ctrl, Alt 등의 기능키를 눌렀을 때 달라지는 마우스 버튼의 기능과 그 밖의 유용한 정보를 확인할 수 있는 부분

이중 앞으로 자주 사용하게 될 Workspace와 3D Viewport를 자세히 살펴보고 유용한 단축키까지 알아보겠습니다.

● Workspace

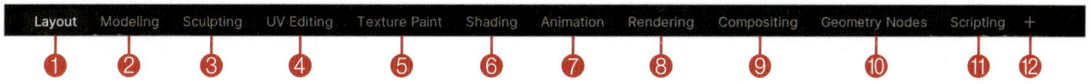

❶ **Layout**: 가장 기본적인 작업 공간
❷ **Modeling**: 모델링 도구로 입체 도형을 수정할 수 있는 작업 공간
❸ **Sculpting**: 조각 도구로 모형을 빚는 작업 공간
❹ **UV Editing**: 2D 이미지를 3D 입체도형 위에 씌우는 작업 공간
❺ **Texture Paint**: 입체도형 위에 직접 색칠하는 작업 공간
❻ **Shading**: 렌더링을 위한 재질을 다루는 작업 공간
❼ **Animation**: 시간의 흐름에 따라 오브젝트가 움직이게 하는 작업 공간
❽ **Rendering**: 렌더링 결과를 보면서 분석하는 작업 공간
❾ **Compositing**: 렌더링 출력을 이미지로 합성하는 작업 공간
❿ **Geometry Nodes**: 노드를 사용하여 모델링하는 작업 공간
⓫ **Scripting**: 스크립트로 프로그래밍하는 작업 공간
⓬ **+(Add Workspace)**: 새로운 Workspace(작업 공간)를 추가할 수 있는 탭

> **NOTE** 기본 제공 Workspace 다시 불러오기
>
> ⓬+(Add Workspace)를 클릭하면 나타나는 메뉴의 General에서 기본 Workspace를 다시 불러올 수 있습니다.
>
>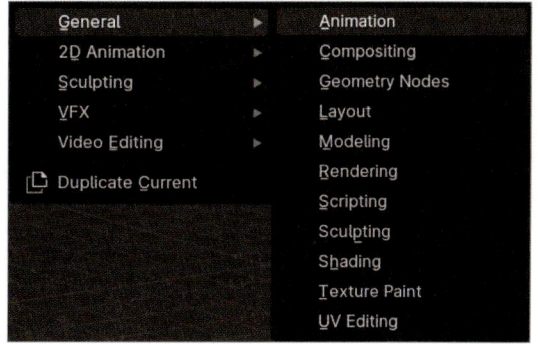

● 3D Viewport

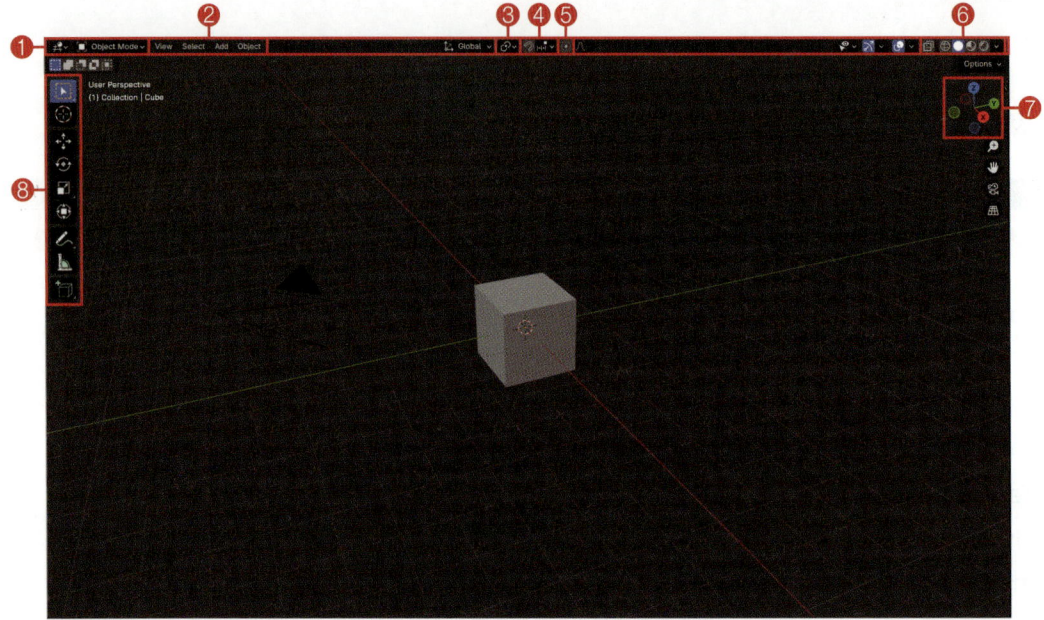

① **Object Interaction Mode(오브젝트 작업 모드)**: 기본적인 오브젝트를 관리하는 Object Mode, 점/선/면 요소를 선택하여 모델링을 수정할 수 있는 Edit Mode 등을 선택하는 부분

② **Header Menu(헤더 메뉴)**: 오브젝트를 생성하거나, 세부 모델링과 관련된 명령을 내릴 수 있는 메뉴가 있는 부분, Object Interaction Mode에 따라 표시되는 메뉴가 달라짐.

③ **Transform Pivot Point(축 변경)**: 오브젝트 변형 기준점이 되는 축을 변경하는 부분

④ **Snap&Snapping(스냅)**: 스냅 기능 활성화 여부 및 오브젝트와 스냅 대상 설정하는 부분

⑤ **Proportional Editing(비례 편집)**: 부드러운 선택 기능 활성화 여부를 설정하는 부분

⑥ **Toggle X-ray&Viewport Shading(엑스레이 보기 및 음영 표현)**: 오브젝트의 음영 표현 방식을 선택할 수 있는 부분

⑦ **Viewpoint Gizmo(뷰포인트 기즈모)**: 시점을 변경할 수 있는 부분

⑧ **Toolbar(도구 모음)**: 오브젝트를 변형할 때 사용하는 도구가 모여있는 부분

3D Viewport과 관련한 자세한 내용은 〈LESSON 03〉에서 알아보겠습니다.

> **NOTE** 프로젝트 관련 단축키 알아보기
>
> - 새 파일 만들기: Ctrl + N
> - 파일 열기: Ctrl + O
> - 파일 저장하기: Ctrl + S
> - 기능 검색: F3
> - 작업 취소: Ctrl + Z
> - 다시 실행: Ctrl + Shift + Z

3D Viewport 관리하기

3D Viewport에서 시점 이동, 회전, 확대/축소하는 방법을 배웁니다.

● Viewport Shading과 Toggle X-ray

다음과 같이 오른쪽 위에 Viewport Shading, 즉 음영 표현 방식을 선택하는 ❶Wireframe, ❷Solid, ❸Material Preview, ❹Rendered, 총 4개의 아이콘이 있습니다. 그 앞에 있는 아이콘은 오브젝트를 투명하게 하는 ❺Toggle X-ray입니다.

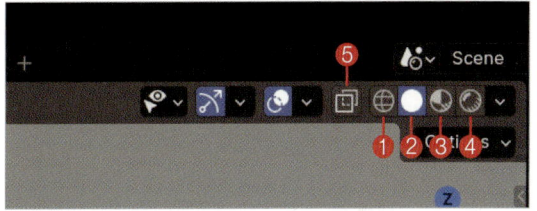

❶ **Wireframe( )**: 면이 나누어져 있는 경계선만 표현합니다.

❷ **Solid( )**: 모든 오브젝트를 단색으로 표현합니다. 빛과 질감은 표현되지 않습니다.

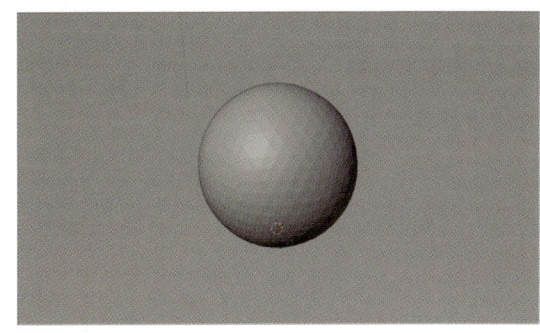

③ **Material Preview(　)**: 오브젝트에 적용된 질감은 표현되지만, 일반적으로 조명은 계산되지 않습니다.

④ **Rendered(　)**: 오브젝트에 적용된 질감, 설치된 조명과 그림자를 모두 표현합니다.

⑤ **Toggle X-ray(　)**: 오브젝트를 투명한 상태로 표현하여 뒤쪽에 가려진 오브젝트를 볼 수 있도록 해줍니다. ❶Wireframe과 ❷Solid에서만 사용할 수 있습니다. Toggle X-ray 기능은 가려진 오브젝트를 선택하는 등의 특수한 상황에서만 활성화해서 사용하고 해당 작업이 마무리되면 비활성화해두는 것이 좋습니다.

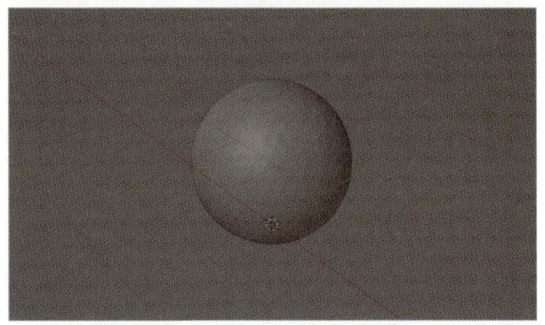

T·I·P Toggle X-ray 단축키는 Alt + Z 입니다.

● **시점 조절하기**

1) 세 방향 축 X, Y, Z

Blender에서는 ❶빨간색 선 방향이 X, ❷녹색 선 방향이 Y, ❸파란색 선 방향, 즉 위/아래 방향이 Z축입니다.

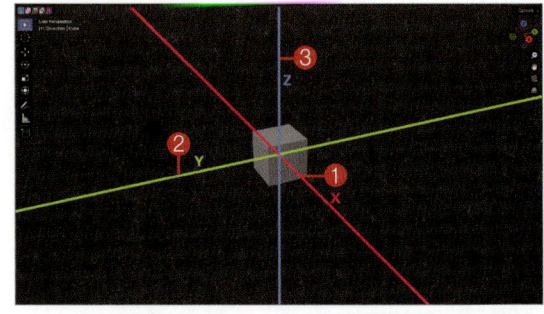

2) 시점 회전

마우스 가운데 버튼(휠 버튼)을 누르고 마우스를 움직이면 시점(View)을 회전할 수 있습니다.

 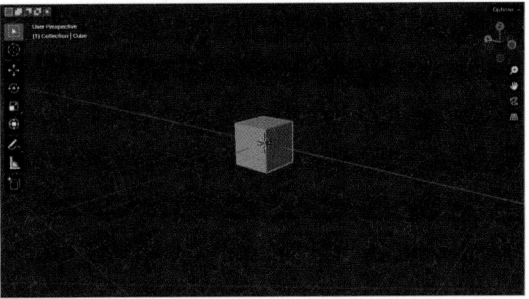

3) 시점 이동

`Shift`+마우스 가운데 버튼을 누르고 마우스를 움직이면 위/아래, 왼쪽/오른쪽으로 시점을 이동할 수 있습니다.

4) 시점 확대/축소

마우스 가운데 버튼을 위/아래로 돌리면 시점을 확대/축소할 수 있습니다.

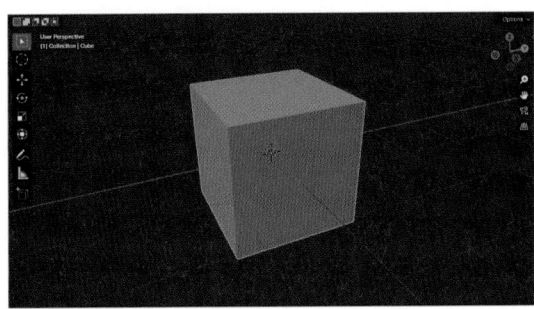 

● **시점 전환하기**

헤더 메뉴 [View] - [Viewpoint]에서 원하는 시점을 클릭하거나 Viewpoint Gizmo에서 원하는 축을 클릭해서 시점 전환을 할 수 있습니다. 하지만 일반적으로는 단축키를 활용하여 X, Y, Z 각 축의 정면 방향으로 시점을 전환합니다.

키보드 오른쪽 넘버패드의 1, 즉 Num 1 을 누르면 다음과 같이 -Y 방향의 정면이 됩니다. Num 3 을 누르면 +X 방향의 정면이 됩니다. Num 7 을 누르면 +Z 방향의 정면이 됩니다.

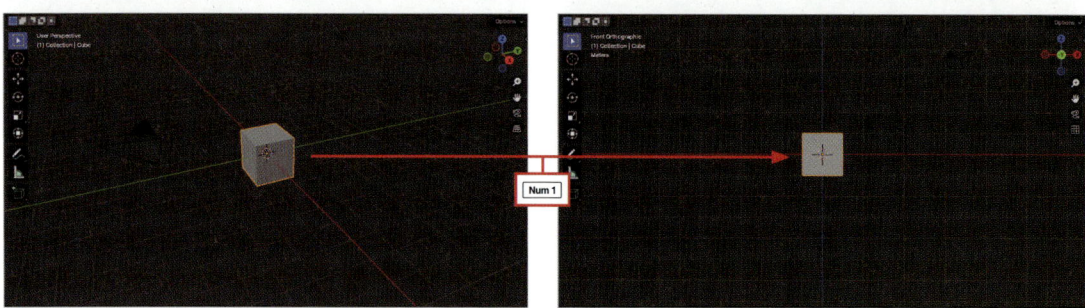

3D Viewport 오른쪽 위 Viewpoint Gizmo에서 현재 바라보고 있는 축의 방향을 확인할 수 있습니다. 가운데 표시되어 축이 현재 바라보고 있는 방향을 의미합니다.

Num 9 를 누르면 반대편 방향으로 전환됩니다. 예를 들어 -Y축 방향에서 Num 9 를 누르면 +Y축으로 전환됩니다.
또한 Num 4 와 Num 6 을 눌러 시점을 각각 왼쪽과 오른쪽으로 조절할 수 있으며 Num 8 과 Num 2 를 눌러 시점을 위/아래로 조절할 수도 있습니다.

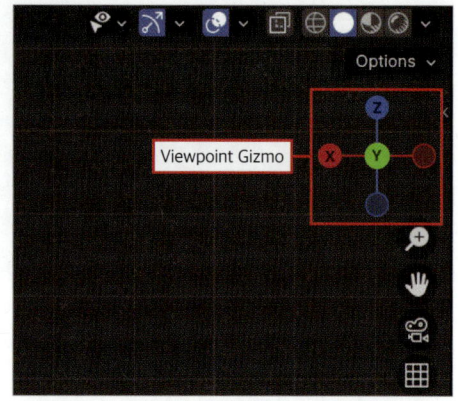

> **NOTE** 넘버패드가 없는 경우 Viewpoint Gizmo에서 시점 전환하기
>
> Viewpoint Gizmo를 통해서도 시점을 전환할 수 있습니다. 가운데 있는 축을 클릭하면 반대편 방향으로 시점이 전환됩니다. 그 외의 다른 축을 클릭하면 해당 축을 정면으로 하는 시점으로 전환됩니다.
> 참고로 헤더 메뉴 [View]-[Viewpoint]에서도 시점을 선택할 수 있습니다. [Front]가 -Y 방향(Num 1), [Right]가 +X 방향(Num 3), [Top]이 +Z 방향(Num 7)입니다.

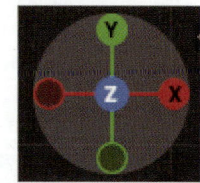

Viewpoint Gizmo 아래에 있는 4개의 아이콘 중 switch the current view(圃)를 클릭하거나 Num 5 를 누르면 Perspective(원근 투시)와 Orthographic(평행 투영)을 전환할 수 있습니다.

 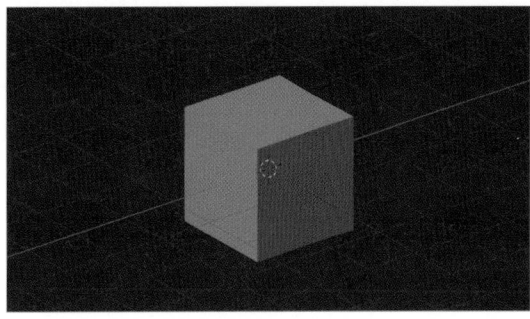

Perspective(원근 투시) 상태인 뷰   Orthographic(평행 투영) 상태인 뷰

대체로 모델링 단계에서는 원근을 확인하며 작업하는 것이 유리합니다. 따라서 Perspective 상태로 작업하는 것을 추천합니다.

CHAPTER

2

오브젝트 만들기

이것만 알아두자!

- 다양한 Mesh 오브젝트와 Text 오브젝트의 특징을 알아보고 각각을 생성하는 방법을 배웁니다.
- 오브젝트를 선택하고, 이동시키고, 회전시키고, 복제하는 방법과 오브젝트의 크기를 조절하는 방법을 익힙니다.
- 곡선의 면을 깔끔한 형태로 표현해주는 Shade Smooth 기능을 알아봅니다.
- 기본 오브젝트인 UV Sphere를 생성하고 이를 복제합니다. 그리고 Shade Smooth, Shade Flat, Shade Smooth by Angle를 적용해봅니다.
- Properties(속성 창)과 Import 기능에 관해 알아봅니다.
- Import 기능으로 .blend와 .fbx 파일을 불러와 배열하고 색상을 지정해봅니다.

오브젝트 생성하기

다양한 Mesh 오브젝트와 Text 오브젝트의 특징을 알아보고 각각을 생성하는 방법을 배웁니다.

헤더 메뉴 [Add]에서 오브젝트를 선택하여 추가할 수 있습니다. 다음과 같이 하위 메뉴 [Mesh]에는 모델링의 기본이 되는 8가지 Mesh 오브젝트가 있습니다. 그 외 나머지 특수 오브젝트는 모델링을 보조하거나 애니메이션, 시뮬레이션 또는 렌더링을 위해 활용됩니다.

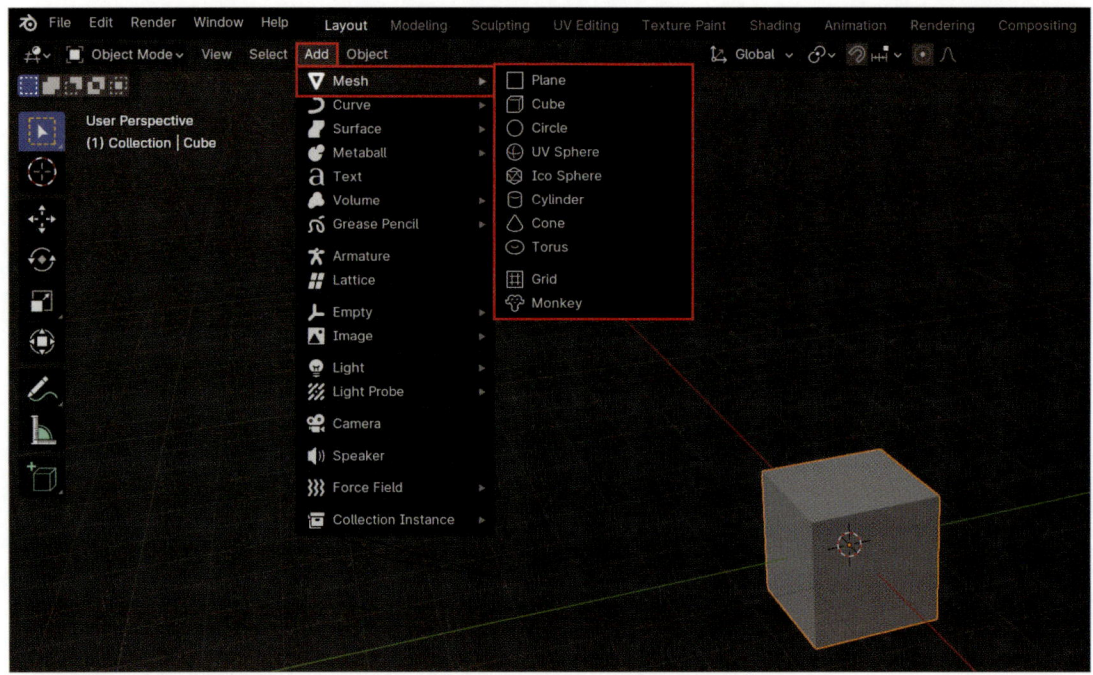

그중에서도 여기서는 Mesh와 Text 오브젝트를 생성하는 방법을 알아보겠습니다.

● 3D Cursor

3D Viewport 가운데 X, Y, Z 축의 교점에는 빨간색 선과 흰색 선으로 된 작은 원이 있는데 이를 3D Cursor라고 합니다.

[Add] 메뉴에서 원하는 오브젝트를 클릭하면 3D Cursor가 있는 지점에 해당 오브젝트가 생성됩니다. 즉, 오브젝트 생성 기준점이 바로 3D Cursor입니다. 따라서 생성된 오브젝트를 다른 곳으로 이동하지 않고 추가 오브젝트를 생성하면 계속해서 같은 자리에 생성되므로 오브젝트끼리 겹쳐지게 됩니다.

오브젝트를 다른 지점에 생성하기 위해 3D Cursor를 옮길 수 있습니다. 다음과 같이 Shift +마우스 오른쪽 버튼을 클릭하면 해당 지점으로 3D Cursor가 이동합니다. 그러면 이제 이곳에 오브젝트가 생성됩니다.

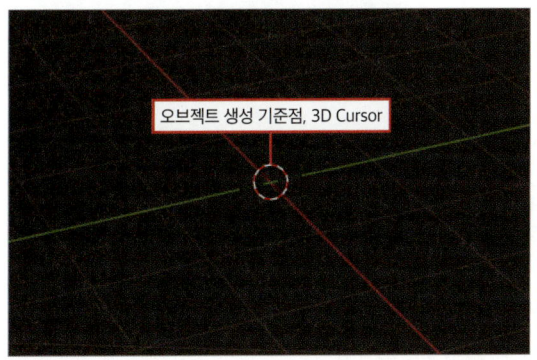
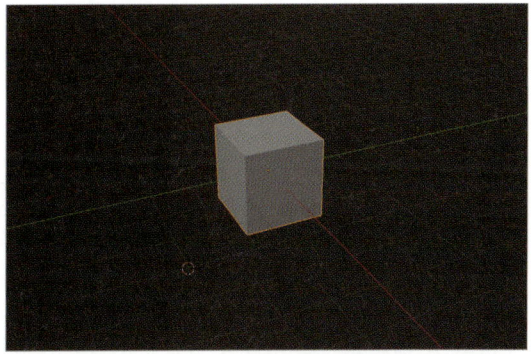

3D Cursor의 위치와 각도를 수치로 입력할 수도 있습니다. N 을 눌러 사이드 메뉴를 열고 View 탭을 클릭합니다. 그리고 View 아래에 있는 3D Cursor에서 3D Cursor의 Location(위치)과 Rotation(각도)을 설정할 수 있습니다.

> **T·I·P** 사이드 메뉴는 Viewpoint Gizmo 오른쪽의 [<] 버튼을 클릭해서도 열 수 있습니다.

3D Cursor의 위치와 각도를 초기 상태로 되돌리려면 여기서 Location의 X, Y, Z에 '0'을, Rotation의 X, Y, Z에 '0'을 입력하면 됩니다.

> **T·I·P** 사이드 메뉴가 열려 있으면 작업하는데 방해가 됩니다. 따라서 3D Cursor의 위치와 각도를 수치로 설정한 이후에는 다시 N 을 눌러 사이드 메뉴를 닫아둡니다.

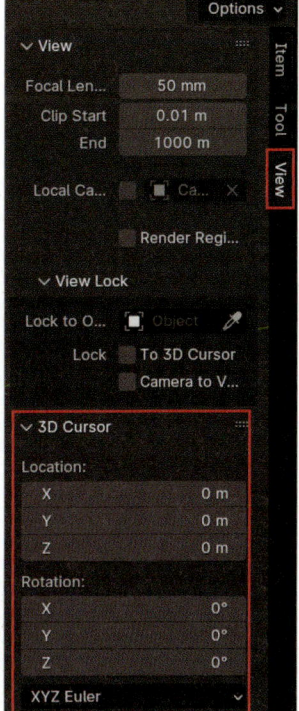

● **Mesh 오브젝트 생성하고 설정하기**

Mesh 오브젝트는 Plane(면), Cube(정육면체), Circle(원), UV Sphere(사각형 구), Ico Sphere(삼각형 구), Cylinder(원통), Cone(원뿔), Torus(도넛) 총 8가지입니다. 앞서 잠시 설명한 것처럼 헤더 메뉴 [Add]-[Mesh]에서 기본 오브젝트를 선택하여 생성할 수 있습니다.

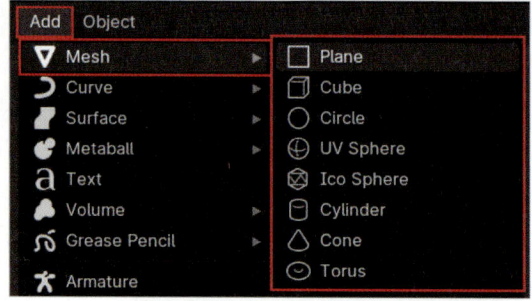

오브젝트를 성생한 후 F9를 누르면 Add 설정 창이 열립니다. Add 설정은 다음 명령을 실행하기 전까지만 가능합니다. 즉, 오브젝트를 생성한 이후 크기 조정 등 다른 설정을 한 경우에는 Add 설정 창이 열리지 않습니다.

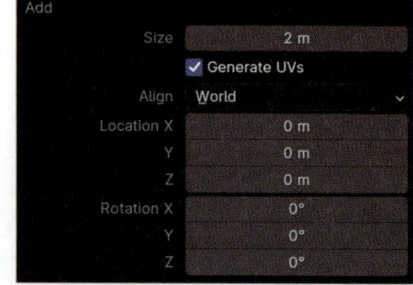

수치 입력 항목의 경우 설정하고자 하는 항목을 클릭한 후 수치를 입력하고 Enter 를 눌러 완료합니다. 설정 완료 후 메뉴 밖으로 마우스 커서를 이동하면 자동으로 창이 사라집니다.
Add 설정에서 크기와 모양, 위치, 각도 등을 설정할 수 있으며, 각 오브젝트마다 다른 설정 항목을 가지고 있습니다. 이를 정리하면 다음과 같습니다.

1) Plane & Cube

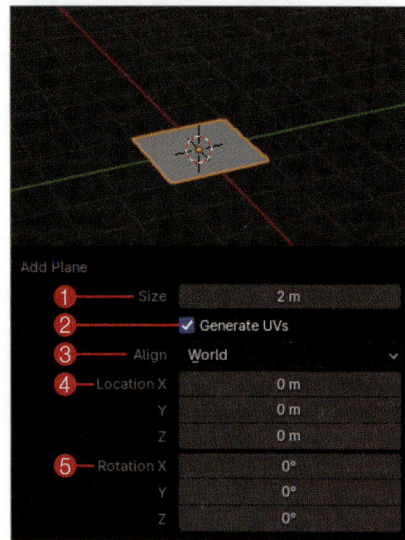 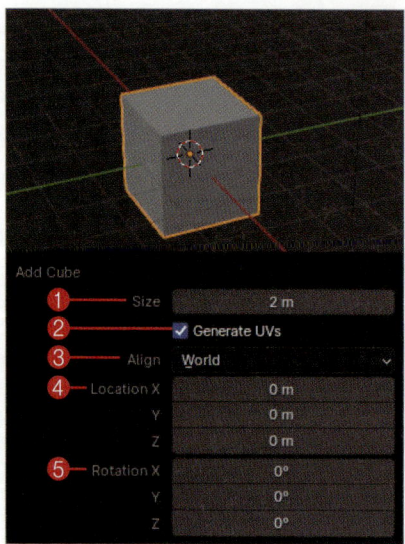

❶ **Size**: 가로, 세로 크기를 설정하는 부분
❷ **Generate UVs**: 질감 적용을 위한 전개도를 생성 여부를 결정하는 부분
❸ **Align**: 정렬 방향을 설정하는 부분
❹ **Location**: 위치를 설정하는 부분, 이 옵션으로 오브젝트 생성 지점 변경 가능
❻ **Rotation**: 각도를 설정하는 부분

> **T·I·P** Generate UVs, Align, Location, Rotation은 모든 오브젝트가 가지고 있는 공통 옵션입니다. 따라서 이후 오브젝트에서는 설명을 생략합니다.

2) Circle

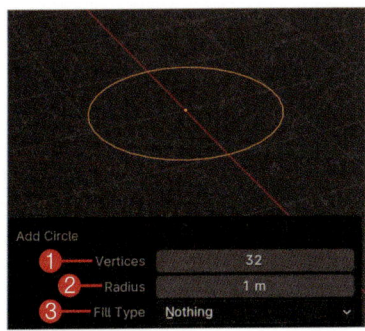

❶ **Vertices**: 꼭지점 수를 설정하는 부분
❷ **Radius**: 반지름을 설정하는 부분
❸ **Fill Type**: 면 채우기 유형을 선택하는 부분

3) UV Sphere

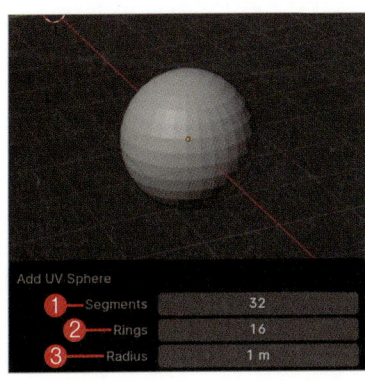

❶ **Segments**: 수직 면 분할 개수를 설정하는 부분
❷ **Ring**: 수평 면 분할 개수를 설정하는 부분
❸ **Radius**: 반지름을 설정하는 부분

4) Ico Sphere

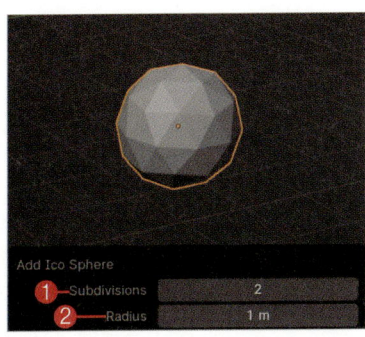

❶ **Subdivisions**: 면 분할 개수를 설정하는 부분
❷ **Radius**: 반지름을 설정하는 부분

5) Cylinder

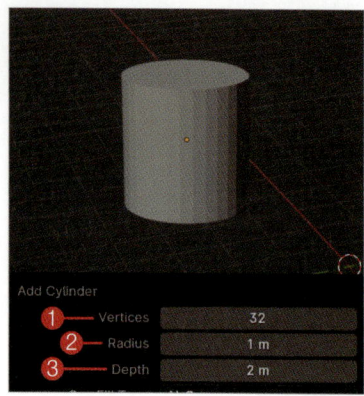

① **Vertices**: 꼭지점 개수를 설정하는 부분
② **Radius**: 반지름을 설정하는 부분
③ **Depth**: 높이를 설정하는 부분

6) Cone

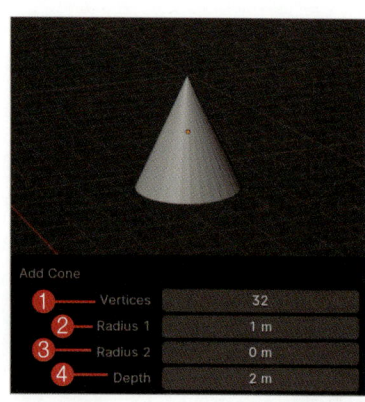

① **Vertices**: 꼭지점 개수를 설정하는 부분
② **Radius 1**: 아래 반지름을 설정하는 부분
③ **Radius 2**: 위 반지름을 설정하는 부분
④ **Depth**: 높이를 설정하는 부분

7) Torus

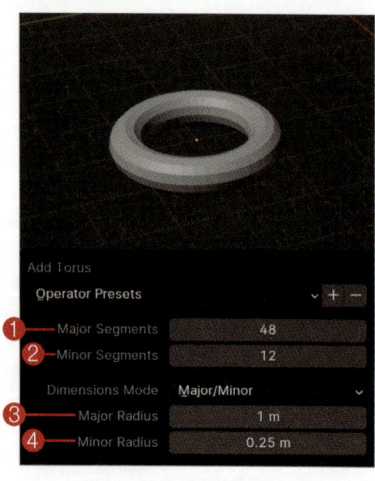

① **Major Segments**: 수직 면 분할 개수를 설정하는 부분
② **Minor Segments**: 밴드 면 분할 개수를 설정하는 부분
③ **Major Radius**: 크기 반지름을 설정하는 부분
④ **Minor Radius**: 두께 반지름을 설정하는 부분

● **Text 오브젝트 생성하고 설정하기**

헤더 메뉴 [Add]-[Text]를 클릭하여 Text 오브젝트를 생성할 수 있습니다.

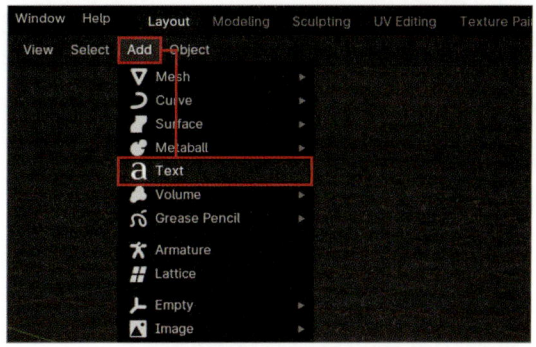

Text 오브젝트도 Mesh 오브젝트와 마찬가지로 F9를 눌러 Add 설정 창을 열 수 있으며 여기서 생성할 텍스트의 ❶Radius(크기), ❷Align(정렬), ❸Location(위치), ❹Rotation(각도)을 설정할 수 있습니다.

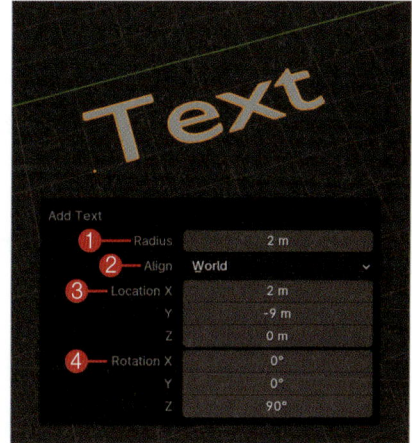

Tab을 누르면 오브젝트 작업 모드가 Edit Mode로 바뀌면서 텍스트 편집 커서가 활성화됩니다. 그러면 다음과 같이 글자를 수정할 수 있습니다. 수정을 마친 후 다시 Tab을 눌러 Object Mode로 돌아옵니다.

T·I·P Tab은 Object Mode와 Edit Mode를 전환하는 단축키입니다. Object Mode와 Edit Mode에 관한 자세한 설명은 96쪽에서 합니다.

오브젝트 관리하기

오브젝트를 선택하고, 이동시키고, 회전시키고, 복제하는 방법과 오브젝트의 크기를 조절하는 방법을 익힙니다.

● Select Box 툴

Toolbar 가장 위쪽을 보면 선택 툴이 있습니다. 선택 툴의 종류는 총 4가지이며 W를 이용하여 전환할 수 있습니다. 또한 선택 툴을 길게 클릭하면 목록 형태로 선택할 수 있습니다.

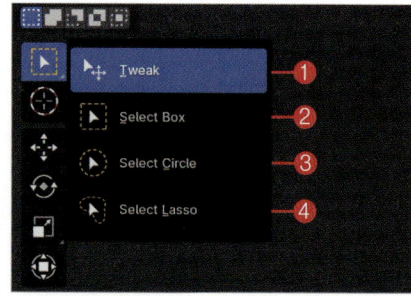

❶ **Tweak 툴**: 클릭으로 선택합니다.
❷ **Select Box 툴**: 드래그로 사각형을 그리며 선택합니다.
❸ **Select Circle 툴**: 드래그하여 마치 둥근 브러시로 칠하는 듯한 방법으로 선택합니다.
❹ **Select Lasso 툴**: 드래그하여 올가미를 그려 선택합니다.

모델링 상황에서 드래그 선택과 클릭 선택이 모두 가능한 Select Box 툴을 가장 많이 활용합니다. 따라서 이 책에서도 Select Box 툴 위주로 설명합니다. 별도의 설명 없이 '선택'하라고 하면 Select Box 툴을 사용하라는 의미입니다.

● 오브젝트 선택 유형

1) Active

Active 오브젝트로 지정되면 다음과 같이 테두리가 노란색으로 표시되며 Properties(속성 창)에서 해당 오브젝트의 속성을 변경할 수 있습니다.

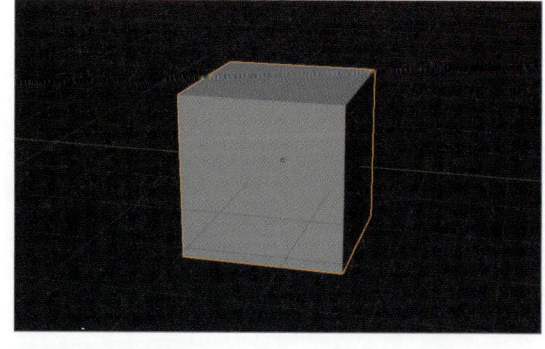

2) Selected

Active가 아닌 상태로 선택된(Selected) 오브젝트는 테두리가 주황색으로 표시됩니다. 이 상태의 오브젝트의 경우 Properties(속성 창)에서 속성을 변경해도 변경 사항이 적용되지 않습니다.

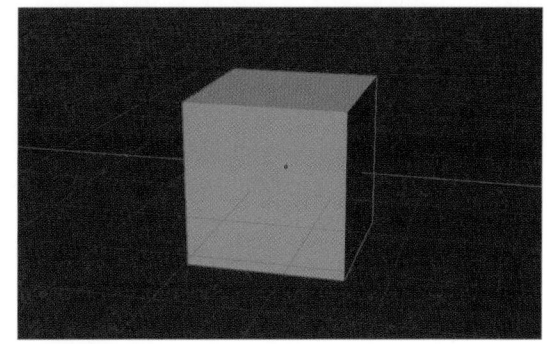

3) 선택되지 않은 오브젝트

선택되지 않은 오브젝트는 테두리 표시가 없습니다.

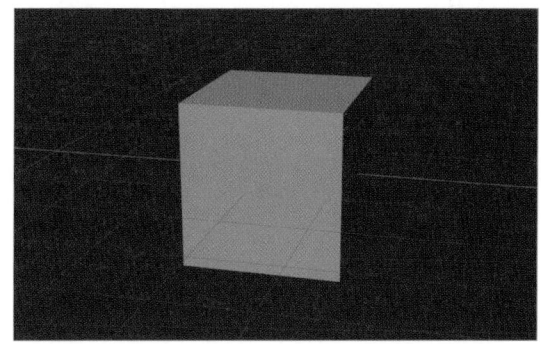

● **오브젝트 선택하기**

Select Box 툴로 오브젝트를 클릭하면 Active 오브젝트로 지정되며 선택됩니다. 한 번 Active로 지정된 오브젝트는 다른 오브젝트를 Active 오브젝트로 지정하기 전까지 Active 상태로 유지됩니다.

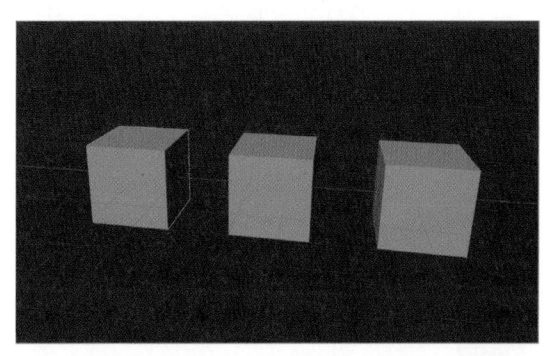

Select Box 툴로 오브젝트를 드래그하면 Selected 오브젝트로 선택되며 기존 Active 오브젝트는 바뀌지 않습니다. Active 오브젝트의 지정은 클릭을 통해서만 이루어지기 때문입니다.

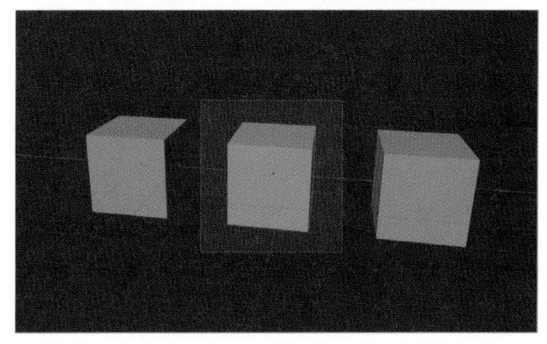

● **오브젝트 선택 추가하기**

오브젝트가 선택된 상태에서 새로운 오브젝트를 Select Box 툴로 Shift +클릭하면 오브젝트 선택이 추가되며 가장 마지막으로 클릭한 오브젝트가 Active 상태가 됩니다.

T·I·P 다중 선택된 오브젝트 중 Active 상태가 아닌 오브젝트를 Shift +클릭하면 해당 오브젝트가 Active 상태가 됩니다.

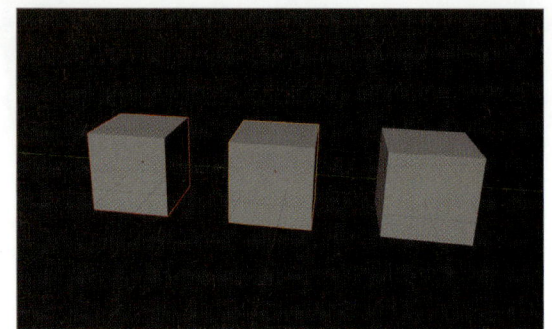

오브젝트가 선택된 상태에서 새로운 오브젝트를 Select Box 툴로 Shift +드래그하면 오브젝트 선택이 추가되며, 기존 Active 오브젝트는 바뀌지 않습니다.

T·I·P Active 오브젝트를 지정할 때는 클릭, Active 오브젝트를 유지하면서 여러 오브젝트를 다중 선택할 때는 드래그를 사용합니다.

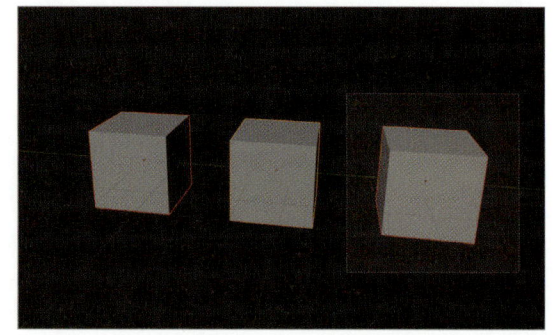

● **오브젝트 선택 제외하기**

Select Box 툴로 Active 오브젝트를 Shift +클릭하면 선택에서 제외됩니다. 또는 어떤 오브젝트든 Ctrl +드래그를 통해 선택에서 제외할 수 있습니다.

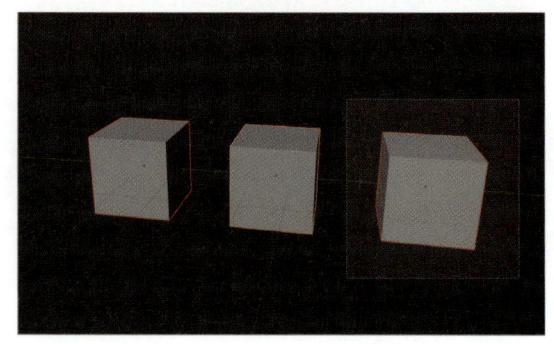

NOTE — 선택 관련 단축키 알아보기

- 전체 선택: A
- 선택 해제: Alt + A
- 선택 반전: Ctrl + I
- 선택된 오브젝트 확대: Num .

● 오브젝트 이동시키기

오브젝트를 이동시키려면 ❶대상 오브젝트를 클릭하여 선택하고 `G`를 누른 후 ❷마우스 커서 움직이면 됩니다. 이때 `Ctrl`을 누른 상태로 이동하면 격자 스냅이 적용되어 한 눈금 단위로 이동됩니다. 원하는 지점까지 오브젝트가 이동했다면 ❸클릭하여 이동을 완료합니다.

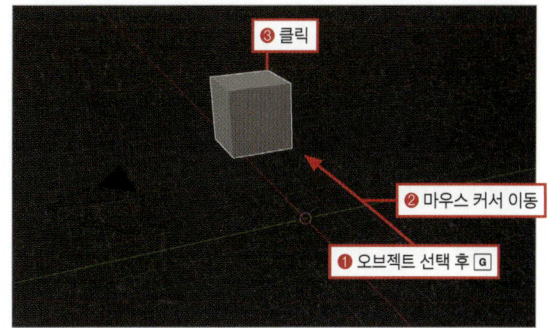

이동 중에 3D Viewport 왼쪽 위에서 이동 거리를 확인할 수 있습니다.

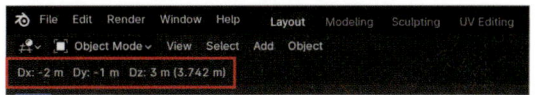

특정 축 방향으로 이동하려면 `G`를 누른 후 X, Y, Z 중 방향을 선택하고 이동하면 되는데, 그 방향은 키보드의 `X`, `Y`, `Z`를 통해 선택할 수 있습니다.

가령, X축 방향으로 이동하려면 `G`-`X`를 누른 후 마우스 커서를 움직입니다. Y축 방향으로 이동하려면 `G`-`Y`를 누른 후 움직이고, Z축 방향으로 이동하려면 `G`-`Z`를 누른 후 움직이면 됩니다.

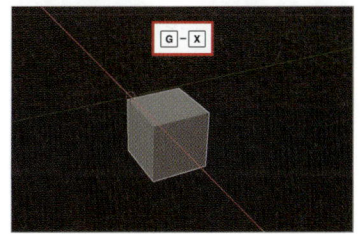 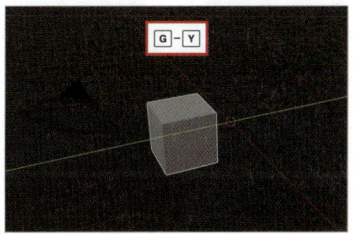 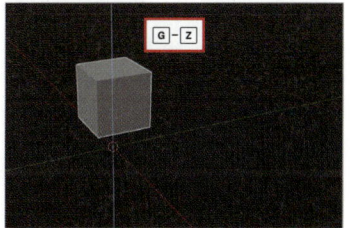

또한 오른쪽 아래 Properties - Object 속성(■)의의 Transform에서 Location X, Y, Z 수치를 입력하여 오브젝트를 이동시킬 수도 있습니다.

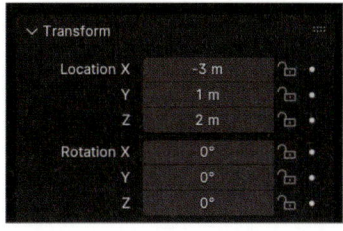

● 오브젝트 회전시키기

❶대상 오브젝트를 클릭하여 선택하고 R을 누른 후 ❷마우스 커서를 움직여 오브젝트를 회전시킬 수 있습니다. 이때 Ctrl을 누르면 5도 단위로 회전시킬 수 있습니다. 원하는 각도로 회전시켰다면 ❸클릭하여 회전을 완료합니다.

T·I·P R을 한 번 더 누르면 상하좌우 전 방향 회전시킬 수 있습니다.

회전 중에 Viewport 왼쪽 위에서 회전 각도를 확인할 수 있습니다.

특정 축으로 회전하려면 R을 누른 후 키보드의 X, Y, Z를 통해 회전 축을 선택하면 됩니다. X축으로 회전하려면 R-X를 누른 후, Y축으로 회전하려면 R-Y를 누른 후, Z축으로 회전하려면 R-Z를 누른 후 회전합니다.

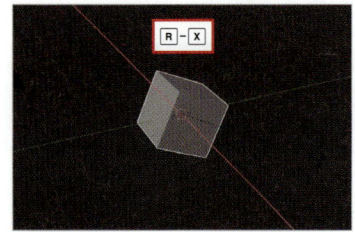
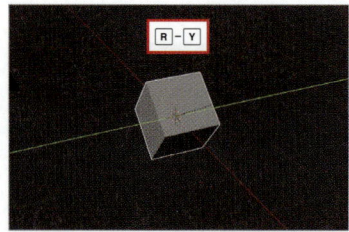
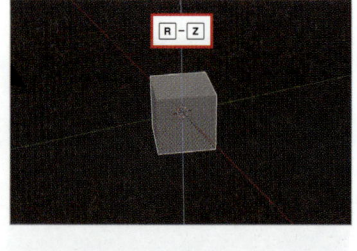

또한 오른쪽 아래 Properties - Object 속성(■)의 Transform에서 Rotation X, Y, Z 각도를 입력하여 회전할 수도 있습니다.

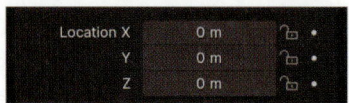

● 오브젝트 크기 조절하기

❶오브젝트를 클릭하여 선택하고 S를 누른 후 ❷마우스 커서를 움직여 오브젝트 크기를 조절할 수 있습니다. 마우스 커서가 오브젝트로부터 멀어지면 크기가 커지고 가까워지면 작아집니다. 이때 Ctrl을 누르면 10% 단위로 크기를 조절할 수 있습니다. 원하는 크기로 조절했다면 ❸클릭하여 조절을 완료합니다.

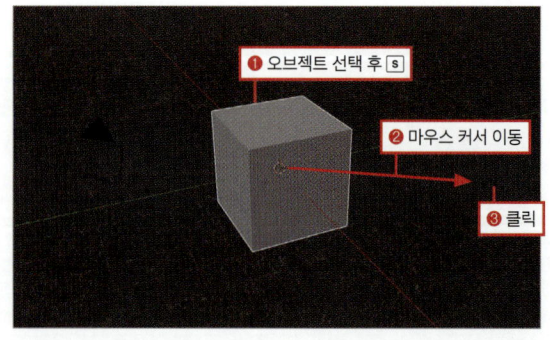

크기 조절 중에 Viewport 왼쪽 위에서 크기를 확인할 수 있습니다.

T·I·P Scale X, Y, Z의 값이 1.0인 경우 원본 크기를 의미합니다.

특정 축 방향으로 크기를 조절하려면 S를 누른 후 X, Y, Z 중 원하는 방향을 선택하고 조절합니다. X축 방향으로 크기를 조절하려면 S-X를, Y축 방향으로 크기를 조절하려면 S-Y를 Z축 방향으로 크기를 조절하려면 S-Z를 누른 후 마우스를 움직여 조절하면 됩니다.

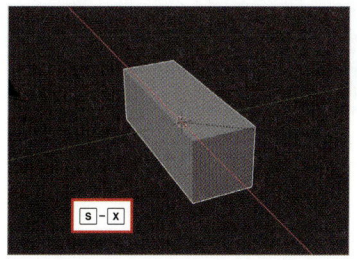
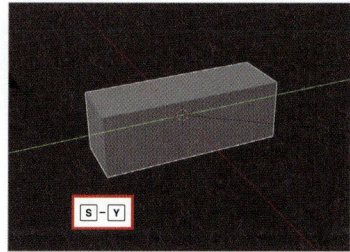
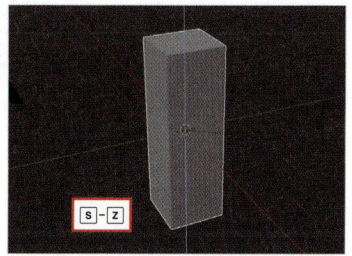

또한 오른쪽 아래 Properties - Object 속성(■)의 Transform에서 Scale X, Y, Z 비율을 입력하여 크기를 조절할 수도 있습니다.

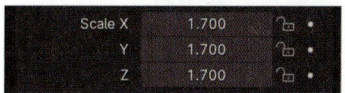

● 오브젝트 복제하기

❶ 복제하려는 오브젝트를 클릭하여 선택하고 Shift+D를 누른 후 ❷마우스 커서를 움직이고 ❸클릭합니다. 그러면 마우스 커서 위치에 대상 오브젝트가 복사됩니다. 이때 오브젝트 이동시킬 때와 마찬가지로 이동 방향을 X, Y, Z 중 하나로 지정할 수 있습니다.

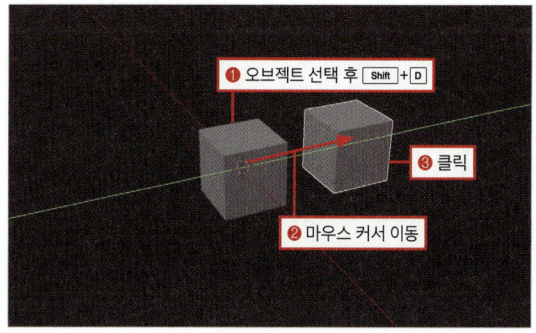

● 오브젝트 삭제하기

삭제하려는 오브젝트를 선택하고 Delete 또는 X 를 누르면 오브젝트가 삭제됩니다. 또는 마우스 오른쪽 버튼을 클릭하면 나타나는 메뉴에서 Delete 를 선택해도 됩니다.

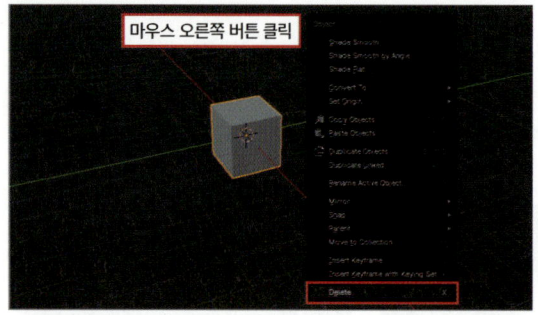
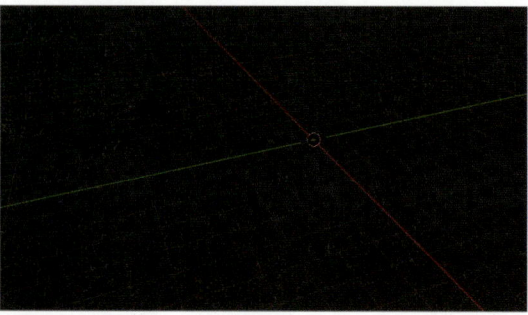

TIP X 를 누를 경우 다른 단축키를 누르려다 잘못 눌러 오브젝트를 삭제하는 상황을 방지하기 위해 OK?라는 대화상자가 출력됩니다. 여기서 [Delete] 버튼을 클릭하면 선택하면 오브젝트가 삭제됩니다.

● 명령 반복하기

어떤 명령을 실행한 후 Shift + R 을 누르면 직전 명령을 반복 실행할 수 있습니다. 예를 들어 Shift + D 로 오브젝트를 복제한 후 Shift + R 을 누르면 동일한 간격으로 복제됩니다.

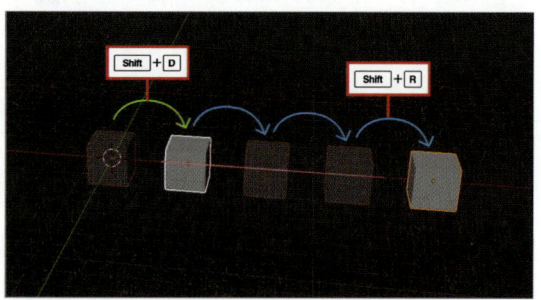

Shade Smooth 알아보기

곡선의 면을 깔끔한 형태로 표현해주는 Shade Smooth 기능을 알아봅니다.

LESSON

다음과 같이 곡면으로 표현된 오브젝트를 확대해 보면 여러 개의 작은 평면으로 이어진 다면체임을 확인할 수 있습니다. 더욱 자연스러운 곡면처럼 보이게 하기 위해 더 작고 많은 면으로 나눌 수도 있지만, 면 처리 방식을 변경하여 하나로 이어진 면처럼 보이게 할 수 있습니다. 이를 Shade Smooth라고 합니다.

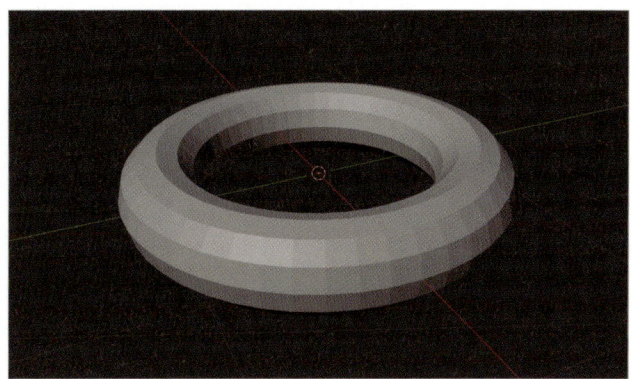

오브젝트를 선택하고 마우스 오른쪽 버튼을 클릭하면 나타나는 메뉴에서 ❶Shade Smooth, ❷Shade Smooth by Angle, ❸Shade Flat 총 3가지 Shade를 확인할 수 있습니다. 이어서 Shade를 간단히 설명하겠습니다.

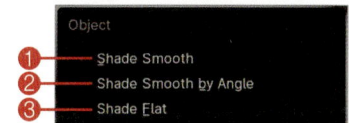

❶ **Shade Smooth**: 모든 꺾인 면을 이어진 곡면처럼 표현합니다.

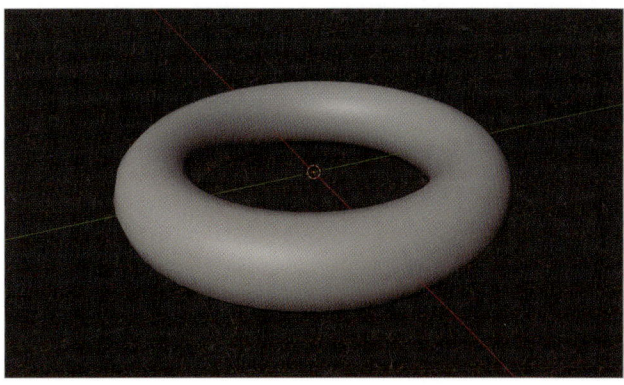

❷ **Shade Smooth by Angle**: 면과 면이 이어진 각도를 기준으로 삼아서 Shade Smooth로 표현할 면과 Shade Flat으로 표현할 면을 결정합니다. Shade Smooth by Angle 실행 직후 F9를 누르면 기준각을 설정할 수 있습니다. 기준각을 높게 설정할수록 Shade Smooth에 가깝게 표현되고 낮게 설정할수록 Shade Flat에 가깝게 표현됩니다.

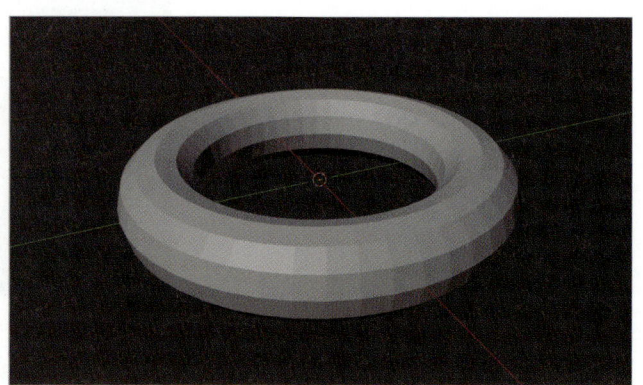

❸ **Shade Flat**: 모든 꺾인 면을 분리하여 다면체로 표현합니다.

오브젝트를 복제하고 Shade Smooth 적용하기

기본 오브젝트인 UV Sphere를 생성하고 이를 복제합니다. 그리고 Shade Smooth, Shade Flat, Shade Smooth by Angle를 적용해봅니다.

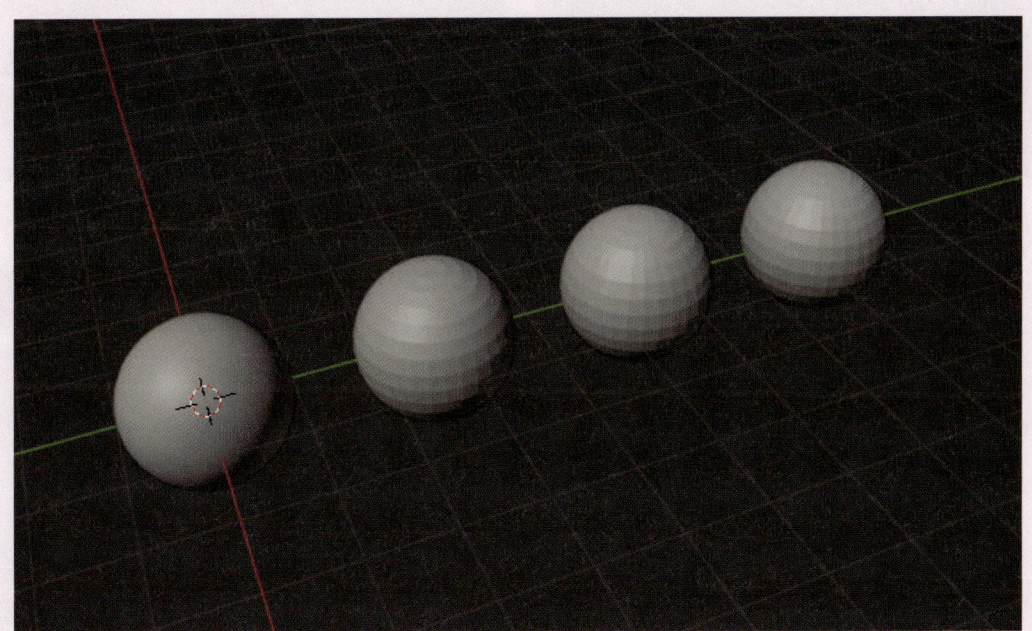

이 예제를 따라하기 위해 알아야 하는 **핵심기능**

- 오브젝트 생성하기 ← 031쪽 참고
- 오브젝트 선택하기 ← 037쪽 참고
- 오브젝트 복제하기 ← 041쪽 참고
- 오브젝트 삭제하기 ← 042쪽 참고
- Shade Smooth하기 ← 043쪽 참고

01 ❶ Ctrl + N 을 누르고 ❷[General]을 클릭하여 새 프로젝트를 만듭니다. 또는 상단 메뉴의 [File]-[New]-[General]을 클릭해도 됩니다.

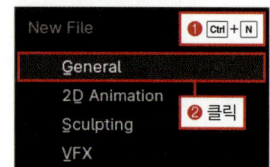 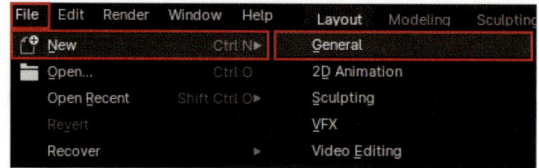

02 ❶ A 를 눌러 전체 선택하고 ❷ Delete 또는 X 를 눌러 디폴트 오브젝트들을 삭제합니다.

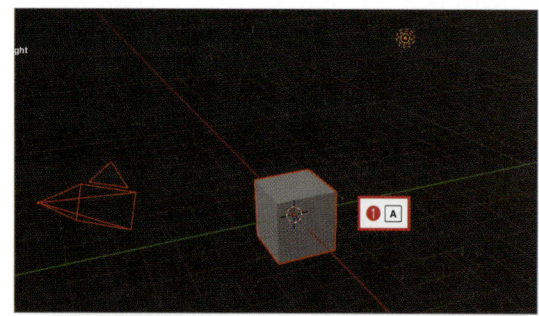 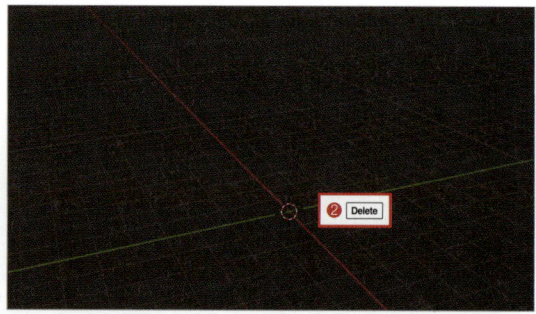

03 ❶ Shift + A 를 눌러 Add 메뉴를 열고 ❷[Mesh]-[UV Sphere]를 클릭하여 UV Sphere를 생성합니다.

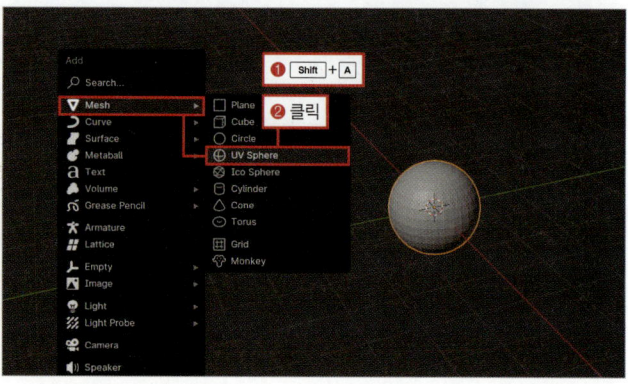

04 Sphere의 선택을 유지한 상태에서 ❶ Shift + D 를 누른 후 ❷ Y 를 눌러 복사 방향을 Y축으로 선택합니다. ❸마우스 커서를 움직여 원본과의 간격을 벌리고 ❹클릭하여 Sphere를 복제합니다.

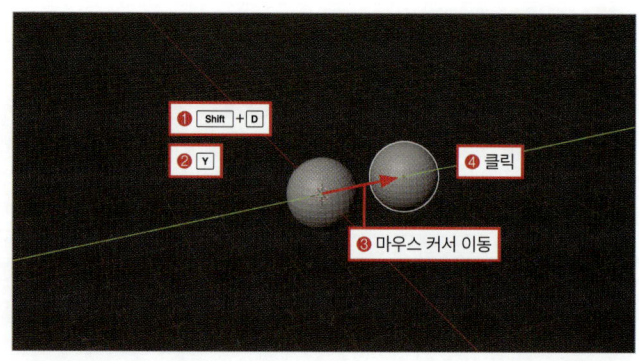

05
Shift+R 을 두 번 눌러 Sphere가 총 4개가 되도록 명령을 반복합니다.

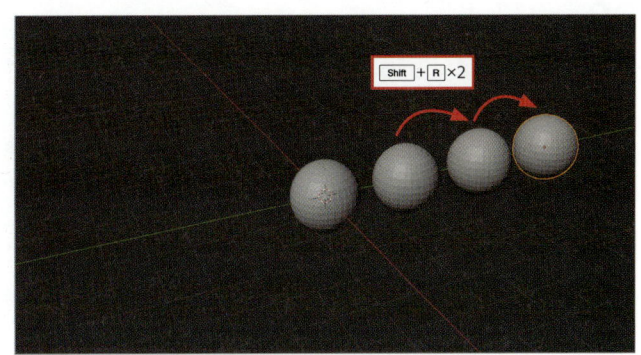

06
①A를 눌러 전체 선택하고 ②Num.을 누릅니다. ③마우스 가운데 버튼을 돌려 작업하기 편리한 크기로 뷰를 확대/축소하여 Sphere 4개가 화면 가운데 오도록 시점을 조정합니다.

T·I·P 앞으로 시점을 전환하는 넘버패드 단축키가 많이 사용됩니다. 사용 중인 키보드에 넘버패드가 없다면 26쪽을 참고하여 Viewpoint Gizmo로 시점을 전환하는 방법을 익힙시다.

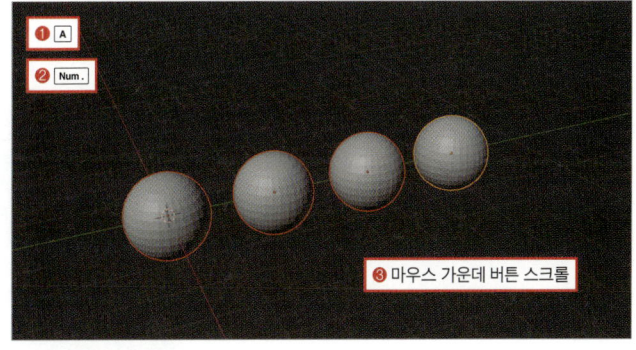

07
전체 선택이 유지된 상태로 ①마우스 오른쪽 버튼을 클릭하면 나타나는 메뉴에서 ②[Shade Smooth]를 클릭하여 Shade Smooth를 적용합니다.

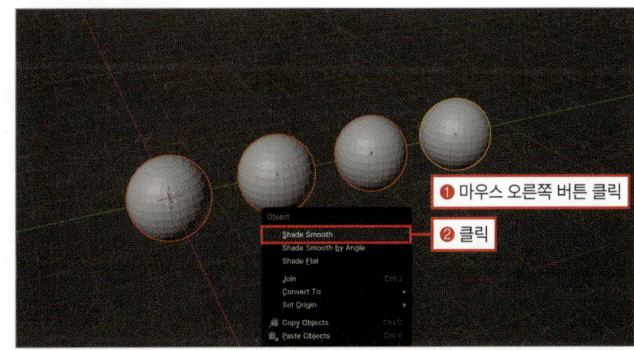

08 ❶가장 오른쪽 Sphere를 클릭하고 ❷마우스 오른쪽 버튼을 클릭하면 나타나는 메뉴에서 ❸[Shade Flat]을 클릭하여 Shade Flat을 적용합니다.

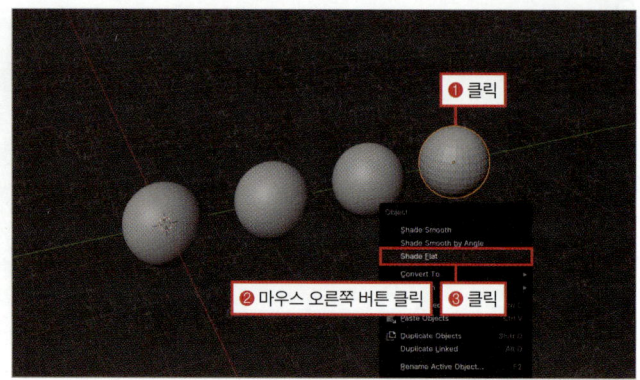

09 두 번째 Sphere에 Shade Smooth by Angled을 적용합니다.

09·1 ❶두 번째 Sphere를 클릭하고 ❷마우스 오른쪽 버튼을 클릭하면 나타나는 메뉴에서 ❸[Shade Smooth by Angle]을 클릭합니다.

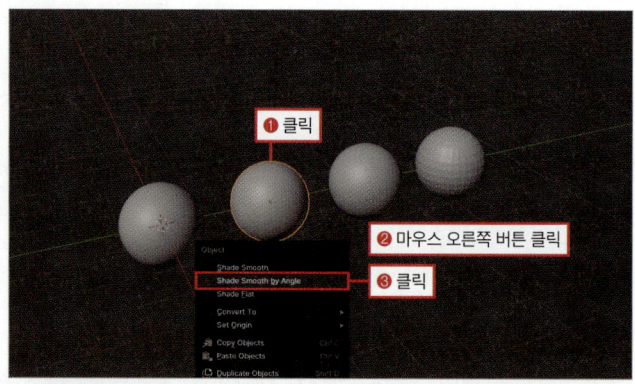

09·2 ❹F9를 눌러 Shade Smooth by Angle 설정 창을 열고 ❺Angle에 '10'을 입력하여 Shade Smooth by Angle을 적용합니다.

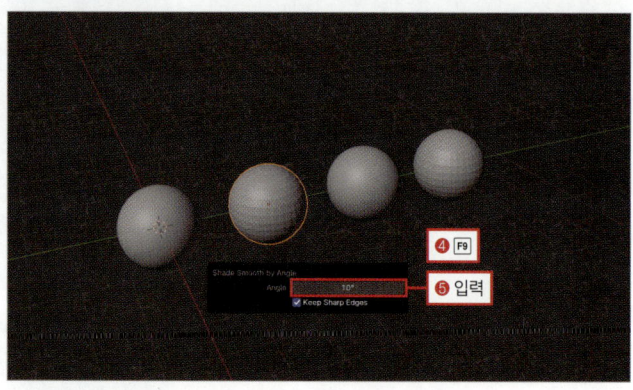

10 세 번째 Sphere에 Shade Smooth by Angled을 적용합니다.

10·1 ❶세 번째 Sphere를 클릭하고 ❷ 마우스 오른쪽 버튼을 클릭하면 나타나는 메뉴에서 ❸[Shade Smooth by Angle]을 클릭합니다.

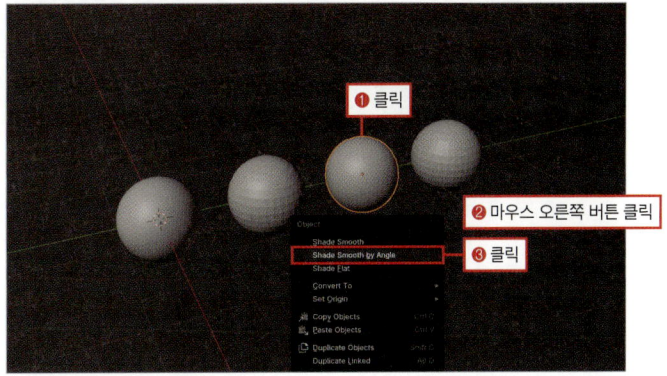

10·2 ❹F9를 눌러 Shade Smooth by Angle 설정 창을 열고 ❺Angle에 '5'를 입력하여 Shade Smooth by Angle을 적용합니다.

TIP Angle에 '5'를 입력하면 자동으로 도를 나타내는 단위 기호 °가 붙습니다. 이처럼 blender에서 수치를 입력할 수 있는 곳에는 숫자만 입력해도 단위 기호가 붙습니다.

다음과 같이 두 번째 Sphere는 상/하단 일부 면에 Shade Smooth가 적용되었고, 세 번째 Sphere는 대부분의 면이 꺾인 면으로 표현되어 Shade Flat를 적용한 네 번째 Sphere와 거의 같은 형태인 것을 확인할 수 있습니다.

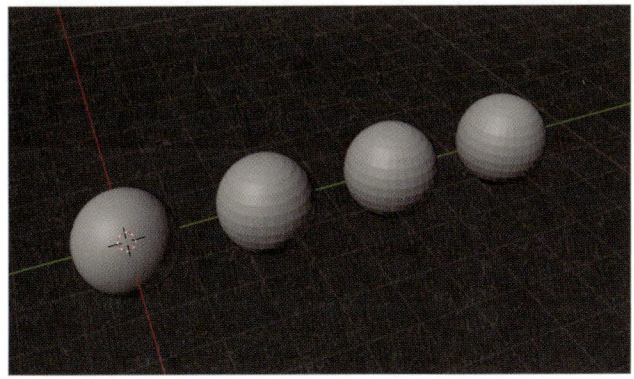

Properties와 Import 알아보기

Properties(속성 창)과 Import 기능에 관해 알아봅니다.

● Properties

Properties(속성 창)에서는 오브젝트의 형태/자세를 변형하거나 질감을 적용하고 특성을 변경하는 등의 작업을 할 수 있습니다. 이중 자주 사용하는 3가지 속성인 ❶Object 속성(■), ❷Data 속성(▽), ❸Material 속성(●)을 간단히 설명하겠습니다.

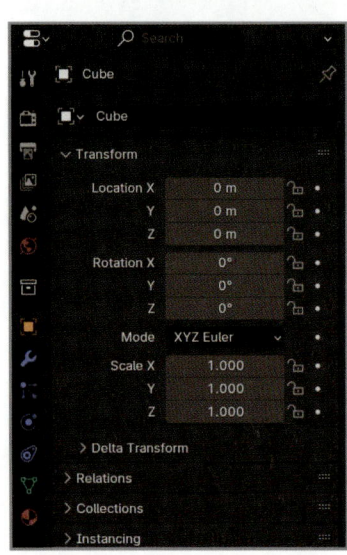

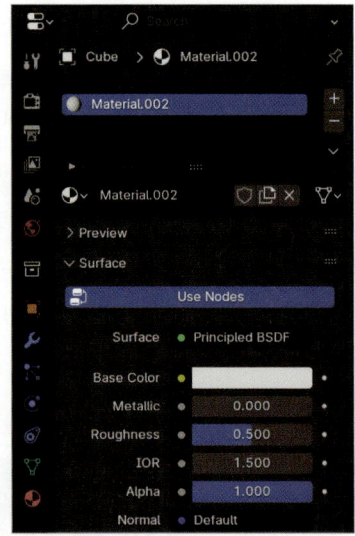

❶ **Object 속성**: Active 오브젝트의 Transform 속성을 변경할 수 있습니다.

❷ **Data 속성**: Active 오브젝트의 특성을 변경할 수 있으며, 각 오브젝트 유형에 따라 설정 옵션과 선택 아이콘이 달라집니다.

❸ **Material 속성**: Active 오브젝트의 색상과 질감을 적용할 수 있습니다.

● **Import**

다른 3D 소프트웨어나 프로젝트에서 모델링된 데이터를 현재 프로젝트에 불러오는 것을 Import라고 합니다. 상단 메뉴 [File]-[Import]에서 불러올 3D 데이터의 포맷을 선택하여 Import할 수 있습니다. 널리 사용되는 3D 데이터 포맷으로는 OBJ, STL, FBX 등이 있습니다.

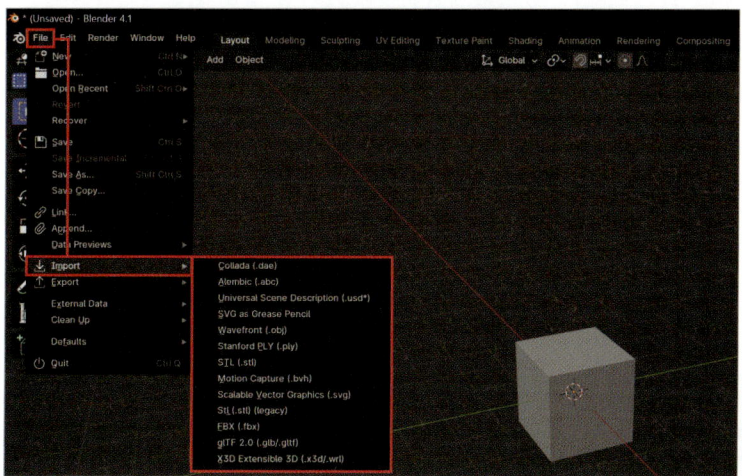

NOTE   널리 사용되는 3D 데이터 포맷 알아보기

① OBJ: 오래전부터 사용된 3D 데이터 포맷입니다. 주로 오브젝트의 형태 정보만을 포함하며, 대부분의 3D 소프트웨어에서 호환됩니다.
② STL: 3D 프린팅에 가장 널리 사용되는 데이터 포맷입니다.
③ FBX: 오브젝트의 형태와 함께 질감 및 애니메이션 데이터도 함께 포함합니다. 가장 널리 사용되는 포맷이며, 거의 모든 3D 소프트웨어에서 호환됩니다.

Blender에서 제작한 프로젝트는 .blend 확장자로 저장됩니다. Blender와 Blender 사이에서 데이터를 가져올 때는 Import를 이용하지 않고 복사-붙여넣기 방식을 사용할 수 있습니다.
가령, 다음과 같이 ❶A 프로젝트에서 오브젝트를 선택한 후 Ctrl+C로 복사한 후 ❷B 프로젝트에서 Ctrl+V로 붙여넣기하면 별도의 Import 과정 없이 파일을 불러올 수 있습니다.

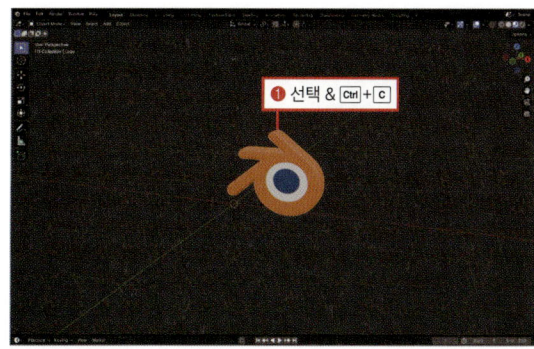 

T·I·P Import는 <CHAPTER 15>에서 한번 더 자세히 다룹니다.

Import한 오브젝트를
배열하고 색상 지정하기

Import 기능으로 .blend와 .fbx 파일을 불러와 배열하고 색상을 지정해봅니다.

◉ **준비 파일**: chapter02/chess.fbx, Logo.blend

이 예제를 따라하기 위해 알아야 하는 핵심기능

- Import하기 ← 050쪽 참고
- 오브젝트 삭제하기 ← 042쪽 참고
- 오브젝트 복제하기 ← 041쪽 참고

01 ❶ Ctrl + N 을 누르고 ❷[General]을 클릭하여 새 프로젝트를 만듭니다. 또는 상단 메뉴의 [File]-[New]-[General]을 클릭해도 됩니다.

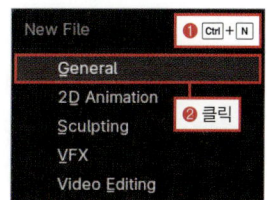

02 ❶가운데 Cube를 클릭하여 선택하고 ❷ Delete 또는 X 를 눌러 디폴트 오브젝트 중 Cube만 삭제합니다.

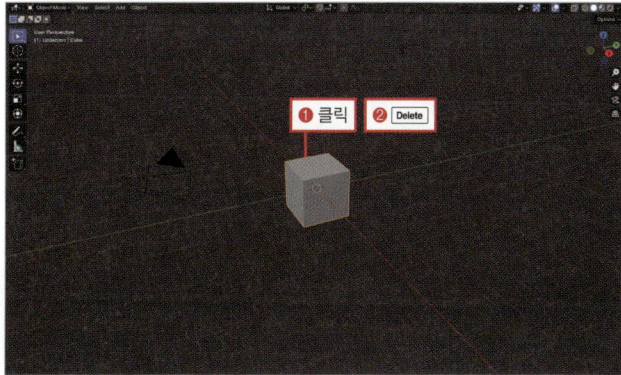

03 ❶상단 메뉴 [File]-[Import]-[FBX]를 클릭한 후 Blender File View 창에서 ❷chess.fbx를 선택하고 ❸[Import FBX] 버튼을 클릭하여 준비 파일을 Import합니다.

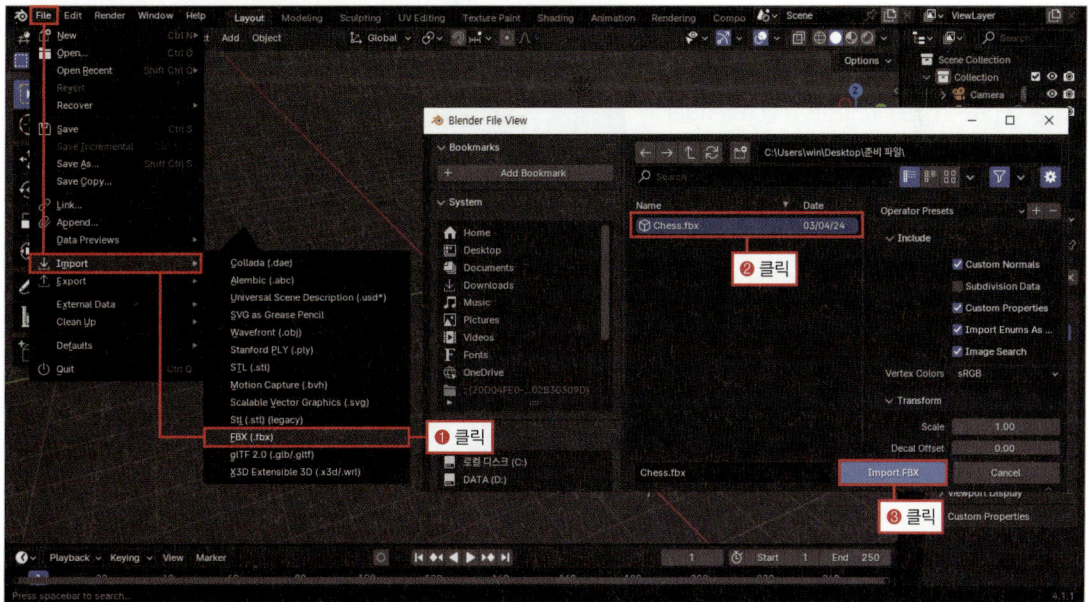

04 Logo.blend 파일의 오브젝트를 가져옵니다.

04·1 ❶파일탐색기에서 Logo.blend를 더블클릭하여 실행합니다.

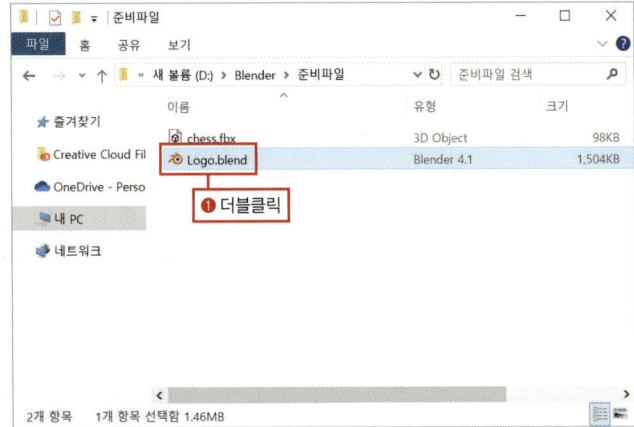

04·2 새로운 Blender 창이 실행되며 Logo.blend가 열리면 ❷A를 눌러 전체 선택하고 ❸Ctrl+C를 눌러 오브젝트를 복사합니다.

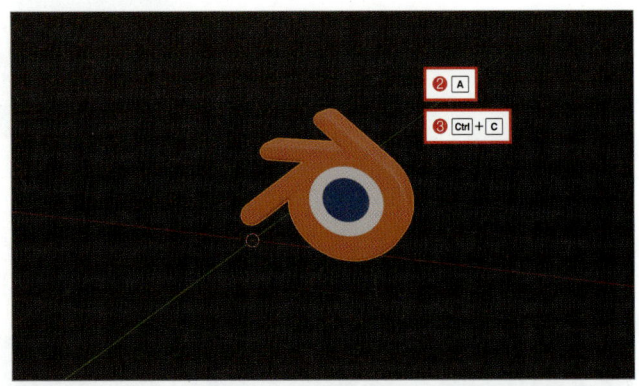

04·3 chess.fbx를 import했던 Blender 창(기존 프로젝트)으로 전환한 후 ❹Ctrl+V를 눌러 복사한 오브젝트를 붙여넣기합니다.

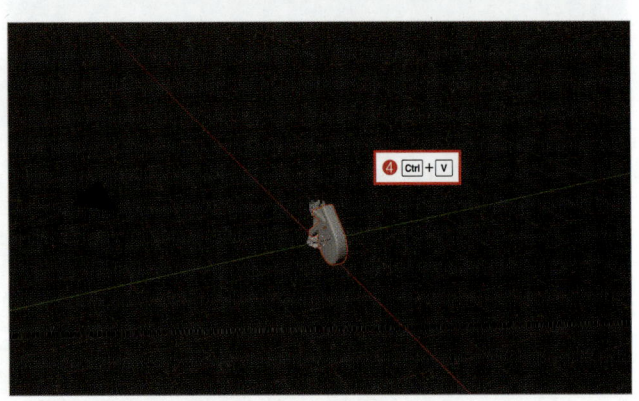

05 Blender 로고 오브젝트를 이동하겠습니다. ❶질감을 확인할 수 있도록 3D Viewport 오른쪽 위의 Viewport Shading에서 Material Preview(◉)를 클릭합니다. ❷Blender 로고 오브젝트를 클릭하여 선택한 후 ❸G를 눌러 Rook 오브젝트와 겹치지 않게 마우스 커서를 움직여 이동시킨 후 클릭하여 이동을 완료합니다. ❹F9를 눌러 Move 속성 창을 띄운 후 ❺이동거리에 소수점 자리가 없도록 Move X, Y, Z에 미터 단위로 수치를 입력합니다. 가령, -1.135라면 -1과 같이 수정합니다.

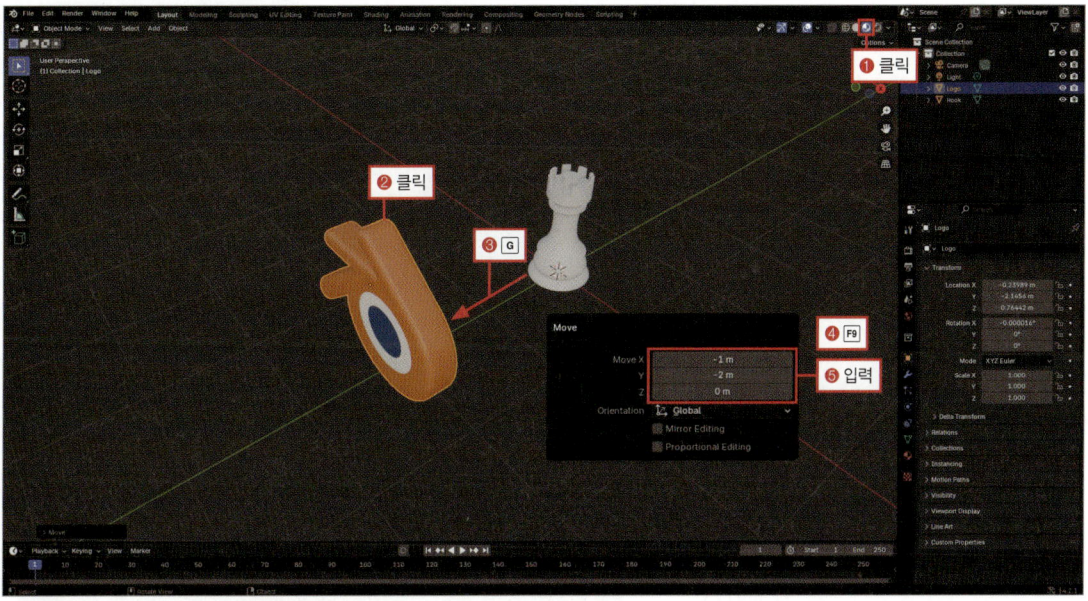

T·I·P 그림의 이동 수치를 참고하세요.

06 Rook 오브젝트를 총 5개로 복제하겠습니다. ❶Rook 오브젝트를 클릭하여 선택한 후 ❷Shift +D를 누르고 ❸Y를 눌러 복사 방향을 Y축으로 설정합니다. ❹이때 Ctrl을 누른 상태로 거리를 정확히 1m에 맞추어 마우스 커서를 움직여 이동한 후 클릭하여 완료합니다. ❺Shift+R을 눌러 명령을 반복하여 총 5개의 오브젝트로 복제합니다.

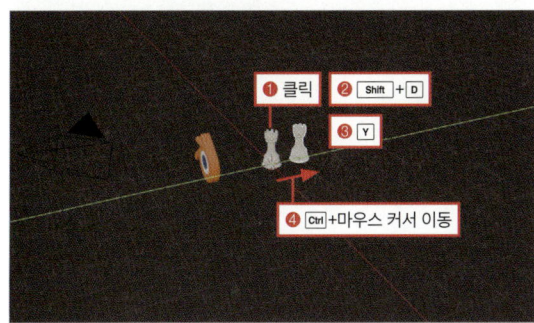 

07 Rook 오브젝트를 총 25개로 복제합니다.

07·1 ❶오른쪽 위 Outliner(오브젝트 목록 창)에서 Rook 오브젝트를 클릭하고 ❷Rook.004 오브젝트를 Shift +클릭하여 총 5개의 오브젝트를 동시 선택합니다.

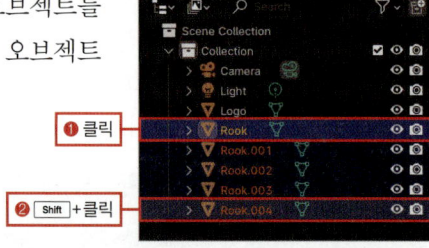

07·2 ❸ Shift + D 를 눌러 복사를 활성화하고 ❹ X 를 눌러 복사 방향을 X축으로 설정합니다. ❺ Ctrl 을 누른 상태로 거리를 정확히 1m에 맞추어 마우스 커서를 움직여 이동하고 클릭하여 완료합니다.

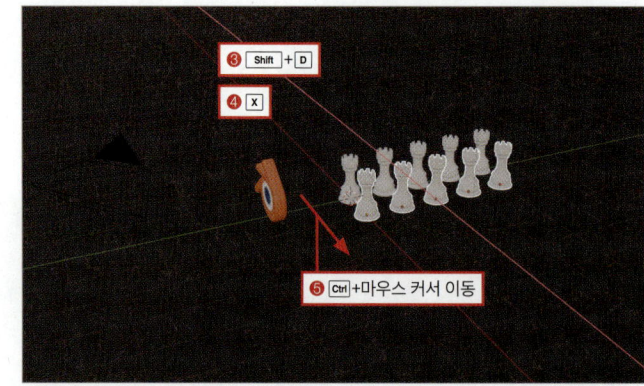

07·3 ❻ Shift + R 을 눌러 명령을 반복하여 총 25개의 오브젝트로 복제합니다.

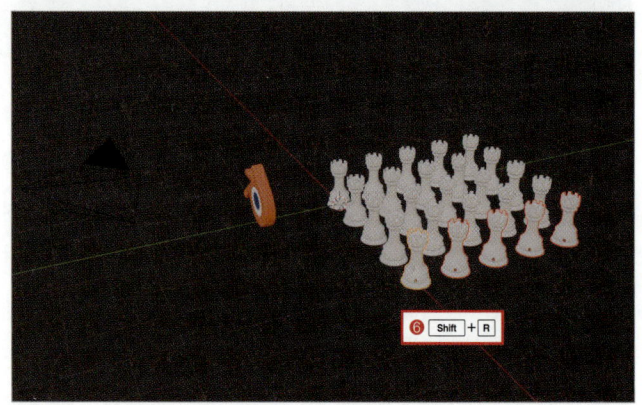

08 Text 오브젝트를 추가하겠습니다. ❶ Shift + A 를 눌러 Add 메뉴를 열고 ❷ [Text]를 클릭한 후 ❸ F9 를 눌러 Text 설정 창을 열고 ❹Rotation X에 '90'을 입력하여 텍스트를 세운 후 ❺Location X에 '1'을, 'Y'에 '-2'를 입력합니다.

T·I·P Location X에 '1'을 입력하면 자동으로 미터를 나타내는 단위 기호 m이 붙습니다. 이처럼 blender에서 수치를 입력할 수 있는 곳에는 숫자만 입력해도 단위 기호가 붙습니다. 따라서 앞으로 특별한 경우가 아니면 숫자만 표시하겠습니다.

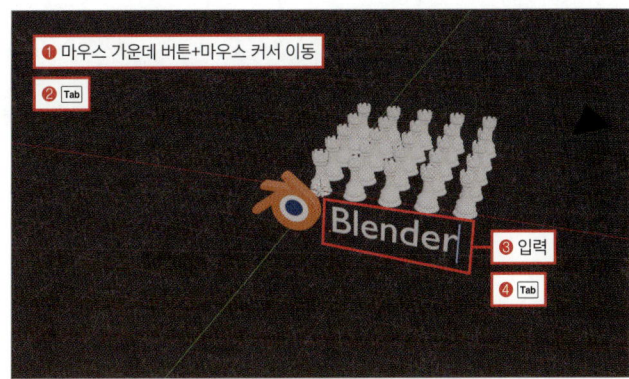

09 Text 오브젝트를 수정하겠습니다. ❶먼저 마우스 가운데 버튼을 클릭한 후 마우스 커서를 움직여 Text 오브젝트를 확인하기 좋은 시점으로 변경한 후 ❷ Tab 을 눌러 Edit Mode로 변경한 후 ❸ Text 오브젝트의 기존 내용을 삭제하고 'Blender'를 입력합니다. ❹다시 Tab 을 눌러 Object Mode로 돌아옵니다.

10 Text를 Extrude하여 부피감을 줍니다.

10·1 텍스트가 선택된 상태로 ❶ Num . 을 눌러 확대해 보면 부피가 없는 평면 형태라는 사실을 확인할 수 있습니다.

10·2 ❷오른쪽 아래 Properties에서 Data 속성(ⓐ)를 클릭한 후 ❸ Geometry의 드롭다운 버튼을 클릭하여 세부 내용을 펼치고 ❹Extrude 수치를 조절하여 두께를 설정합니다. 이 책에서는 '0.1'로 설정했습니다.

T·I·P 앞으로 마우스 가운데 버튼을 돌려 본인이 작업하기 편리한 크기로 뷰를 확대/축소합시다.

11 Rook 오브젝트에 색상을 적용합니다.

11·1 ❶앞줄 가장 왼쪽 Rook 오브젝트를 클릭하여 선택하고 ❷오른쪽 아래 Properties에서 Material 속성을 클릭합니다. ❸[New] 버튼을 클릭하여 새 질감을 추가합니다.

11·2 ❹Surface의 Base Color를 클릭한 후 ❺Hue, Saturation, Value 의 수치를 조절하여 원하는 색상을 지정합니다.

11·3 같은 방법으로 앞줄의 나머지 4개 오브젝트도 각각 다른 색을 적용합니다.

12 Text 오브젝트에 색상을 적용합니다.

12·1 ❶Text 오브젝트를 클릭하여 선택하고 ❷오른쪽 아래 Properties에서 Material 속성(🔴)을 클릭합니다. ❸[New] 버튼을 클릭하여 새 질감을 추가합니다.

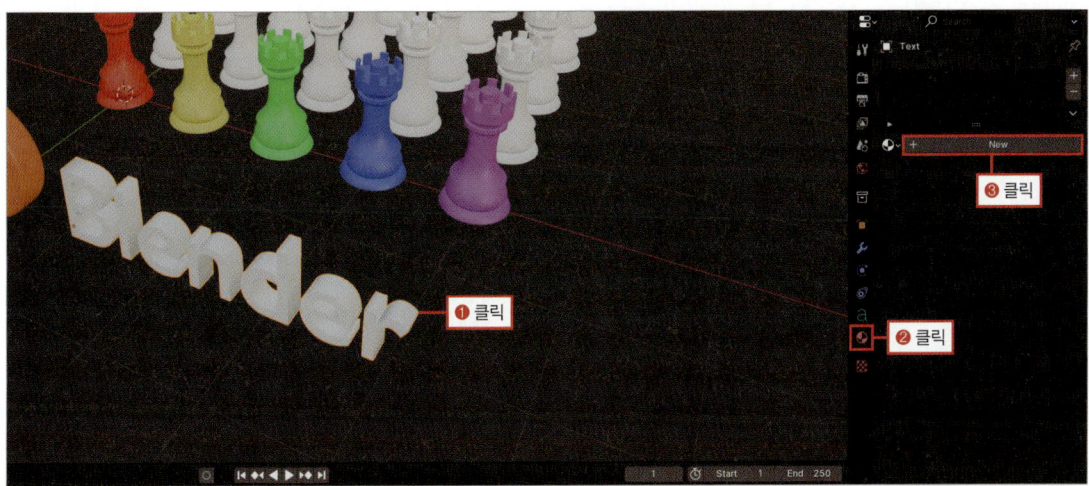

12·2 ❹Surface의 Base Color를 클릭한 후 ❺Hue, Saturation, Value를 조절하여 원하는 색상을 지정합니다. 이 책에서는 Hue를 '0.6', Saturation을 '0.9', Value를 '0.1'로 지정했습니다.

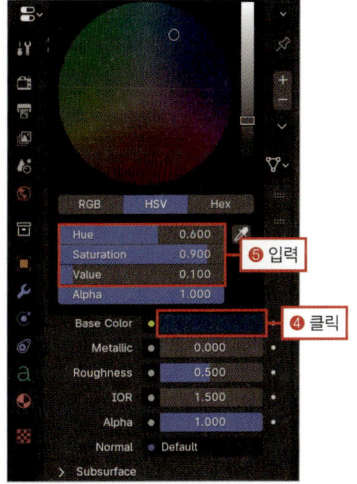

13 Plane으로 바닥을 만들겠습니다.
❶ Shift + A 를 눌러 Add 메뉴를 열고 ❷ [Mesh]-[Plane]을 클릭합니다. ❸ F9 를 눌러 Plane 설정 창을 열고 ❹Size에 '200'을 입력합니다.

14 바닥 Plane에 색상을 적용합니다.

14·1 ❶색상과 조명을 확인하면서 작업하기 위해 오른쪽 위의 Viewport Shading에서 Rendered(◉)를 클릭하여 Rendered로 전환합니다. ❷Plane 오브젝트를 선택한 후 ❸오른쪽 아래 Properties에서 Material 속성(◉)을 클릭하고 ❹[New] 버튼을 클릭하여 새 질감을 추가합니다.

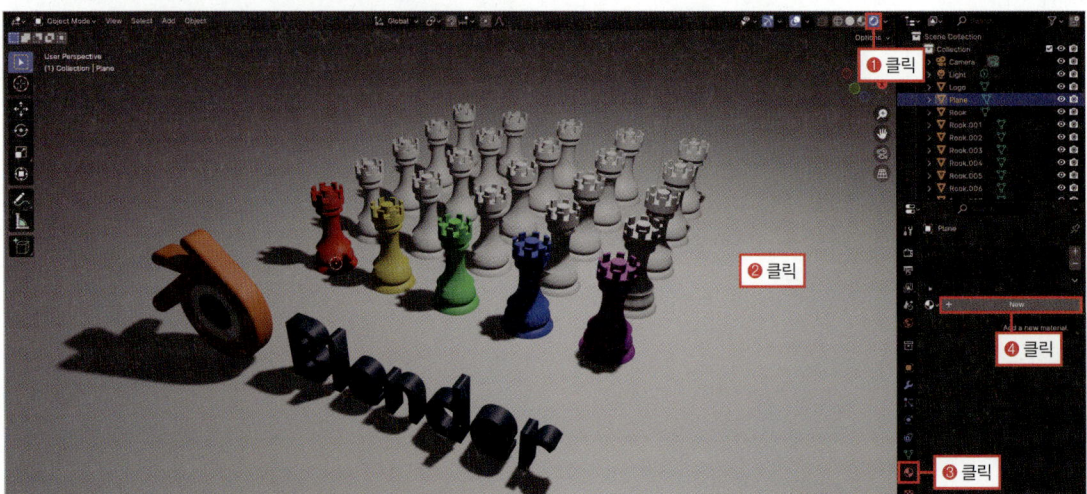

14·2 ❺Surface의 Base Color를 클릭하고 ❻Hue, Saturation, Value의 수치를 조절하여 원하는 색상을 지정합니다.

> **TIP** 채도(Saturation)와 명도(Value)가 너무 높지 않게 설정합니다.

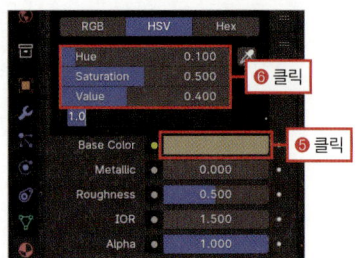

15 Ctrl+S를 눌러 Blender File View 창을 열고 기억하기 쉬운 위치로 이동한 후 [Save Blender File] 버튼을 클릭하여 프로젝트를 저장합니다.

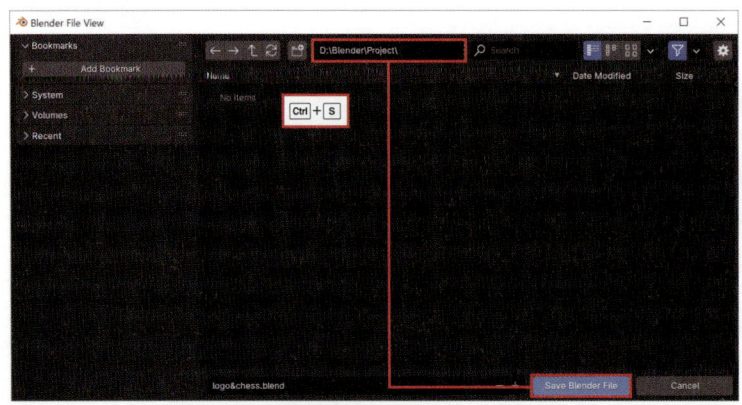

> **TIP** 이번 프로젝트를 〈CHAPTER 03〉의 예제에서 활용할 예정입니다. 경로와 파일명을 잘 기억해둡니다.

CHAPTER

3

프로젝트 저장과 렌더링하기

이것만 알아두자!

- 소스 파일을 프로젝트 파일에 함께 저장하는 방법을 배웁니다.
- 렌더링을 위한 설정과 렌더링 이미지를 저장하는 방법을 배웁니다.
- 앞서 만들었던 파일을 불러와 렌더링을 해봅니다. 그리고 렌더링 결과로 만들어진 이미지를 저장해봅니다.

프로젝트 소스 파일 같이 저장하기

소스 파일을 프로젝트 파일에 함께 저장하는 방법을 배웁니다.

Blender 프로젝트를 제작하면서 사용된 소스 파일을 .blend 파일 안에 함께 저장해두어야 프로젝트를 쉽게 관리할 수 있습니다. 그 방법을 앞서 실습에서 사용했던 Logo.blend 파일로 알아보겠습니다.
사용한 소스 파일을 프로젝트 파일에 함께 저장하려면 다음과 같이 상단 메뉴 [File]-[External data]-[Pack Resources]를 클릭합니다.

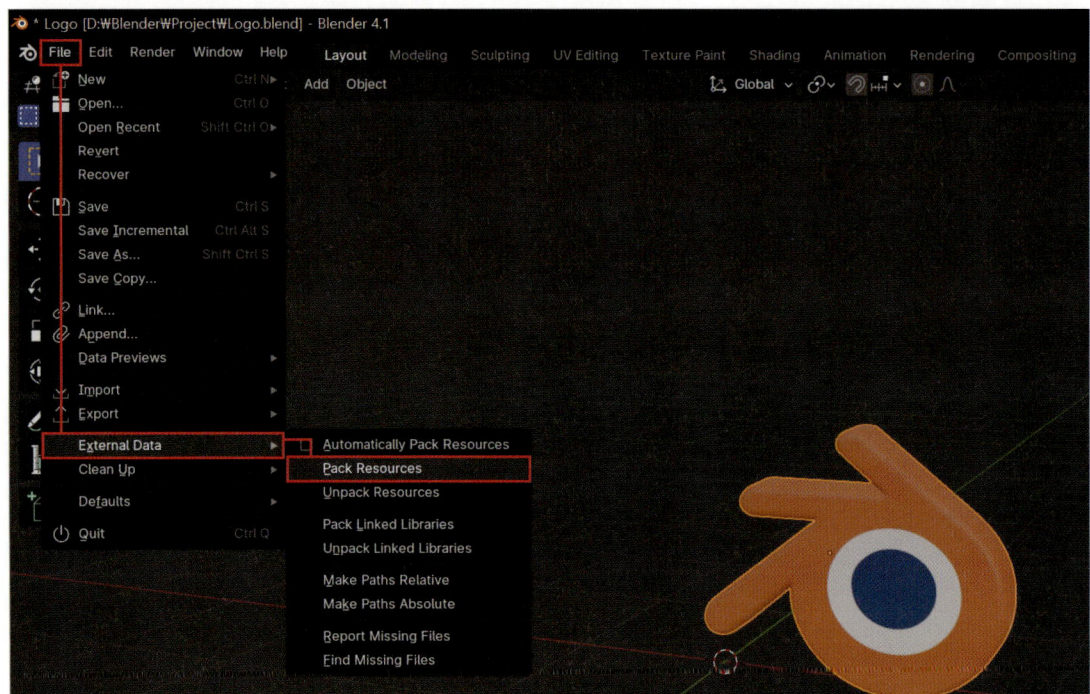

참고로 아래쪽의 Status Bar에 압축된 파일 수가 표시됩니다.

압축된 소스 파일을 압축 해제하려면 상단 메뉴 [File]-[External data]-[Unpack Resources]를 클릭하면 나타나는 메뉴에서 어떻게 해체할지에 관한 옵션을 선택하면 됩니다. 여기서는 자주 사용하는 옵션 2개만 설명하겠습니다.

❶ 프로젝트가 저장된 폴더에 소스 파일을 압축 해제

❷ 압축 당시 저장되어 있던 폴더에 소스 파일을 압축 해제

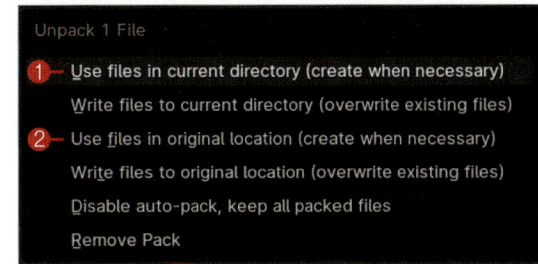

압축이 해제되면 다음과 같이 Status Bar에 저장된 경로가 표시됩니다.

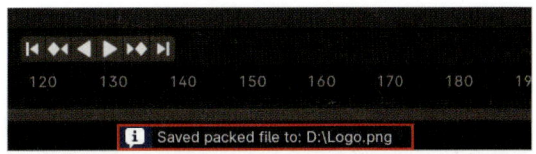

렌더링하기

렌더링을 위한 설정과 렌더링 이미지를 저장하는 방법을 배웁니다.

3D 그래픽에서 렌더링(Rendering)이란 작업 결과물을 이미지나 동영상 파일로 저장하는 것을 말합니다. blender에서는 현재 3D Viewport에서 우리가 보고 있는 시점이 아닌 카메라가 바라보는 장면을 렌더링합니다.

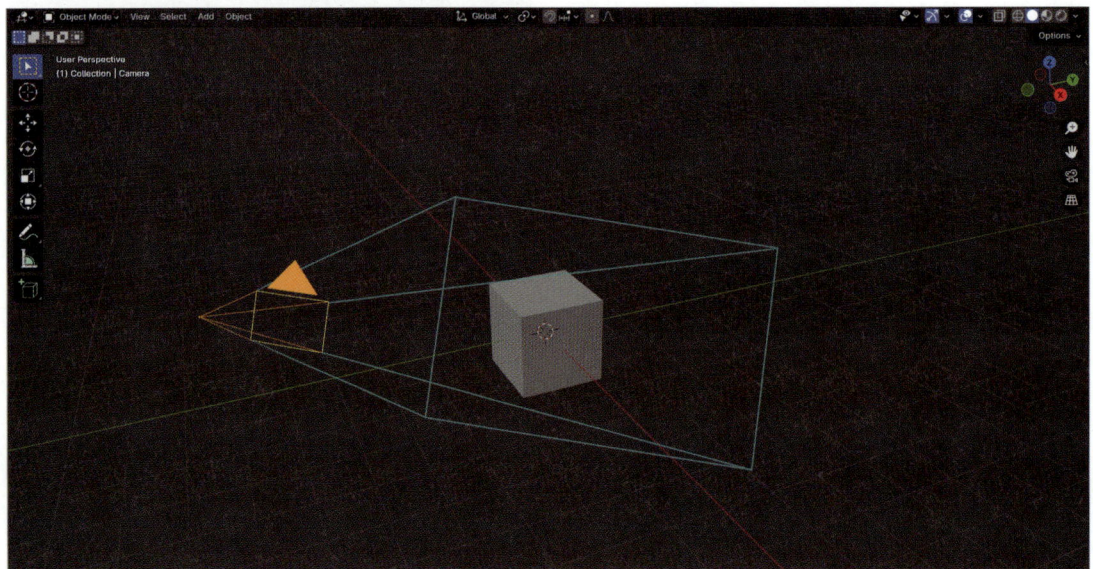

● **렌더링 뷰 설정하기**

카메라가 바라보는 시점과 현재 우리가 바라보고 있는 Viewport 시점을 일치시키는 방법이 있습니다. Viewpoint Gizmo 아래에 있는 4개의 아이콘 중 Toggle the camera view(📷)를 클릭하거나 Num 0 을 누르면 우리가 바라보는 Viewport 시점이 카메라가 바라보는 시점으로 이동하여 일치됩니다. 다시 Num 0 을 누르면 기존 시점으로 돌아옵니다.

반대로 Ctrl + Alt + Num 0 을 누르거나 상단 메뉴 [View]-[Cameras]-[Set Active Object as Camera]를 클릭하면 반대로 카메라가 우리가 바라보고 있는 Viewport 시점으로 이동하여 일치하게 됩니다. 카메라 시점과 Viewport 시점이 일치하면 다음과 같이 3D Viewport 가운데에 점선 프레임이 나타납니다. 이 영역이 렌더링되는 시점입니다. 이때 시점을 회전하면 카메라 시점과 Viewport 시점이 다시 틀어지게 됩니다.

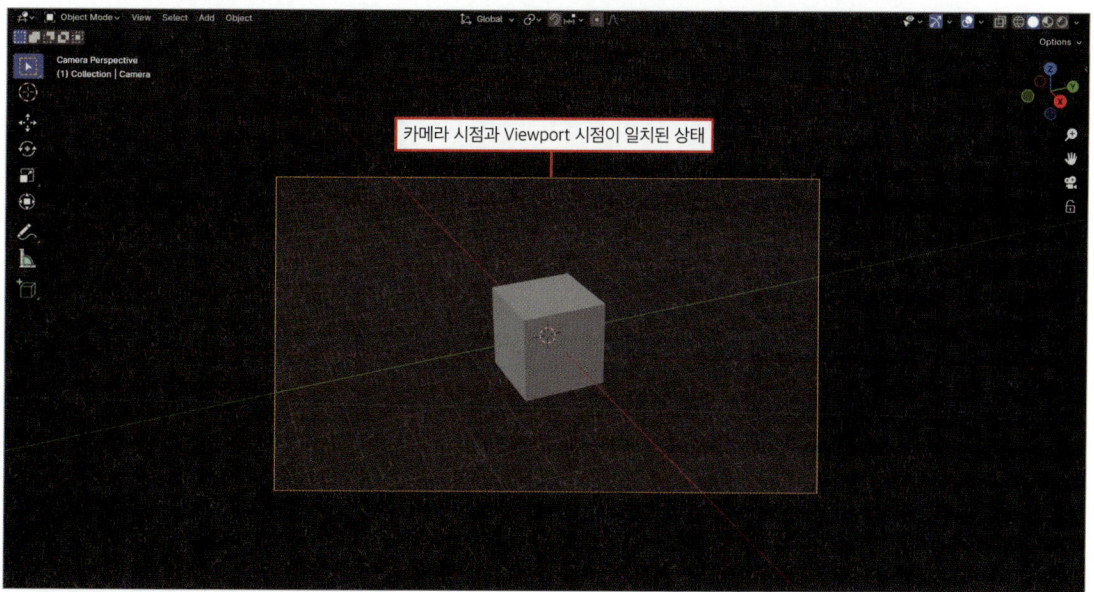

카메라 시점과 Viewport 시점을 고정하려면 ❶ Num 0 또는 Ctrl + Alt + Num 0 을 눌러 먼저 시점을 일치시킨 후 ❷ N 을 눌러 사이드 메뉴를 열고 ❸View 탭에서 ❹Lock Camera to View를 체크합니다. 다시 N 을 눌러 사이드 메뉴를 닫습니다.

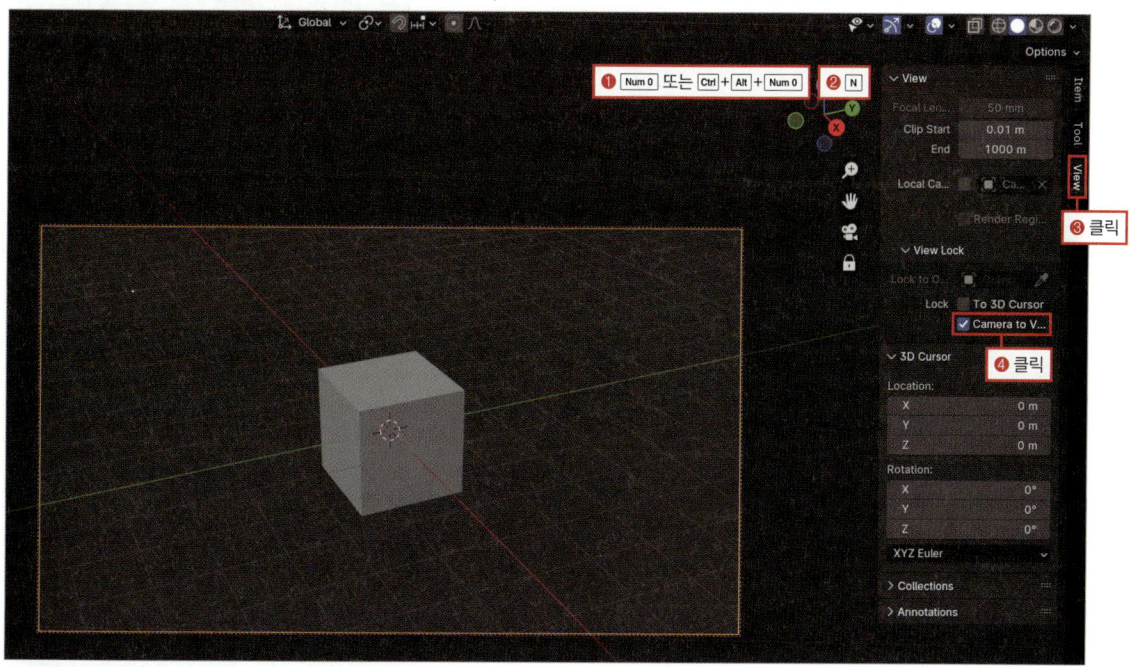

T·I·P Lock Camera to View가 설정되어 있는 상태에서도 [NUM 0]을 눌러 카메라 시점과 Viewport 시점을 분리할 수 있습니다.

이와 같이 Lock Camera to View를 설정하면 시점을 회전하더라도 카메라의 시점이 Viewport 시점을 계속 따라오기 때문에 카메라의 렌더링 뷰를 설정하기 수월합니다.

● 렌더러란

렌더러(Renderer)는 렌더링을 하는 도구를 의미합니다. blender에서는 다음과 같이 3가지 렌더러를 활용할 수 있습니다.

❶ **Eevee**: 매우 사실적으로 렌더링하면서도 렌더링 시간을 획기적으로 줄인 실시간 렌더러입니다.

❷ **Workbench**: 최종 결과물을 렌더링하기 위한 렌더러가 아닌, 시뮬레이션이나 애니메이션을 미리보기 위한 렌더러입니다.

❸ **Cycles**: 시뮬레이션을 통해 빛을 추적하는 방식의 물리 기반 렌더러이며 굉장히 사실적이고 정교한 결과물을 얻을 수 있지만 긴 렌더링 시간이 필요합니다.

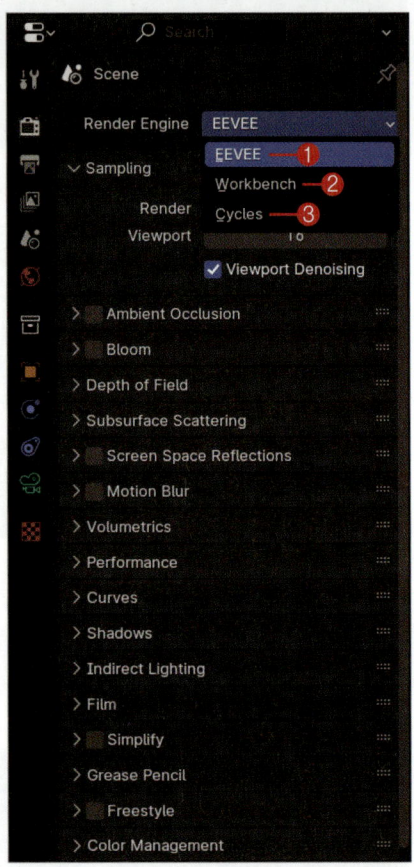

● 공간의 밝기 조절하기

렌더링하기 전에 오른쪽 위 Viewport Shading에서 Rendered(◎)를 선택하여 공간의 밝기를 확인해야 합니다. 만약 조명이 없다면 다음과 같이 오른쪽 아래 Properties - World 속성(◉)의 Surface에서 배경색(Color)과 명도(Strength)를 조절하여 공간을 약간 밝게 할 수 있습니다.

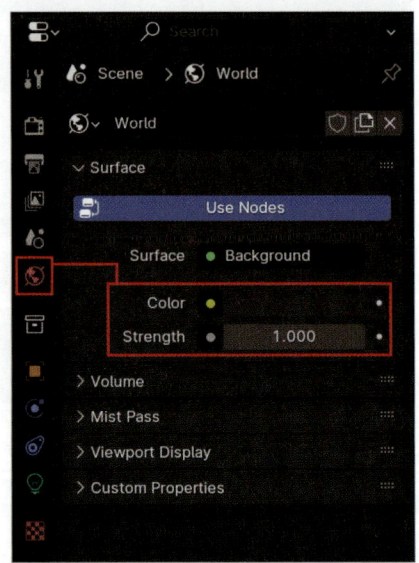

Blender 프로젝트의 디폴트 오브젝트로 설치되어 있는 Light를 조절하여 더 자연스럽게 공간의 밝기를 조절할 수 있습니다. ❶Light 오브젝트를 선택한 후 ❷오른쪽 아래 Properties의 Data 속성(🟢)을 클릭하고 ❸Power 수치를 조정하는 것으로 빛의 밝기를 조절할 수 있습니다.

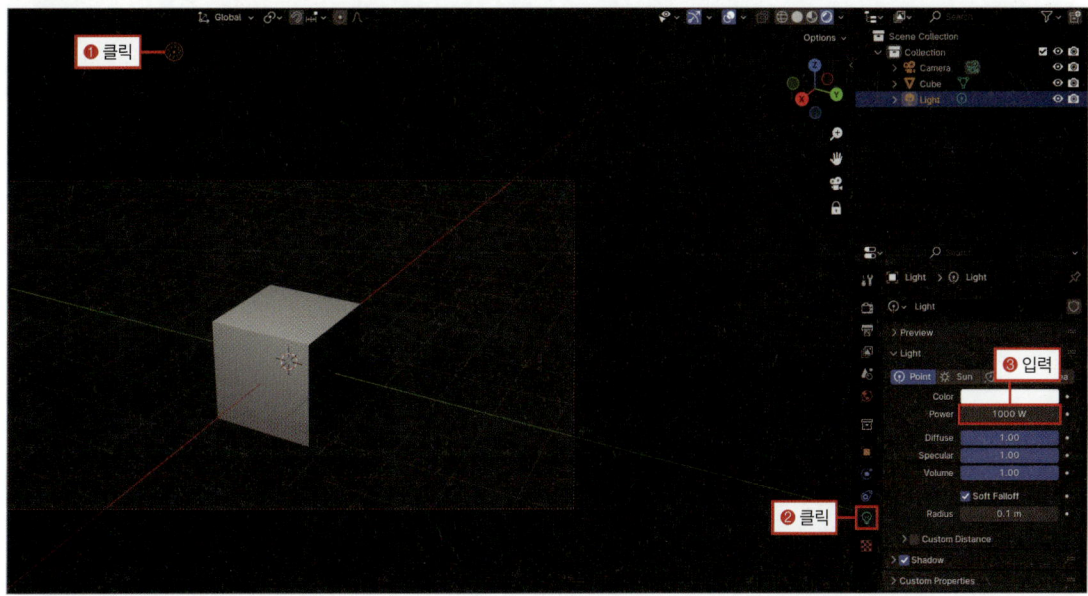

● 렌더링 실행하기

설치된 카메라가 여러 대인 경우 Outliner(오브젝트 목록 창)에서 녹색 카메라(🟢)를 클릭하여 렌더링할 카메라를 선택할 수 있습니다. 즉, 녹색 카메라 아이콘이 활성화되어 있는 카메라의 시점이 레더링 시점이 되는 것입니다.

상단 메뉴 [Render]-[Render Image]를 클릭하거나 F12 를 눌러서 다음과 같이 렌더링 설정을 할 수 있는 Blender Render 창을 열 수 있습니다. 이 창에서 보이는 이미지는 렌더링 결과입니다.

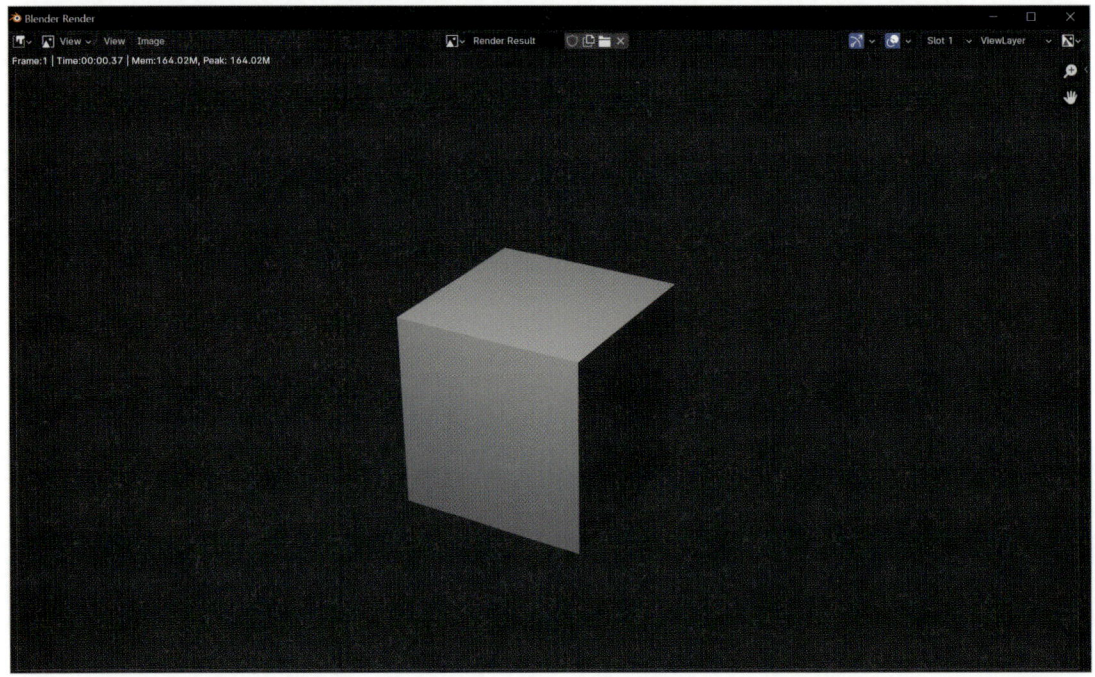

Blender Render 창의 메뉴 [Image]-[Save]를 누르거나 Alt + S 를 누르면 렌더링 결과를 이미지 파일로 저장할 수 있는 창이 열립니다. 여기서 [Save As Image] 버튼을 클릭하면 이미지 파일이 저장됩니다.

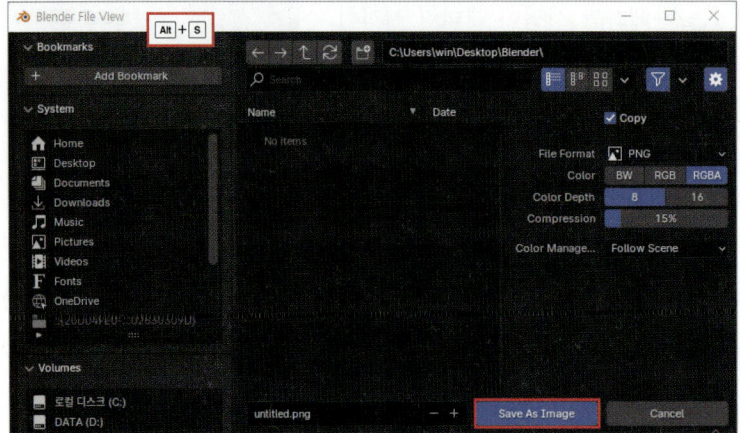

렌더링 이미지 저장하기

앞서 만들었던 파일을 불러와 렌더링을 해봅니다. 그리고 렌더링 결과로 만들어진 이미지를 저장해봅니다.

⊙ 준비 파일: chapter03/Logo&chess.blend

이 예제를 따라하기 위해 알아야 하는 핵심기능

- Import하기 ← 050쪽 참고
- 렌더링 뷰 설정하기 ← 064쪽 참고
- 공간의 밝기 조절하기 ← 066쪽 참고
- 렌더링 실행하기 ← 067쪽 참고

01 상단 메뉴 [File]-[Open]을 클릭하거나 Ctrl+O를 눌러 〈Import한 오브젝트를 배열하고 색상 지정하기〉에서 저장했던 프로젝트 파일 또는 준비 파일 'Logo&chess.blend'를 불러옵니다.

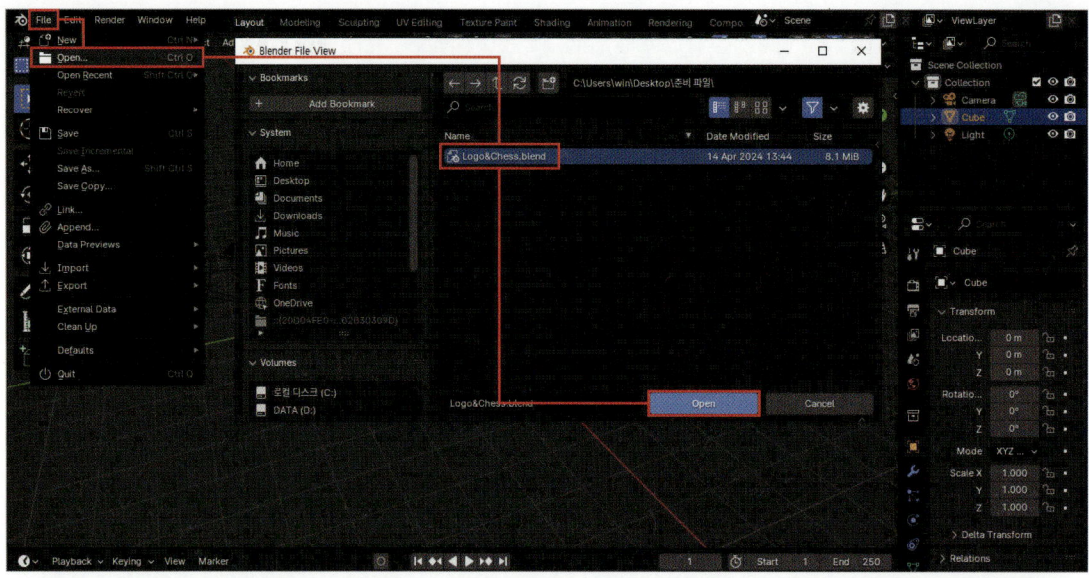

02 카메라와 Viewport 시점을 일치시킵니다.

02·1 ❶ Ctrl + Alt + Num 0 을 누르거나 상단 메뉴 [View]-[Cameras]-[Set Active Object as Camera]를 클릭하여 카메라 시점을 Viewport 시점과 일치시킵니다. 이러면 다음과 같이 화면 가운데 렌더링 영역이 좁게 보입니다.

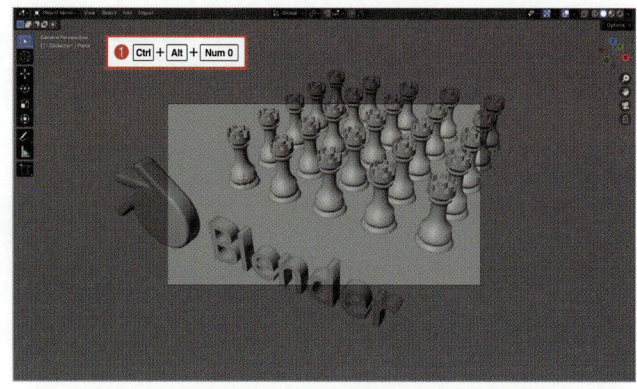

02·2 ❷ 마우스 가운데 버튼을 위로 돌려 화면을 확대합니다. 이러면 다음과 같이 렌더링 영역도 같이 커집니다.

02-3 ❸N을 눌러 사이드 메뉴를 열고 ❹View 탭에서 ❺ Lock Camera to View를 체크합니다. ❻다시 N을 눌러 사이드 메뉴를 닫습니다.

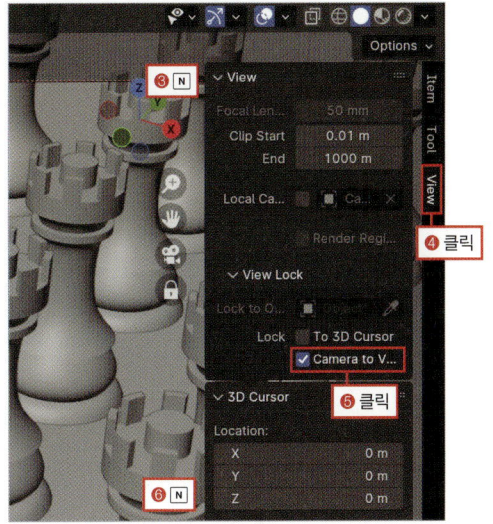

03 작업 공간의 배경 밝기를 낮추겠습니다. ❶Rendered(⬤)로 전환하여 색상과 조명을 확인할 수 있도록 합니다. 그리고 ❷오른쪽 아래 Properties의 World 속성(🌐)을 클릭하고 ❸Surface의 Strength 수치를 '0'으로 설정합니다.

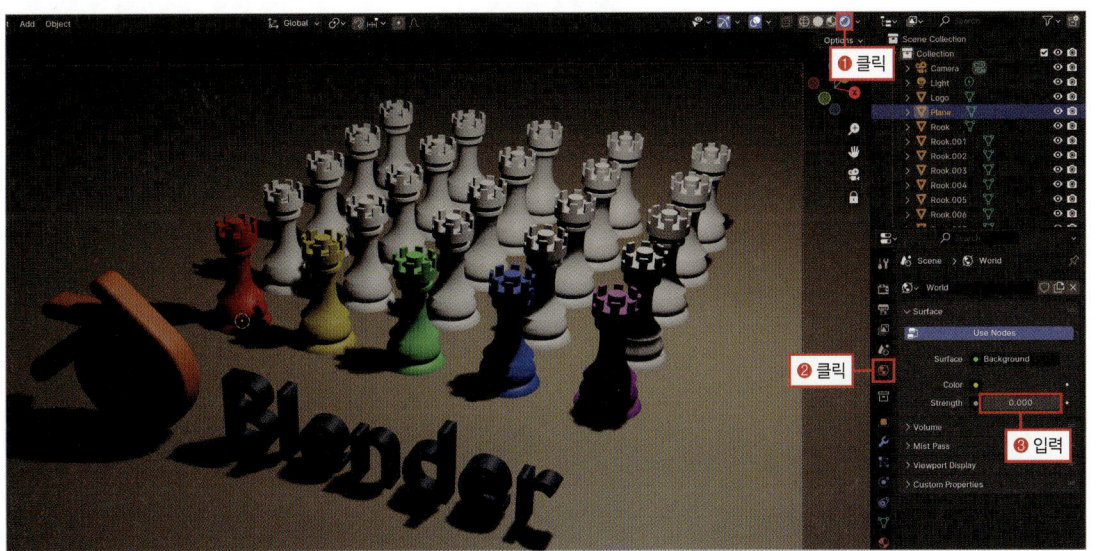

T·I·P 기본 배경의 밝기가 0으로 설정되면 그림자 영역이 너무 어둡게 표현됩니다.

04 공간을 더 밝혀주기 위해 라이트를 복제하고 적절한 위치에 배치합니다.

04·1 ❶ `Num 7`을 눌러 +Z 방향이 정면이 되도록 시점을 전환합니다. ❷ Outliner(오브젝트 목록 창)에서 Light 오브젝트를 선택하고 ❸ 3D Viewport에서 `G`를 눌러 Light 오브젝트가 다른 오브젝트들의 오른쪽에 배치되도록 마우스 커서를 움직여 이동시킵니다.

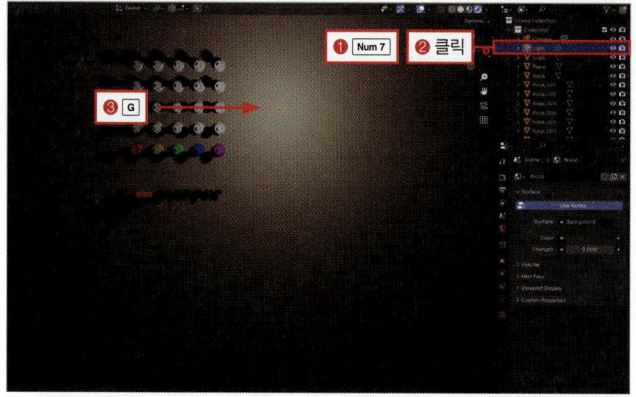

04·2 ❹ `Shift`+`D`를 누르고 마우스 커서를 움직여 Light 오브젝트를 Logo 오브젝트의 왼쪽으로 복사-배치합니다. ❺ `Shift`+`D`를 한 번 더 눌러 Light 오브젝트를 Logo 오브젝트의 앞쪽에 복사-배치합니다.

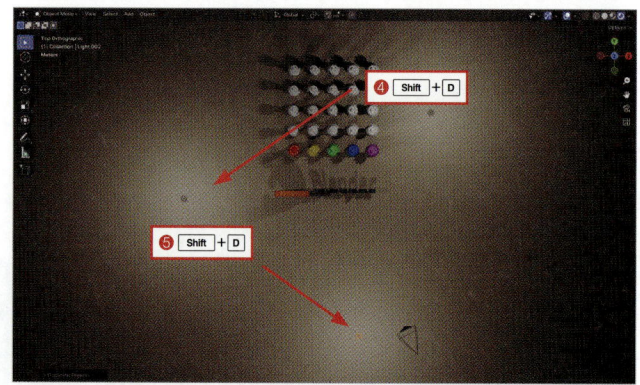

05 `Num 0` 또는 Viewpoint Gizmo 아래의 Toggle the camera view(📷)를 눌러 카메라 시점으로 전환합니다.

06 Light 밝기를 조절하겠습니다. ❶Outliner(오브젝트 목록 창)에서 Ctrl을 누른 채로 Light, Light.001, Light.002 오브젝트를 각각 클릭하여 동시 선택합니다. ❷오른쪽 아래 Properties의 Data 속성( )에서 ❸Light의 ❹Power 수치를 Alt+클릭한 후 '2000 W'로 설정합니다. ❺Shadow의 ❻Filter 수치를 Alt+클릭하고 '2.0'으로 설정합니다.

T·I·P Alt+클릭한 후 속성을 변경하면 동시 선택된 여러 개의 오브젝트에 변경 내용이 일괄 적용됩니다.

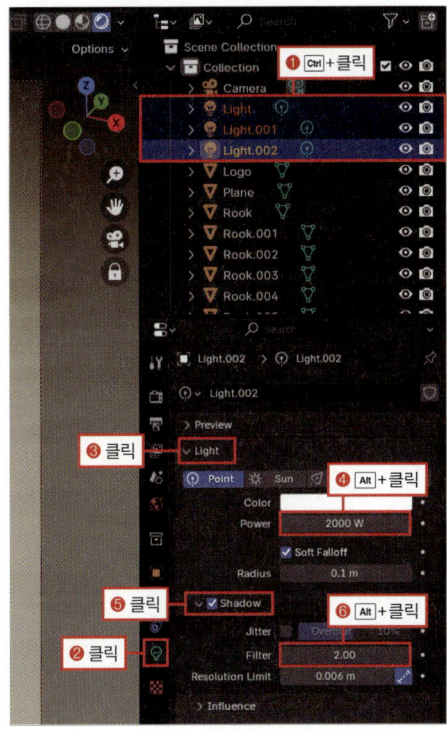

07 Render 옵션을 설정하겠습니다. ❶Render 속성에서 ❷Raytracing을 체크합니다.

T·I·P Raytracing은 2차 빛 반사를 더욱 자연스럽게 계산하는 기능입니다.

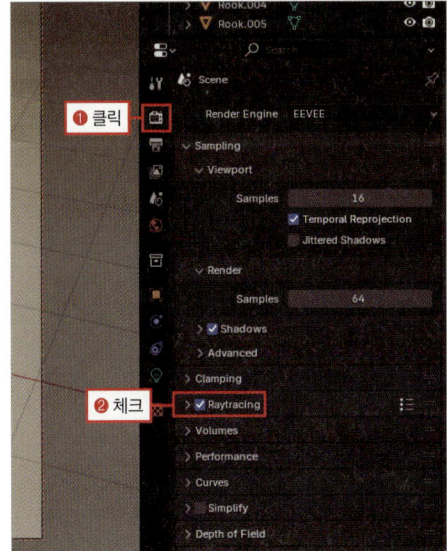

08 이미지로 렌더링하겠습니다. F12를 눌러 Blender Render 창에서 결과를 확인한 후 Alt + S를 눌러 이미지 파일로 저장합니다.

09 저장한 위치에 다음과 같이 이미지 파일이 생성된 것을 확인할 수 있습니다.

CHAPTER

4

스냅 기능
활용하기

이것만 알아두자!

- 스냅 기준을 설정하고 오브젝트를 대상에 스냅하는 방법을 배웁니다.
- 기본 오브젝트와 스냅 기능을 이용하여 책상과 책꽂이를 만들어봅니다.

오브젝트 스냅하기

스냅 기준을 설정하고 오브젝트를 대상에 스냅하는 방법을 배웁니다.

스냅 기능을 이용하면 오브젝트나 엘리먼트(점, 선, 면)를 다른 대상에 쉽게 정렬할 수 있습니다. 3D Viewport 위쪽의 Snap(　)을 클릭하면 스냅 기능을 사용할 수 있습니다. 또는 Ctrl을 누르고 있는 동안 일시적으로 스냅 기능을 활성화할 수 있습니다.

● 스냅 기준 선택하기

Snap(　) 옆의 Snapping(　)을 클릭하면 다음과 같은 메뉴가 나타납니다. 여기서 스냅 기준과 대상 옵션을 설정할 수 있습니다. Snap With에서는 선택한 오브젝트의 어떤 요소가 대상에 스냅될 것인지 선택합니다.

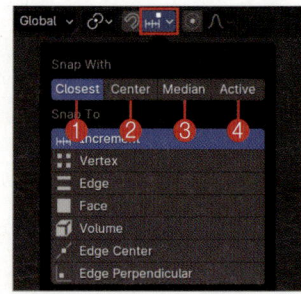

❶ **Closest**: 스냅 대상에 가장 가까운 점이 스냅됩니다.
❷ **Center**: 선택한 오브젝트의 기준점(Origin)이 스냅됩니다.
❸ **Median**: 선택한 요소의 중앙값이 스냅됩니다.
❹ **Active**: Active 오브젝트가 스냅됩니다.

● 스냅 대상 선택하기

Snap To에서는 선택한 오브젝트가 대상의 어떤 요소에 스냅될 것인지 선택합니다.

❶ **Increment**: 3D Viewport의 그리드에 스냅됩니다.
❷ **Vertex**: 마우스 커서가 위치한 점에 스냅됩니다.
❸ **Edge**: 마우스 커서가 위치한 선에 스냅됩니다.
❹ **Face**: 마우스 커서가 위치한 면에 스냅됩니다.
❺ **Volume**: 마우스 커서가 위치한 오브젝트 내부에 스냅됩니다.
❻ **Edge Center**: 마우스 커서가 위치한 선의 중앙에 스냅됩니다.
❼ **Edge Perpendicular**: 마우스 커서가 위치한 선의 가장 가까운 직각에 스냅됩니다.

● 스냅 기준 마우스로 직접 선택하기

Snap With에서 기준 요소를 선택하지 않고 마우스로 직접 선택할 수도 있습니다.
❶ G 를 눌러 오브젝트 이동 중 ❷ B 를 누르면 스냅 기준을 마우스로 직접 선택할 수 있습니다. ❸이 상태로 스냅할 대상으로 이동하면 선택한 요소가 대상에 스냅됩니다.

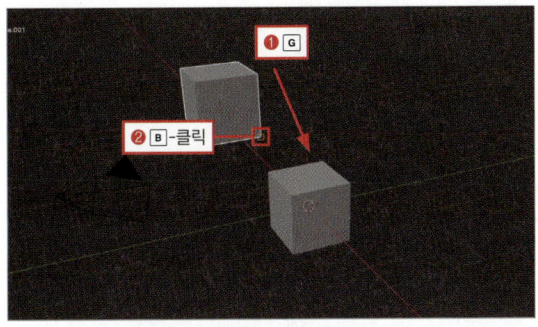 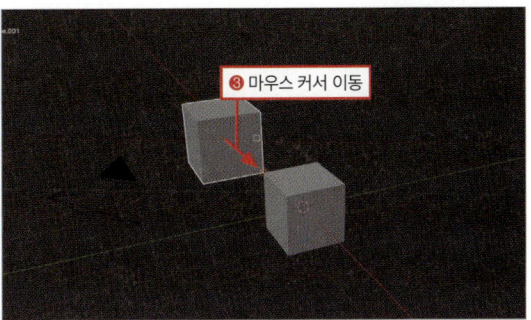

● 축 고정 스냅하기

스냅 활성화 상태로 이동 중에 X, Y, Z축 방향을 선택할 수 있습니다. 이동 시 축을 고정했던 것과 동일하게 각각 X , Y , Z 를 누르면 됩니다. 이 경우 선택된 축 방향으로만 스냅이 적용됩니다.

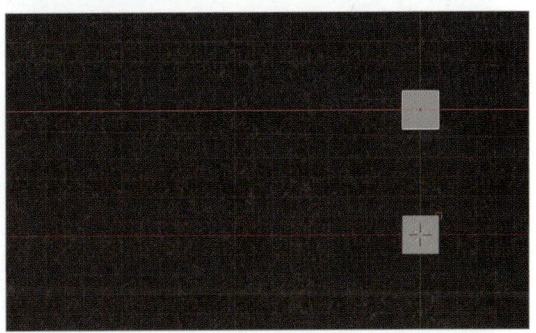

책상 만들기

기본 오브젝트와 스냅 기능을 이용하여 책상을 만들어봅니다.

―― 이 예제를 따라하기 위해 알아야 하는 핵심기능 ――――――――――

- 오브젝트 생성하기 ← 031쪽 참고
- 오브젝트 크기 조절하기 ← 040쪽 참고
- 오브젝트 색상 지정하기 ← 058쪽 참고
- 오브젝트 스냅하기 ← 076쪽 참고

01 ❶ Ctrl + N 을 누르고 ❷[General]을 클릭하여 새 프로젝트를 만듭니다.

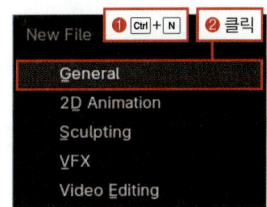

02 ❶디폴트 오브젝트 중 Cube를 클릭하여 선택하고 ❷ Delete 또는 X 를 눌러 삭제합니다.

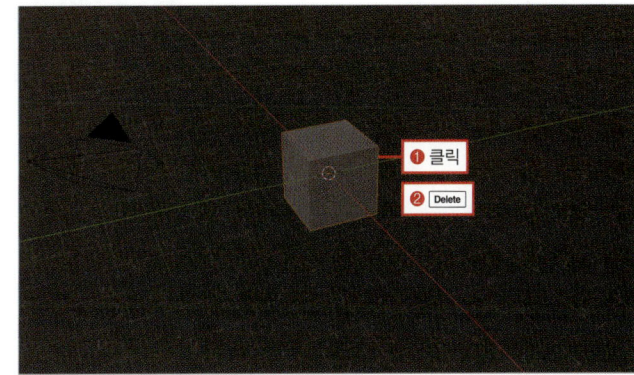

03 책상 측면으로 제작할 1cm 크기의 Cube를 생성합니다.

03·1 ❶헤더 메뉴 [Add]-[Mesh]-[Cube]를 클릭하여 Cube 오브젝트를 만듭니다. 또는 Shift + A 를 눌러 Add 메뉴를 열고 [Mesh]-[Cube]를 클릭합니다. ❷ F9 를 눌러 Add 설정 창을 열고 ❸Size를 '0.01'로 설정합니다.

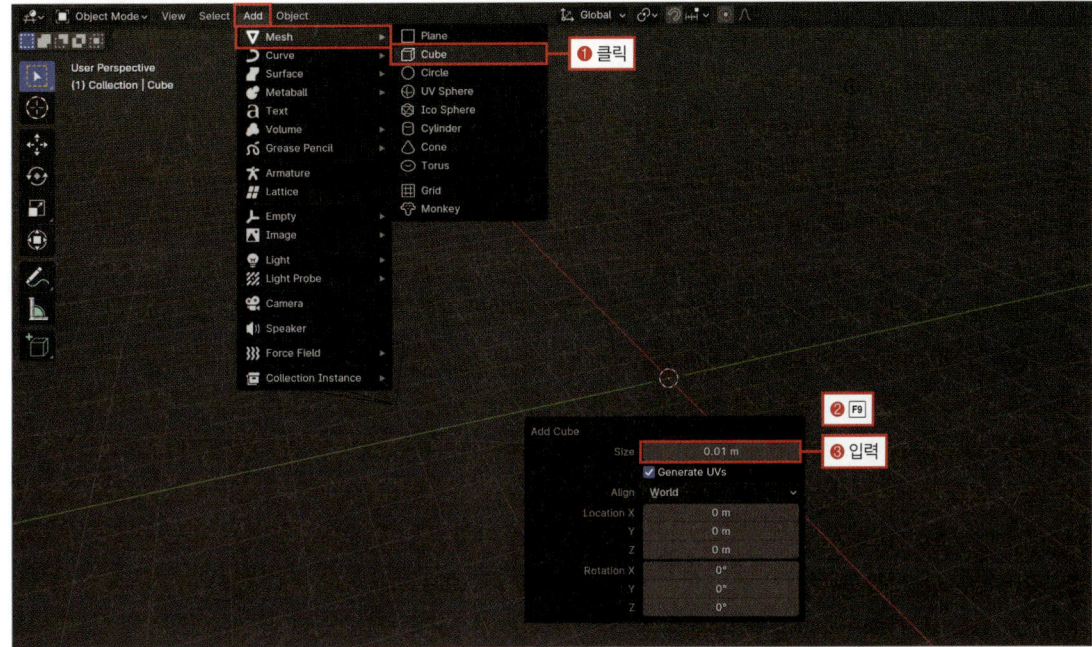

CHAPTER 04. 스냅 기능 활용하기

03·2 크기가 작아서 사라진 것처럼 보이지만, ❹Cube를 선택하고 ❺ Num . 을 눌러 확대해 보면 3D커서 위치에 있는 것을 확인할 수 있습니다.

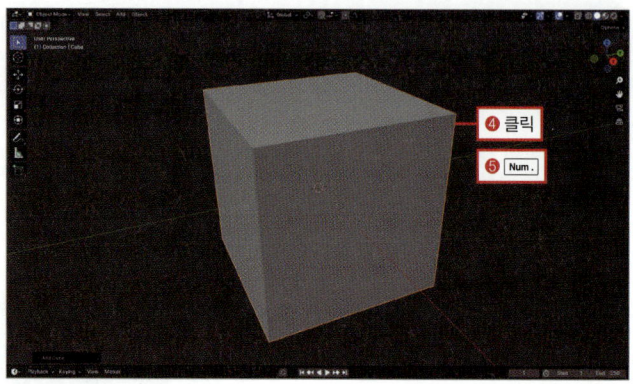

04 Cube의 크기를 설정하겠습니다. 먼저 Cube 선택을 유지한 채로 오른쪽 아래 Properties에 있는 Object 속성(■)의 Transform에서 Scale X는 '5', Scale Y는 '60', Scale Z는 '70'으로 설정합니다.

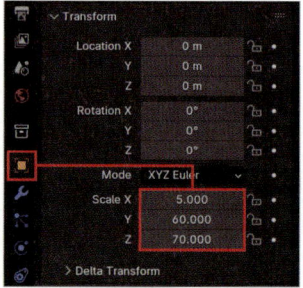

05 Cube의 바닥면이 높이 0 지점에 오도록 설정합니다.

05·1 ❶마우스 가운데 버튼을 돌려 작업하기 편리한 크기로 시점을 확대/축소합니다. ❷Cube를 선택하고 ❸ G 를 누른 후 Z 를 눌러 위/아래(Z축)를 이동 방향으로 선택합니다. ❹Cube의 바닥면이 X, Y 그리드와 비슷한 높이가 되도록 움직인 후 클릭하여 이동을 완료합니다.

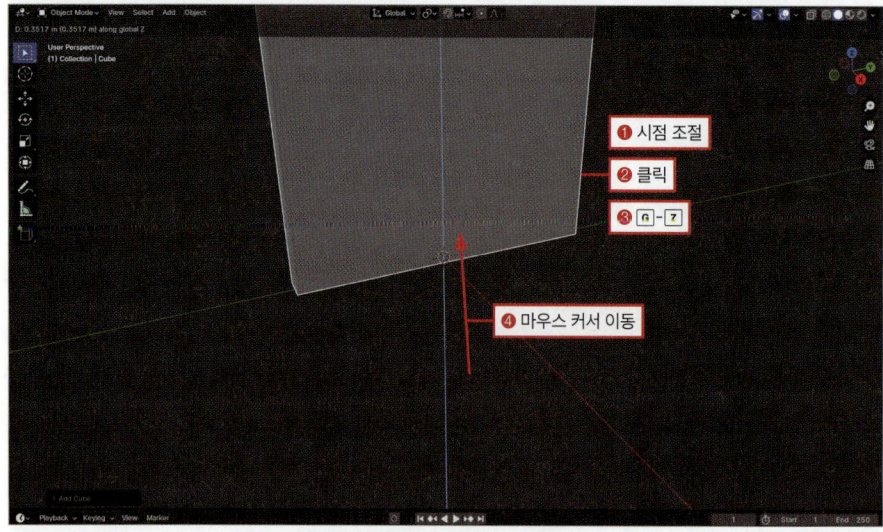

05-2 오른쪽 아래 Properties의 Transform에서 Location Z를 확인해보면 큐브 크기(0.7m)의 절반인 0.35m 근사치인 것이 확인됩니다. ❺ Location Z에 '0.35'를 입력합니다.

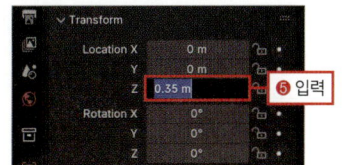

06 책상 윗면으로 제작할 Cube를 생성하고 크기를 설정하겠습니다. ❶헤더 메뉴 [Add]-[Mesh]-[Cube]를 클릭하여 Cube 오브젝트를 만듭니다. 또는 Shift + A 를 눌러 Add 메뉴를 열고 [Mesh]-[Cube]를 클릭합니다. ❷오른쪽 아래 Properties에서 Object 속성의 Transform에서 Scale X는 '100', Scale Y는 '60', Scale Z는 '5'로 설정합니다.

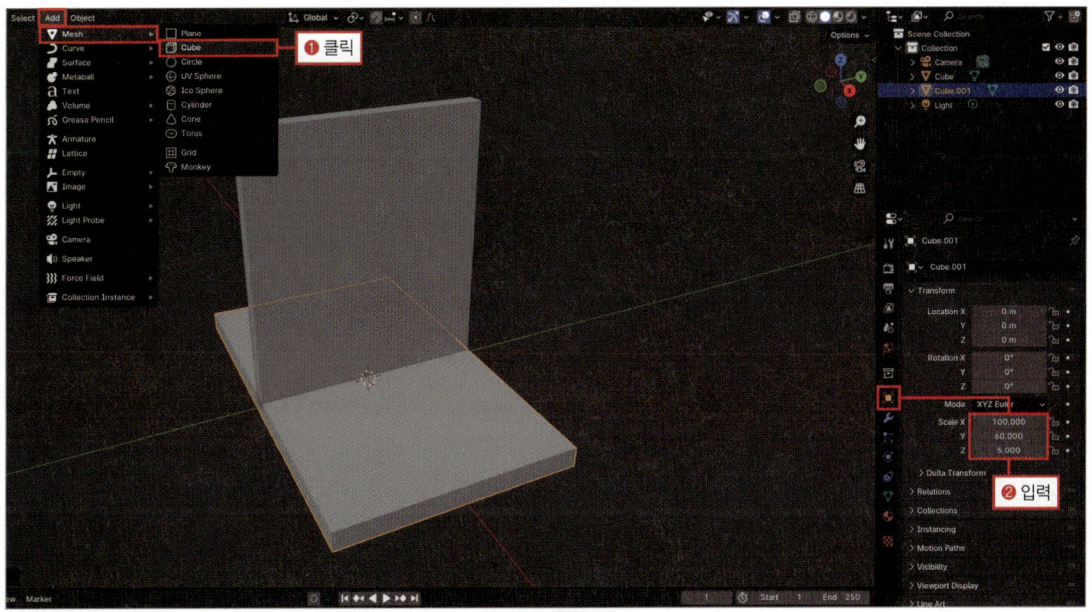

T·I·P 오브젝트를 새로 생성할 때는 직전 설정 값과 같은 크기로 생성됩니다.

07 ❶3D Viewport 위쪽의 Snapping을 클릭하면 나타나는 메뉴의 ❷Snap to를 [Vertex]로 선택하여 스냅 대상을 마우스 커서가 위치한 점으로 설정합니다.

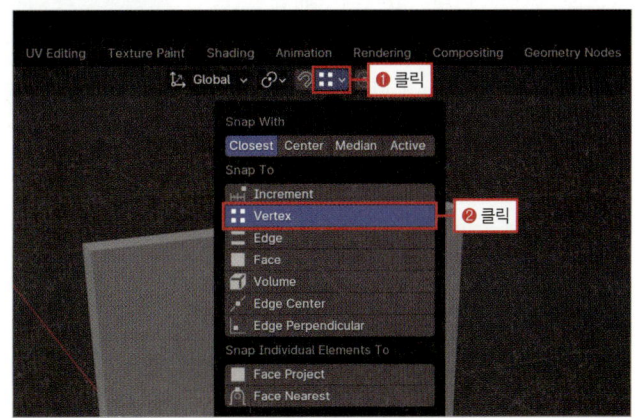

CHAPTER 04. 스냅 기능 활용하기 / 081

08 Cube.001(책상 윗면)을 이동시켜 Cube(책상 옆면)의 상단 꼭지점에 스냅합니다.

08·1 ❶Cube.001을 선택하고 ❷G를 누른 후 Z를 눌러 위/아래(Z축)를 이동 방향으로 선택합니다. ❸B를 누르고 Cube.001의 아래쪽 꼭지점 4개 중 하나를 클릭하여 스냅 기준으로 설정합니다.

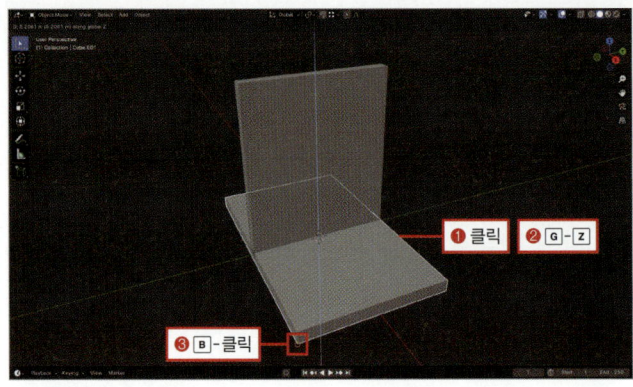

08·2 ❹마우스 커서를 Cube의 위쪽 꼭지점에 가져간 다음 스냅되었을 때 클릭하여 이동을 완료합니다.

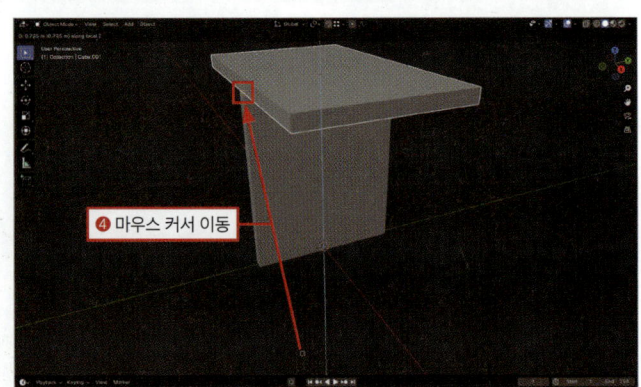

09 Cube(책상 옆면)를 이동하여 Cube.001(책상 윗면)의 꼭지점에 스냅하겠습니다. ❶작업하기 편하게 시점을 회전시킵니다. ❷Cube를 선택하고 ❸G를 누른 후 X를 눌러 X축을 이동 방향으로 선택합니다. ❹이때 Ctrl을 계속 누른 채로 유지하여 스냅을 활성화하고 마우스 커서를 Cube.001의 왼쪽 모서리에 가져간 후 스냅되었을 때 클릭하여 이동을 완료합니다.

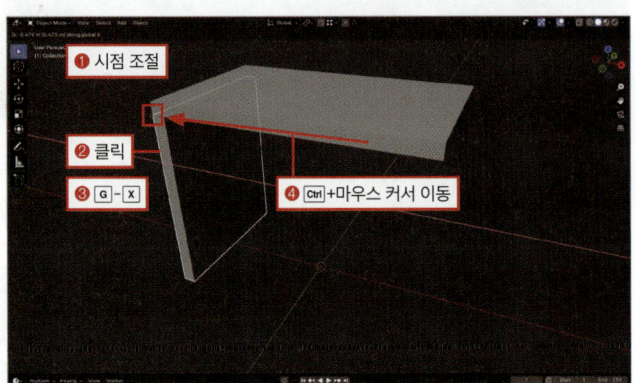

10 Cube(책상 옆면)를 복사하여 스냅-이동하겠습니다. ❶Cube를 선택한 후 ❷ Shift + D 를 눌러 복사하고 ❸ X 를 눌러 복사-이동할 방향을 X축으로 선택합니다. ❹ Ctrl 을 누른 채로 유지하여 스냅을 활성화하고 마우스 커서를 Cube.001의 오른쪽 모서리에 가져간 후 스냅되었을 때 클릭하여 복사-이동을 완료합니다.

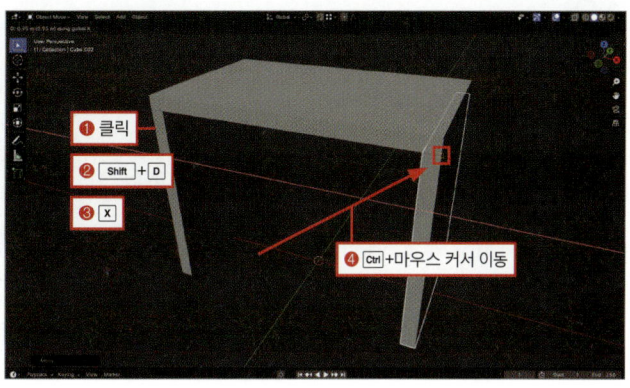

11 책상 뒷면으로 제작할 Cube를 생성하고 크기를 설정하겠습니다. ❶헤더 메뉴 [Add]-[Mesh]-[Cube]를 클릭하여 Cube 오브젝트를 만듭니다. 또는 Shift + A 를 눌러 Add 메뉴에서 [Mesh]-[Cube]를 클릭합니다. ❷오른쪽 아래 Properties에 있는 Object 속성(■)의 Transform에서 Scale X는 '90', Scale Y는 '5', Scale Z는 '30'으로 설정합니다.

12 Cube.003(책상 뒷면)를 이동하여 Cube와 Cube.001이 만나는 지점에 스냅하겠습니다. ❶Cube.003을 선택하고 ❷G를 누릅니다. ❸Ctrl을 계속 누른 채로 유지하여 스냅을 활성화하고 마우스 커서를 Cube와 Cube.001이 만나는 지점에 가져간 후 스냅되었을 때 클릭하여 이동을 완료합니다.

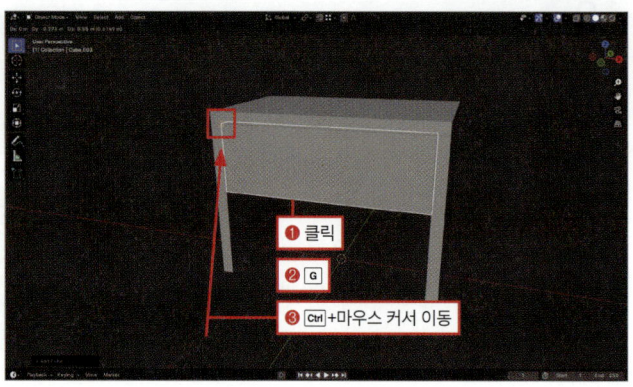

13 수납 공간으로 제작할 Cube를 생성하고 크기를 설정하겠습니다. ❶마우스 가운데 버튼 + 드래그를 이용하여 시점을 반대편으로 회전합니다. ❷헤더 메뉴 [Add]-[Mesh]-[Cube]를 클릭하여 Cube 오브젝트를 만듭니다. 또는 Shift + A 를 눌러 Add 메뉴를 열고 [Mesh]-[Cube]를 클릭합니다. ❸오른쪽 아래 Properties에 있는 Object 속성(■)의 Transform에서 Scale X는 '90', Scale Y는 '55', Scale Z는 '5'로 설정합니다.

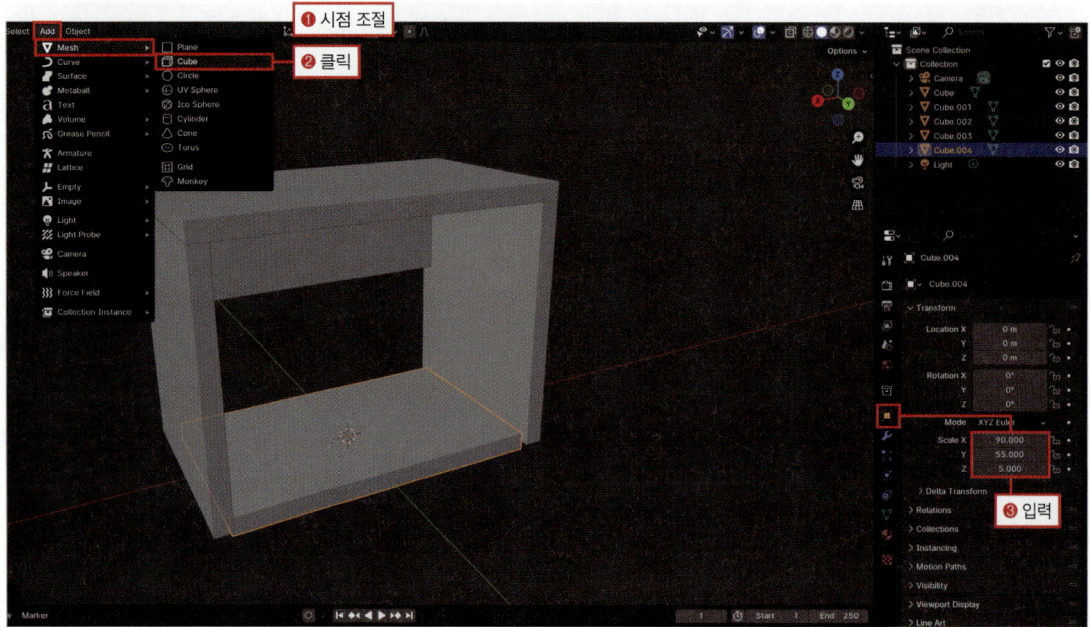

14 Cube.004(수납 공간)를 이동시킵니다.

14·1 ❶Cube.004를 선택하고 ❷G를 누른 후 Y를 눌러 이동 방향을 Y축으로 선택합니다. ❸Ctrl을 누른 채로 유지하여 스냅을 활성화하고 마우스 커서를 책상의 앞쪽 모서리에 가져간 후 스냅되었을 때 클릭하여 완료합니다.

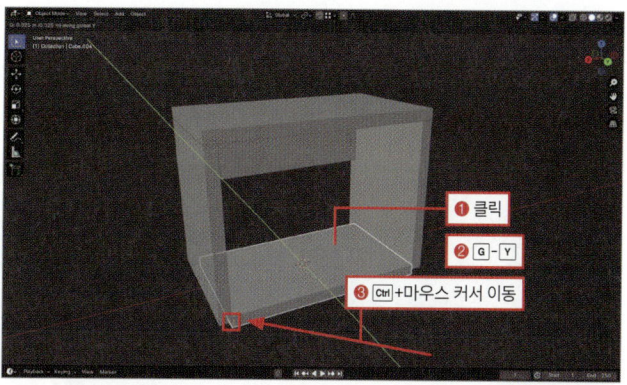

14·2 ❹G를 누른 후 Z를 눌러 이동 방향을 위/아래(Z축)로 선택합니다. ❺ 적당한 수납 공간의 넓이가 되도록 Cube.004를 위쪽으로 움직이고 클릭하여 이동을 완료합니다.

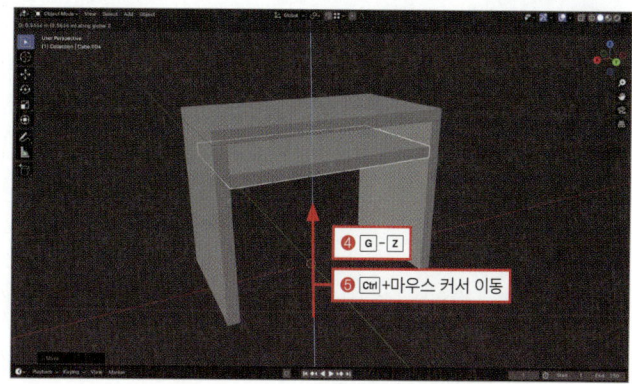

15 Cube.001(책상 윗면)의 크기를 변경하겠습니다. ❶Cube.001을 선택하고 ❷오른쪽 아래 Properties에 있는 Object 속성(■)의 Transform에서 Scale X는 '110', Scale Y는 '70', Scale Z는 '5'로 설정합니다.

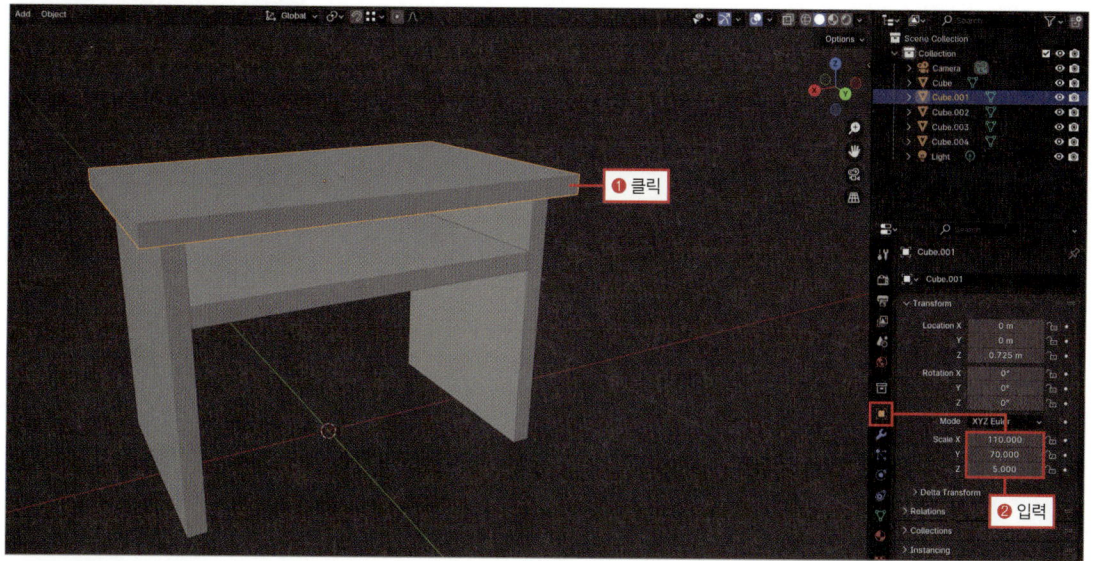

CHAPTER 04. 스냅 기능 활용하기

16 책상의 색상을 지정합니다.

16·1 ❶먼저 질감을 확인할 수 있도록 3D Viewport 오른쪽 위의 Viewport Shading에서 Material Preview(⚫)를 클릭합니다. ❷Cube.001을 선택하고 ❸오른쪽 아래 Properties에 있는 Material 속성 (⚫)에서 ❹[New] 버튼을 클릭하여 새 질감을 추가합니다.

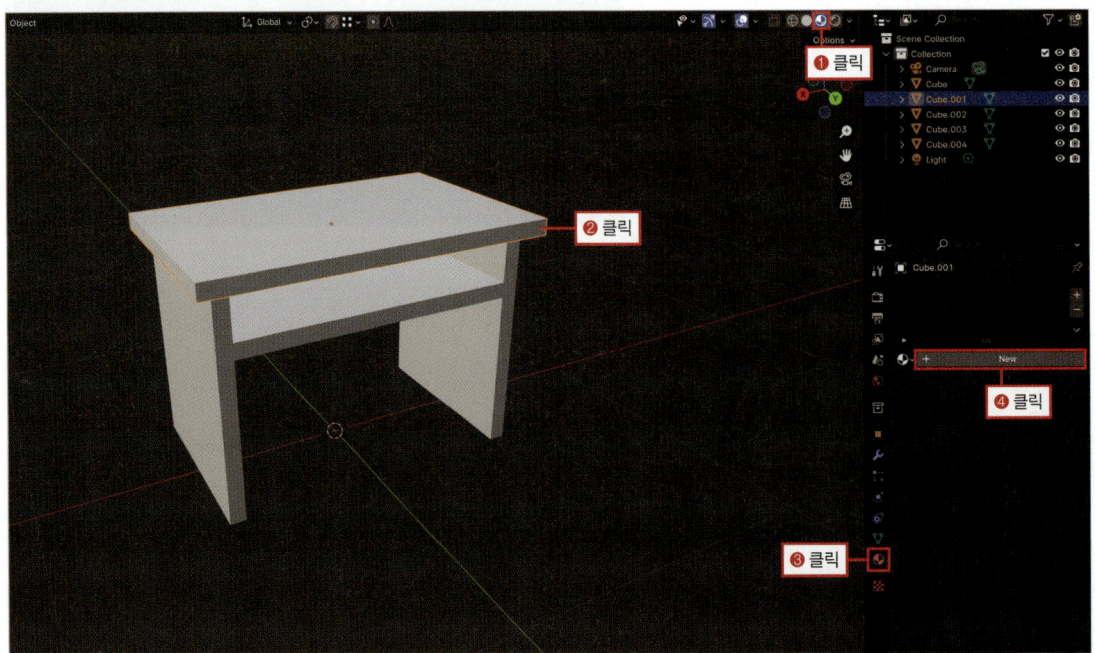

16·2 ❺Surface의 Base Color를 클릭한 후 ❻Hue, Saturation, Value를 조절하여 원하는 색상을 지정합니다. 이 책에서는 Hue를 '0.062', Saturation을 '0.733', Value를 '0.527'로 지정했습니다.

17 나머지 오브젝트의 색상을 Cube.001과 동일하게 지정합니다.

17·1 ❶오른쪽 위 Outliner(오브젝트 목록 창)에서 Cube를 클릭한 후 Cube.004를 Shift+클릭하여 Cube에서 Cube.004까지 동시 선택합니다. ❷Cube.001을 Ctrl+클릭하여 Active 오브젝트를 변경합니다. ❸3D Viewport에서 Ctrl+L을 눌러 Link/Transfer Data 설정 창을 열고 ❹Link Materials를 클릭하여 선택된 오브젝트들의 색상을 Cube.001과 연결합니다.

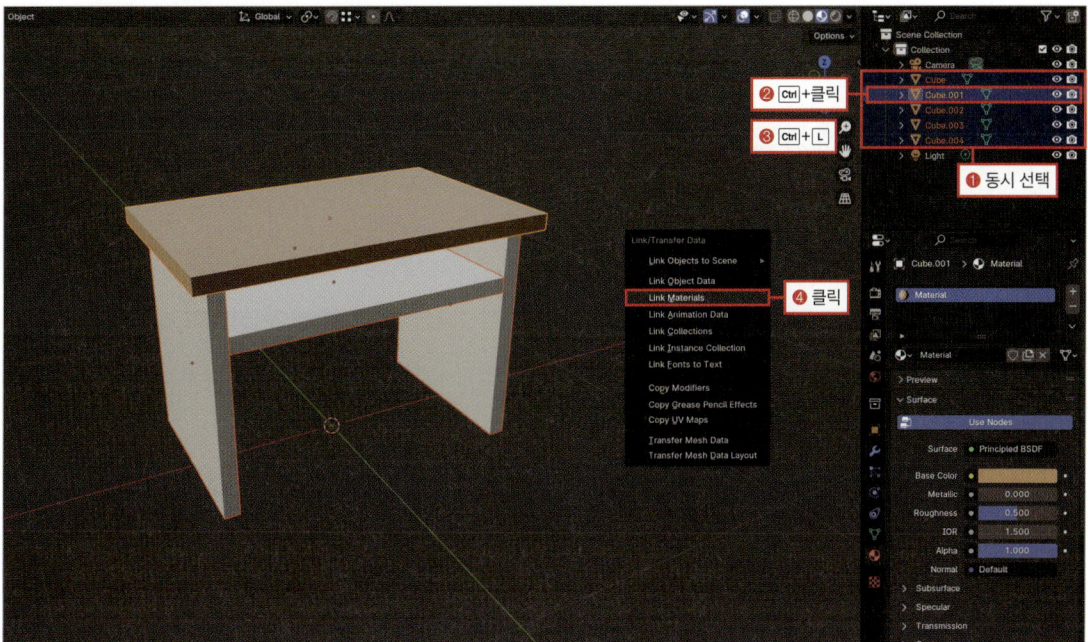

17·2 다음과 같이 책상이 완성되었습니다. Ctrl+S를 눌러 저장 창을 열고 기억하기 쉬운 위치로 이동한 후 [Save Blender File]을 클릭하여 프로젝트를 저장합니다.

책꽂이 만들기

기본 오브젝트와 스냅 기능을 이용하여 책꽂이를 만들어봅니다.

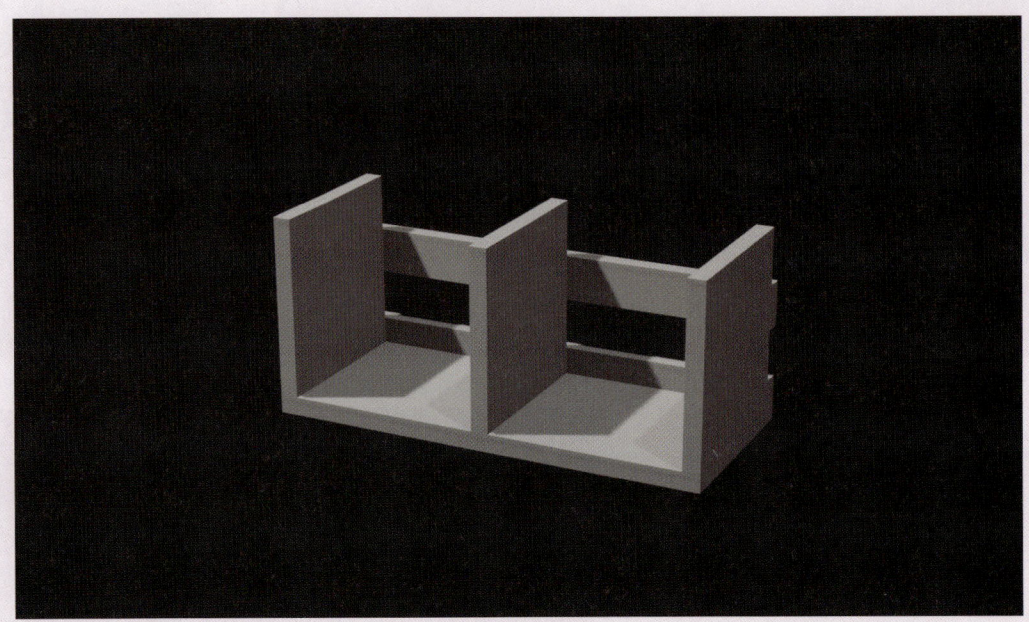

이 예제를 따라하기 위해 알아야 하는 **핵심기능**

- 오브젝트 생성하기 ← 031쪽 참고
- 오브젝트 크기 조절하기 ← 040쪽 참고
- 오브젝트 스냅하기 ← 076쪽 참고

01 ❶ Ctrl + N 을 누르고 ❷[General]을 클릭하여 새 프로젝트를 만듭니다.

02 ❶디폴트 오브젝트 중 Cube를 클릭하여 선택하고 ❷ Delete 또는 X 를 눌러 삭제합니다.

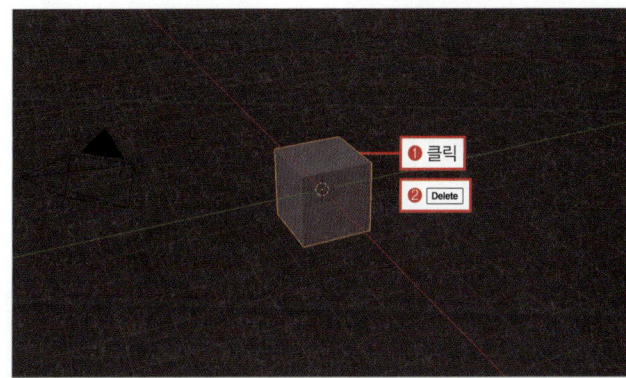

03 새로운 Cube를 생성하고 크기를 설정합니다. ❶헤더 메뉴 [Add]-[Mesh]-[Cube]를 클릭하여 Cube 오브젝트를 만듭니다. 또는 Shift + A 를 눌러 Add 메뉴를 열고 [Mesh]-[Cube]를 클릭합니다. ❷ F9 를 눌러 Add 설정 창을 열고 ❸Size를 '0.01'로 설정합니다. ❹오른쪽 아래 Properties에서 Object 속성 (■)의 Transform에서 Scale X는 '50', Scale Y는 '20', Scale Z는 '2'로 설정합니다.

04 Cube를 생성하고 크기를 설정하겠습니다. [Num.]을 누른 후 마우스 가운데 버튼을 돌려 작업하기 편리한 크기로 뷰를 확대/축소합니다. ❶헤더 메뉴 [Add]-[Mesh]-[Cube]를 클릭하여 Cube 오브젝트를 만듭니다. 또는 [Shift]+[A]를 눌러 Add 메뉴를 열고 [Mesh]-[Cube]를 클릭합니다. ❷오른쪽 아래 Properties에서 Object 속성(■)의 Transform에서 Scale X는 '2', Scale Y는 '20', Scale Z는 '20'으로 설정합니다.

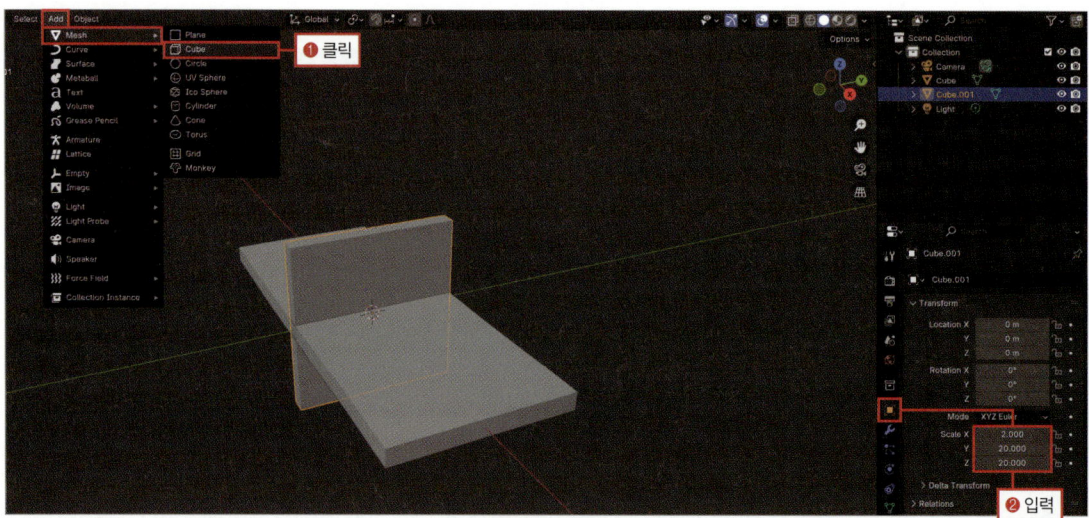

05 ❶3D Viewport 위쪽의 Snapping을 클릭하면 나타나는 메뉴의 ❷Snap to를 [Vertex]로 선택하여 스냅 대상을 마우스 커서가 위치한 점으로 설정합니다.

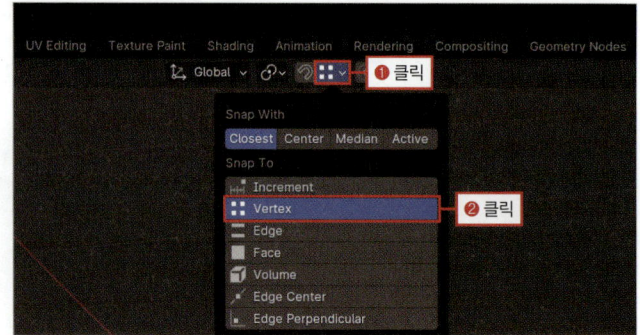

06 Cube.001의 바닥면을 Cube의 상단면에 스냅합니다.

06·1 ❶Cube.001을 선택하고 ❷[G]를 누른 후 [Z]를 눌러 위/아래(Z축)를 이동 방향으로 선택합니다. ❸[B]를 누르고 ❹ Cube.001의 아래쪽 꼭지점 4개 중 하나를 클릭하여 스냅 기준으로 설정합니다.

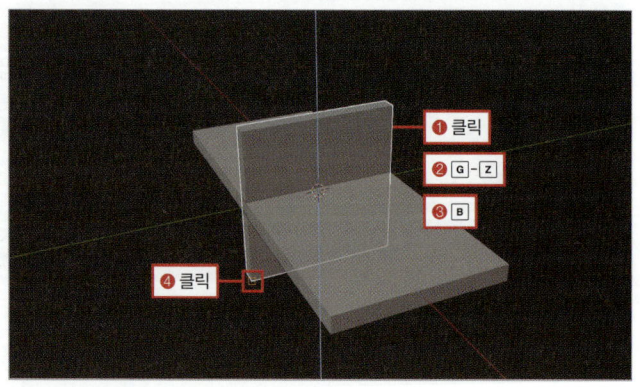

06-2 ❺마우스 커서를 Cube의 상단 꼭 지점에 가져간 후 스냅되었을 때 클릭하여 이동을 완료합니다.

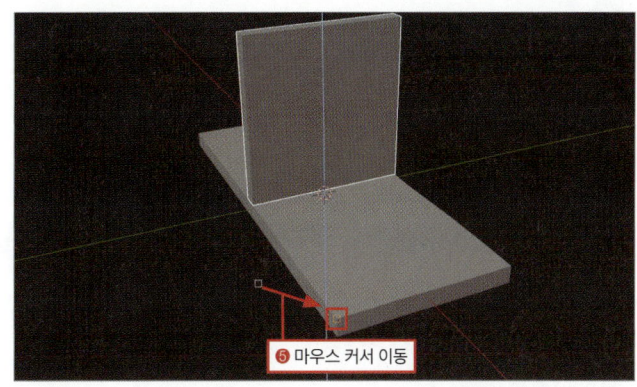

07 Cube.001을 복사하여 스냅-이동 시키겠습니다. ❶Cube.001을 선택한 후 ❷Shift+D를 눌러 복사하고 ❸X를 눌러 복사-이동할 방향을 X축으로 선택합니다. ❹Ctrl을 누른 채로 유지하여 스냅을 활성화하고 마우스 커서를 Cube의 왼쪽 모서리에 가져간 후 스냅되었을 때 클릭하여 복사-이동을 완료합니다.

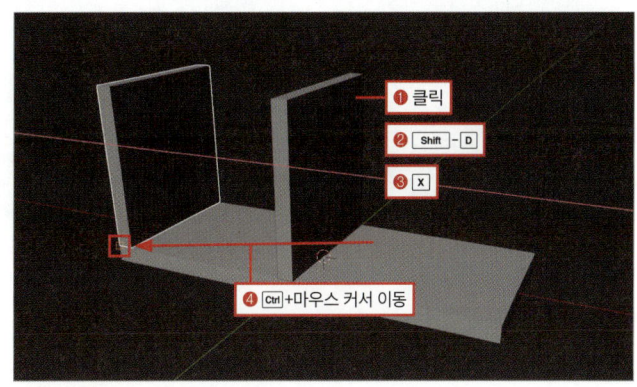

08 Cube.002를 복사하여 스냅-이동 시키겠습니다. ❶Cube.002을 선택한 후 ❷Shift+D를 눌러 복사하고 ❸X를 눌러 복사-이동할 방향을 X축으로 선택합니다. ❹Ctrl을 누른 채로 유지하여 스냅을 활성화하고 마우스 커서를 Cube의 오른쪽 모서리에 가져간 후 스냅되었을 때 클릭하여 복사-이동을 완료합니다.

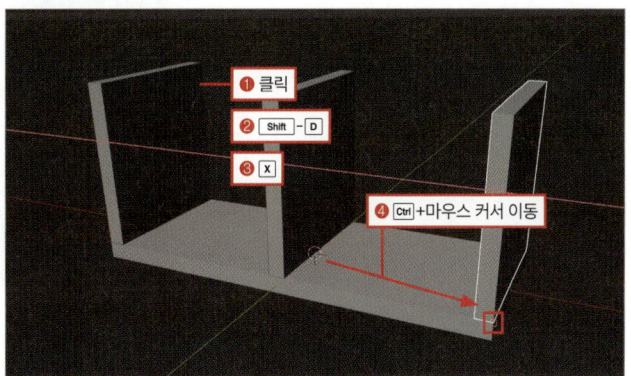

09 새로운 Cube를 생성하고 크기를 설정하겠습니다. ❶헤더 메뉴 [Add]-[Mesh]-[Cube]를 클릭하여 Cube 오브젝트를 만듭니다. 또는 Shift + A 를 눌러 Add 메뉴에서 [Mesh]-[Cube]를 클릭합니다. ❷오른쪽 아래 Properties에 있는 Object 속성(□)의 Transform에서 Scale X는 '50', Scale Y는 '2' Scale Z는 '5'로 설정합니다.

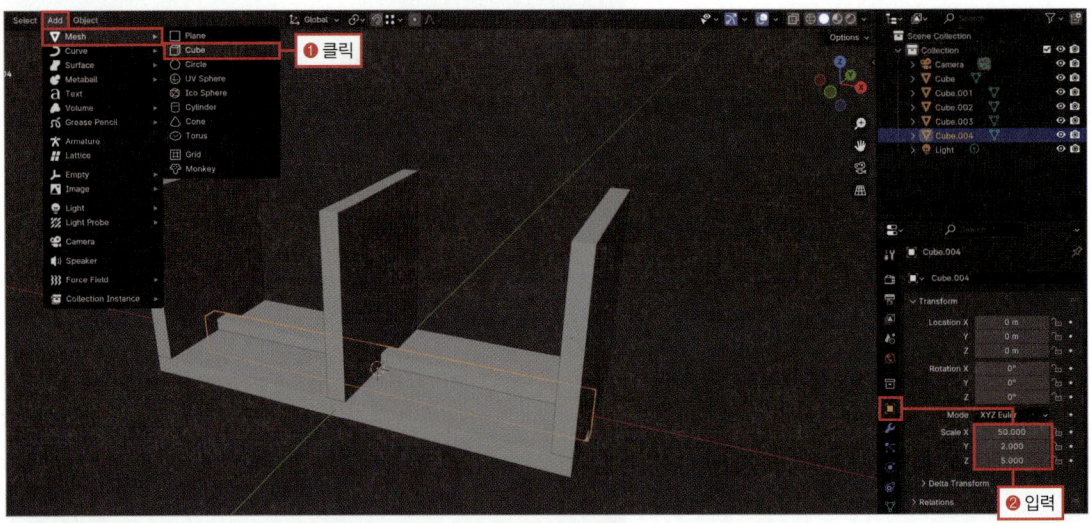

10 Cube.004를 책꽂이 뒷쪽에 스냅합니다.

10·1 ❶Cube.004를 선택하고 ❷G를 누른 후 B를 눌러 ❸Cube.004의 아래쪽 꼭지점 4개 중 하나를 클릭하여 스냅 기준으로 설정합니다.

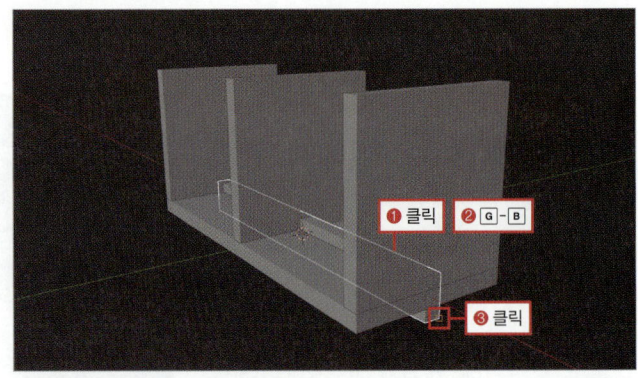

10·2 ❹마우스 커서를 책꽂이의 뒷면 아래 꼭지점에 가져간 후 스냅되었을 때 클릭하여 이동을 완료합니다.

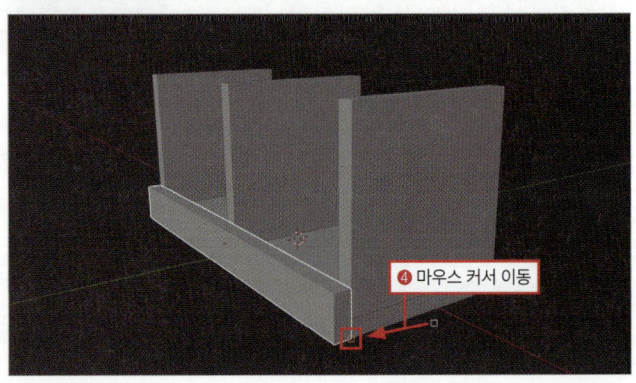

11 Cube.004를 복사-이동하여 책꽂이를 완성하겠습니다.

11·1 ❶Cube.004를 선택한 후 ❷[Shift]+[D]를 눌러 복사하고 ❸[Z]를 눌러 복사-이동할 방향을 위/아래(Z축)으로 선택합니다. ❹적당한 간격을 벌린 후 클릭하여 복사-이동을 완료합니다.

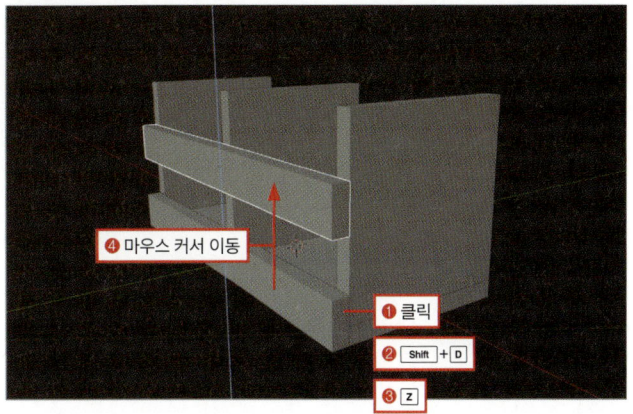

11·2 다음과 같이 책꽂이가 완성되었습니다. [Ctrl]+[S]를 눌러 저장 창을 열고 기억하기 쉬운 위치로 이동한 후 [Save Blender File]을 클릭하여 프로젝트를 저장합니다.

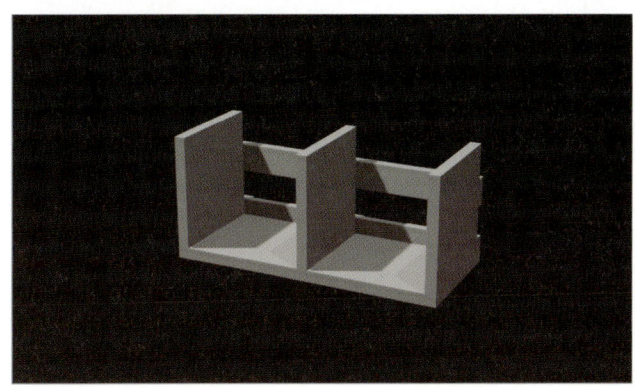

CHAPTER

5

Edit Mode로 오브젝트 수정하기

이것만 알아두자!

- Edit Mode에서 오브젝트의 Vertex(점), Edge(선), Face(면) 요소를 선택하고 관리하는 방법을 익힙니다.
- Subdivide 기능으로 폴리곤을 작게 나누는 방법을 익힙니다.
- Extrude 기능으로 요소를 추출하여 연장하는 방법을 익힙니다.
- Inset 기능으로 선택한 Face 내부에 새로운 Face를 만드는 방법을 익힙니다.
- Subdivide, Extrude, Inset 기능을 이용하여 TV 테이블 만들어봅니다.
- Bevel 기능으로 Vertex나 Edge를 부드럽게 다듬는 방법을 익힙니다.
- Loop Cut과 Knife 기능으로 Face를 상황에 맞게 나누는 방법을 익힙니다.
- Bridge 기능으로 2개 이상의 서로 떨어진 Edge 또는 Face를 연결하는 방법을 익힙니다.
- New face/edge from Vertices 기능으로 Vertices를 연결하여 Face나 Edge를 생성하는 방법을 익힙니다.
- Edit Mode를 활용하여 TV 테이블, TV, 책, 맥주컵, 머그컵, 하트 쿠션을 만들어봅니다.

Edit Mode의 Select Mode 알아보기

Edit Mode에서 오브젝트의 Vertex(점), Edge(선), Face(면) 요소를 선택하고 관리하는 방법을 익힙니다.

LESSON

3D Viewport 위쪽의 Object Interaction Mode에서 작업 모드를 Edit Mode로 변경하면 오브젝트의 Vertex(점), Edge(선), Face(면) 요소를 수정할 수 있습니다. 또한 Tab 을 눌러 Edit Mode로 전환할 수 있습니다. Edit Mode로 전환된 상태에서 다시 Tab 을 누르면 이전 작업 모드로 돌아갑니다.

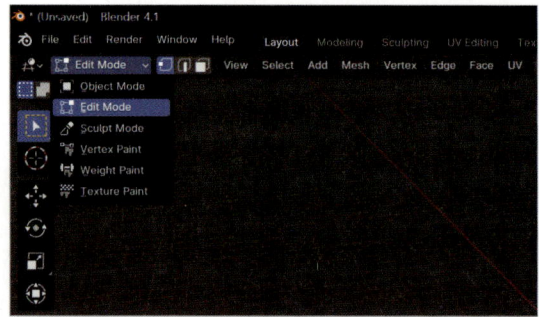

Edit Mode에는 ❶ Vertex Select(점 선택), ❷ Edge Select(선 선택), ❸ Face Select(면 선택) 3가지 Select Mode(선택 모드)가 있습니다. 활성화된 모드에 따라 선택되는 요소가 한정됩니다. 가령, Vertex Select를 활성화했다면 Vertex, 즉 점만 선택됩니다.

> **NOTE**   **Select Mode 단축키**
>
> - Vertex Select 단축키: 1
> - Edge Select 단축키: 2
> - Face Select 단축키: 3
>
> 참고로 Select Mode 단축키는 Fuction키(F1, F2, F3) 아래의 숫자 키입니다. 넘버패드에 있는 숫자 키를 누르면 우리가 잘 알고 있는 시점 전환 단축키가 실행됩니다.

Vertex, Edge, Face 요소를 Select Box 툴로 클릭하거나 드래그하여 선택할 수 있습니다. 다음은 Select Box 툴로 Vertex를 선택한 화면입니다.

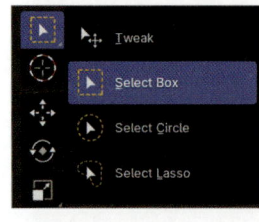
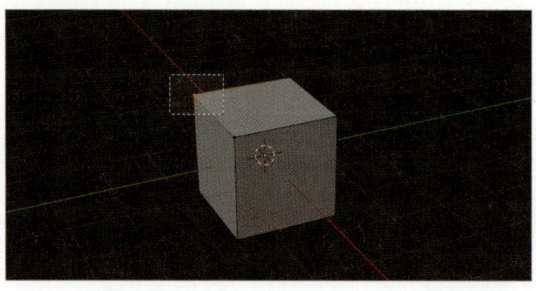

● **선택 추가하고 제외하기**

요소를 선택한 후 다른 요소를 Shift +클릭 또는 Shift +드래그하여 추가 선택할 수 있습니다.

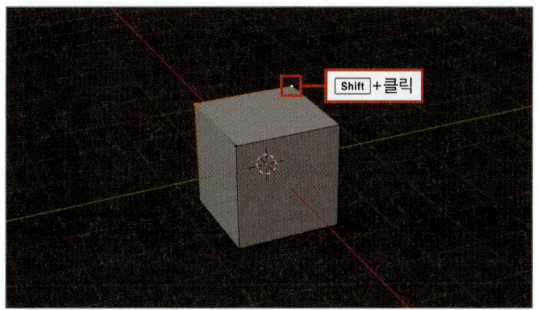 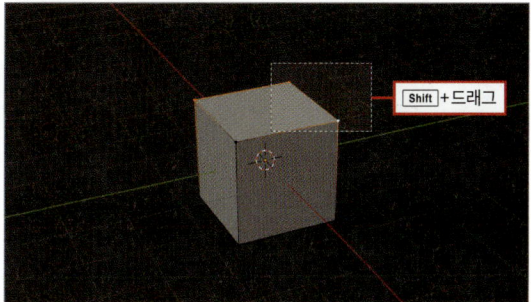

T·I·P Shift +클릭을 하면 Active 상태로 선택됩니다. Shift +드래그를 하면 Selected 상태로 선택됩니다.

선택된 요소를 Shift +클릭 또는 Ctrl +드래그하여 선택 제외할 수 있습니다.

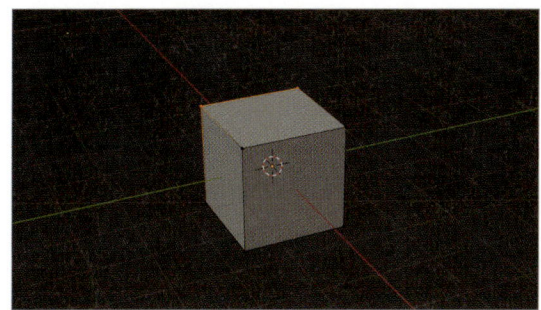 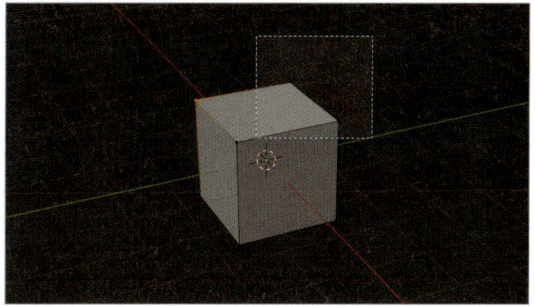

그리고 한 요소를 Alt +클릭하면 해당 방향에 연결된 모든 요소가 선택됩니다. 이를 Loop 선택이라고 합니다. 선택되는 방향은 마우스 커서의 위치에 따라 다릅니다. 예를 들어 위쪽을 Alt +클릭하면 위/아래 방향으로, 왼쪽 부분을 Alt +클릭하면 왼쪽/오른쪽 방향으로 선택됩니다.

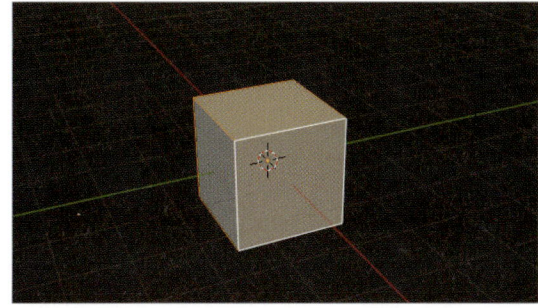 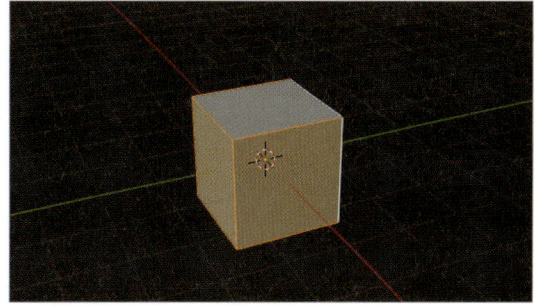

위쪽을 Alt +클릭하여 Loop 선택한 상태   왼쪽을 Alt +클릭하여 Loop 선택한 상태

T·I·P Alt + Shift +클릭하면 Loop 선택을 추가할 수 있습니다.

이외에도 다양한 선택 방법이 있지만, 이 책에서는 자주 쓰는 선택 방법만 설명했습니다.

● 요소 삭제하기

제거하고 싶은 요소를 선택한 후 Delete 또는 X 를 누르면 어떤 요소를 삭제할 것인지를 묻는 메뉴가 나타납니다. 여기서 삭제하고 싶은 요소를 선택하면 해당 요소가 삭제됩니다.

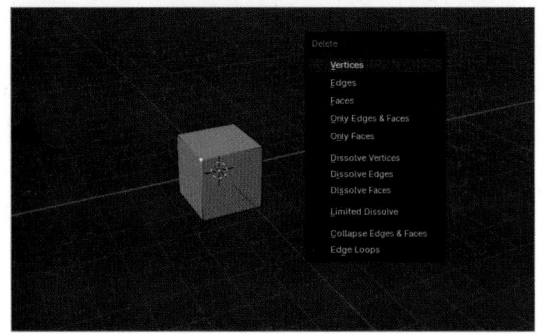 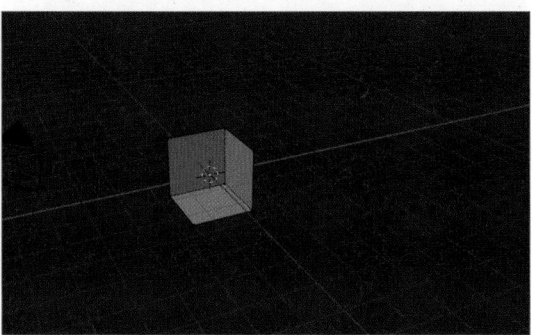

참고로 해당 요소가 선택된 상태에서만 삭제가 가능합니다. 예를 들어, 앞의 그림과 같이 1개의 Vertex를 선택한 상황에서 [Edges]나 [Faces]를 선택해도 삭제가 되지 않습니다. Edge를 삭제하고 싶다면 Edge로 이어진 2개 이상의 Vertex를 선택하거나, Edge를 선택해야 하고, Face를 삭제하고 싶다면 Face로 이어진 4개 이상의 Vertex를 선택하거나, Face를 선택해야 합니다.

Subdivide로 폴리곤 나누기

Subdivide 기능으로 폴리곤을 작게 나누는 방법을 익힙니다.

오브젝트를 구성하는 폴리곤을 작게 나누는 것을 Subdivide라고 합니다. Subdivide를 통해 폴리곤 수를 늘리면 더 많은 Vertex(점), Edge(선), Face(면)를 다룰 수 있으므로 자세하게 모델링을 할 수 있지만, 그만큼 작업시간이 길어지고 더 높은 컴퓨터 성능이 요구됩니다.

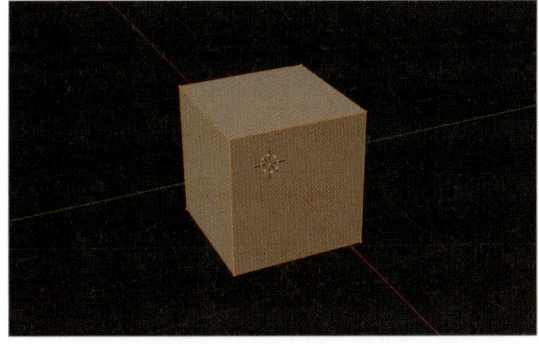
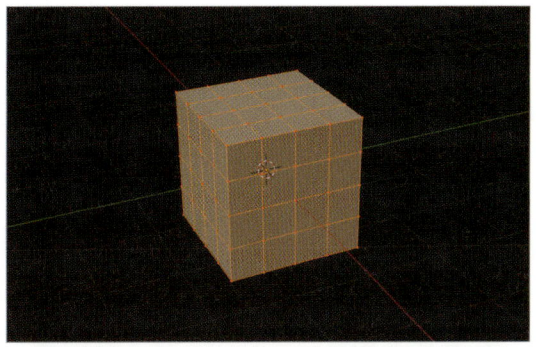

Edit Mode에서 ❶요소를 선택하고 ❷마우스 오른쪽 버튼을 클릭하면 나타나는 메뉴의 ❸[Subdivide]를 클릭하여 폴리곤을 나눌 수 있습니다.

Subdivide를 클릭한 후 F9를 누르면 나타나는 Subdivide 설정 창에서 Number of Cuts 수치로 분할 수준을 정할 수 있습니다. 수치가 높을수록 더 많은 폴리곤으로 나누어집니다.

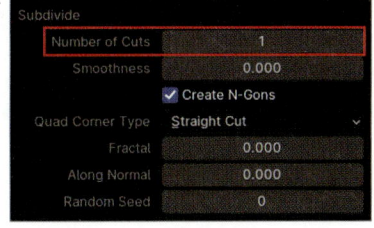

● Vertex Subdivide

❶2개 이상의 Vertex(점)를 선택하고 ❷마우스 오른쪽 버튼을 클릭하면 나타나는 메뉴의 ❸[Subdivide]를 클릭하면 선택된 Vertex 사이에 새로운 Vertex가 추가됩니다.

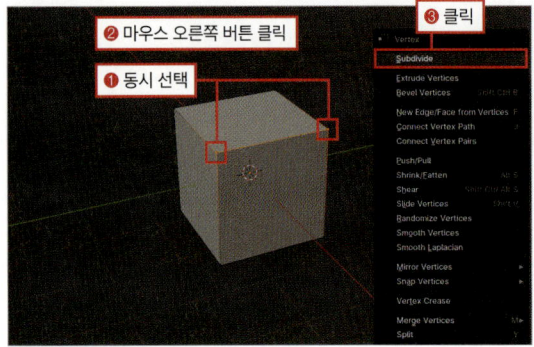 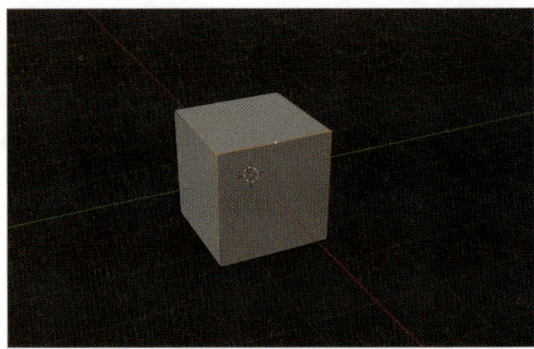

삼각형 또는 사각형 모양으로 Vertex를 선택하고 Subdivide하면 새로 추가된 Vertex끼리 Edge(선)로 연결됩니다.

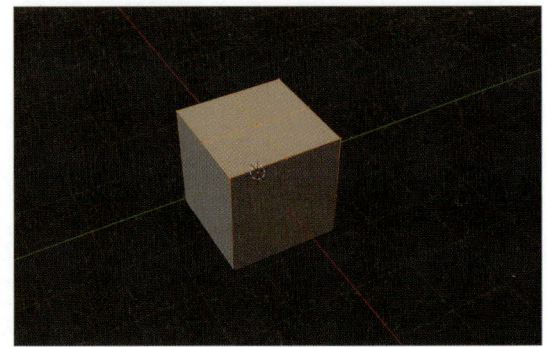

● Edge Subdivide

❶Edge(선)를 선택하고 ❷마우스 오른쪽 버튼을 클릭하면 나타나는 메뉴의 ❸[Subdivide]를 클릭하면 Edge가 나누어져 새로운 Vertex(점)가 추가됩니다.

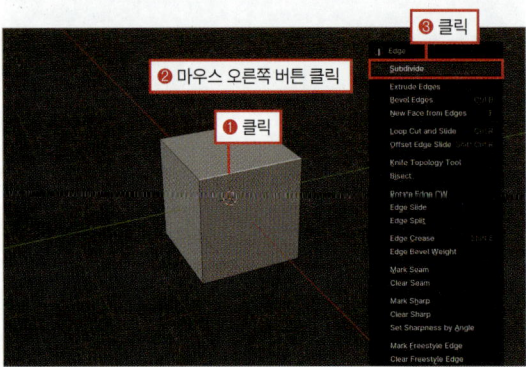 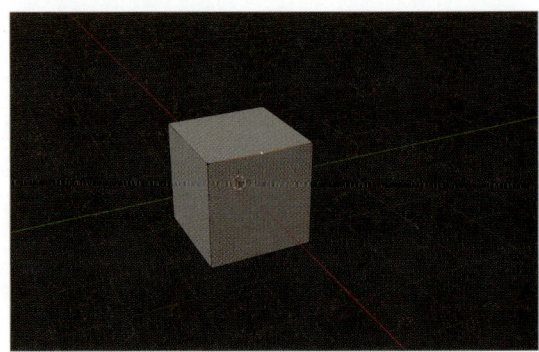

삼각형 또는 사각형 모양으로 Edge를 선택하고 Subdivide하면 새로 추가된 Vertex끼리 Edge(선)로 연결됩니다.

● Face Subdivide

❶ 삼각형 또는 사각형 모양의 Face를 선택하고 ❷ 마우스 오른쪽 버튼을 클릭하면 나타나는 메뉴의 ❸ [Subdivide]를 클릭하면 face가 나누어져 새로운 Vertex가 추가됩니다.

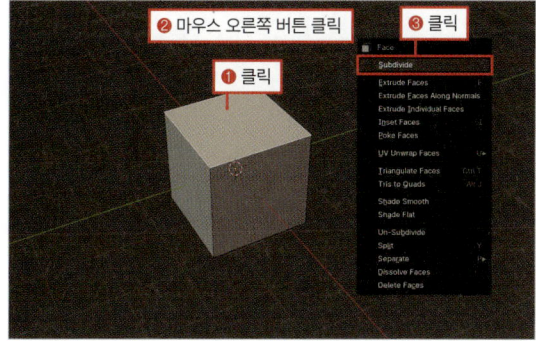 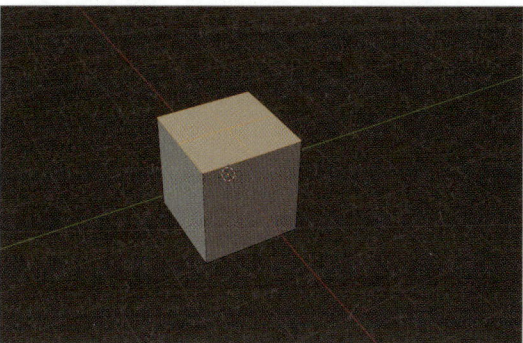

Extrude로 요소 연장하기

Extrude 기능으로 요소를 추출하여 연장하는 방법을 익힙니다.

Extrude는 Edit Mode에서 선택한 Vertex(점), Edge(선), Face(면) 요소를 추출하여 연장하는 기능입니다. 주로 Face(면)를 선택하여 Extrude하는 것이 일반적입니다. 따라서 이 책에서는 면을 Extrude하는 방법 위주로 살펴보겠습니다.

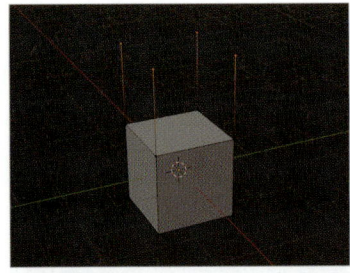 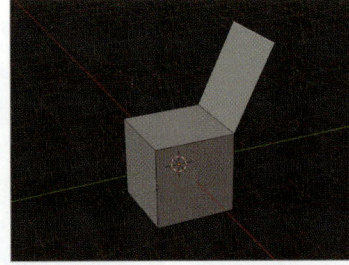 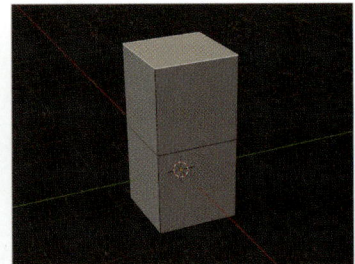

Face(면)을 Extrude하는 경우는 Extrude Faces, Extrude Faces Along Normals, Extrude Individual faces, Extrude Manifold 총 4가지입니다.

● **Extrude Faces**

일반적인 방식으로 면을 연장하는 것입니다. Edit Mode에서 ❶연장하려는 Face를 선택하고 ❷ E 를 누른 후 ❸마우스 커서 움직여 연장하고 클릭하여 완료합니다.

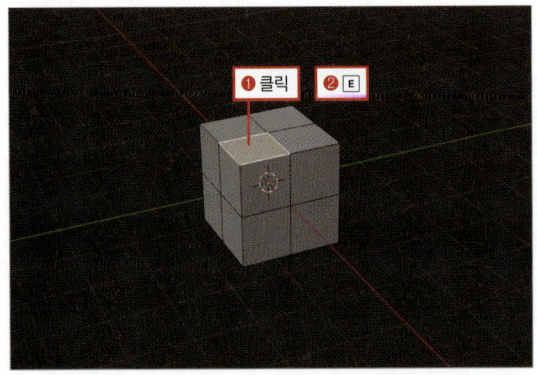 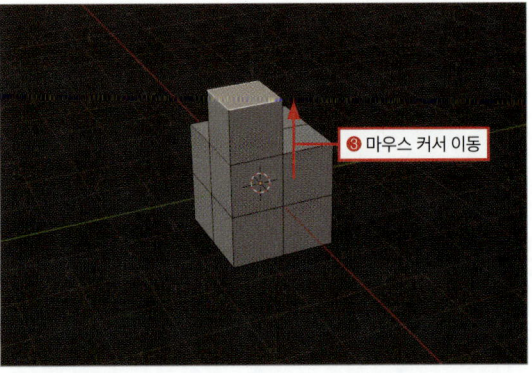

여러 개의 Face를 선택하고 Extrude하면 선택된 Face들이 한 방향으로 연장됩니다.

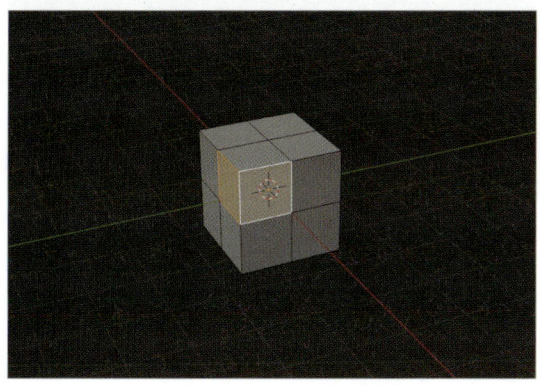 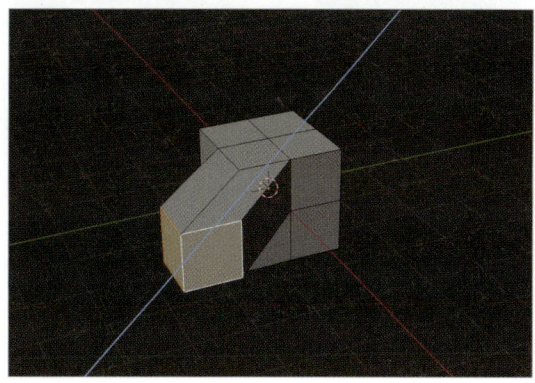

● **Extrude Faces Along Normals**

❶연장하려는 Face를 2개 이상 선택하고 ❷Alt+E를 누르면 나타나는 Extrude 메뉴에서 ❸[Extrude Faces Along Normals]를 클릭합니다. ❹마우스 커서 움직여 연장하고 클릭하여 완료합니다. Face들이 각자 바라보고 있는 방향으로 연장됩니다.

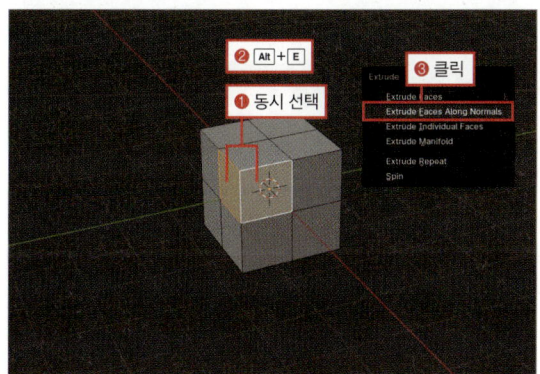 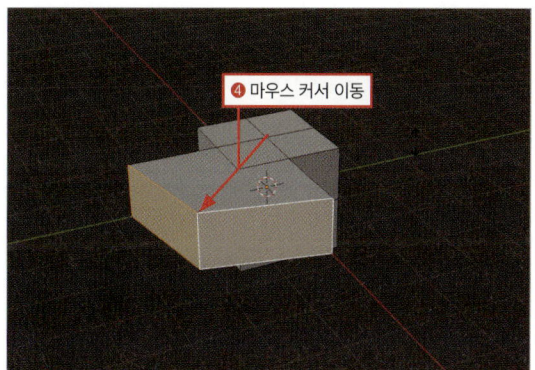

T·I·P Alt+E는 Extrude 메뉴를 불러오는 단축키입니다.

● **Extrude Individual faces**

❶연장하려는 Face를 2개 이상 선택하고 ❷Alt+E를 누르면 나타나는 Extrude 메뉴에서 ❸[Extrude Individual faces]를 클릭합니다. ❹마우스 커서 움직여 연장하고 클릭하여 완료합니다. Face들이 각자 분리되어 연장됩니다.

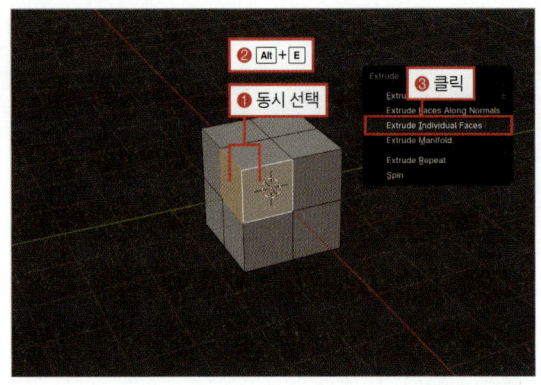
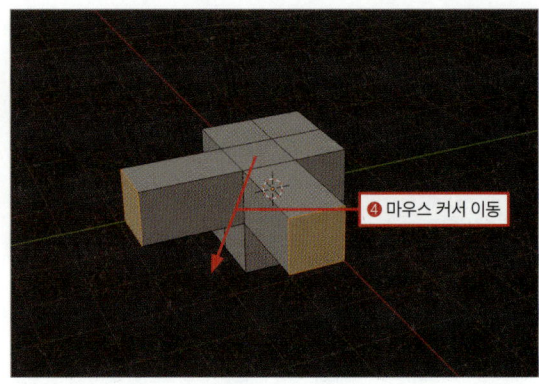

● **Extrude Manifold**

❶연장하려는 Face를 선택하고 ❷Alt+E를 누르면 나타나는 Extrude 메뉴에서 ❸[Extrude Manifold]를 클릭합니다. ❹마우스 커서 움직여 연장하고 클릭하여 완료합니다. 원래 있었던 자리에 Vertex와 Edge를 남겨두지 않고 연장됩니다.

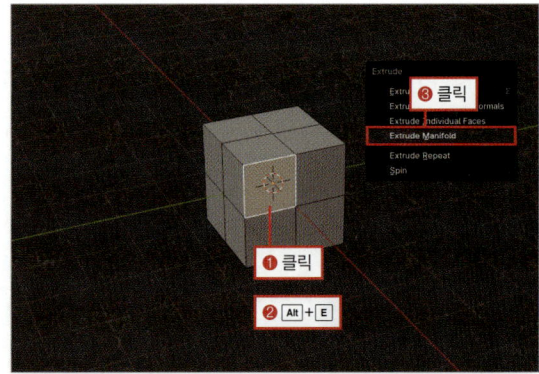
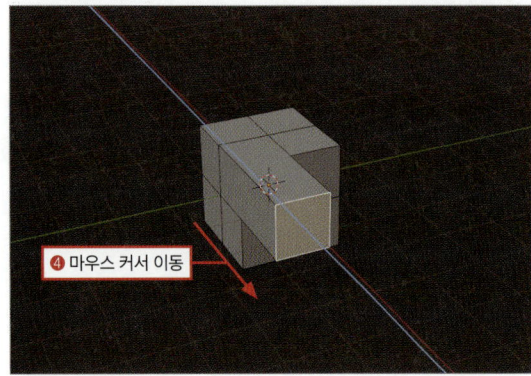
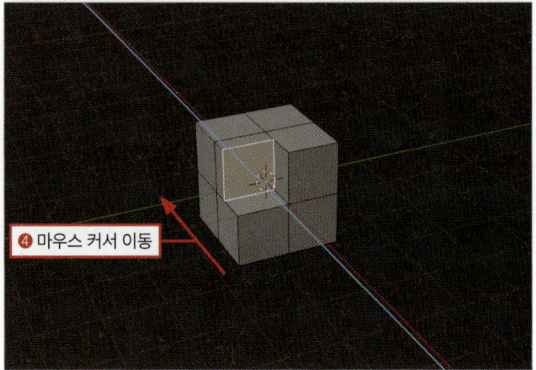

Inset으로 축소된 새로운 Face 만들기

Inset 기능으로 선택한 Face 내부에 새로운 Face를 만드는 방법을 익힙니다.

Inset은 Edit Mode에서 선택한 Face(면)를 더 작게 축소하여 새로운 Face를 만드는 기능입니다. 삼각형과 사각형에서만 작동하는 Subdivide와는 달리 Inset은 5각형 이상의 N-gon에서도 사용할 수 있어 다방면으로 활용됩니다.

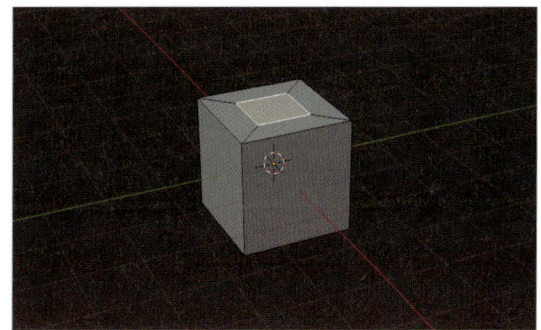

❶Inset하려는 Face를 선택하고 ❷ⓘ를 누른 후 ❸선택한 Face 중심으로 마우스 커서를 움직이고 클릭하여 완료합니다.

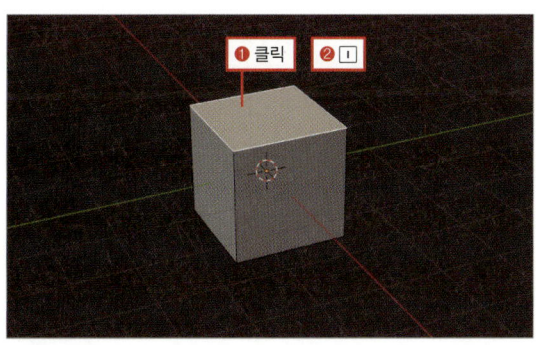
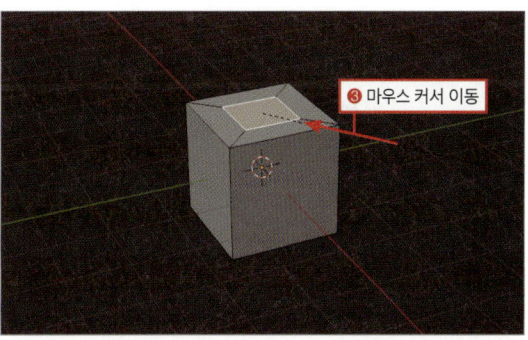

여러 개의 Face를 동시 선택하고 Inset하면 면들이 하나로 연결된 채로 축소됩니다.

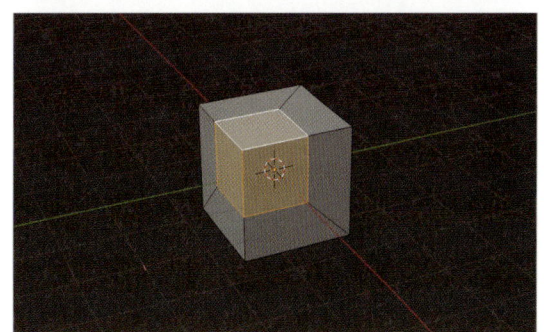

Inset을 실행한 후 F9를 누르면 나타나는 Inset Faces 설정 창의 ⓐThickness에서 Inset 거리를 수치로 설정할 수 있습니다. 또한 ⓑIndividual을 체크하면 Face들이 각자의 중심으로 축소됩니다.

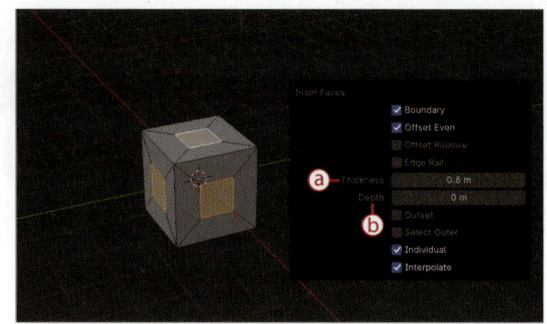

TV 테이블 만들기

Subdivide, Extrude, Inset 기능을 이용하여 TV 테이블 만들어봅니다.

이 예제를 따라하기 위해 알아야 하는 **핵심기능**

- Subdivide하기 ← 099쪽 참고
- Extrude하기 ← 102쪽 참고
- Inset하기 ← 105쪽 참고

01 ❶ Ctrl + N 을 누르고 ❷General을 클릭하여 새 프로젝트를 만듭니다.

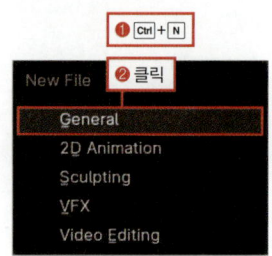

02 ❶디폴트 오브젝트 중 Cube를 클릭하여 선택하고 ❷ Delete 또는 X 를 눌러 삭제합니다.

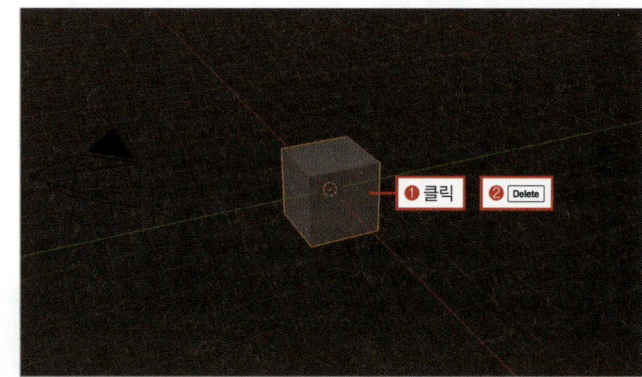

03 Cube를 생성하고 크기를 설정합니다.

03·1 ❶헤더 메뉴 [Add]-[Mesh]-[Cube]를 클릭하여 Cube 오브젝트를 만듭니다. 또는 Shift + A 를 눌러 Add 메뉴를 열고 [Mesh]-[Cube]를 클릭합니다. ❷F9를 누르면 나타나는 Add 설정 창에서 ❸ Size에 '0.01'을 입력합니다.

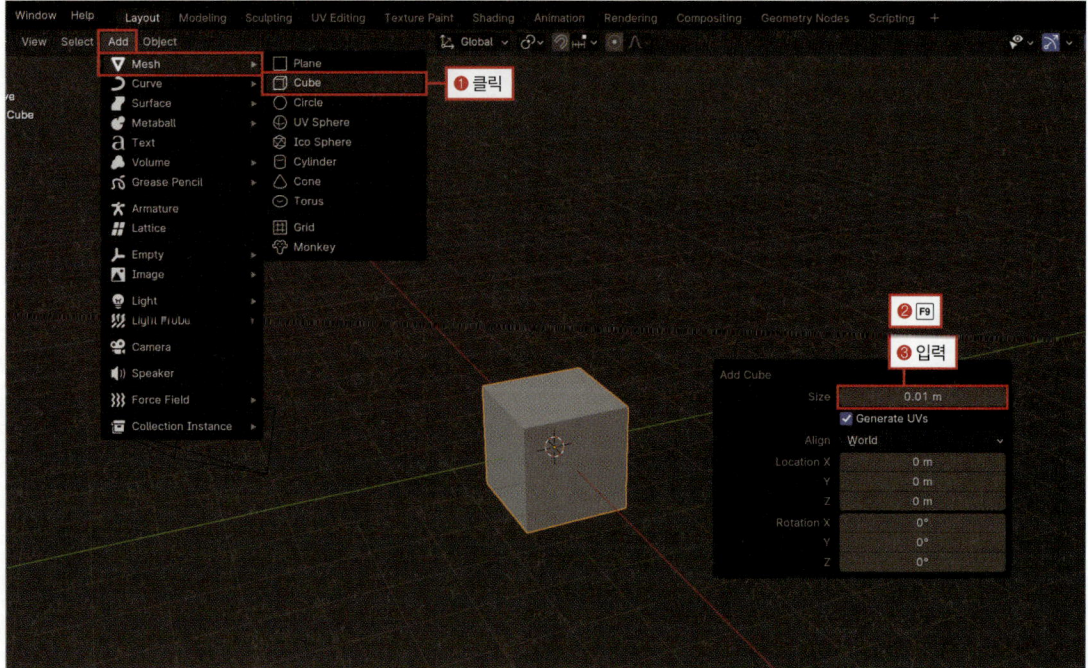

03·2 ❹오른쪽 아래 Properties에 있는 Object 속성(■)의 Transform 에서 Scale X는 '40', Scale Y는 '150', Scale Z는 '30'으로 설정합니다.

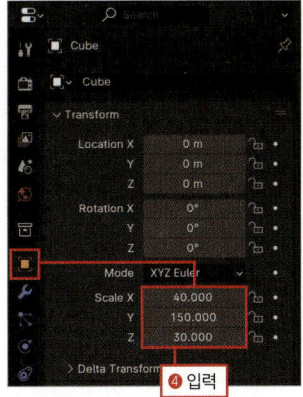

04 오브젝트의 현재 크기를 기본 Scale로 지정하겠습니다. 오브젝트 선택을 유지한 상태로 ❶Ctrl+A를 눌러 Apply 메뉴를 열고 ❷[Scale]을 클릭합니다. 이러면 현재 크기가 기본 Scale인 1.0으로 설정됩니다.

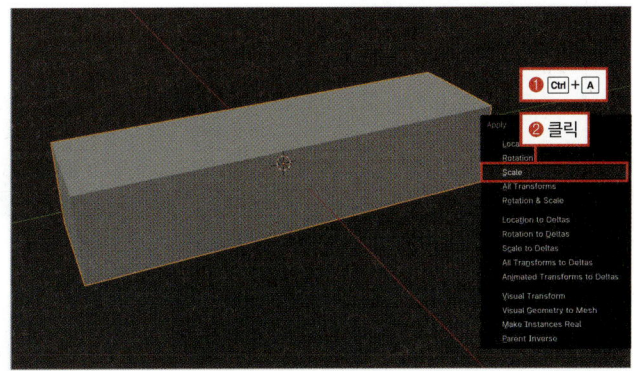

05 ❶Tab을 눌러 Edit Mode로 전환하고 ❷2를 눌러 Edge select로 전환합니다. 또는 Object Interaction Mode에서 작업 모드를 Edit Mode로 변경하고 Edge select를 선택해도 됩니다.

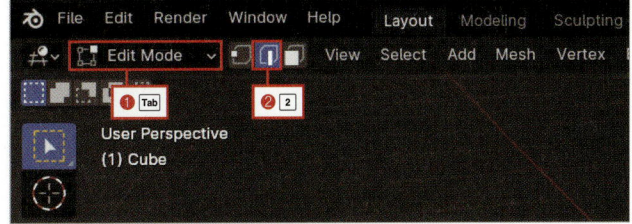

06 Edge를 분할합니다.

06·1 Num.을 누른 후 마우스 가운데 버튼을 돌려 작업하기 편리한 크기로 뷰를 확대/축소합니다. ❶Alt+Z를 눌러 X-ray 뷰로 전환합니다. ❷오브젝트 가운데 있는 Edge 4개를 드래그하여 동시 선택합니다. ❸Alt+Z를 눌러 X-ray 뷰를 해제합니다.

T·I·P Alt+Z는 X-ray 뷰를 켜고 끄는 단축키입니다.

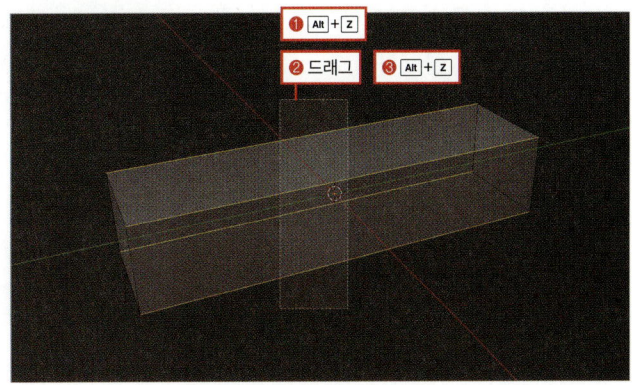

CHAPTER 05. Edit Mode로 오브젝트 수정하기

06·2 ❹마우스 오른쪽 버튼을 클릭하면 나타나는 메뉴에서 ❺[Subdivide]를 클릭합니다. ❻F9를 누르면 나타나는 Subdivide 설정 창에서 ❼Number of Cuts 수치를 '2'로 설정합니다.

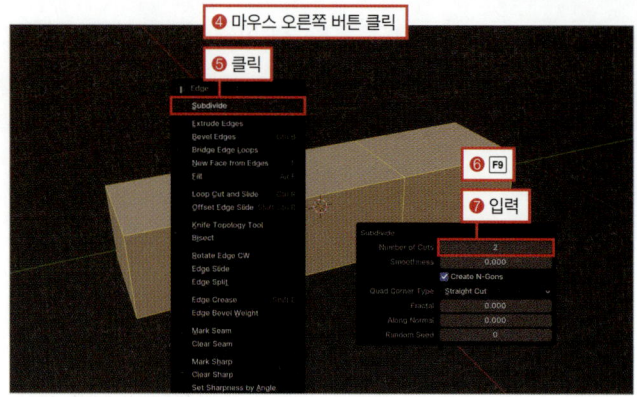

07 Face를 Inset합니다.

07·1 ❶3을 눌러 Face select로 전환합니다. 또는 헤더 메뉴에서 Face select를 선택해도 됩니다.

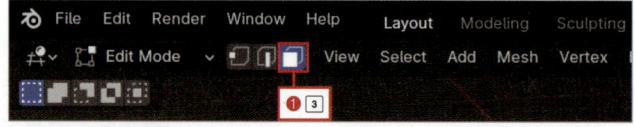

07·2 ❷큐브 3개 중 가장 왼쪽 큐브의 앞면을 클릭한 후 ❸두 번째, 세 번째 큐브의 앞면을 각각 Shift +클릭하여 해당 큐브의 앞쪽 Face를 동시 선택합니다.

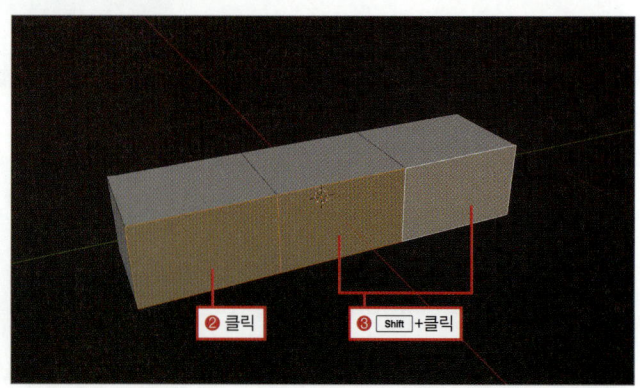

07·3 ❹I를 눌러 Inset을 활성화한 후 ❺선택한 Face 중심으로 마우스 커서를 움직여 축소하고 클릭하여 Inset을 완료합니다.

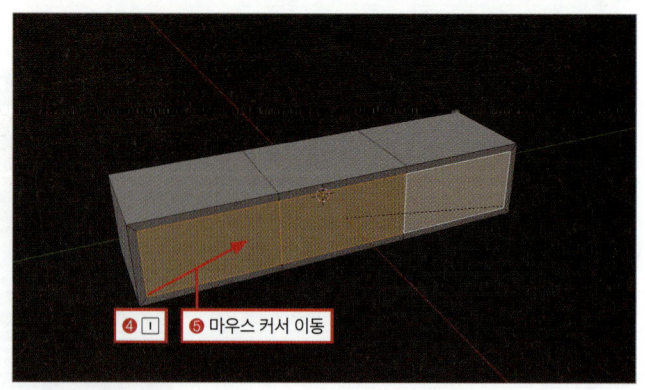

07·4 ❻F9를 누르면 나타나는 inset Faces 설정 창에서 ❼Individual을 체크합니다. ❽그리고 Thickness에 '0.02'를 입력합니다.

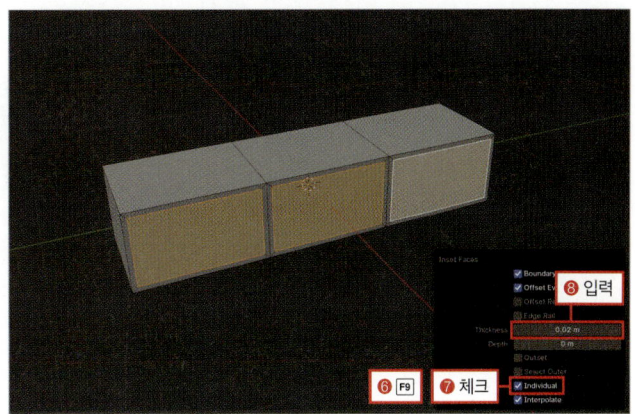

08 가운데 수납 공간을 위한 Edge를 분할합니다.

08·1 ❶2를 눌러 Edge select로 전환한 후 ❷가운데 수납 공간의 왼쪽 Edge를 클릭한 후 ❸오른쪽 Edge를 Shift+클릭하여 가운데 수납 공간의 양쪽 Edge 2개를 동시 선택 동시 선택합니다.

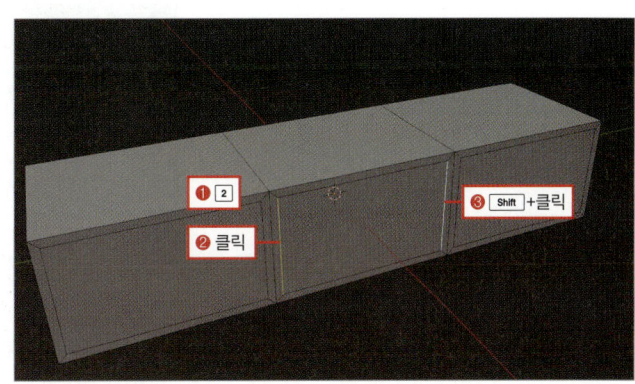

08·2 ❹마우스 오른쪽 버튼을 클릭하면 나타나는 메뉴에서 ❺[Subdivide]를 클릭합니다. ❻F9를 누르면 나타나는 Subdivide 설정 창에서 ❼Number of Cuts에 '2'를 입력합니다.

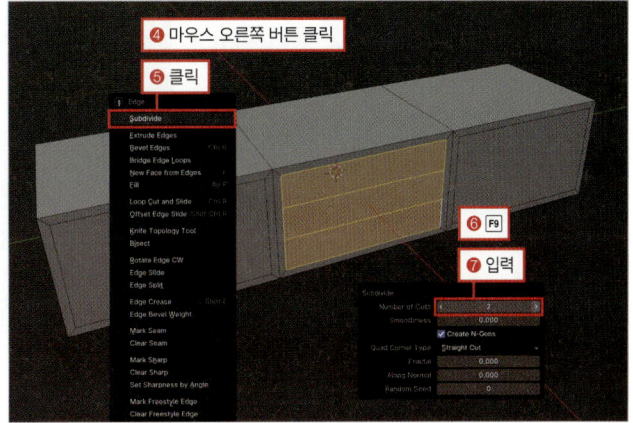

09 Face를 축소합니다.

06·1 ❶ ③을 눌러 Face select로 전환합니다. ❷가운데 수납 공간의 중간 Face를 선택합니다.

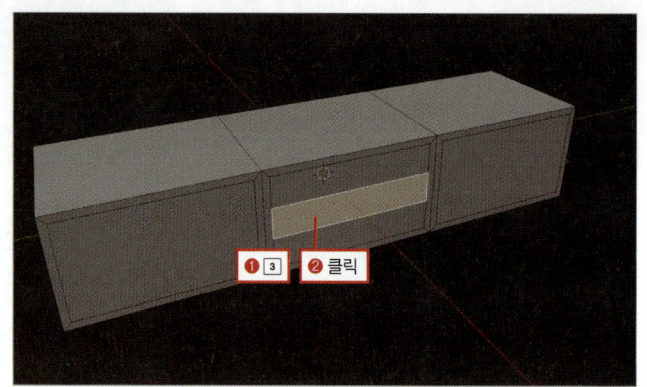

09·2 ❸ S를 눌러 크기 조절을 활성화한 후 Z를 눌러 이동 방향을 위/아래(Z축)으로 선택합니다. ❹마우스 커서를 움직여 크기를 줄이고 클릭하여 크기 조절을 완료합니다.

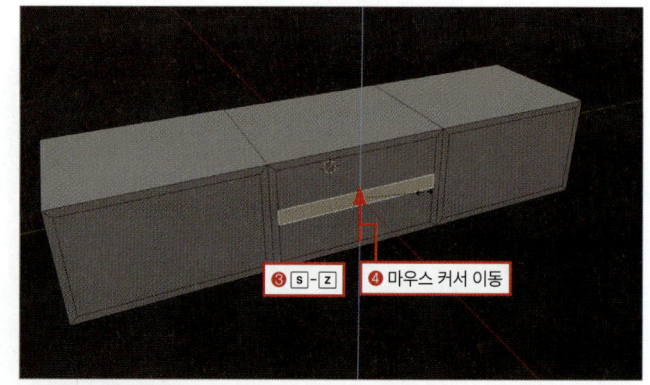

09·3 ❺ F9를 누르면 나타나는 Resize 설정 창에서 ❻Scale Z에 '0.25'를 입력합니다.

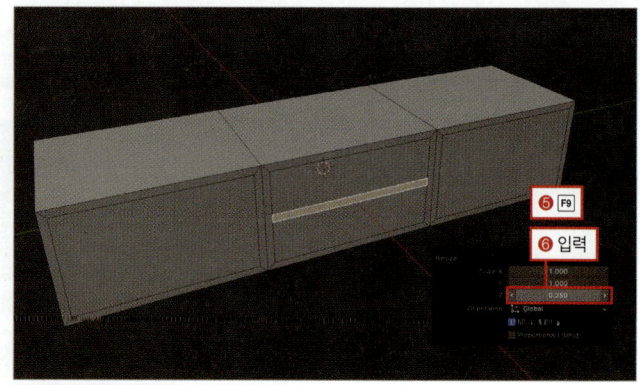

10 Face를 안쪽으로 Extrude합니다.

10·1 ❶왼쪽 큐브의 앞면을 클릭한 후 ❷나머지 큐브의 앞면을 각각 [Shift]+클릭하여 4개의 Face를 동시 선택합니다.

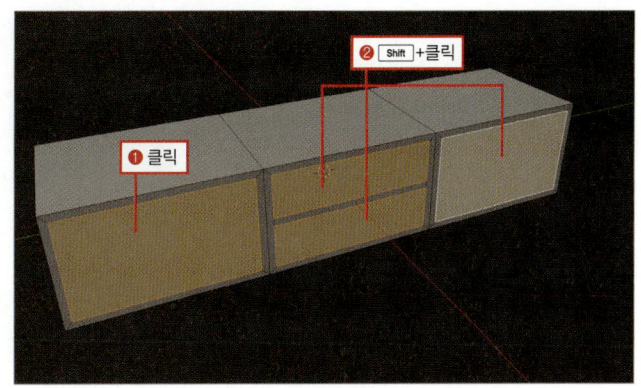

10·2 ❸[E]를 눌러 Extrude를 활성화한 후 ❹마우스 커서를 안쪽으로 움직이고 클릭하여 Extrude를 완료합니다.

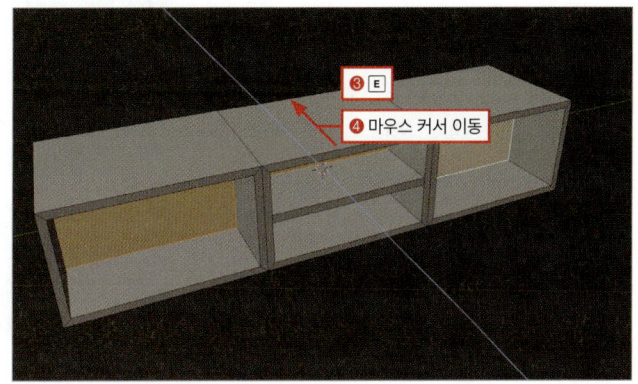

10·3 ❺[F9]를 누르면 나타나는 Extrude Region 설정 창에서 ❻Move Z에 '-0.35'를 입력합니다.

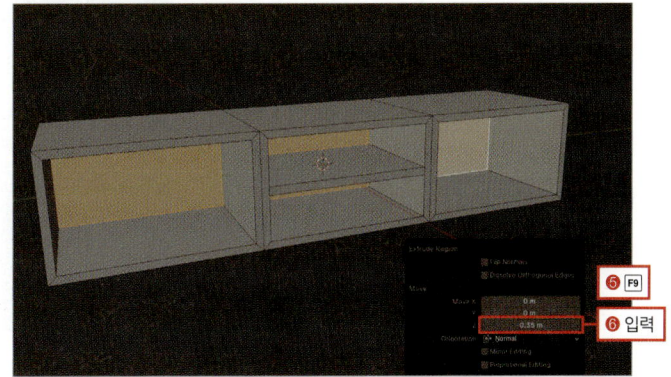

CHAPTER 05. Edit Mode로 오브젝트 수정하기

11 테이블 다리 제작을 위한 Face를 Subdivide합니다.

11·1 마우스 가운데 버튼을 누른 채로 마우스를 움직여 큐브 아래쪽을 볼 수 있도록 시점을 회전합니다.

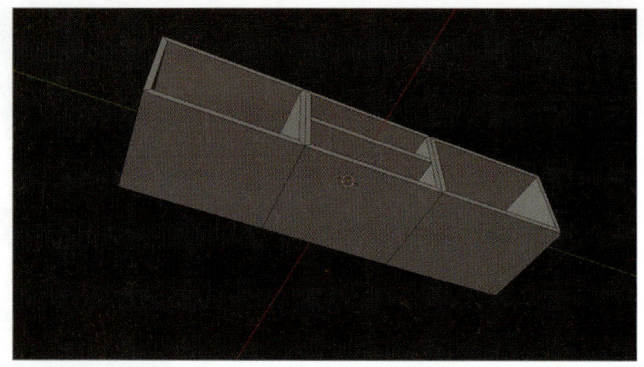

11·2 ❶가장 왼쪽 바닥을 클릭한 후 가장 오른쪽 바닥을 ❷Shift+클릭하여 2개의 Face를 동시 선택하고 ❸마우스 오른쪽 버튼을 누르면 나타나는 메뉴에서 ❹[Subdivide]를 클릭합니다.

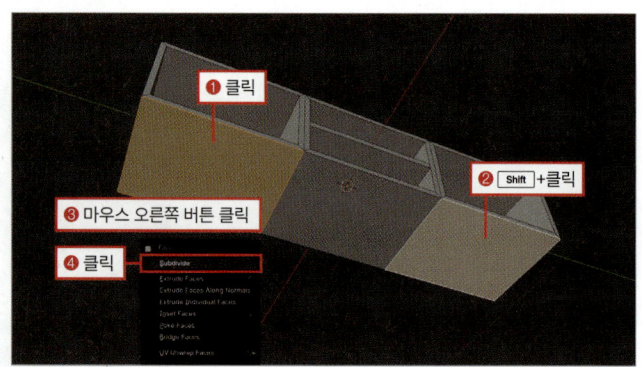

11·3 ❺F9를 누르면 나타나는 Subdivide 설정 창에서 ❻Number of Cuts 수치를 '2'로 설정합니다.

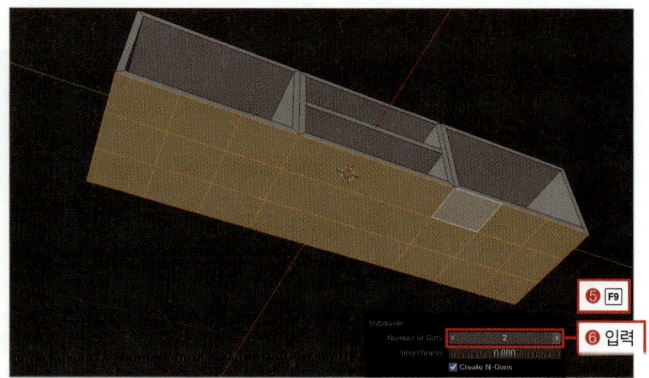

12 테이블 다리 Face를 Inset합니다.

12·1 ❶가장 오른쪽 위에 있는 바닥을 클릭한 후 ❷오른쪽 아래, 왼쪽 위, 왼쪽 아래 바닥을 각각 Shift +클릭하여 Face 4개를 동시 선택합니다.

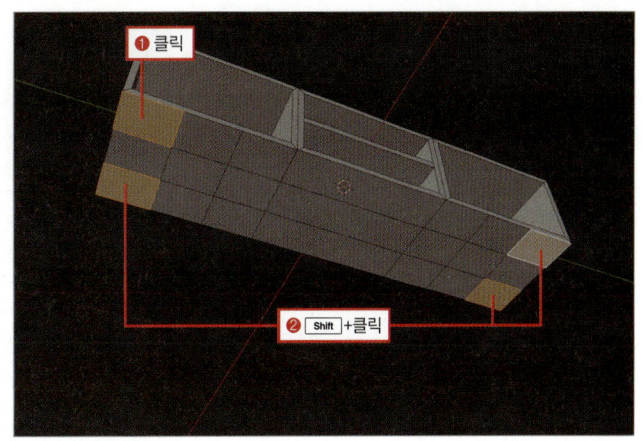

12·2 ❸ I 를 눌러 Inset을 활성화한 후 ❹Face 중심으로 마우스 커서를 움직여 축소하고 클릭하여 Inset을 완료합니다.

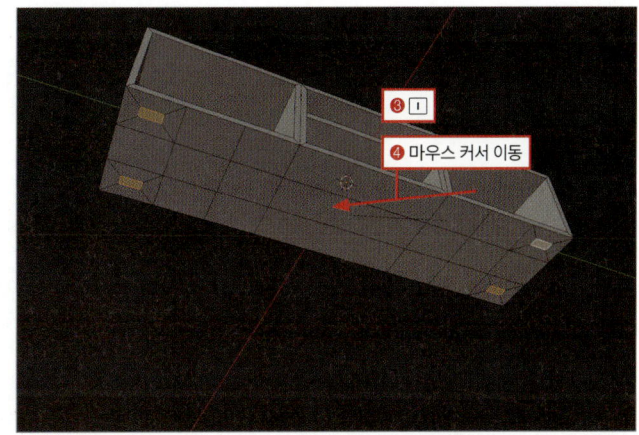

12·3 ❺ F9 를 누르면 나타나는 inset Faces 설정 창에서 ❻Thickness 수치를 '0.05'로 설정합니다.

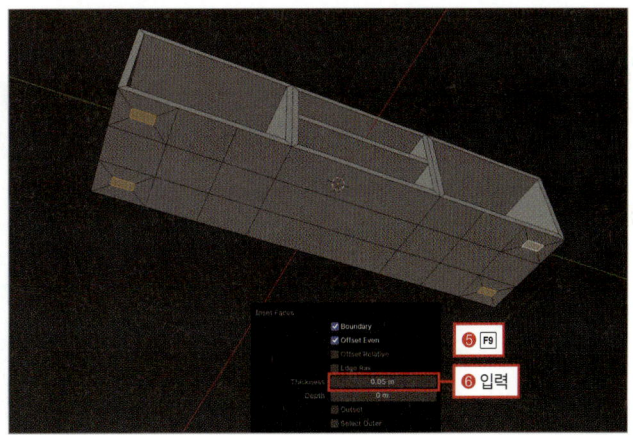

13 테이블 다리를 Extrude합니다.

13·1 Face 4개의 선택을 유지한 상태에서 ❶E를 누른 후 ❷마우스 커서를 아래쪽으로 움직여 클릭하여 Extrude를 완료합니다.

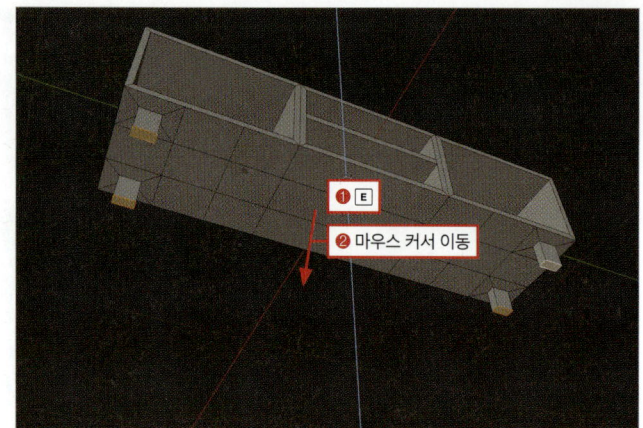

13·2 ❸F9를 누르면 나타나는 Extrude Region 설정 창에서 ❹Move Z에 '0.1'을 입력합니다.

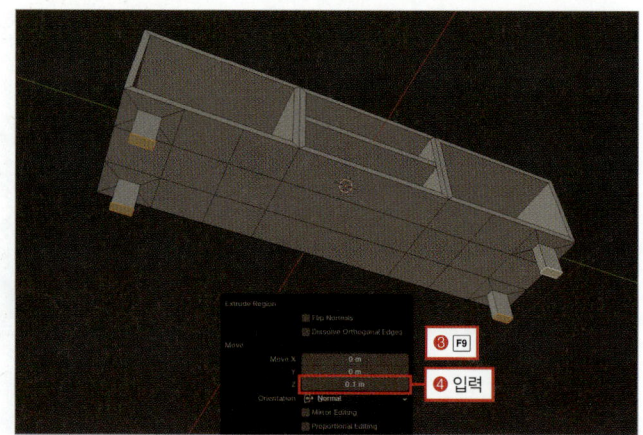

14 테이블 다리의 바닥면을 축소합니다.

14·1 3D Viewport의 위쪽의 ❶Transform Pivot Point를 클릭하고 ❷[Individual Origins]를 클릭합니다.

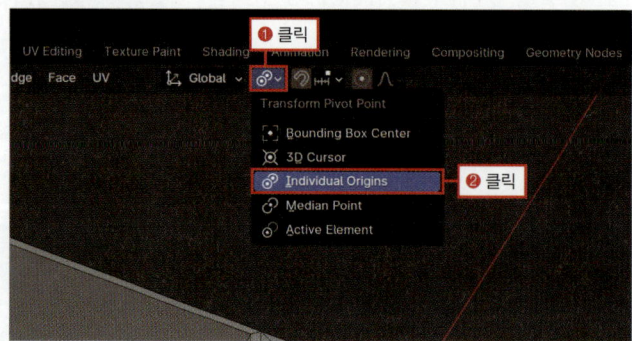

14·2 Face 4개의 선택을 계속 유지한 상태에서 ❸S를 누른 후 ❹마우스 커서를 움직여 크기를 줄이고 클릭하여 크기 조절을 완료합니다.

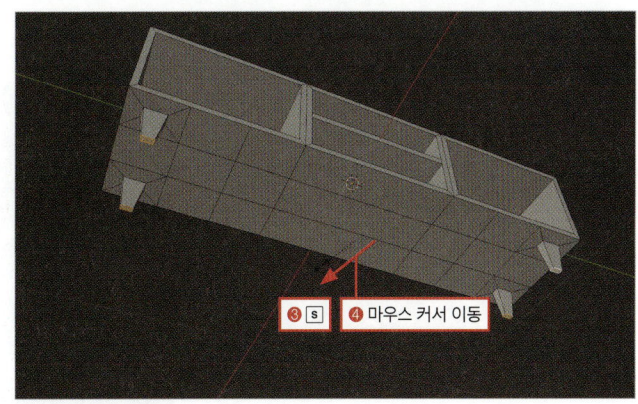

14·3 ❺F9를 눌러 Resize 설정 창을 열고 ❻Scale X는 '0.7', Scale Y는 '0.4', Scale Z는 '1.0'으로 설정합니다.

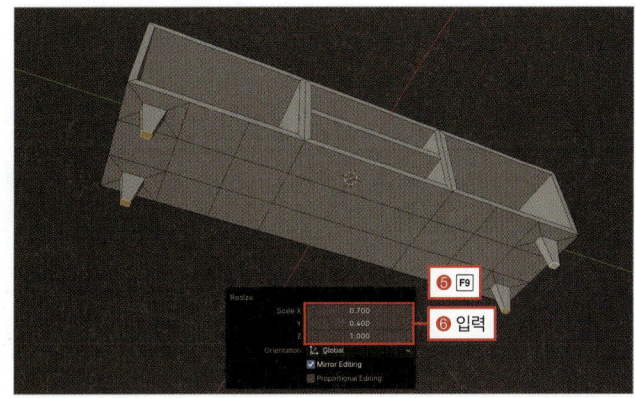

14·4 3D Viewport의 위쪽의 ❼Transform Pivot Point를 클릭하고 ❽[Median Point]를 클릭합니다.

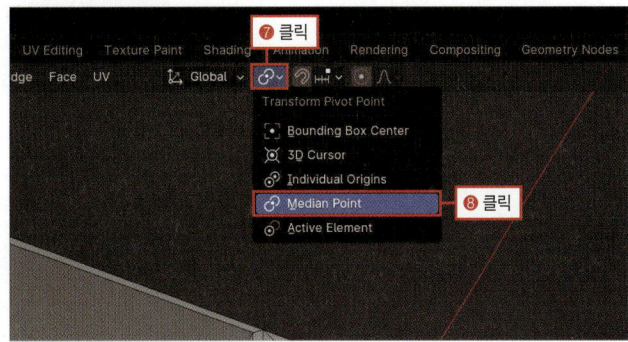

15 테이블 다리를 양쪽으로 벌려줍니다.

15·1 ❶ Num 1 을 눌러 -Y축에서 바라본 시점으로 회전합니다.

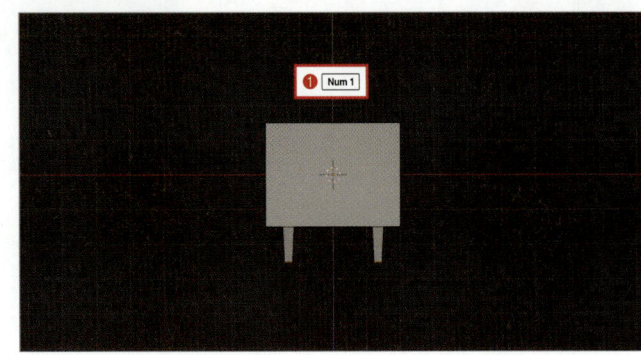

15·2 Face 4개의 선택을 유지한 상태에서 ❷ S 를 누른 후 X 를 눌러 방향을 X축으로 선택합니다. ❸마우스 커서를 움직여 바닥 면의 양쪽 끝이 테이블 끝과 비슷한 지점에 오도록 크기를 키우고 클릭하여 크기 조절을 완료합니다.

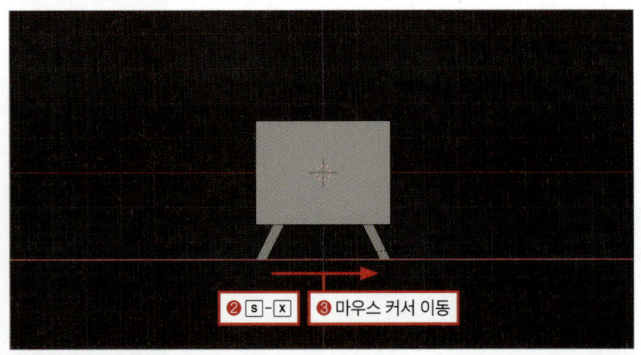

15·3 ❹ Num 3 을 눌러 X축에서 바라본 시점으로 회전합니다.

15·4 Face 4개의 선택을 유지한 상태에서 ❺ S 를 누른 후 Y 를 눌러 방향을 Y축으로 설정합니다. ❻마우스 커서를 움직여 바닥 면의 양쪽 끝이 테이블 끝과 비슷한 지점에 오도록 크기를 키우고 클릭하여 완료합니다.

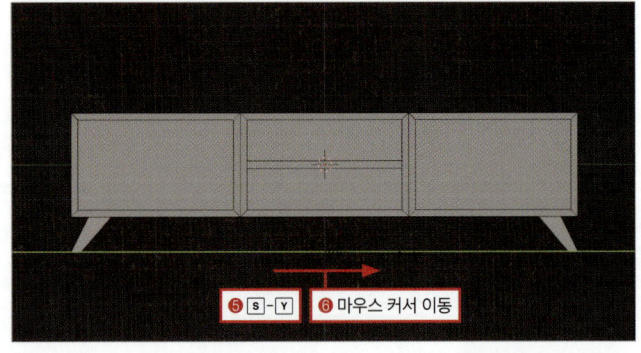

16 테이블의 베이스 색상을 지정합니다.

16·1 ❶질감을 확인할 수 있도록 3D Viewport 오른쪽 위의 Viewport Shading에서 Material Preview(🔘)를 클릭합니다. ❷오른쪽 아래 Properties에 있는 Material 속성(🔘)에서 [New] 버튼을 클릭하여 새 질감을 추가합니다.

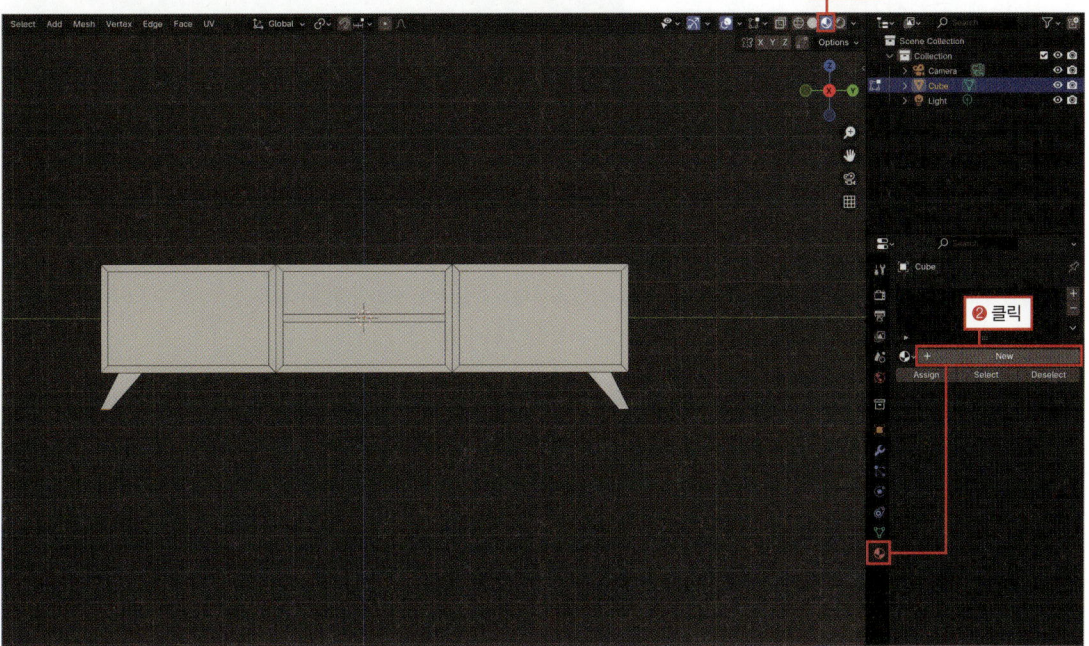

16·2 ❸Surface의 Base Color를 클릭한 후 ❹Hue, Saturation, Value를 조절하여 본인이 표현하고 싶은 색상을 지정합니다.

17 테이블 안쪽 면의 색상을 부분 적용합니다.

17·1 ❶마우스 가운데 버튼을 클릭한 후 마우스를 움직여 시점을 변경하여 X축 정면 시점을 벗어납니다. ❷테이블 안쪽 첫 번째 공간에서 면의 접점을 [Alt]+클릭하여 Loop 선택합니다. ❸두 번째 공간에서는 면의 접점을 [Shift]+[Alt]+클릭하여 추가 선택합니다. ❹세 번째와 네 번째 공간에서도 면의 접점을 [Shift]+[Alt]+클릭하여 추가 선택합니다.

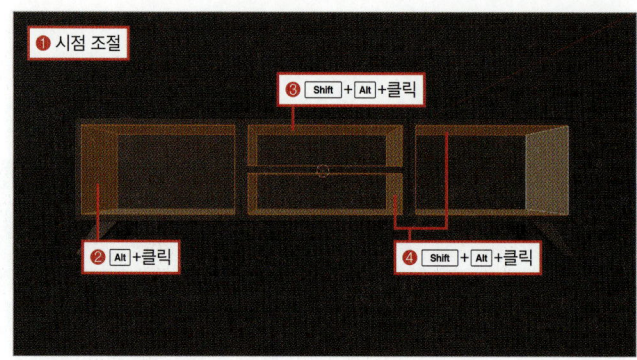

T·I·P X축 정면 시점을 벗어난 이유는 원근을 확인할 수 있는 뷰에서 작업하기 위함입니다.

17·2 ❺오른쪽 아래 Properties에 있는 Material 속성(■)에서 [+] 버튼을 클릭하여 새 슬롯을 추가하고 ❻[New] 버튼을 클릭하여 새 질감을 추가합니다. ❼[Assign] 버튼을 클릭하여 선택한 Face에만 질감을 적용합니다. ❽Surface의 Base Color를 클릭한 후 Hue, Saturation, Value를 조절하여 본인이 표현하고 싶은 색상을 지정합니다.

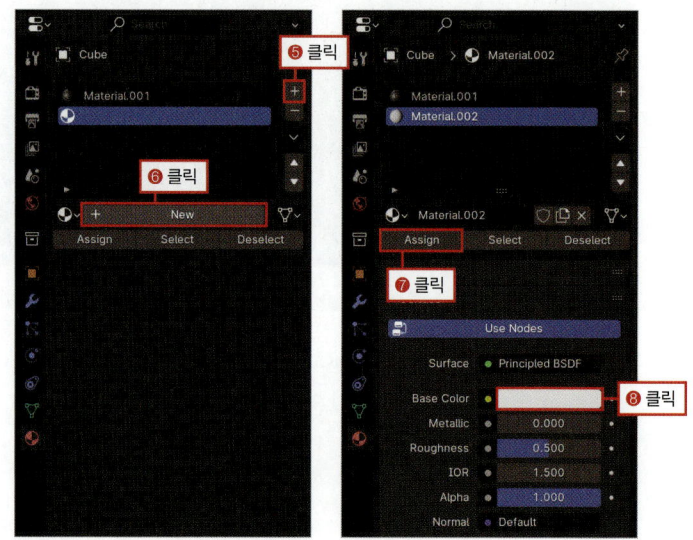

18 완성된 TV 테이블을 확인합니다.

18·1 [Tab]을 눌러 Object Mode로 전환합니다. 또는 3D Viewport 위쪽의 Object Interaction Mode에서 작업 모드를 Object Mode로 변경해도 됩니다.

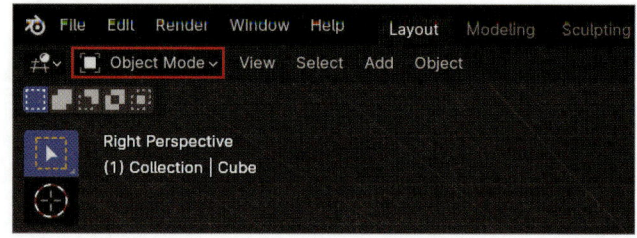

18·2 다음과 같이 TV 테이블이 완성된 것을 확인할 수 있습니다. Ctrl+S 를 눌러 저장 창을 열고 기억하기 쉬운 위치로 이동한 후 [Save Blender File]을 클릭하여 프로젝트를 저장합니다.

Bevel로 부드럽게 다듬기

Bevel 기능으로 Vertex나 Edge를 부드럽게 다듬는 방법을 익힙니다.

Bevel은 Edit Mode에서 각진 Vertex나 Edge를 부드럽게 다듬어주는 기능입니다.

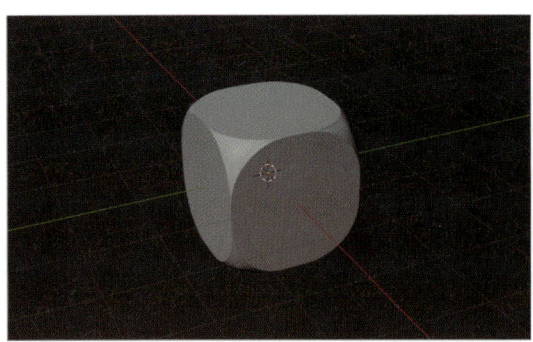
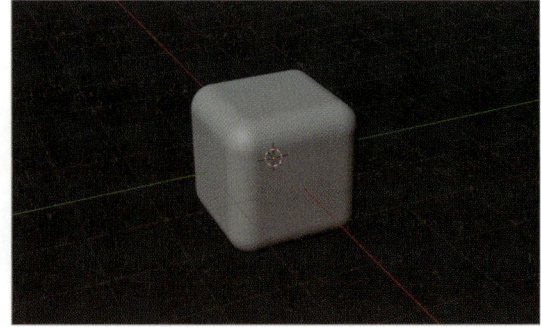

● Bevel Vertices

Vertex를 부드럽게 하는 방법인 Bevel Vertices부터 알아보겠습니다.

먼저 Tab을 눌러 Edit Mode로 전환한 후 ❶Vertex나 Edge, Face를 하나 선택합니다. 이 책에서는 Vertex Select 상태에서 양쪽 모서리를 선택했습니다. 그런 후 ❷Ctrl + Shift + B를 누르고 ❸선택 대상으로부터 먼 쪽으로 마우스 커서를 움직여 Bevel 범위를 정합니다. ❹마우스 가운데 버튼을 위/아래로 돌려 Bevel 단계를 정하고 클릭하여 Bevel Vertices를 완료합니다.

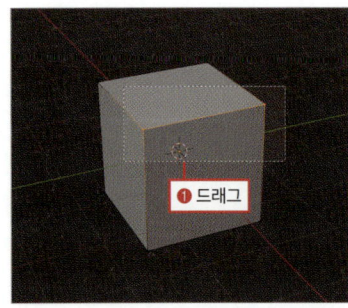
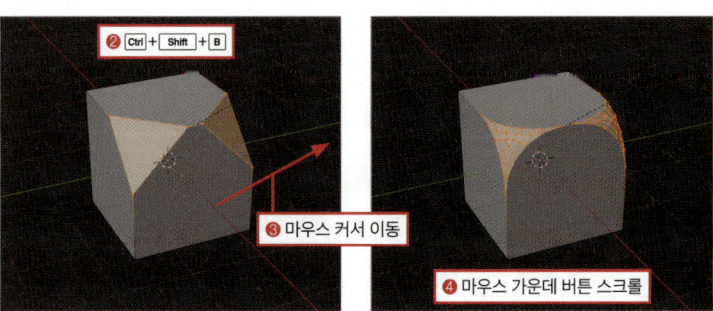

이처럼 모서리 부분, 즉 Vertex가 부드럽게 다듬어진 것을 확인할 수 있습니다.

● **Bevel Edges**

이어서 Edge를 부드럽게 하는 방법인 Bevel Edges을 알아보겠습니다.

Tab을 눌러 Edit Mode로 전환한 후 ❶2개 이상의 Vertex나 Edge, Face를 하나 선택합니다. 이 책에서는 Vertex Select 상태에서 양쪽 모서리(2개의 Vertex)를 선택했습니다. 그런 후 ❷Ctrl+B를 누르고 ❸선택 대상으로부터 먼 쪽으로 마우스 커서를 움직여 Bevel 범위를 정합니다. ❹마우스 가운데 버튼을 위/아래로 돌려 Bevel 단계를 정하고 클릭하여 Bevel Edges를 완료합니다.

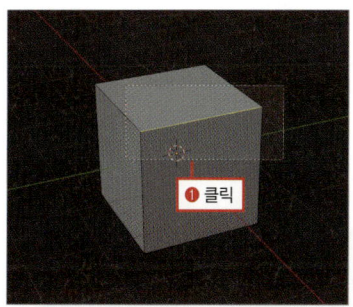
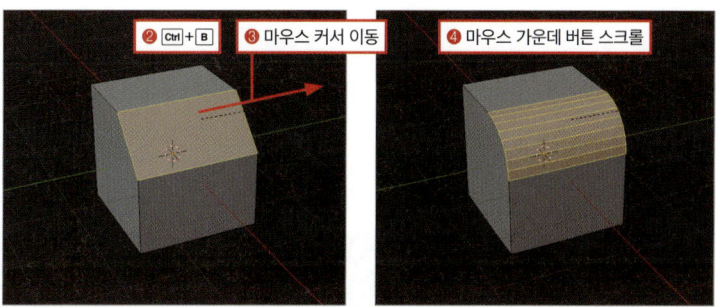

앞서 Vertex를 Bevel할 때와는 달리 Edge 단위로 부드럽게 다듬어진 것을 확인할 수 있습니다.

TV 만들기

Subdivide, Extrude, Inset과 Bevel 기능을 결합하여 TV를 만들어봅니다.

이 예제를 따라하기 위해 알아야 하는 **핵심기능**

- Subdivide하기 ← 099쪽 참고
- Extrude하기 ← 102쪽 참고
- Inset하기 ← 105쪽 참고
- Bevel하기 ← 122쪽 참고

01 ❶ Ctrl + N 을 누르고 ❷ [General]을 클릭하여 새 프로젝트를 만듭니다.

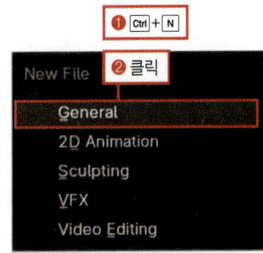

02 ❶ 디폴트 오브젝트 중 Cube를 클릭하여 선택하고 ❷ Delete 또는 X 를 눌러 삭제합니다.

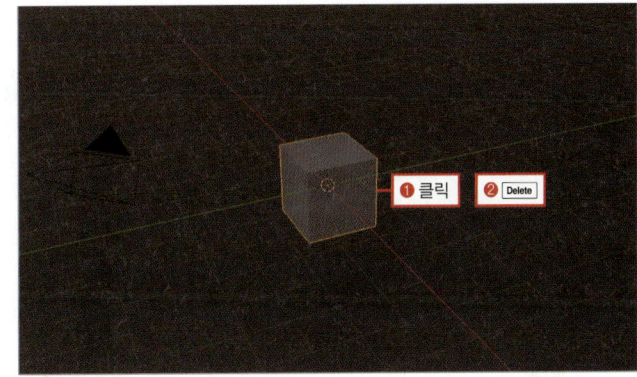

03 Cube를 생성하고 크기를 설정하겠습니다. ❶ 헤더 메뉴 [Add]-[Mesh]-[Cube]를 클릭하여 Cube 오브젝트를 만듭니다. 또는 Shift + A 를 눌러 Add 메뉴를 열고 [Mesh]-[Cube]를 클릭합니다. ❷ F9 를 눌러 Add 설정 창을 열고 ❸ Size를 '0.01'로 설정합니다. ❹ 오른쪽 아래 Properties에 있는 Object 속성 (■)의 Transform에서 Scale X는 '3', Scale Y는 '155', Scale Z는 '85'으로 설정합니다.

CHAPTER 05. Edit Mode로 오브젝트 수정하기

04 오브젝트의 현재 크기를 기본 Scale로 지정하겠습니다. 오브젝트 선택을 유지한 상태로 ❶ Ctrl + A 를 누르면 나타나는 Apply 메뉴에서 ❷ [Scale]을 클릭합니다. 이러면 현재 크기가 기본 Scale인 1.0으로 설정됩니다.

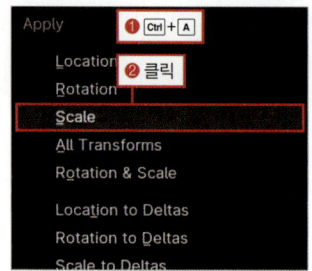 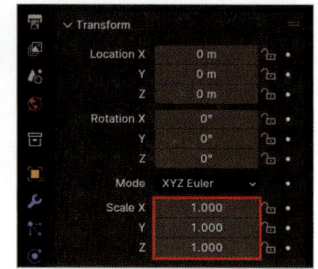

05 Edit Mode로 전환하겠습니다. 오브젝트 선택을 유지한 상태로 ❶ Tab 을 눌러 Edit Mode로 전환하고 ❷ 3 을 눌러 Face select로 전환합니다. 또는 3D Viewport 위쪽의 Object Interaction Mode에서 작업 모드를 Edit Mode로 변경하고 헤더 메뉴에서 Face select를 선택해도 됩니다.

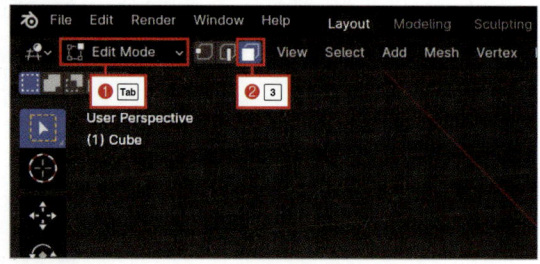

06 TV 앞면 Face를 Inset합니다.

06·1 ❶ Num. 을 누른 후 마우스 가운데 버튼을 돌려 작업하기 편리한 크기로 시점을 확대/축소합니다. 그리고 ❷ 정면의 Face를 클릭하여 선택합니다.

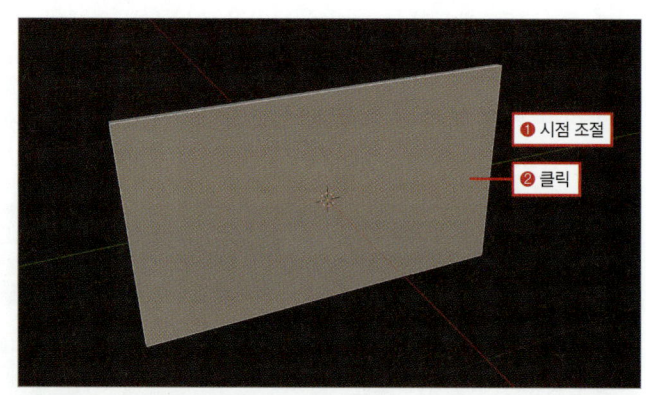

06·2 ❸ I 를 눌러 Inset을 활성화한 후 ❹ 선택한 Face 중심으로 마우스를 이동하여 축소하고 클릭하여 완료합니다. ❺ F9 를 누르면 나타나는 inset Faces 설정 창에서 ❻ Thickness를 '0.02m'로 설정합니다.

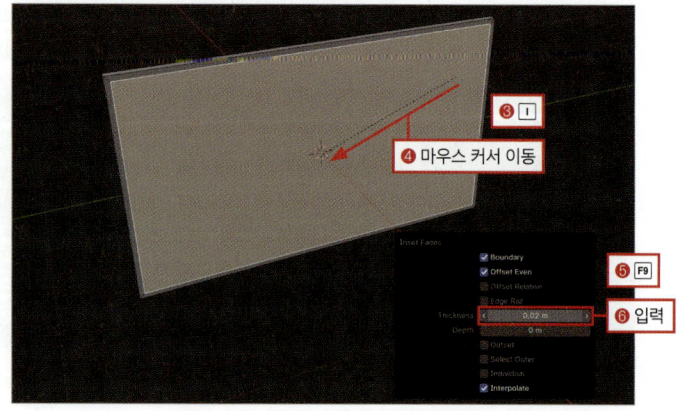

126 / 디자인이 세상을 바꾼다 블렌더 3D

07 TV 앞면 Face를 Extrude하겠습니다. Face의 선택을 유지한 상태에서 ❶ E 를 눌러 Extrude를 활성화한 후 ❷마우스 커서를 안쪽으로 움직이고 클릭하여 Extrude를 완료합니다. ❸F9를 누르면 나타나는 Extrude Region 설정 창에서 ❹Move Z를 '-0.02'로 설정합니다.

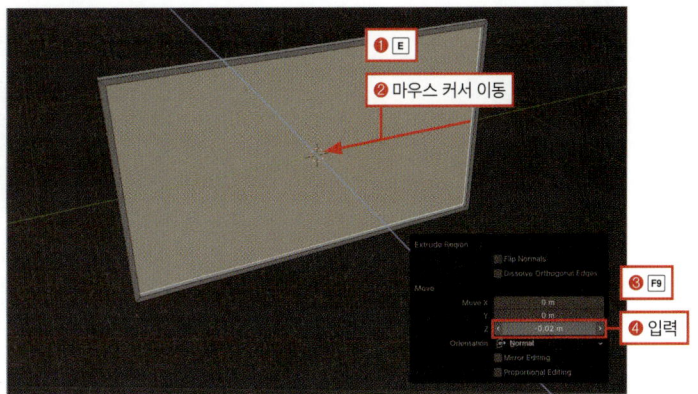

08 TV 뒷면 Face를 Extrude합니다.

08·1 ❶TV 뒷면을 볼 수 있도록 마우스 가운데 버튼을 누르고 마우스를 움직여 시점을 회전하고 ❷뒷면 Face를 선택합니다.

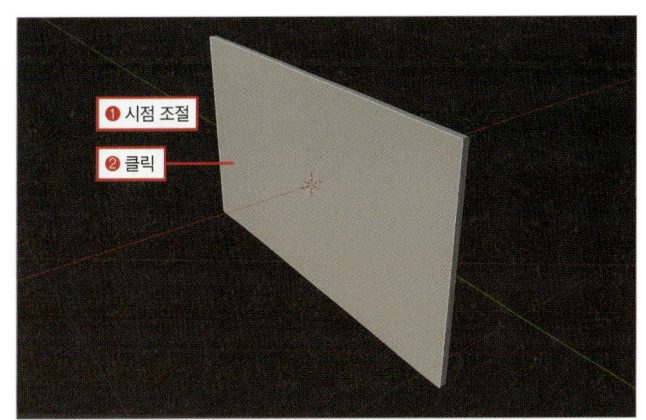

08·2 ❸E 를 눌러 Extrude를 활성화한 후 ❹마우스 커서를 움직이고 클릭하여 Extrude를 완료합니다. ❺F9를 누르면 나타나는 Extrude Region 설정 창에서 ❻Move Z를 '0.15'로 설정합니다.

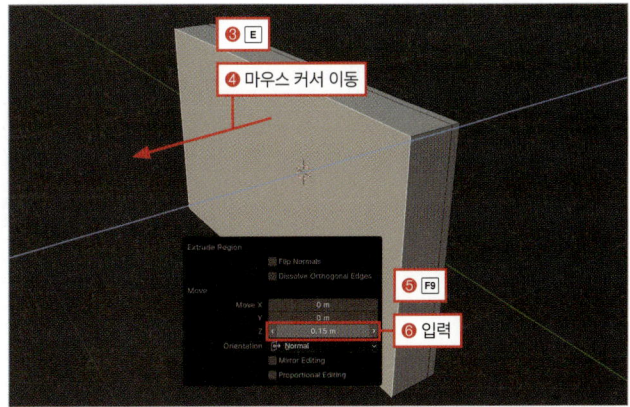

09 TV 뒷면 Face 크기를 줄이겠습니다. Face의 선택을 유지한 상태에서 ❶ S 를 누른 후 ❷마우스 커서를 움직여 크기를 줄이고 클릭하여 크기 조절을 완료합니다. ❸ F9 를 누르면 나타나는 Resize 설정 창에서 ❹Scale X, Y, Z를 모두 '0.8'로 설정합니다.

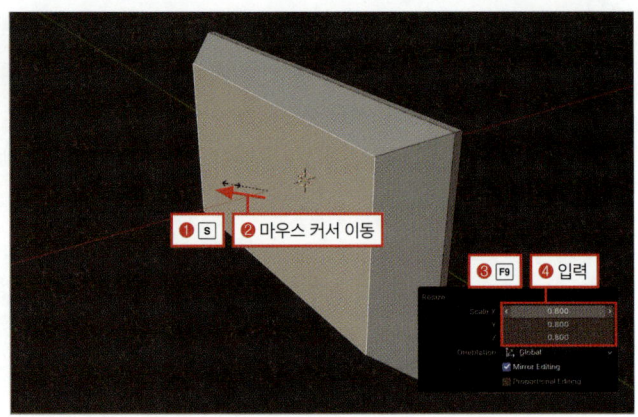

10 TV 뒷면 Face를 아래쪽으로 스냅-이동합니다.

10·1 ❶ 1 을 눌러 -Y축에서 바라본 시점으로 회전합니다. Face의 선택을 유지한 상태에서 ❷ G 를 누른 후 B 를 누르고 ❸왼쪽 아래 꼭지점을 클릭하여 스냅 기준을 설정합니다.

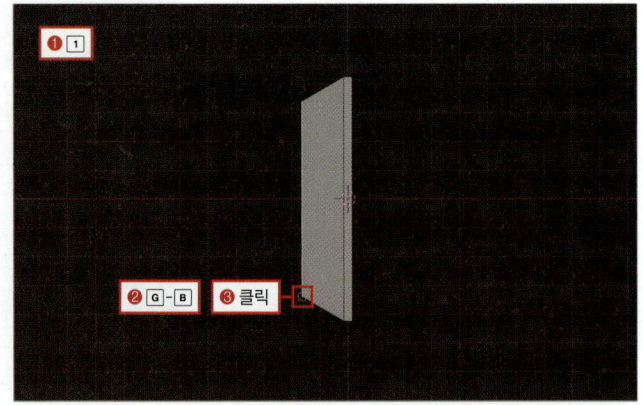

10·2 ❹ Z 를 눌러 위/아래(Z축)를 이동 방향으로 선택하고 ❺마우스 커서를 오른쪽 아래 꼭지점에 가져간 후 스냅되었을 때 클릭하여 이동을 완료합니다.

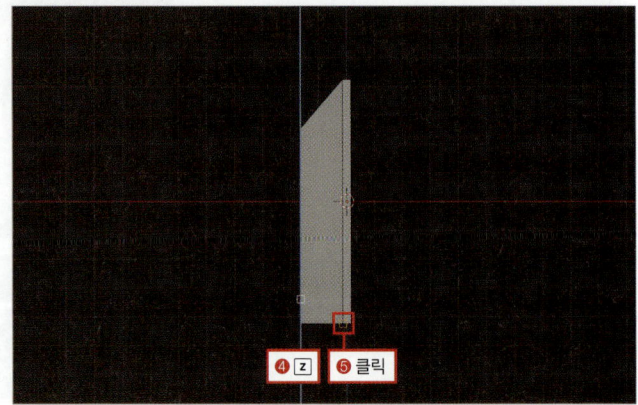

11 TV 뒷면 Edge를 Bevel합니다.

11·1 ❶ 2 를 눌러 Edge select로 전환합니다. 또는 헤더 메뉴에서 Edge select를 선택해도 됩니다.

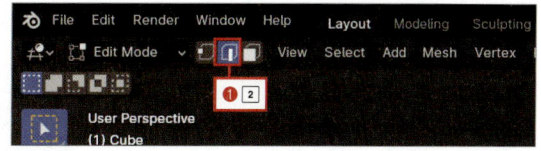

11·2 ❷ 마우스 가운데 버튼을 누른 채로 마우스 움직여 TV 뒷면을 볼 수 있도록 시점을 회전하고 ❸ 왼쪽 Edge를 클릭한 후 ❹ 위쪽, 오른쪽 Edge들을 Shift +클릭하여 3개의 Edge를 동시 선택합니다.

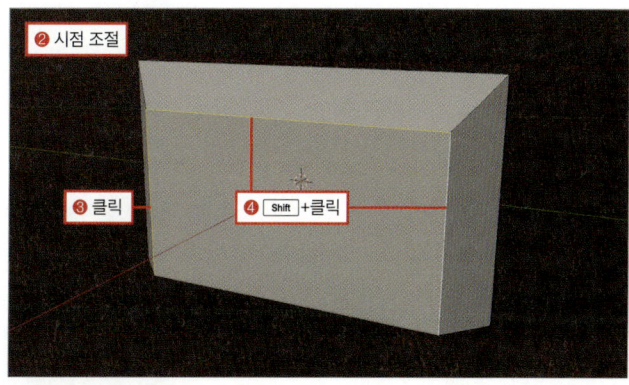

11·3 ❺ Ctrl + B 를 눌러 Bevel Edges를 활성화한 후 ❻ 선택 대상으로부터 먼 쪽으로 마우스 커서를 이동하여 Bevel 범위를 정합니다.

T·I·P Bevel 범위가 TV 앞면을 넘어가지 않도록 주의합니다.

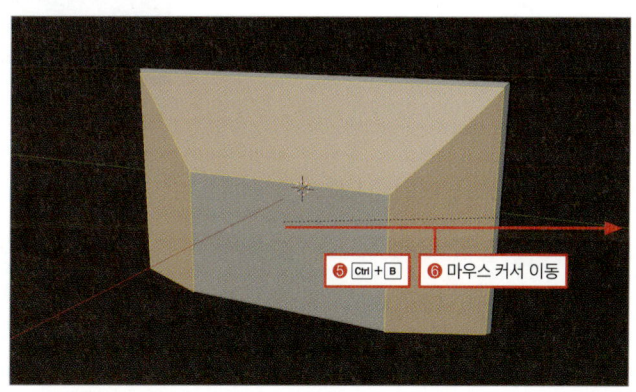

11·4 ❼ 마우스 가운데 버튼을 위로 돌려 Bevel 단계를 높이고 클릭하여 완료합니다.

12 TV 아랫면을 Subdivide합니다.

12·1 ❶마우스 가운데 버튼을 누른 채로 마우스를 움직여 TV 아랫면을 볼 수 있도록 시점을 회전하고 ❷위쪽 Edge를 클릭한 후 ❸아래쪽 Edge를 Shift+클릭하여 2개의 Edge를 동시 선택합니다.

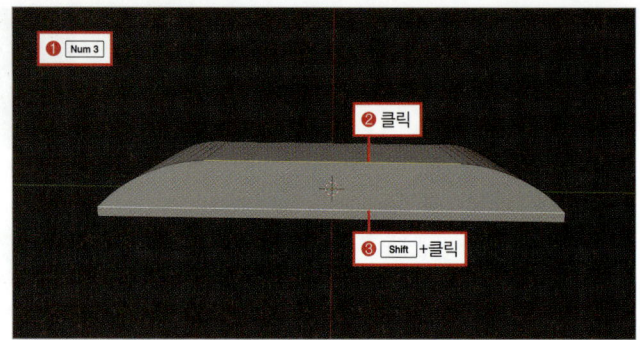

12·2 ❹마우스 오른쪽 버튼을 누르면 나타나는 메뉴에서 ❺[Subdivide]를 클릭하고 ❻F9를 누르면 나타나는 Subdivide 설정 창에서 ❼Number of Cuts 수치를 '2'로 설정합니다.

13 TV 아래쪽 지지대 Face를 Inset합니다.

13·1 ❶3을 눌러 Face select로 전환합니다. 또는 헤더 메뉴에서 Face select를 선택해도 됩니다.

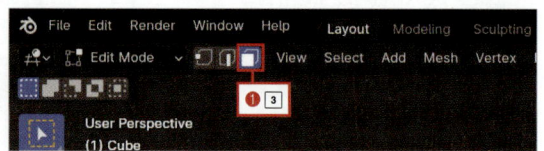

13·2 ❷가운데 Face를 선택합니다. ❸I를 눌러 Inset을 활성화한 후 ❹선택한 Face 중심으로 마우스 커서를 움직여 축소하고 클릭하여 Inset을 완료합니다. ❺F9를 누르면 나타나는 Inset Faces 설정 창에서 ❻Thickness를 '0.065'로 설정합니다.

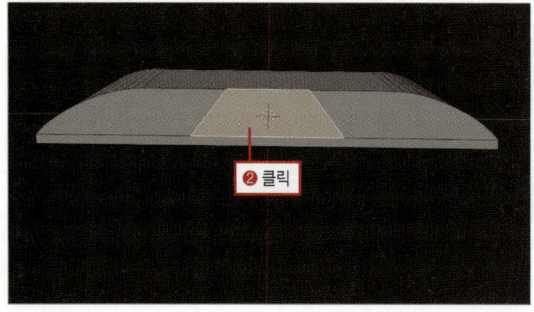 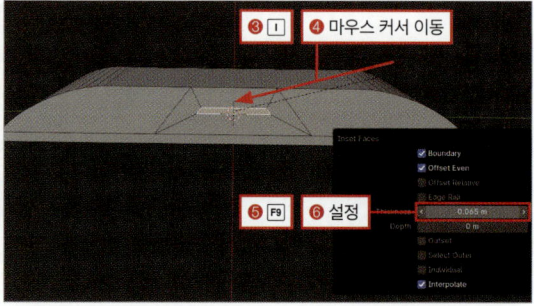

14 TV 아래쪽 지지대를 Extrude하겠습니다. ❶ Num 3 을 눌러 X축에서 바라본 시점으로 회전합니다. Face의 선택을 유지한 상태에서 ❷ E 를 눌러 Extrude를 활성화한 후 ❸마우스 커서를 아래쪽으로 움직이고 클릭하여 Extrude를 완료합니다. ❹ F9 를 누르면 나타나는 Extrude Region 설정 창에서 ❺Move Z를 '0.15'로 설정합니다.

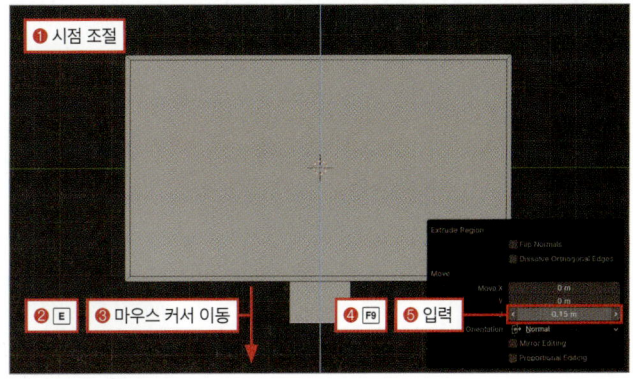

15 한 번 더 Extrude하겠습니다. ❶ Shift + R 을 눌러 방금 전 명령, 즉 Extrude를 한 번 더 실행합니다. ❷ F9 를 누르면 나타나는 Extrude Region 설정 창에서 ❸Move Z를 '0.01'으로 설정합니다.

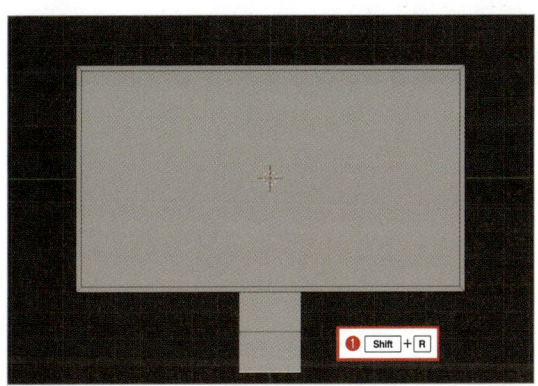 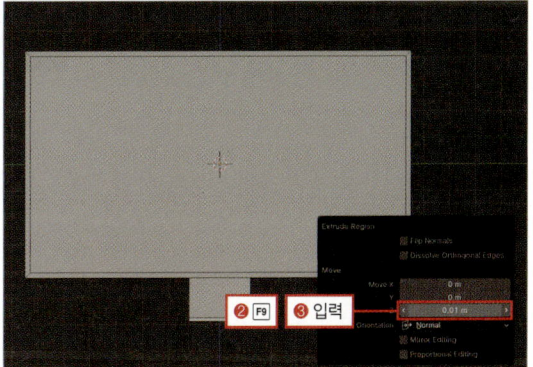

16 측면으로 Extrude하여 지지대를 넓게 만듭니다.

16·1 ❶마우스 가운데 버튼을 누른 채로 마우스를 움직이고 마우스 가운데 버튼을 돌려 시점을 확대/축소하여 아랫면과 옆면을 모두 잘 볼 수 있도록 시점을 전환합니다. ❷Face와 Face 사이를 Alt + 클릭하여 Loop 선택합니다.

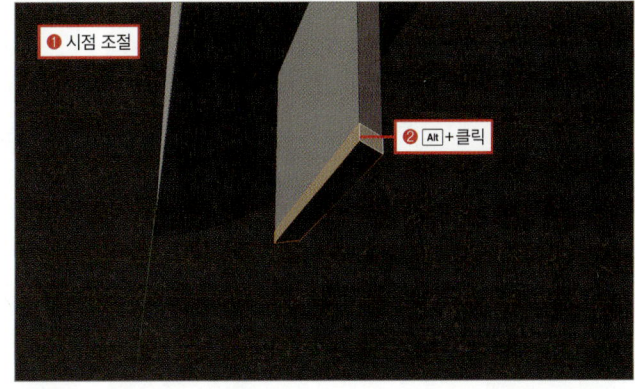

16·2 ❸ Alt + E 를 누르면 나타나는 Extrude 메뉴에서 ❹[Extrude Faces Along Normals]를 클릭합니다.

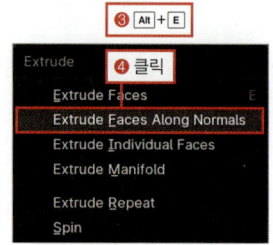

16·3 ❺마우스 커서를 오른쪽으로 움직이고 클릭하여 Extrude를 완료합니다. ❻ F9 를 누르면 나타나는 Extrude Region 설정 창에서 ❼Offset을 '0.15'로 설정합니다.

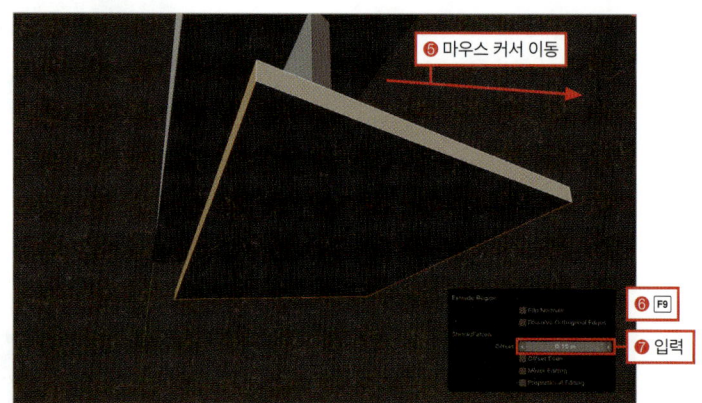

17 지지대를 이동합니다.

17·1 ❶ Num 1 을 눌러 -Y축에서 바라본 시점으로 회전합니다. Face 4개의 선택을 유지한 상태, 즉 Loop 선택을 유지한 채로 ❷ G - B 를 누르고 ❸왼쪽 꼭지점을 클릭하여 스냅 기준을 설정합니다.

17·2 ❹ X 를 눌러 X축을 이동 방향으로 선택하고 ❺마우스 커서를 TV 본체 왼쪽 아래 꼭지점으로 가져간 후 스냅되었을 때 클릭하여 이동을 완료합니다.

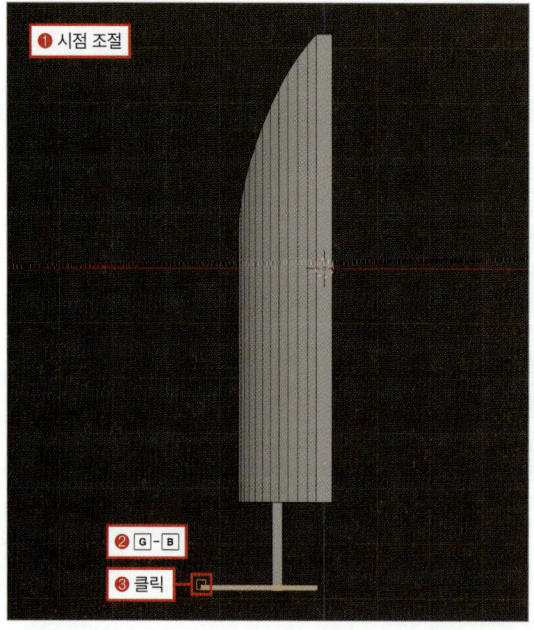
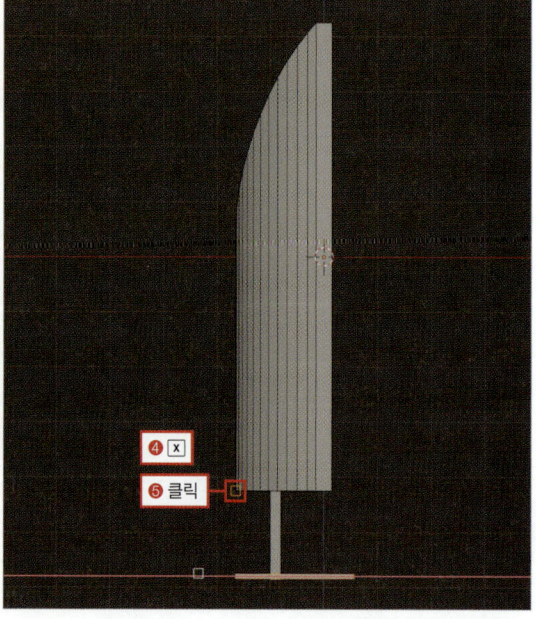

18 지지대의 Scale을 조정하겠습니다. ❶ `Num 3`을 눌러 X축에서 바라본 시점으로 회전합니다. Face 4개의 선택을 유지한 상태에서 ❷ `S`를 누른 후 `Y`를 눌러 방향을 Y축으로 설정합니다. ❸ 마우스 커서를 움직여 크기를 키우고 클릭하여 크기 조절을 완료합니다. ❹ `F9`를 누르면 나타나는 Resize 설정 창에서 ❺ Scale X는 '1', Scale Y는 '1.5', Scale Z는 '1'로 설정합니다.

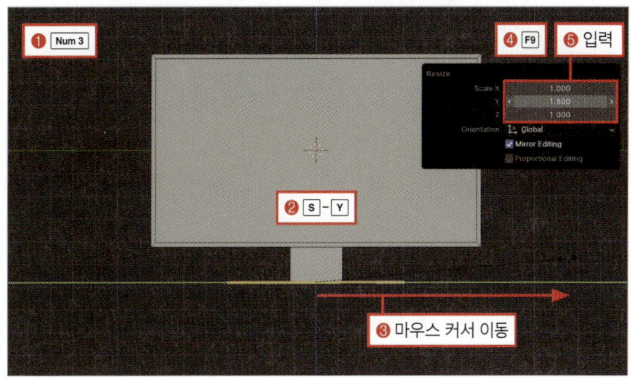

19 Shade Smooth로 표면을 부드럽게 연결하여 TV를 완성합니다.

19·1 ❶ `Tab`을 눌러 Object Mode로 전환합니다. 또는 3D Viewport 위쪽의 Object Interaction Mode에서 작업 모드를 Object Mode로 변경해도 됩니다.

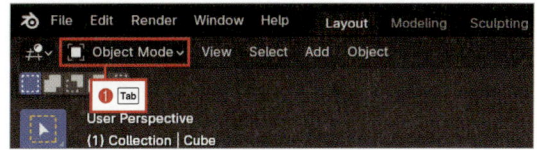

19·2 ❷방금까지 작업했던 TV 오브젝트를 선택하고 ❸마우스 오른쪽 버튼을 클릭하면 나타나는 메뉴에서 ❹[Shade Smooth by Angle]을 클릭하여 표면을 부드럽게 연결합니다.

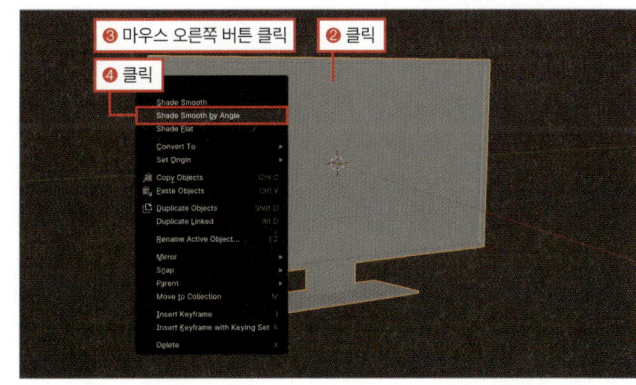

19·3 다음과 같이 TV 테이블이 완성된 것을 확인할 수 있습니다. `Ctrl`+`S`를 눌러 저장 창을 열고 기억하기 쉬운 위치로 이동한 후 [Save Blender File]을 클릭하여 프로젝트를 저장합니다.

책 만들기

Subdivide, Extrude, Inset과 Bevel 기능을 결합하여 책을 만들어봅니다.

이 예제를 따라하기 위해 알아야 하는 핵심기능

- Subdivide하기 ← 099쪽 참고
- Extrude하기 ← 102쪽 참고
- Inset하기 ← 105쪽 참고
- Bevel하기 ← 122쪽 참고

01　❶ Ctrl + N 을 누르고 ❷ [General]을 클릭하여 새 프로젝트를 만듭니다.

02　❶ 디폴트 오브젝트 중 Cube를 클릭하여 선택하고 ❷ Delete 또는 X 를 눌러 삭제합니다.

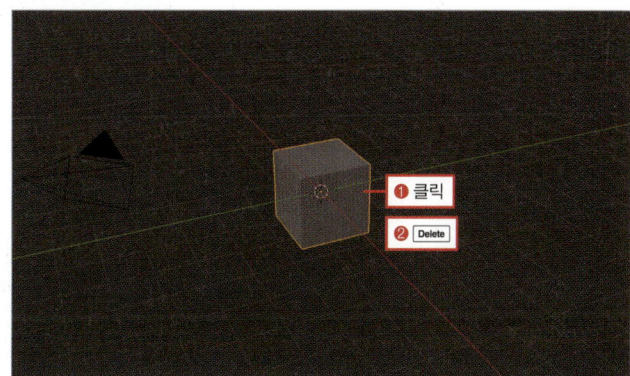

03　Cube를 생성하고 크기를 설정합니다.

03·1　❶ 헤더 메뉴 [Add]-[Mesh]-[Cube]를 클릭하여 Cube 오브젝트를 만듭니다. 또는 Shift + A 를 눌러 Add 메뉴를 열고 [Mesh]-[Cube]를 클릭합니다. ❷ F9 를 눌러 Add 설정 창을 열고 ❸ Size를 '0.01m'로 설정합니다. ❹ 오른쪽 아래 Properties에 있는 Object 속성(■)의 Transform에서 Scale X는 '5', Scale Y는 '18', Scale Z는 '25'로 설정합니다.

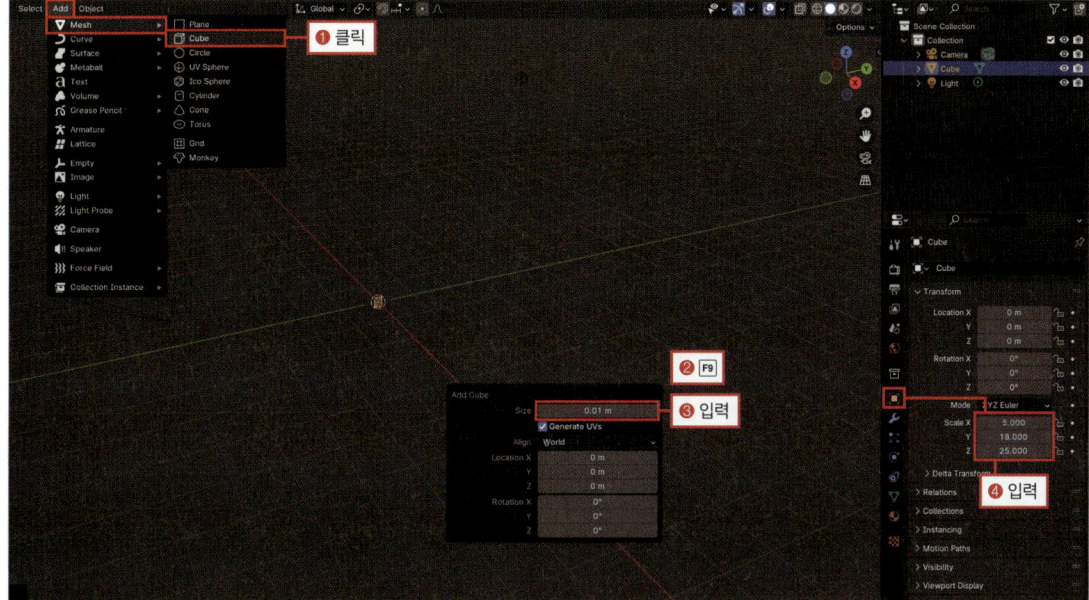

CHAPTER 05. Edit Mode로 오브젝트 수정하기　　　/ 135

03·2 ❺ Num . 을 누른 후 마우스 가운데 버튼을 돌려 작업하기 편리한 크기로 시점을 확대/축소합니다.

04 오브젝트의 현재 크기를 기본 Scale로 지정하겠습니다. ❶ Ctrl + A 를 누르면 나타나는 Apply 메뉴에서 ❷[Scale]을 클릭합니다. 이러면 현재 크기가 기본 Scale인 1.0으로 설정됩니다.

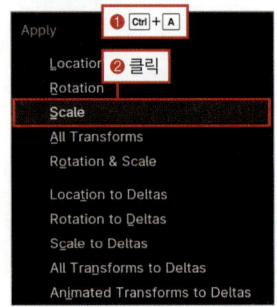 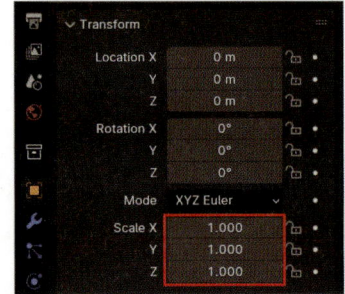

05 Edit Mode로 전환하겠습니다. 오브젝트 선택을 유지한 상태로 ❶ Tab 을 눌러 Edit Mode로 전환하고 ❷ 2 를 눌러 Edge select로 전환합니다. 또는 3D Viewport 위쪽의 Object Interaction Mode에서 작업 모드를 Edit Mode로 변경하고 헤더 메뉴에서 Face select를 선택해도 됩니다.

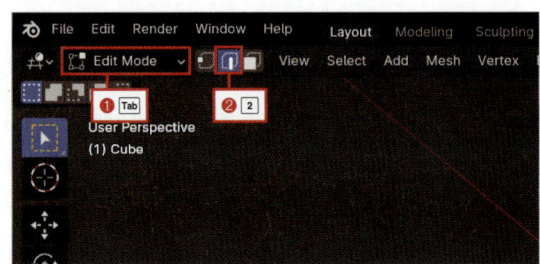

06 Edge를 Bevel하여 책등 부분을 제작하겠습니다. ❶책등 쪽의 왼쪽 Edge를 클릭한 후 ❷오른쪽 Edge를 Shift +클릭하여 Edge 2개를 동시 선택합니다. ❸ Ctrl + B 를 눌러 Bevel을 활성화한 후 ❹대상으로부터 먼 쪽으로 마우스 커서를 움직여 Bevel 범위를 정하고 클릭하여 Bevel을 완료합니다. ❺ F9 를 누르면 나타나는 Bevel 설정 창에서 ❻Width를 '0.015'로 설정하고 Segments를 '5'로 설정합니다.

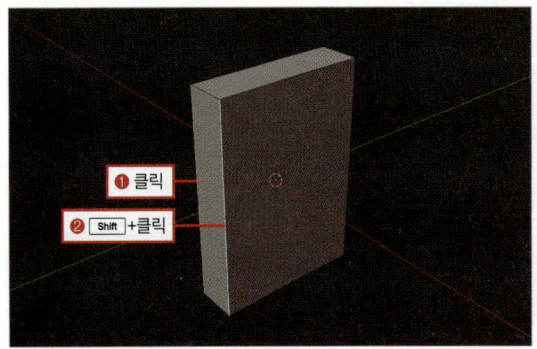 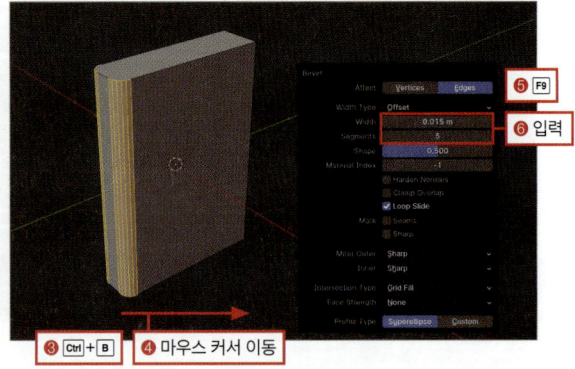

07 Face를 Inset하여 책 머리/배/밑 부분을 제작합니다.

07·1 ❶ `3`을 눌러 Face Select로 전환합니다.

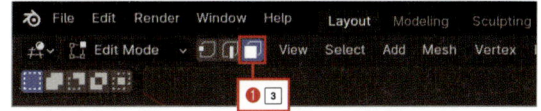

07·2 ❷책머리 Face를 선택합니다. ❸마우스 가운데 버튼을 누른 채로 마우스를 움직여 책 배와 밑을 볼 수 있도록 시점을 회전합니다. ❹오른쪽 옆면 Face를 클릭한 후 아래쪽 면 Face를 `Shift`+클릭하여 Face 2개를 동시 선택합니다.

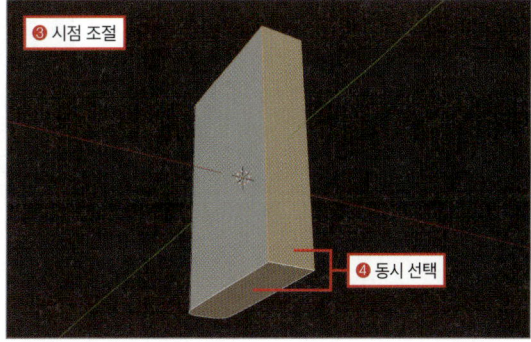

07·3 ❺`I`를 눌러 Inset을 활성화한 후 ❻선택한 Face 중심으로 마우스 커서를 움직여 축소하고 클릭하여 Inset을 완료합니다. ❼`F9`를 누르면 나타나는 inset Faces 설정 창에서 ❽Thickness를 '0.005'로 설정합니다.

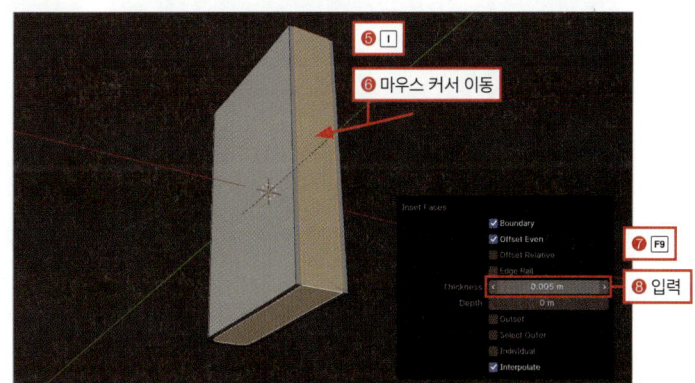

08 Face를 안쪽으로 Extrude하겠습니다. Face 3개의 선택을 유지한 상태에서 ❶`Alt`+`E`를 누르면 나타나는 Extrude 메뉴에서 ❷[Extrude Faces Along Normals]를 클릭합니다. ❸마우스 커서를 움직이고 클릭하여 Extrude를 완료합니다. ❹`F9`를 누르면 나타나는 Extrude Region 설정 창에서 ❺Offset을 '-0.01'로 설정합니다.

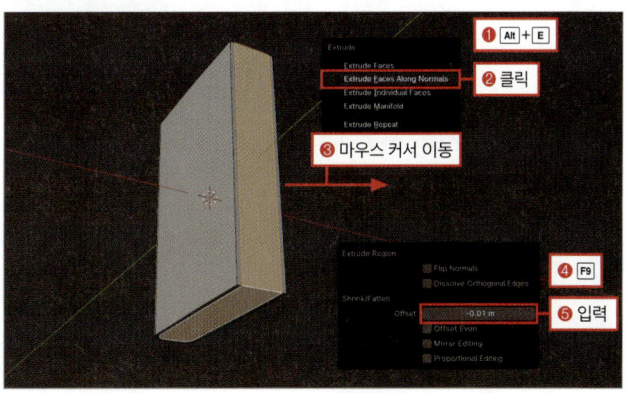

09 책배를 안쪽으로 넣습니다.

09·1 ❶ 2 를 눌러 Edge Select로 전환합니다.

09·2 ❷책배 위쪽의 Edge를 클릭하고 ❸아래쪽 Edge를 Shift +클릭하여 Edge 2개를 동시 선택합니다. ❹마우스 오른쪽 버튼을 클릭하면 나타나는 메뉴에서 ❺[Subdivide]를 클릭합니다.

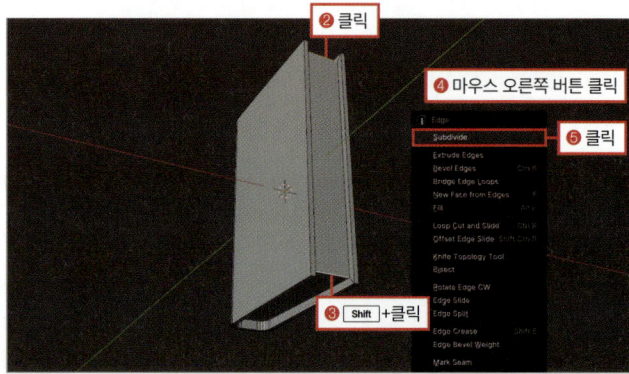

09·3 ❻Subdivide를 통해 새로 만들어진 Edge를 선택합니다. ❼ G 를 누른 후 Y 를 눌러 Y축으로 방향을 설정합니다. ❽마우스 커서를 안쪽으로 움직이고 클릭하여 이동을 완료합니다.

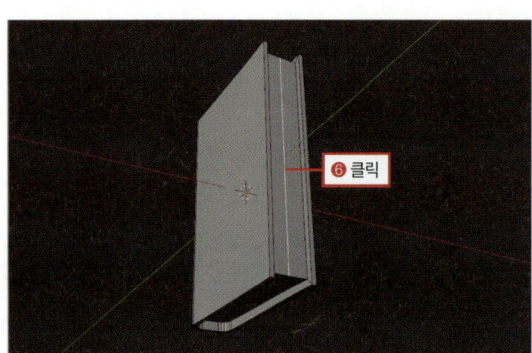
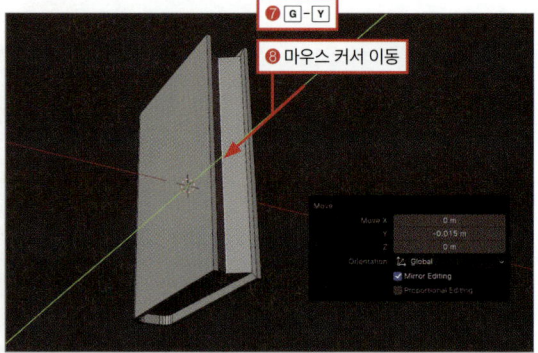

> **T·I·P** 그림과 동일한 위치로 이동시키고 싶다면 그림의 Move 설정 창 - Move의 값을 참고하시기를 바랍니다(Y: -0.015).

10
Edge를 Bevel하겠습니다. Edge 선택을 유지한 상태에서 ❶ Ctrl + B 를 눌러 Bevel을 활성화한 후 ❷대상으로부터 먼 쪽으로 마우스를 이동하여 Bevel 범위를 정하고 클릭하여 Bevel을 완료합니다. ❸ F9 를 누르면 나타나는 Bevel 설정 창에서 ❹Width를 '0.02'로 설정하고 Segments를 '5'로 설정합니다.

11 Shade Smooth를 적용하여 표면을 부드럽게 연결하고 책을 완성합니다.

11·1 ❶ Tab 을 눌러 Object Mode로 전환합니다.

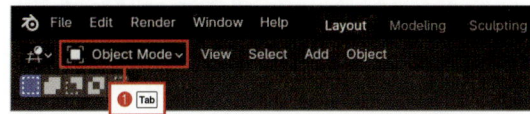

11·2 ❷ 책 오브젝트를 선택하고 ❸ 마우스 오른쪽 버튼을 클릭하면 나타나는 메뉴에서 ❹ [Shade Smooth by Angle]을 클릭하여 표면을 부드럽게 연결합니다.

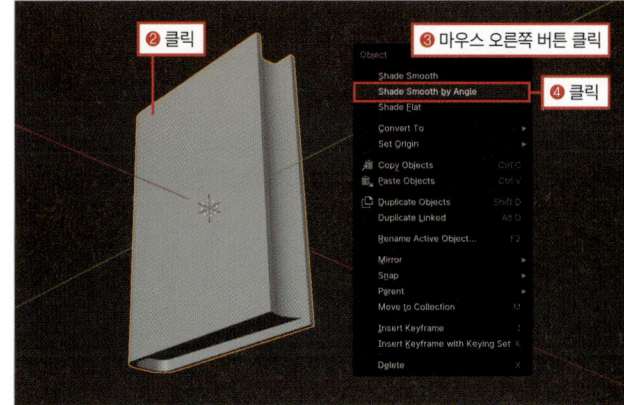

11·3 다음과 같이 책이 완성된 것을 확인할 수 있습니다. Ctrl + S 를 눌러 저장 창을 열고 기억하기 쉬운 위치로 이동한 후 [Save Blender File]을 클릭하여 프로젝트를 저장합니다.

> **TIP** 색상을 넣고 싶다면, 58쪽을 참고합니다.

Loop Cut과 Knife로 Face 나누기

Loop Cut과 Knife 기능으로 Face를 상황에 맞게 나누는 방법을 익힙니다.

● Loop Cut으로 Face를 수평/수직 기준으로 나누기

Loop Cut은 Edit Mode에서 Face를 특정 축 방향으로 나누는 기능입니다.

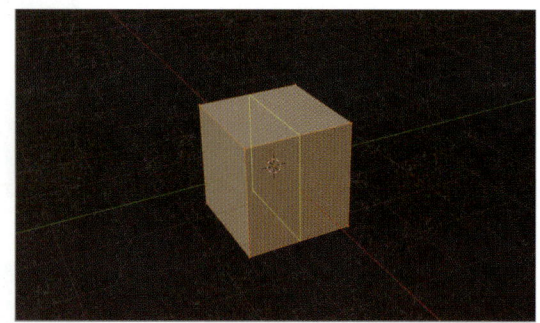

Loop Cut 기능을 사용해보겠습니다.

먼저 Edit Mode에서 ❶ Ctrl + R 을 누릅니다. ❷ Face 위에서 마우스 커서를 가져간 후 마우스 가운데 버튼을 돌려 Cut 단계, 즉 Face를 몇 개로 나눌지를 설정합니다. ❸ 마우스 커서 위치를 통해 수직이나 수평으로 Cut 방향 결정한 후 클릭합니다. 가령, 마우스 커서를 Face 왼쪽에 두면 Cut 방향이 수평이 되고, 위쪽에 두면 수직이 됩니다. ❹ Cut 방향을 결정한 후 마우스 커서를 움직여 Cut 지점을 결정하고 다시 클릭하여 Loop Cut을 완료합니다.

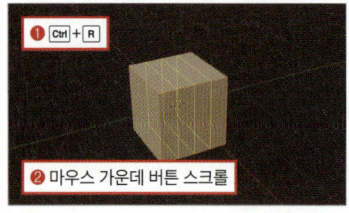
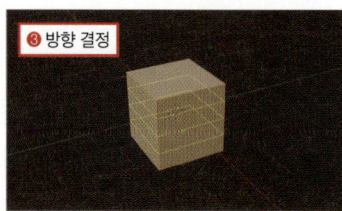

F9를 누르면 나타나는 Loop Cut 설정 창에서는 다음과 같은 설정을 할 수 있습니다.

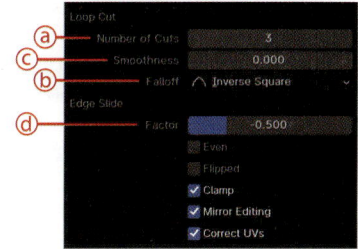

ⓐ Number of Cuts(Cut 단계)
ⓑ Fall off(Cut 변형)
ⓒ Smoothness(Cut 변형 강도)
ⓓ Factor(Cut 지점)

● **Knife로 Face를 자유롭게 나누기**

Knife는 Edit Mode에서 칼로 자르듯이 Face를 나누는 기능입니다.

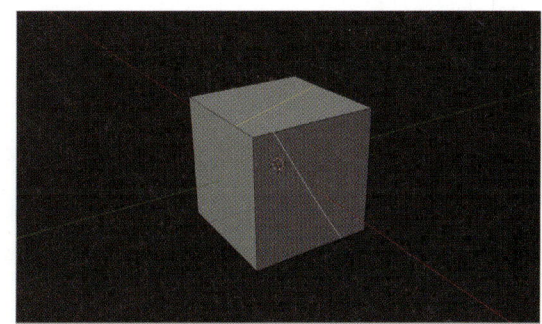

Knife 기능을 사용하려면 우선 Edit Mode에서 ❶ K를 누르고 ❷나누고 싶은 Face 위에서 드래그합니다. 또는 클릭으로 Knife 선을 이을 수 있습니다.

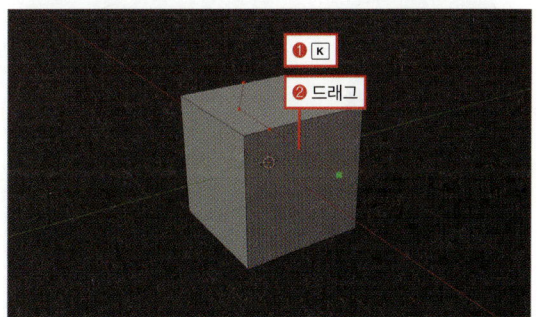

❸자르기가 다 되었다면 Enter를 클릭하여 Knife를 완료합니다.

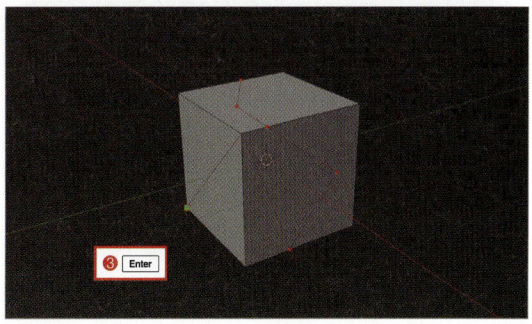

맥주컵 만들기

지금까지 배운 기능과 Loop Cut과 Knife 기능을 결합하여 맥주컵을 만들어봅니다.

이 예제를 따라하기 위해 알아야 하는 핵심기능

- Extrude하기 ← 102쪽 참고
- Inset하기 ← 105쪽 참고
- Bevel하기 ← 122쪽 참고
- Loop Cut하기 ← 140쪽 참고
- Knife하기 ← 141쪽 참고

01 ❶ Ctrl + N 을 누르고 ❷[General]을 클릭하여 새 프로젝트를 만듭니다.

02 ❶디폴트 오브젝트 중 Cube를 클릭하여 선택하고 ❷ Delete 또는 X 를 눌러 삭제합니다.

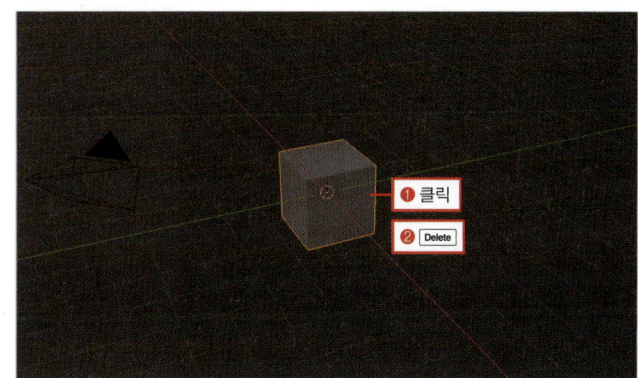

03 Cylinder를 생성하고 크기를 설정하겠습니다. ❶헤더 메뉴 [Add]-[Mesh]-[Cylinder]를 클릭하여 Cylinder 오브젝트를 만듭니다. 또는 Shift + A 를 눌러 Add 메뉴를 열고 [Mesh]-[Cylinder]를 클릭합니다. ❷F9를 누르면 나타나는 Add 설정 창에서 ❸Vertices는 '6', Radius는 '0.01', Depth는 '0.01'로 설정합니다. ❹오른쪽 아래 Properties에 있는 Object 속성의 Transform에서 Scale X는 '3', Scale Y는 '3', Scale Z는 '0.5'으로 설정합니다.

CHAPTER 05. Edit Mode로 오브젝트 수정하기 / 143

04 오브젝트의 현재 크기를 기본 Scale로 지정하겠습니다. 오브젝트 선택을 유지한 상태로 ❶Ctrl+A를 누르면 나타나는 Apply 메뉴에서 ❷[Scale]을 클릭합니다. 이러면 현재 크기가 기본 Scale인 1.0으로 설정됩니다.

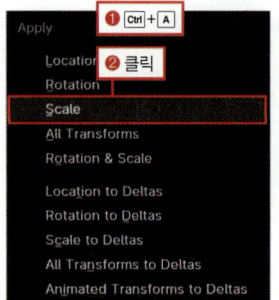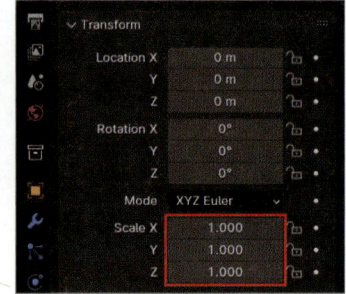

05 Edit Mode로 전환하겠습니다. 오브젝트 선택을 유지한 상태로 ❶Tab을 눌러 Edit Mode로 전환하고 ❷3을 눌러 Face select로 전환합니다. 또는 3D Viewport 위쪽의 Object Interaction Mode에서 작업 모드를 Edit Mode로 변경하고 헤더 메뉴에서 Face select를 선택해도 됩니다.

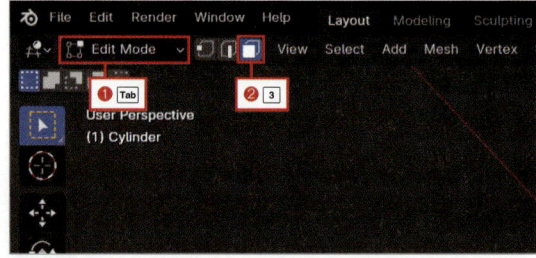

06 Face를 Inset합니다.

06·1 ❶Num.을 누른 후 마우스 가운데 버튼을 돌려 작업하기 편리한 크기로 시점을 확대/축소합니다. ❷상단 Face를 선택합니다.

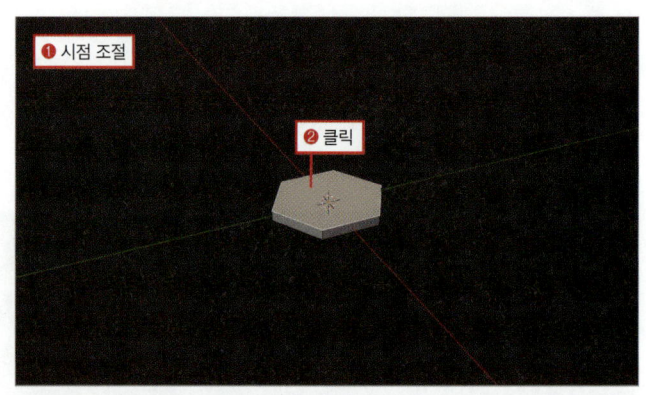

06·2 ❸I를 눌러 Inset을 활성화한 후 ❹선택한 Face 중심으로 마우스 커서를 움직여 축소하고 클릭하여 Inset을 완료합니다. ❺F9를 누르면 나타나는 Insert Faces 설정 창에서 ❻Thickness에 '0.002'를 입력합니다.

07

Face를 Extrude하겠습니다. ❶Face와 Face 사이 경계를 Alt + 클릭하여 Loop 선택합니다. ❷E 를 눌러 Extrude를 활성화한 후 ❸마우스 커서를 위쪽으로 움직이고 클릭하여 Extrude를 완료합니다. ❹F9를 누르면 나타나는 Extrude Region 설정 창에서 ❺Move Z에 '0.12'를 입력합니다.

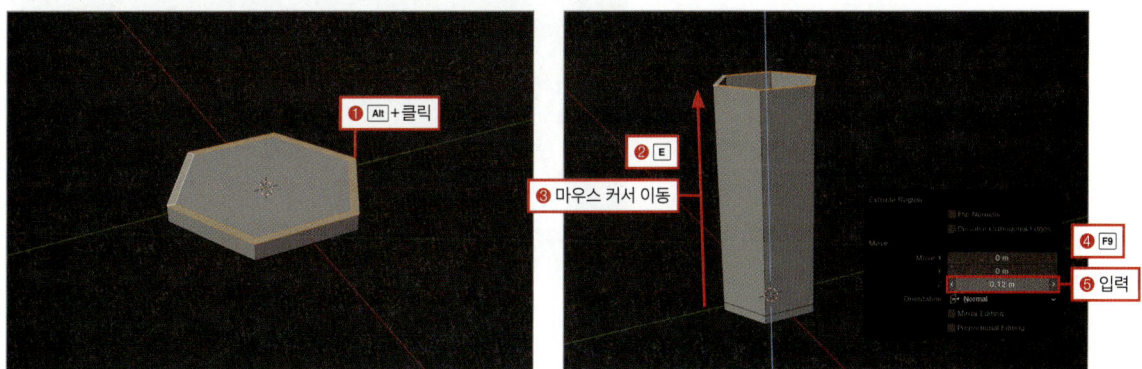

08

Loop Cut으로 Edge를 추가합니다.

08·1 ❶Ctrl + R을 눌러 Loop Cut을 활성화한 후 ❷바깥면에서 Edge를 위/아래로 나누는 지점을 클릭합니다.

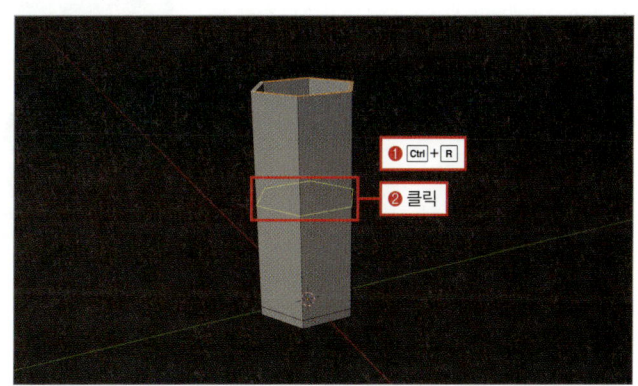

08·2 ❸마우스 커서를 위쪽으로 움직여 Loop Cut할 위치를 정하고 한 번 더 클릭하여 Loop Cut을 완료합니다. ❹F9를 누르면 나타나는 Loop Cut 설정 창에서 ❺Factor를 '-0.5'로 설정합니다.

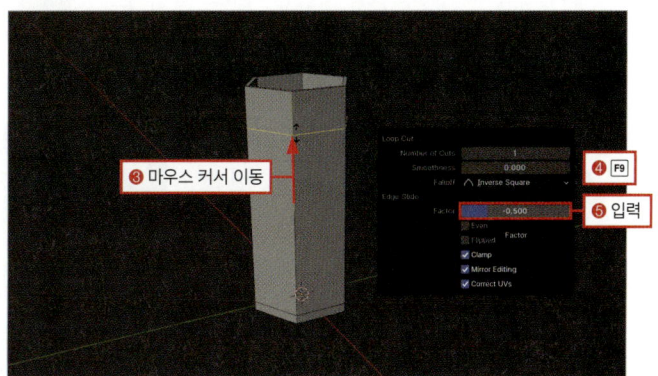

09 안쪽 면에서도 Loop Cut으로 Edge를 추가합니다.

09·1 ❶마우스 가운데 버튼을 누른 채로 마우스를 움직여 컵의 안쪽 면을 볼 수 있도록 시점을 회전합니다. ❷Ctrl+R을 눌러 Loop Cut을 활성화한 후 ❸안쪽 면에서 Edge를 위/아래로 나누는 지점에 클릭합니다.

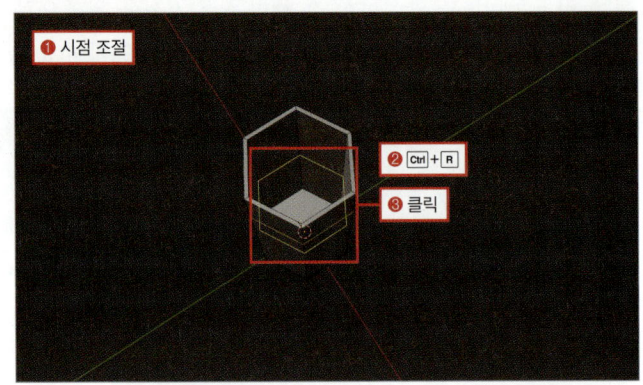

09·2 ❹마우스 커서를 위쪽으로 움직여 Loop Cut할 위치를 정하고 한 번 더 클릭하여 Loop Cut을 완료합니다. ❺F9를 누르면 나타나는 Loop Cut 설정 창에서 ❻Factor를 '-0.5'로 설정합니다.

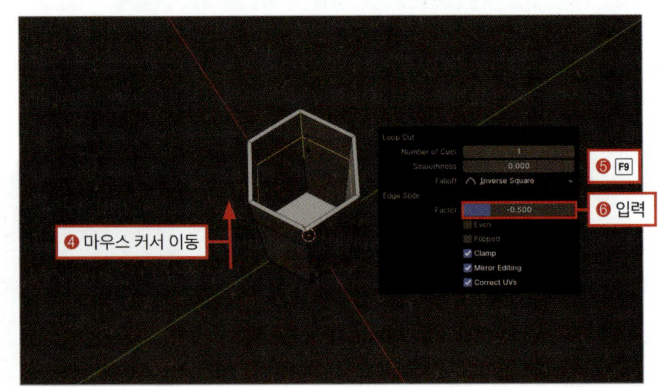

10 컵의 반지름이 위로 갈수록 넓어지도록 변형합니다.

10·1 ❶3을 눌러 Face select로 전환합니다. 또는 헤더 메뉴에서 Face select를 선택해도 됩니다.

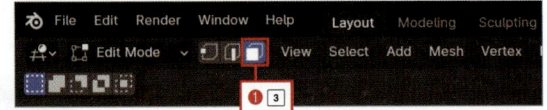

10·2 ❷마우스 가운데 버튼을 누른 채로 마우스를 움직여 안쪽과 바깥쪽 면을 모두 볼 수 있도록 시점을 회전합니다. ❸안쪽 Face와 Face 사이를 Alt+클릭하여 Loop 선택하고 ❹바깥쪽을 Alt+Shift+클릭하여 Loop 선택을 추가합니다.

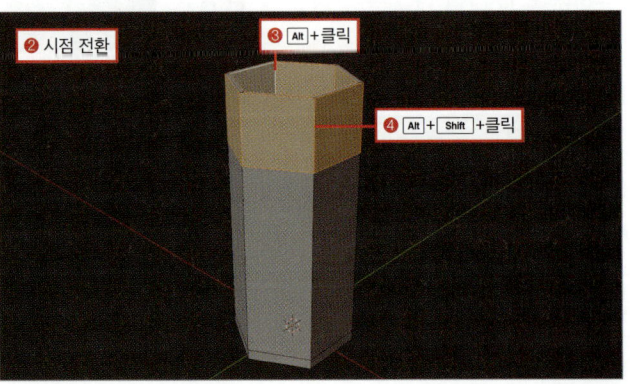

10·3 ❺S를 누른 후 ❻마우스 커서를 움직여 크기를 키우고 클릭하여 크기 조절을 완료합니다. ❼F9를 누르면 나타나는 Resize 설정 창에서 ❽Scale X는 '1.5', Scale Y는 '1.5', Scale Z는 '1.0'으로 설정합니다.

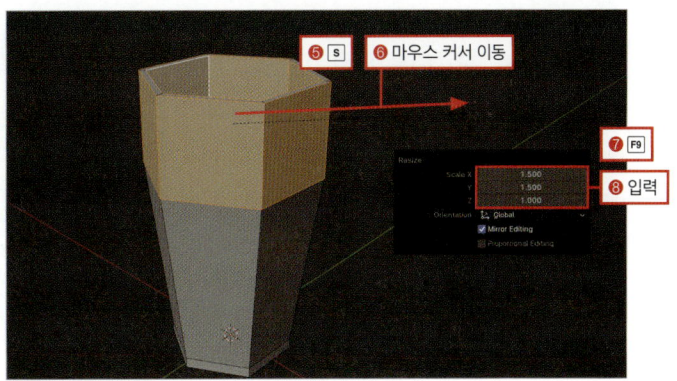

11 Edge를 Bevel합니다.

11·1 ❶2를 눌러 Edge Select로 전환합니다. 또는 헤더 메뉴에서 Edge Select를 선택해도 됩니다.

11·2 ❷Edge를 Alt+클릭하여 Loop 선택하고 다음 그림의 ❸Ⓐ-Ⓑ-Ⓒ-Ⓓ-Ⓔ-Ⓕ 지점 순으로 Alt+Shift+클릭하여 Loop 선택을 추가합니다. 총 6줄의 Edge가 동시 선택되어야 합니다.

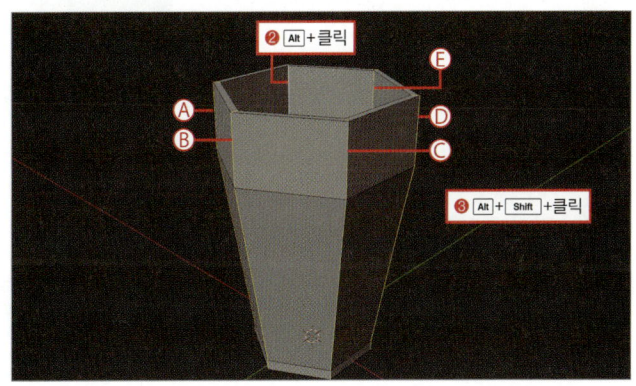

11·3 ❹Alt+Z를 눌러 X-ray 뷰로 전환합니다. ❺아래쪽 Edge들을 Ctrl+드래그하여 선택 해제합니다.

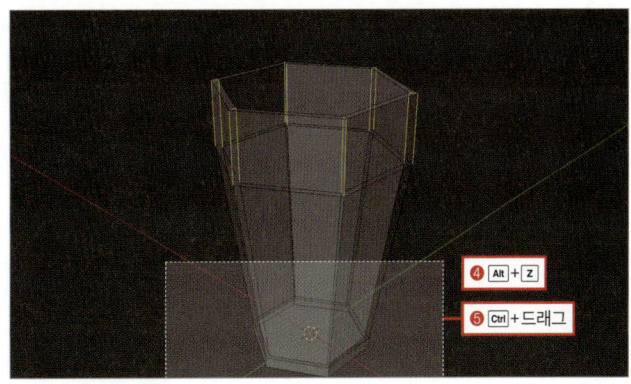

11·4 ❻ `Alt`+`Z`를 눌러 X-ray 뷰를 해제합니다. ❼ `Ctrl`+`B`를 눌러 Bevel을 활성화한 후 ❽대상으로부터 먼 쪽으로 마우스를 이동하여 Bevel 범위를 정하고 클릭하여 Bevel을 완료합니다.

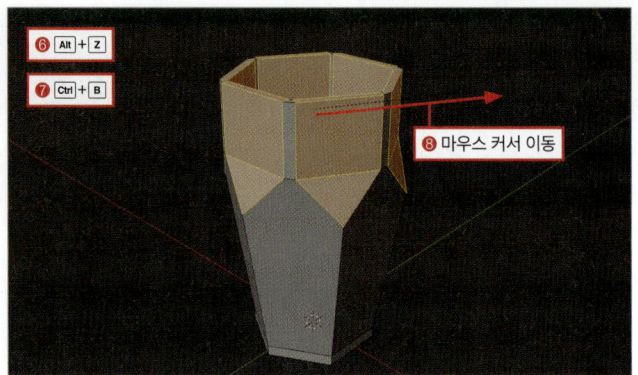

11·5 ❾ `F9`를 누르면 나타나는 Bevel 설정 창에서 ❿ Width는 '0.0195', Segments는 '7'로 설정합니다.

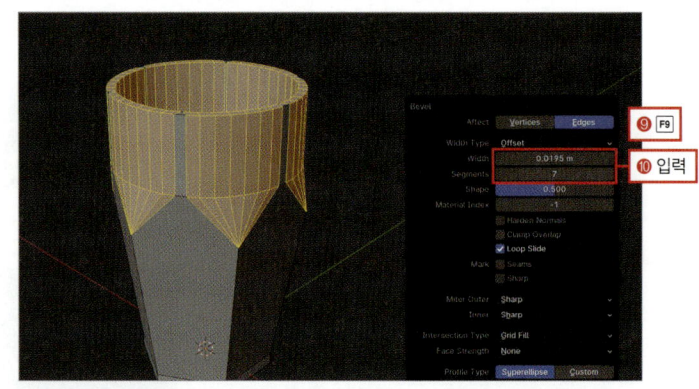

12 컵의 상단 반지름을 키웁니다.

12·1 ❶ `3`을 눌러 Face select로 전환합니다. 또는 헤더 메뉴에서 Face select를 선택해도 됩니다.

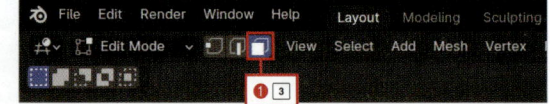

12·2 ❷안쪽 Face 경계를 `Alt`+클릭하여 Loop 선택하고 ❸바깥쪽 Face 경계를 `Alt`+`Shift`+클릭하여 Loop 선택을 추가합니다.

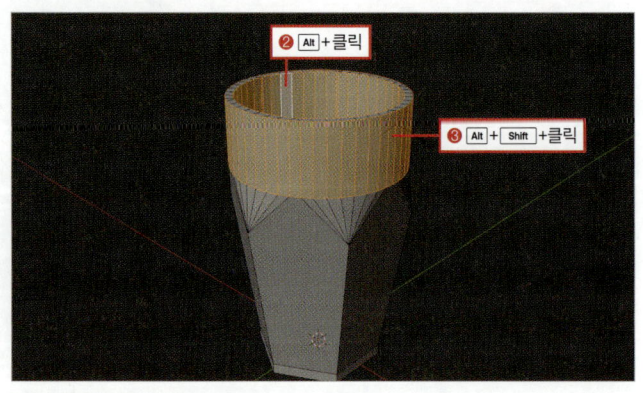

12·3 ❹⃞S⃞를 누른 후 ❺마우스 커서를 움직여 크기를 키우고 클릭하여 크기 조절을 완료합니다. ❻⃞F9⃞를 누르면 나타나는 Resize 설정 창에서 ❼Scale X, Y, Z를 모두 '1.2'로 설정합니다.

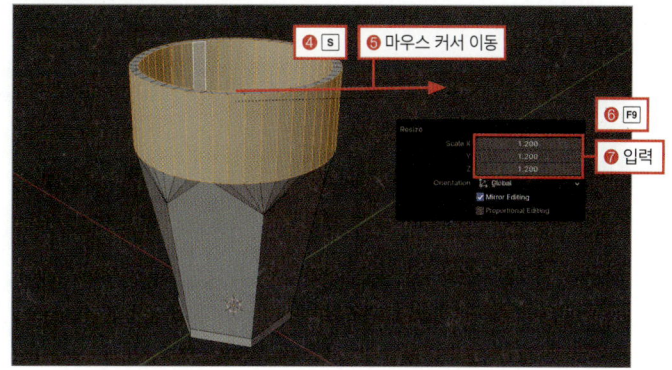

13 Knife로 컵 안쪽을 오각형으로 나누겠습니다. ❶마우스 가운데 버튼을 누른 채로 마우스를 움직여 컵의 안쪽을 볼 수 있도록 시점을 회전합니다. ❷⃞K⃞를 눌러 Knife를 활성화한 후 다음 그림의 ❸Ⓐ-Ⓑ-Ⓒ-Ⓓ-Ⓔ-Ⓕ-Ⓐ 지점 순으로 클릭하여 오각형으로 나누고 ❹⃞Enter⃞를 눌러 Knife를 완료합니다.

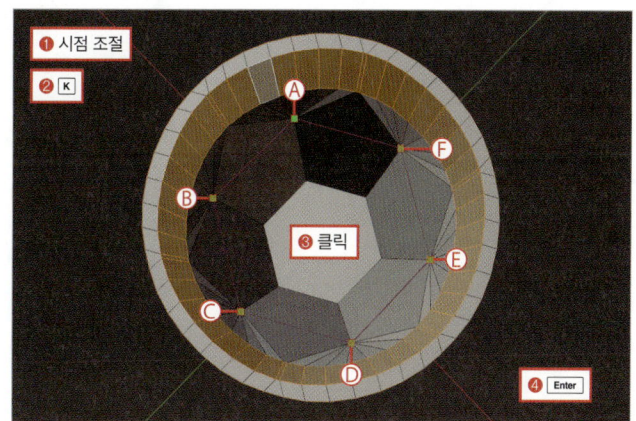

14 바깥면 역시 Knife로 오각형으로 나눕니다.

14·1 ❶마우스 가운데 버튼을 누른 채로 마우스를 움직여 컵의 바깥면을 아래에서 올려볼 수 있도록 시점을 회전합니다. ❷⃞K⃞를 눌러 Knife를 활성화한 후 ❸다음 그림처럼 정면의 Ⓐ-Ⓑ 지점을 클릭하여 오각형으로 나눕니다.

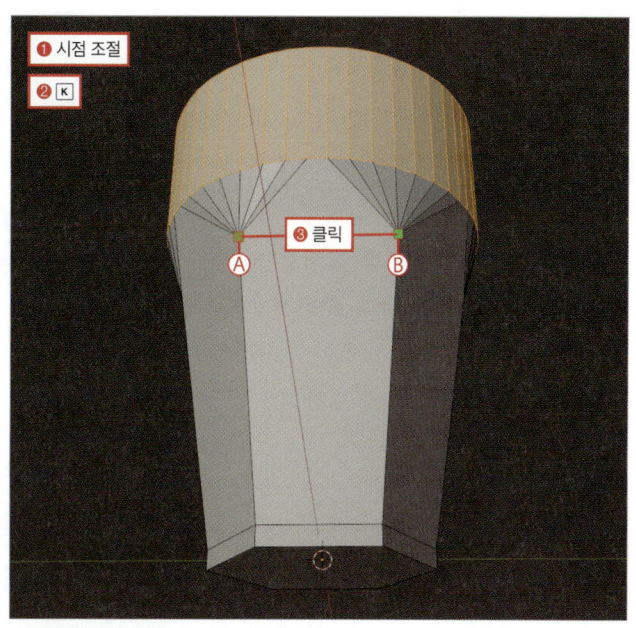

14·2 시점을 회전하며 다음 그림의 ⓒ-ⓓ-ⓔ-ⓕ 지점을 클릭하여 Knife 작업을 계속 이어갑니다.

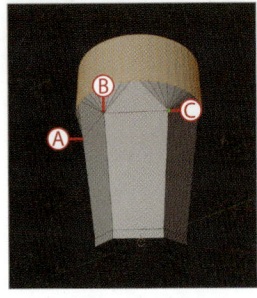 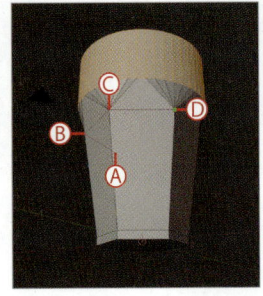 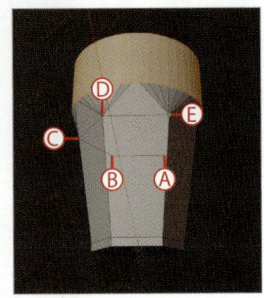 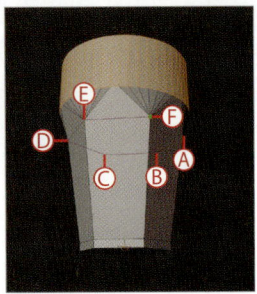

14·3 ❹Ⓐ 지점이 보이도록 시점을 회전합니다. ❺Ⓐ 지점을 클릭한 후 ❻ Enter 키를 눌러 Knife를 완료합니다.

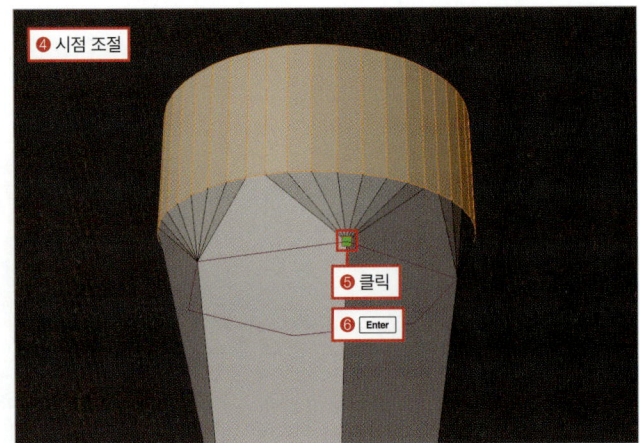

15 상단 Edge를 Bevel하여 부드럽게 다듬어줍니다.

15·1 ❶ 2 를 눌러 Edge Select로 전환합니다. 또는 헤더 메뉴에서 Edge Select를 선택해도 됩니다.

15·2 ❷마우스 가운데 버튼을 누른 채로 마우스를 움직여 컵의 윗면을 볼 수 있도록 시점을 회전합니다. ❸안쪽 Edge를 Alt +클릭하여 Loop 선택하고 ❹바깥쪽 Edge를 Alt + Shift +클릭하여 Loop 선택을 추가합니다.

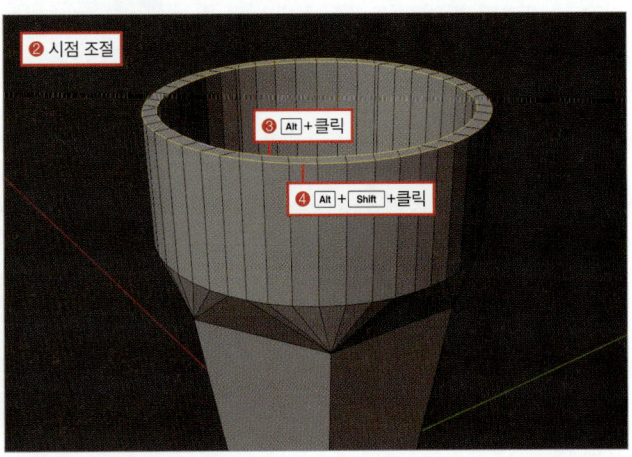

15·3 ❺Ctrl+B를 눌러 Bevel을 활성화한 후 ❻대상으로부터 먼 쪽으로 마우스 커서를 움직여 Bevel 범위를 정하고 클릭하여 Bevel을 완료합니다. ❼F9를 누르면 나타나는 Bevel 설정 창에서 ❽ Width를 '0.001'로, Segments를 '3'으로 설정합니다.

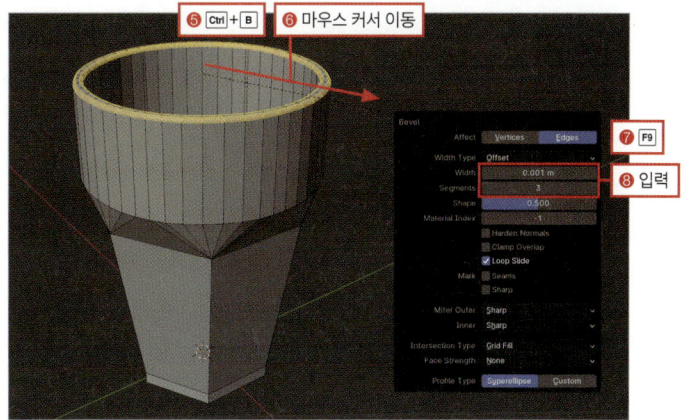

16 Shade Smooth를 적용하여 표면을 부드럽게 연결하여 맥주컵을 완성합니다.

16·1 Tab을 눌러 Object Mode로 전환합니다.

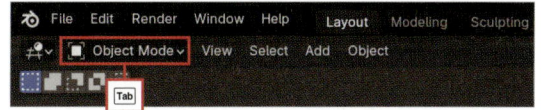

16·2 ❶컵 오브젝트를 선택하고 ❷마우스 오른쪽 버튼을 클릭하면 나타나는 메뉴에서 ❸[Shade Smooth by Angle]을 클릭합니다. ❹F9를 누르면 나타나는 Shade Smooth by Angle 설정 창에서 ❺ Angle에 '10'을 입력합니다.

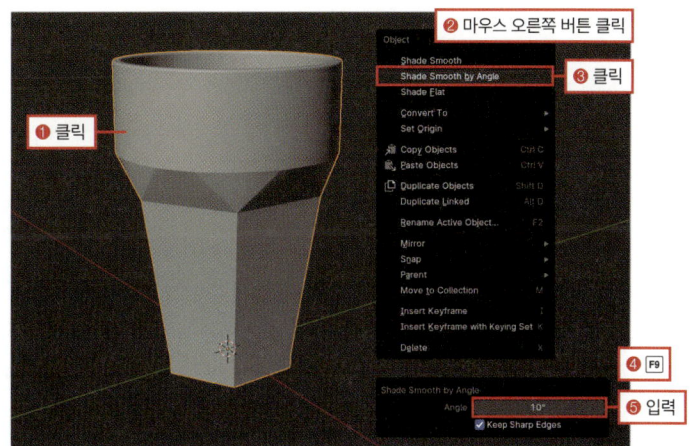

16·3 다음과 같이 맥주컵이 완성되었습니다. Ctrl+S를 눌러 저장 창을 열고 기억하기 쉬운 위치로 이동한 후 [Save Blender File]을 클릭하여 프로젝트를 저장합니다.

Bridge로 서로 떨어진 Edge/Face 연결하기

LESSON

Bridge 기능으로 2개 이상의 서로 떨어진 Edge 또는 Face를 연결하는 방법을 익힙니다.

Bridge는 Edit Mode에서 2개 이상의 서로 떨어진 Edge 또는 Face를 연결해주는 기능입니다.

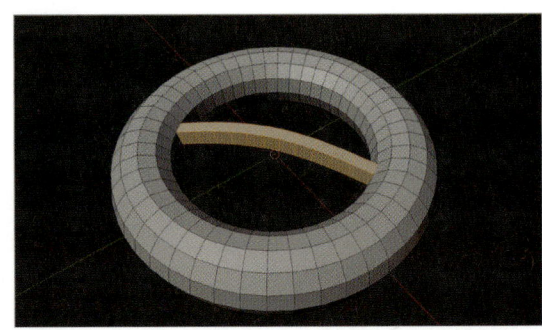

Bridge 기능을 사용하는 방법은 다음과 같습니다. 먼저 Edit Mode의 Face select/Edge select 상태에서 ❶ 연결하려는 Face/Edge를 동시 선택하고 ❷ 마우스 오른쪽 버튼을 클릭하면 나타나는 메뉴에서 ❸ Face를 선택했다면 [Bridge Face]를, Edge를 선택했다면 [Bridge Edge Loops]를 클릭합니다.

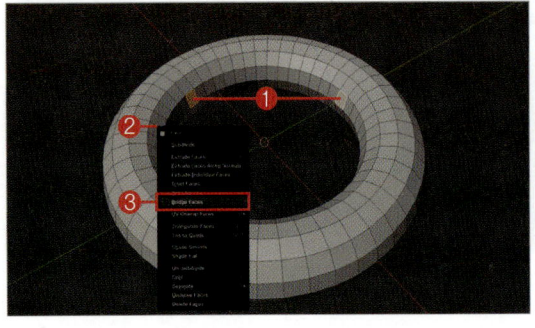
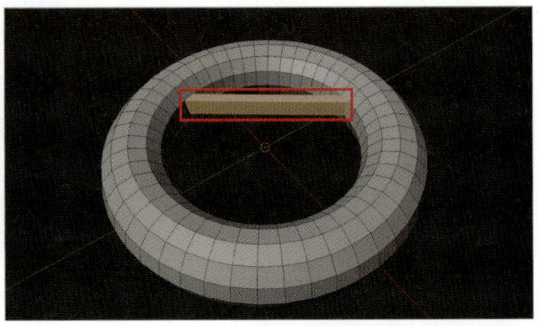

Bridge 실행 후 F9를 누르면 나타나는 Bridge Edge Loops 설정 창에서는 다음과 같은 설정을 할 수 있습니다.

ⓐ **Number of Cuts**: 연결 세그먼트
ⓑ **Interpolation**: 브릿지 경로 방식
ⓒ **Smoothness**: 브릿지 경로 부드러움
ⓓ **Profile Factor**: 브릿지 변형 강도
ⓔ **Profile Shape**: 브릿지 변형

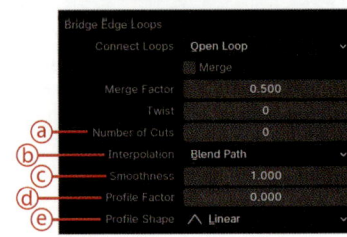

머그컵 만들기

지금까지 배운 기능과 Bridge 기능을 결합하여 머그컵을 만들어봅니다.

이 예제를 따라하기 위해 알아야 하는 **핵심기능**
- Extrude하기 ← 102쪽 참고
- Inset하기 ← 105쪽 참고
- Bevel하기 ← 122쪽 참고
- Bridge하기 ← 152쪽 참고

01 ❶ Ctrl + N 을 누르고 ❷[General]을 클릭하여 새 프로젝트를 만듭니다.

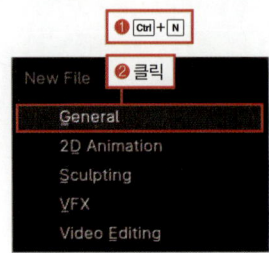

02 ❶디폴트 오브젝트 중 Cube를 클릭하여 선택하고 ❷ Delete 또는 X 를 눌러 삭제합니다.

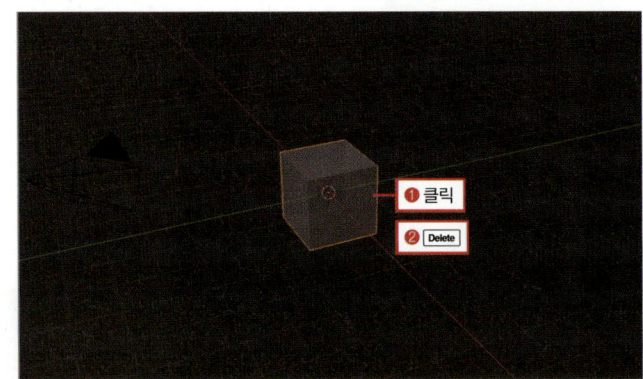

03 Cylinder를 생성하고 크기를 설정합니다.

03·1 ❶헤더 메뉴 [Add]-[Mesh]-[Cylinder]를 클릭하여 Cylinder 오브젝트를 만듭니다. 또는 Shift + A 를 눌러 Add 메뉴를 열고 [Mesh]-[Cylinder]를 클릭합니다. ❷ F9 를 누르면 나타나는 Add 설정 창에서 ❸Radius에 '0.01', Depth에 '0.01'을 입력합니다. ❹오른쪽 아래 Properties에 있는 Object 속성(■)의 Transform에서 Scale X는 '5', Scale Y는 '5', Scale Z는 '1'로 설정합니다.

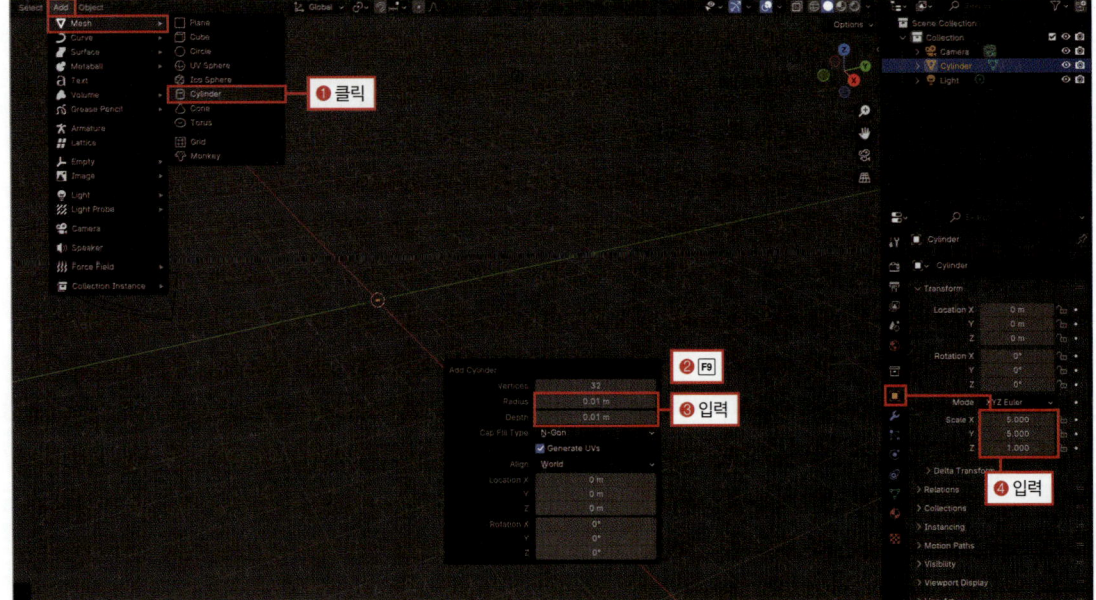

03·2 ❺[Num .]을 누른 후 마우스 가운데 버튼을 돌려 작업하기 편리한 크기로 시점을 확대/축소합니다.

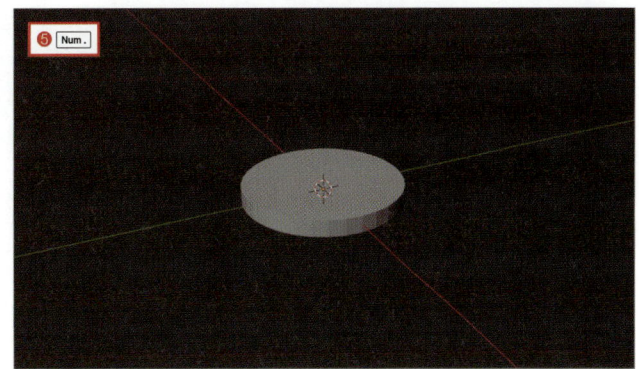

04 오브젝트의 현재 크기를 기본 Scale로 지정하겠습니다. 오브젝트 선택을 유지한 상태로 ❶[Ctrl]+[A]를 누르면 나타나는 Apply 메뉴에서 ❷[Scale]을 클릭합니다.

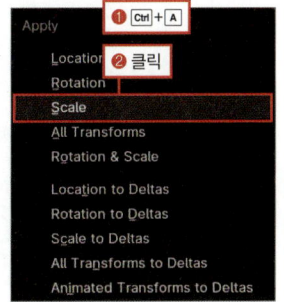 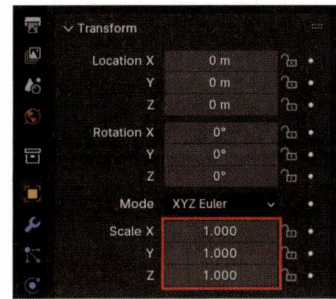

05 Edit Mode로 전환하겠습니다. 오브젝트 선택을 유지한 상태로 ❶[Tab]을 눌러 Edit Mode로 전환하고 ❷[3]을 눌러 Face select로 전환합니다.

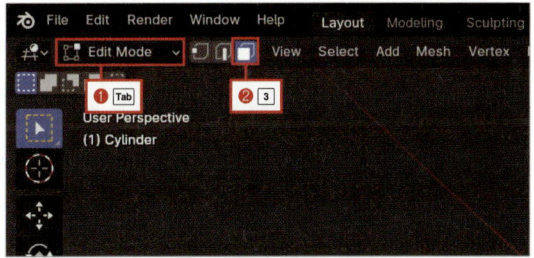

06 위/아래 Face를 Inset합니다.

06·1 ❶[A]를 눌러 전체 선택한 후 ❷ 측면 Face의 경계를 [Alt]+[Shift]+클릭하여 Loop 선택 제외합니다. 즉, 윗면과 아랫면만 선택된 상태여야 합니다.

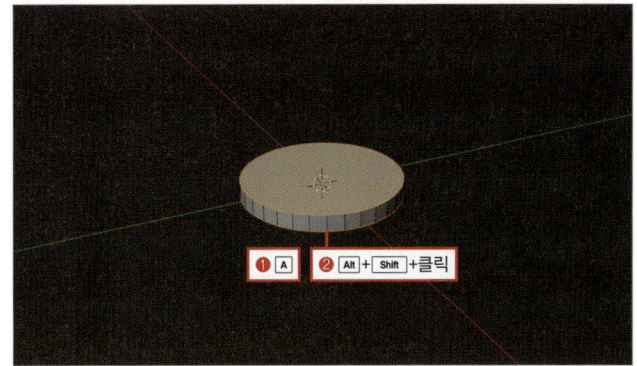

06·2 ❸I를 눌러 Inset을 활성화한 후 ❹선택한 Face 중심으로 마우스 커서를 움직여 축소하고 클릭하여 Inset을 완료합니다. ❺F9를 누르면 나타나는 Insert Faces 설정 창에서 ❻Thickness에 '0.005'를 입력합니다.

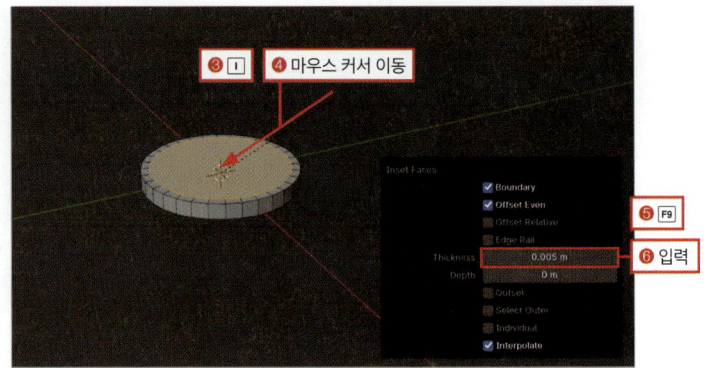

06·3 ❼Shift+R을 눌러 방금 전 명령, 즉 Inset을 5회 더 실행합니다.

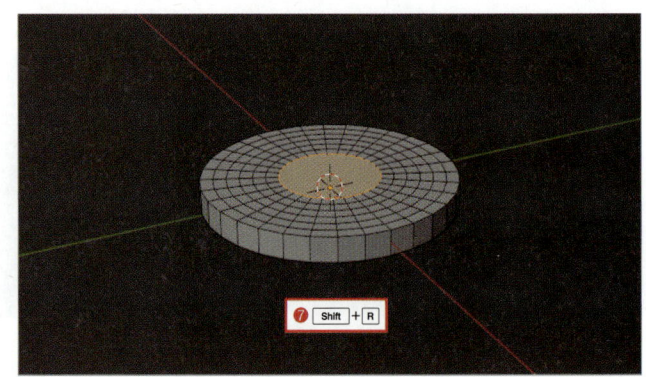

07 가장자리 Face를 Extrude하겠습니다. ❶Face와 Face 사이 경계를 Alt+클릭하여 Loop 선택합니다. ❷E를 눌러 Extrude를 활성화한 후 ❸마우스 커서를 위쪽으로 움직이고 클릭하여 Extrude를 완료합니다. ❹F9를 누르면 나타나는 Extrude Region 설정 창에서 ❺Move Z에 '0.12'를 입력합니다.

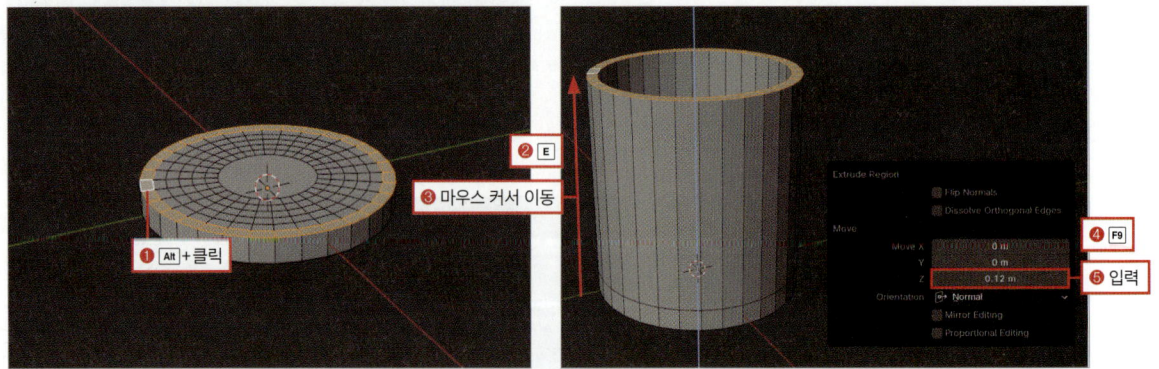

08 측면 Edge들을 Subdivide 합니다.

08·1 ❶ `2`를 눌러 Edge Select로 전환합니다. 또는 헤더 메뉴에서 Edge Select를 선택해도 됩니다.

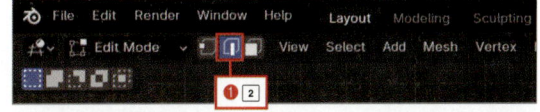

08·2 ❷ `Num 1`을 눌러 -Y축에서 바라본 시점으로 회전합니다. ❸ `Alt`+`Z`를 눌러 X-ray 뷰로 전환합니다. ❹세로로 긴 Edge들을 드래그하여 동시 선택합니다.

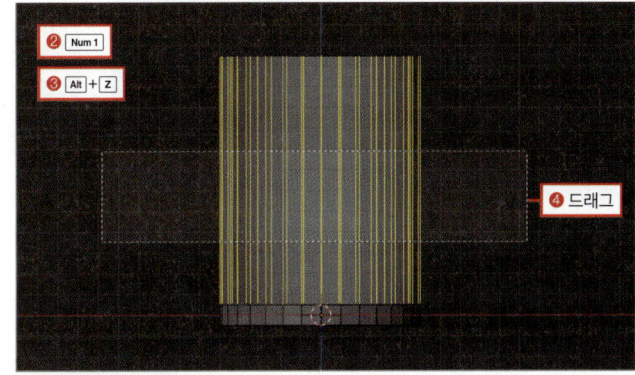

08·3 ❺ `Alt`+`Z`를 눌러 X-ray 뷰를 해제합니다. ❻마우스 오른쪽 버튼을 누르면 나타나는 메뉴에서 ❼[Subdivide]를 클릭하고 ❽ `F9`를 누르면 나타나는 Subdivide 설정 창에서 ❾Number of Cuts 수치에 '9'를 입력합니다.

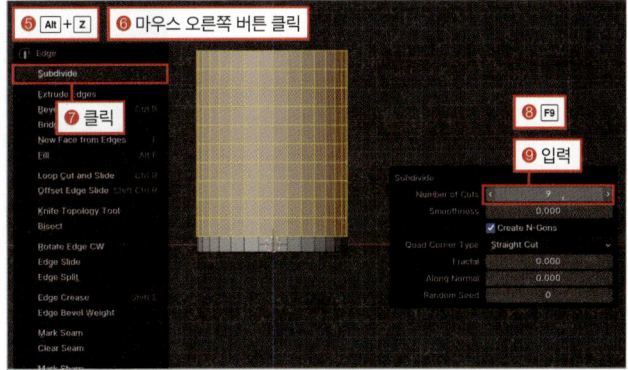

09 손잡이를 Extrude합니다.

09·1 ❶Ⓐ 지점의 Face를 클릭한 후 ❷ Ⓑ, Ⓒ, Ⓓ 지점의 Face를 각각 `Shift`+클릭하여 Face 4개를 동시 선택합니다.

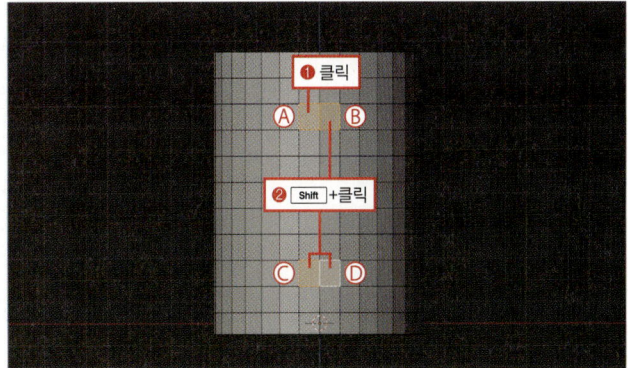

09·2 ❸ `Num 3`을 눌러 X축에서 바라본 시점으로 회전합니다. ❹ `E`를 눌러 Extrude를 활성화한 후 ❺ 마우스 커서를 적당히 움직이고 클릭하여 Extrude를 완료합니다.

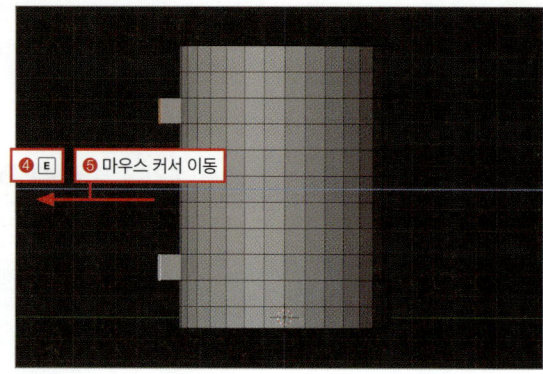

10 Face를 Bridge로 연결하여 손잡이를 제작하겠습니다. Face 2개의 선택을 유지한 상태에서 ❶ 마우스 오른쪽 버튼을 클릭하면 나타나는 메뉴에서 ❷ [Bridge Faces]를 클릭하고 ❸ `F9`를 누르면 나타나는 Bridge Edge Loops 설정 창에서 ❹ Number of Cuts 수치를 '20'으로, Smoothness 수치를 '0.8'로 설정합니다.

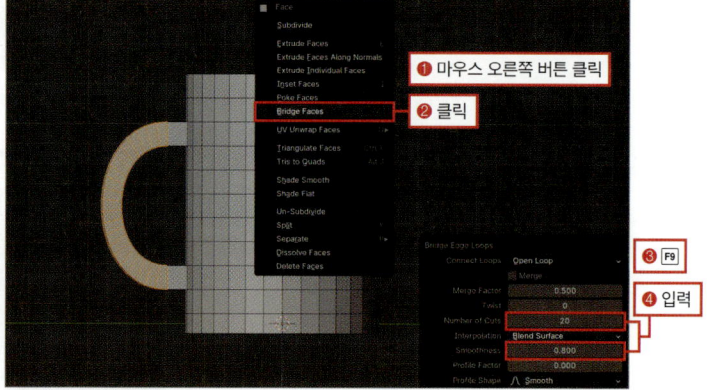

T·I·P 손잡이의 방향이 맞지 않을 경우 Bridge Edge Loops 설정 창의 Interpolation을 Blend Surface로 변경합니다.

11 아랫면의 Face를 Extrude합니다.

11·1 ❶ 마우스 가운데 버튼을 누른 채로 마우스를 움직여 아랫면을 볼 수 있도록 시점을 회전합니다. ❷ Face와 Face 사이 경계를 `Alt`+클릭하여 Loop 선택합니다.

11·2 ❸ E 를 눌러 Extrude를 활성화한 후 ❹마우스 커서를 아래로 적당히 움직이고 클릭하여 Extrude를 완료합니다. ❺ F9 를 누르면 나타나는 Extrude Region 설정 창에서 ❻Move Z를 '0.007'로 설정합니다.

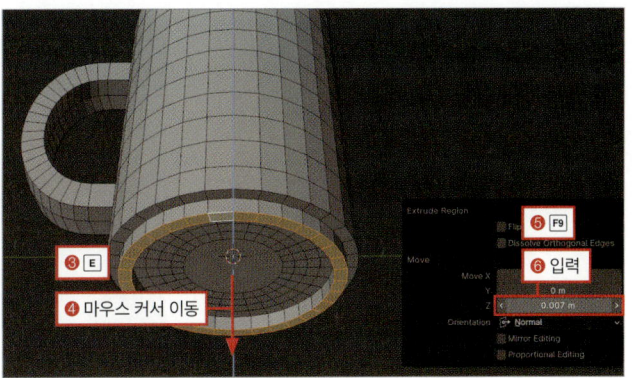

12 아랫면의 각진 Edge들을 Bevel하여 부드럽게 만듭니다.

12·1 ❶ 2 를 눌러 Edge Select로 전환합니다.

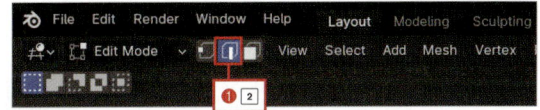

12·2 ❷Ⓐ 지점을 Alt +클릭하여 Loop 선택합니다. ❸Ⓑ, Ⓒ, Ⓓ, Ⓔ 지점의 Edge를 각각 Alt + Shift +클릭하여 Loop 선택을 추가합니다.

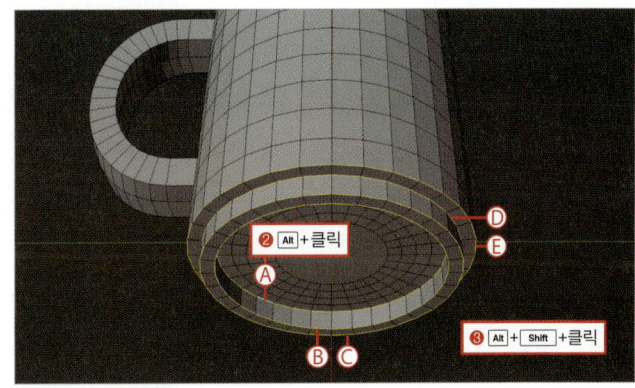

12·3 ❹ Ctrl + B 를 눌러 Bevel을 활성화한 후 ❺대상으로부터 먼 쪽으로 마우스 커서를 움직여 Bevel 범위를 정하고 클릭하여 Bevel을 완료합니다.

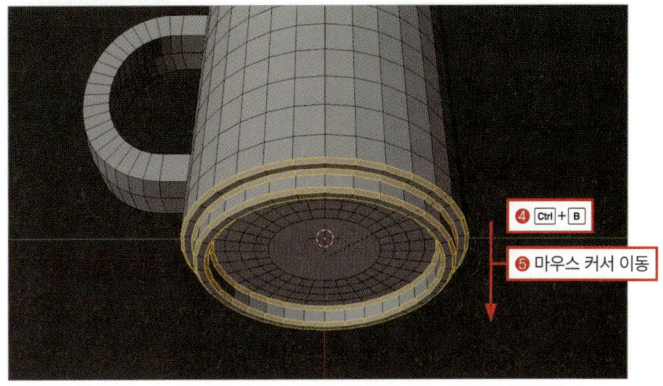

12·4 ❻F9를 누르면 나타나는 Bevel 설정 창에서 ❼Width에 '0.0015'를, Segment에 '3'을 입력합니다.

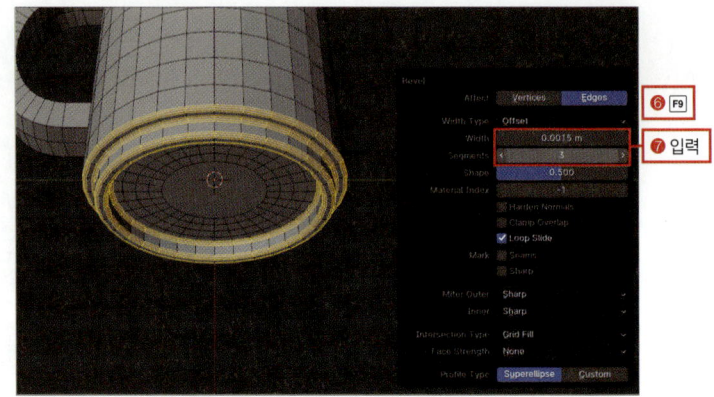

13 윗면의 각진 Edge들을 Bevel하여 부드럽게 만듭니다.

13·1 ❶마우스 가운데 버튼을 누른 채로 마우스를 움직여 윗면을 볼 수 있도록 시점을 회전합니다. ❷Ⓐ 지점을 Alt+클릭하여 Loop 선택합니다. ❸Ⓑ, Ⓒ 지점의 Edge를 각각 Alt+Shift+클릭하여 Loop 선택을 추가합니다.

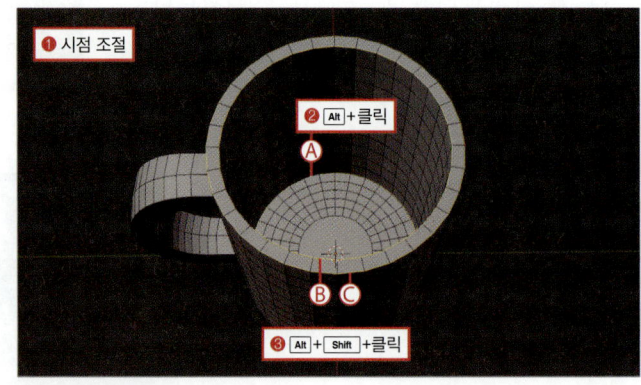

13·2 ❹Shift+R을 눌러 방금 전 명령, 즉 Bevel을 다시 실행합니다.

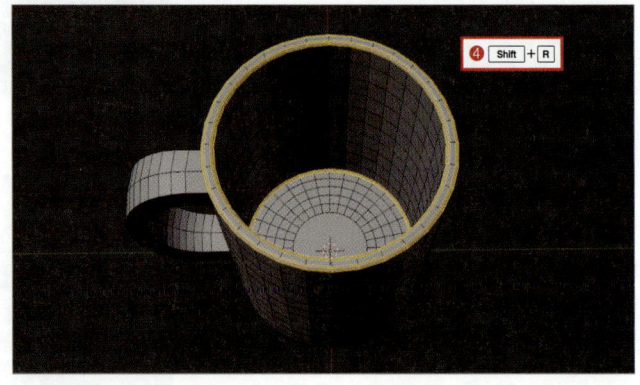

14 손잡이 연결 부위의 각진 Edge들을 Bevel하여 부드럽게 만듭니다.

14·1 ❶마우스 가운데 버튼을 누른 채로 마우스를 움직여 손잡이 연결부를 볼 수 있도록 시점을 회전합니다. ❷현재 시점에서 보이는 손잡이 연결부 Edge 하나를 클릭하고 ❸나머지 Edge들을 Shift + 클릭하여 그림과 같이 총 6개의 Edge를 동시 선택합니다.

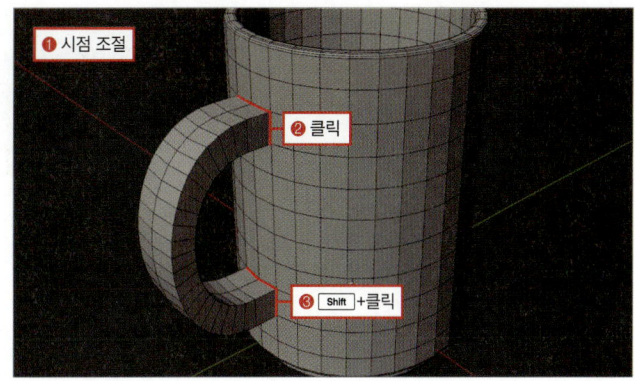

14·2 ❹마우스 가운데 버튼을 누른 채로 마우스를 움직여 반대편 손잡이 연결부를 볼 수 있도록 시점을 회전합니다. ❺나머지 손잡이 연결부 Edge들을 Shift +클릭하여 그림과 같이 총 12개의 Edge를 동시 선택합니다.

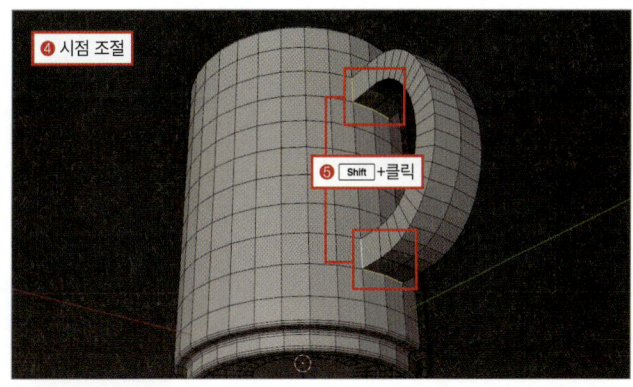

14·3 ❻ Shift + R 을 눌러 방금 전 명령, 즉 Bevel을 다시 실행합니다.

15 손잡이 Edge들을 Bevel하여 부드럽게 만듭니다.

15·1 ❶ⓐ 지점을 `Alt`+클릭하여 Loop 선택합니다. ❷ⓑ, ⓒ, ⓓ 지점의 Edge를 `Alt`+`Shift`+클릭하여 Loop 선택을 추가합니다.

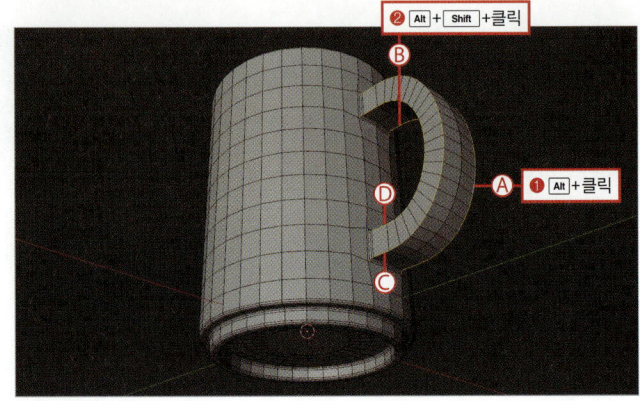

15·2 ❸`Ctrl`+`B`를 눌러 Bevel을 활성화한 후 ❹대상으로부터 먼 쪽으로 마우스 커서를 움직여 Bevel 범위를 정하고 클릭하여 Bevel을 완료합니다. ❺`F9`를 누르면 나타나는 Bevel 설정 창에서 ❻ Width에 '0.004'를, Segments에 '3'을 입력합니다.

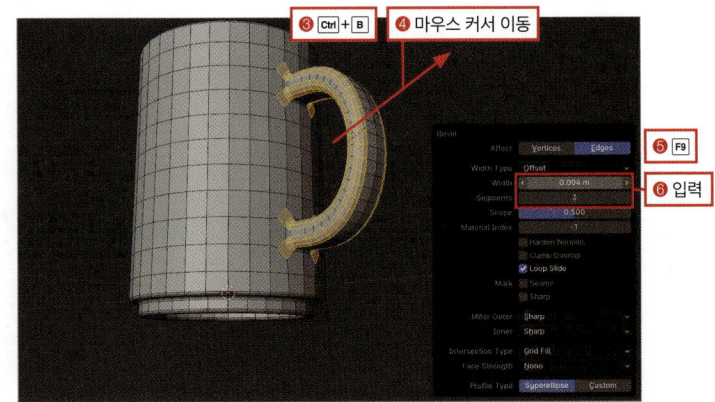

16 Shade Smooth를 적용하여 표면을 부드럽게 연결하여 머그컵을 완성합니다.

16·1 ❶`Tab`을 눌러 Object Mode로 전환합니다.

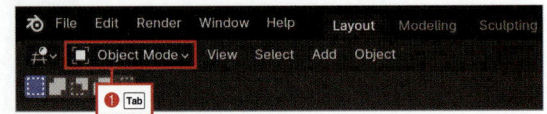

16·2 ❷컵 오브젝트를 선택하고 ❸마우스 오른쪽 버튼을 클릭하면 나타나는 메뉴에서 ❹[Shade Smooth]를 클릭합니다.

16·3 다음과 같이 머그컵이 완성되었습니다. Ctrl+S를 눌러 저장 창을 열고 기억하기 쉬운 위치로 이동한 후 [Save Blender File]을 클릭하여 프로젝트를 저장합니다.

New face/edge from Vertices로 요소 생성하기

LESSON 08

New face/edge from Vertices 기능으로 Vertices를 연결하여 Face나 Edge를 생성하는 방법을 익힙니다.

New face/edge from Vertices는 Edit Mode에서 Vertex를 연결하여 Face나 Edge를 생성하는 기능입니다. 이를 통해 Edge가 만들어질지, 아니면 Face가 만들어질지는 기능 실행 전 Vertex를 어떻게 선택했는지에 따라 결정됩니다. 지금부터 New face/edge from Vertices의 작동 방식을 각각 알아보겠습니다.

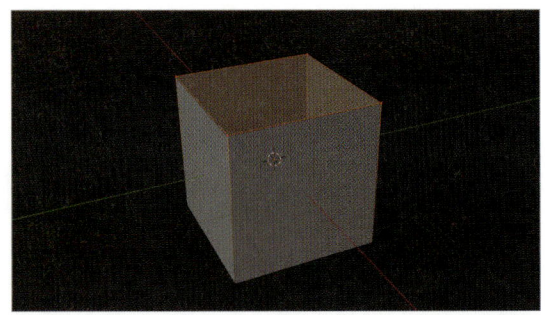

● **Vertex를 연결하여 Edge 생성하기**

우선 Vertex를 연결하여 Edge를 만드는 방법부터 알아보겠습니다. New Edge를 실행하는 방법은 다음과 같습니다. Edit Mode의 Vertex select 상태에서 ①2개의 Vertex를 선택하고 ②F를 누르면 선택된 Vertex 사이에 그림과 같이 새로운 Edge가 생성됩니다.

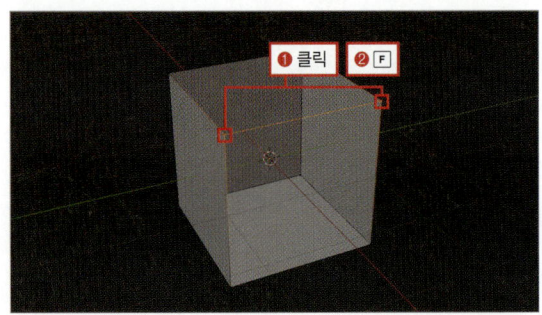

● **Vertex를 연결하여 Face 생성하기**

이어서 Vertex를 연결하여 Face를 만드는 방법을 알아보겠습니다. Edit Mode의 Vertex select 상태에서 ①3개 이상의 Vertex를 선택하고 ②F를 누르면 선택된 Vertex를 꼭지점으로 삼는 새로운 Face가 생성됩니다.

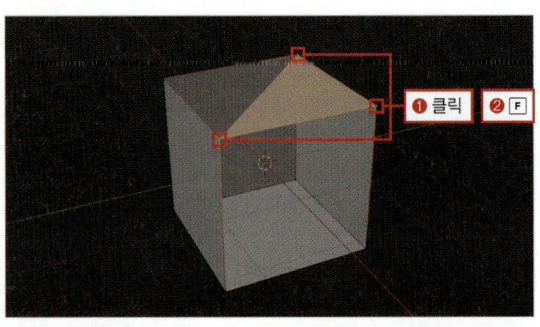

참고로 헤더 메뉴 [Vertex] - [New face/edge from Vertices] 또는 마우스 오른쪽 버튼을 누르면 나타나는 메뉴에서 [New face/edge from Vertices]를 클릭해도 됩니다.

하트 쿠션 만들기

지금까지 배운 기능과 New face/edge from Vertices 기능을 결합하여 하트 쿠션을 만들어 봅니다.

이 예제를 따라하기 위해 알아야 하는 핵심기능 ···

- Subdivide하기 ← 099쪽 참고
- New face/edge from Vertices하기 ← 164쪽 참고

01　❶ Ctrl+N을 누르고 ❷[General]을 클릭하여 새 프로젝트를 만듭니다.

02　❶디폴트 오브젝트 중 Cube를 클릭하여 선택하고 ❷ Delete 또는 X를 눌러 삭제합니다.

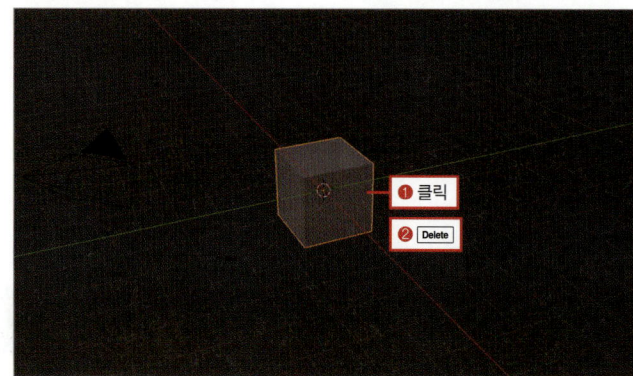

03　Plane을 생성하고 크기를 설정합니다.

03·1　❶헤더 메뉴 [Add]-[Mesh]-[Plane]를 클릭하여 Plane 오브젝트를 만듭니다. 또는 Shift+A를 눌러 Add 메뉴를 열고 [Mesh]-[Plane]를 클릭합니다. ❷F9를 눌러 Add 설정 창을 열고 ❸Size를 '0.3'으로 설정합니다.

03·2 ❹ Num. 을 누른 후 마우스 가운데 버튼을 돌려 작업하기 편리한 크기로 시점을 확대/축소합니다.

04 Edit Mode로 전환하겠습니다. 오브젝트 선택을 유지한 상태로 ❶Tab 을 눌러 Edit Mode로 전환하고 ❷1 을 눌러 Vertex select로 전환합니다.

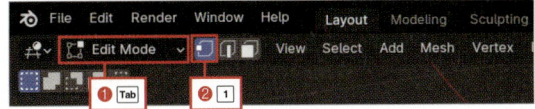

05 Subdivide하여 Face를 나눕니다.

05·1 ❶A 를 눌러 전체 선택합니다. ❷ 마우스 오른쪽 버튼을 클릭하면 나타나는 메뉴에서 ❸[Subdivide]를 클릭합니다.

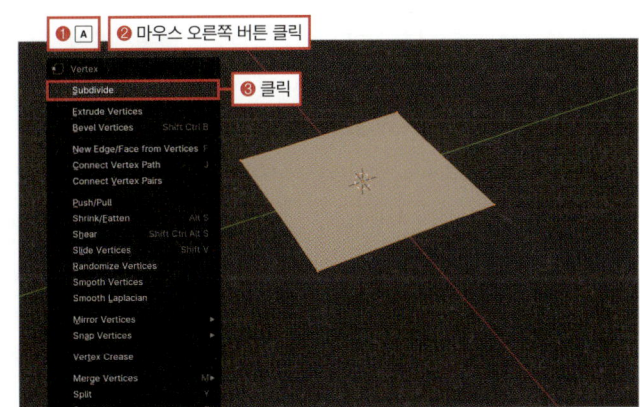

05·2 ❹F9 를 누르면 나타나는 Subdivide 설정 창에서 ❺Number of Cuts 수치를 '4'로 설정합니다.

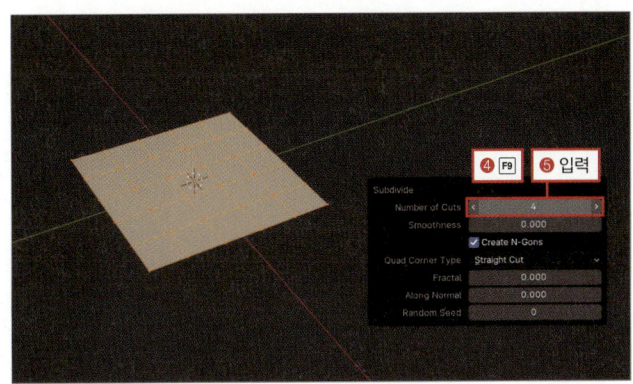

CHAPTER 05. Edit Mode로 오브젝트 수정하기

06 불필요한 Vertex를 삭제하겠습니다. ❶ Shift +클릭으로 다음과 같이 4개의 Vertex를 동시 선택합니다. ❷ Delete 또는 X 를 누르면 나타나는 메뉴에서 ❸ [Vertices]를 클릭하여 삭제합니다.

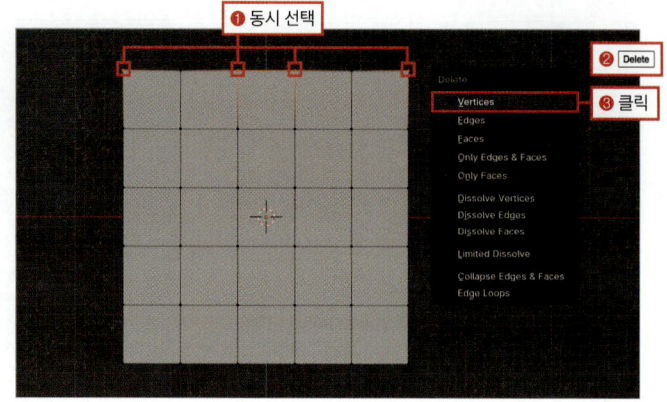

07 불필요한 Face를 삭제합니다.

07·1 ❶ 3 을 눌러 Face Select로 전환합니다.

07·2 ❷ Shift +클릭하여 다음 그림과 같이 6개의 Face를 동시 선택합니다. ❸ Delete 또는 X 를 누른 후 ❹[Faces]를 클릭하여 삭제합니다.

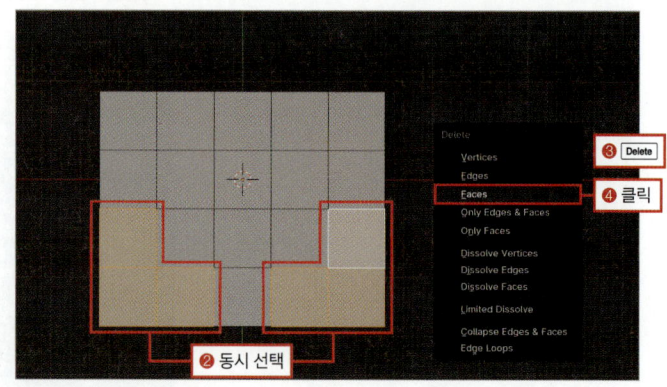

08 새로운 Face를 생성합니다.

08·1 ❶ 1 을 눌러 Vertex select로 전환합니다. 다음 그림과 같이 ❷새로운 Face의 꼭지점이 될 Vertex들을 드래그하여 동시 선택합니다.

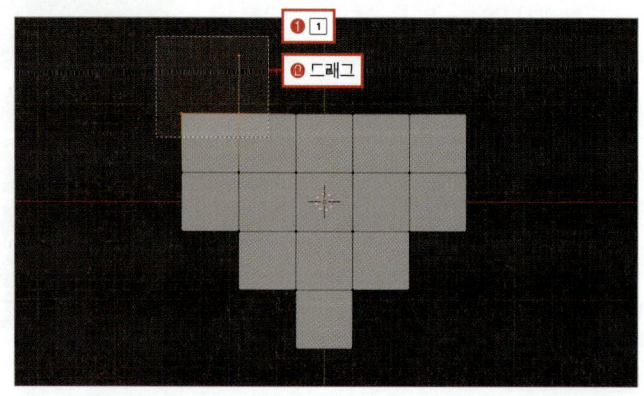

08·2 ❸F를 눌러 New face/edge from Vertices를 실행하여 새로운 Face를 생성합니다.

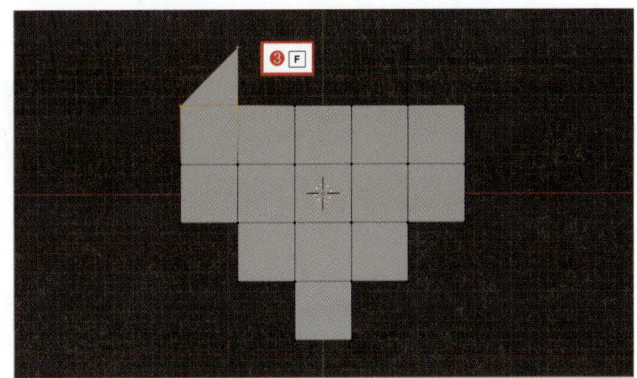

08·3 같은 방법으로 Ⓐ, Ⓑ, Ⓒ, Ⓓ, Ⓔ, Ⓕ, Ⓖ에도 새로운 Face를 생성합니다.

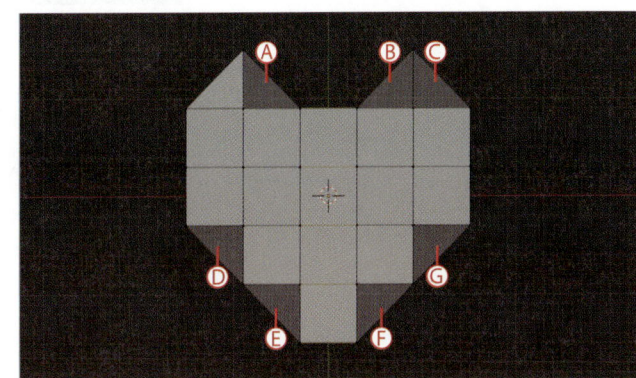

09 가운데 새로운 Edge를 생성합니다.

09·1 ❶2를 눌러 Edge Select로 전환합니다.

09·2 ❷가운데 Edge들을 드래그하여 동시 선택합니다. ❸마우스 오른쪽 버튼을 클릭하면 나타나는 메뉴에서 ❹[Subdivide]를 클릭합니다.

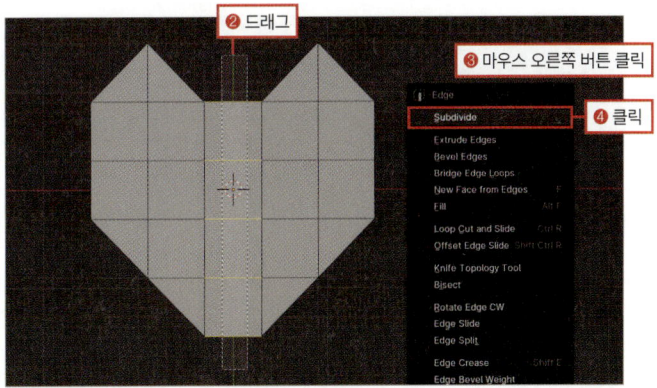

10 Vertex의 크기를 조절합니다.

10·1 ❶ `1` 을 눌러 Vertex Select로 전환합니다. 다음 그림과 같이 ❷6개의 Vertex를 드래그하여 동시 선택합니다.

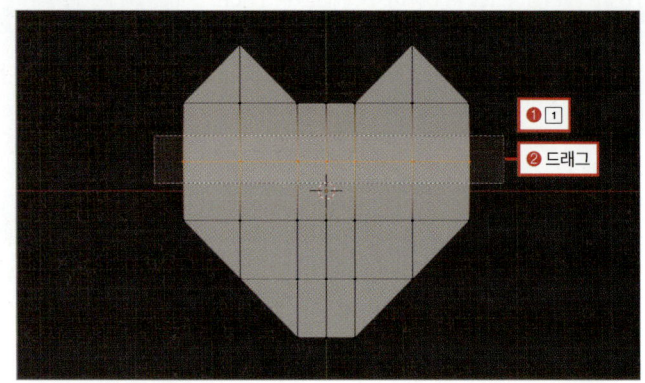

10·2 ❸ `S`-`X` 를 눌러 X축으로 크기 조절 방향을 설정합니다. ❹마우스 커서를 움직여 적당한 크기로 키우고 클릭하여 크기 조절을 완료합니다.

T·I·P 그림과 동일한 위치로 이동시키고 싶다면 그림의 Move 설정 창-Scale 수치를 참고하시기를 바랍니다(X: 1.14, Y: 1, Z: 1).

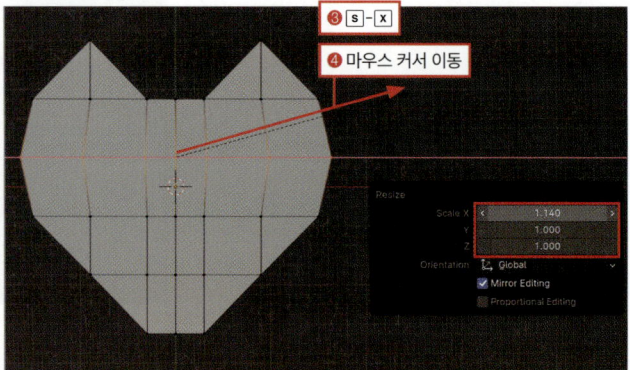

11 Vertex를 아래쪽으로 이동시킵니다.

11·1 다음 그림과 같이 ❶상단 2개 Vertex를 드래그하여 동시 선택합니다. ❷ `G`-`Y` 를 눌러 Y축으로 이동 방향을 설정합니다. ❸마우스 커서를 움직여 적당한 지점까지 이동하고 클릭하여 이동을 완료합니다.

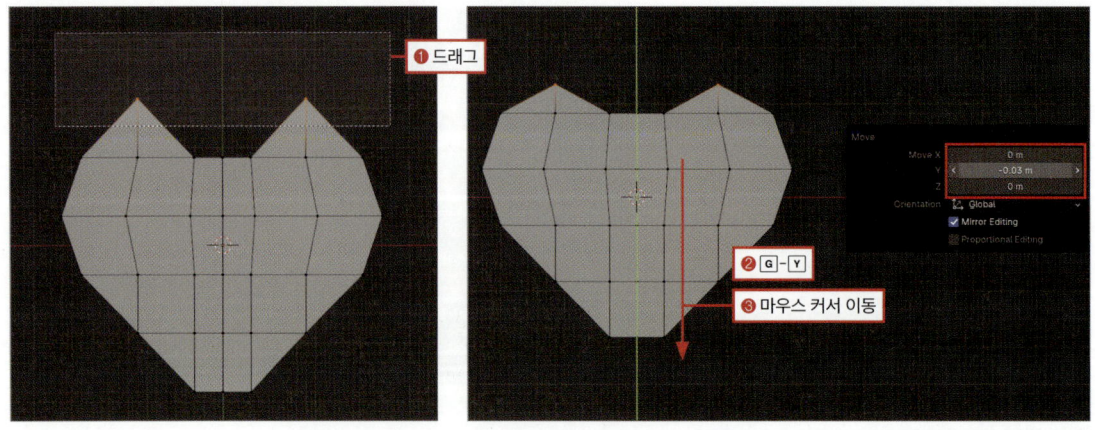

11·2 ❹가운데 5개의 Vertex를 드래그하여 동시 선택합니다. ❺ G - Y 를 눌러 Y축으로 이동 방향을 설정합니다. ❻마우스 커서를 움직여 적당한 지점까지 이동하고 클릭하여 이동을 완료합니다.

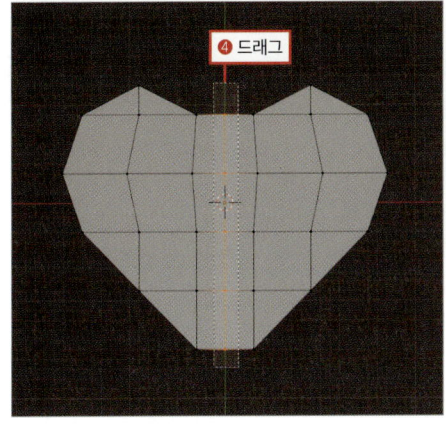
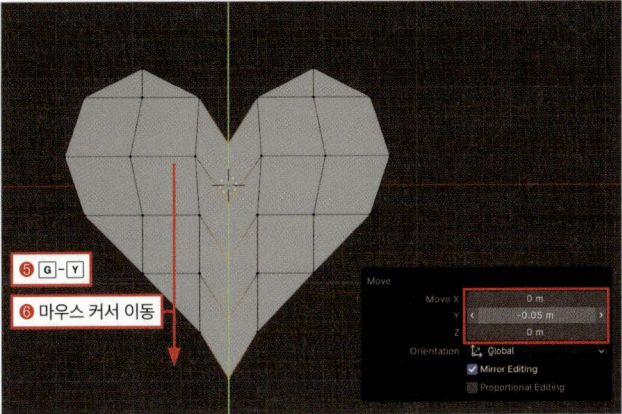

12 모든 Face를 하나의 면으로 합치겠습니다. ❶ 3 을 눌러 Face Select로 전환합니다. ❷ A 를 눌러 전체 선택합니다. ❸마우스 오른쪽 버튼을 클릭하면 나타나는 메뉴에서 ❹[Dissolve Faces]를 클릭합니다.

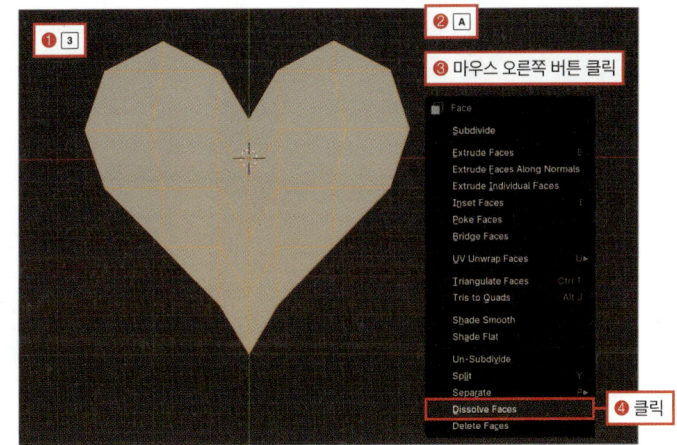

13 다각형을 여러 개의 삼각형으로 분리합니다.

13·1 ❶ A 를 눌러 전체 선택합니다. ❷ I 를 눌러 Inset을 활성화한 후 ❸선택한 Face 중심으로 마우스 커서를 약간 움직여 축소하고 클릭하여 Inset을 완료합니다.

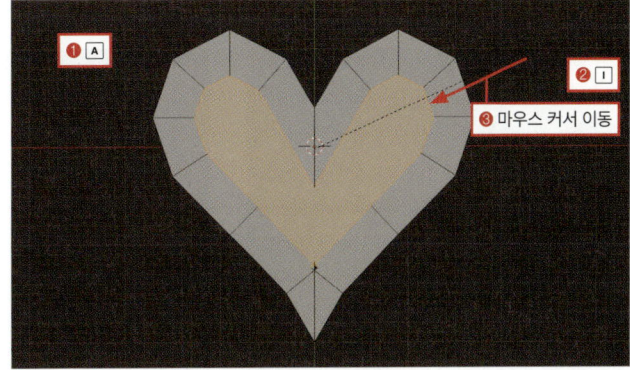

13-2 ④Ⓜ을 누르거나 마우스 오른쪽 버튼을 클릭하면 나타나는 메뉴에서 [Merge Verticses]를 클릭한 후 ⑤[At Center]를 클릭합니다.

T·I·P Ⓜ을 누르면 실행되는 기능을 Merge Vertices(점 병합)이라고 합니다. 같은 오브젝트 내에 있는 점을 하나로 합치는 기능입니다.

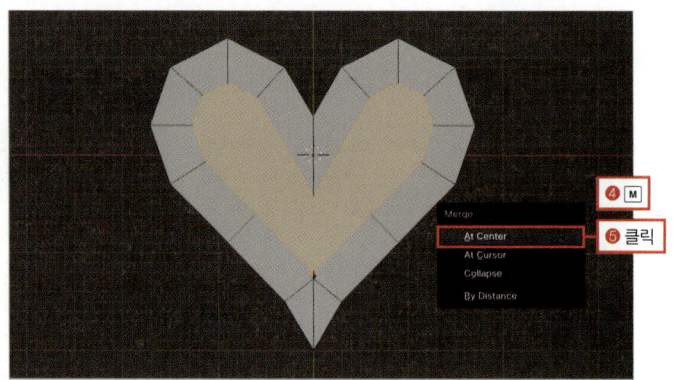

14 가운데 Vertex를 중심으로 이동하겠습니다. ①①을 눌러 Vertex Select로 전환합니다. ②가운데 Vertex를 선택합니다. ③Ⓖ-Ⓨ를 눌러 Y축으로 이동 방향을 설정합니다. ④마우스 커서를 움직여 중심부까지 이동하고 클릭하여 이동을 완료합니다.

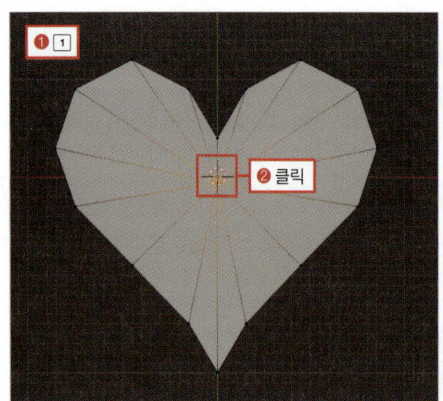 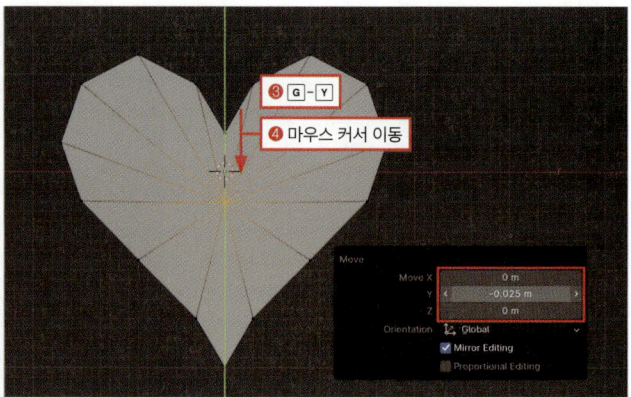

15 전체를 Extrude하겠습니다. ①상단과 측면을 볼 수 있도록 시점을 회전합니다. ②Ⓐ를 눌러 전체 선택합니다. ③Ⓔ를 눌러 Extrude를 활성화한 후 ④마우스 커서를 움직이고 클릭하여 Extrude를 완료합니다. ⑤F9를 누르면 나타나는 Extrude Region 설정 창에서 ⑥Move Z에 '0.18'을 입력합니다.

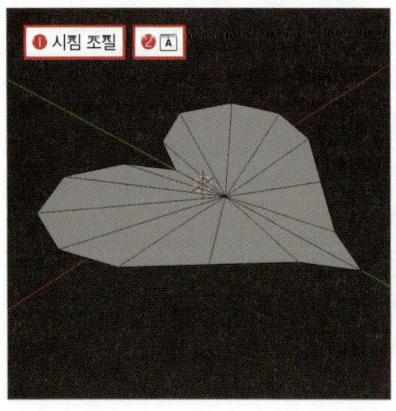 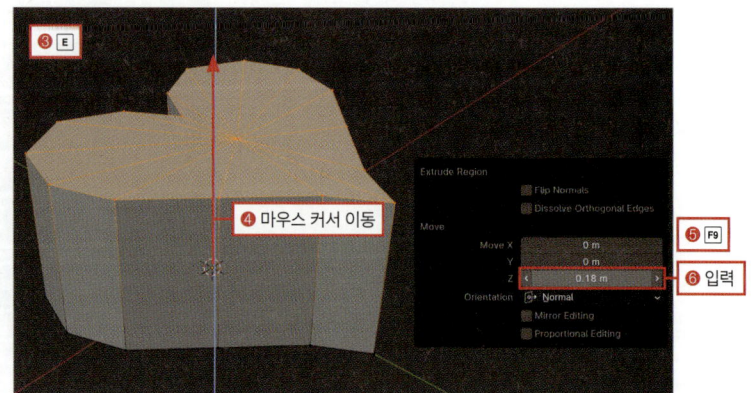

172 / 디자인이 세상을 바꾼다 블렌더 3D

16 각진 Edge들을 Bevel하여 부드럽게 만듭니다.

16·1 ❶ 2 를 눌러 Edge Select로 전환합니다. ❷윗면 Edge를 Alt +클릭하여 Loop 선택합니다. ❸아랫면 Edge를 Alt + Shift +클릭하여 Loop 선택을 추가합니다.

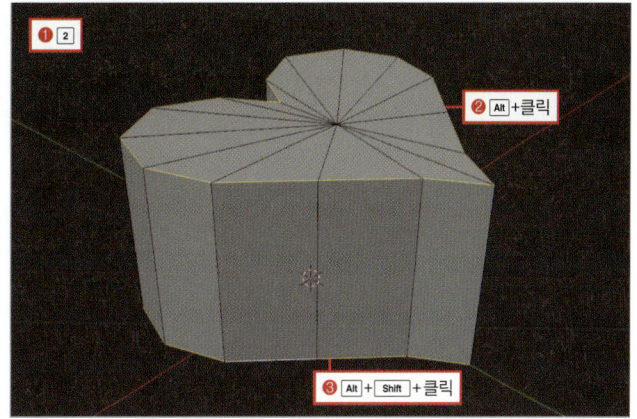

16·2 ❹ Ctrl + B 를 눌러 Bevel을 활성화한 후 ❺대상으로부터 먼 쪽으로 마우스 커서를 움직여 Bevel 범위를 정하고 클릭하여 Bevel을 완료합니다.

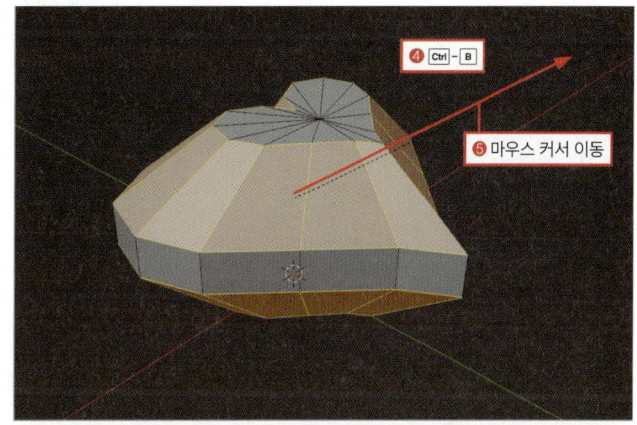

16·3 ❻ F9 를 누르면 나타나는 Bevel 설정 창에서 ❼Width를 '0.08'로, Segments를 '5'로 설정합니다.

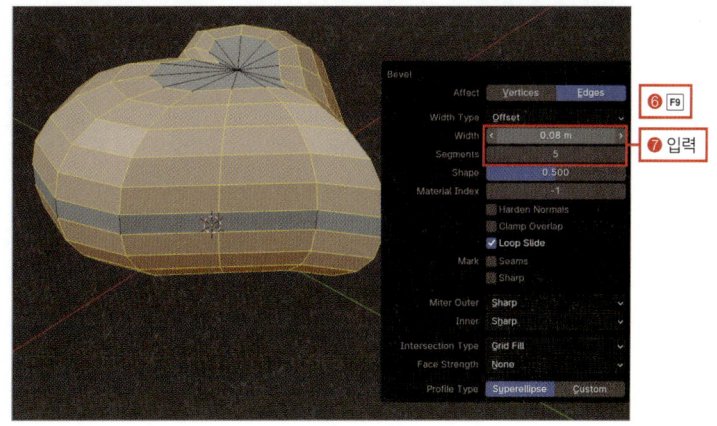

17 Scale을 조절하여 쿠션을 납작하게 만들겠습니다. ❶ A 를 눌러 전체 선택합니다. ❷ S - Z 를 눌러 Z축으로 크기 조절 방향을 설정합니다. ❸마우스 커서를 움직여 적당한 크기로 줄이고 클릭하여 크기 조절을 완료합니다.

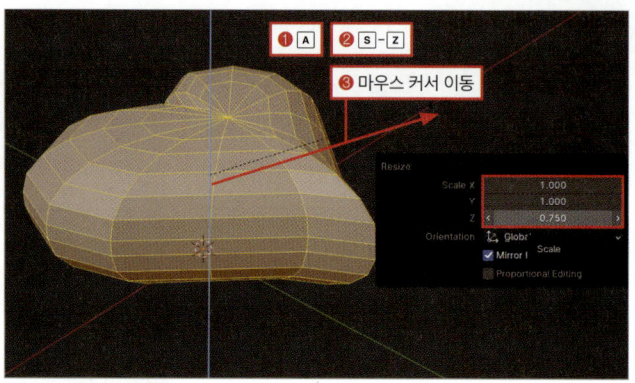

18 Subdivision Surface를 적용하여 표면 연결을 부드럽게 합니다.

18·1 ❶ Tab 을 눌러 Object Mode로 전환합니다.

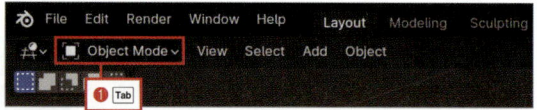

18·2 ❷하트 쿠션 오브젝트를 선택하고 ❸오른쪽 아래 Properties에 있는 Modifier 속성(🔧)에서 ❹ [Add Modifier] 버튼을 클릭합니다. Add Modifier 메뉴에서 ❺[Generate]-[Subdivision Surface]를 클릭합니다.

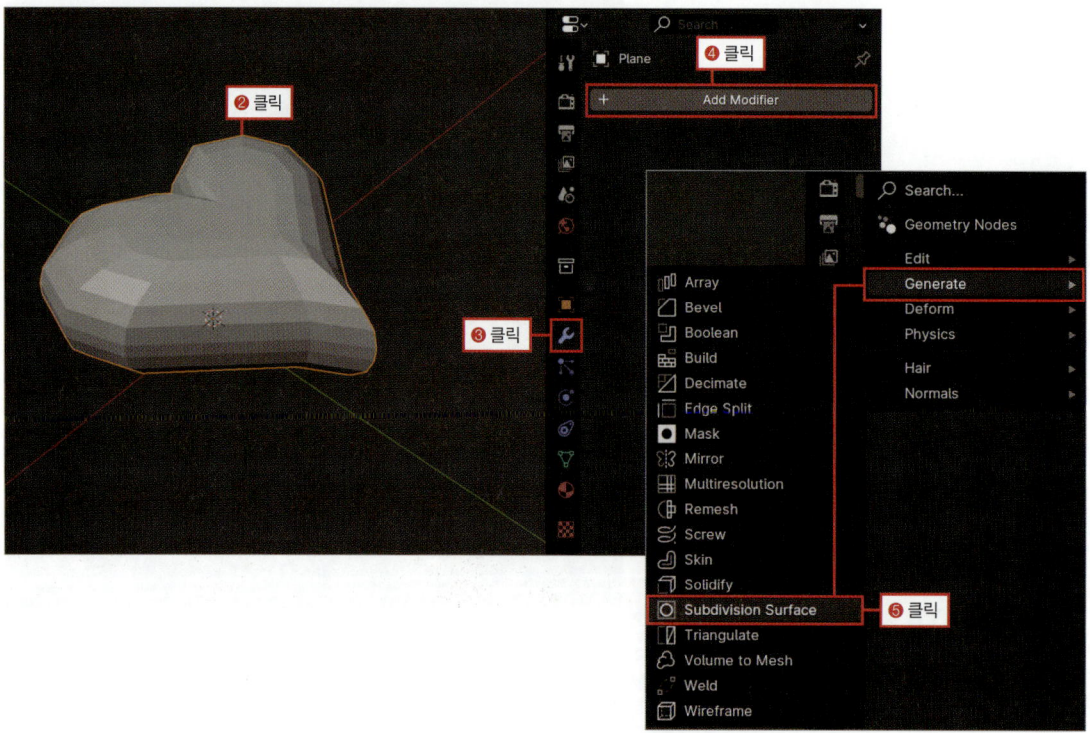

18·3 [Add Modifier] 버튼 아래에 다음 그림과 같은 설정 화면이 나타납니다. 여기에 있는 ❻Levels Viewport를 '2'로 설정합니다.

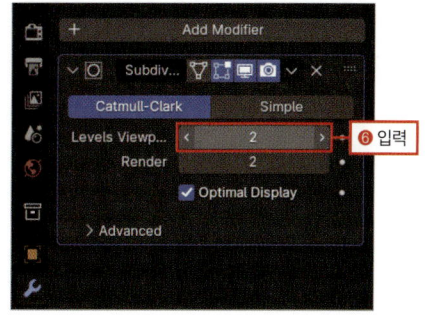

19 Shade Smooth를 적용하여 표면을 부드럽게 연결하여 하트 쿠션을 완성합니다.

19·1 ❶하트 쿠션 오브젝트를 선택하고 ❷마우스 오른쪽 버튼을 클릭하면 나타나는 메뉴에서 ❸[Shade Smooth]를 선택합니다.

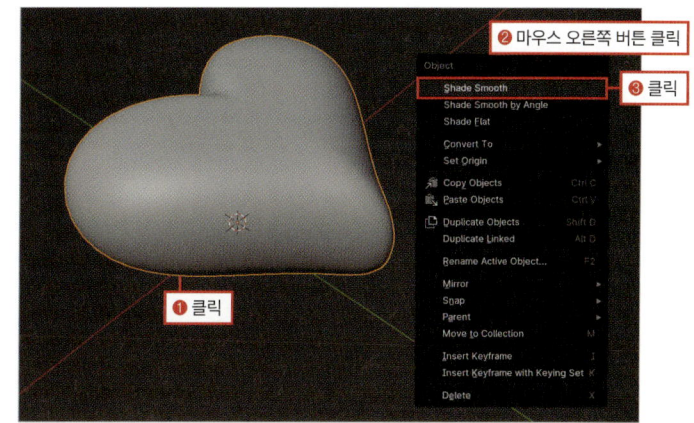

20 다음과 같이 하트 쿠션이 완성되었습니다. Ctrl+S를 눌러 저장 창을 열고 기억하기 쉬운 위치로 이동한 후 [Save Blender File]을 클릭하여 프로젝트를 저장합니다.

CHAPTER 05. Edit Mode로 오브젝트 수정하기 / 175

CHAPTER

6

Origin 알아보기

이것만 알아두자!

- Origin의 개념과 역할을 알아보고 Origin의 위치를 변경하는 방법을 익힙니다.
- Origin 위치 변경 기능을 활용하여 벽걸이 시계를 만들어봅니다.

Origin 개념 이해하기

Origin의 개념과 역할을 알아보고 Origin의 위치를 변경하는 방법을 익힙니다.

Origin은 오브젝트의 기준이 되는 지점으로 3D Viewport에서 노란색 점으로 표시됩니다. Origin은 언제나 오브젝트의 무게중심에 있어야 하는 것은 아니며, 모델링을 하는 과정에서 위치가 달라지기도 합니다. 직접 Origin을 옮겨야 하는 경우도 있으며, 상황에 따라서는 Origin이 오브젝트 바깥 지점에 있을 수도 있습니다.

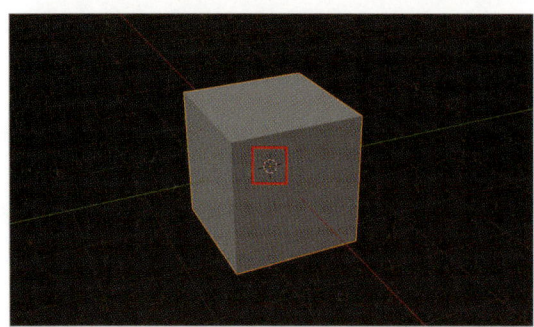 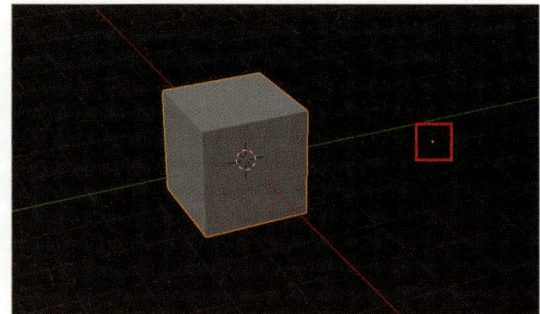

● **Origin의 역할**

Origin은 오브젝트 위치를 나타내는 Location 좌푯값의 기준이 됩니다. 다시 말해 Location 좌푯값은 오브젝트의 Origin 위치를 표시합니다.

또한 Origin은 오브젝트를 회전할 때 회전의 중심축이 되며, 스케일을 키우거나 줄일 때 기준점이 됩니다.

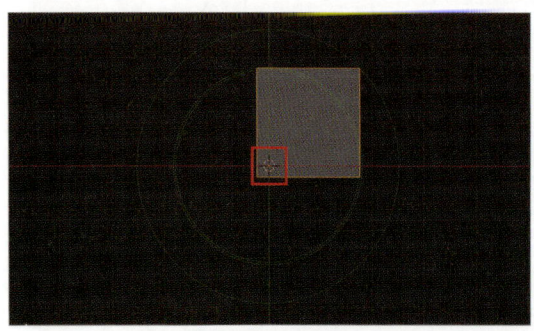 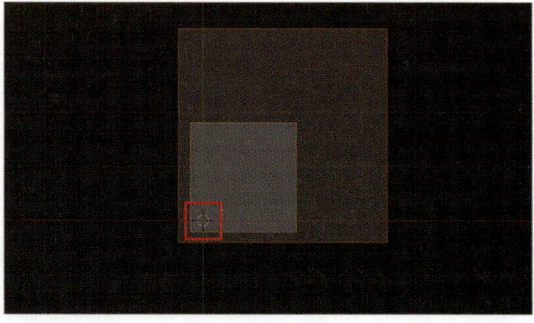

● **Origin 위치 변경하기**

오브젝트를 선택하고 마우스 오른쪽 버튼을 누르면 나타나는 메뉴의 [Set Origin]에서 원하는 옵션을 선택하여 Origin의 위치를 변경할 수 있습니다. 선택할 수 있는 옵션은 다음과 같습니다.

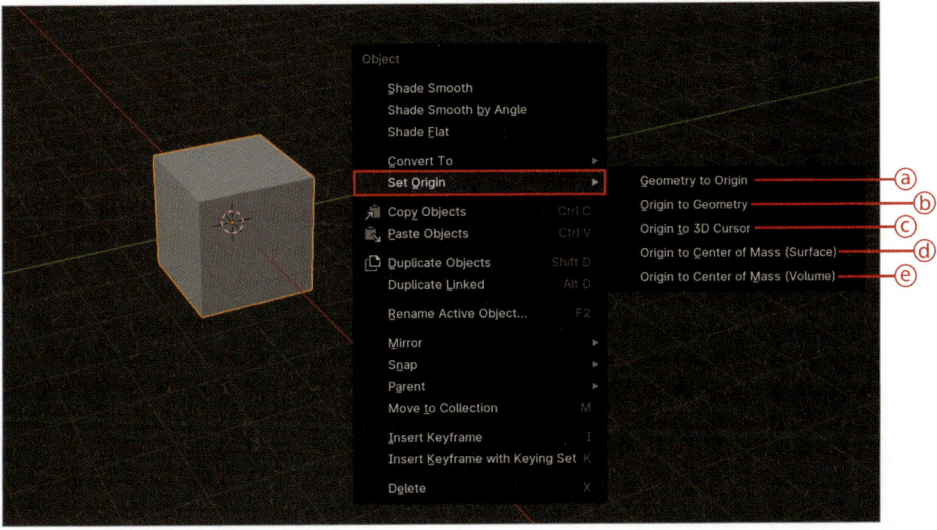

ⓐ **Geometry to Origin**: 오브젝트가 Origin 지점으로 이동합니다.

ⓑ **Origin to Geometry**: Origin이 오브젝트 중심으로 이동합니다.

ⓒ **Origin to 3D Cursor**: Origin이 3D Cursor 지점으로 이동합니다.

ⓓ **Origin to Center of Mass (Surface)**: Origin이 오브젝트의 Surface, 즉 표면적을 기준으로 계산된 무게 중심 지점으로 이동합니다.

ⓔ **Origin to Center of Mass (Volume)**: Origin이 오브젝트의 Volume, 즉 부피를 기준으로 계산된 무게중심 지점으로 이동합니다.

벽걸이 시계 만들기

Origin 위치 변경 기능을 활용하여 벽걸이 시계를 만들어봅니다.

이 예제를 따라하기 위해 알아야 하는 핵심기능

- 명령 반복하기 ← 042쪽 참고
- Extrude하기 ← 102쪽 참고
- Inset하기 ← 105쪽 참고
- Origin 위치 변경하기 ← 179쪽 참고

01 시계의 눈금을 제작하기 위해 Cube를 생성하고 크기를 설정합니다.

01·1 새 프로젝트를 만들고 디폴트 오브젝트 중 Cube를 삭제합니다.

01·2 ❶헤더 메뉴 [Add]-[Mesh]-[Cube]를 클릭하여 Cube 오브젝트를 만듭니다. 또는 Shift + A 를 눌러 Add 메뉴를 열고 [Mesh]-[Cube]를 클릭합니다. ❷F9 를 눌러 Add 설정 창을 열고 ❸Size를 '0.01'로 설정합니다. ❹Object 속성(■)의 Transform에서 Scale X는 '0.2', Scale Y는 '0.6', Scale Z는 '0.2'로 설정합니다.

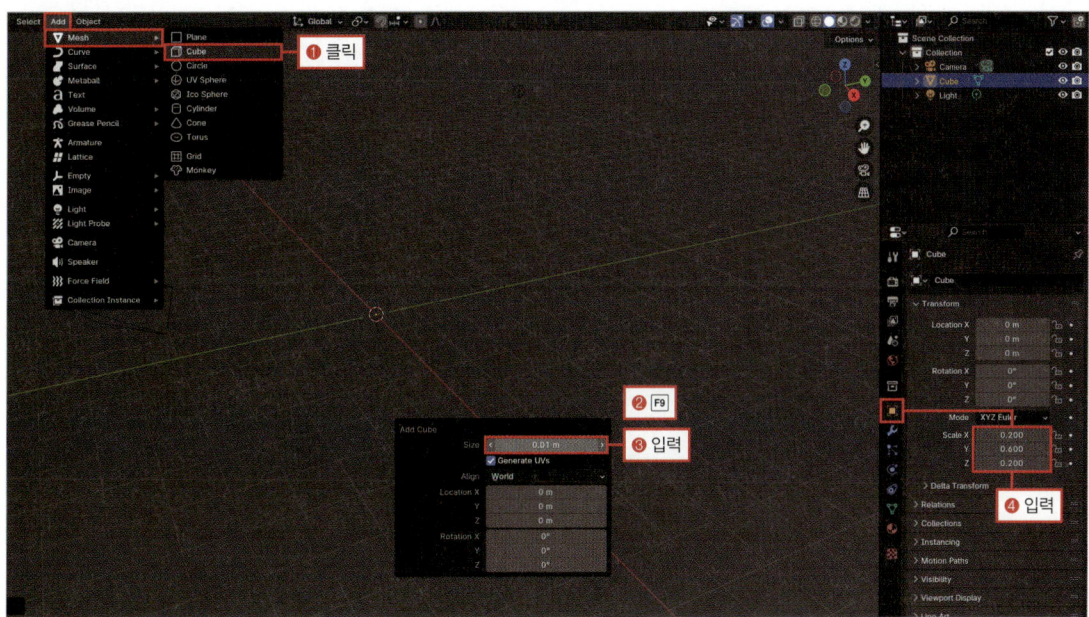

02 오브젝트의 현재 크기를 기본 Scale로 지정하겠습니다. 오브젝트 선택하고 ❶Ctrl + A 를 누르면 나타나는 Apply 메뉴에서 ❷[Scale]을 클릭합니다.

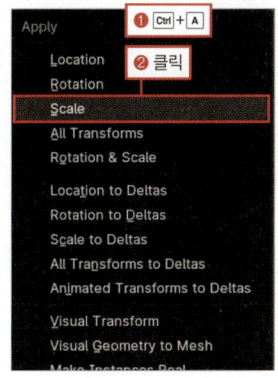 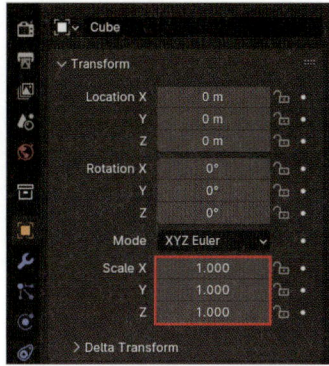

CHAPTER 06. Origin 알아보기 181

03 눈금 Cube의 위치를 이동합니다.

03·1 `Num 7`을 눌러 Z축에서 바라본 시점으로 회전합니다. 그리드 20칸 이상을 볼 수 있도록 시점을 축소합니다.

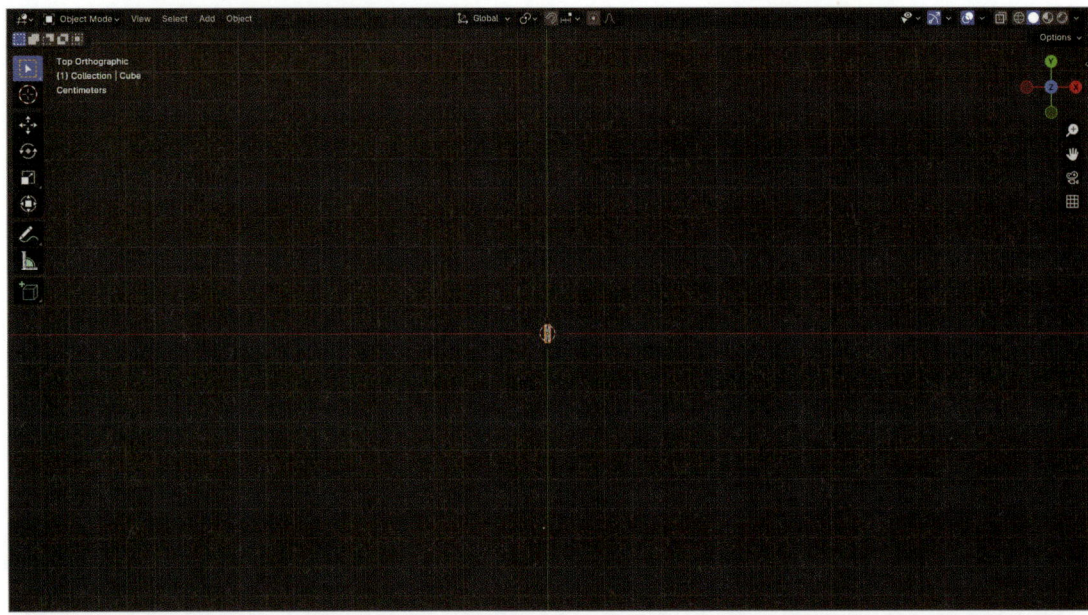

03·2 Cube 선택을 유지한 상태에서 ❶`G`-`Y`를 눌러 Y축으로 이동 방향을 설정합니다. 그림과 같이 ❷9번째 그리드까지 마우스 커서를 움직이고 클릭하여 완료합니다.

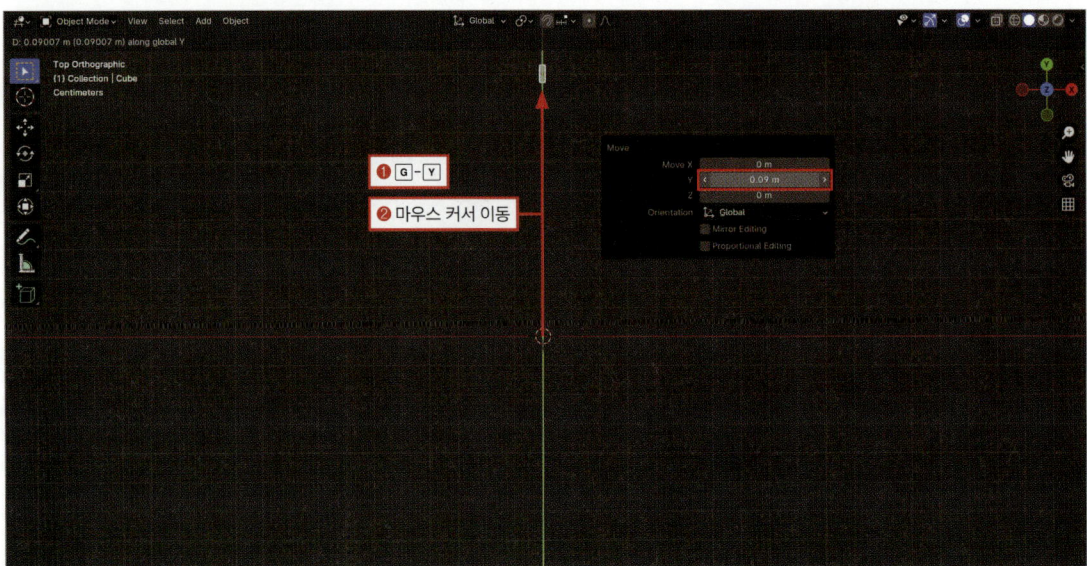

T·I·P Blender 기본 그리드 크기는 0.01×0.01m입니다. 따라서 그림에서와 같이 Move 설정 창의 Location Y가 '0.09'로 표시되는 것입니다.

04 눈금 Cube를 복사-회전하여 12개의 눈금을 제작합니다.

04·1 Cube 선택을 유지한 상태에서 ❶마우스 오른쪽 버튼을 누르면 나타나는 메뉴에서 ❷[Set Origin]-[Origin to 3D Cursor]를 클릭합니다.

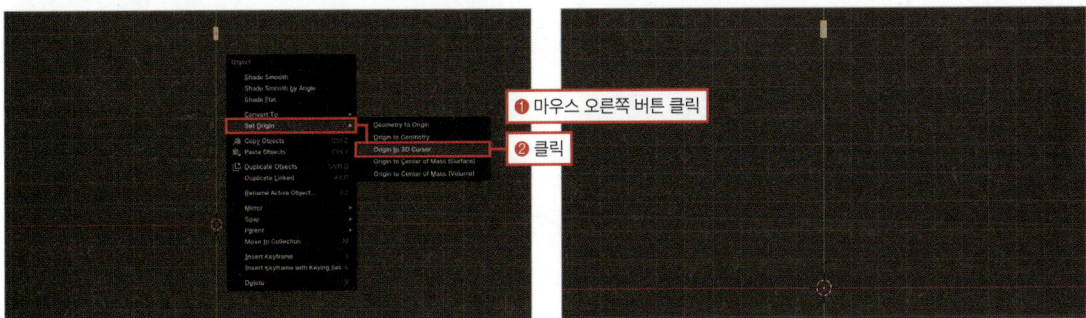

T·I·P Cube의 Origin이 0, 0, 0 지점에 있는 것을 확인할 수 있습니다.

04·2 ❸ Shift + D 를 누른 후 ❹ R 을 눌러 복사-회전합니다. ❺ Ctrl 을 누른 채로 마우스 커서를 움직여 회전하면서 5도 단위로 스냅하여 30도 회전되었을 때 클릭하여 완료합니다.

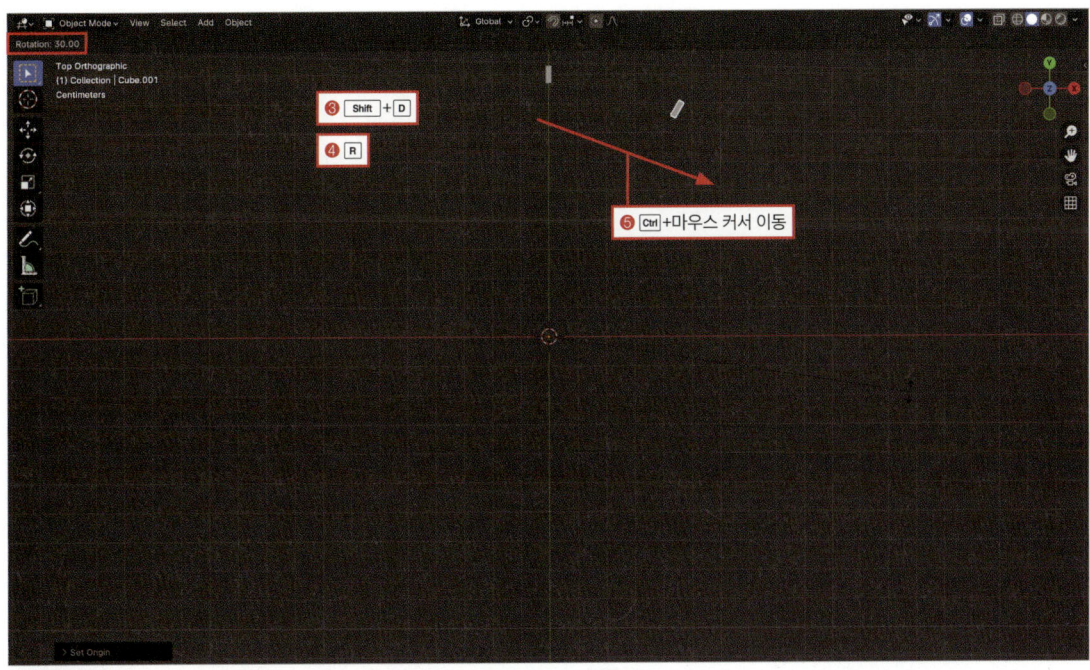

T·I·P Z축 정면 시점에서는 회전 축을 지정하지 않아도 Z축으로 회전됩니다.

04·3 ❻ Shift + R 을 눌러 방금 전 명령, 즉 복사-회전을 다시 실행합니다. 눈금이 12개가 되도록 이 과정을 10회 더 반복합니다.

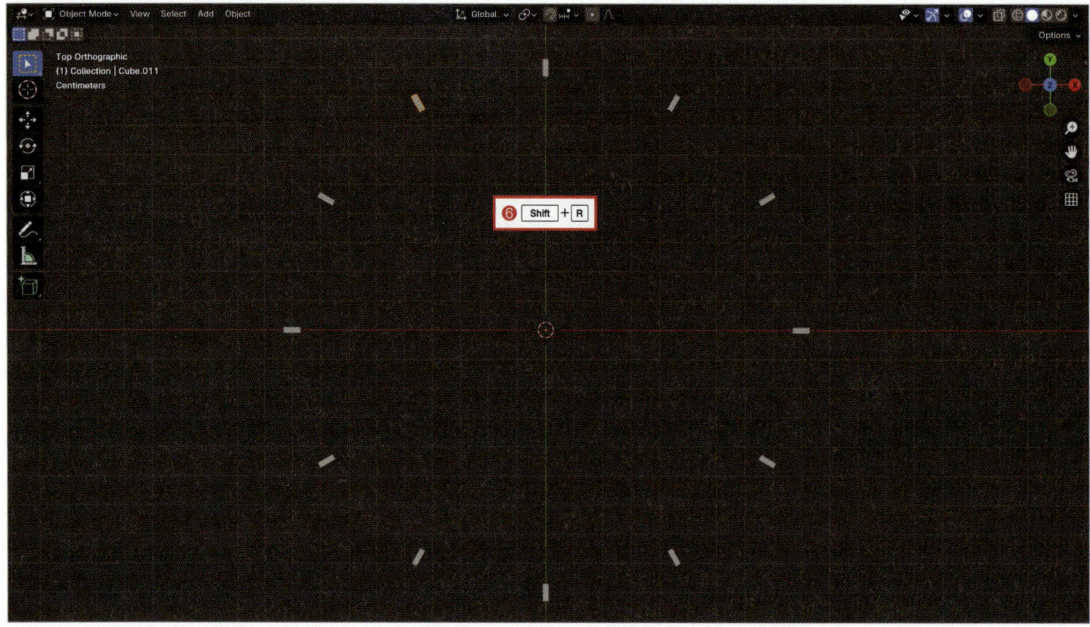

05 시계의 숫자 부분이 될 텍스트 오브젝트를 생성합니다.

05·1 ❶헤더 메뉴 [Add]-[Text]를 클릭하여 Text 오브젝트를 만듭니다. 또는 Shift + A 를 눌러 Add 메뉴를 열고 [Text]를 클릭합니다. ❷ F9 를 눌러 Add 설정 창을 열고 ❸Radius를 '0.02'로 설정합니다.

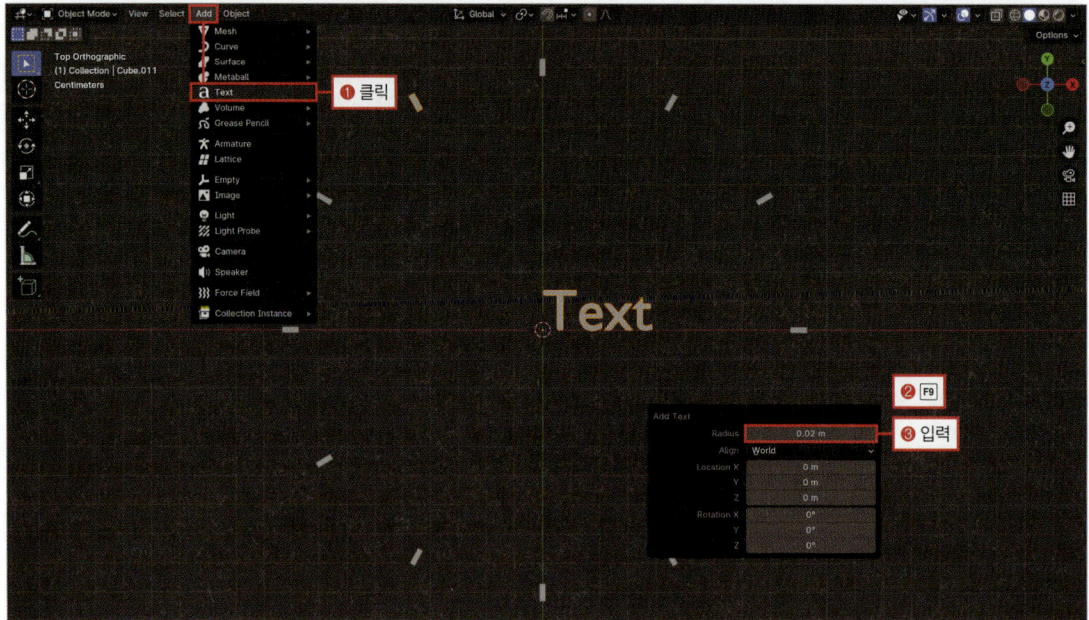

05-2 Text를 선택한 채로 ❹Tab을 눌러 Edit Mode로 전환한 후 ❺Text 내용을 '12'로 변경합니다. ❻ Tab을 눌러 다시 Object Mode로 전환합니다.

 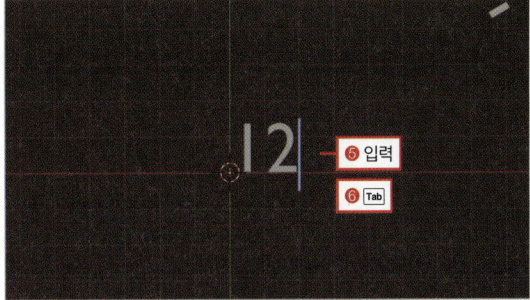

05-3 ❼Data 속성( )의 ❽Geometry에서 Extrude 수치를 '0.001'로 설정합니다. ❾Paragraph - Alignment에서 Horizontal을 Center로 설정합니다.

T·I·P Alignment의 Horizontal은 수평 정렬을 설정하는 곳입니다.

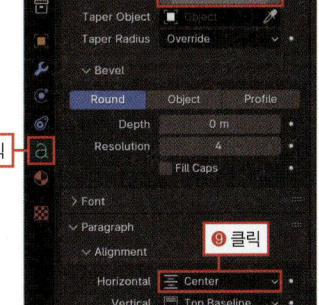

06 숫자 12를 이동시키겠습니다. Text 오브젝트를 선택한 상태에서 ❶G -Y를 눌러 Y축으로 방향을 설정합니다. ❷눈금 아래까지 마우스 커서를 움직이고 클릭하여 완료합니다.

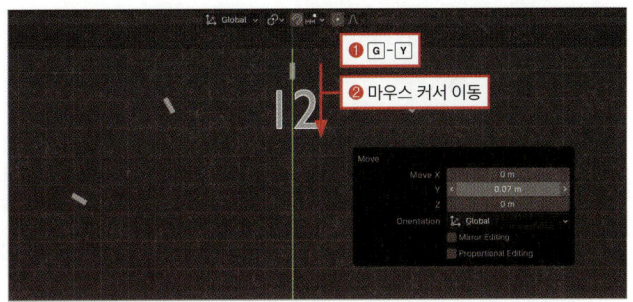

07 숫자 12를 복사-회전하여 12개의 숫자를 제작합니다.

07·1 Text 오브젝트 선택을 유지한 상태에서 ❶마우스 오른쪽 버튼을 누르면 나타나는 메뉴에서 ❷ [Set Origin]-[Origin to 3D Cursor]를 클릭합니다.

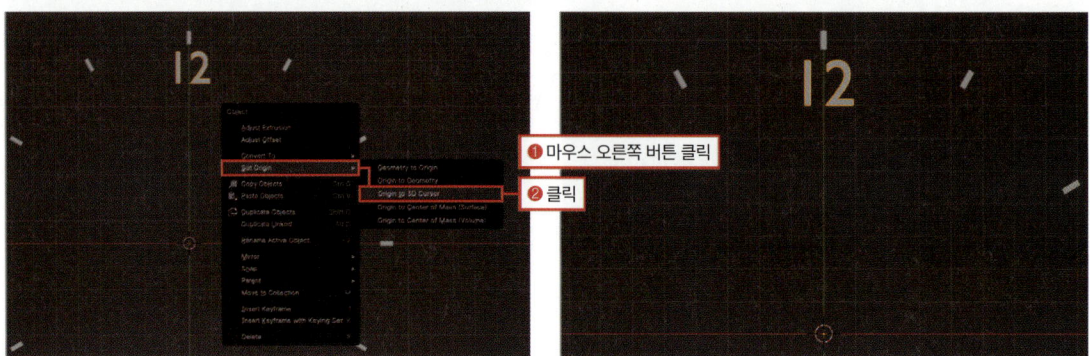

07·2 ❸ Shift + D 를 누른 후 ❹ R 을 눌러 복사-회전합니다. ❺ Ctrl 을 누른 채로 마우스 커서를 움직여 회전하면서 5도 단위로 스냅하여 30도 회전되었을 때 클릭하여 완료합니다.

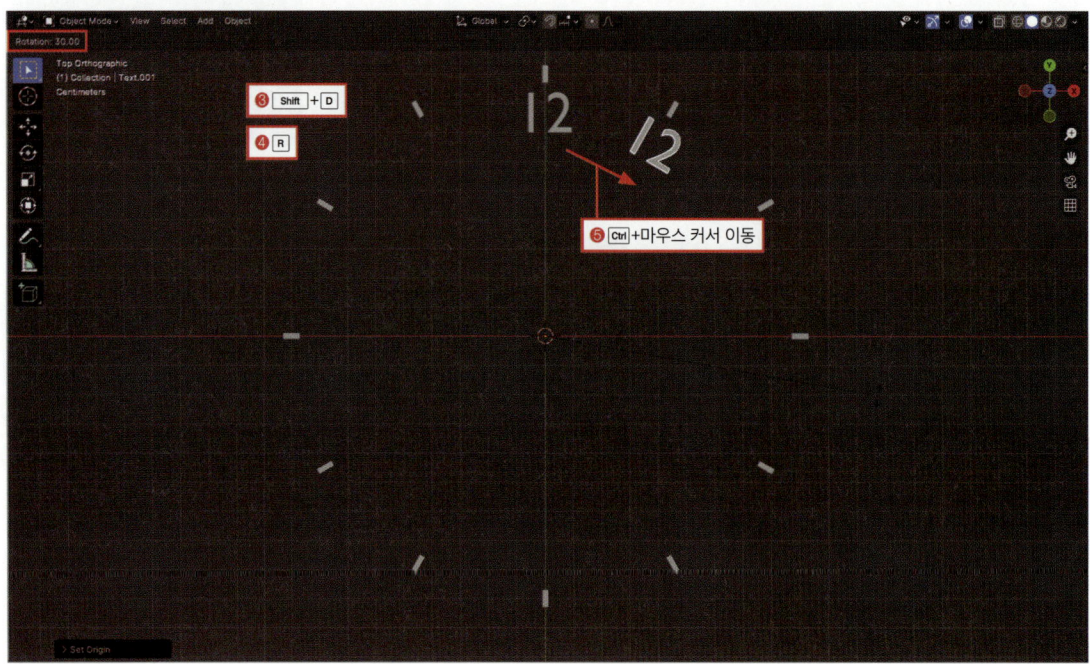

07·3 ❻ Shift + R 을 눌러 방금 전 명령, 즉 복사-회전을 다시 실행합니다. 숫자가 12개가 되도록 이 과정을 10회 더 반복합니다.

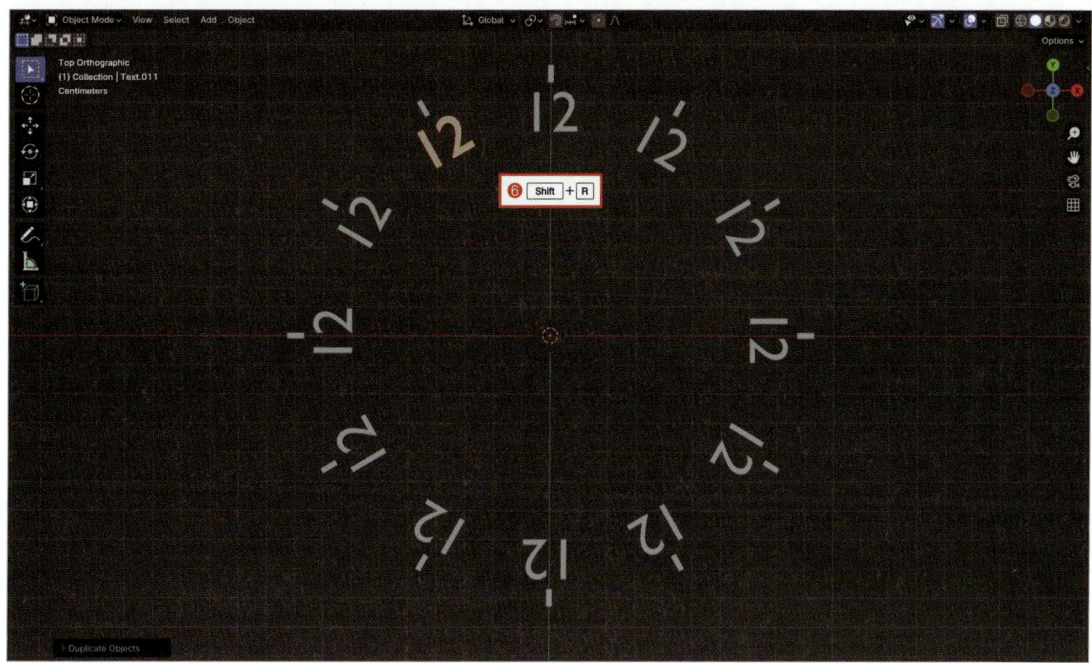

08 텍스트의 내용을 수정합니다.

08·1 Text 오브젝트 선택을 유지한 상태에서 ❶ Tab 을 눌러 Edit Mode로 전환합니다. ❷텍스트를 '1'로 수정하고 ❸다시 Tab 을 눌러 Object Mode로 전환합니다.

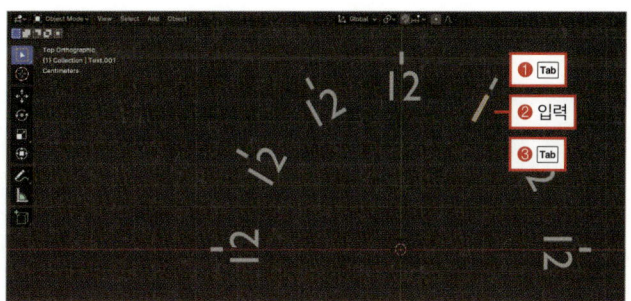

08·2 같은 방법으로 나머지 Text를 각각 '2'~'11'로 수정합니다.

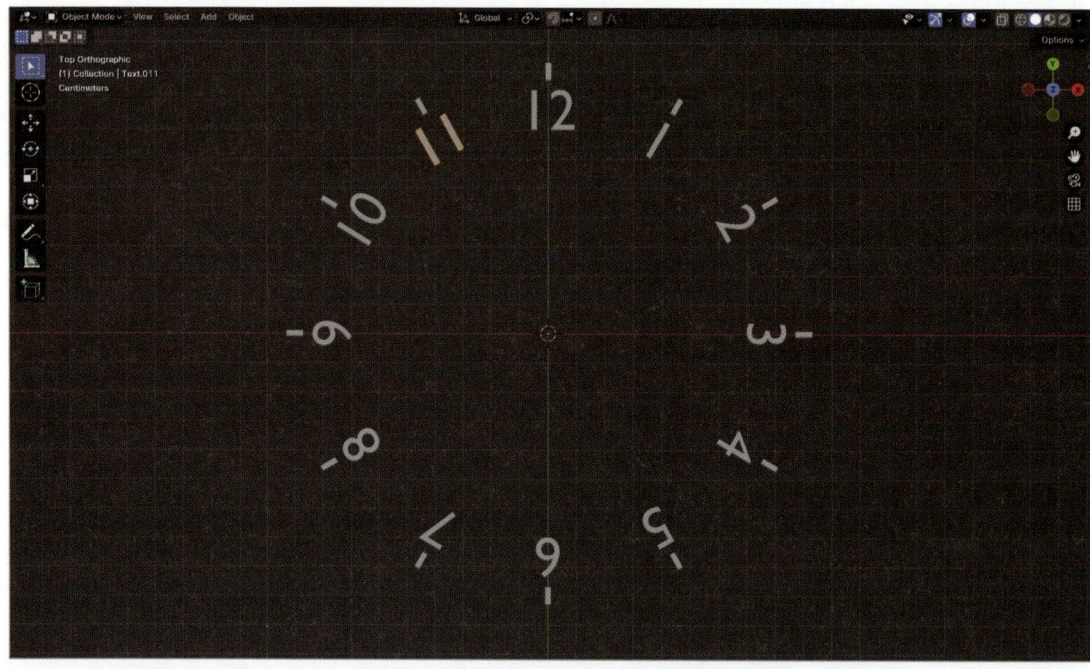

09 숫자를 모두 12시 방향으로 정렬합니다.

09·1 Outliner(오브젝트 목록 창)에서 ❶Text~Text.011을 동시 선택합니다. ❷마우스 오른쪽 버튼을 누르면 나타나는 메뉴에서 ❸[Set Origin]-[Origin to Geometry]를 클릭합니다.

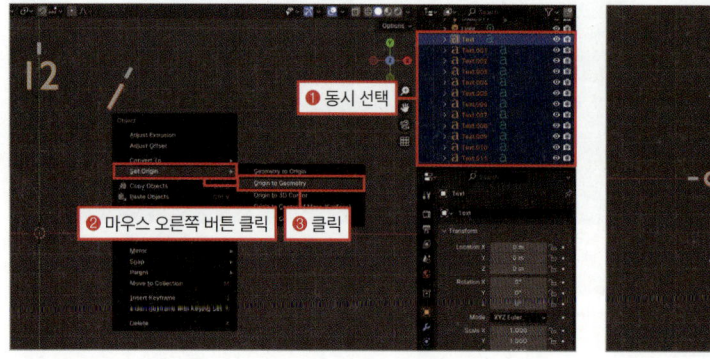 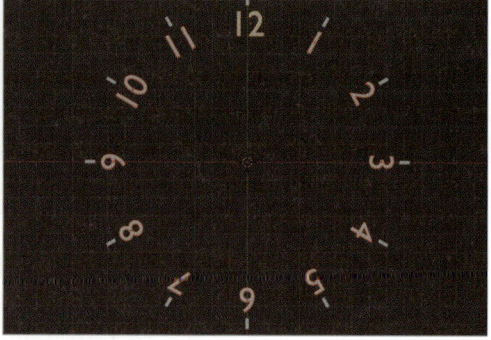

T·I·P 모든 텍스트의 Origin이 다시 각자의 중심으로 이동한 것을 확인할 수 있습니다.

09.2 ❹Object 속성(■)의 Transform에서 Rotation Z 수치 입력창을 [Alt]+클릭한 후 수치를 '0'으로 설정합니다.

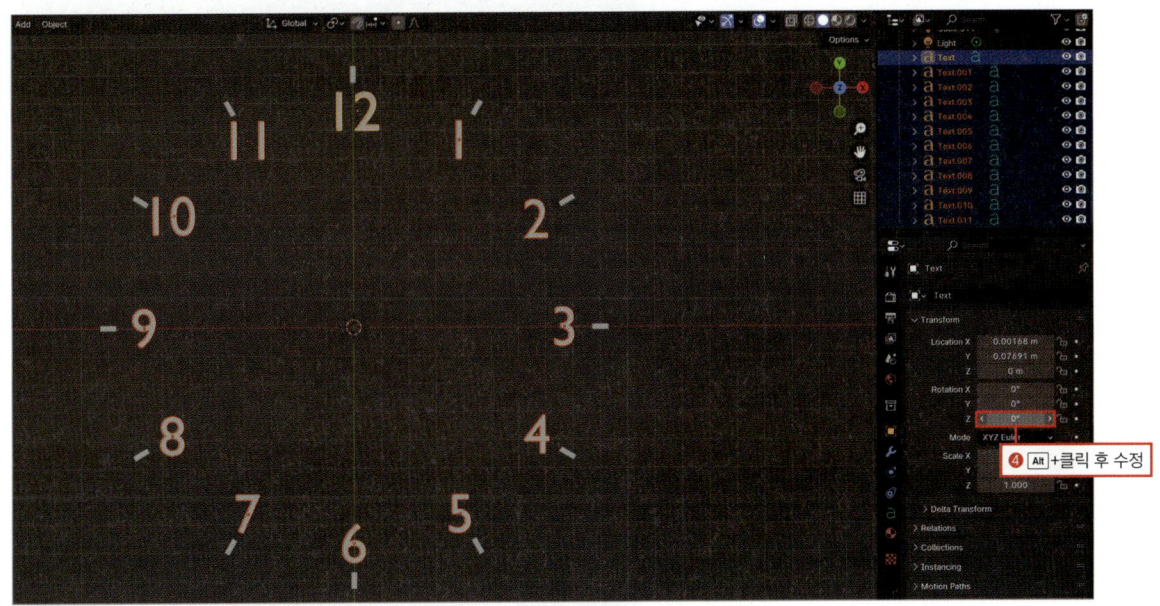

> **T·I·P** [Alt]+클릭으로 수치를 입력하면 선택된 모든 오브젝트에 일괄 적용됩니다.

10 시침 제작을 위한 Cube를 생성하겠습니다. ❶헤더 메뉴 [Add]-[Mesh]-[Cube]를 클릭하여 Cube 오브젝트를 만듭니다. 또는 [Shift]+[A]를 눌러 Add 메뉴를 열고 [Mesh]-[Cube]를 클릭합니다. ❷Object 속성(■)의 Transform에서 Scale X는 '0.4', Scale Y는 '5', Scale Z는 '0.1'로 설정합니다.

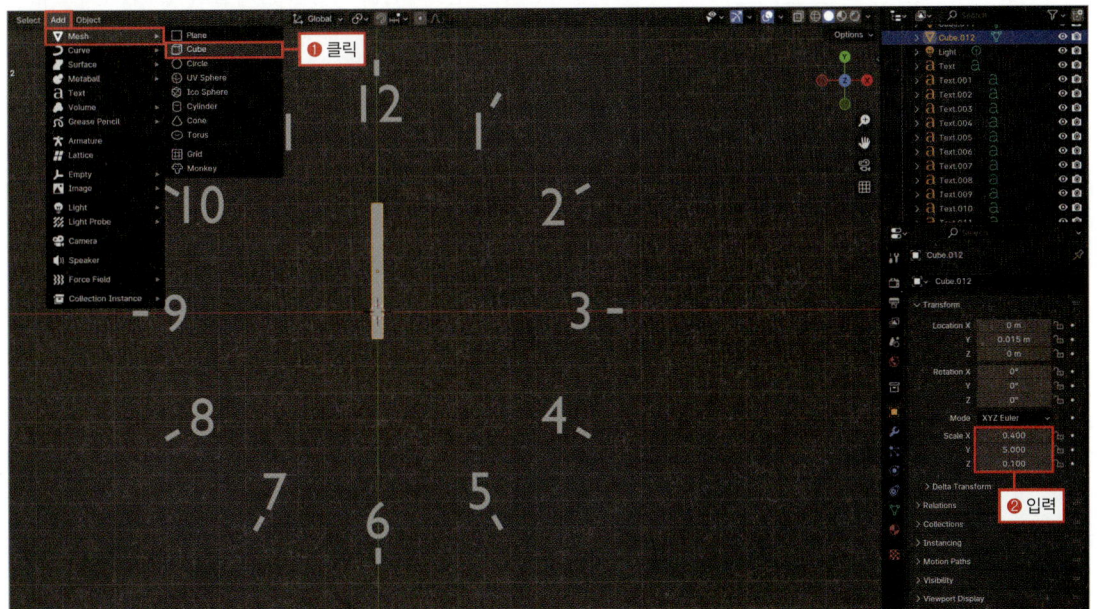

CHAPTER 06. Origin 알아보기

11 시침을 회전시킵니다.

11·1 ❶마우스 오른쪽 버튼을 누르면 나타나는 메뉴에서 ❷[Set Origin]-[Origin to 3D Cursor]를 클릭합니다.

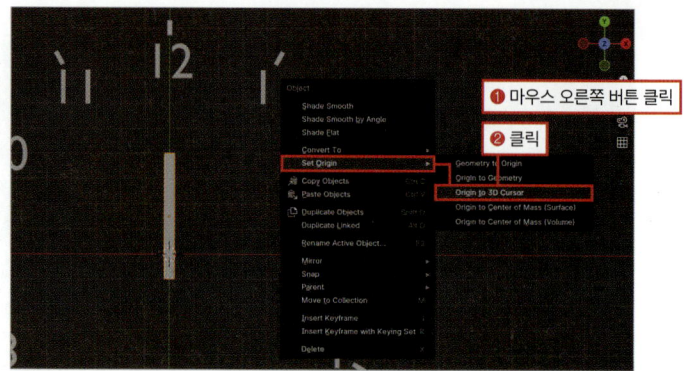

11·2 ❸R을 누릅니다. ❹마우스 커서를 움직여 이동하여 회전한 후 클릭하여 완료합니다.

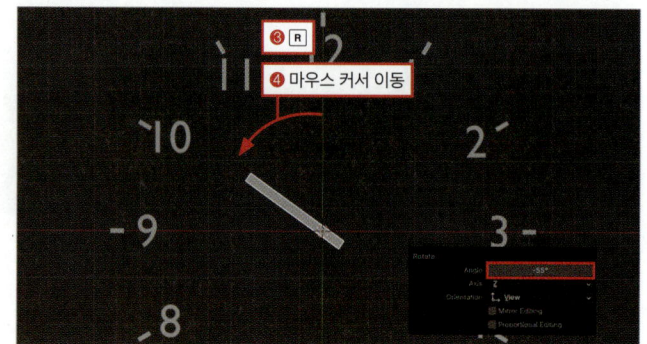

12 분침 제작을 위한 Cube를 생성하겠습니다. ❶헤더 메뉴 [Add]-[Mesh]-[Cube]를 클릭하여 Cube 오브젝트를 만듭니다. 또는 Shift + A 를 눌러 Add 메뉴를 열고 [Mesh]-[Cube]를 클릭합니다. ❷Object 속성 (■)의 Transform에서 Location Y는 '0.02', ❸Scale X는 '0.2', Scale Y는 '7', Scale Z는 '0.1'로 설정합니다.

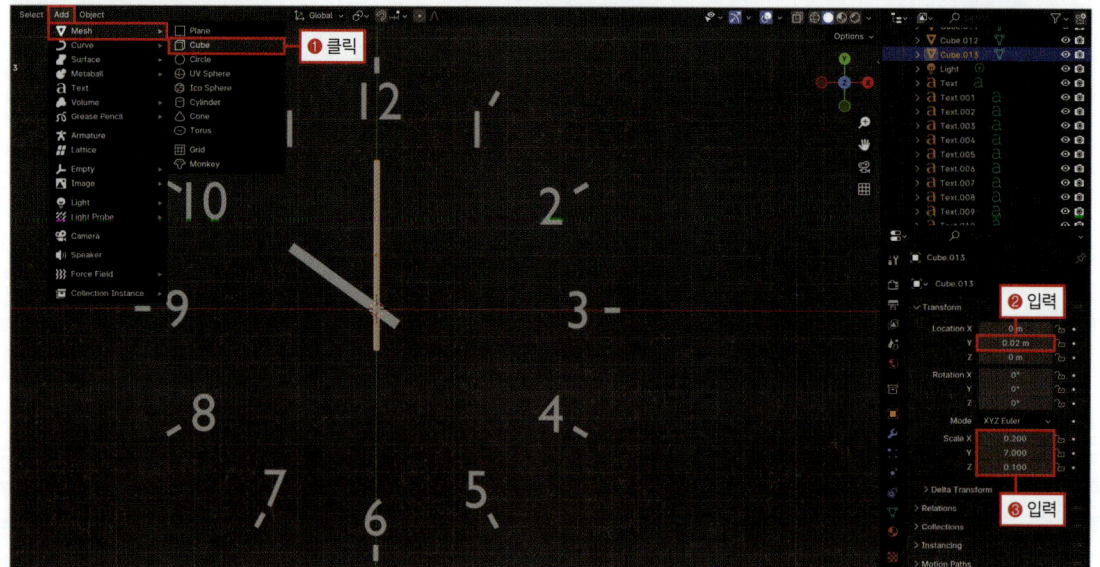

13 분침을 회전합니다.

13·1 ❶마우스 오른쪽 버튼을 누르면 나타나는 메뉴에서 ❷[Set Origin]-[Origin to 3D Cursor]를 클릭합니다.

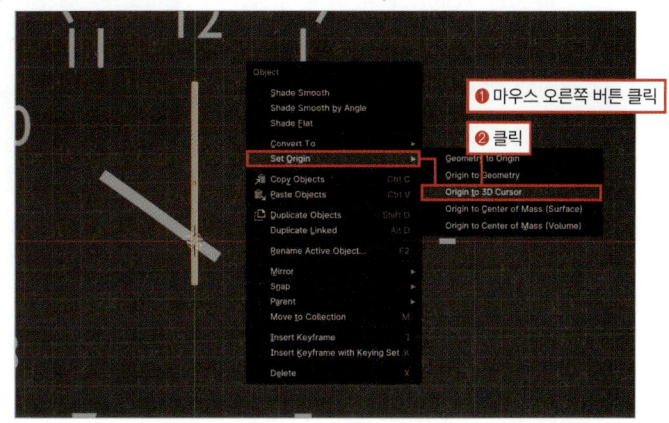

13·2 ❸R을 누릅니다. ❹마우스 커서를 움직여 회전한 후 클릭하여 완료합니다.

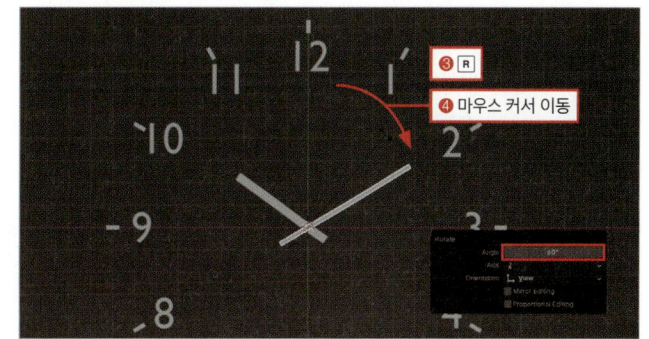

14 오브젝트의 색상을 지정합니다.

14·1 먼저 질감을 확인할 수 있는 Material Preview(◉)로 전환합니다. A를 눌러 전체 선택합니다. ❶Material 속성(◉)에서 [New] 버튼을 클릭하여 새 질감을 추가합니다.

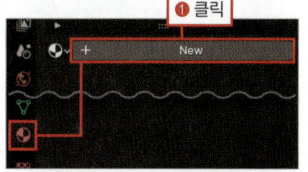

14·2 ❷Surface의 Base Color를 클릭한 후 ❸Hue, Saturation, Value를 조절하여 본인이 표현하고 싶은 색상을 지정합니다.

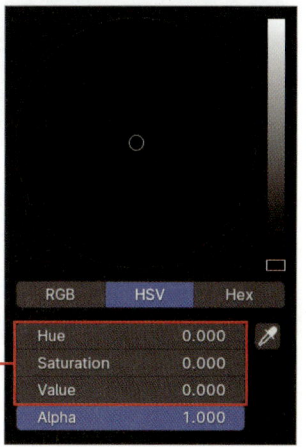

14·3 ❹3D Viewport에서 Ctrl+L 을 누르고 ❺Link Materials를 클릭하여 선택된 오브젝트의 색상을 Active 오브젝트의 색상과 연결합니다.

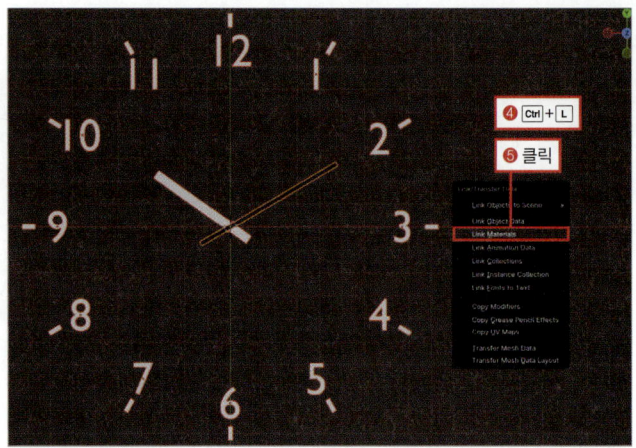

15 Cylinder를 생성하고 크기와 위치를 설정하겠습니다. 윗면과 측면을 볼 수 있는 시점으로 회전하고 ❶헤더 메뉴 [Add]-[Mesh]-[Cylinder]를 클릭하여 Cylinder 오브젝트를 만듭니다. 또는 Shift+A 를 눌러 Add 메뉴를 열고 [Mesh]-[Cylinder]를 클릭합니다. ❷F9 를 눌러 Add 설정 창을 열고 ❸Vertices는 '64', Radius는 '0.1', Depth는 '0.01', ❹Location Z는 '-0.005'로 설정합니다.

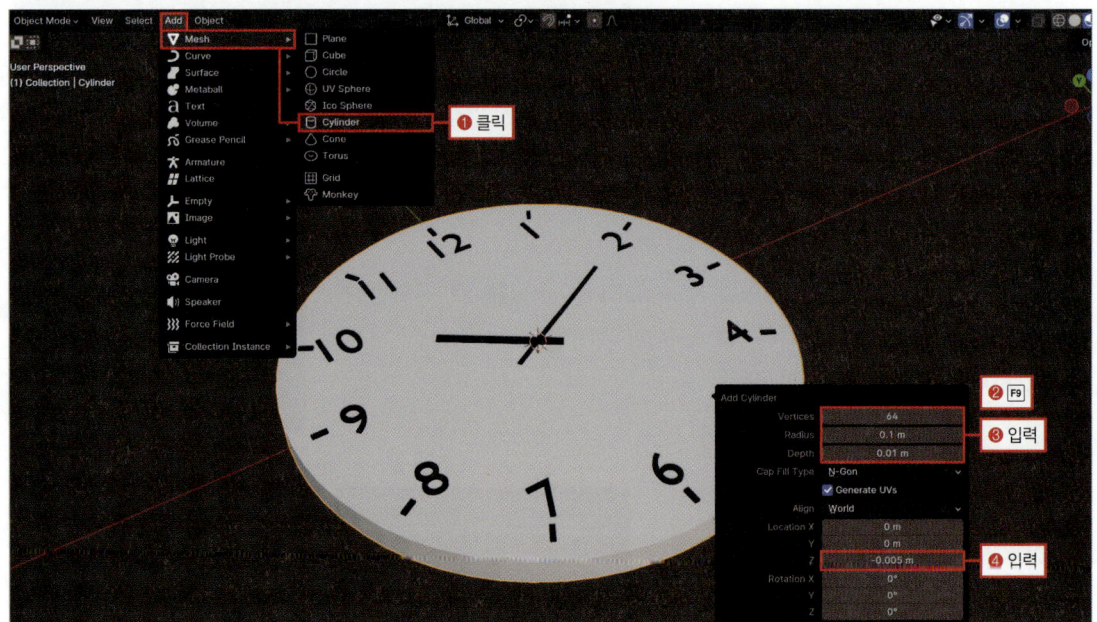

16 상단 Face를 Inset합니다.

16·1 오브젝트 선택을 유지한 상태로 ❶ Tab 을 눌러 Edit Mode로 전환하고 ❷ 3 을 눌러 Face select 로 전환합니다. 다음 그림과 같이 ❸윗면 Face를 선택합니다.

16·2 ❹ I 를 누른 후 ❺선택한 Face 중심으로 마우스 커서를 움직여 축소하고 클릭하여 완료합니다. ❻ F9 를 눌러 Insert Faces 설정 창을 열고 ❼Thickness에 '0.004'를 입력합니다.

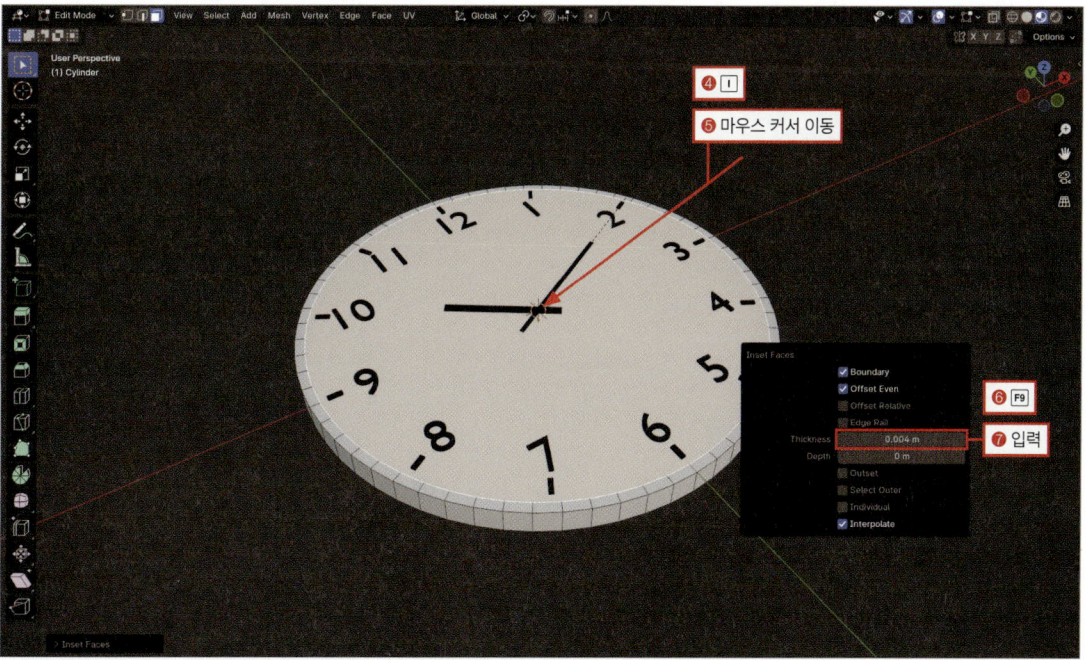

17 가장자리 Face를 Extrude합니다.

17·1 ❶Face와 Face 사이 경계를 Alt+클릭하여 Loop 선택합니다.

17·2 ❷E를 누른 후 ❸마우스 커서를 움직여 Extrude하고 클릭하여 완료합니다. ❹F9를 눌러 Extrude Region 설정 창을 열고 ❺Move Z에 '0.003'을 입력합니다.

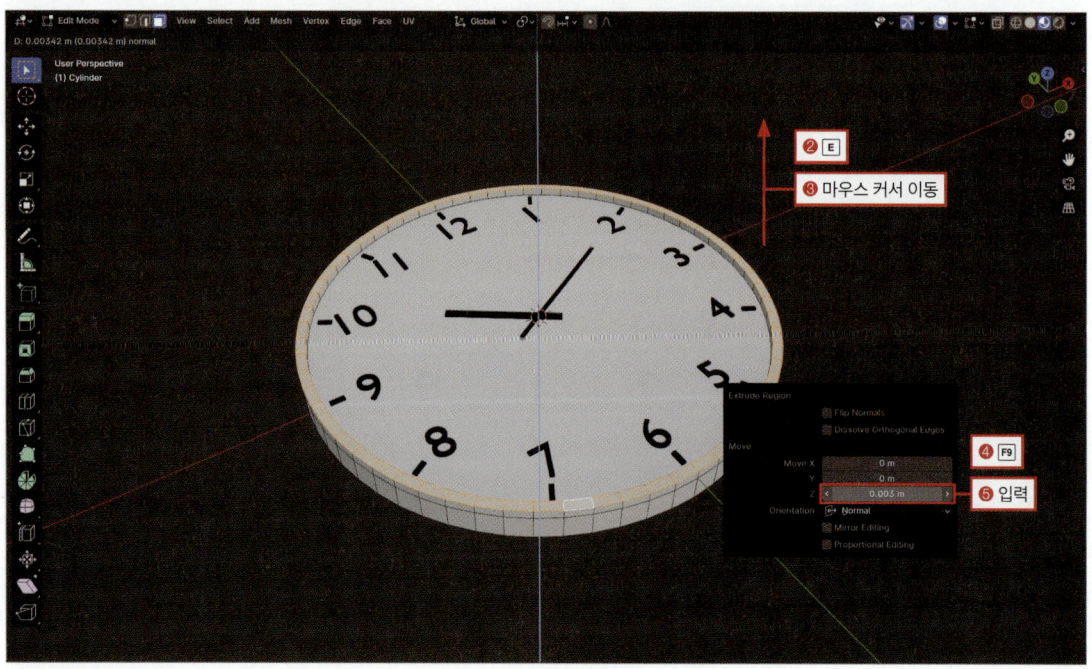

18 시계의 색상을 지정합니다.

18·1 Material Preview(🔘)로 전환합니다. ❶Material 속성(🔘)에서 ❷[New] 버튼을 클릭하여 새 질감을 추가합니다.

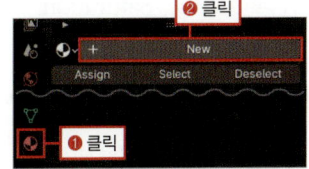

18·2 ❸Surface의 Base Color를 클릭한 후 ❹Hue, Saturation, Value를 조절하여 본인이 표현하고 싶은 색상을 지정합니다.

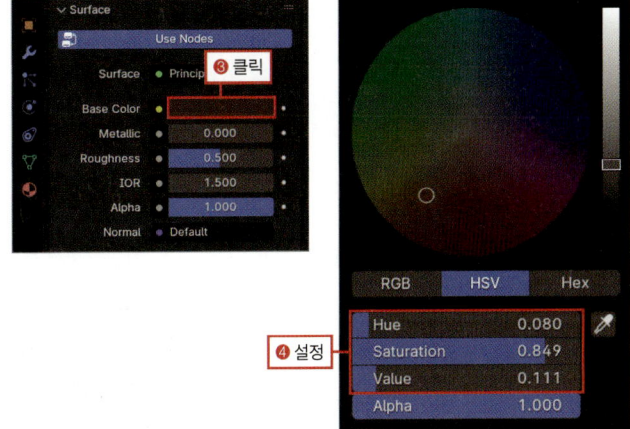

19 시계 안쪽 면의 색상을 부분 적용합니다.

19·1 ❶안쪽 윗면 Face를 선택합니다. ❷[+] 버튼을 클릭하여 새 슬롯을 추가하고 ❸[New] 버튼을 클릭하여 새 질감을 추가합니다. ❹[Assign] 버튼을 클릭하여 선택한 Face에만 질감을 적용합니다.

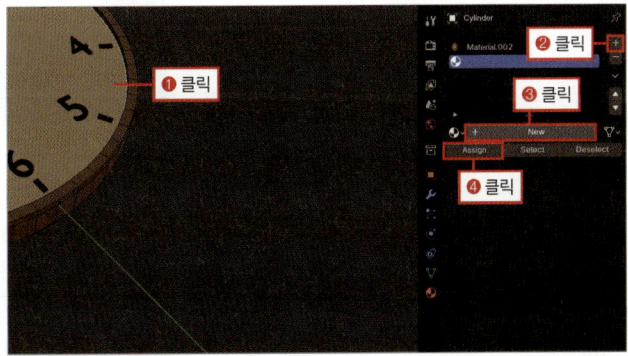

19·2 ❺Surface의 Base Color를 클릭한 후 ❻Hue, Saturation, Value를 조절하여 본인이 표현하고 싶은 색상을 지정합니다.

> **T·I·P** 디폴트 색상을 변경하지 않고 그대로 적용해도 무방합니다.

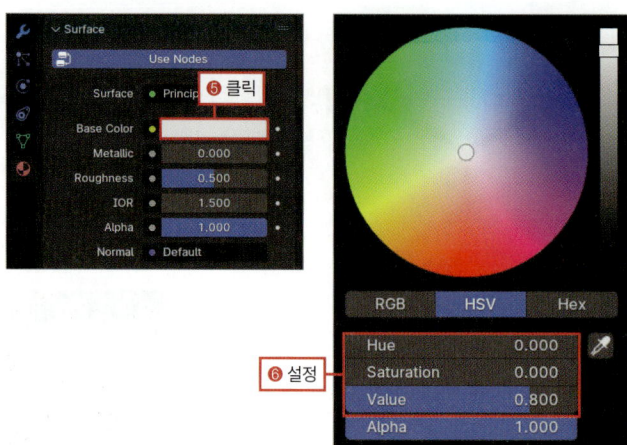

20 Shade Smooth를 적용하여 표면을 부드럽게 연결하여 시계를 완성합니다.

20·1 ❶Tab 을 눌러 Object Mode로 전환합니다. ❷시계 오브젝트를 선택하고 ❸마우스 오른쪽 버튼을 누르면 나타나는 메뉴에서 ❹[Shade Smooth by Angle]을 클릭합니다.

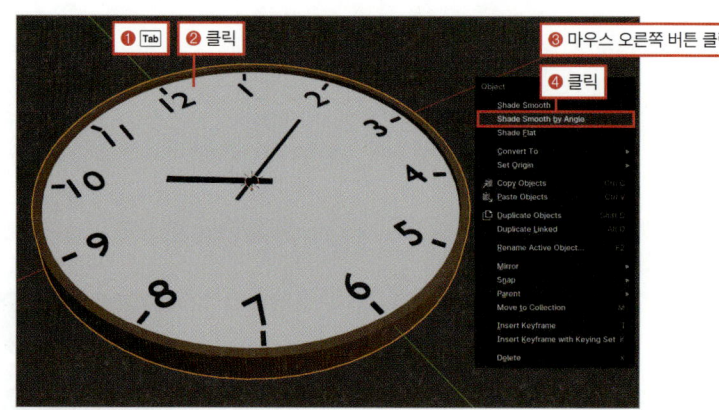

20·2 다음과 같이 벽걸이 시계가 완성되었습니다. Ctrl+S 를 눌러 프로젝트를 저장합니다.

CHAPTER 7

오브젝트 묶기

이것만 알아두자!

- Join으로 오브젝트를 하나로 합치는 방법과 이를 분리하는 방법을 배웁니다.
- Parent로 하나의 오브젝트를 변형할 때 다른 오브젝트도 함께 변형시키는 방법을 배웁니다.
- 앞서 만들었던 책꽂이와 벽걸이 시계에 Join과 Parent 기능을 적용해봅니다.

Join으로 오브젝트 합치기

Join으로 오브젝트를 하나로 합치는 방법과 이를 분리하는 방법을 배웁니다.

Join은 2개 이상의 오브젝트를 병합하여 하나의 오브젝트로 합치는 기능입니다.

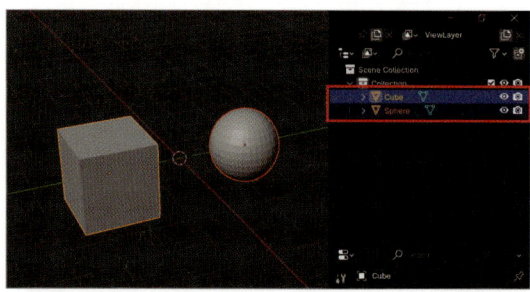
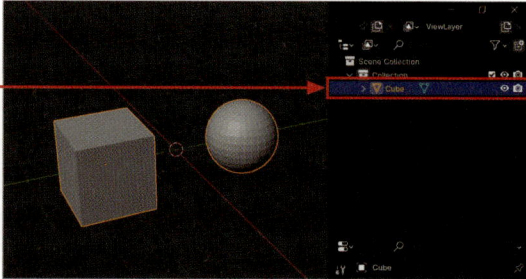

Join하고자 하는 오브젝트를 ❶동시 선택하고 ❷Ctrl+J를 누르면 하나의 오브젝트로 합쳐지는데 이때 ⒶActive 오브젝트를 기준으로 오브젝트 이름과 Origin 위치가 결정됩니다.

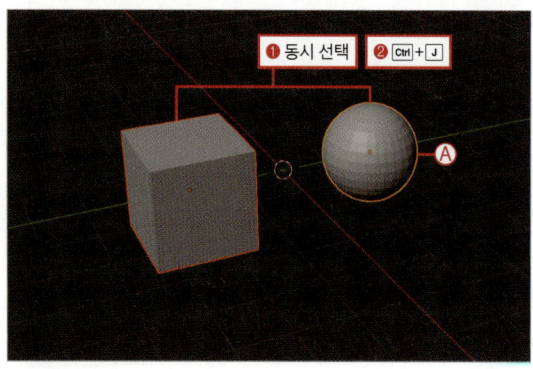
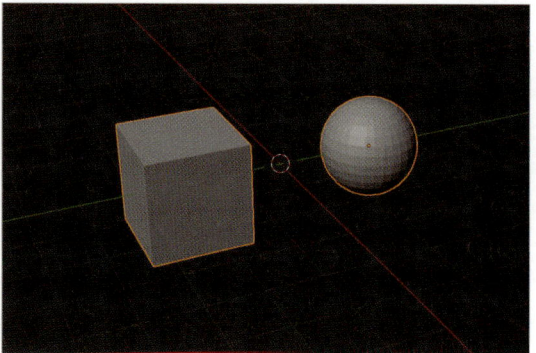

T·I·P Active 오브젝트가 선택되지 않은 경우 Join되지 않습니다.

오브젝트를 다시 분리하려면 Edit Mode에서 P를 누르면 나타나는 Seperate 메뉴에서 분리 방식을 선택합니다. 또는 마우스 오른쪽 버튼을 누르면 나타나는 메뉴에서 [Seperate]을 클릭해도 됩니다. 각 분리 방식을 간단히 설명하면 다음과 같습니다.

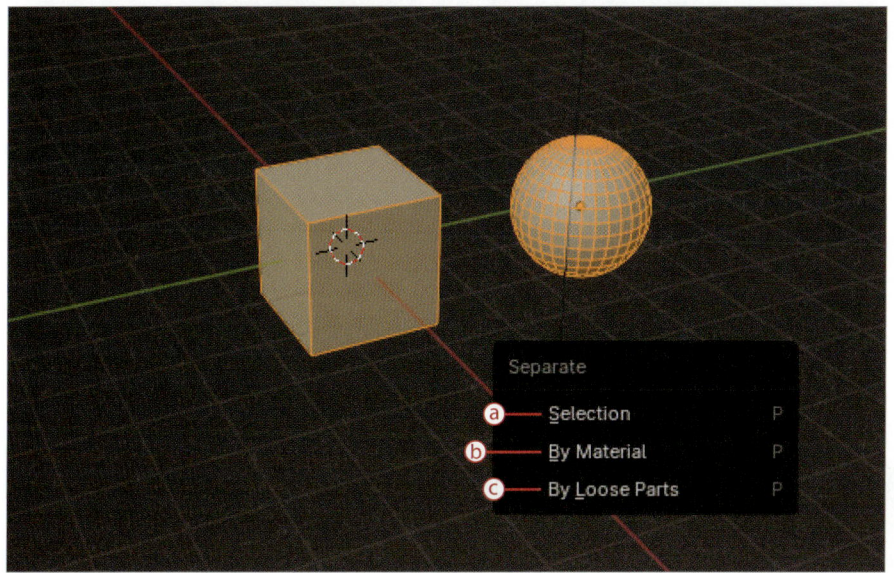

ⓐ **Selection**: 선택된 요소를 분리합니다.
ⓑ **By Material**: 질감이 다른 요소를 분리합니다.
ⓒ **By Loose Parts**: 서로 떨어져 있는 요소를 분리합니다.

책꽂이에 Join 적용하기

앞서 〈CHAPTER 04〉에서 만들었던 책꽂이에 Join 기능을 적용해보겠습니다.

◉ **준비 파일**: chapter07/Bookshelf.blend

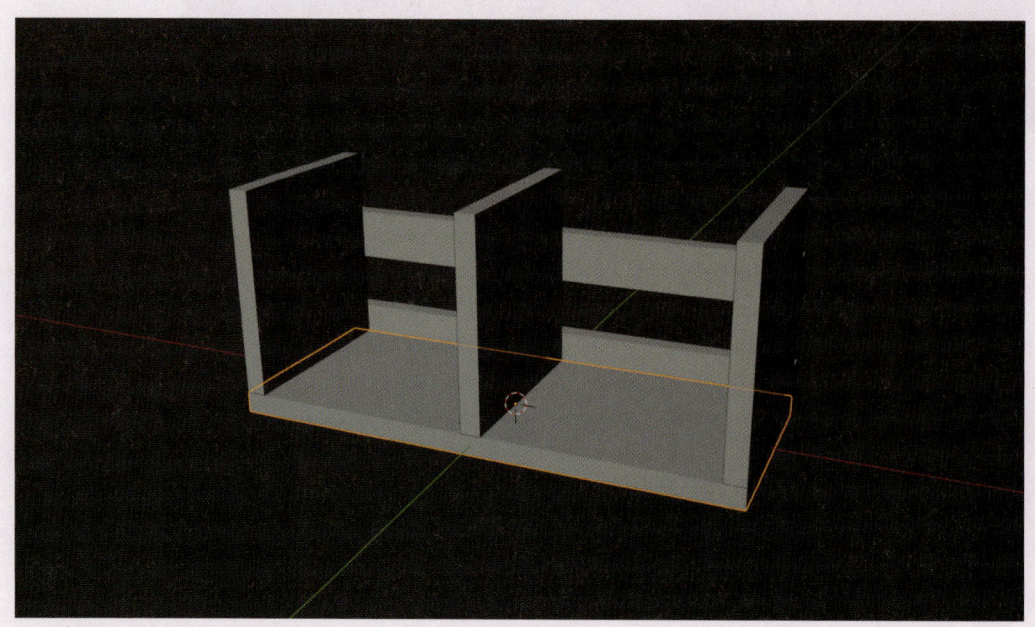

이 예제를 따라하기 위해 알아야 하는 **핵심기능**

- Join하기 ← 198쪽 참고

01 '책꽂이' 프로젝트를 불러오고 오브젝트들을 Join하여 하나로 합칩니다.

01·1 Ctrl+O를 눌러 〈CHAPTER 04〉에서 만들었던 예제인 '책꽂이' 프로젝트 파일 또는 준비 파일 'Bookshelf.blend'를 불러옵니다.

01·2 ❶오브젝트를 합칠 때 기준이 될 Active 오브젝트를 선택합니다.

T·I·P 오브젝트 목록을 보면 하나로 병합된 것을 확인할 수 있습니다.

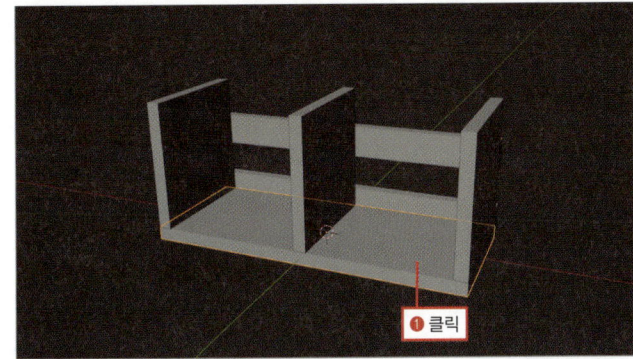

01·3 ❷Alt+Z를 눌러 X-ray 뷰로 전환합니다. ❸Join할 모든 오브젝트를 드래그하여 동시 선택합니다.

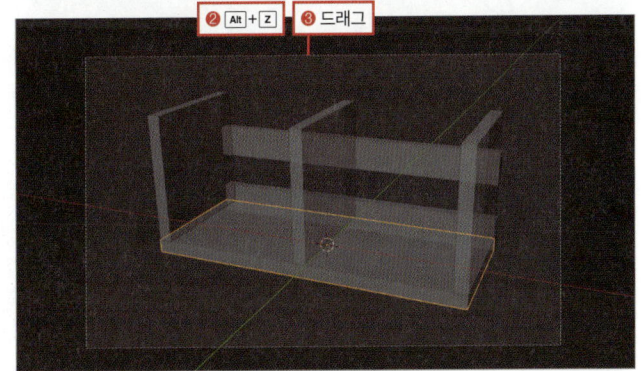

01·4 ❹Alt+Z를 눌러 X-ray 뷰를 해제합니다. ❺Ctrl+J를 눌러 선택된 오브젝트를 Join합니다.

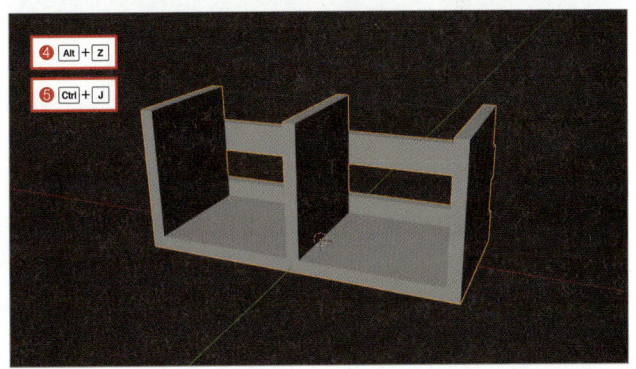

02 오브젝트 이름을 변경하고 저장하겠습니다. 다음과 같이 오브젝트(이 책에서는 'Cube')를 더블클릭한 후 이름을 변경하고 Enter를 눌러 완료합니다. 그리고 Ctrl+Shift+S를 눌러 프로젝트를 새 이름으로 저장합니다.

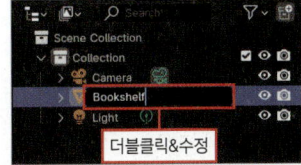

Parent로 오브젝트 같이 변형하기

Parent로 하나의 오브젝트를 변형할 때 다른 오브젝트도 함께 변형시키는 방법을 배웁니다.

Parent는 부모 오브젝트와 자녀 오브젝트의 관계를 설정하여 부모 오브젝트의 Transform을 조정할 때 자녀 오브젝트도 함께 변형되도록 하는 기능입니다.

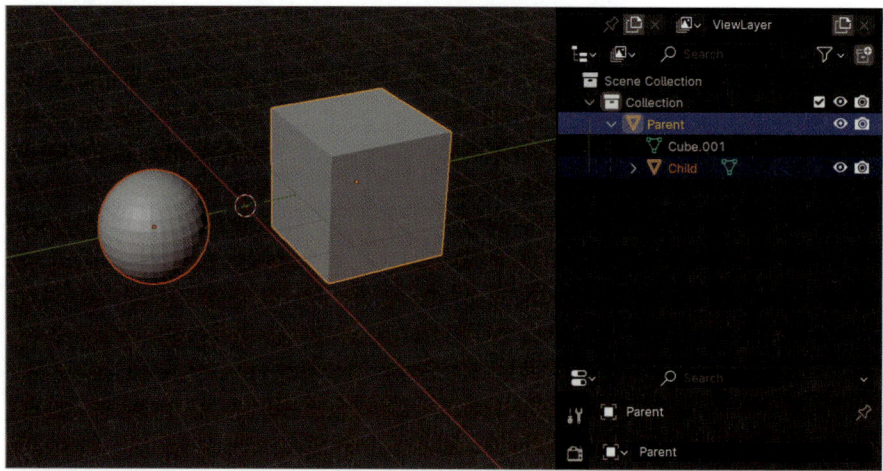

Parent를 설정하려면 ❶2개 이상의 오브젝트를 동시 선택합니다. 그중 부모 오브젝트는 Active 오브젝트로 선택합니다. ❷Ctrl+P를 누르면 나타나는 Set Parent To 메뉴에서 ❸[Object]를 클릭합니다. 또는 마우스 오른쪽 버튼-[Parent]-[Object]를 클릭해도 됩니다.

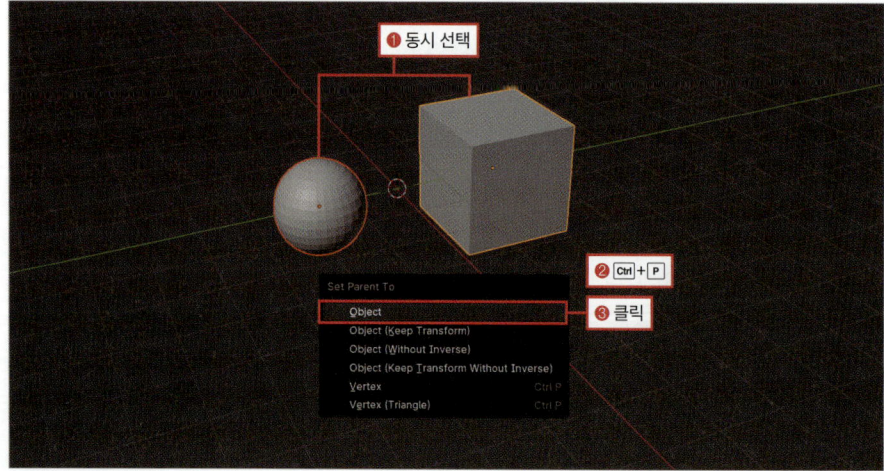

Parent가 설정되면 부모 오브젝트의 Transform을 통해 오브젝트의 변형이 발생할 때 자녀 오브젝트도 함께 변형됩니다.

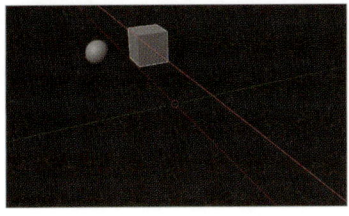 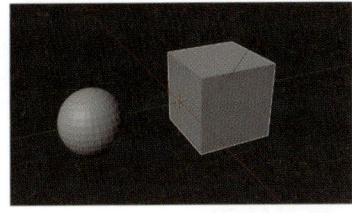 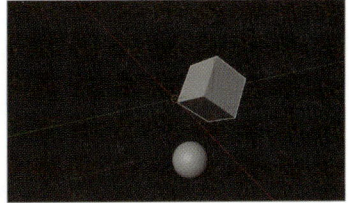

반대로 Parent 설정 상태에서 자녀 오브젝트를 변형하여도 부모 오브젝트는 영향을 받지 않습니다.

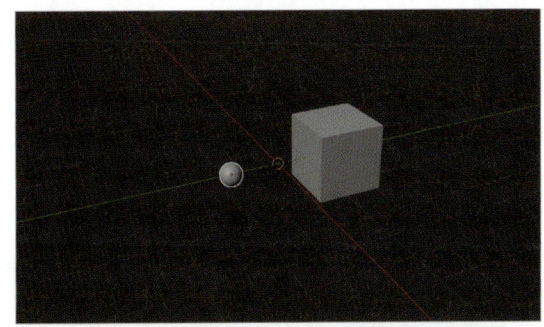

Parent 설정을 해제하려면 오브젝트를 선택하고 Alt + P 를 누른 후 [Clear Parent]를 클릭합니다. 또는 마우스 오른쪽 버튼-[Parent]-[Clear Parent]를 클릭해도 됩니다.

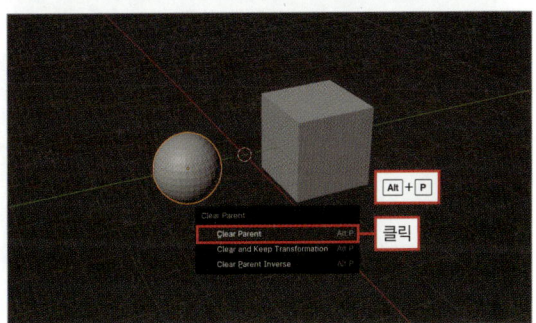

벽걸이 시계에 Parent 적용하기

앞서 〈CHAPTER 06〉에서 만들었던 벽걸이 시계에 Parent 기능을 적용해보겠습니다.

◉ **준비 파일**: chapter07/Clock.blend

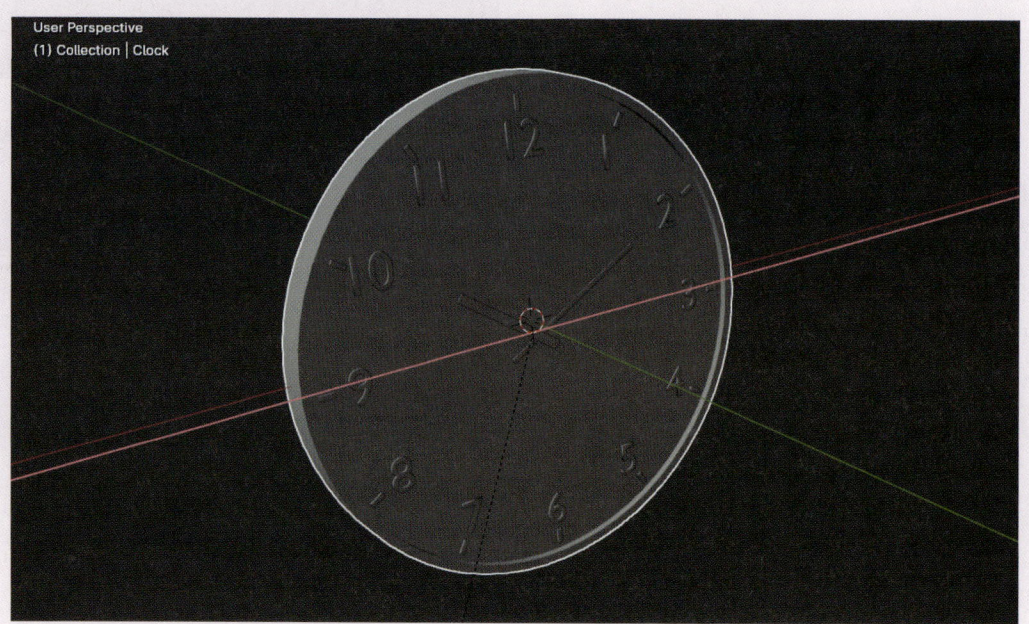

이 예제를 따라하기 위해 알아야 하는 핵심기능

- Parent 설정하기 ← 202쪽 참고

01 '벽걸이 시계' 프로젝트를 불러오고 베이스 Cylinder 오브젝트를 부모 오브젝트로 지정합니다.

01·1 Ctrl+O를 눌러 〈CHAPTER 06〉에서 만들었던 예제인 '벽걸이 시계' 프로젝트 파일 또는 준비 파일 'Clock.blend'를 불러옵니다.

01·2 ❶부모 오브젝트로 지정될 Cylinder 오브젝트를 선택합니다. ❷Alt+Z를 눌러 X-ray 뷰로 전환합니다. ❸Parent를 설정할 모든 오브젝트를 드래그하여 동시 선택합니다.

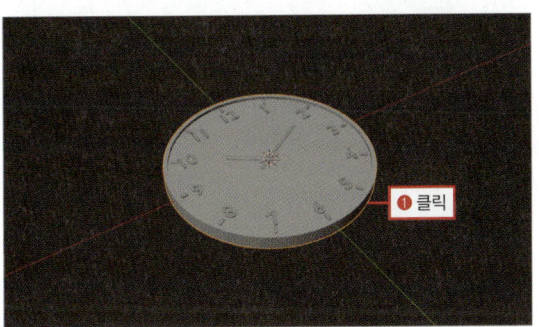 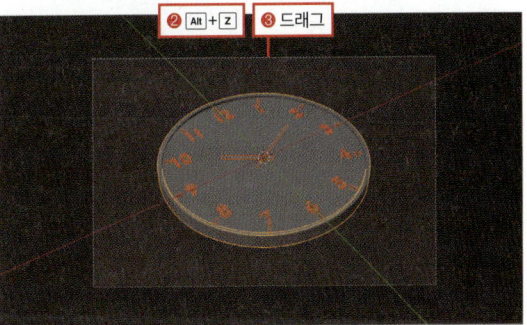

01·3 ❹Alt+Z를 눌러 X-ray 뷰를 해제합니다. ❺Ctrl+P를 누르면 나타나는 Set Parent To 메뉴에서 ❻[Object]를 클릭합니다. Outliner(오브젝트 목록 창)에서 부모 오브젝트인 Cylinder를 펼쳐보면 Cylinder를 제외한 다른 모든 오브젝트가 Cylinder의 자녀 오브젝트로 등록되어 있는 것을 확인할 수 있습니다.

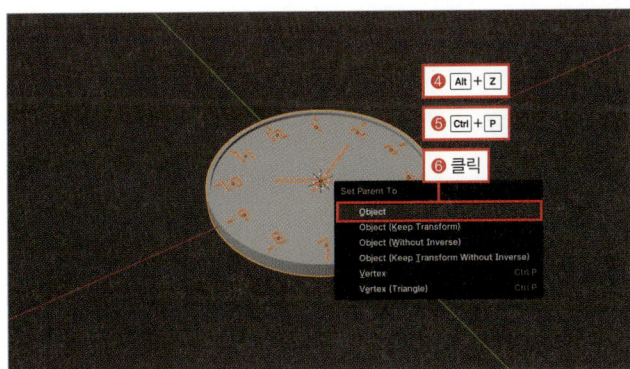 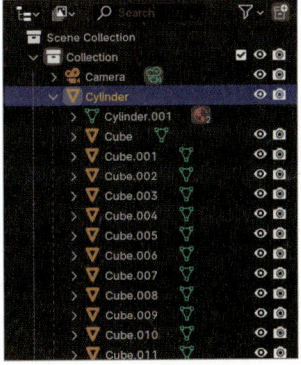

02 오브젝트 이름을 변경하겠습니다. 변경하고자 하는 오브젝트(이 책에서는 'Cylinder')를 더블클릭한 후 이름을 변경하고 Enter를 눌러 완료합니다.

03
Parent 오브젝트를 회전하고 저장하겠습니다. ❶부모 오브젝트인 Cylinder를 선택합니다. ❷`R`-`X`를 눌러 회전 축을 X축으로 선택합니다. ❸`Ctrl`를 누른 채로 마우스 커서를 움직여 회전하면서 90도 회전되었을 때 클릭하여 완료합니다. Cylinder가 변형됨에 따라 다른 모든 오브젝트도 함께 변형되는 것을 확인할 수 있습니다. `Ctrl`+`S`를 눌러 프로젝트를 저장합니다.

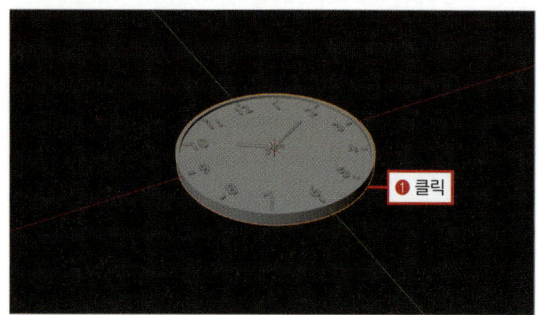
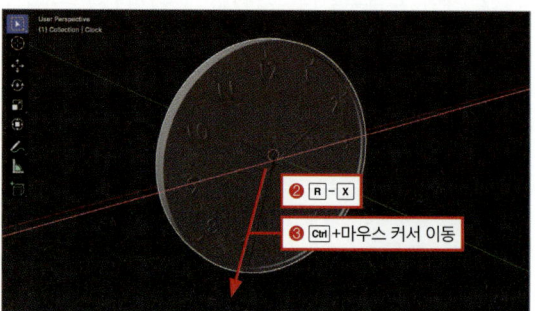

CHAPTER

8

Proportional Editing 활용하기

이것만 알아두자!

- Proportional Editing 기능으로 선택되지 않은 주변 요소를 함께 변형하여 부드럽게 수정하는 방법을 익힙니다.
- Proportional Editing 기능을 활용하여 사과를 만들어봅니다.

Proportional Editing으로 주변 요소 부드럽게 수정하기

Proportional Editing 기능으로 선택되지 않은 주변 요소를 함께 변형하여 부드럽게 수정하는 방법을 익힙니다.

Proportional Editing은 Object Mode에서 오브젝트를 변형하거나 Edit Mode에서 점, 선, 면 요소를 수정할 때 선택되지 않은 주변 요소를 함께 변형하여 부드러운 수정 결과를 얻고자 하는 경우에 사용되는 기능입니다.

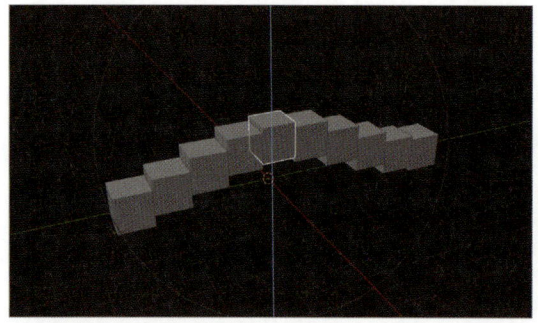
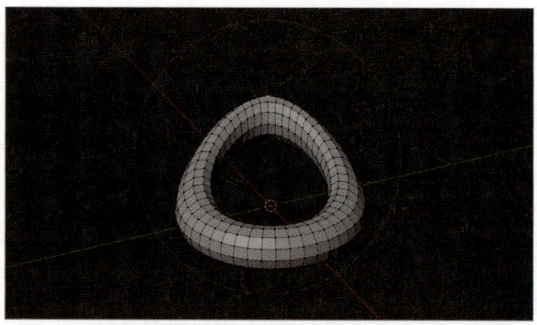

O 를 눌러 Proportional Editing 기능을 켜고 끌 수 있습니다. Proportional Editing이 활성화되면 3D Viewport 위쪽의 아이콘 Proportional Editing( )이 파란색으로 표시됩

니다. 따라서 해당 아이콘을 클릭해서도 Proportional Editing 기능을 켜고 끌 수 있습니다.

Proportional Editing을 활성화한 후 이동(G), 회전(R), 크기 조절(S) 등의 Transform 수치를 변경하면 3D Viewport에 원형으로 Proportional Editing 범위가 표시됩니다. 마우스 가운데 버튼을 위/아래로 돌려 Proportional Editing 범위를 조절할 수 있습니다.

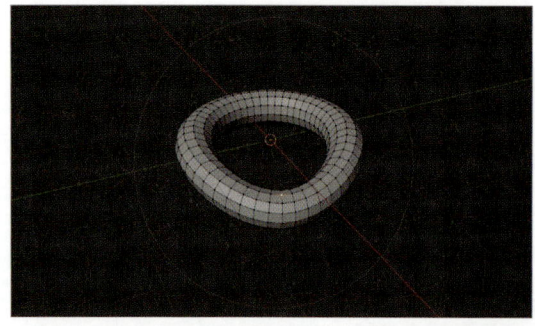
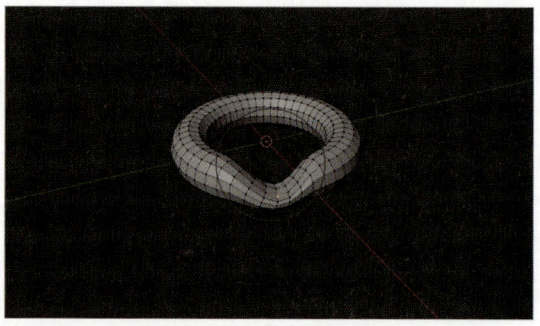

Proportional Editing이 완료되면 F9 을 눌러 설정 창을 열고 ⓐProportional Falloff(영향권 모양)과 ⓑProportional Size(범위)를 설정할 수 있습니다.

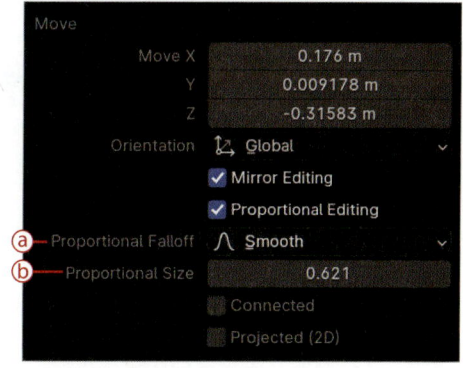

Proportional Editing을 마치면 O 를 눌러 기능을 꺼두는 것이 좋습니다.

사과 만들기

Proportional Editing 기능을 활용하여 사과를 만들어봅니다.

이 예제를 따라하기 위해 알아야 하는 핵심기능

- Subdivide하기 ← 099쪽 참고
- Proportional Editing 사용하기 ← 208쪽 참고

01 Sphere를 생성하고 크기를 설정합니다.

01·1 새 프로젝트를 만들고 디폴트 오브젝트 중 Cube를 삭제합니다.

01·2 ❶헤더 메뉴 [Add]-[Mesh]-[UV Sphere]를 클릭하여 UV Sphere 오브젝트를 만듭니다. 또는 Shift + A 를 누르고 Add 메뉴-[Mesh]-[UV Sphere]를 클릭합니다. ❷ F9 를 누르고 Add 설정 창에서 ❸ Rings는 '32', Radius는 '0.05'로 설정합니다.

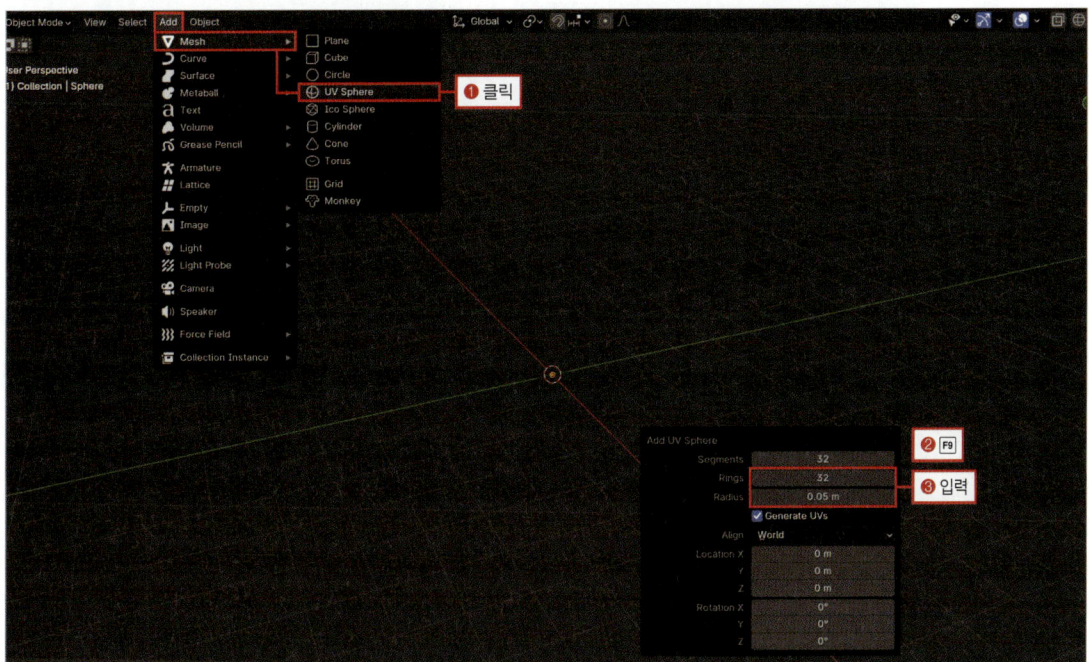

01·3 Num. 을 누른 후 마우스 가운데 버튼을 누른 채로 마우스 커서를 돌려 작업하기 편리한 크기로 시점을 확대/축소합니다.

02 Sphere를 Proportional Editing으로 변형합니다.

02·1 오브젝트 선택을 유지한 상태로 ❶`Tab`을 눌러 Edit Mode로 전환하고 ❷`1`을 눌러 Vertex select로 전환합니다. 다음 그림과 같이 ❸Sphere 오브젝트의 위쪽 극 부분의 Vertex를 선택합니다. ❹`O`를 눌러 Proportional Editing을 활성화합니다.

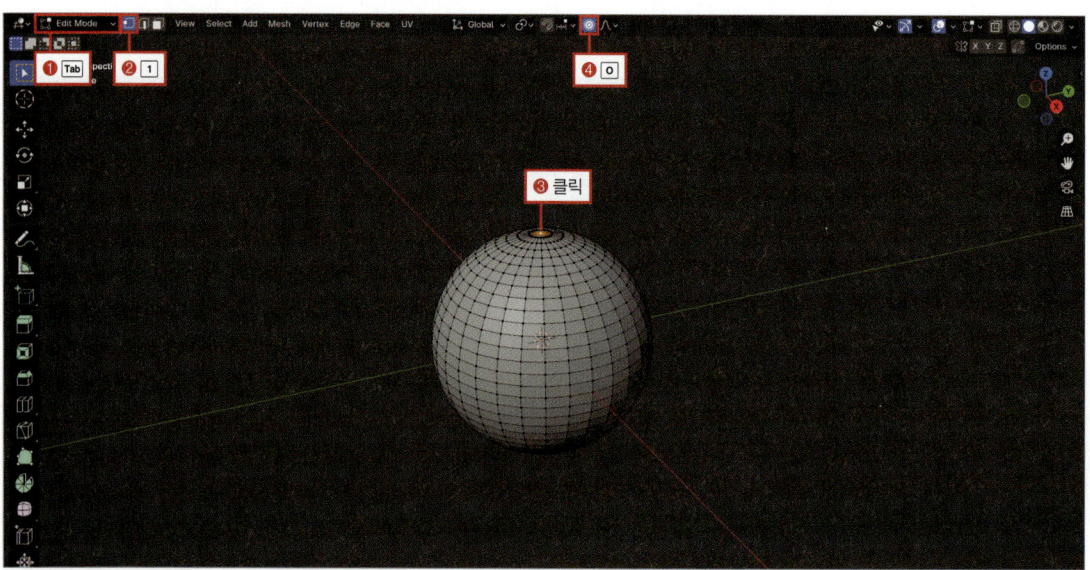

02·2 ❺`G`-`Z`를 눌러 Z축으로 방향을 설정합니다. ❻마우스 가운데 버튼을 위로 돌려 Proportional 범위를 줄인 후 ❼마우스 커서를 아래쪽으로 움직이고 클릭하여 완료합니다. ❽`F9`를 누르고 Move 설정 창에서 ❾Move Z는 '-0.01', Proportional Size는 '0.06'으로 설정합니다.

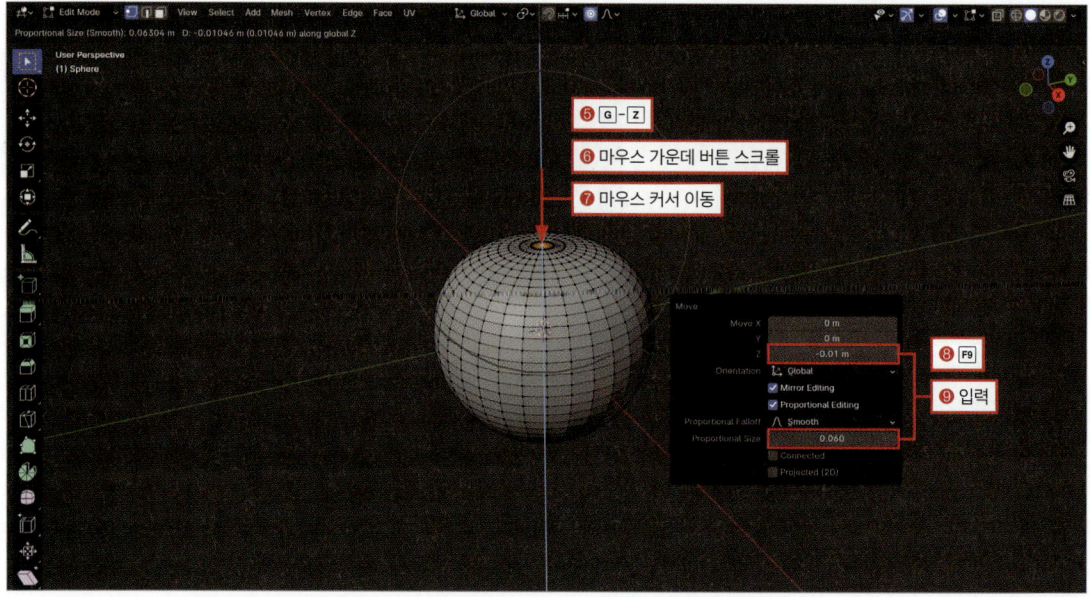

03 조금씩 Proportional 범위를 줄여가면서 두 번 더 반복합니다.

03·1 Sphere 오브젝트의 위쪽 Vertex 선택을 유지한 상태로 ❶ G - Z 를 눌러 Z축으로 방향을 설정합니다. ❷마우스 가운데 버튼을 위로 돌려 Proportional 범위를 02·2보다 더 작게 줄인 후 ❸마우스 커서를 아래쪽으로 움직이고 클릭하여 완료합니다. ❹ F9 를 누르고 Move 설정 창에서 ❺Move Z는 '-0.01', Proportional Size는 '0.04'로 설정합니다.

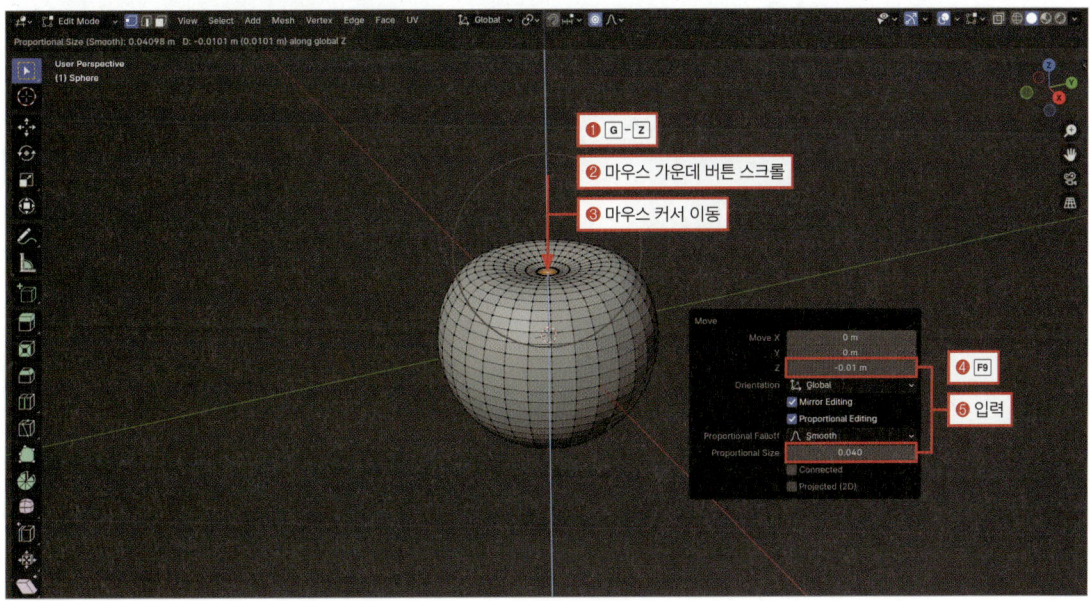

03·2 03·1과 동일한 과정을 반복합니다. 다만 ❻마우스 가운데 버튼을 위로 돌려 Proportional 범위를 03·1보다 더 작게 줄이고 ❼ F9 를 누르면 나타나는 Move 설정 창에서 ❽Move Z는 '-0.01', Proportional Size는 '0.02'로 설정합니다.

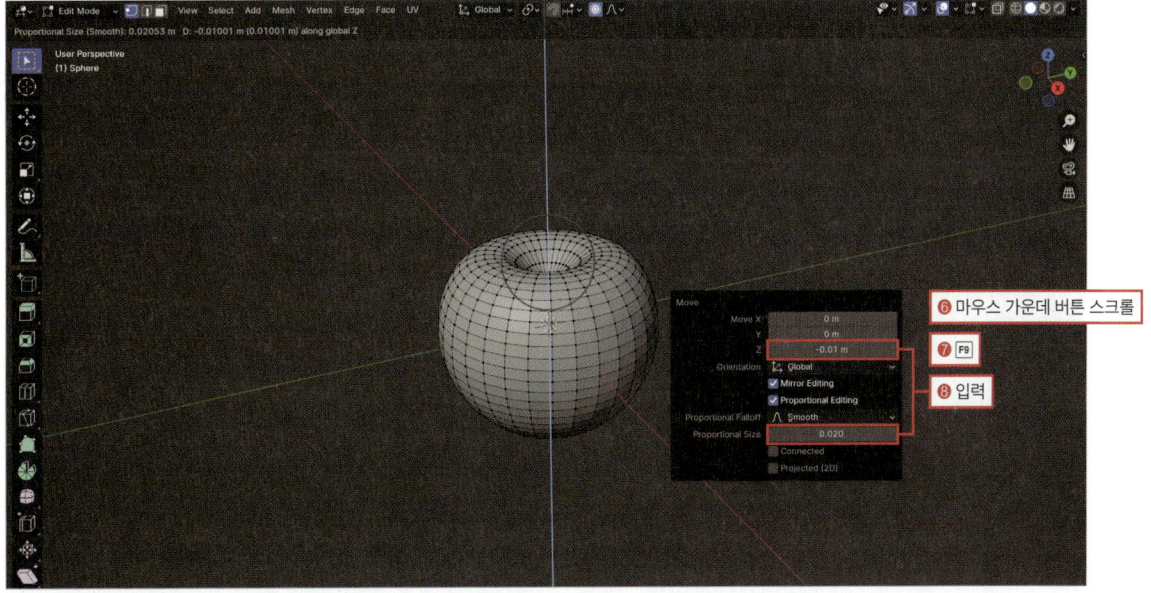

04 아래쪽 방향에서도 Proportional Editing으로 Sphere를 변형하겠습니다. Sphere 오브젝트의 아래쪽 면을 볼 수 있도록 시점을 회전합니다. 다음 그림과 같이 ❶Sphere의 아래쪽 극 부분의 Vertex를 선택합니다. ❷G-Z를 눌러 Z축으로 방향을 설정합니다. ❸마우스 가운데 버튼을 아래로 돌려 Proportional 범위를 키운 후 ❹마우스 커서를 위쪽으로 움직이고 클릭하여 완료합니다. ❺F9를 누르고 Move 설정 창에서 ❻Move Z는 '0.01', Proportional Size는 '0.06'으로 설정합니다.

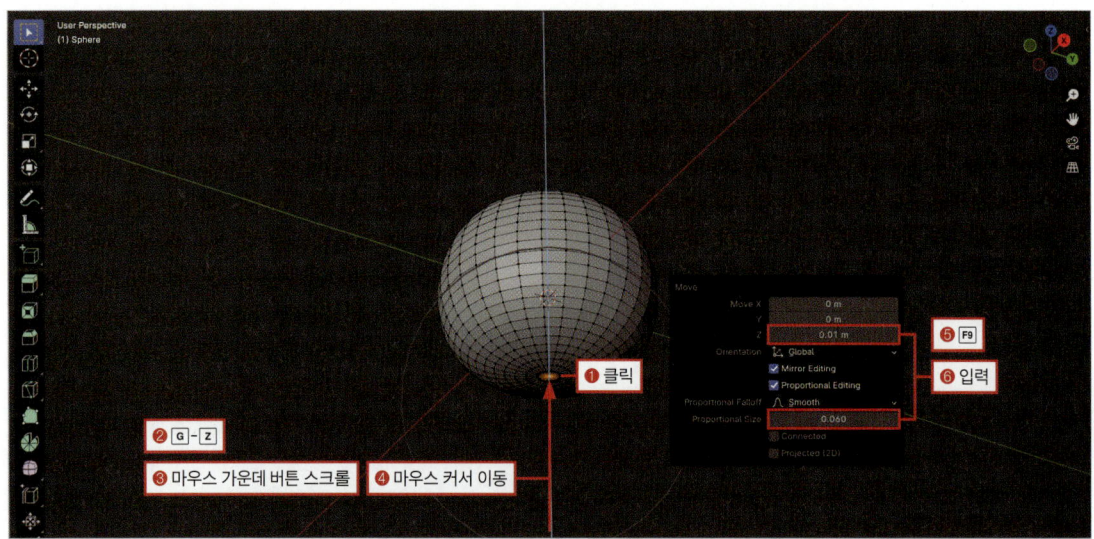

05 조금씩 Proportional 범위를 줄여가면서 두 번 더 반복합니다.

05-1 Sphere의 아래쪽 Vertex 선택을 유지한 상태로 ❶G-Z를 눌러 Z축으로 방향을 설정합니다. ❷마우스 가운데 버튼을 위로 돌려 Proportional 범위를 작게 줄인 후 ❸마우스 커서를 위쪽으로 움직이고 클릭하여 완료합니다. ❹F9를 누르고 Move 설정 창에서 ❺Move Z는 '0.01', Proportional Size는 '0.04'로 설정합니다.

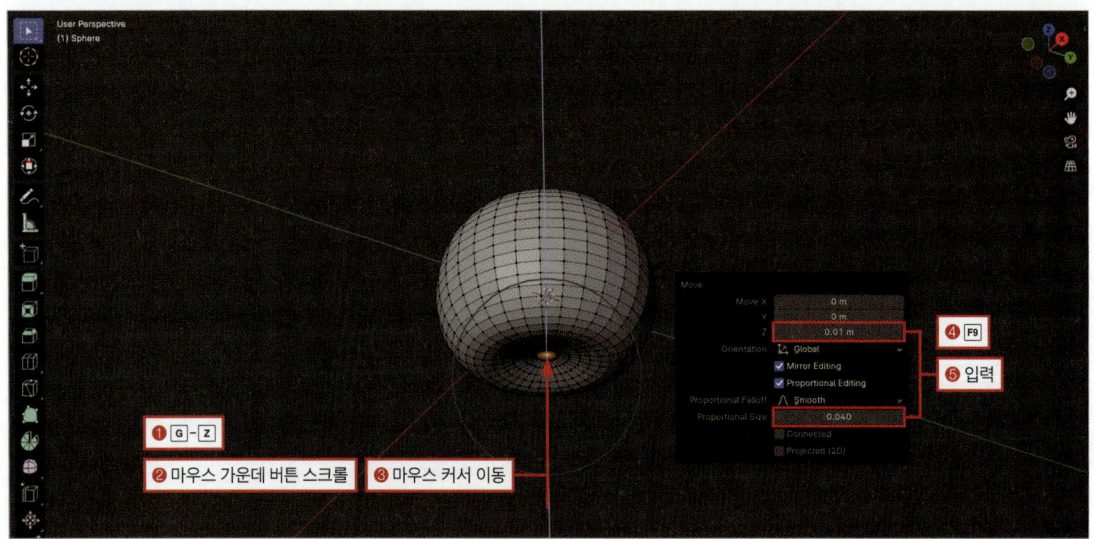

05-2 05-1과 동일한 과정을 반복합니다. 다만, ❻마우스 가운데 버튼을 위로 돌려 Proportional 범위를 05-1보다 더 작게 줄이고 ❼F9를 누르면 나타나는 Move 설정 창에서 ❽Move Z는 '0.01', Proportional Size는 '0.02'로 설정합니다.

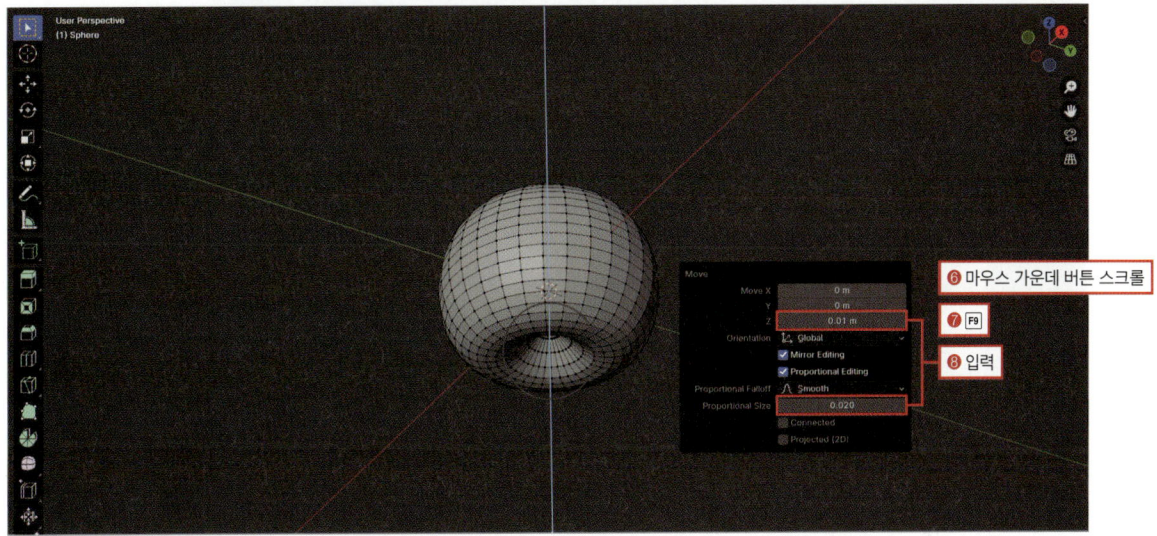

06 Scale을 조정하여 사과의 크기와 모양을 변형합니다.

06-1 ❶Num 1을 눌러 -Y축에서 바라본 시점으로 회전합니다. ❷A를 눌러 전체 선택합니다. ❸S-Z를 눌러 Z축으로 방향을 설정합니다. ❹마우스 커서를 움직여 크기를 키우고 클릭하여 완료합니다. ❺F9를 누르고 Resize 설정 창에서 ❻Scale Z를 '1.2'로 설정합니다.

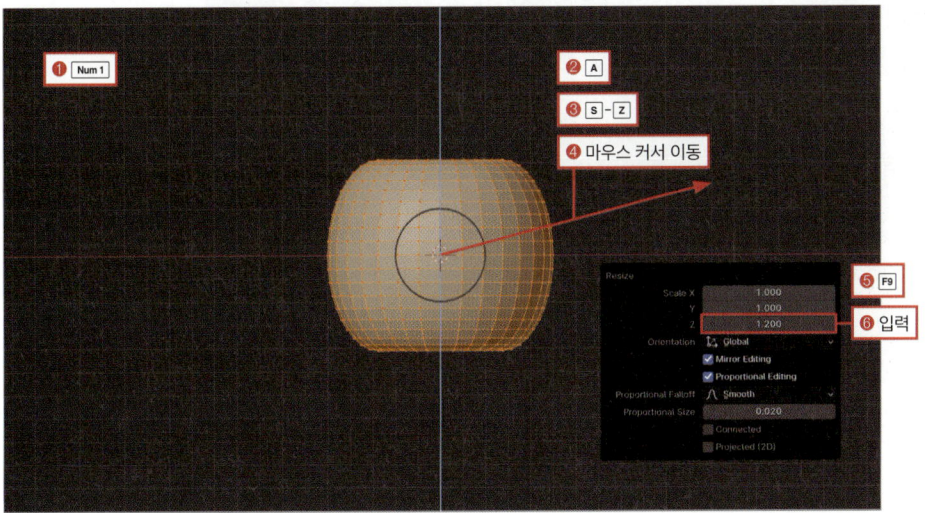

06·2 ❼ Alt + Z 를 눌러 X-ray 뷰로 전환합니다. 다음 그림과 같이 ❽아래쪽 1~2줄 정도의 Vertex들을 드래그하여 동시 선택합니다.

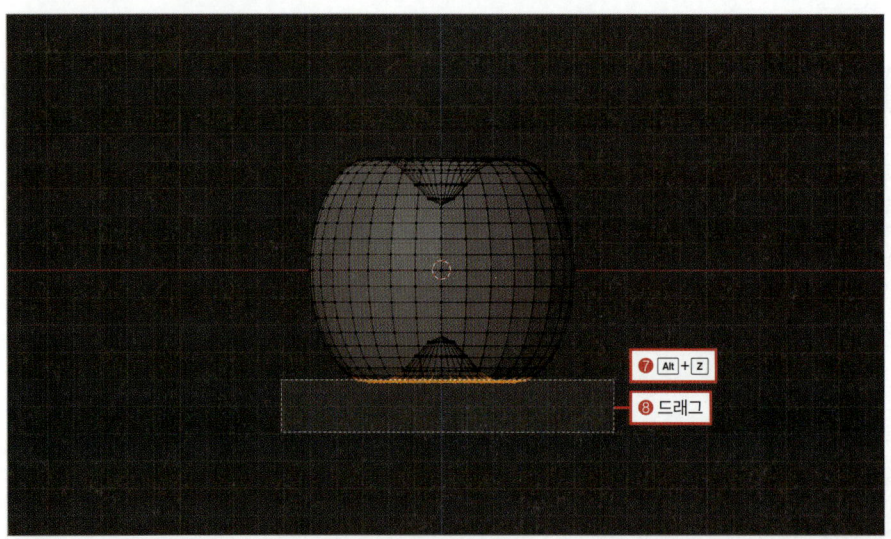

06·3 ❾ S 를 누른 후 ❿마우스 가운데 버튼을 돌려 Proportional 범위를 조절합니다. ⓫마우스 커서를 움직여 크기를 줄이고 클릭하여 완료합니다. ⓬ F9 를 누르고 Resize 설정 창에서 ⓭Scale X, Y, Z에 각각 '0.7'을, Proportional Size에 '0.07'을 입력합니다. ⓮ Alt + Z 를 눌러 X-ray 뷰를 해제합니다.

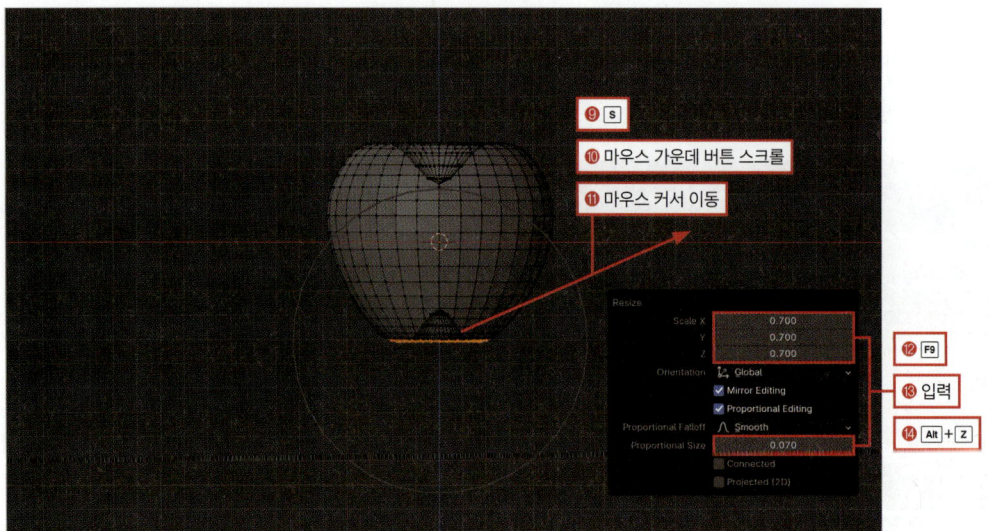

07 Shade Smooth를 적용하여 표면을 부드럽게 연결하겠습니다. ❶Tab을 눌러 Object Mode로 전환합니다. ❷사과 오브젝트를 선택하고 ❸마우스 오른쪽 버튼을 누르면 나타나는 메뉴에서 ❹[Shade Smooth]를 선택합니다.

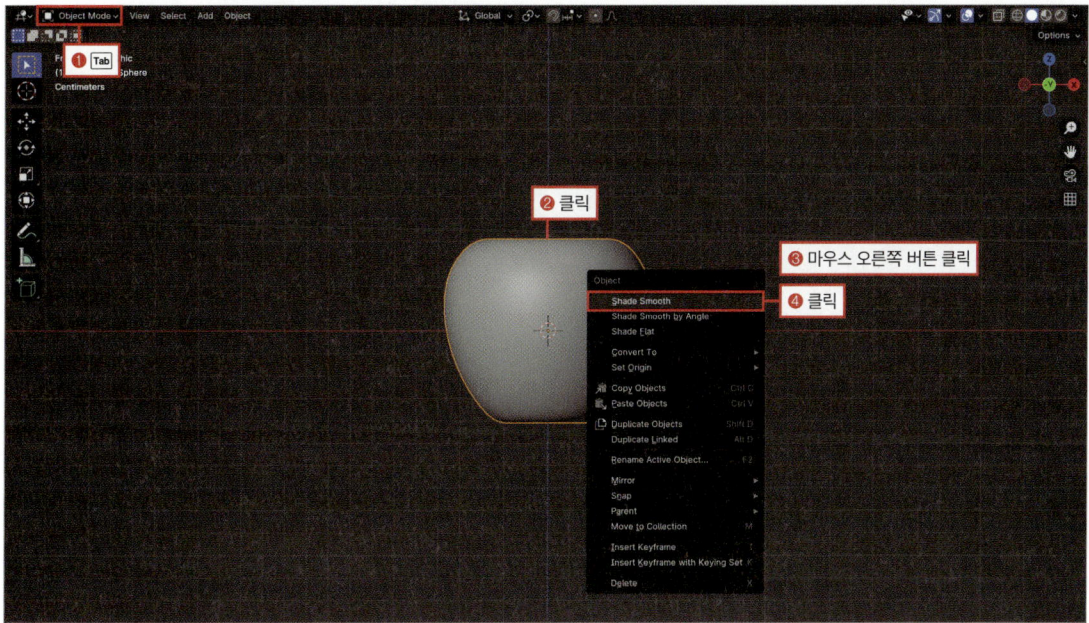

08 Cylinder를 생성하고 크기와 위치를 설정하겠습니다. ❶헤더 메뉴 [Add]-[Mesh]-[Cylinder]를 클릭합니다. ❷F9를 누르고 Add 설정 창에서 ❸Vertice는 '6', Radius는 '0.001', Depth는 '0.06', Location Z는 '0.03'으로 설정합니다.

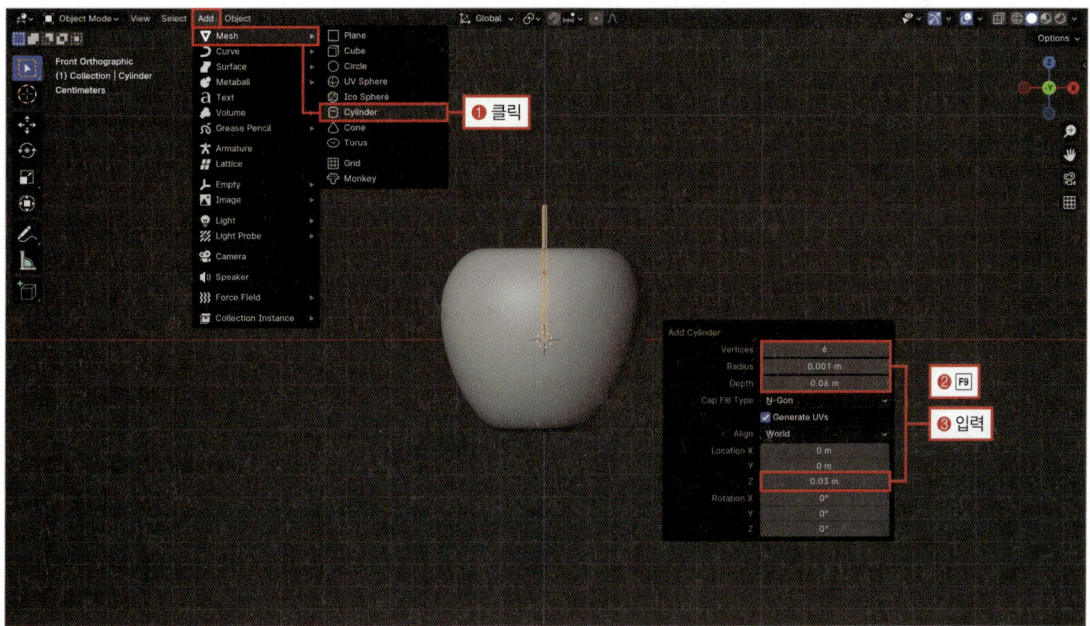

CHAPTER 08. Proportional Editing 활용하기

09 Cylinder를 Proportional Editing으로 변형합니다.

09·1 오브젝트 선택을 유지한 상태로 ❶`Tab`을 눌러 Edit Mode로 전환하고 ❷`2`를 눌러 Edge select로 전환합니다. ❸`O`를 눌러 Proportional Editing을 활성화합니다. ❹`Alt`+`Z`를 눌러 X-ray 뷰로 전환합니다. ❺세로 Edge들을 드래그하여 모두 선택합니다. ❻마우스 오른쪽 버튼을 누르면 나타나는 메뉴에서 ❼[Subdivide]를 클릭하고 ❽`F9`를 누르고 Subdivide 설정 창에서 ❾Number of Cuts를 '20'으로 설정합니다.

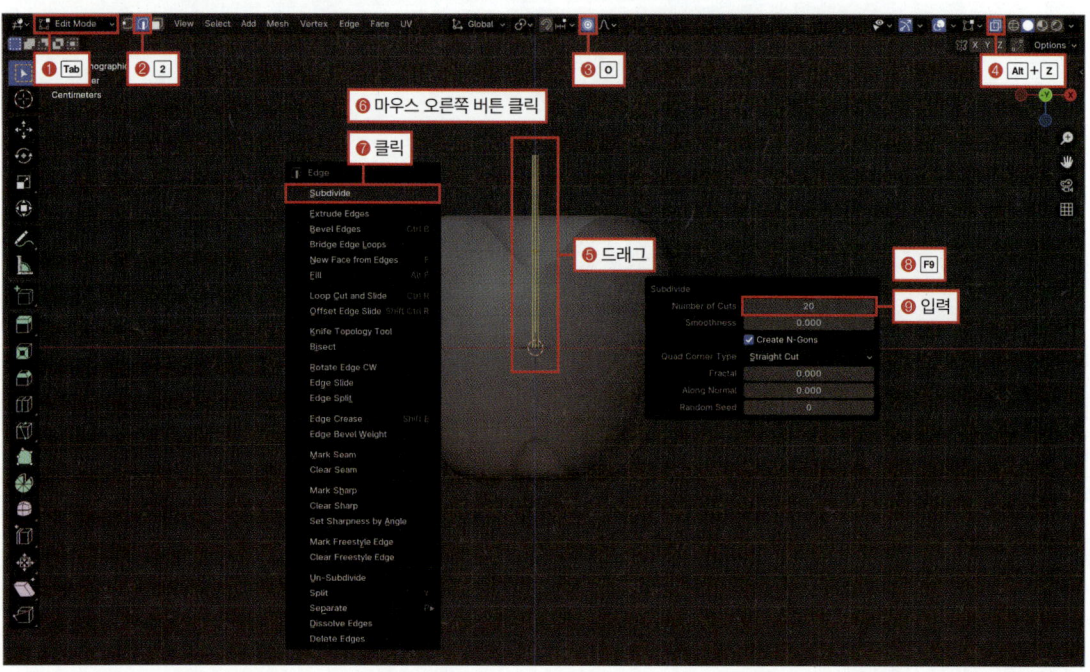

09·2 ❿상단의 Edge들을 드래그하여 동시에 선택합니다. ⓫`R`을 누른 후 ⓬마우스 가운데 버튼을 돌려 Proportional 범위를 조절합니다. ⓭마우스 커서를 움직여 회전한 후 클릭하여 완료합니다. ⓮`F9`를 누르고 Rotate 설정 창에서 ⓯Angle은 '25', Proportional Size는 '0.04'로 설정합니다.

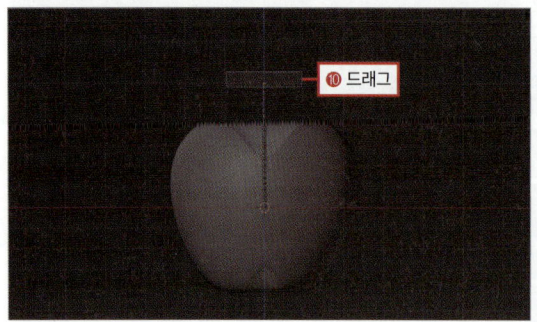
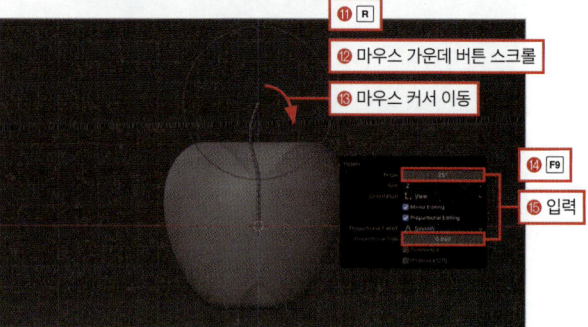

09·3 ⑯ Alt + Z 를 눌러 X-ray 뷰를 해제합니다. ⑰ O 를 눌러 Proportional Editing을 비활성화합니다. ⑱ Tab 을 눌러 Object Mode로 전환합니다.

10 Subdivision Surface를 적용하여 표면 연결을 부드럽게 만듭니다.

10·1 ❶사과 오브젝트를 선택하고 ❷Modifier 속성( )에서 ❸[Add Modifier] 버튼을 클릭합니다. Add Modifier 메뉴에서 ❹[Generate]-[Subdivision Surface]를 클릭합니다.

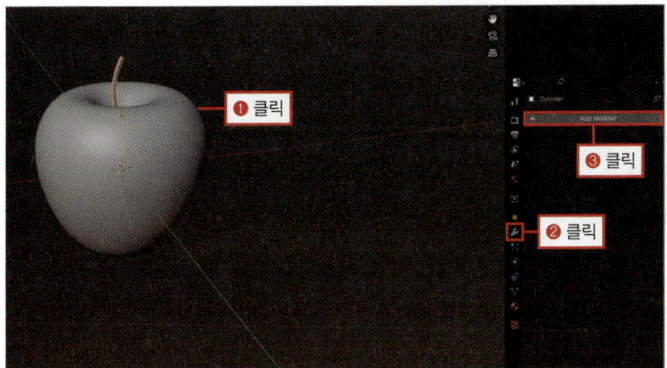 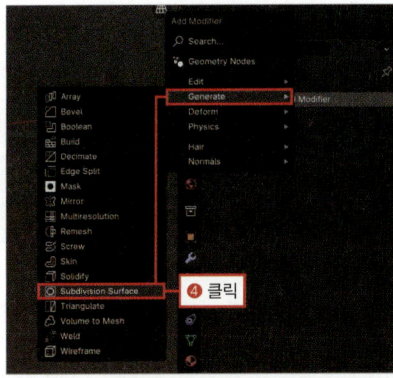

10·2 ❺Levels Viewport를 '2'로 설정합니다.

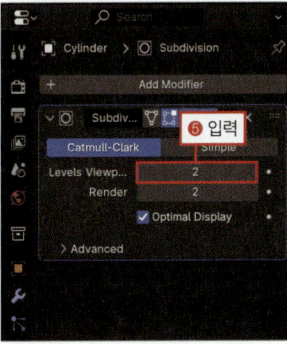

11 Shade Smooth를 적용하여 표면을 부드럽게 연결하여 사과를 완성합니다.

11·1 ❶Cylinder 오브젝트를 선택하고 ❷마우스 오른쪽 버튼을 누르면 나타나는 메뉴에서 ❸[Shade Smooth]를 클릭합니다.

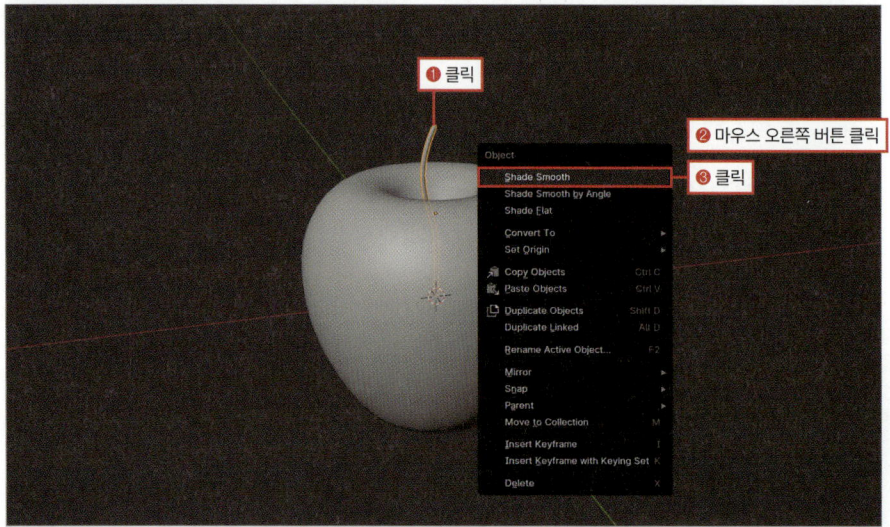

11·2 다음과 같이 사과가 완성되었습니다. Ctrl + S 를 눌러 프로젝트를 저장합니다.

CHAPTER

9

오브젝트를 다양한 질감으로 표현하기

> **이것만 알아두자!**

- Image Texture 기능을 활용하여 오브젝트의 Base Color를 비트맵 이미지로 설정하는 방법을 익힙니다.
- Metallic과 Roughness 항목을 활용하여 오브젝트의 표면을 주변 물체와 빛을 반사하도록 만드는 방법을 익힙니다.
- Transmission 항목을 활용하여 오브젝트의 표면을 주변 물체와 빛을 투영하도록 만드는 방법을 익힙니다.
- Emission 항목을 활용하여 오브젝트가 빛을 발산할 수 있도록 만드는 방법을 익힙니다.
- Normal 항목을 활용하여 오브젝트 표면에 굴곡이 형성된 것처럼 만드는 방법을 익힙니다.
- Alpha 항목을 활용하여 오브젝트 표면 중 특정 부분만 투명하게 처리하는 방법을 익힙니다.
- Texture Paint Workspace에서 오브젝트 표면 색상을 표현하는 방법을 익힙니다.
- UV Editing Workspace에서 오브젝트 표면 질감을 표현하는 방법을 익힙니다.
- 다양한 질감을 표현하는 방법을 통해 주사위, 거울, 맥주컵, TV, 카펫, 화분, 사과, 책을 만들어봅니다.

오브젝트의 질감을
이미지 파일로 표현하기

Image Texture 기능을 활용하여 오브젝트의 Base Color를 비트맵 이미지로 설정하는 방법을 익힙니다.

오브젝트의 Material 속성(●)에서 새로운 질감을 생성하면 기본 색상 설정 외에도 반사, 거친 표면, 투명, 빛 발산 등의 표현과 비트맵 이미지를 활용한 표현, 입체감을 느낄 수 있는 착시, 부분 투명 효과를 적용할 수 있습니다.

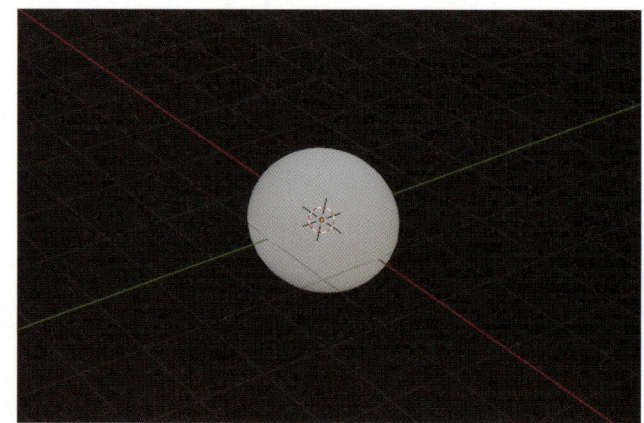

도면 제작 및 드로잉 등의 작업을 수행하기 위한 UV Editing, Texture Paint Workspace도 활용할 수 있습니다.

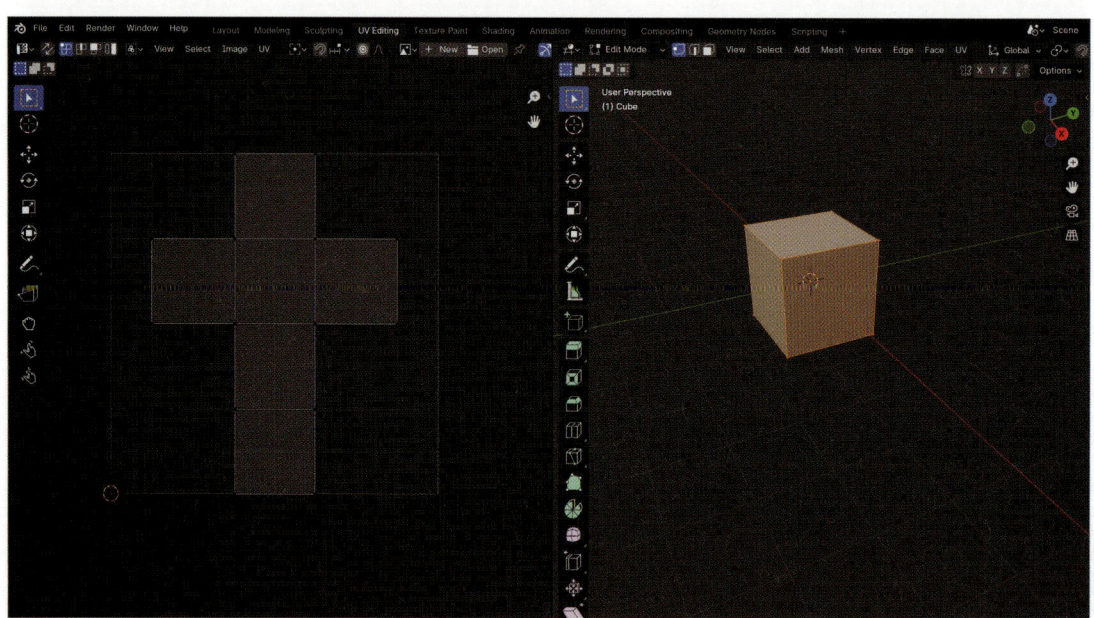

UV Editing Workspace

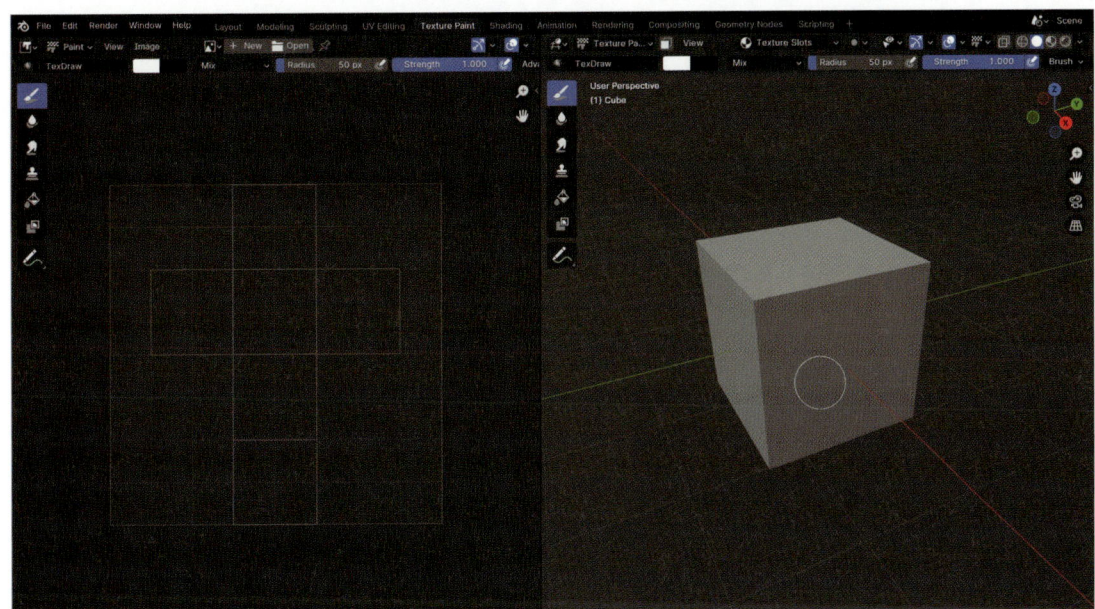

Texture Paint Workspace

여기서는 우선 다음과 같이 오브젝트의 Base Color를 지정할 때 비트맵 이미지 파일을 활용하는 방법부터 알아보겠습니다. UV Editing, Texture Paint Workspace 는 각각 〈LESSON 07〉, 〈LESSON 08〉에서 다룹니다.

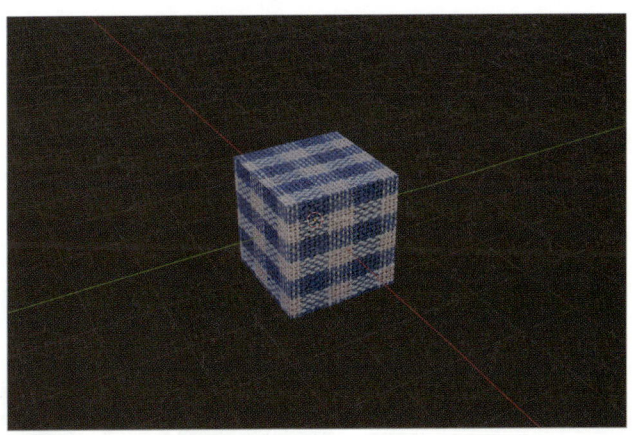

● **Image Texture 설정하기**

질감이 생성된 오브젝트의 ❶Material 속성( )을 클릭합니다. ❷Surface - Base Color의 노란색 점을 클릭하면 나타나는 Texture 메뉴에서 ❸[Image Texture]를 선택합니다. 그럼 세 번째 그림과 같이 Base Color 설정 항목이 바뀌는데, 여기서 ❹[Open] 버튼을 클릭해서 이미지 파일(.jpg, .png 등)을 오브젝트의 Base Color로 지정할 수 있습니다.

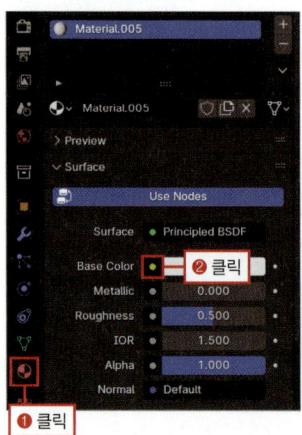  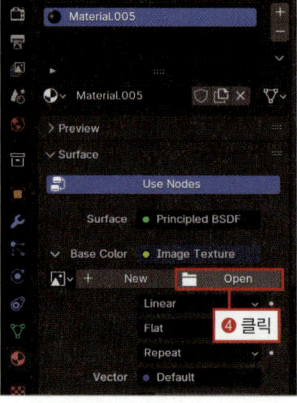

● **Projection 방식 변경하기**

Image Texture로 비트맵 이미지를 적용한 오브젝트의 표면이 평면이 아닌 경우에는 ❶Projection 방식을 형태에 맞는 옵션으로 변경한 후 ❷Vector의 보라색 점을 클릭하면 나타나는 Vector 메뉴에서 ❸[Mapping]을 선택합니다. ❹두 번째 Vector의 보라색 점을 클릭하면 나타나는 메뉴에서 ❺Texture Coodinate 아래의 [Generated]를 선택합니다.

 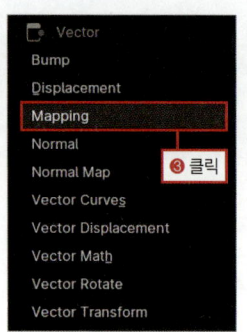  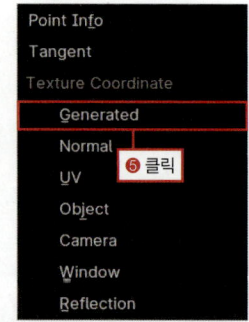

이렇게 설정했다면 다음과 같이 Location, Rotation, Scale 항목이 나타나고 여기서 수치를 조절하여 Image Texture의 위치, 각도, 크기를 조정할 수 있습니다.

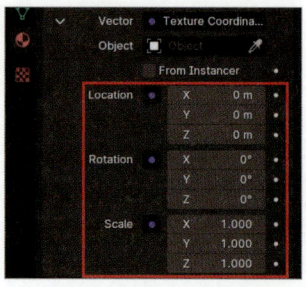

주사위 만들기

Image Texture 기능을 활용하여 각 면을 이미지로 불러와 주사위를 만들어봅니다.

⊙ **준비 파일**: chapter09/Dice1.png, Dice2.png, Dice3.png, Dice4.png, Dice5.png, Dice6.png

이 예제를 따라하기 위해 알아야 하는 핵심기능

- Bevel하기 ← 122쪽 참고
- Image Texture 설정하기 ← 224쪽 참고

01 Cube를 생성하고 크기를 설정합니다.

01·1 새 프로젝트를 만들고 디폴트 오브젝트 중 Cube를 삭제합니다.

01·2 ❶헤더 메뉴 [Add]-[Mesh]-[Cube]를 클릭하여 Cube 오브젝트를 만듭니다. 또는 Shift + A -Add 메뉴에서 [Mesh]-[Cube]를 클릭합니다. ❷F9-Add 설정 창에서 ❸Size를 '0.05'로 설정합니다.

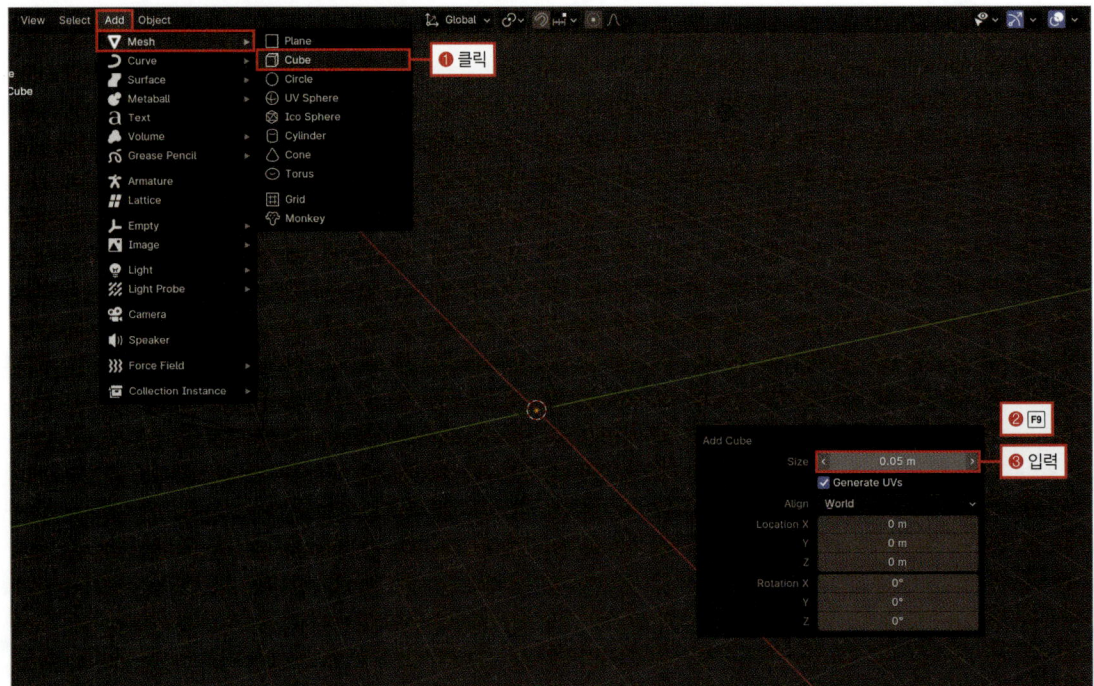

01·3 Num.을 누른 후 마우스 가운데 버튼을 돌려 작업하기 편리한 크기로 시점을 확대/축소합니다.

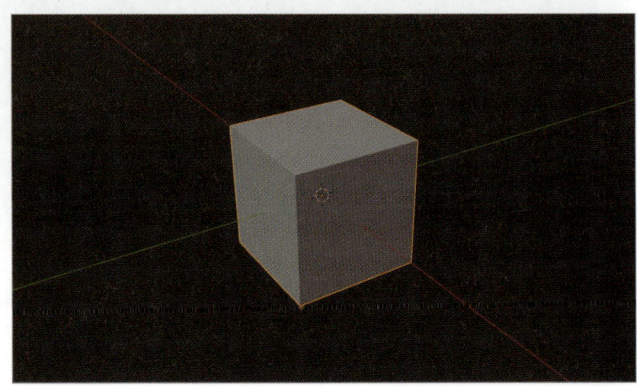

02 꼭지점을 Bevel하여 부드럽게 만듭니다.

02·1 오브젝트 선택을 유지한 상태로 `Tab`을 눌러 Edit Mode로 전환하고 `1`을 눌러 Vertex select로 전환합니다.

02·2 ❶`A`를 눌러 전체 선택합니다. ❷`Ctrl`+`Shift`+`B`를 누른 후 ❸선택 대상으로부터 먼 쪽으로 마우스 커서를 움직여 Bevel 거리를 정하고 클릭하여 완료합니다. ❹`F9`-Bevel 설정 창에서 ❺Width를 '0.015', Segments를 '5'로 설정합니다.

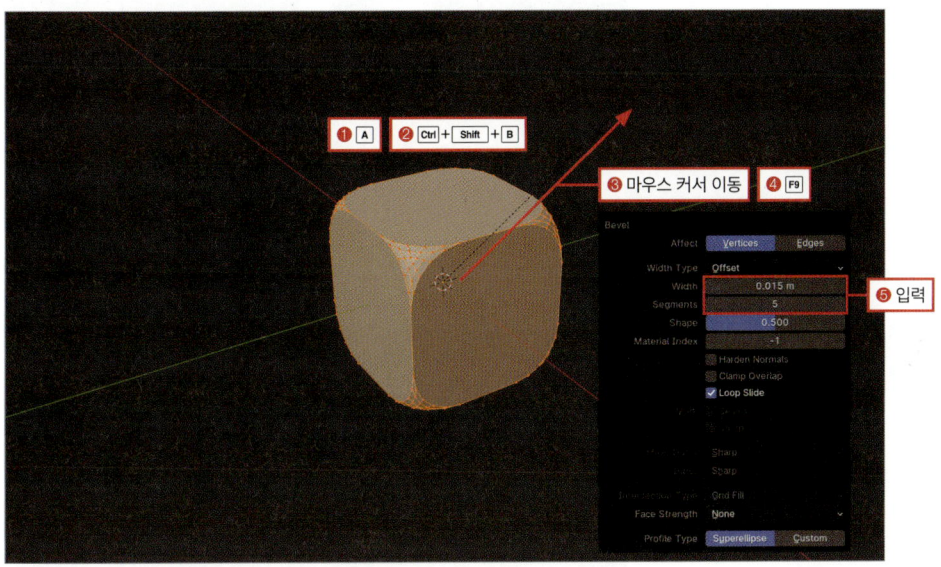

03 주사위의 베이스 색상을 지정합니다.

03·1 ❶먼저 질감을 확인할 수 있는 Material Preview(🔘)로 전환합니다. ❷Material 속성(🔘)에서 ❸ [New] 버튼을 클릭하여 새 질감을 추가합니다.

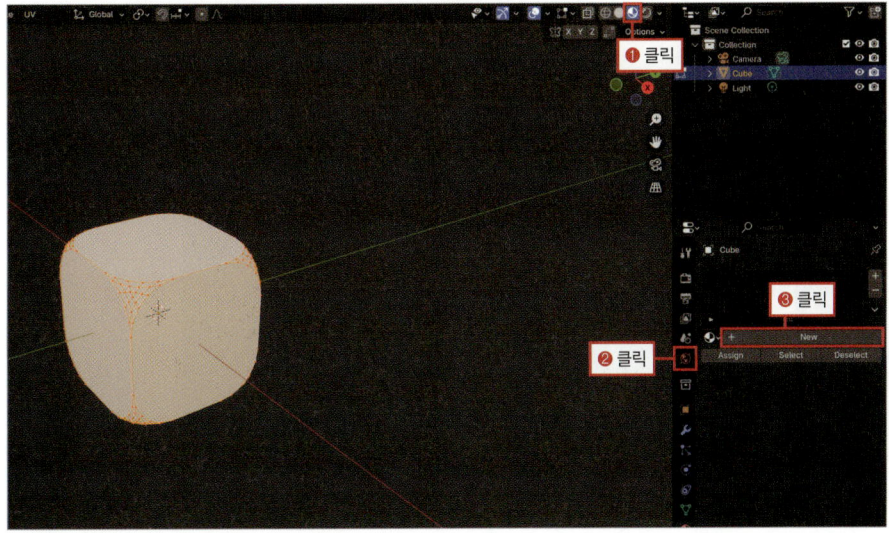

CHAPTER 09. 오브젝트를 다양한 질감으로 표현하기

03·2 ❹Surface의 Base Color를 클릭한 후 ❺Hue, Saturation, Value에 각각 '0'을 입력하여 색상을 검정색으로 지정합니다.

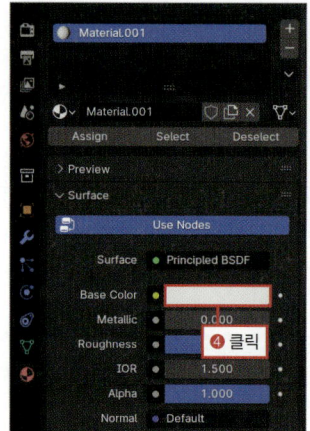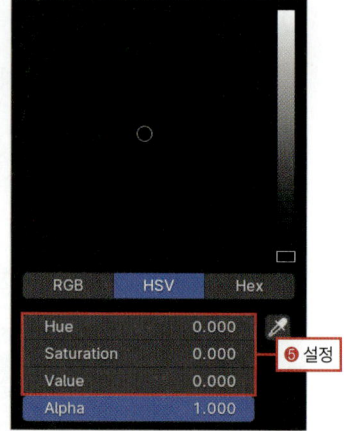

04 6면의 질감을 부분 적용합니다.

04·1 ③을 눌러 Face select로 전환합니다.

04·2 다음과 같이 시점을 변경하고 ❶ 6개의 면 중 하나의 Face를 선택합니다.

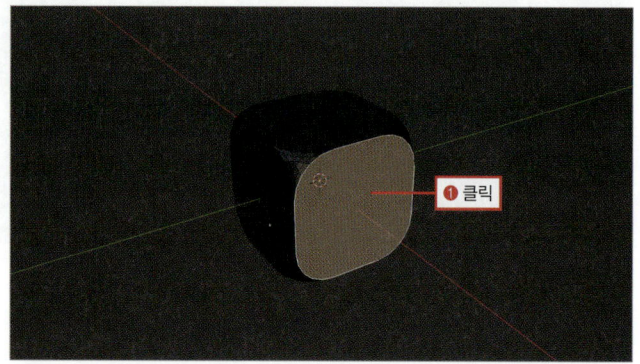

04·3 ❷Material 속성(　)에서 [+] 버튼을 클릭하여 새 슬롯을 추가하고 ❸[New] 버튼을 클릭하여 새 질감을 추가합니다. ❹[Assign] 버튼을 클릭하여 선택한 Face에만 질감을 적용합니다. ❺Surface에서 Base Color의 노란색 점을 클릭하고 ❻[Image Texture]를 선택합니다.

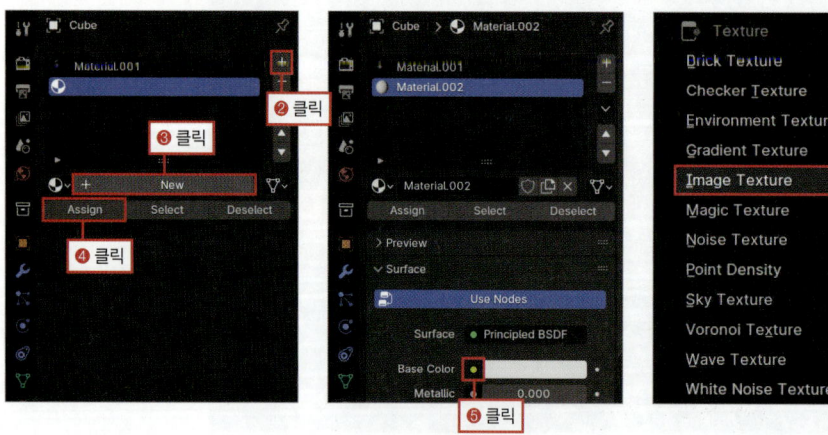

04·4 ❼새롭게 생긴 [Open] 버튼을 클릭하고 ❽준비 파일 6개(Dice1.png~Dice6.png) 중 파일을 하나 선택하여 지정합니다. ❾Projection 타입을 Box로 설정한 후 ❿Vector의 보라색 점을 클릭하고 ⓫ Texture Coodinate 아래의 [Generated]를 선택합니다.

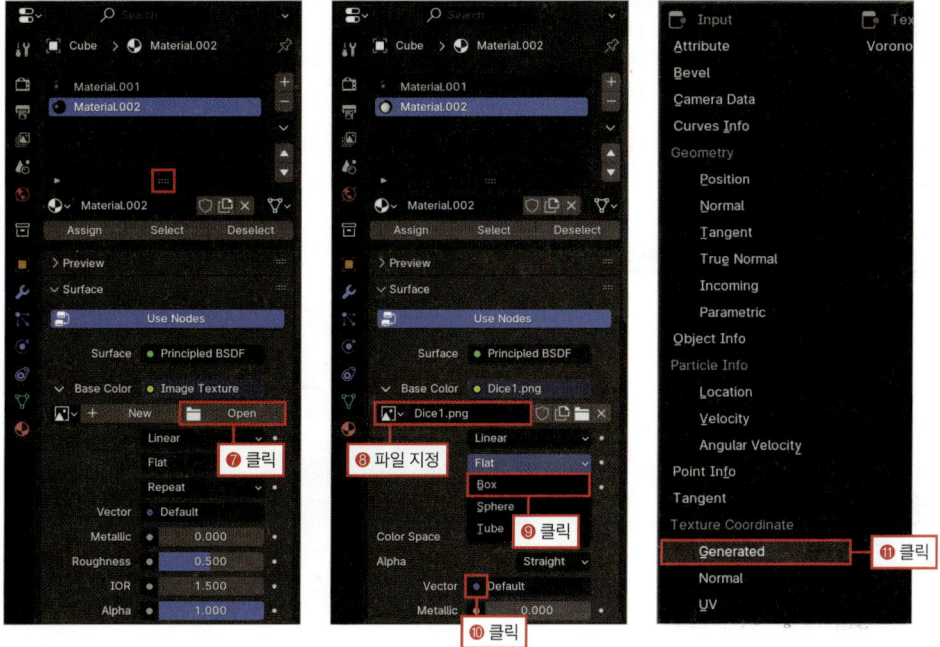

04·5 04·1~04·4의 과정을 5번 더 반복하여 나머지 면에 모두 각기 다른 이미지 파일을 적용합니다.

05 Object Mode에서 완성된 주사위를 확인합니다.

05·1 Tab 을 눌러 Object Mode로 전환합니다.

05·2 다음과 같이 1~6의 점을 가진 주사위가 완성되었습니다. Ctrl + S 를 눌러 프로젝트를 저장합니다.

Metallic과 Roughness로 오브젝트 표면 반사 설정하기

Metallic과 Roughness 항목을 활용하여 오브젝트의 표면을 주변 물체와 빛을 반사하도록 만드는 방법을 익힙니다.

● Metallic으로 오브젝트 표면 반사 정도 설정하기

Metallic은 오브젝트의 표면에 주변 물체와 빛이 반사되는 정도를 설정하는 옵션입니다.

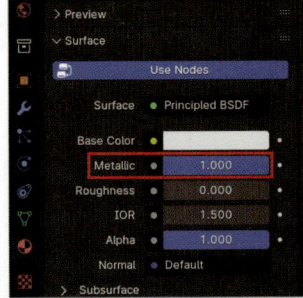

질감이 생성된 오브젝트의 Material 속성()-Surface-Metallic을 0~1의 범위로 설정할 수 있습니다. 숫자가 클수록 반사율이 높아집니다.

  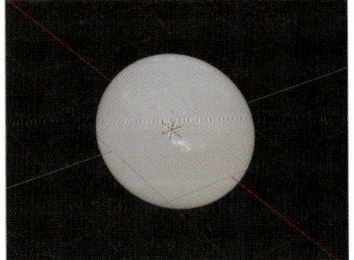

> **TIP** 앞의 참고 이미지는 명확한 결과 확인을 위해 Meterial Preview에서 Roughness 값을 0으로 설정한 후 왼쪽에서부터 Material 수치를 1, 0.5, 0으로 설정한 것입니다.

● Roughness로 오브젝트 표면 반사 선명도 설정하기

Roughness 항목은 오브젝트의 표면에 주변 물체와 빛이 반사되는 선명도를 설정하는 옵션입니다.

질감이 생성된 오브젝트의 Material 속성(⬤)-Surface-Roughness를 0~1의 범위로 설정할 수 있습니다. 숫자가 낮을수록 선명도가 높아집니다.

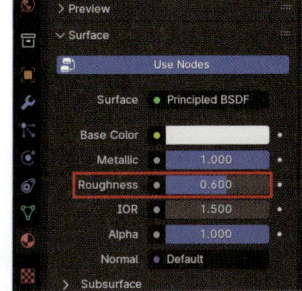

T·I·P 앞의 참고 이미지는 명확한 결과 확인을 위해 Meterial Preview에서 Metallic 값을 1로 설정한 후 왼쪽에서부터 Roughness 수치를 1, 0.5, 0으로 설정한 것입니다.

거울 만들기

Metalic과 Roughness 항목으로 물체와 빛을 반사시키는 거울을 만들어봅니다.

이 예제를 따라하기 위해 알아야 하는 **핵심기능**

- Inset하기 ← 105쪽 참고
- Extrude하기 ← 102쪽 참고
- Parent 설정하기 ← 202쪽 참고
- Image Texture 설정하기 ← 224쪽 참고

01 Cube를 생성하고 크기를 설정합니다.

01·1 새 프로젝트를 만들고 디폴트 오브젝트 중 Cube를 삭제합니다.

01·2 ❶헤더 메뉴 [Add]-[Mesh]-[Cube]를 클릭하여 Cube 오브젝트를 만듭니다. 또는 Shift + A -Add 메뉴에서 [Mesh]-[Cube]를 클릭합니다. ❷F9-Add 설정 창에서 ❸Size를 '0.01'로 설정합니다. ❹Object 속성(■)-Transform에서 Scale X는 '5', Scale Y는 '40', Scale Z는 '150'으로 설정합니다.

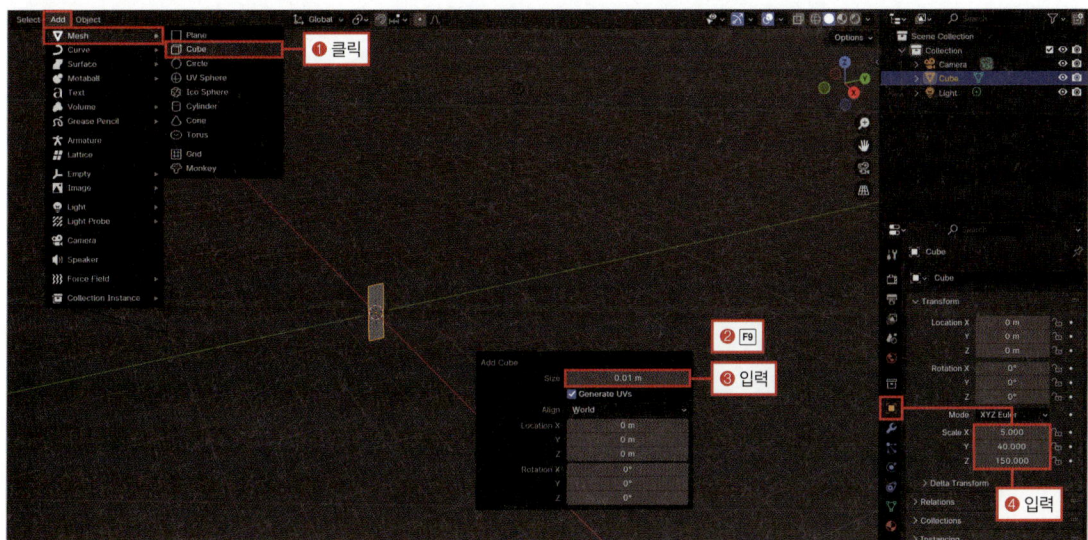

01·3 Num.을 누른 후 마우스 가운데 버튼을 돌려 작업하기 편리한 크기로 시점을 확대/축소합니다.

02 오브젝트의 현재 크기를 기본 Scale로 지정하겠습니다. 오브젝트 선택을 유지한 상태로 ❶ Ctrl + A -Apply 메뉴에서 ❷[Scale]을 클릭합니다.

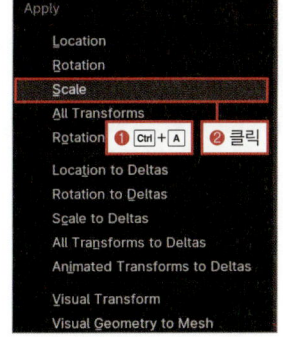 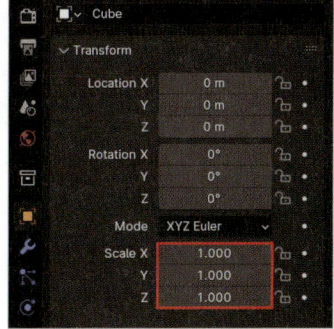

03 Face를 Inset합니다.

03·1 오브젝트 선택을 유지한 상태로 ❶`Tab`을 눌러 Edit Mode로 전환하고 ❷`3`을 눌러 Face select 로 전환합니다. 그리고 다음 그림과 같이 ❸정면 Face를 선택합니다.

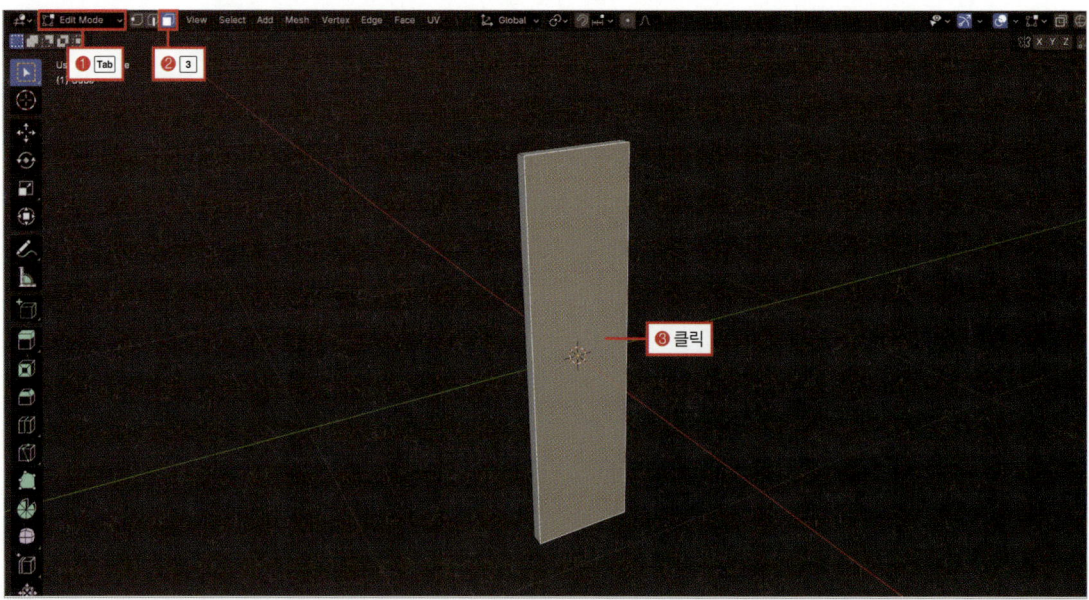

03·2 ❹`I`를 누른 후 ❺선택한 Face 중심으로 마우스 커서를 움직여 축소하고 클릭하여 완료합니다. ❻`F9`- Inset Faces 설정 창에서 ❼Thickness를 '0.02'로 설정합니다.

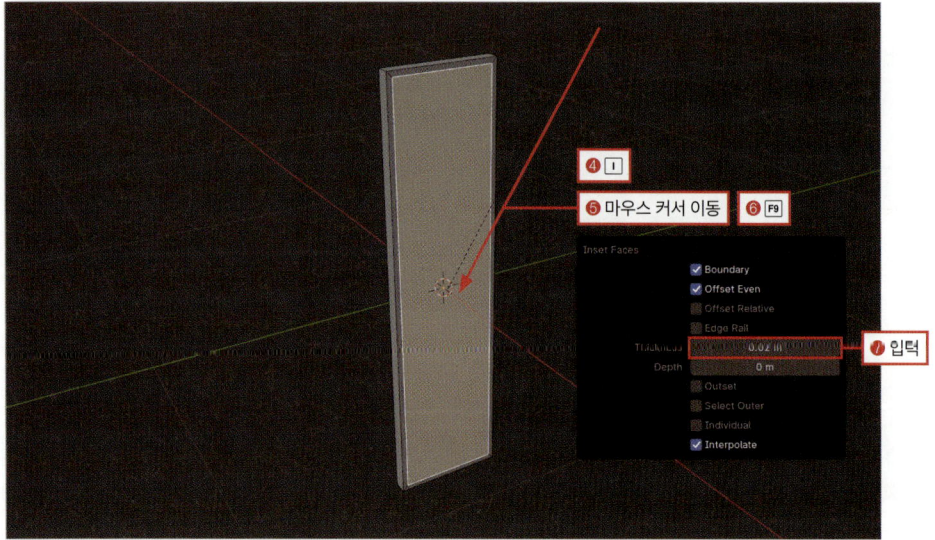

04 Face를 Extrude하겠습니다. Face의 선택을 유지한 상태에서 ❶ E 를 누른 후 ❷마우스 커서를 움직여 Extrude하고 클릭하여 완료합니다. ❸ F9 -Extrude Region 설정 창에서 ❹Move Z를 '-0.02'로 설정합니다.

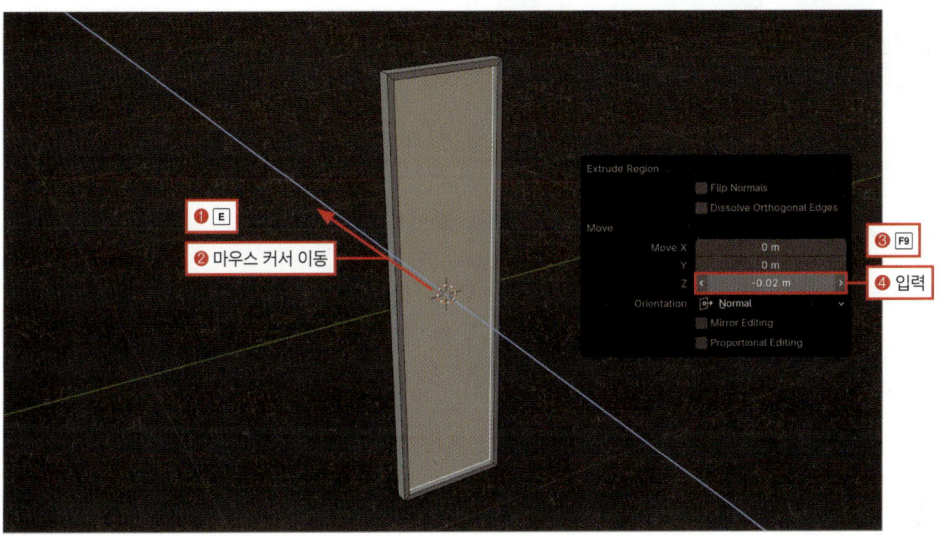

05 거울의 베이스 색상을 지정합니다.

05-1 ❶먼저 질감을 확인할 수 있는 Material Preview(◯)로 전환합니다. ❷Material 속성(◯)에서 ❸ [New] 버튼을 클릭하여 새 질감을 추가합니다.

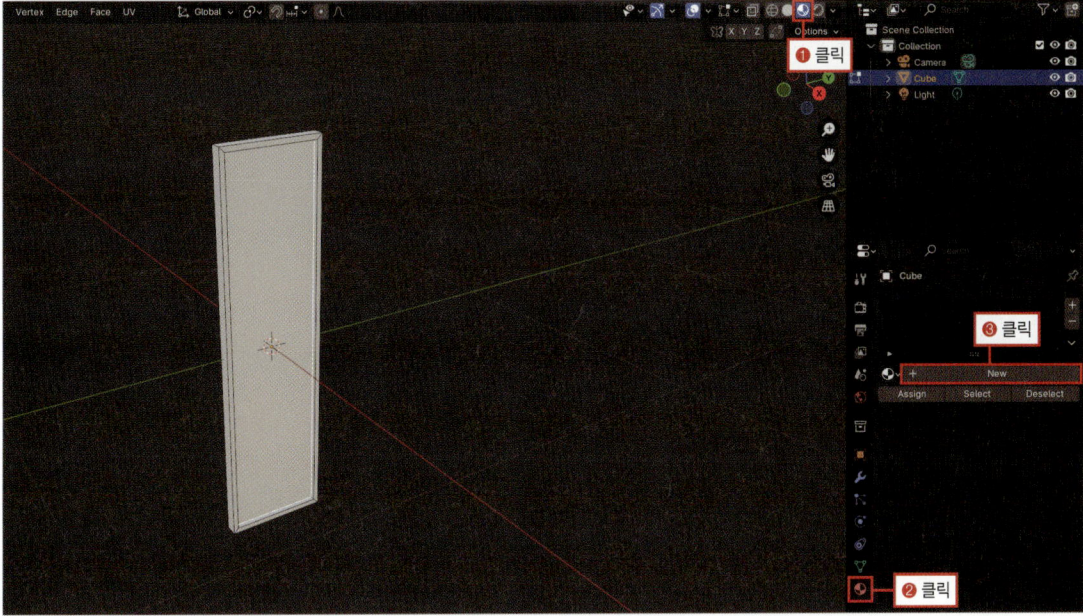

05-2 ❹Surface의 Base Color를 클릭한 후 ❺Hue, Saturation, Value를 조절하여 원하는 색상을 지정합니다.

06 거울 반사면의 질감을 부분 적용하겠습니다. 거울의 반사면이 될 Face의 선택을 유지한 상태에서 ❶Material 속성(　)의 [+] 버튼을 클릭하여 슬롯을 추가하고 ❷[New] 버튼을 클릭하여 새 질감을 추가합니다. ❸[Assign] 버튼을 클릭하여 선택한 Face에만 질감을 적용합니다. ❹Surface의 Metalic 수치를 '1.0'으로, Roughness 수치를 '0'으로 설정합니다.

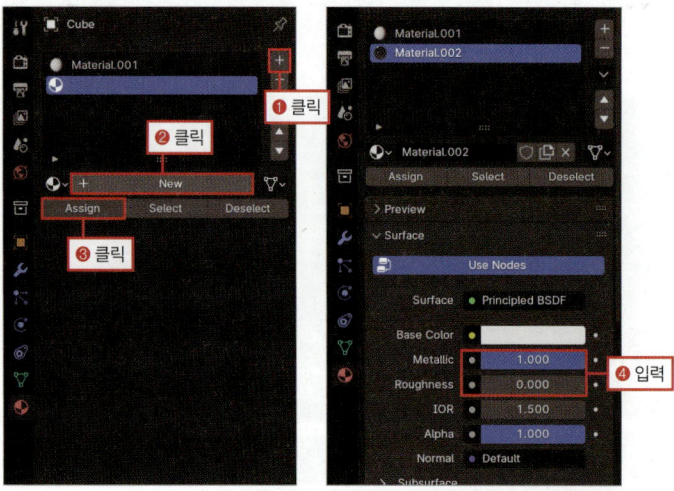

07 빛 계산용 Plane을 생성하여 EEVEE 렌더러에서 반사 값이 표현되도록 합니다.

07·1 `Tab`을 눌러 Object Mode로 전환합니다.

07·2 ❶헤더 메뉴 [Add]-[Light Probe]-[Plane]을 클릭하여 Plane 오브젝트를 만듭니다. 또는 `Shift`+`A`-Add 메뉴 [Light Probe]-[Plane]을 클릭합니다. ❷Object 속성(■)-Transform에서 Location X는 '0.05', Rotation Y는 '90, Scale X는 '0.74', Scale Y는 '0.19'로 설정합니다.

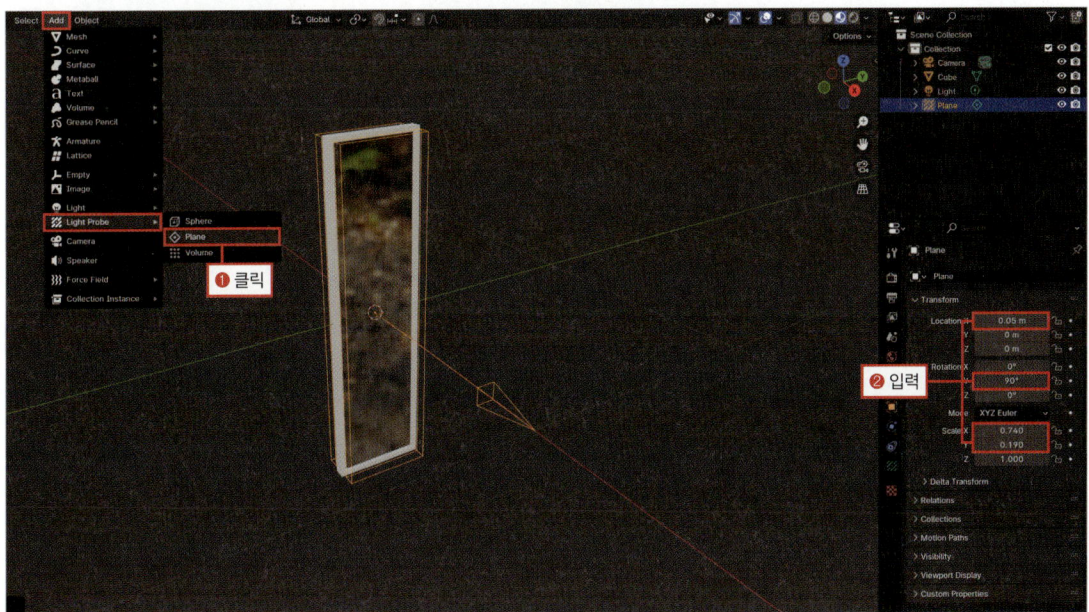

T·I·P Scale X, Scale Y는 Cube보다 약간 작게 설정합니다.

08 Cube를 Plane의 부모 오브젝트로 지정합니다.

08·1 Plane 오브젝트의 선택을 유지한 상태에서 ❶부모 오브젝트로 지정할 Cube 오브젝트를 선택 추가합니다.

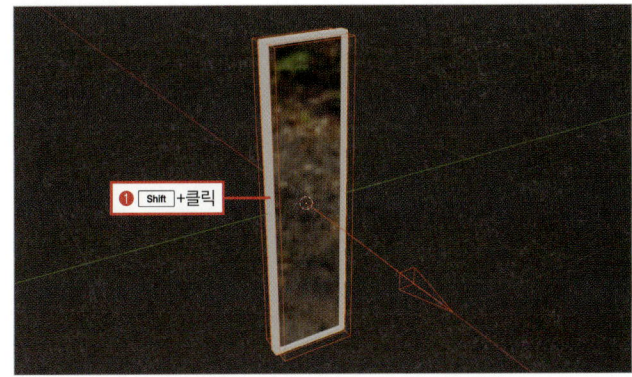

CHAPTER 09. 오브젝트를 다양한 질감으로 표현하기

08·2 ❷Ctrl+P-Set Parent To 메뉴에서 ❸[Object]를 클릭합니다. Outliner(오브젝트 목록 창)에서에서 Parent 오브젝트인 Cube를 펼쳐보면 Plane이 등록되어 있는 것을 확인할 수 있습니다.

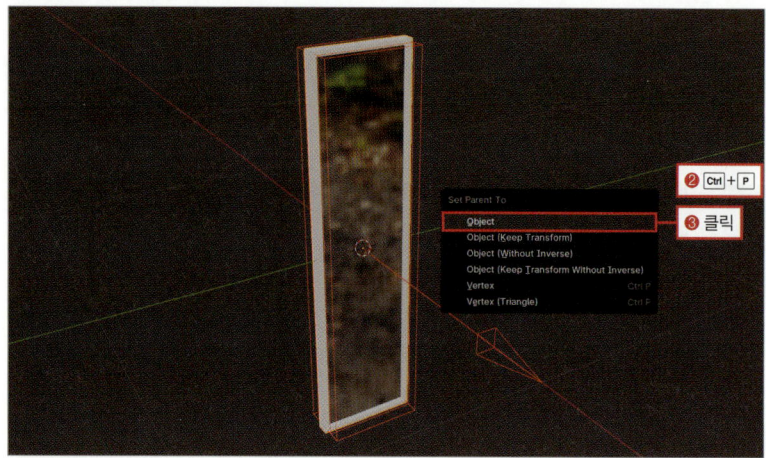
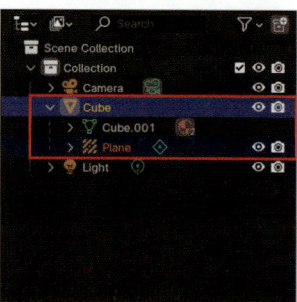

09 거울을 회전하여 뒤로 눕힙니다.

09·1 ❶Cube를 클릭하여 선택합니다.

09·2 ❷Object 속성(■)-Transform에서 Rotation Y를 '-10'으로 설정합니다.

10 Cube를 생성하고 크기와 위치, 각도를 설정하겠습니다.

10·1 `Num 1`을 눌러 Y축에서 바라본 시점으로 회전합니다. ❶헤더 메뉴 [Add]-[Mesh]-[Cube]를 클릭하여 Cube 오브젝트를 만듭니다. 또는 `Shift`+`A`를 누르고 Add 메뉴-[Mesh]-[Cube]를 클릭합니다. ❷Object 속성(■)-Transform에서 Location X는 '-0.15', Rotaion Y는 '10', Scale X는 '4', Scale Y는 '40' Scale Z는 '90'으로 설정합니다.

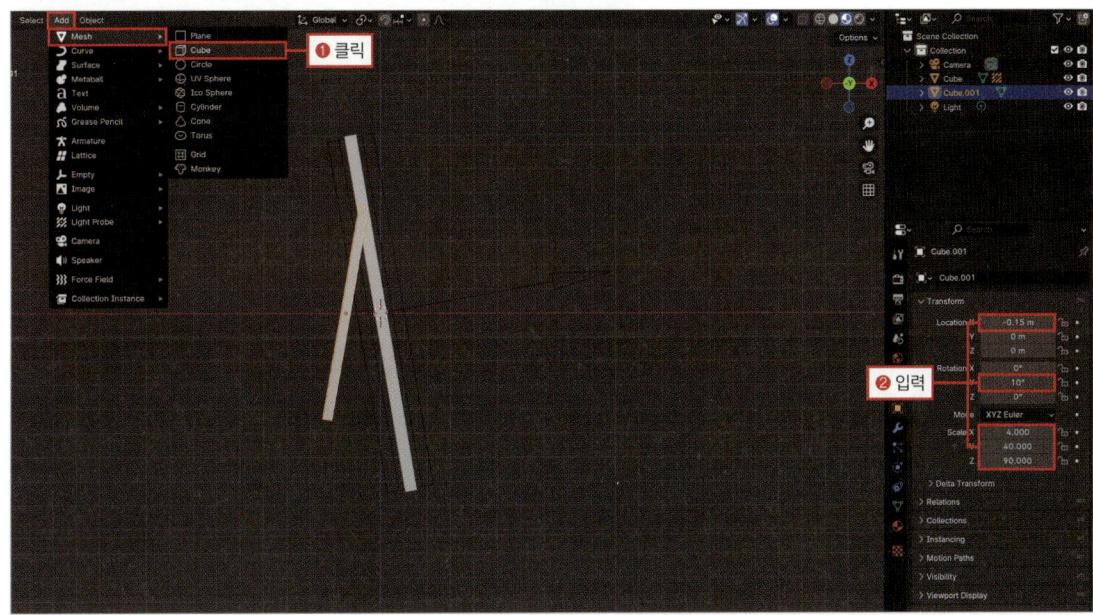

11 Cube.001의 아랫면을 Cube의 아랫면에 스냅합니다.

11·1 ❶Cube.001을 선택하고 ❷`G`-`Z`를 눌러 이동 방향을 Z축으로 선택합니다. ❸`B`를 누르고 ❹Cube.001의 아래쪽 꼭지점을 클릭하여 스냅 기준을 설정합니다.

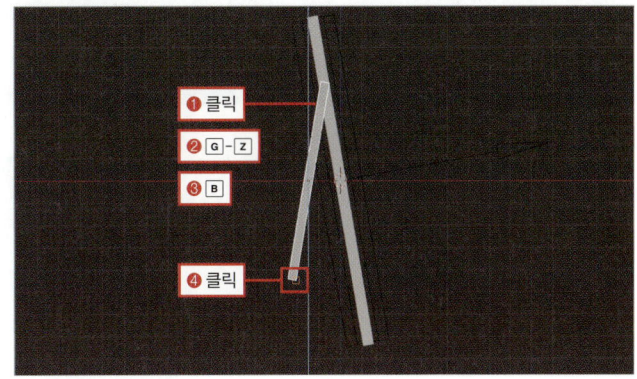

11·2 ❺마우스 커서를 Cube의 아래쪽 꼭지점에 가져간 후 스냅되었을 때 클릭하여 이동을 완료합니다.

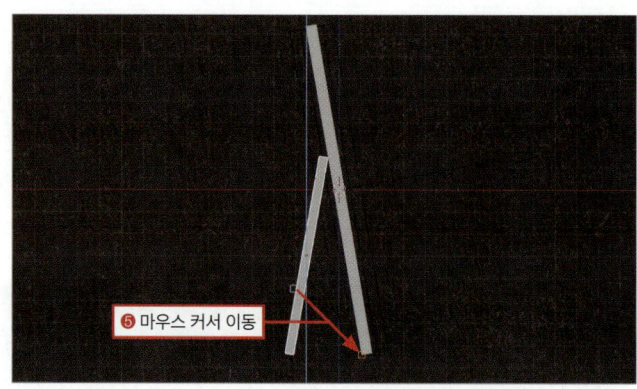

12 Cube를 Cube.001의 부모 오브젝트로 지정하고 거울을 완성합니다.

12·1 Cube.001의 선택을 유지한 상태에서 ❶부모 오브젝트로 지정될 Cube 오브젝트를 선택 추가합니다. ❷Ctrl+P-Set Parent To 메뉴에서 ❸[Object]를 클릭합니다. Outliner(오브젝트 목록 창)에서에서 부모 오브젝트인 Cube를 펼쳐보면 Cube.001이 등록되어 있는 것을 확인할 수 있습니다.

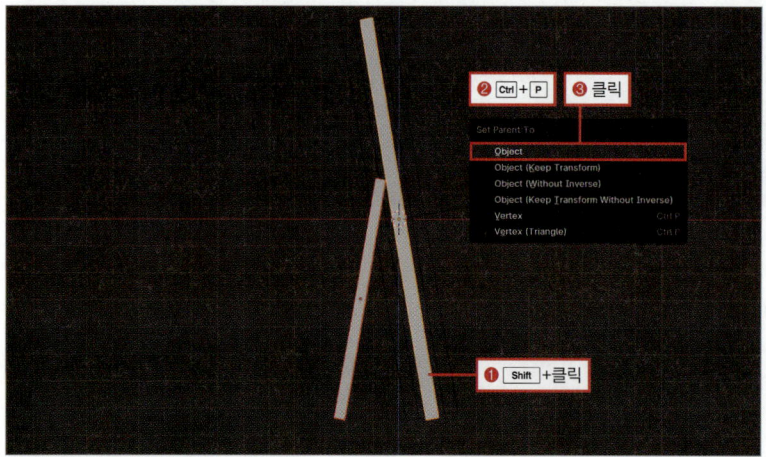
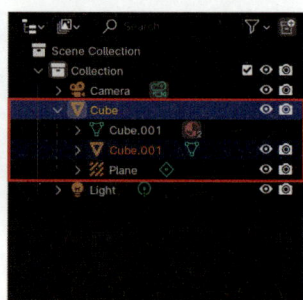

12·2 다음과 같이 거울이 완성되었습니다.

12·3 ④Render 속성(■)에서 ⑤Raytracing을 체크하면 Rendered(●)에서 거울 앞 오브젝트가 반사되는 것을 볼 수 있습니다. Ctrl+S를 눌러 프로젝트를 저장합니다.

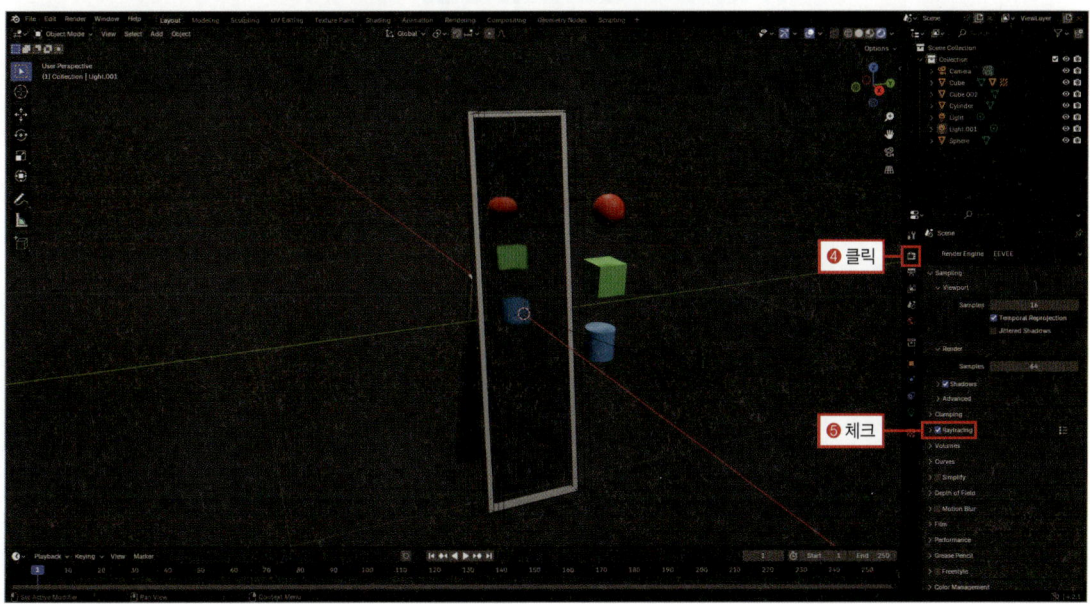

Transmission으로
오브젝트 표면 투영 설정하기

Transmission 항목을 활용하여 오브젝트의 표면을 주변 물체와 빛을 투영하도록 만드는 방법을 익힙니다.

Transmission은 오브젝트에 뒤쪽의 물체가 투영되는 정도를 설정하는 옵션입니다.

질감이 생성된 오브젝트의 Material 속성( )-Surface-Transmission에서 Weight를 0~1의 범위로 설정할 수 있습니다. 숫자가 클수록 투영률이 높아집니다.

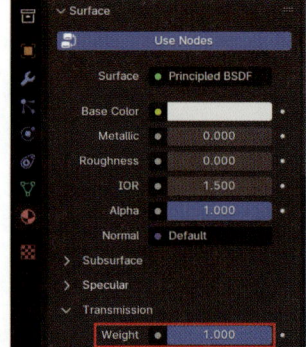

T·I·P 앞의 참고 이미지는 명확한 결과 확인을 위해 Meterial Preview에서 Roughness 값을 0으로 설정하고 왼쪽에서부터 Transmission-Weight 수치를 1.0, 0.9, 0.8로 설정하고 관찰한 결과입니다.

맥주컵에 Transmission 적용하기

앞서 〈CHAPTER 05〉에서 만들었던 맥주컵에 Transmission 기능을 적용해보겠습니다.

◉ 준비 파일: chapter09/BeerCup.blend, Pattern.jpg

이 예제를 따라하기 위해 알아야 하는 핵심기능 ··
- Image Texture 설정하기 ← 224쪽 참고
- Transmission 설정하기 ← 242쪽 참고

01 '맥주컵' 프로젝트를 불러오고 적용된 질감을 확인하려면 배경이 필요하므로 배경 바닥용 Plane을 생성하고 크기를 설정합니다.

01·1 Ctrl+O를 눌러 〈CHAPTER 05〉에서 만들었던 예제인 '맥주컵' 프로젝트 파일 또는 준비 파일 'BeerCup.blend'를 불러옵니다.

01·2 ❶헤더 메뉴 [Add]-[Mesh]-[Plane]를 클릭하여 Plane 오브젝트를 만듭니다. 또는 Shift+A를 누르고 Add 메뉴-[Mesh]-[Plane]를 클릭합니다. ❷F9-Add 설정 창에서 ❸Size를 '1'로 설정합니다.

02 Plane에 Image Texture를 적용합니다.

02-1 ❶먼저 질감을 확인할 수 있는 Material Preview(🔘)로 전환합니다. ❷Plane 오브젝트를 선택하고 ❸Material 속성(🔘)에서 ❹[New] 버튼을 클릭하여 새 질감을 추가합니다.

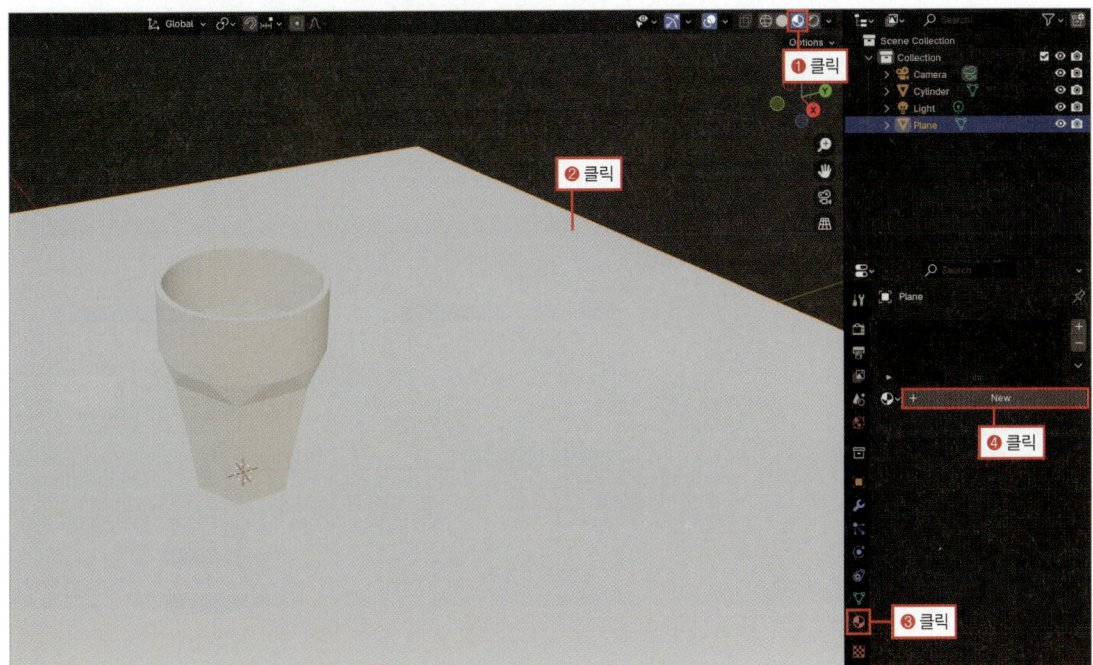

02-2 ❺Surface에서 Base Color의 노란색 점을 클릭하고 ❻[Image Texture]를 선택합니다.

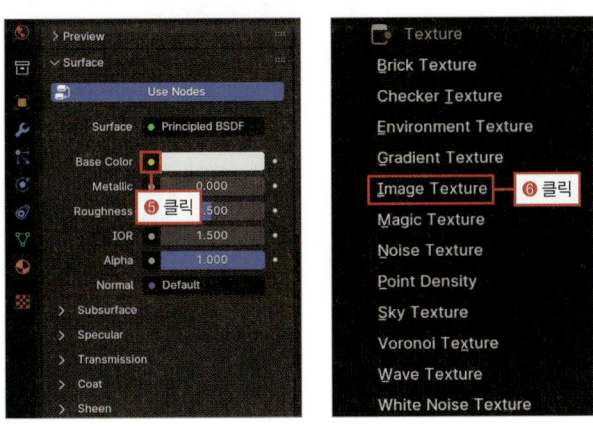

02-3 ❼[Open] 버튼을 클릭하고 준비 파일 'Pattern.jpg'을 선택하여 지정합니다.

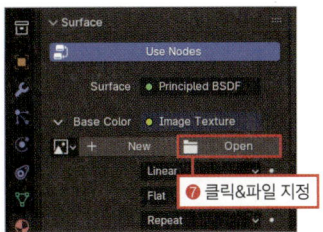

03 맥주컵에 투명 질감을 적용합니다.

03·1 ❶맥주컵을 선택하고 ❷Material 속성(🔴)에서 [New] 버튼을 클릭하여 새 질감을 추가합니다.

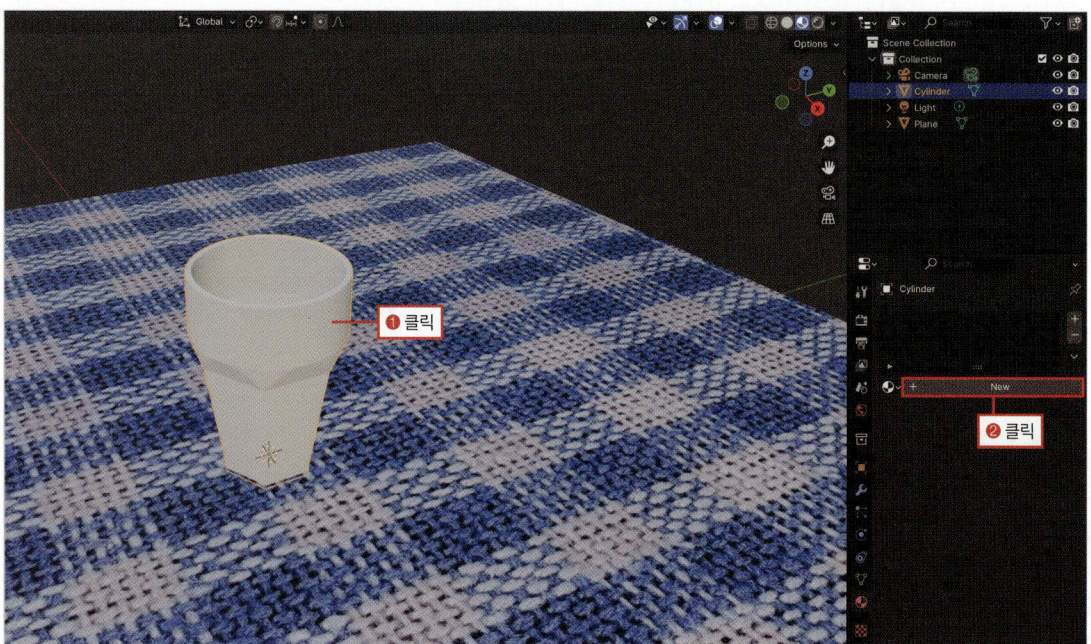

03·2 ❸Surface에서 Metallic을 '0.1', Roughness을 '0'으로, ❹ Transmission에서 Weight을 '0.95'로 설정합니다. ❺Settings에서 Raytraced Transmission에 체크한 후 ❻Thickness를 'Slab'으로 설정합니다.

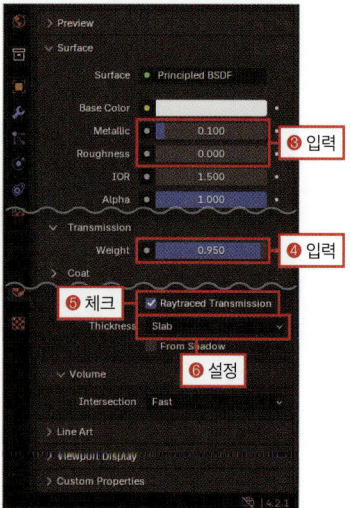

04 렌더링 옵션을 설정하고 Transmission 적용을 완료합니다.

04·1 ❶Render 속성(■)에서 ❷Render Engine을 'EEVEE'로 설정합니다. ❸Raytracing에 체크합니다.

T·I·P Raytracing은 빛을 추적하여 계산하는 옵션으로 2차 빛 반사 및 투명 오브젝트의 빛 굴절을 자연스럽게 표현해주는 기능입니다.

04·2 다음과 같이 맥주컵에 Transmission이 적용되었습니다. Ctrl + S 를 눌러 파일을 저장합니다.

Emission으로 오브젝트 빛 발산시키기

LESSON

Emission 항목을 활용하여 오브젝트가 빛을 발산할 수 있도록 만드는 방법을 익힙니다.

Emission은 오브젝트가 스스로 발산하는 빛의 세기를 설정하는 옵션입니다.

질감이 생성된 오브젝트의 Material 속성(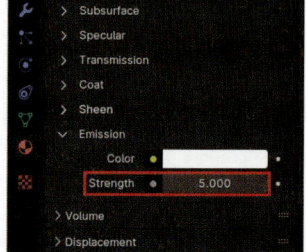)-Surface-Emission에서 Color를 지정하여 빛의 색상을 설정할 수 있고, Strength를 조절하여 빛의 밝기를 설정할 수 있습니다. Strength 수치가 높을수록 빛이 밝아집니다.

TIP 앞의 참고 이미지는 명확한 결과 확인을 위해 Rendered에서 Render Engine을 'EEVEE'로 설정하고 왼쪽에서부터 Emission의 Strength 수치를 10, 5, 1로 설정하고 관찰한 결과입니다.

TV에 Emission 적용하기

앞서 〈CHAPTER 05〉에서 만들었던 TV에 Emission 기능을 적용해보겠습니다.

◉ **준비 파일**: chapter09/TV.blend, Mountains.jpg

이 예제를 따라하기 위해 알아야 하는 핵심기능

- 오브젝트 스냅하기 ← 076쪽 참고
- Image Texture 설정하기 ← 224쪽 참고
- Emission 설정하기 ← 248쪽 참고

01 'TV' 프로젝트를 불러오고 라이트 질감이 반사될 수 있는 바닥면이 필요하므로 Plane을 생성하고 크기를 설정합니다.

01·1 [Ctrl]+[O]를 눌러 〈CHAPTER 05〉에서 만들었던 예제인 'TV' 프로젝트 파일 또는 준비 파일 'TV. blend'를 불러옵니다.

01·2 ❶헤더 메뉴 [Add]-[Mesh]-[Plane]을 클릭하여 Plane 오브젝트를 만듭니다. 또는 [Shift]+[A]를 누르고 Add 메뉴-[Mesh]-[Plane]을 클릭합니다. ❷[F9]-Add 설정 창에서 ❸Size를 '4'로 설정합니다.

02 Plane을 TV의 아랫면에 스냅합니다.

02·1 Plane 오브젝트를 선택을 유지한 상태로 ❶[G]-[Z]를 눌러 이동 방향을 Z축으로 선택합니다. ❷[B]를 누르고 그림과 같이 ❸Plane 오브젝트의 Edge 위 임의의 지점을 클릭하여 스냅합니다.

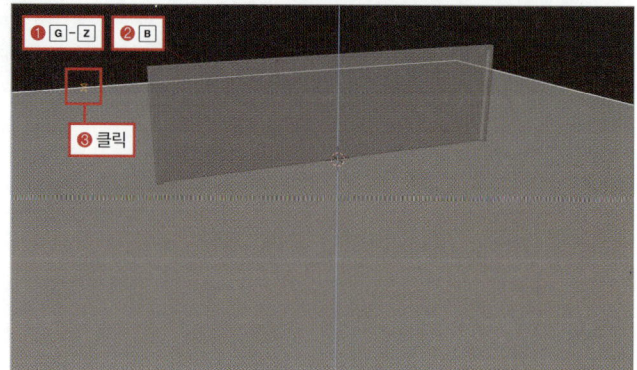

02·2 ❹마우스 커서를 TV의 아랫면 꼭 지점에 가져간 후 스냅되었을 때 클릭하여 이동을 완료합니다.

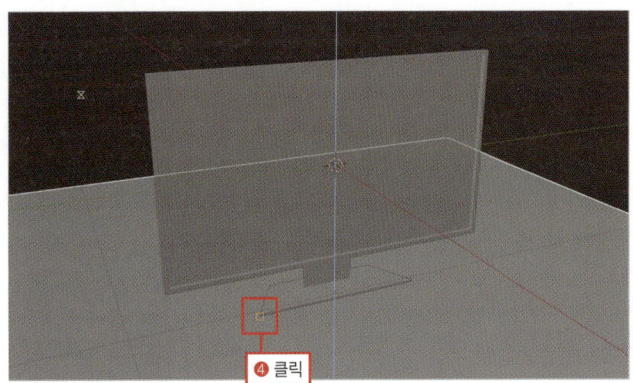

03 라이트 오브젝트를 삭제하여 공간을 어둡게 만들겠습니다. Outliner (오브젝트 목록 창)에서 Light를 선택하고 Delete 를 눌러 삭제합니다.

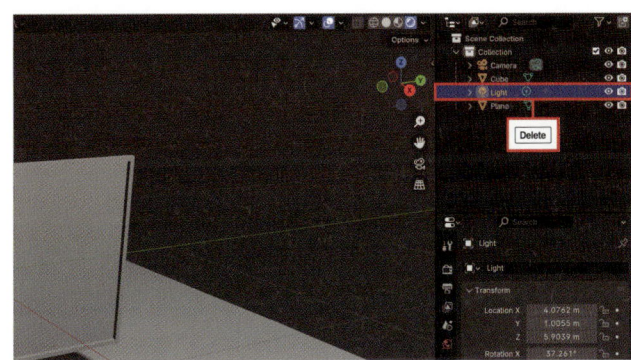

04 TV의 베이스 색상을 적용합니다.

04·1 ❶먼저 질감과 조명을 확인할 수 있는 Rendered(◉)로 전환합니다. ❷Material 속성(◉)에서 ❸[New] 버튼을 클릭하여 새 질감을 추가합니다.

CHAPTER 09. 오브젝트를 다양한 질감으로 표현하기

04·2 ❹Surface의 Base Color를 클릭한 후 ❺Hue, Saturation, Value를 조절하여 본인이 표현하고 싶은 색상을 지정합니다.

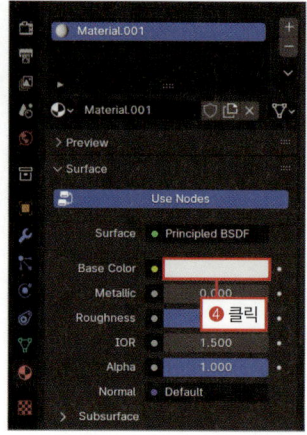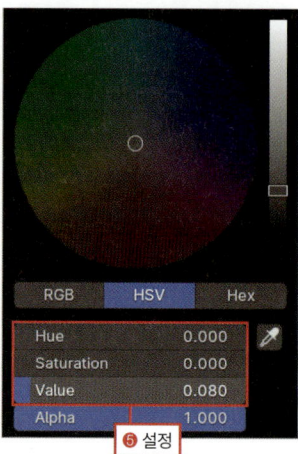

05 TV 스크린 부분에 Emission을 적용합니다.

05·1 오브젝트 선택을 유지한 상태로 [Tab]을 눌러 Edit Mode로 전환하고 [3]을 눌러 Face select로 전환합니다.

05·2 ❶TV 스크린 부분의 Face를 선택한 후 ❷Material 속성(■)의 [+] 버튼을 클릭하여 슬롯을 추가하고 ❸[New] 버튼을 클릭하여 새 질감을 추가합니다. ❹[Assign] 버튼을 클릭하여 선택한 Face에만 질감을 적용합니다.

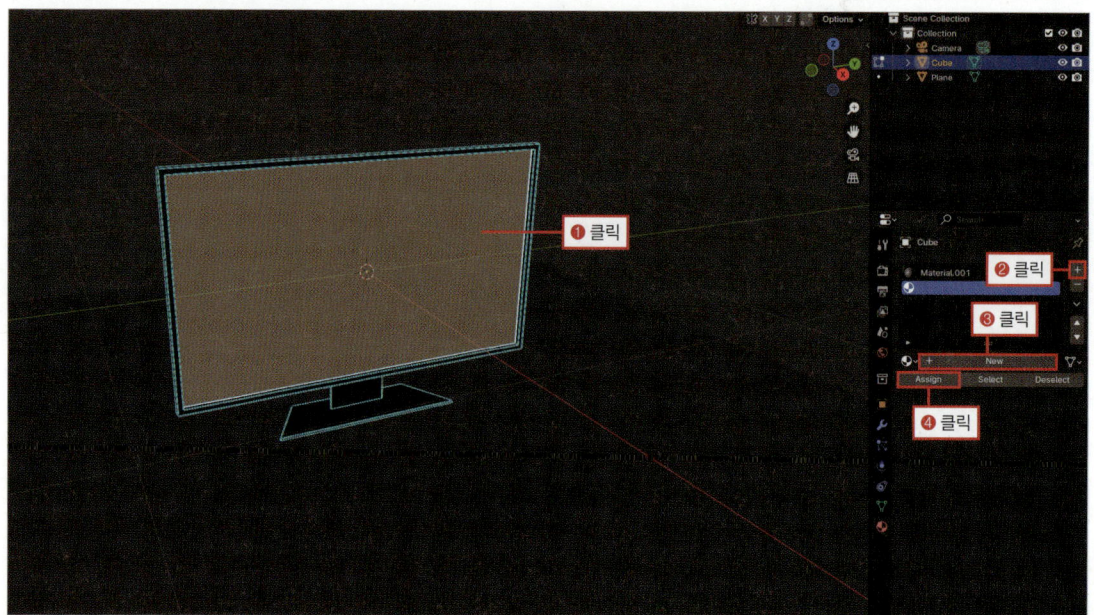

05·3 ❺Surface-Emission에서 Color의 노란색 점을 클릭하고 ❻[Image Texture]를 선택합니다.

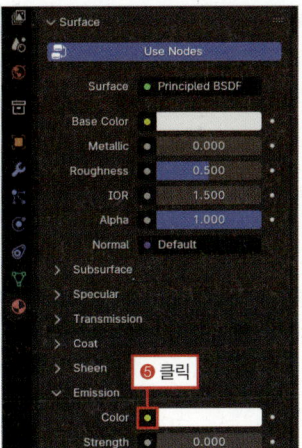

05·4 ❼[Open] 버튼을 클릭하고 ❽준비 파일 'Mountains.jpg'를 선택하여 지정합니다. ❾Projection 타입을 Box로 설정한 후 ❿Vector의 보라색 점을 클릭하고 ⓫Texture Coodinate의 [Generated]를 선택합니다. ⓬Strength를 '5.0'으로 설정합니다.

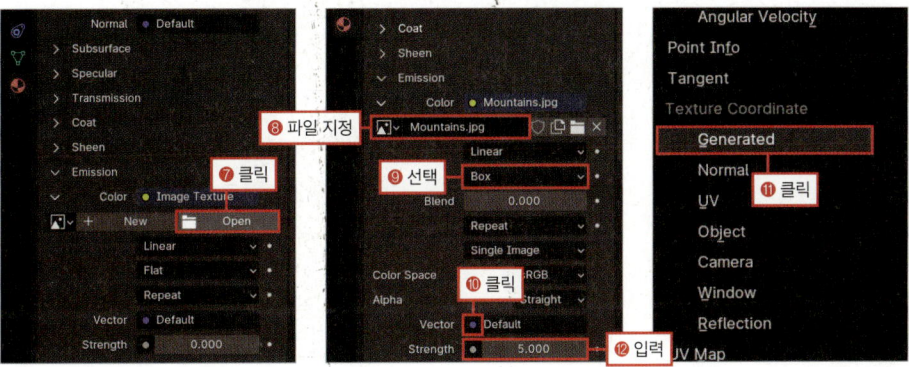

06 렌더링 옵션을 설정하여 Emission 적용을 완료합니다.

06·1 Tab 을 눌러 Object Mode로 전환합니다.

06·2 ❶Render 속성(📷)에서 ❷Render Engine은 'EEVEE'로 설정합니다. ❸Raytracing에 체크합니다.

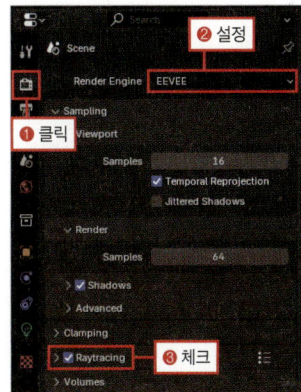

06·3 다음과 같이 TV에 Emission이 적용되었습니다. [Ctrl]+[S]를 눌러 프로젝트를 저장합니다.

Normal로 오브젝트 표면에 굴곡 표현하기

LESSON

Normal 항목을 활용하여 오브젝트 표면에 굴곡이 형성된 것처럼 만드는 방법을 익힙니다.

Normal은 RGB 색상 채널에 높이 정보가 저장되어 있는 Normal Map을 활용하여 오브젝트의 표면에 굴곡이 형성된 것처럼 표현해주는 기능입니다.

Normal을 사용하는 방법은 다음과 같습니다. 우선 질감이 생성된 오브젝트의 ❶Material 속성(◉)-Surface-Normal의 보라색 점을 클릭하고 ❷[Normal Map]을 선택하면 Normal 설정 항목이 나타납니다.

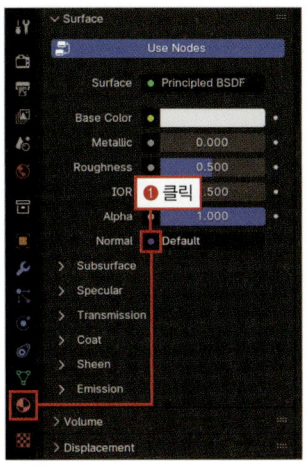 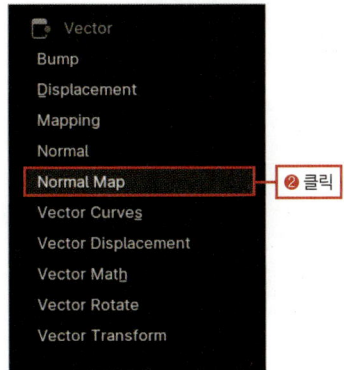

CHAPTER 09. 오브젝트를 다양한 질감으로 표현하기 / 255

여기서 ❸Color의 노란색 점을 클릭하고 ❹[Image Texture]를 선택합니다.

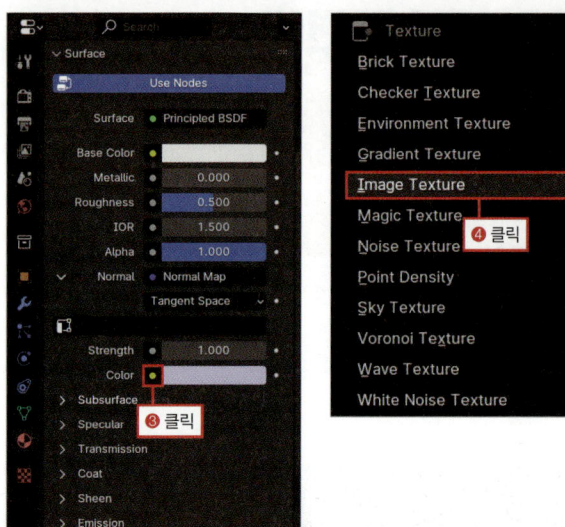

❺[Open] 버튼을 클릭하고 Normal Map으로 사용할 이미지 파일을 선택하여 지정합니다. ❻Color Space를 Non-Color로 설정한 후 ❼Strength 수치를 통해 표면의 굴곡을 조절할 수 있습니다.

Strength 수치가 높을수록 표면의 굴곡 표현이 강해집니다.

카펫 만들기

Normal 항목으로 털 질감을 가지는 카펫을 만들어봅니다.

◉ **준비 파일**: chapter09/Carpet_diff.jpg, Carpet_normal.jpg

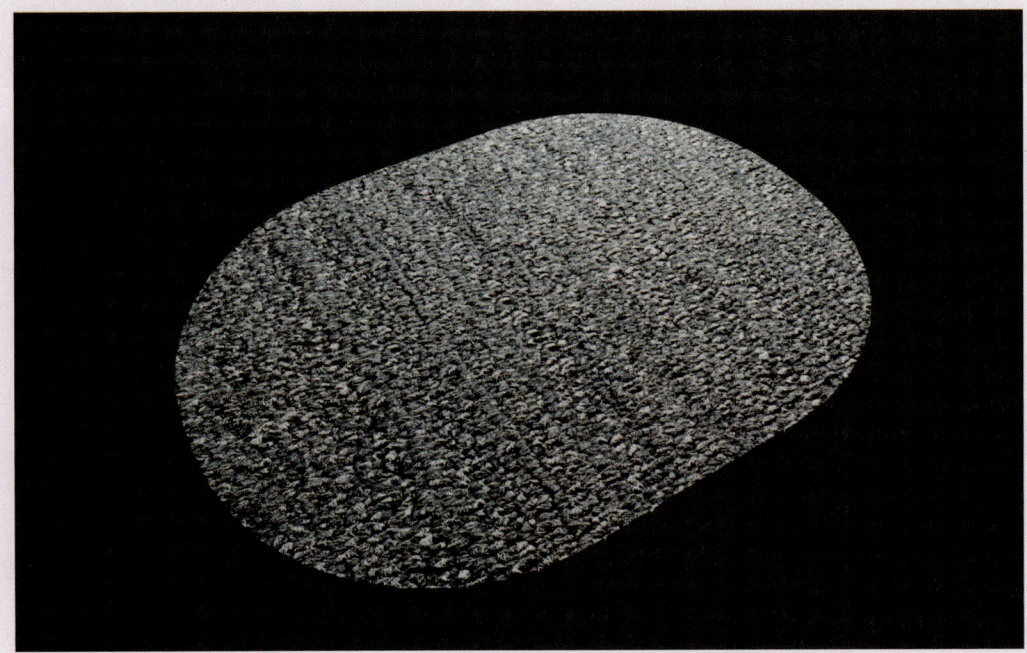

이 예제를 따라하기 위해 알아야 하는 핵심기능

- Image Texture 설정하기 ← 224쪽 참고
- Normal 설정하기 ← 255쪽 참고

01 Plane을 생성하고 크기를 설정합니다.

01·1 새 프로젝트를 만들고 디폴트 오브젝트 중 Cube를 삭제합니다.

01·2 ❶헤더 메뉴 [Add]-[Mesh]-[Plane]을 클릭하여 Plane 오브젝트를 만듭니다. 또는 Shift + A -Add 메뉴에서 [Mesh]-[Plane]을 클릭합니다. ❷F9-Add 설정 창에서 ❸Size를 '1'로 설정합니다. ❹ Object 속성(■)-Transform에서 Scale X는 '1.5', Scale Y는 '2.0', Scale Z는 '1.0'으로 설정합니다.

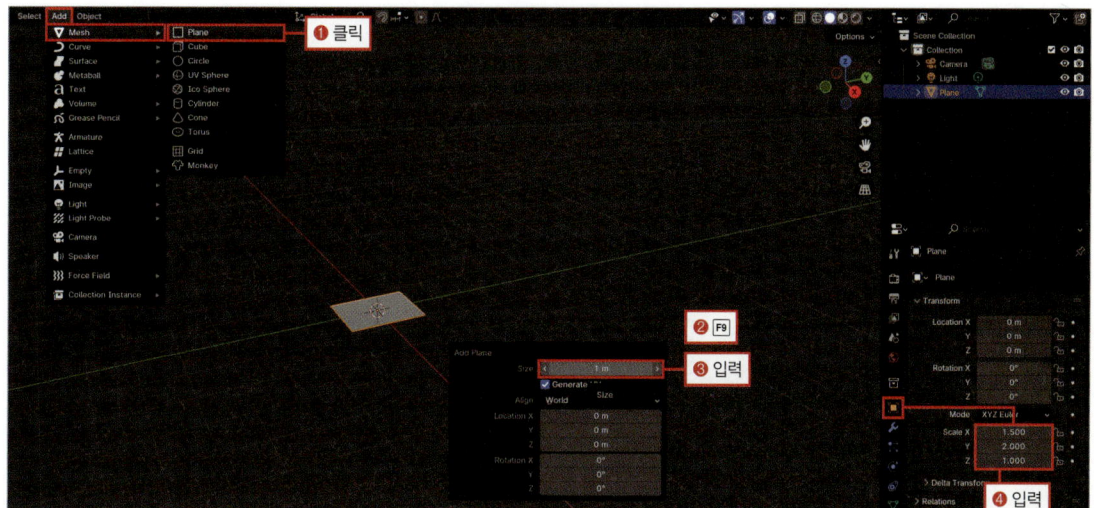

01·3 Num.을 누른 후 마우스 가운데 버튼을 돌려 작업하기 편리한 크기로 뷰를 확대/축소합니다.

02 오브젝트의 현재 크기를 기본 Scale로 지정하겠습니다. 오브젝트 선택을 유지한 상태로 ❶Ctrl+A를 누르면 나타나는 Apply 메뉴에서 ❷[Scale]을 클릭합니다.

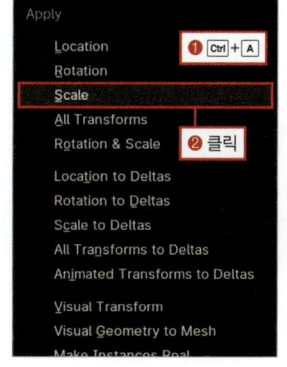
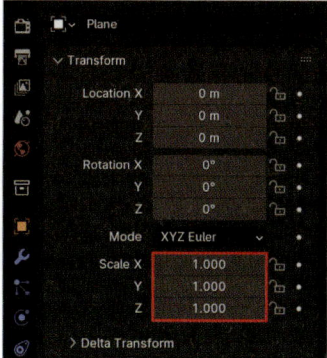

03 각진 Vertex들을 Bevel하여 부드럽게 만듭니다.

03·1 오브젝트 선택한 후 `Tab`을 눌러 Edit Mode로 전환하고 `1`을 눌러 Vertex select로 전환합니다.

03·2 ❶`A`를 눌러 전체 선택합니다. ❷`Ctrl`+`Shift`+`B`를 누른 후 ❸선택 대상으로부터 먼 쪽으로 마우스 커서를 움직여 Bevel 거리를 정합니다. ❹마우스 가운데 버튼을 위로 돌려 Bevel 단계를 높이고 클릭하여 완료합니다. ❺`F9`-Bevel 설정 창에서 ❻Width를 '0.7'로, Segments를 '10'으로 설정합니다.

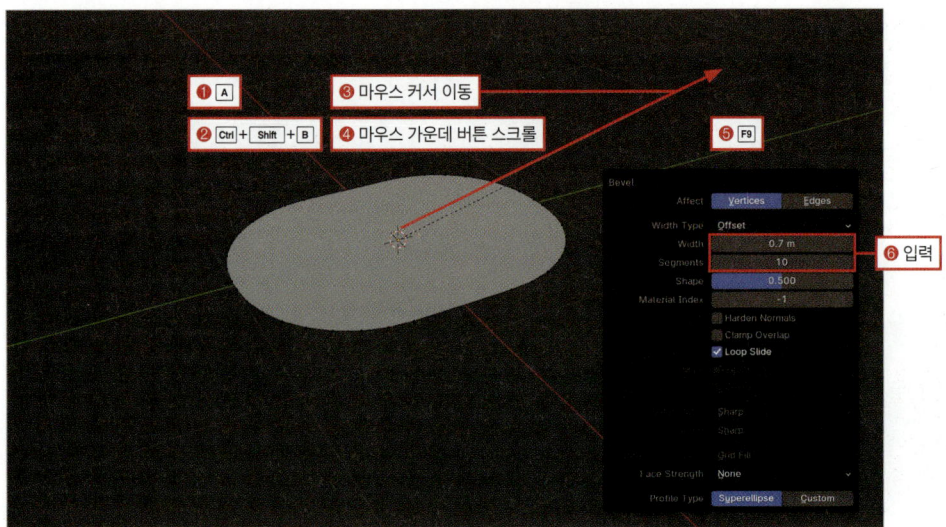

04 Extrude하겠습니다. ❶`A`를 눌러 전체 선택합니다. ❷`E`를 누른 후 ❸마우스 커서를 움직여 Extrude하고 클릭하여 완료합니다. ❹`F9`-Extrude Region 설정 창에서 ❺Move Z를 '0.01'로 설정합니다.

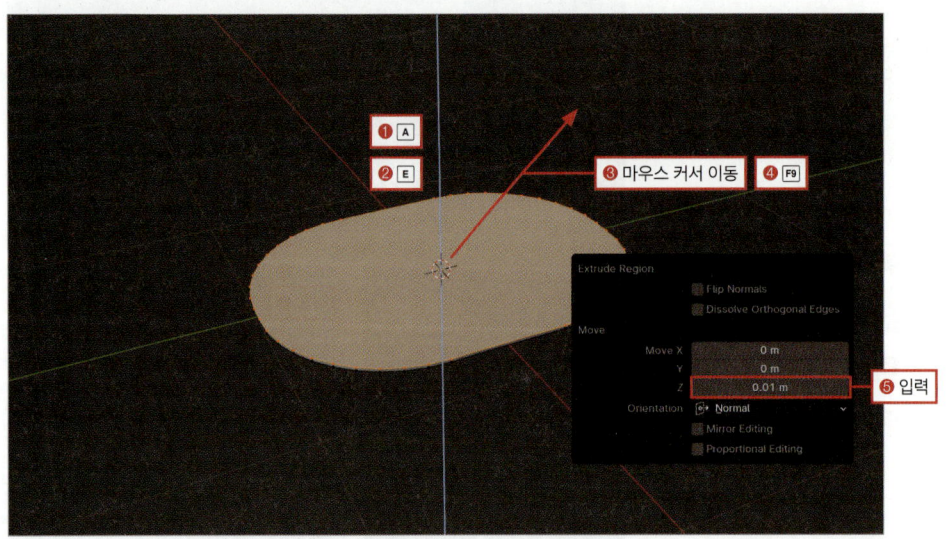

05 표면 변화를 관찰할 수 있도록 라이트를 오브젝트와 가까운 곳으로 이동합니다.

05·1 `Tab`을 눌러 Object Mode로 전환합니다.

05·2 ❶Rendered(◉)로 전환합니다. ❷Light 오브젝트를 선택합니다. ❸Object 속성(■)-Transform에서 Location X는 '-1.5', Location Y, Z는 '1.5'로 설정합니다.

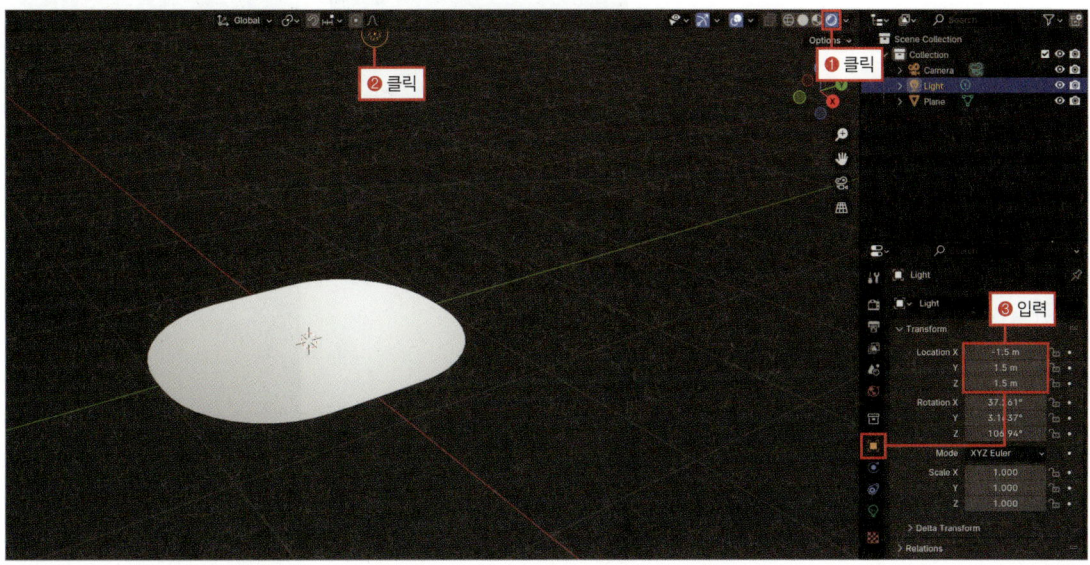

06 Plane에 Image Texture를 적용합니다.

06·1 ❶Plane 오브젝트를 선택하고 ❷Material 속성(◉)의 ❸[New] 버튼을 클릭하여 질감을 추가합니다.

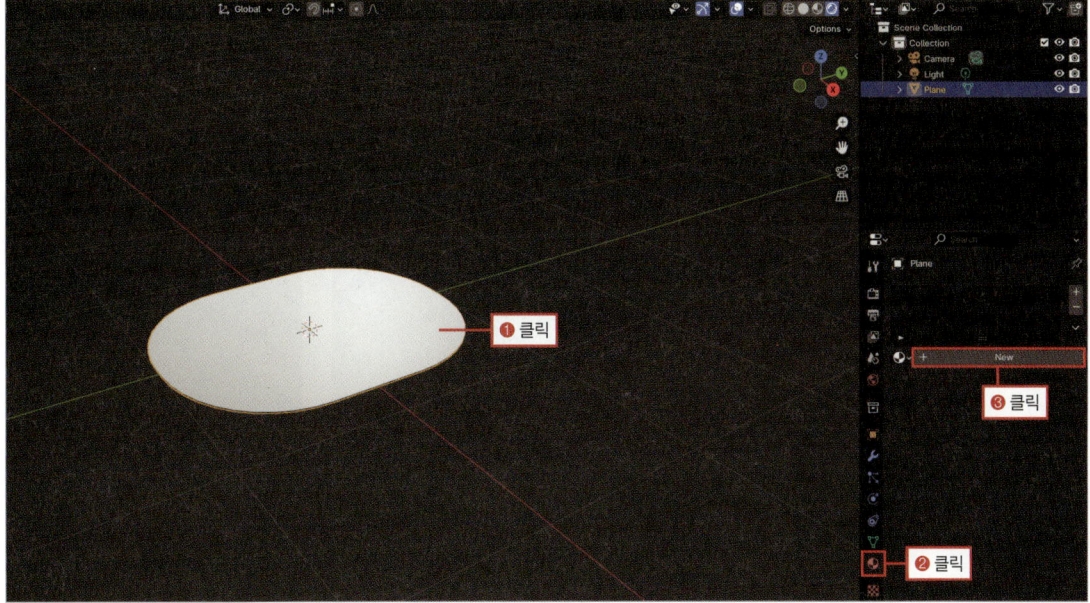

CHAPTER 09. 오브젝트를 다양한 질감으로 표현하기

06·2 ❹Surface에서 Base Color의 노란색 점을 클릭하고 ❺[Image Texture]를 선택합니다.

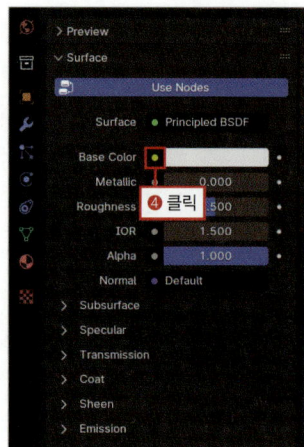
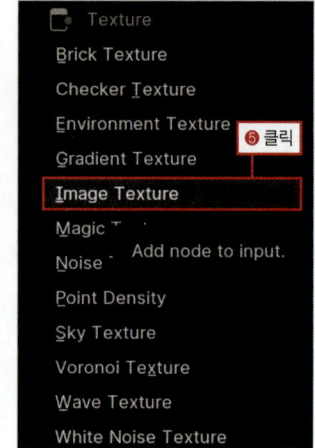

06·3 ❻[Open] 버튼을 클릭하고 준비 파일 'Carpet_diff.jpg'를 선택하여 지정합니다.

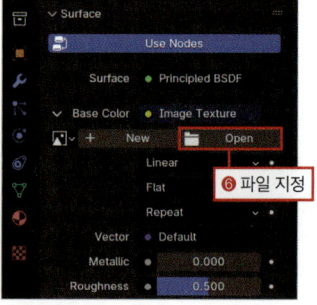

07 Plane에 Normal Map을 적용하여 입체감을 표현하여 카펫을 완성합니다.

07·1 ❶Material 속성(◯)-Surface에서 Normal의 보라색 점을 클릭하고 ❷[Normal Map]을 선택합니다.

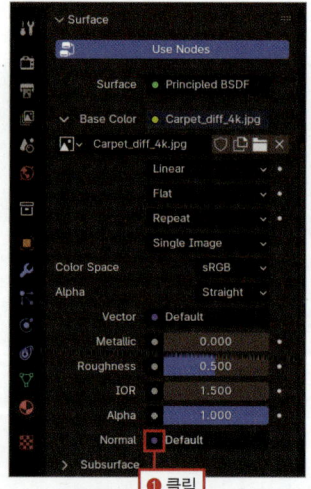
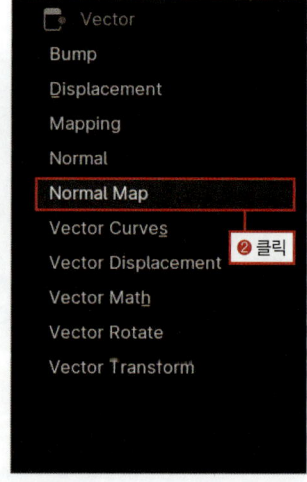

07·2 ❸Color의 노란색 점을 클릭하고 ❹[Image Texture]를 선택합니다.

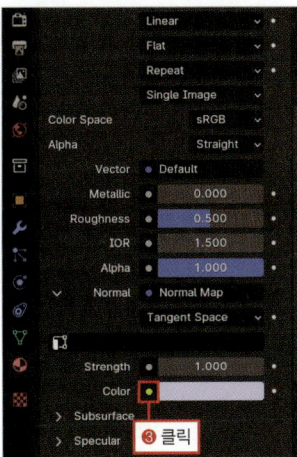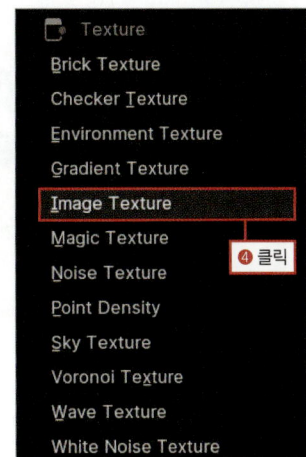

07·3 ❺[Open] 버튼을 클릭하고 ❻준비 파일 'Carpet_normal.jpg'를 선택하여 지정합니다. ❼Color Space를 Non-Color로 설정하고 ❽Strength를 '5'로 설정합니다.

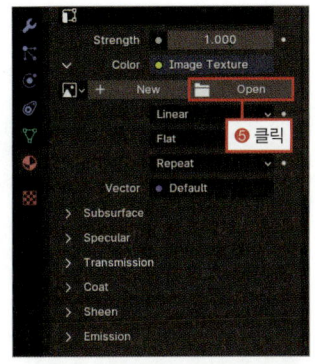

07·4 다음과 같이 카펫이 완성되었습니다. Ctrl+S를 눌러 프로젝트를 저장합니다.

Alpha로 오브젝트 표면을 투명하게 표현하기

Alpha 항목을 활용하여 오브젝트 표면 중 특정 부분만 투명하게 처리하는 방법을 익힙니다.

LESSON

Alpha는 투명한 영역의 정보를 담고 있는 Alpha Map을 활용하여 오브젝트 표면을 부분적으로 투명하게 처리하는 기능입니다. Alpha Map 이미지의 흰색 부분에서는 오브젝트가 불투명하고 검은색 부분에서는 투명해집니다. 중간 명암(회색)에서는 반투명 상태가 됩니다.

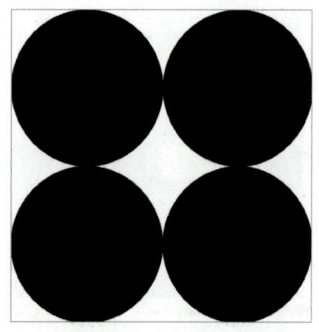

Alpha 설정 방법을 알아보겠습니다. 우선 질감이 생성된 오브젝트의 ❶Material 속성(⬤)-Surface-Alpha의 회색 점을 클릭하고 ❷[Image Texture]를 선택합니다.

T·I·P Image Texture가 보이지 않을 경우 스크롤을 위로 올리면 찾을 수 있습니다.

❸ [Open] 버튼을 클릭하고 Alpha Map으로 사용할 이미지 파일을 선택하여 지정합니다.

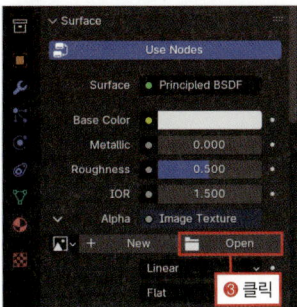

❹ 위쪽 Workspace에서 Shading 탭을 클릭하여 인터페이스를 전환하고 다음 그림과 같이 ❺ Image Texture의 Color 노드를 드래그하여 Principled BSDF의 Alpha로 연결합니다.

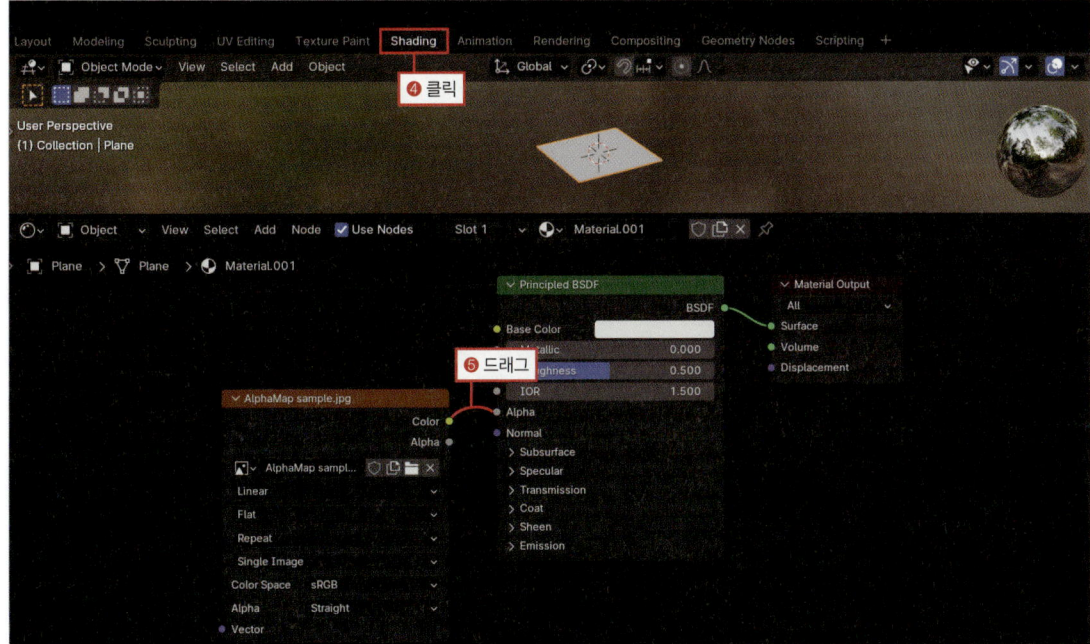

화분 만들기

Alpha 항목을 활용하여 풀 이미지의 여백을 투명하게 표현한 화분을 만들어봅니다.

⊙ **준비 파일**: chapter09/Soil_stones_diff.jpg, Soil_stones_normal.jpg, Leaf_diff.png, Leaf_alpha.png

이 예제를 따라하기 위해 알아야 하는 핵심기능

- Loop 선택하기 ← 097쪽 참고
- Origin 활용하기 ← 178쪽 참고
- Join하기 ← 198쪽 참고
- Image Texture 설정하기 ← 224쪽 참고
- Alpha 설정하기 ← 264쪽 참고

01 Cube를 생성하고 크기를 설정합니다.

01·1 새 프로젝트를 만들고 디폴트 오브젝트 중 Cube를 삭제합니다.

01·2 ❶헤더 메뉴 [Add]-[Mesh]-[Cube]를 클릭하여 Cube 오브젝트를 만듭니다. 또는 Shift + A - Add 메뉴에서 [Mesh]-[Cube]를 클릭합니다. ❷F9 - Add 설정 창에서 ❸Size를 '0.25'로 설정합니다.

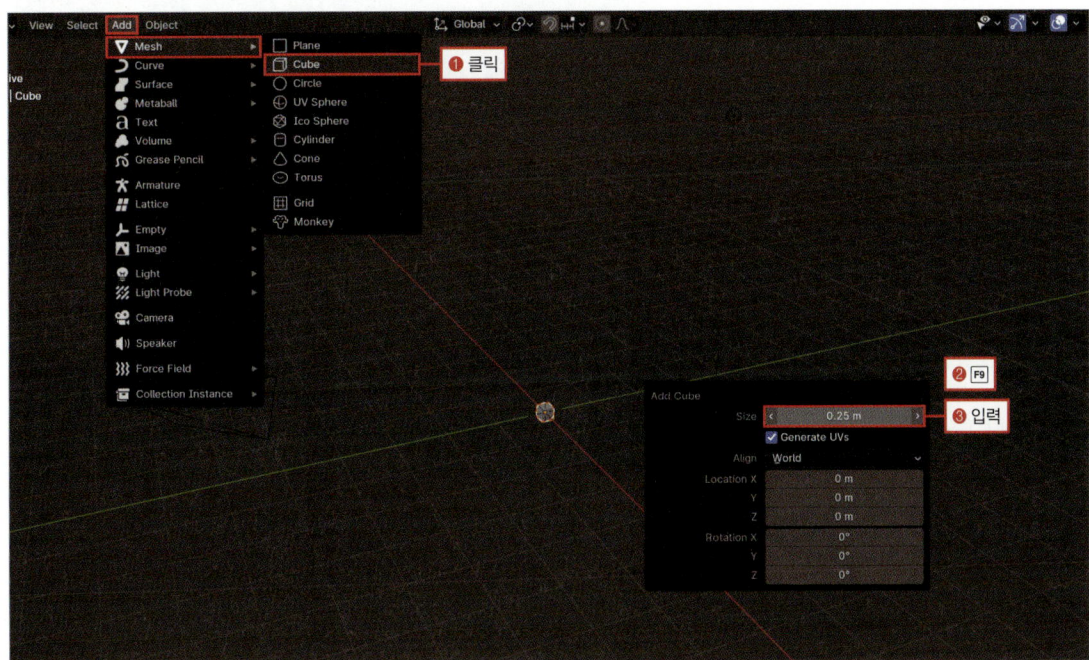

01·3 Num.을 누른 후 마우스 가운데 버튼을 돌려 작업하기 편리한 크기로 뷰를 확대/축소합니다.

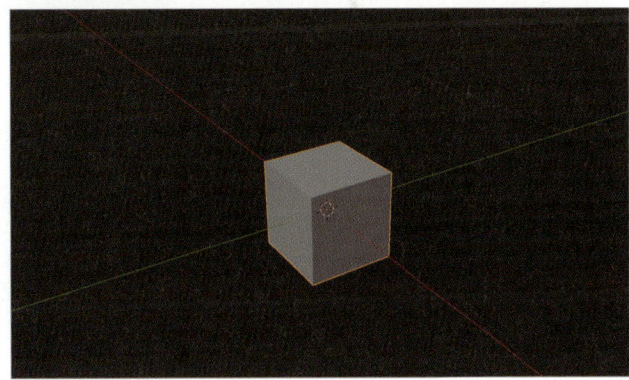

CHAPTER 09. 오브젝트를 다양한 질감으로 표현하기

02 윗면 Face를 Inset합니다.

02·1 오브젝트 선택을 유지한 상태로 `Tab`을 눌러 Edit Mode로 전환하고 `3`을 눌러 Face select로 전환합니다.

02·2 ❶윗면 Face를 선택합니다.

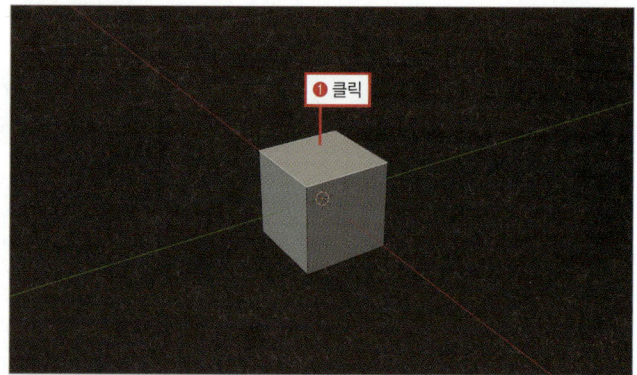

02·2 ❷`I`를 누른 후 ❸선택한 Face 중심으로 마우스 커서를 움직여 축소하고 클릭하여 완료합니다. ❹`F9`-Inset Faces 설정 창에서 ❺Thickness를 '0.02'로 설정합니다.

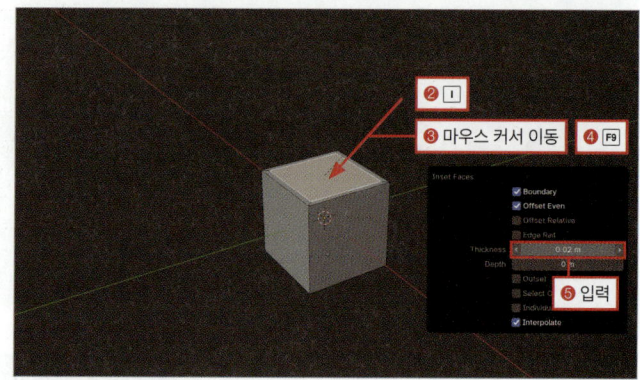

03 윗면 Face를 Extrude하겠습니다.
Face의 선택을 유지한 상태에서 ❶`E`를 누른 후 ❷마우스 커서를 움직여 Extrude하고 클릭하여 완료합니다. ❸`F9`-Extrude Region 설정 창에서 ❹Move Z를 '-0.03'으로 설정합니다.

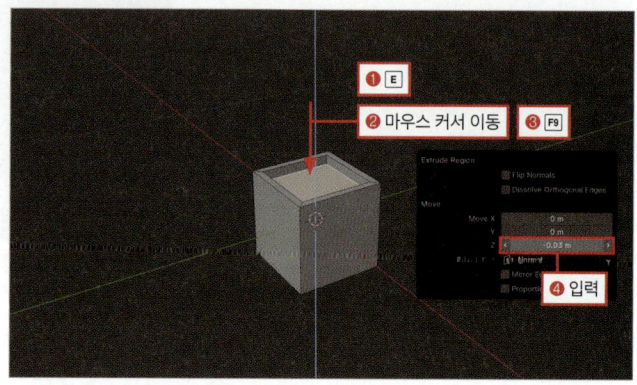

04   Cube의 색상을 지정하겠습니다. ❶먼저 질감을 확인할 수 있는 Rendered(⬤)로 전환합니다. ❷ Material 속성(⬤)에서 [New] 버튼을 클릭하여 새 질감을 추가합니다. 그리고 Default 색상을 변경 없이 그대로 적용합니다.

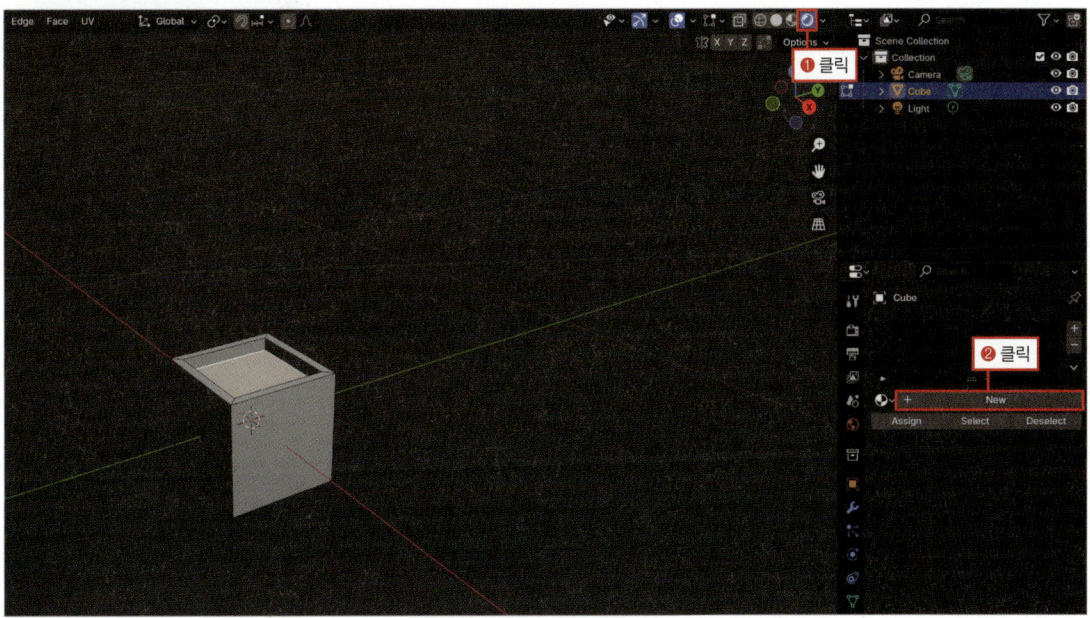

05   윗면 Face의 질감을 부분 적용합니다.

05·1 윗면 Face의 선택을 유지한 상태로 ❶[+] 버튼을 클릭하여 슬롯을 추가하고 ❷[New] 버튼을 클릭하여 새 질감을 추가합니다. ❸[Assign] 버튼을 클릭하여 선택한 Face에만 질감을 적용합니다. ❹Surface에서 Base Color의 노란색 점을 클릭하고 ❺[Image Texture]를 선택합니다.

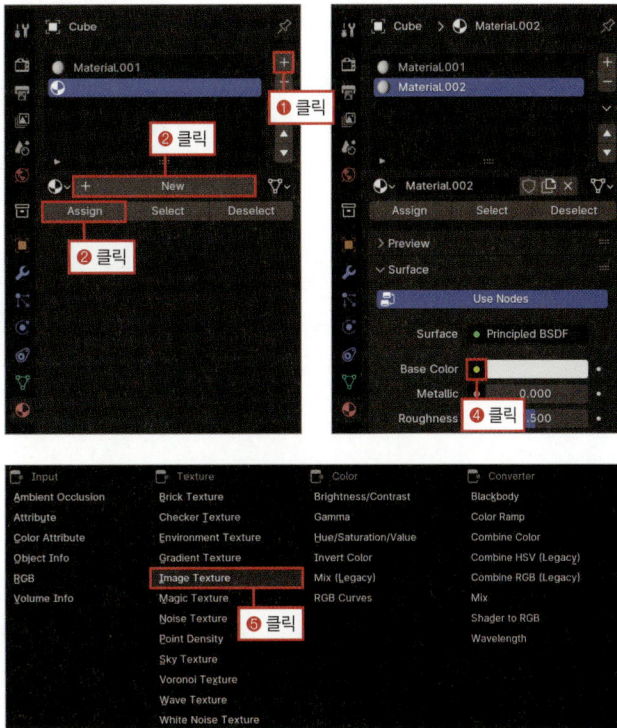

CHAPTER 09. 오브젝트를 다양한 질감으로 표현하기 / 269

05·2 ❻[Open] 버튼을 클릭하고 준비 파일 'Soil_stones_diff.jpg'를 선택하여 지정합니다.

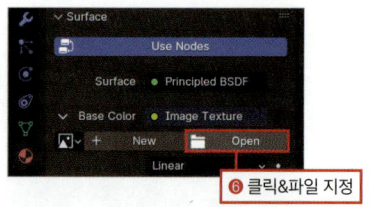

06 상단 Face에 Normal Map을 적용하여 입체감을 표현합니다.

06·1 ❶Material 속성(■)-Surface에서 Normal의 보라색 점을 클릭하고 ❷[Normal Map]을 선택합니다.

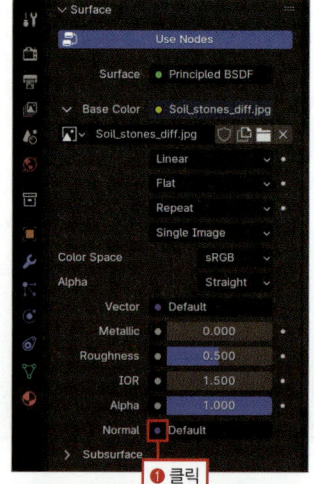
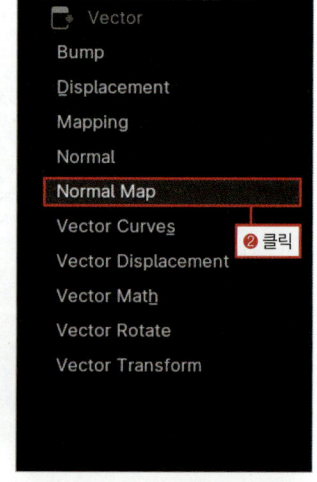

06·2 ❸Color의 노란색 점을 클릭하고 ❹[Image Texture]를 선택합니다.

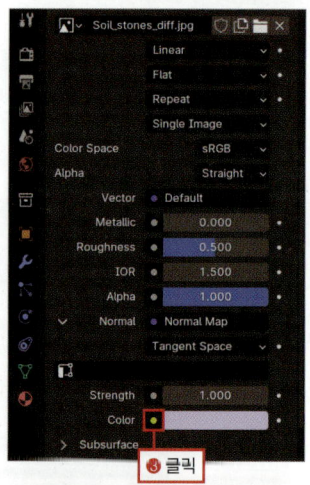
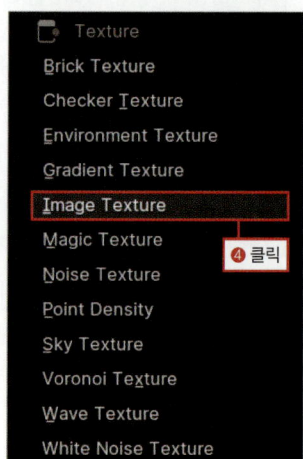

06·3 ❺[Open] 버튼을 클릭하고 ❻준비 파일 'Soil_stones_normal.jpg'를 선택하여 지정합니다. ❼Color Space를 Non-Color로, ❽Strength를 '3'으로 설정합니다.

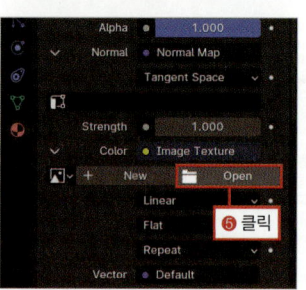

07. Plane을 생성하고 크기와 위치를 설정합니다.

07·1 `Tab`을 눌러 Object Mode로 전환합니다.

07·2 ❶헤더 메뉴 [Add]-[Mesh]-[Plane]을 클릭하여 Plane 오브젝트를 만듭니다. 또는 `Shift`+`A`-Add 메뉴에서 [Mesh]-[Plane]을 클릭합니다. ❷`F9`-Add 설정 창에서 ❸Size를 '0.3'으로, Location Z를 '0.5'로 설정합니다.

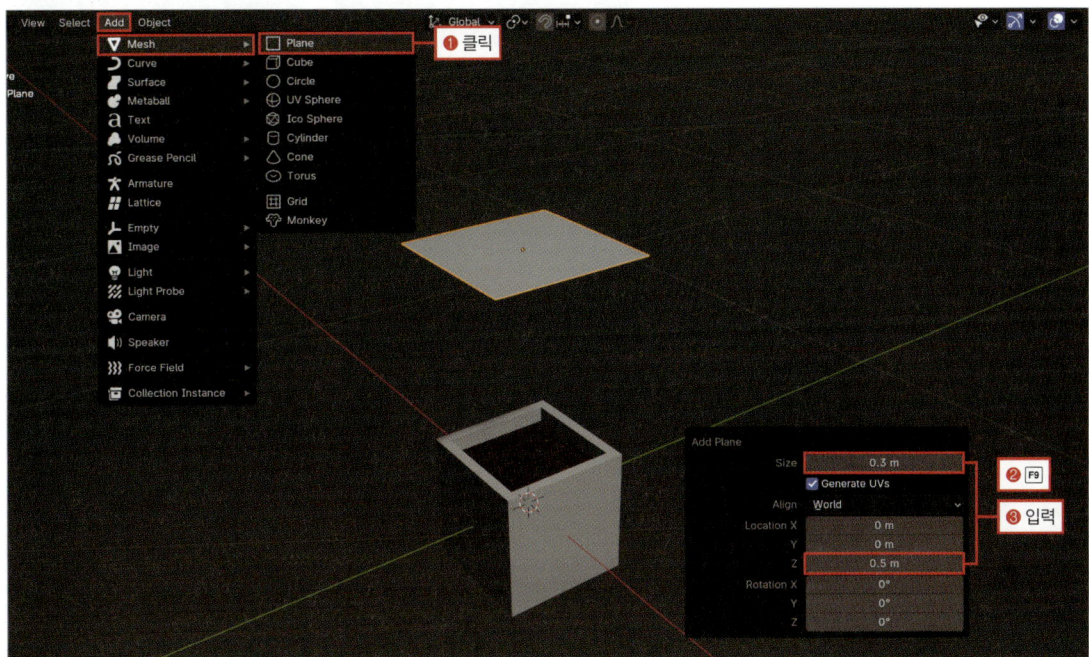

08. Plane에 Image Texture를 적용합니다.

08·1 Plane 오브젝트 선택을 유지한 상태에서 ❶Material 속성(🔴)에서 ❷[New] 버튼을 클릭하여 새 질감을 추가합니다.

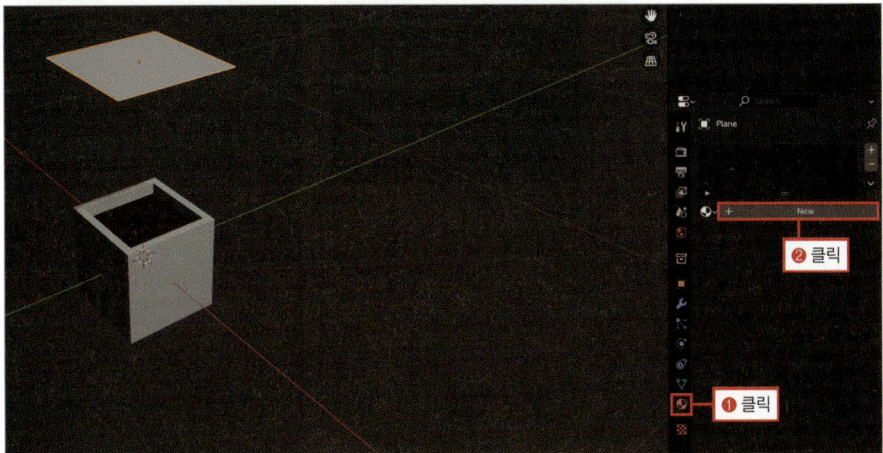

08·2 ❸Surface에서 Base Color의 노란색 점을 클릭하고 ❹[Image Texture]를 선택합니다.

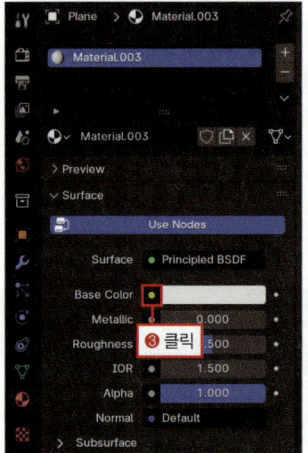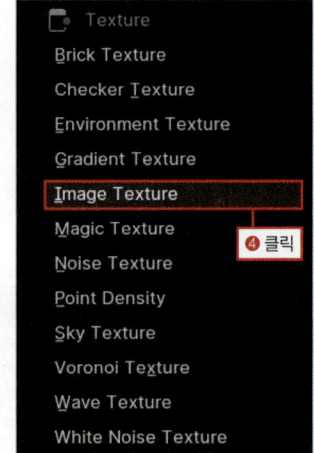

08·3 ❺[Open] 버튼을 클릭하고 준비 파일 'Leaf_diff.png'를 지정합니다.

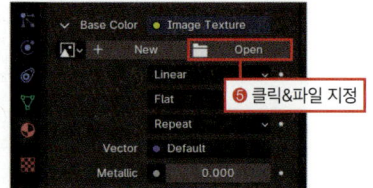

09 Plane에 Alpha를 적용하여 여백을 투명처리합니다.

09·1 ❶Material 속성(　)-Surface에서 Alpha의 회색 점을 클릭하고 ❷[Image Texture]를 선택합니다.

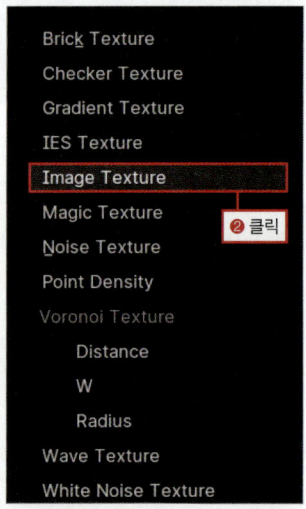

09·2 ❸[Open] 버튼을 클릭하고 준비 파일 'Leaf_alpha.png'를 선택하여 지정합니다.

09-3 ❹위쪽 Workspace에서 Shading 탭을 클릭하여 인터페이스를 전환합니다. 다음 그림과 같이 ❺ Leaf_alpha.png의 Color 노드를 드래그하여 Principled BSDF의 Alpha로 연결합니다.

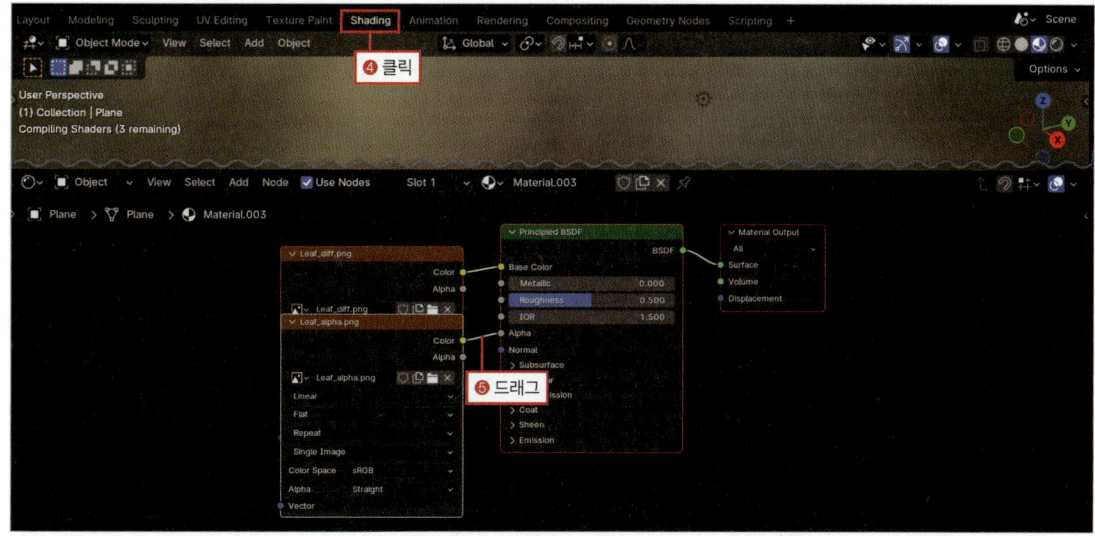

10 Plane을 Subdivide합니다.

10-1 위쪽 Workspace에서 다시 Layout 탭을 클릭하여 인터페이스를 전환합니다. 오브젝트 선택을 유지한 상태로 Tab 을 눌러 Edit Mode로 전환하고 1 을 눌러 Vertex select로 전환합니다.

10-2 ❶ A 를 눌러 전체 선택합니다. ❷마우스 오른쪽 버튼을 누르면 나타나는 메뉴에서 ❸[Subdivide]를 클릭하고 ❹ F9 -Subdivide 설정 창에서 ❺Number of Cuts를 '12'로 설정합니다.

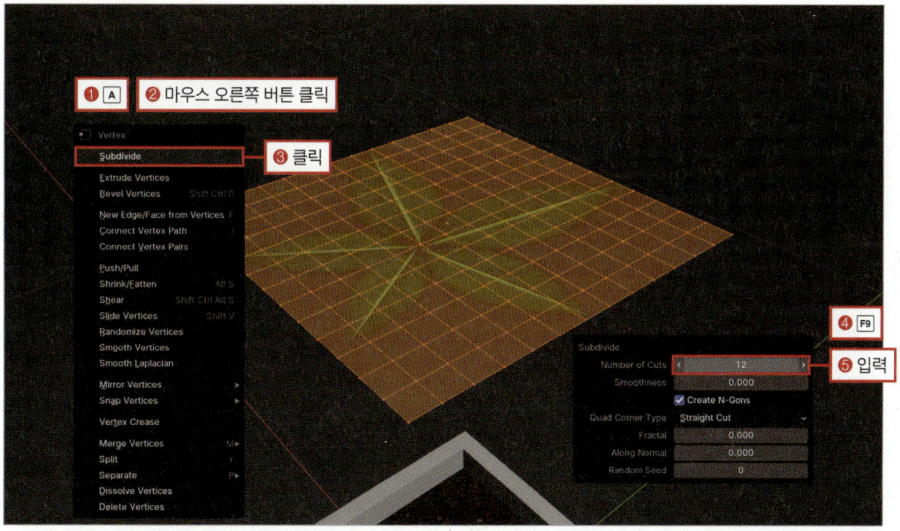

11 Proportional Editing으로 변형하여 곡면을 만듭니다.

11·1 ❶ O 를 눌러 Proportional Editing을 활성화합니다. ❷Vertex와 Vertex 사이를 Alt +클릭하여 Loop 선택합니다. ❸나머지 변의 Vertex와 Vertex 사이를 Alt + Shift +클릭하여 Loop 선택 추가합니다. ❹나뭇잎 줄기가 모이는 지점의 Vertex를 Shift +클릭하여 선택 추가합니다.

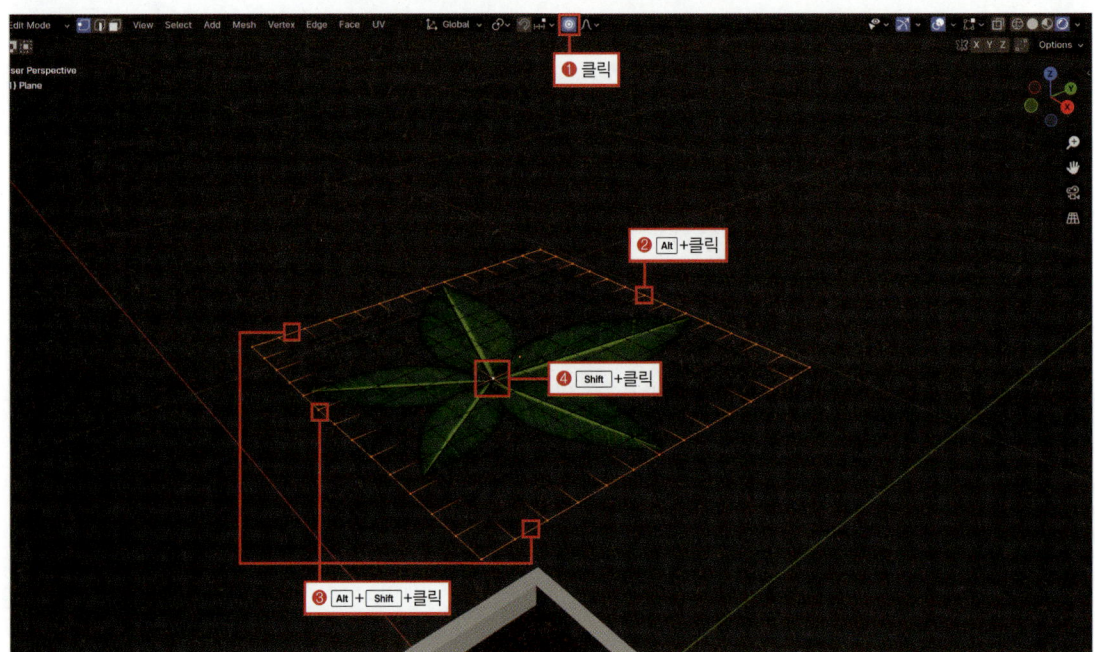

11·2 ❺ G - Z 를 눌러 Z축으로 방향을 설정합니다. ❻마우스 가운데 버튼을 위로 돌려 Proportional 범위를 줄인 후 ❼아래쪽으로 이동하고 클릭하여 완료합니다. ❽ F9 -Move 설정 창에서 ❾Move Z를 '-0.03', Proportional Falloff를 'Sharp', Proportional Size를 '0.07'로 설정합니다.

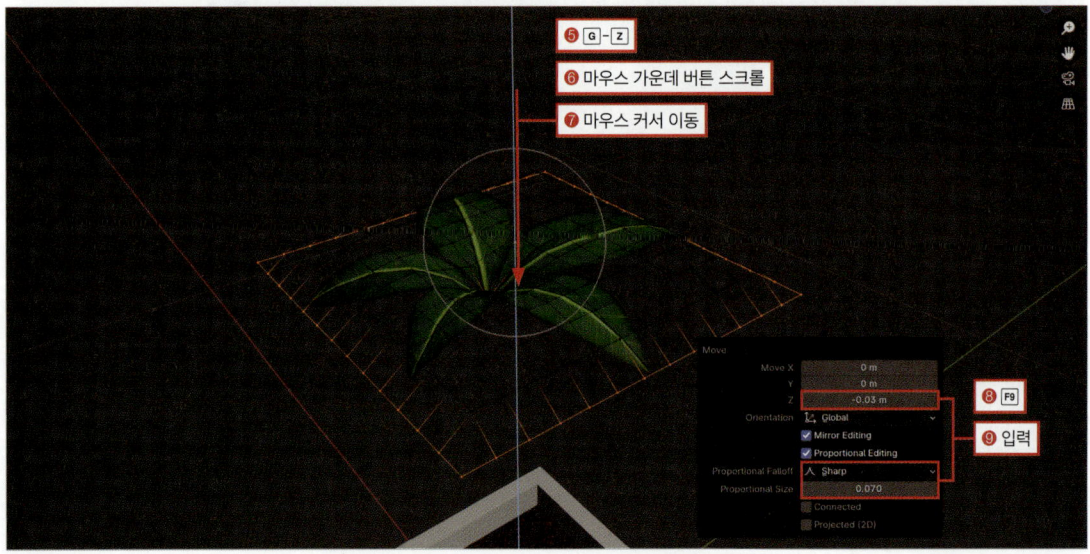

12 Shade Smooth를 적용하여 표면을 부드럽게 연결합니다.

12·1 `O`를 눌러 Proportional Editing을 비활성화합니다. `Tab`을 눌러 Object Mode로 전환합니다.

12·2 Plane 선택을 유지한 상태에서 ❶마우스 오른쪽 버튼을 누르면 나타나는 메뉴에서 ❷[Shade Smooth]를 클릭합니다.

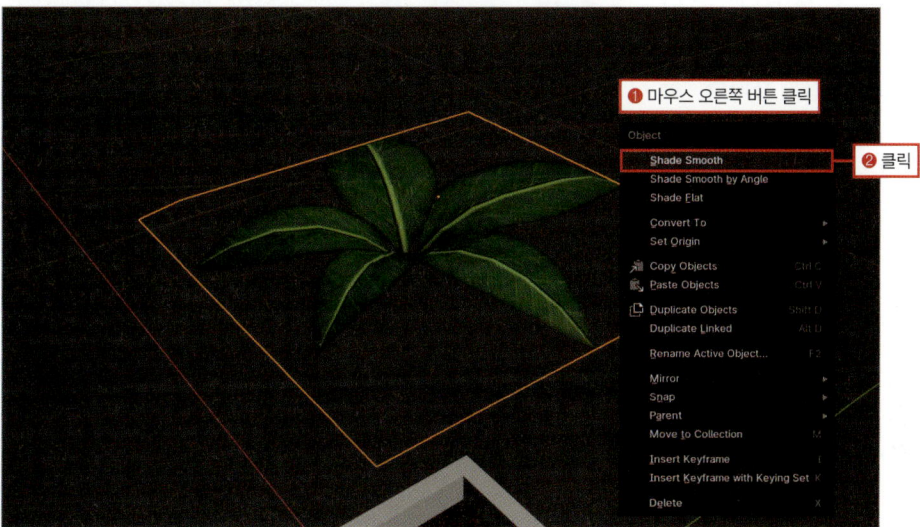

13 Cylinder를 생성하고 크기와 위치를 설정하겠습니다. ❶헤더 메뉴 [Add]-[Mesh]-[Cylinder]를 클릭하여 Cylinder 오브젝트를 만듭니다. 또는 `Shift`+`A`-Add 메뉴에서 [Mesh]-[Cylinder]를 클릭합니다. ❷`F9`-Add 설정 창에서 ❸Radius를 '0.002', Depth를 '0.35', Location Z를 '0.25'로 설정합니다.

14 Cylinder의 위쪽 Vertex를 이동시킵니다.

14·1 Cylinder 선택을 유지한 상태로 Tab을 눌러 Edit Mode로 전환하고 1을 눌러 Vertex select로 전환합니다.

14·2 ❶ Num 3 을 눌러 X축에서 바라본 시점으로 회전합니다. ❷ Alt + Z 를 눌러 X-ray 뷰로 전환합니다. ❸위쪽 Vertex들을 드래그하여 동시 선택합니다. ❹ Alt + Z 를 눌러 X-ray 뷰를 해제합니다.

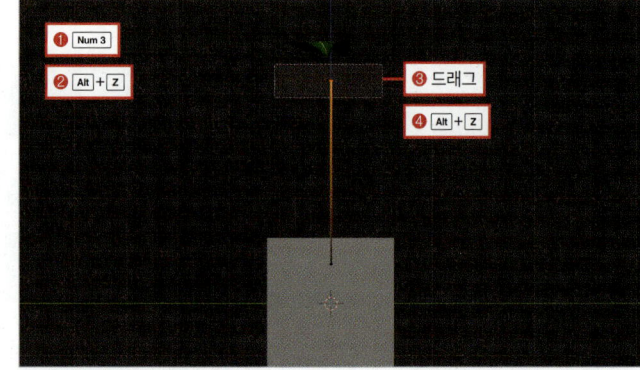

14·3 ❺ G - Y 를 눌러 Y축으로 방향을 설정합니다. ❻화분의 가장자리 근처까지 이동하고 클릭하여 완료합니다.

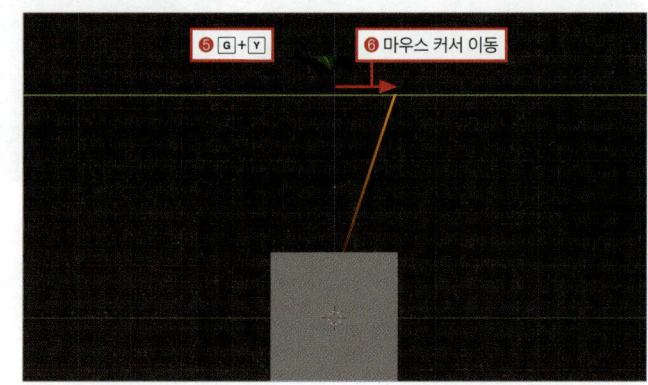

15 줄기의 색상을 지정합니다.

15·1 Tab을 눌러 Object Mode로 전환합니다.

15·2 Cylinder 선택을 유지한 상태로 ❶Material 속성( )에서 [New] 버튼을 클릭하여 새 질감을 추가합니다.

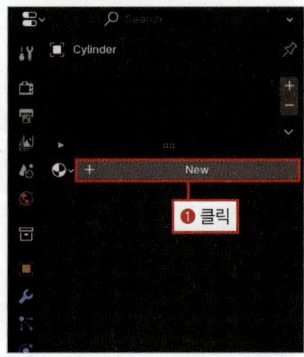

15·3 ❷Surface의 Base Color를 클릭한 후 ❸Hue, Saturation, Value를 조절하여 본인이 표현하고 싶은 색상을 지정합니다.

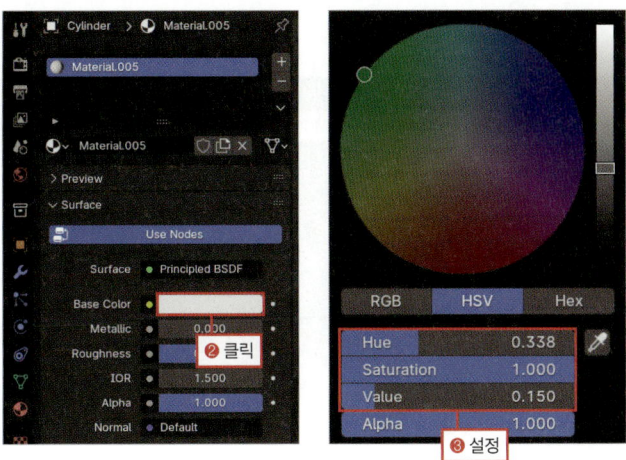

16 Origin을 3D Cursor 위치로 이동시키겠습니다. Cylinder 선택을 유지한 상태로 마우스 오른쪽 버튼-[Set Origin]-[Origin to 3D Cursor]를 클릭합니다.

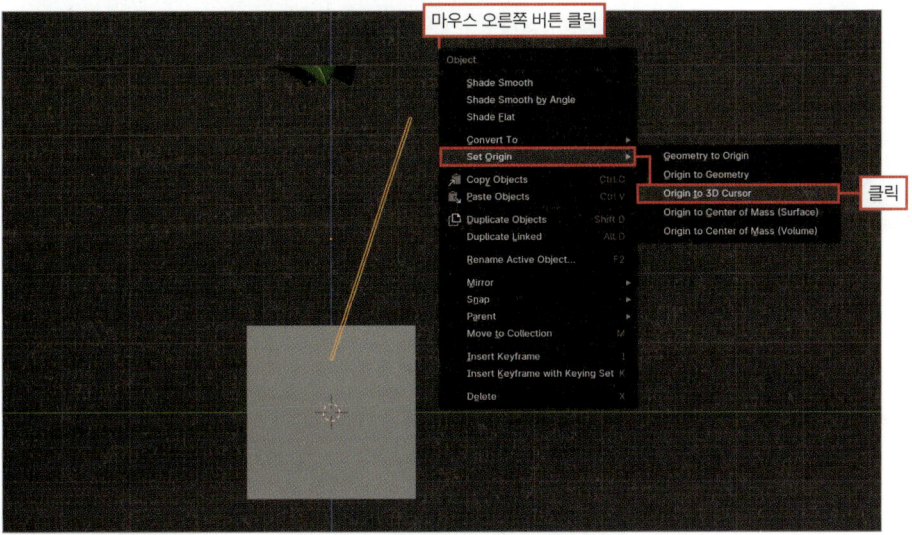

17 나뭇잎의 중심을 줄기 끝으로 이동합니다.

17·1 ❶`Num 3`을 눌러 X축에서 바라본 시점으로 회전합니다. ❷Plane 오브젝트를 선택합니다. ❸`G`를 누른 후 ❹나뭇잎 줄기가 모여 있는 중심 지점이 줄기 끝에 오도록 이동하고 클릭하여 완료합니다.

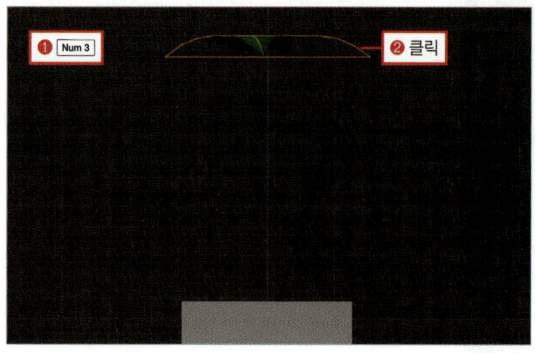 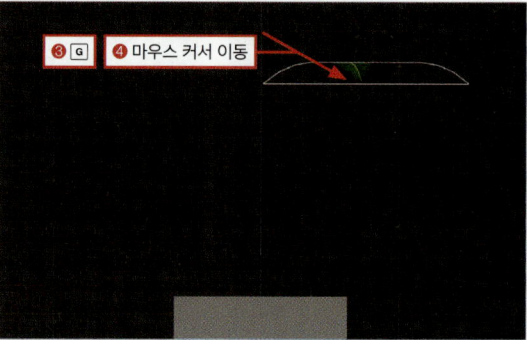

17·2 ❺`Num 1`을 눌러 -Y축에서 바라본 시점으로 회전합니다. ❻`G`를 누른 후 ❼나뭇잎 줄기가 모여 있는 중심 지점이 줄기 끝에 오도록 이동하고 클릭하여 완료합니다.

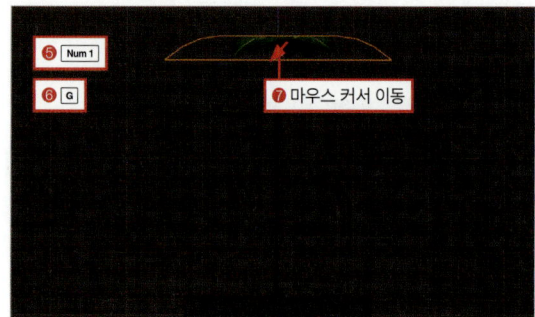 

18 나뭇잎과 줄기를 하나의 오브젝트로 Join하겠습니다. ❶Plane 오브젝트를 먼저 선택하고 ❷Cylinder 오브젝트를 `Shift`+클릭하여 동시 선택합니다. ❸`Ctrl`+`J`를 눌러 하나의 오브젝트로 합칩니다.

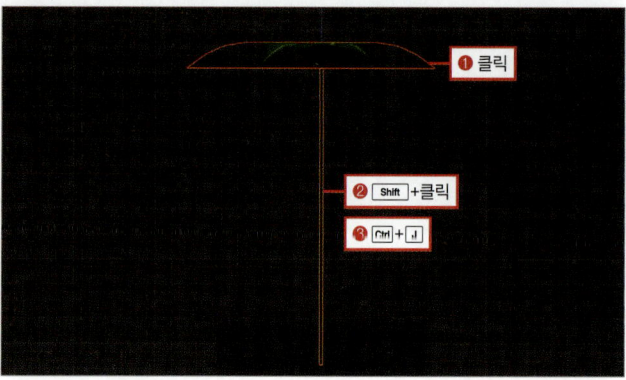

19 나뭇잎과 줄기를 복사-회전합니다.

19·1 화분과 나뭇잎을 모두 확인하기 편한 시점으로 회전합니다. ❶나뭇잎-줄기를 선택합니다.

19·2 ❷ Shift + D 를 누른 후 ❸ R - Z 를 눌러 Z축을 회전축으로 선택합니다. ❹마우스 커서를 움직여 50에서 70 사이 각도로 회전한 후 클릭하여 완료합니다.

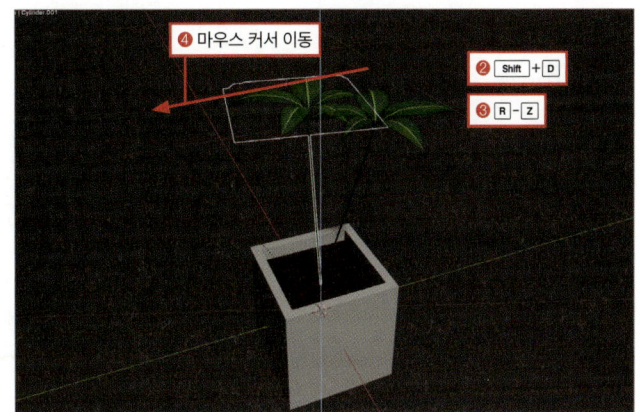

20 나뭇잎과 줄기의 크기를 조절하겠습니다. 나뭇잎-줄기의 선택을 유지한 상태에서 ❶ S 를 누른 후 ❷마우스 커서를 움직여 적당한 크기로 조절하고 클릭하여 완료합니다.

21 나뭇잎과 줄기를 추가하여 화분을 완성하겠습니다.

21·1 19~20의 과정을 원하는 만큼 반복하여 나뭇잎-줄기를 여러 개로 복사-회전하고 크기를 변경합니다.

21·2 다음과 같이 화분이 완성되었습니다. Ctrl+S를 눌러 프로젝트를 저장합니다.

Texture Paint Workspace에서 오브젝트 표면 색상 표현하기

Texture Paint Workspace에서 오브젝트 표면 색상을 표현하는 방법을 익힙니다.

Texture Paint Workspace에서는 드로잉을 통해 오브젝트의 표면 색상을 표현할 수 있습니다. 왼쪽 화면에서는 도면 위에 드로잉하고, 오른쪽 화면에서는 오브젝트 위에 직접 드로잉할 수 있습니다.

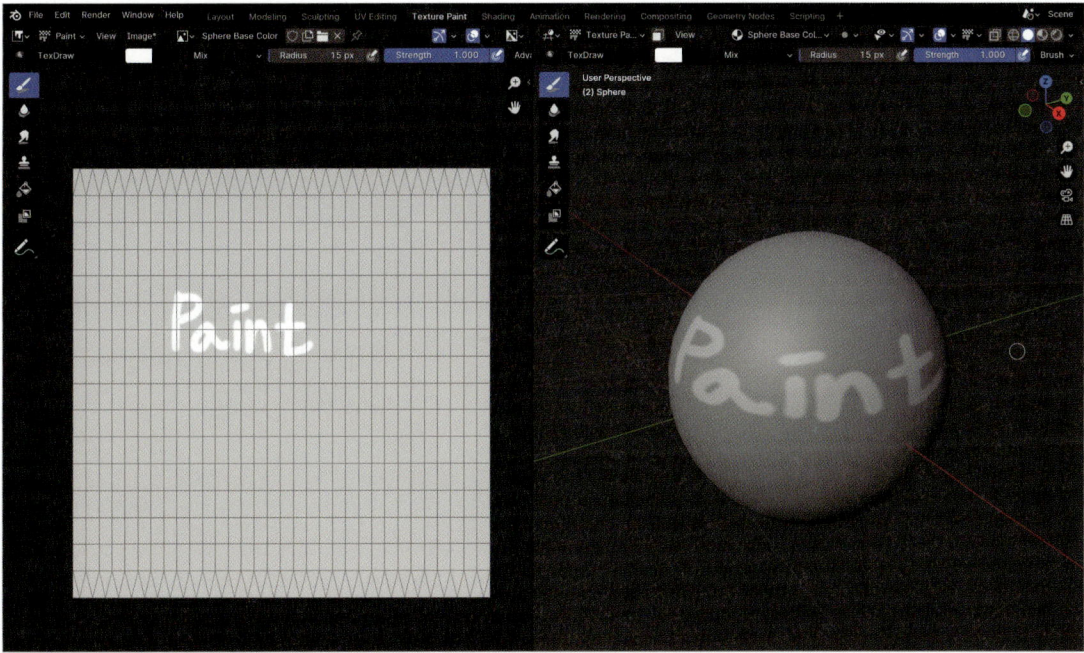

Texture Paint Workspace에서도 드로잉 작업 시 가장 먼저 새 질감을 생성해야 합니다. ❶위쪽 Workspace에서 Texture Paint 탭을 클릭하여 인터페이스를 전환합니다. ❷3D viewport 위쪽의 [Texture Slots]를 클릭한 후 ❸[+] 버튼-[Base Color]를 선택합니다. 그러면 Add Paint Slot 설정 창이 나타납니다. 여기서 기본 설정을 그대로 둔 채로 ❹[OK] 버튼을 클릭하면 새 질감이 추가됩니다.

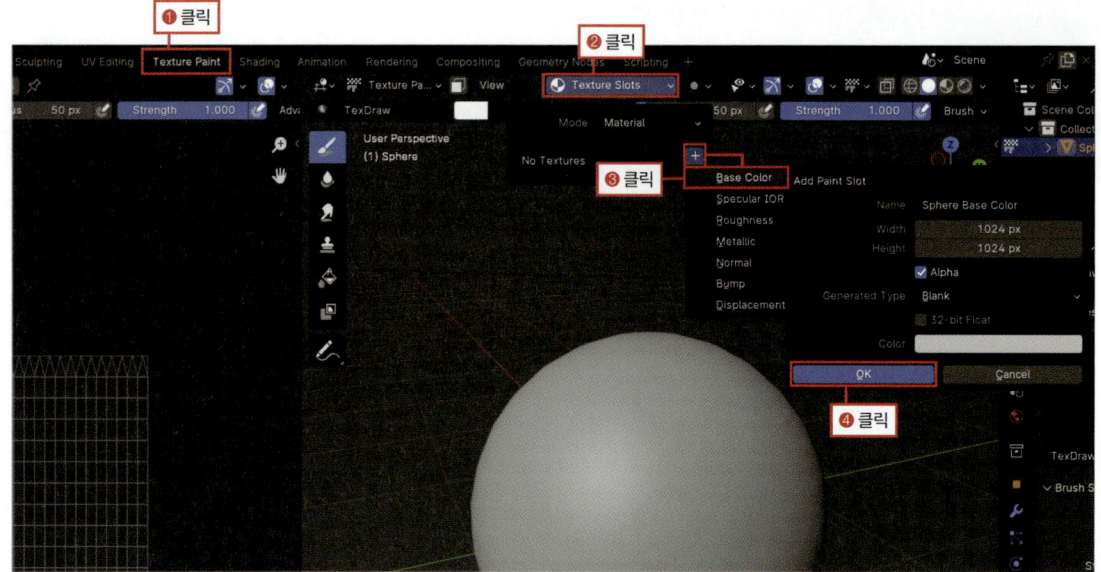

질감이 생성되면 도면(왼쪽 화면)과 오브젝트 위(오른쪽 화면)에 드로잉으로 색상을 표현할 수 있습니다. 이때 한쪽에만 색상을 칠해도 양쪽 모두 동기화되어 표현됩니다.

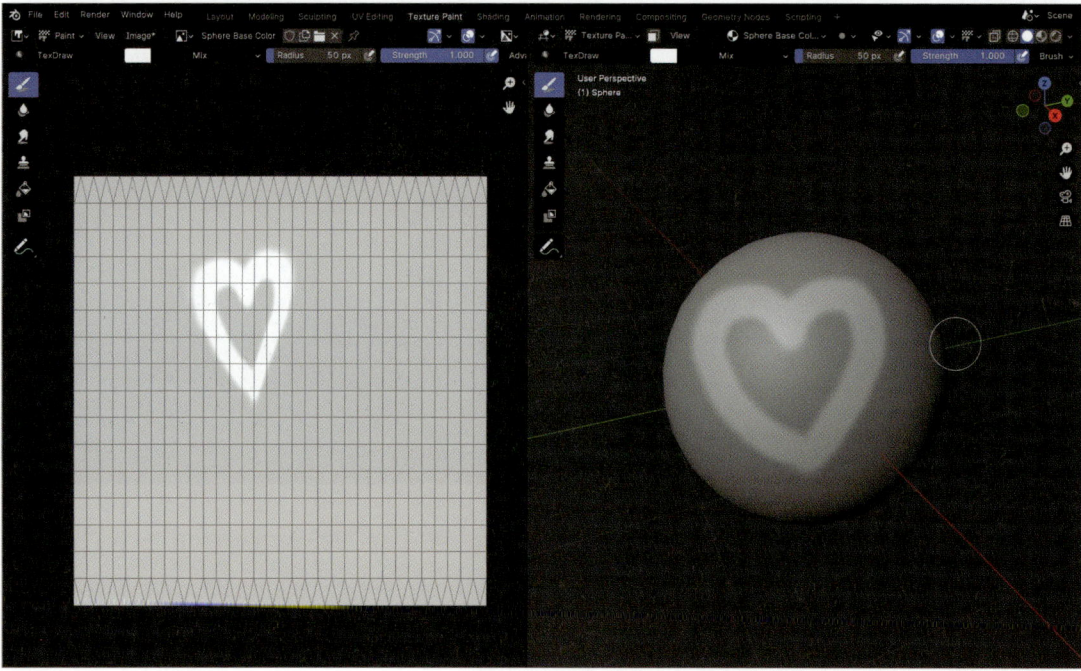

Texture Paint에서 사용할 수 있는 도구로는 다음과 같이 6가지가 있습니다.

ⓐ Draw(칠하기) 툴

ⓑ Soften(경계 흐리기) 툴

ⓒ Smear(문지르기) 툴

ⓓ Clone(복제하기) 툴

ⓔ Fill(채우기) 툴

ⓕ Mask(마스크) 툴

각 도구는 Tool 속성( )-Brush Settings에서 Radius(브러시 크기)와 Strength(브러시 강도)를 설정할 수 있습니다. ⓐDraw(칠하기 도구)와 ⓔFill(채우기 도구)는 Color Picker에서 색상을 설정할 수 있습니다.

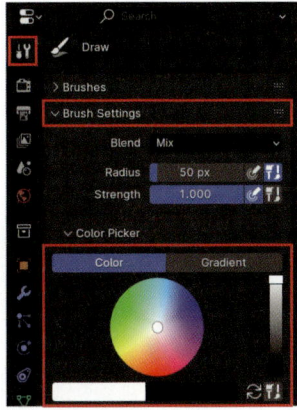

Texture Paint Workspace에서 사과 표면 색상 표현하기

앞서 〈CHAPTER 08〉에서 만들었던 사과에 Texture Paint Workspace를 활용해보겠습니다.

⊙ 준비 파일: chapter09/Apple.blend

이 예제를 따라하기 위해 알아야 하는 핵심기능

- Texture Paint Workspace 활용하기 ← 281쪽 참고

01 '사과' 프로젝트를 불러오고 사과 꼭지의 색상을 지정합니다.

01·1 Ctrl+O를 눌러 〈CHAPTER 08〉에서 만들었던 예제인 '사과' 프로젝트 파일 또는 준비 파일 'Apple.blend'를 불러옵니다.

01·2 ❶질감을 확인할 수 있는 Rendered(◉)로 전환합니다. ❷Cylinder 오브젝트를 선택하고 ❸ Material 속성(◉)에서 [New] 버튼을 클릭하여 새 질감을 추가합니다.

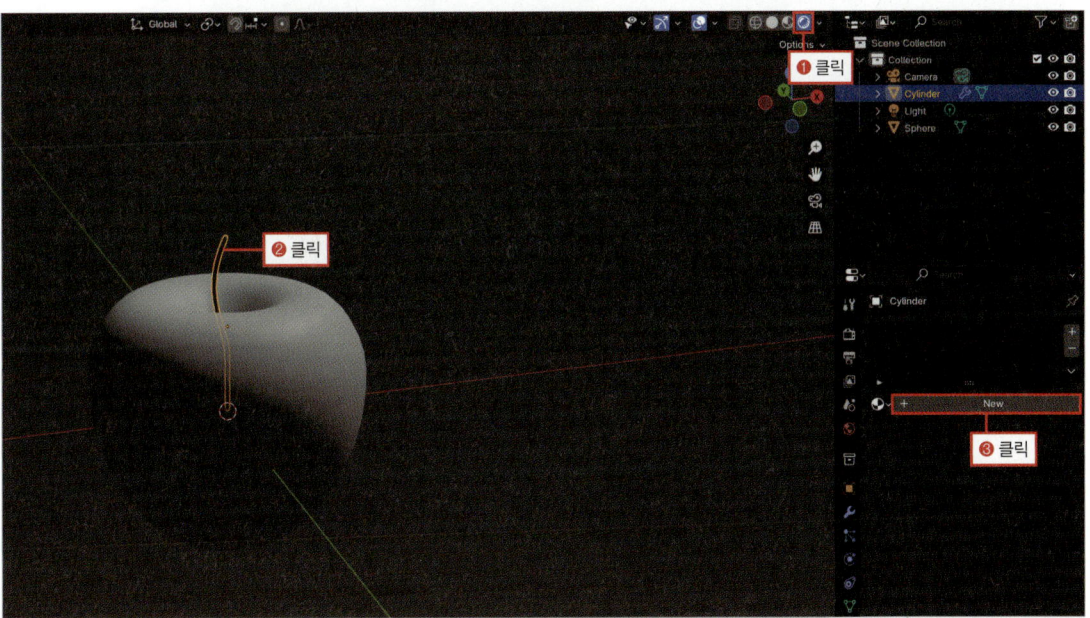

01·3 ❹Surface의 Base Color를 클릭하고 클릭한 후 ❺Hue, Saturation, Value를 조절하여 본인이 표현하고 싶은 색상을 지정합니다.

 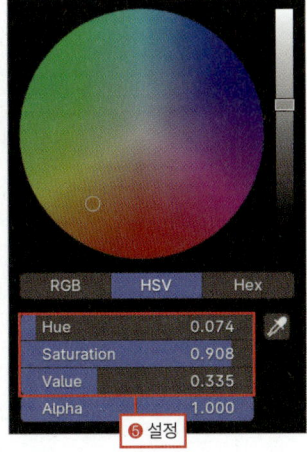

CHAPTER 09. 오브젝트를 다양한 질감으로 표현하기

02 ❶사과 오브젝트를 선택하고 ❷위쪽의 Workspace에서 Texture Paint 탭을 클릭하여 인터페이스를 전환합니다.

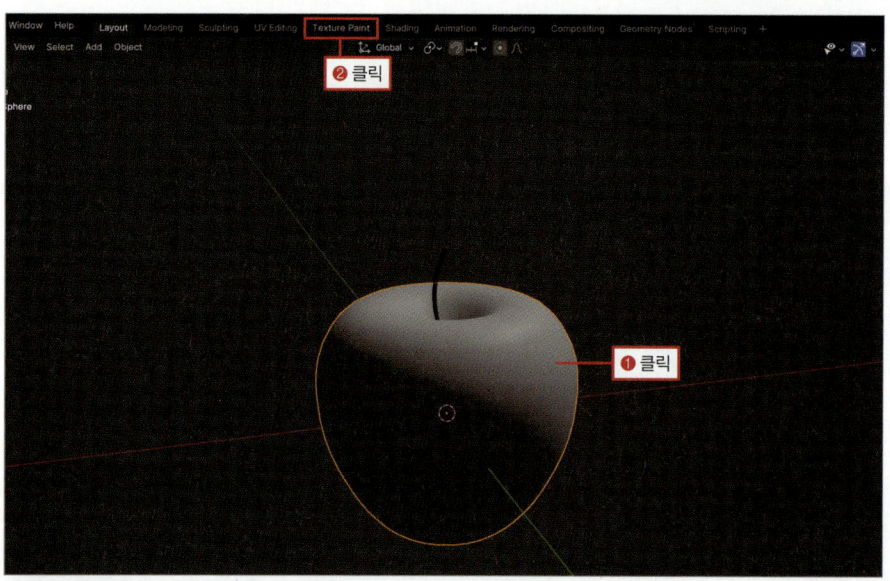

03 Texture Paint 작업을 위한 새로운 질감을 생성합니다.

03·1 ❶[Texture Slots]-[+] 버튼-[Base Color]를 클릭합니다. ❷Add Paint Slot 설정 창에서 [OK] 버튼을 클릭합니다.

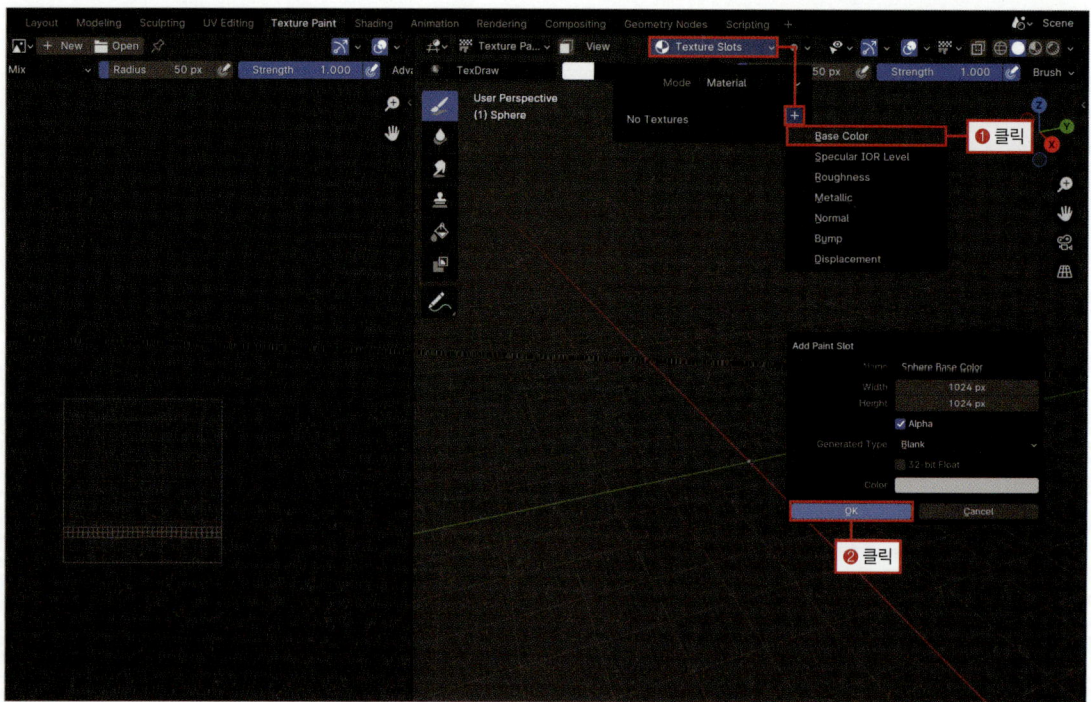

03·2 오른쪽 3D Viewport에서 마우스 가운데 버튼을 돌려 작업하기 편리한 크기로 뷰를 확대/축소합니다. 왼쪽 도면은 전체를 볼 수 있도록 약간 축소합니다.

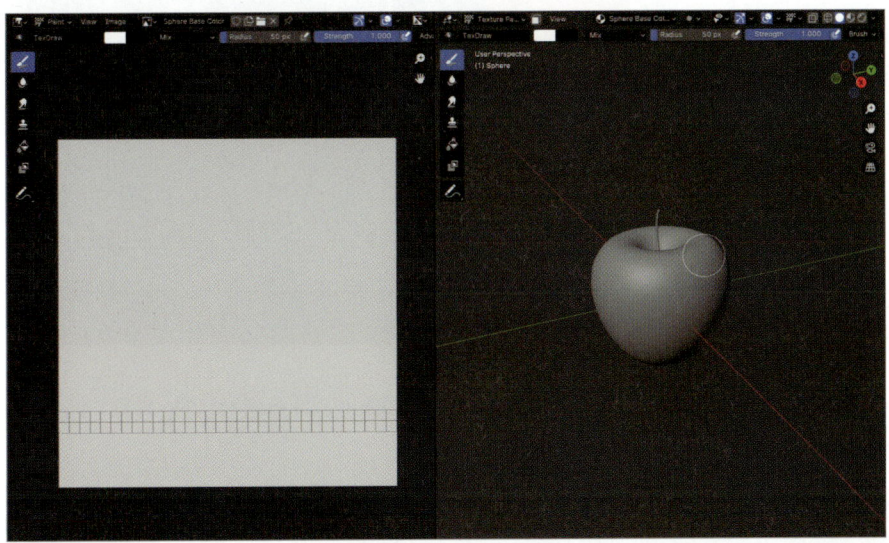

04 Fill 툴로 기본 색상을 적용하겠습니다. ❶Fill 툴을 선택한 후 ❷Tool 속성(🔧)-Brush Settings-Color Picker에서 붉은 사과 색상을 지정하고 ❸왼쪽 도면에 클릭하여 색상을 채웁니다.

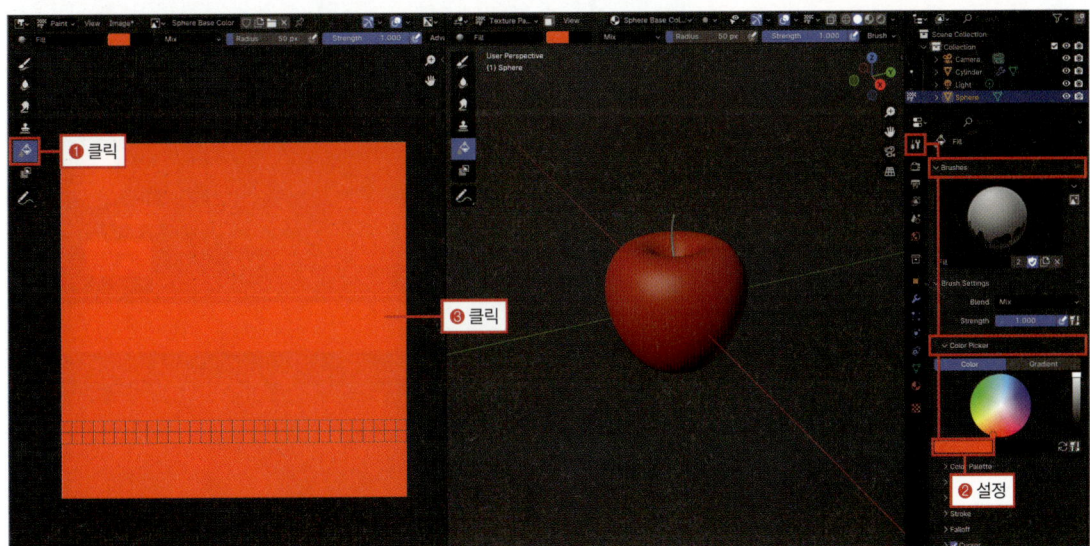

05 Draw 툴로 연두색을 부분적으로 적용합니다.

05·1 오른쪽 3D Viewport에서 마우스 가운데 버튼을 드래그하여 위쪽 오목한 부분이 보이도록 시점을 회전합니다.

05·2 ❶Draw 툴을 선택하고 ❷Tool 속성( )-Brush Settings - Color Picker에서 연두색을 지정하고 ❸3D Viewport에서 오목한 부분 주변을 칠합니다.

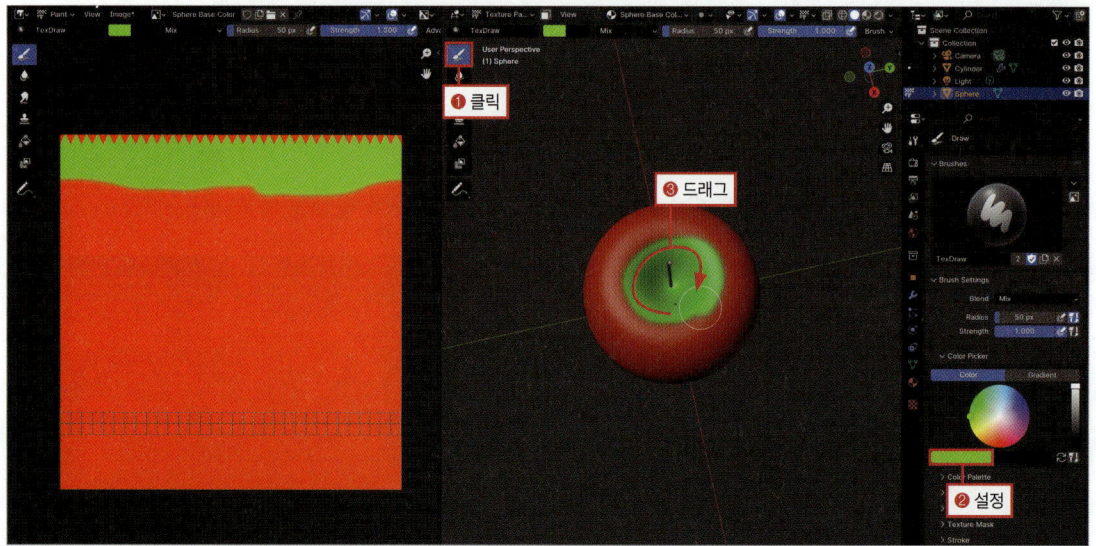

05·3 오른쪽 3D Viewport에서 마우스 가운데 버튼을 드래그하여 아래쪽 오목한 부분이 보이도록 시점을 회전합니다.

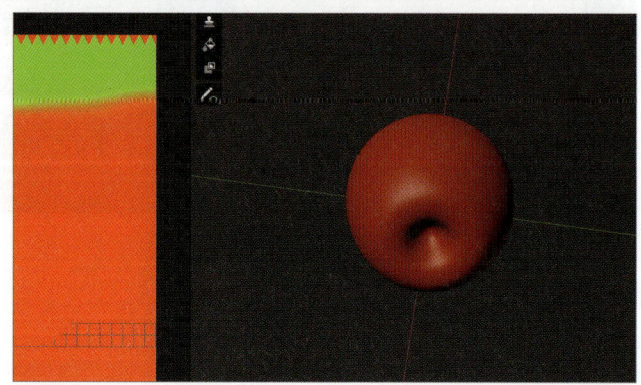

05·4 ❹ 3D Viewport에서 오목한 부분 주변으로 칠합니다.

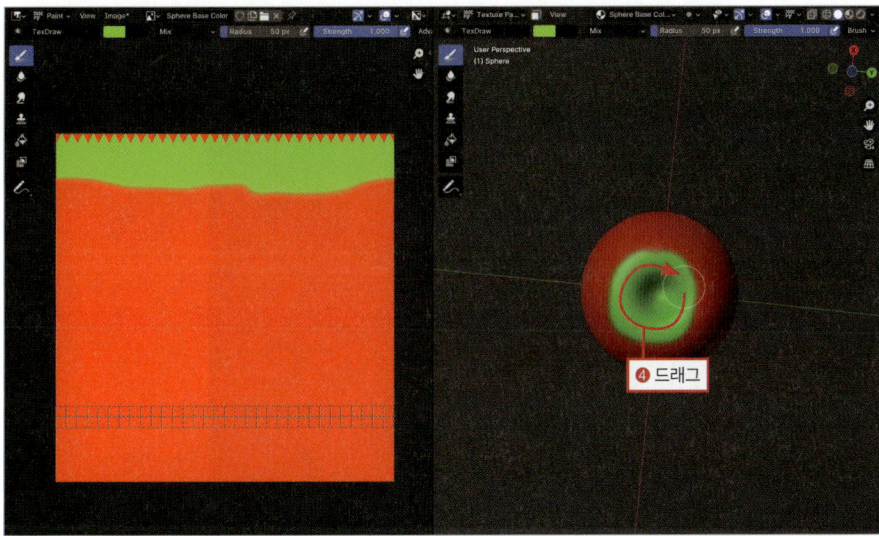

05·5 ❺ 왼쪽 도면에서 위아래 두 연두색 부위가 연결되도록 칠합니다.

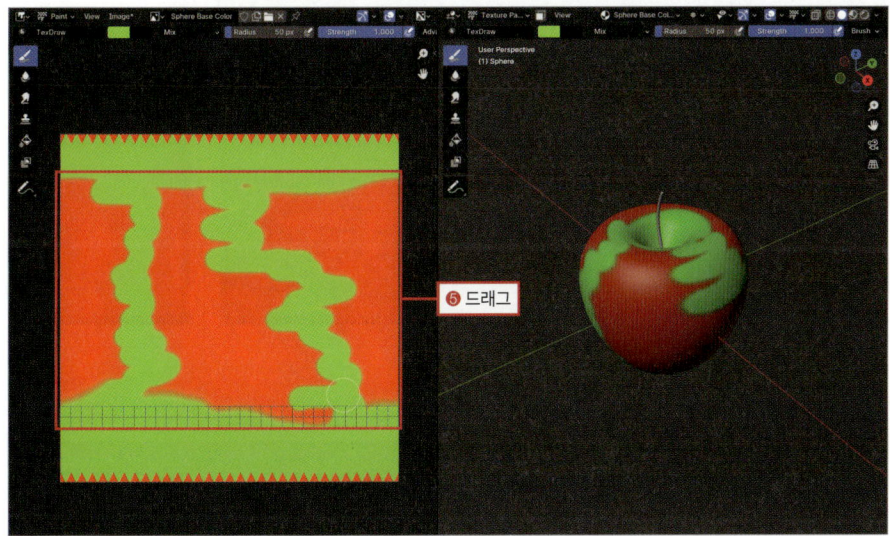

06 Smear 툴로 두 색상을 부드럽게 혼합합니다.

06·1 ❶Smear 툴을 선택한 후 ❷Radius를 '300'으로 설정하여 브러시 크기를 키우고 Strength(강도)를 '0.8'로 설정합니다. ❸왼쪽 도면에 드래그하여 전체적으로 색상을 혼합합니다.

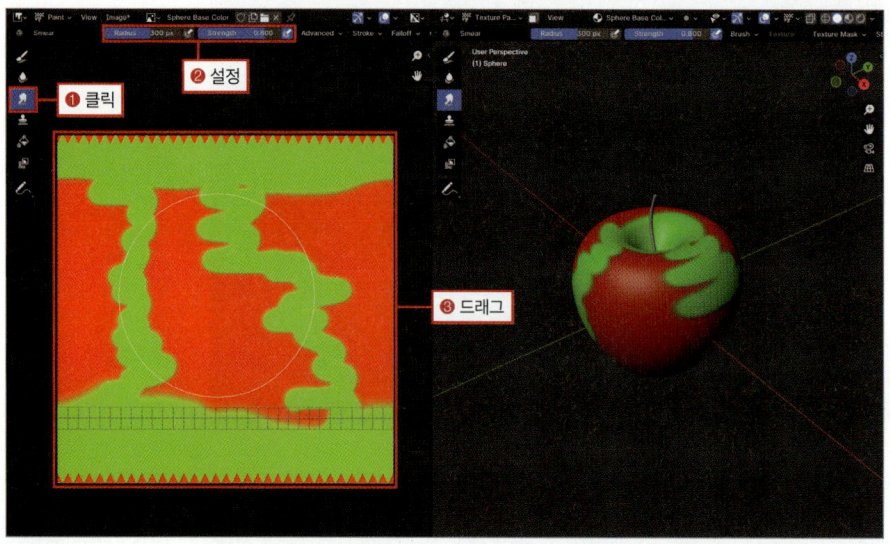

> **NOTE** 　　　　　　　　　　　　　　　　　　　　　　　　**초록색을 자연스럽게 표현하기**
>
> 사과에 다른 색을 입힐 때 사용할 수 있는 방법을 알려드리겠습니다. 도면 중심부의 붉은색 부분에서 시작하여 지그재그 방식으로 드래그합니다. 화면 가장자리를 한 바퀴 돌아 모든 영역의 색상을 혼합합니다. 이러면 여러 번 드래그하지 않고 한 번의 스트로크로 마무리해도 제법 괜찮은 결과물이 나옵니다.
>
>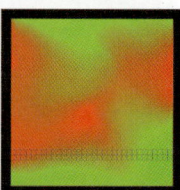

06·2 ❹Radius를 '100'으로 설정하고 ❺오른쪽 3D Viewport에서 어색하게 연결된 색상을 혼합합니다.

TIP 시점을 회전하면서 색상 연결이 어색한 부분이 있는지 확인하며 작업합니다.

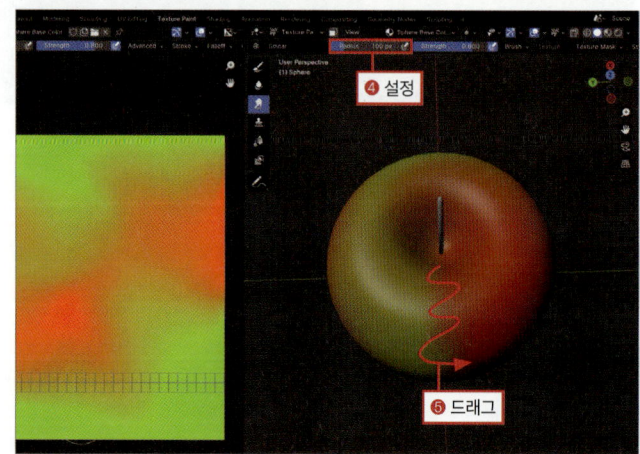

07 이미지를 저장하여 사과 색상 표현을 완료합니다.

07·1 ❶헤더 메뉴 [Image]-[Save]를 클릭하여 제작된 이미지를 저장합니다. ❷ Layout Workspace로 전환합니다.

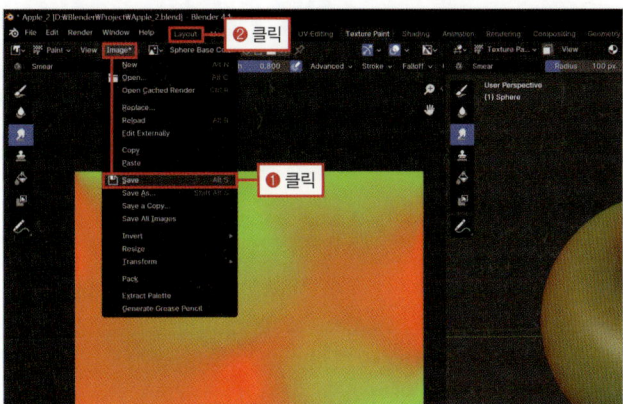

07·2 다음과 같이 사과 표면 색상 표현이 완료되었습니다. Ctrl+S를 눌러 프로젝트를 저장합니다.

UV Editing Workspace에서 오브젝트 표면 질감 표현하기

UV Editing Workspace에서 오브젝트 표면 질감을 표현하는 방법을 익힙니다.

UV Editing Workspace에서는 오브젝트의 전개도(UV) 위에서 표면 질감을 표현할 수 있습니다. 2D 공간에서 작업하는 이점이 있기에 질감의 위치, 크기, 각도 등을 수월하게 조정할 수 있으며, 질감을 제작하는 단계에서도 도면을 참고하면서 쉽게 제작할 수 있습니다.

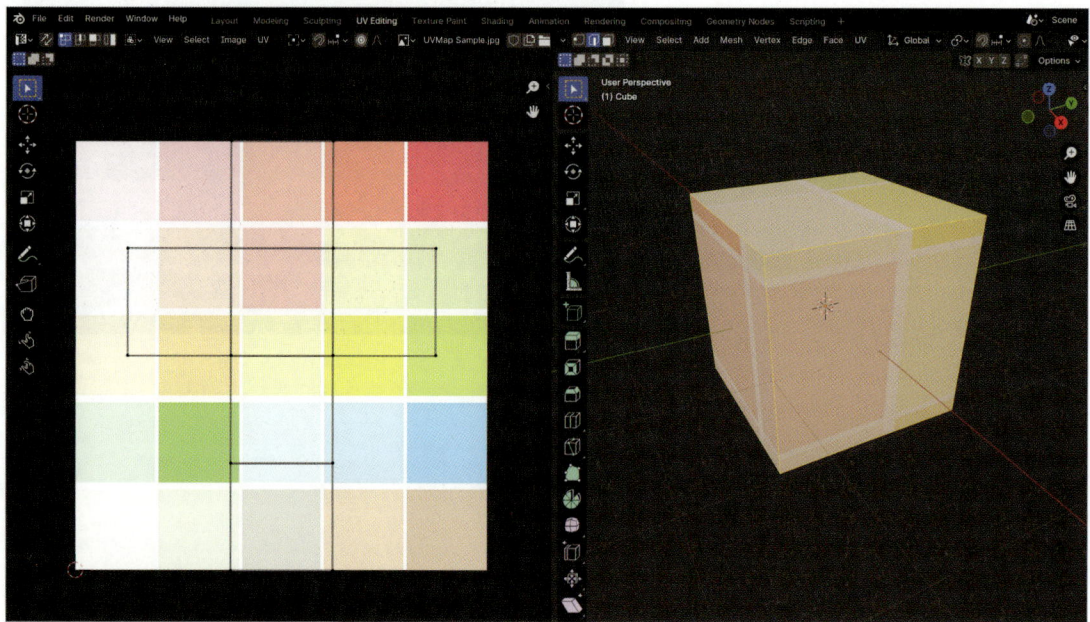

● **전개도 확인하기**

❶위쪽 Workspace에서 UV Editing 탭을 클릭하여 인터페이스를 전환한 후 UV Editing Workspace의 오른쪽 3D Viewport에서 ❷Edit Mode로 전환한 후 ❸A를 눌러 전체 선택하면 왼쪽 화면에서 선택된 오브젝트의 전개도를 확인할 수 있습니다.

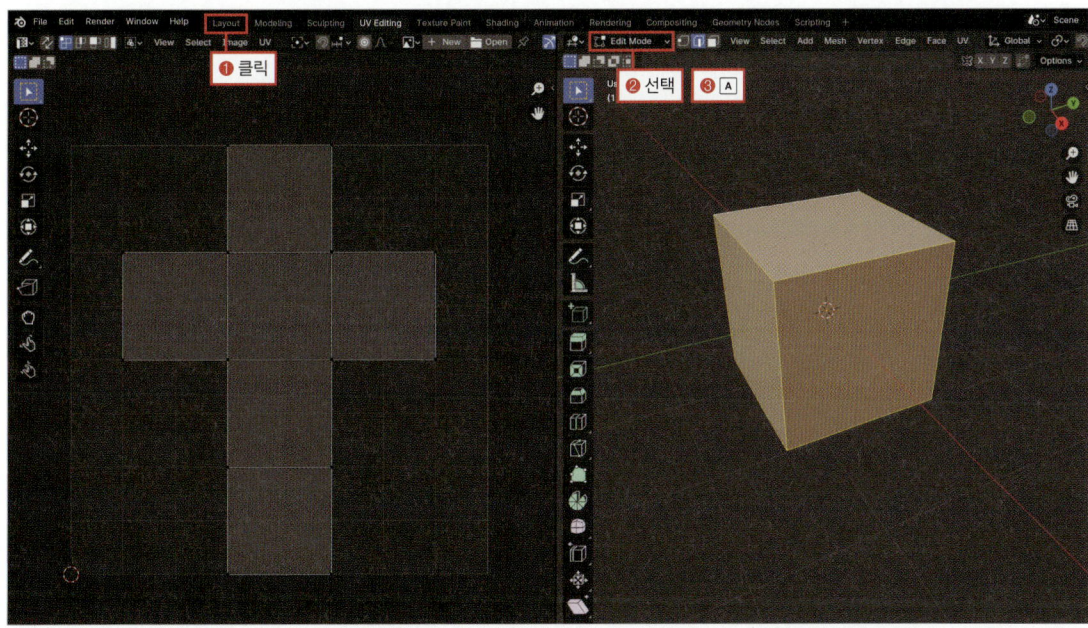

● 전개도를 원하는 형태로 펼치기

전개도를 원하는 형태로 펼치기 위해서는 먼저 분리 지점을 설정해야 합니다. 오른쪽 3D Viewport에서 ❶Edit Mode - Edge select로 전환한 후 ❷분리 지점으로 삼을 Edge들을 동시 선택하고 ❸ U 를 누르면 나타나는 UV Mapping 메뉴에서 ❹[Mark Seam]을 클릭합니다.

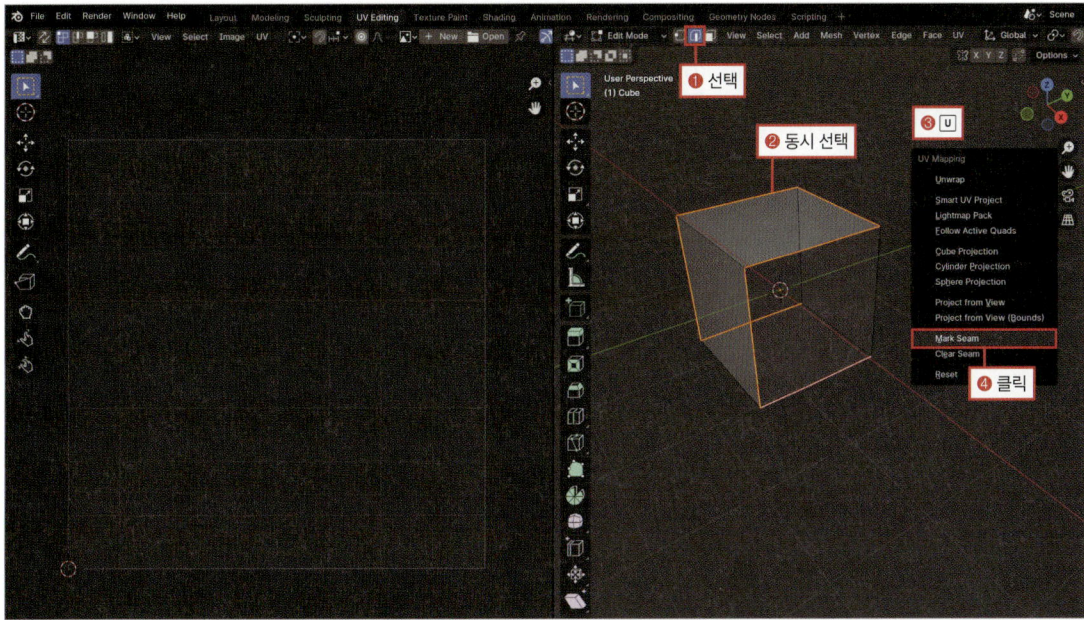

T·I·P Mark Seam은 선택한 Edge를 이어지는 분리 지점으로 삼아 전개도를 펼치겠다고 표시하는 기능을 하는 옵션입니다.

Mark Seam 완료 후 ❺A로 전체 선택하고 ❻U를 누르면 나타나는 UV Mapping 메뉴에서 ❼ [Unwrap]을 클릭하면 왼쪽 전개도가 업데이트됩니다.

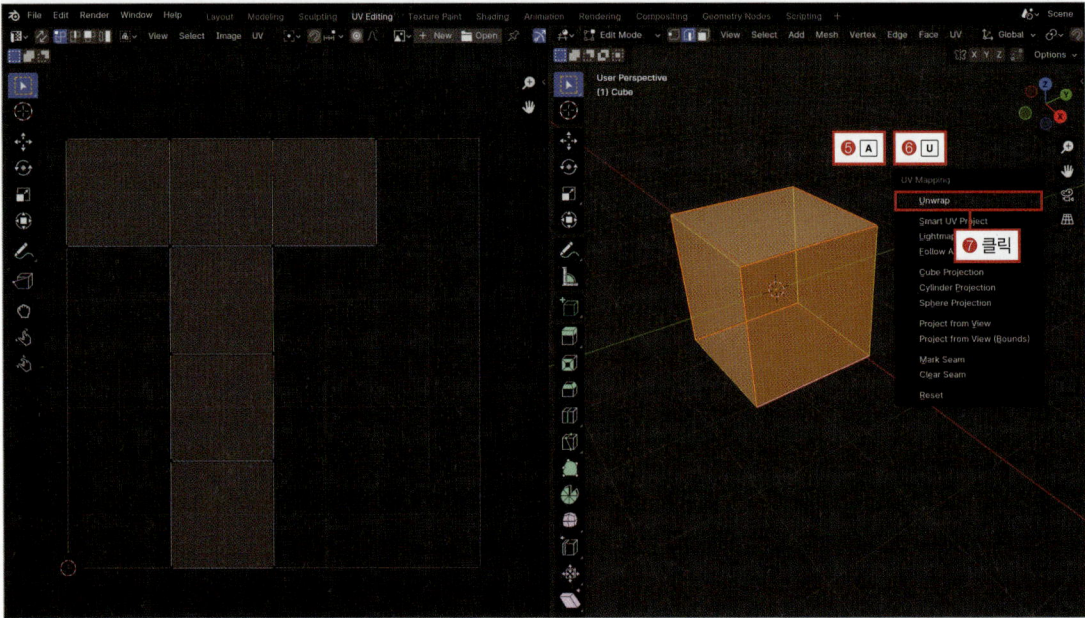

T·I·P Unwrap은 전개도를 펼치는 기능을 하는 옵션입니다.

● 전개도의 Selection Mode

왼쪽 전개도에서 요소를 선택할 때 사용할 수 있는 Selection Mode는 ⓐVertex Selection, ⓑEdge Selection, ⓒFace Selection, ⓓIsland Selection, 총 4가지입니다. 여기서 Island Selection은 전개도상 연결된 부분을 선택하는 기능입니다.

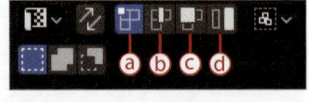

NOTE 전개도의 Selection Mode 단축키

- Vertex Selection : 1
- Edge Selection : 2
- Face Selection : 3
- Island Selection : 4

● **Image Texture 적용하기**

전개도를 펼친 후 Material 속성( )-Surface-Base Color에서 [Image Texture]를 클릭하여 비트맵 이미지(bmp)를 적용할 수 있습니다. 적용한 이미지를 참고하여 전개도의 위치, 크기, 각도 등을 조정할 수 있습니다.

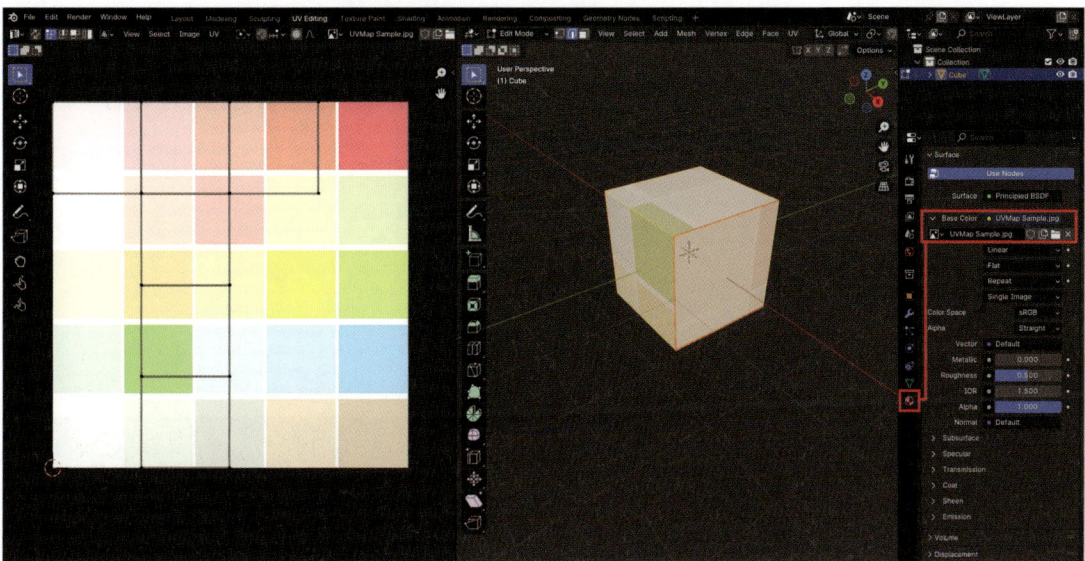

UV Editing Workspace에서 책 표지 질감 표현하기

앞서 〈CHAPTER 05〉에서 만들었던 책 표지에 UV Editing Workspace를 활용해보겠습니다.

◉ **준비 파일**: chapter09/Book.blend, Book_Texture.png

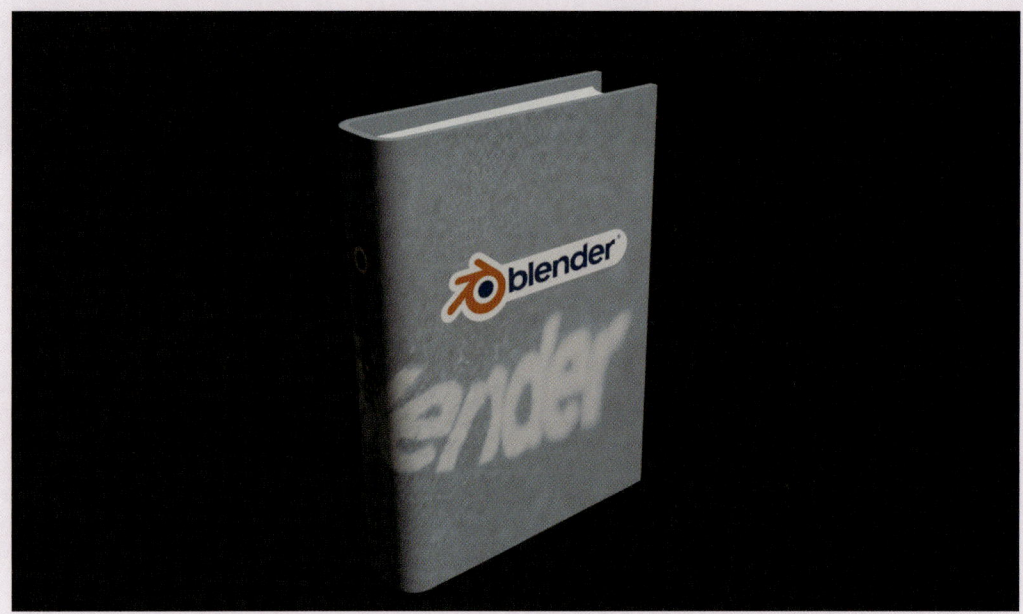

이 예제를 따라하기 위해 알아야 하는 **핵심기능**

- UV Editing Workspace 활용하기 ← 292쪽 참고

01 '책' 프로젝트를 불러오고 책 표지의 전개도를 나눕니다.

01·1 Ctrl+O를 눌러 〈CHAPTER 05〉에서 만들었던 예제인 '책' 프로젝트 파일 또는 준비 파일 'Book.blend'를 불러옵니다.

01·2 책 오브젝트를 선택한 후 Tab을 눌러 Edit Mode로 전환하고 2를 눌러 Edge Select로 전환합니다.

01·3 마우스 가운데 버튼을 누른 채로 드래그하여 앞표지와 책배를 볼 수 있도록 시점을 회전합니다. ❶Alt+Z를 눌러 X-ray 뷰로 전환합니다. 다음 그림과 같이 ❷표지 윗면 Edge를 Alt+클릭하여 Loop 선택합니다. ❸표지 아랫면 Edge를 Alt+Shift+클릭하여 Loop 선택 추가합니다. ❹앞표지 Edge와 ❺뒷표지 Edge를 Shift+클릭하여 선택 추가합니다. ❻U-❼[Mark Seam]을 클릭합니다.

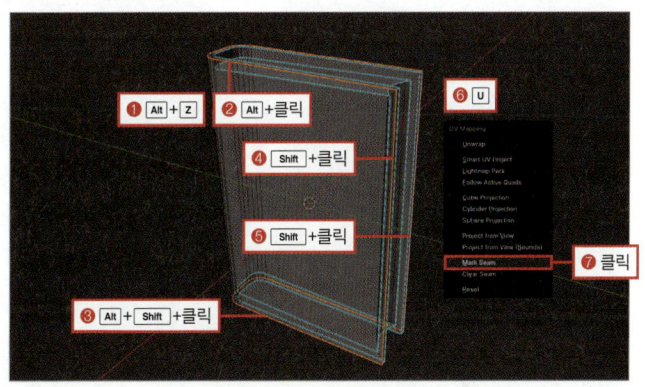

02 내지의 전개도를 나눕니다.

02·1 ❶내지 윗면 Edge를 Alt+클릭하여 Loop 선택합니다. ❷내지 아랫면 Edge를 Alt+Shift+클릭하여 Loop 선택 추가합니다. ❸내지 앞 Edge와 ❹내지 뒷 Edge를 Shift+클릭하여 선택 추가합니다. ❺U-❻[Mark Seam]을 클릭합니다.

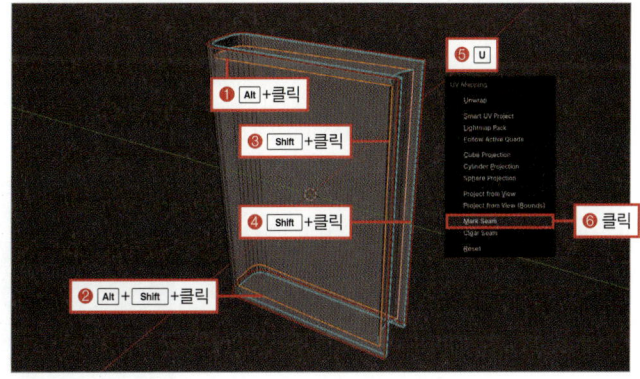

T·I·P 시점을 돌려보면서 경계선이 잘 나누어졌는지 확인합니다. 잘못된 Edge에 Mark Seam된 경우 해당 Edge를 선택한 후 U-Clear Seam을 클릭하여 취소하고, Edge를 다시 선택하여 Mark Seam합니다.

02·2 Alt+Z를 눌러 X-ray 뷰를 해제합니다.

03 내지의 전개도를 펼치겠습니다. 위쪽의 Workspace에서 ❶UV Editing Workspace 탭을 클릭하여 인터페이스를 전환합니다. ❷오른쪽 3D Viewport 위에 마우스 커서를 두고 A를 눌러 전체 선택합니다. Num.을 누른 후 마우스 가운데 버튼을 돌려 작업하기 편리한 크기로 뷰를 확대/축소합니다. ❸U-❹[Unwrap]을 클릭합니다.

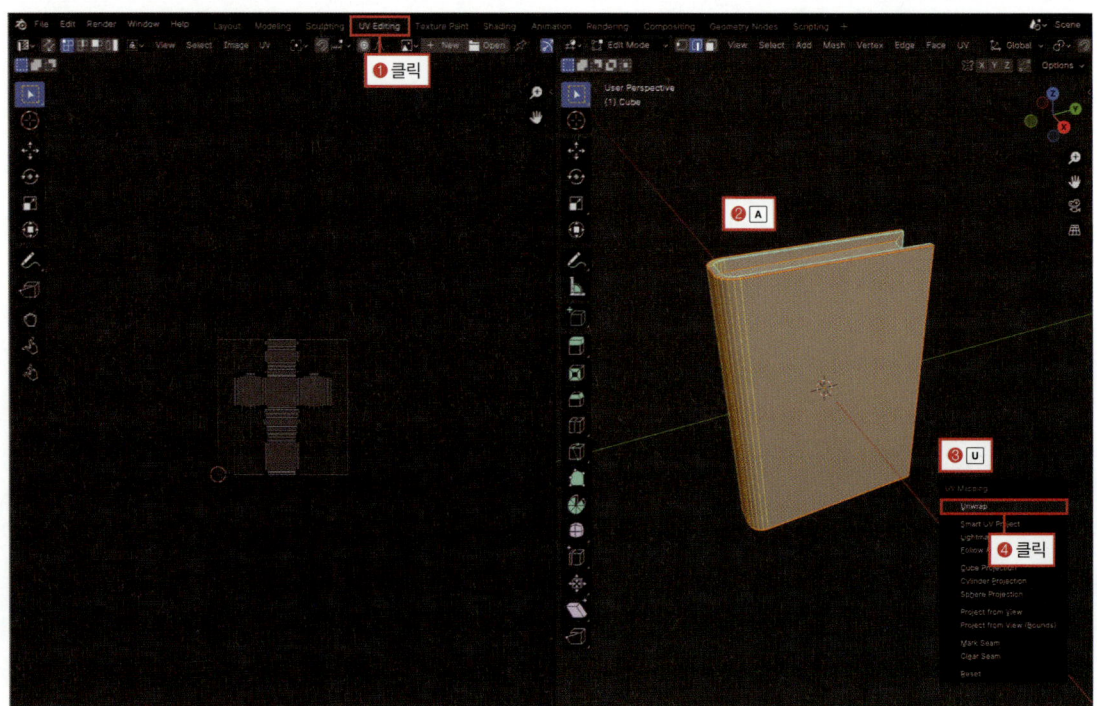

04 펼쳐진 전개도 위에 Image Texture를 적용합니다.

04·1 이번에는 단축키를 사용하여 Rendered( )로 전환하겠습니다. ❶Z를 눌러 Shading 메뉴를 띄운 후 ❷Num 8을 누르거나 [Rendered]를 클릭합니다.

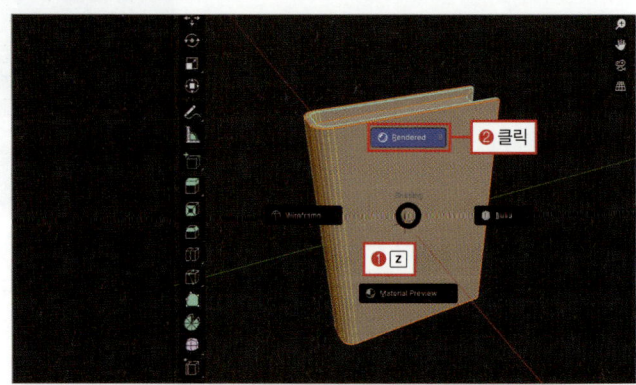

| NOTE | Shading 메뉴로 Viewport Shading 선택하기 |

3D Viewport에서 Z를 누르면 다음과 같은 Shading 메뉴가 나타납니다. 여기서 원하는 Viewport Shading를 선택하여 변경할 수 있습니다. 이 메뉴에서는 단축키 또한 사용할 수 있습니다. 가운데 검은색 원을 기준으로 왼쪽, 오른쪽, 위쪽, 아래쪽이 각각 Num 4, Num 6, Num 8, Num 2에 대응합니다. 이를 정리하면 다음과 같습니다.

- Wireframe: Num 4
- Solid: Num 6
- Rendered: Num 8
- Material Preview: Num 2

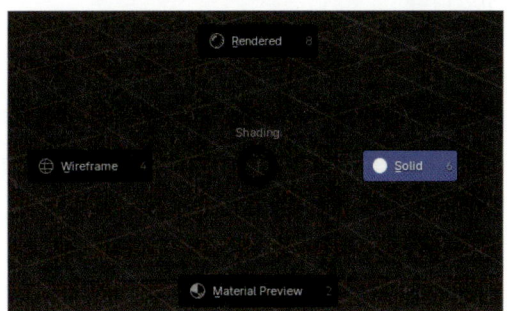

04·2 ❸Material 속성(	)에서 ❹[New] 버튼을 클릭하여 새 질감을 추가합니다.

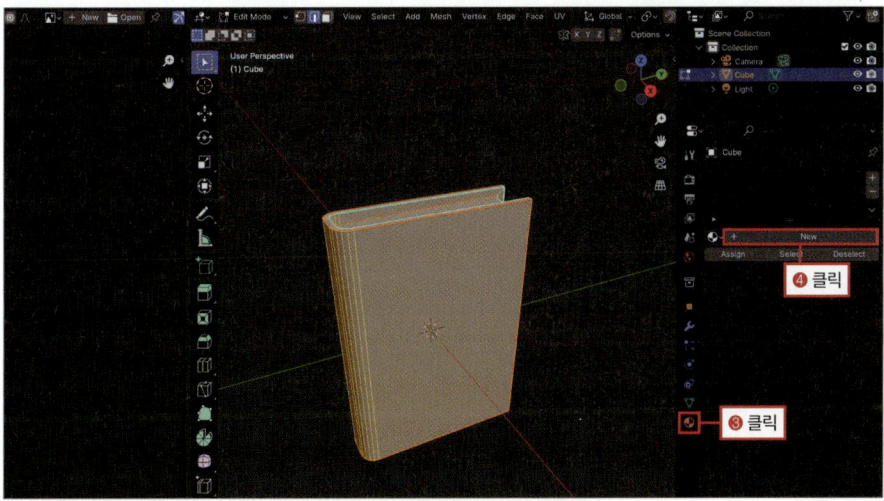

04·3 ❺Surface에서 Base Color의 노란색 점을 클릭하고 ❻[Image Texture]를 선택합니다.

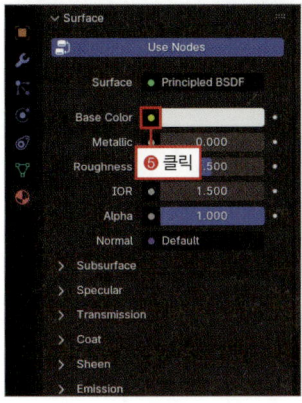 

CHAPTER 09. 오브젝트를 다양한 질감으로 표현하기 / 299

04·4 ❼[Open] 버튼을 클릭하고 준비 파일 'Book_Texture.png'를 지정합니다.

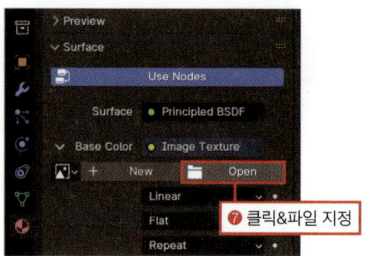

05 내지 부분의 전개도를 이동하여 흰색 질감을 적용합니다.

05·1 오른쪽 3D Viewport에서 전체 선택을 유지한 상태로 ❶왼쪽 전개도에서 4 를 눌러 Island select로 전환합니다.

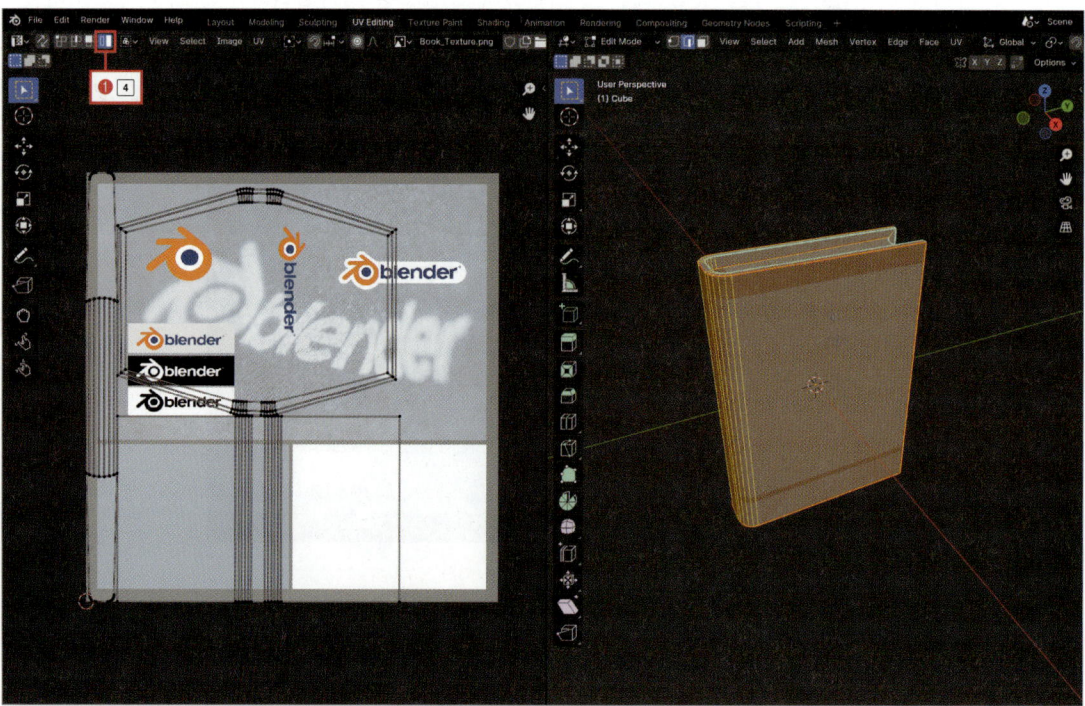

05·2 ❷Ⓐ 지점(내지)의 Island를 선택합니다. ❸S를 누른 후 ❹크기를 줄이고 클릭하여 크기 조절을 완료합니다. ❺G를 누른 후 ❻질감의 흰색 부분으로 이동하고 클릭하여 완료합니다.

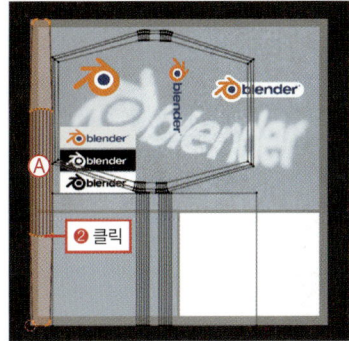  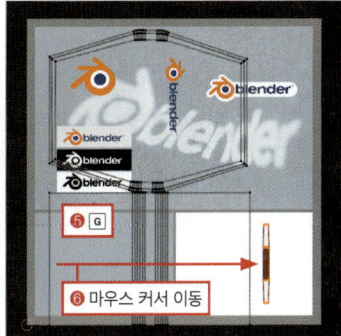

06 표지와 내지 사이 부분의 전개도를 이동하여 하늘색 질감을 적용하겠습니다. ❶Ⓑ 지점(표지와 내지 사이)의 Island를 선택합니다. ❷S를 누른 후 ❸크기를 줄이고 클릭하여 완료합니다. ❹G를 누른 후 ❺질감의 하늘색 부분으로 이동하고 클릭하여 완료합니다.

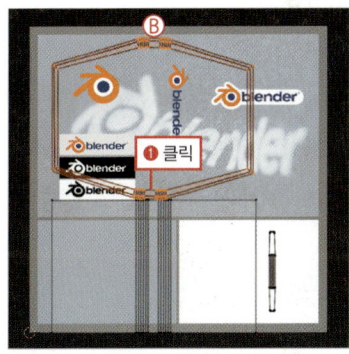 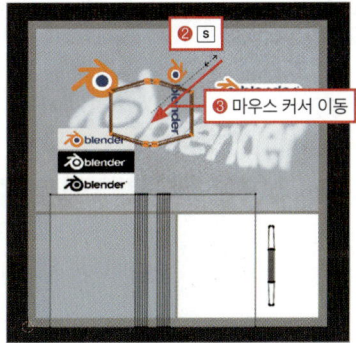 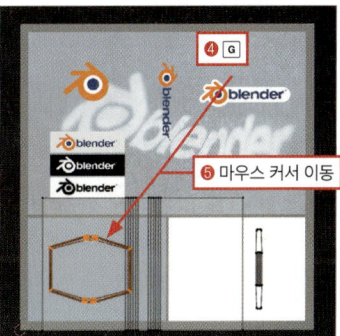

07 표지 부분의 전개도를 이동하여 책 표지 이미지 질감을 적용하겠습니다. ❶Ⓒ 지점(표지)의 Island를 선택합니다. ❷G를 누른 후 ❸책 표지 이미지 부분으로 이동하고 클릭하여 완료합니다. ❹S를 누른 후 ❺책 표지 이미지보다 약간 작게 크기를 조절하고 클릭하여 완료합니다.

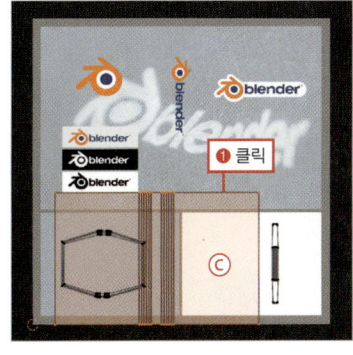 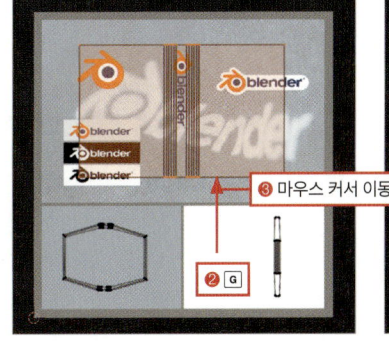 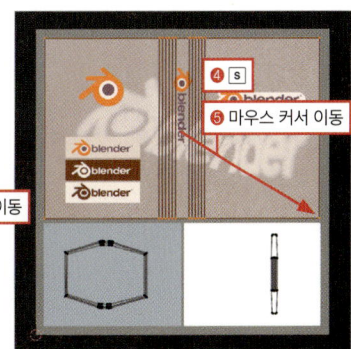

08 오른쪽 3D Viewport를 보면 질감이 거꾸로 뒤집혔습니다. 회전하여 바로잡고 완성된 책 질감을 확인합니다.

08·1 ❶ⓒ 지점(표지)의 Island를 선택합니다. ❷R을 누른 후 ❸Ctrl을 누른 채로 전개도를 회전하며 180도로 회전되었을 때 클릭하여 완료합니다.

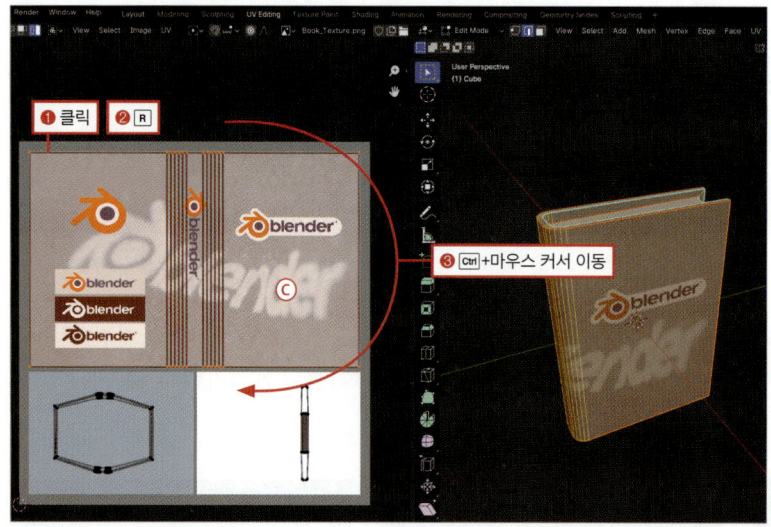

08·2 위쪽의 Workspace에서 Layout Workspace 탭을 클릭하여 인터페이스를 전환합니다.

08·3 Z-Num 8을 눌러 Rendered(◉)로 전환하여 Image Texture 적용 결과를 확인하면 다음 그림과 같습니다. Ctrl+S를 눌러 프로젝트를 저장합니다.

CHAPTER

10

Modifier로 오브젝트를 다양한 방식으로 수정하기

이것만 알아두자!

- Subdivision Surface Modifier를 활용하여 폴리곤을 더 세세하게 조정하는 방법을 익힙니다.
- Boolean Modifier를 활용하여 합집합, 차집합, 교집합 방식으로 새로운 오브젝트를 만드는 방법을 익힙니다.
- Simple Deform Modifier를 활용하여 오브젝트를 비틀고, 접고, 오므리고, 늘이는 방법을 익힙니다.
- Array Modifier를 활용하여 오브젝트를 규칙적으로 복제하고 배열하는 방법을 익힙니다.
- Screw Modifier를 활용하여 기준점으로부터 일정한 간격을 유지한 채로 오브젝트를 만드는 방법을 익힙니다.
- Mirror Modifier를 활용하여 기준점으로부터 오브젝트를 대칭 복제하는 방법을 익힙니다.
- 다양한 Modifier를 활용하여 커튼, 복층룸, 스탠드, 2층 난간, 원형 계단, 소파를 만들어봅니다.

Subdivision Surface로 오브젝트를 세세하게 조정하기

Subdivision Surface Modifier를 활용하여 폴리곤을 더 세세하게 조정하는 방법을 익힙니다.

LESSON

Subdivision Surface는 폴리곤을 실제로 더 세밀하게 나누지 않으면서도 마치 더 작고 많은 폴리곤으로 구성된 것처럼 보이도록 함으로써 부드러운 형태를 얻을 수 있는 Modifier입니다.

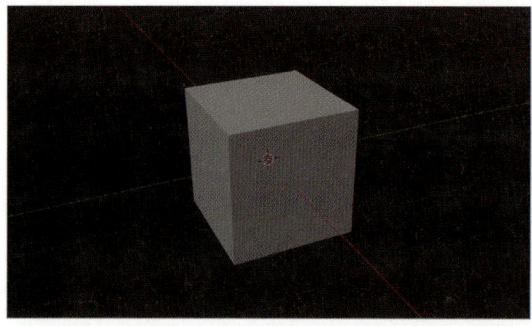

Subdivision Surface를 적용하려면 대상 오브젝트를 선택하고 ❶Modifier 속성(🔧)에서 ❷[Add Modifier] 버튼을 클릭하면 나타나는 메뉴의 ❸[Generate]-[Subdivision Surface]를 클릭합니다.

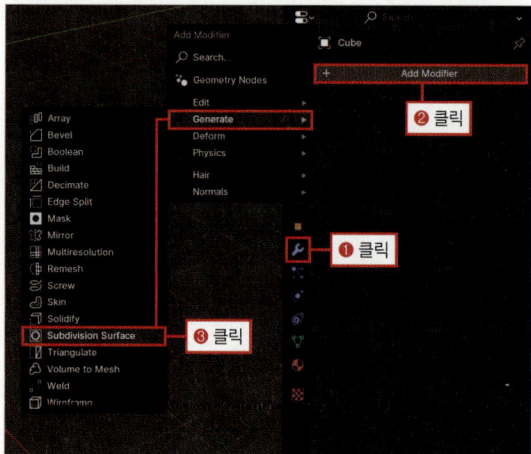

이러면 다음 그림과 같이 새로운 설정이 나타납니다. 여기의 ⓐLevels Viewport와 ⓑLevels Render에서 강도를 설정할 수 있습니다.

각각 3D Viewport에서 보이는 강도, 렌더링할 때의 강도를 의미하므로 동일 수치로 설정하는 것이 바람직합니다. Levels 수치가 높을수록 더 부드러운 Subdivision Surface 결과를 얻을 수 있습니다.

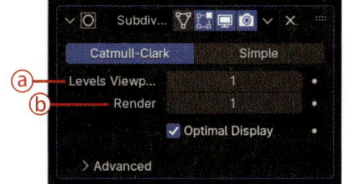

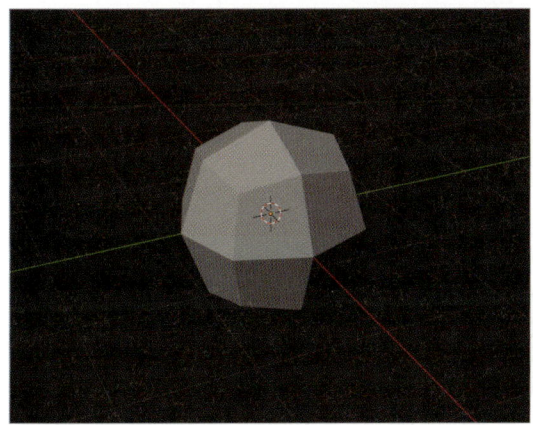

Levels 수치가 1인 오브젝트

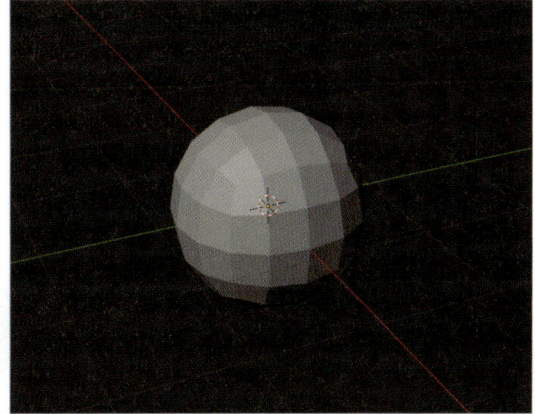

Levels 수치가 2인 오브젝트

커튼 만들기

Subdivision Surface Modifier를 활용하여 세세한 주름으로 표현되는 커튼을 만들어봅니다.

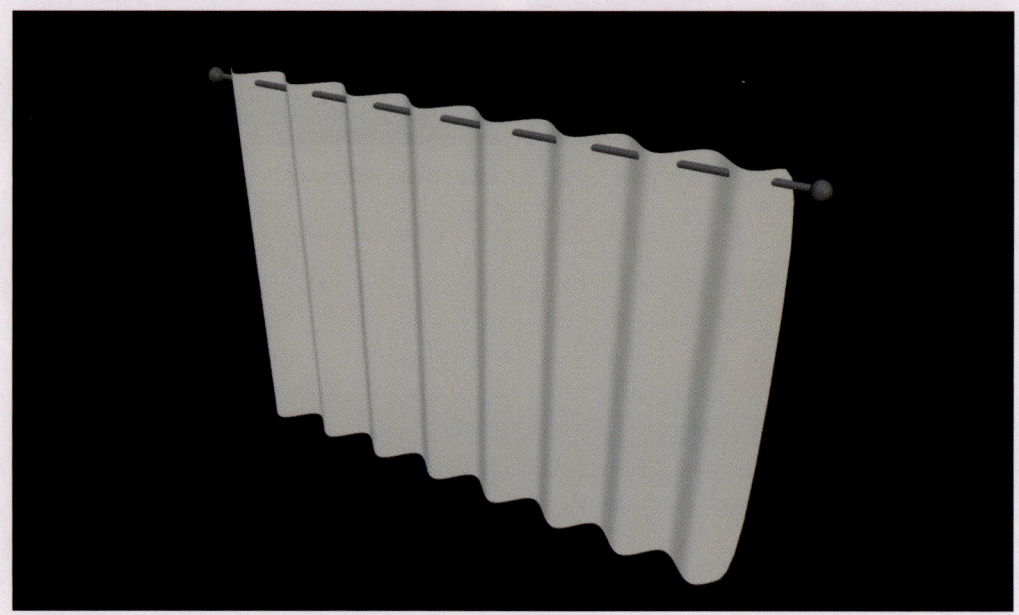

이 예제를 따라하기 위해 알아야 하는 **핵심기능**

- Shade Smooth하기 ← 043쪽 참고
- Subdivision Surface하기 ← 304쪽 참고

01 Cylinder를 생성하고 크기와 위치를 설정합니다.

01·1 새 프로젝트를 만들고 디폴트 오브젝트 중 Cube를 삭제합니다.

01·2 ❶헤더 메뉴 [Add]-[Mesh]-[Cylinder]를 클릭하여 Cylinder 오브젝트를 만듭니다. 또는 Shift +A를 누르고 Add 메뉴-[Mesh]-[Cylinder]를 클릭합니다. ❷F9-Add 설정 창에서 ❸Radius를 '0.015', Depth를 '3', Location Z를 '2', Rotation Y를 '90'으로 설정합니다.

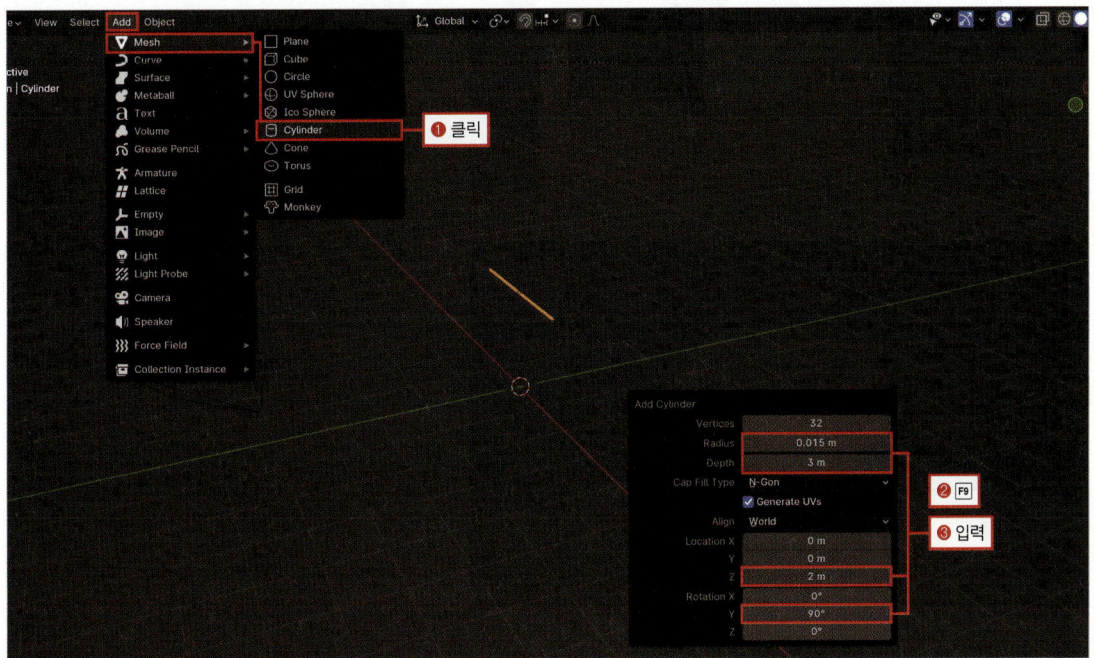

01·3 Num.을 누른 후 마우스 가운데 버튼을 돌려 작업하기 편리한 크기로 뷰를 확대/축소합니다.

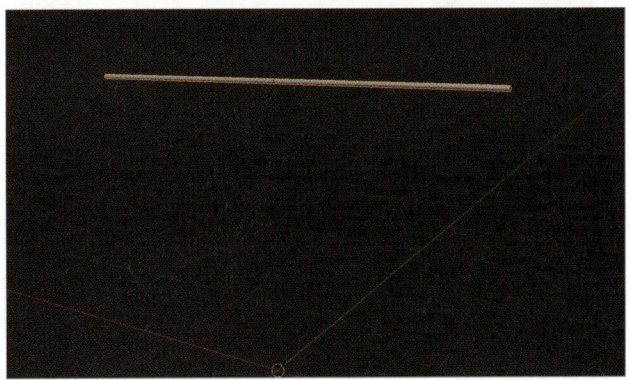

CHAPTER 10. Modifier로 오브젝트를 다양한 방식으로 수정하기 / 307

02
Plane을 생성하고 위치와 각도를 설정하겠습니다. ❶헤더 메뉴 [Add]-[Mesh]-[Plane]을 클릭하여 Plane 오브젝트를 만듭니다. 또는 Shift + A 를 누르고 Add 메뉴-[Mesh]-[Plane]을 클릭합니다. ❷Object 속성(■)-Transform에서 Location Z를 '1.05', Rotation X를 '90'으로 설정합니다.

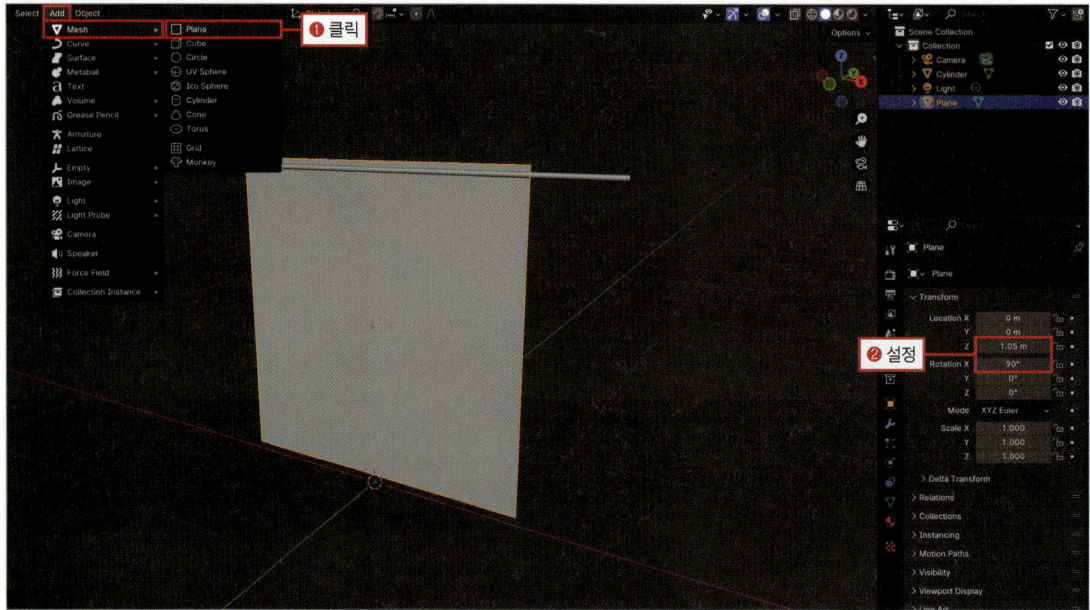

03
Subdivide하여 Edge를 추가합니다.

03·1 오브젝트 선택을 유지한 상태로 Tab 을 눌러 Edit Mode로 전환하고 2 를 눌러 Edge select로 전환합니다.

03·2 ❶위, 아래 Edge를 드래그하여 동시 선택합니다. ❷마우스 오른쪽 버튼을 누르면 나타나는 메뉴에서 ❸[Subdivide]를 클릭하고 ❹ F9 -Subdivide 설정 창에서 ❺Number of Cuts를 '15'로 설정합니다.

04 Edge를 어긋나게 이동하여 지그재그 모양을 만듭니다.

04·1 ❶세로 Edge들만 드래그하여 동시 선택합니다. ❷헤더 메뉴 [Select]-[Checker Deselect]을 클릭합니다.

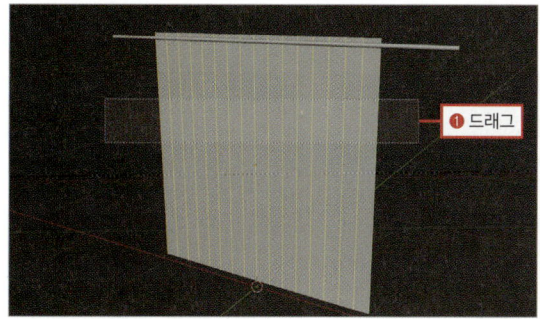 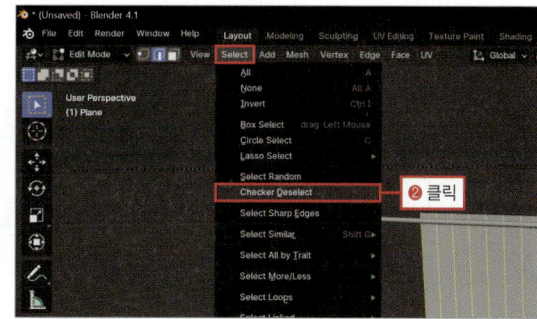

04·2 ❸G-Y를 눌러 Y축으로 방향을 설정합니다. ❹지그재그 모양이 되도록 이동하고 클릭하여 완료합니다. ❺F9 -Move 설정 창에서 ❻Move Y를 '-0.2'로 설정합니다.

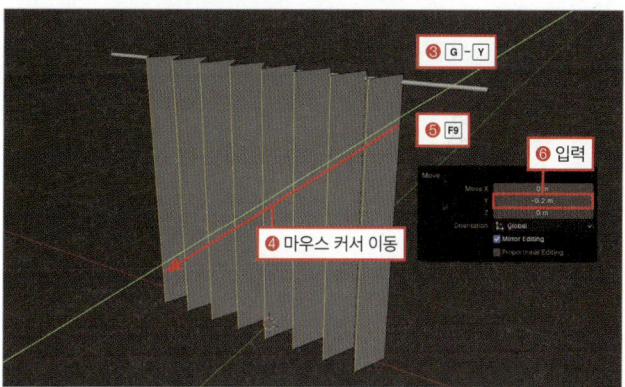

05 위, 아래 Edge를 Subdivide하겠습니다. ❶위쪽 Edge를 Alt+클릭하여 Loop 선택합니다. ❷아래쪽 Edge를 Alt+Shift+클릭하여 Loop 선택 추가합니다. ❸마우스 오른쪽 버튼을 누르면 나타나는 메뉴에서 ❹[Subdivide]를 클릭합니다.

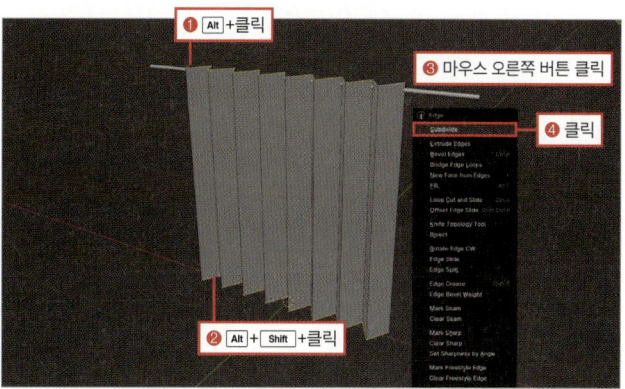

CHAPTER 10. Modifier로 오브젝트를 다양한 방식으로 수정하기

06 Subdivision Surface를 적용하여 커튼의 굴곡을 부드럽게 만듭니다.

06·1 `Tab`을 눌러 Object Mode로 전환합니다.

06·2 ❶커튼 오브젝트를 선택하고 ❷Modifier 속성(🔧)에서 ❸[Add Modifier] 버튼을 클릭한 후 ❹[Generate]-[Subdivision Surface]를 선택합니다.

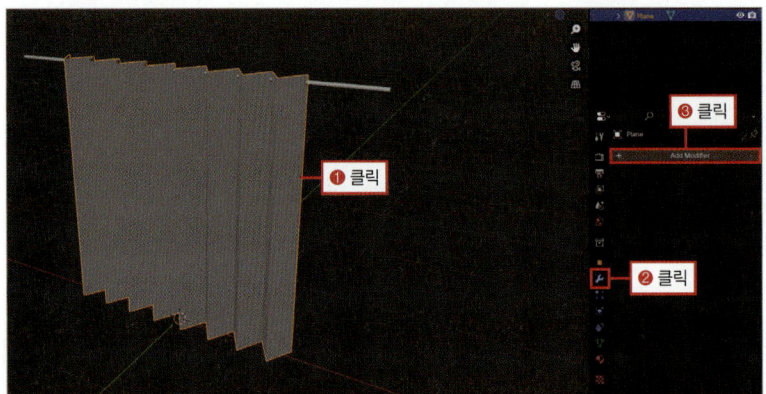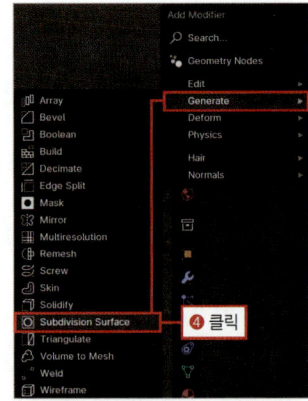

06·3 ❺Levels Viewport를 '2'로 설정합니다.

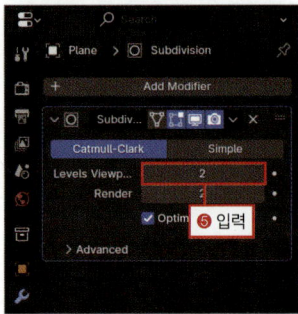

07 Shade Smooth를 적용하여 표면을 부드럽게 연결하겠습니다. ❶커튼 오브젝트를 선택하고 ❷마우스 오른쪽 버튼을 누르면 나타나는 메뉴에서 ❸[Shade Smooth]를 클릭합니다.

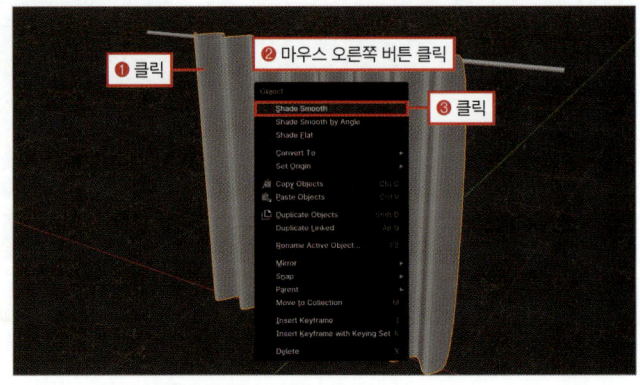

08 커튼을 커튼봉 위치로 이동하겠습니다. 커튼 오브젝트의 선택을 유지한 상태에서 ❶ G-Y를 눌러 Y축으로 방향을 설정합니다. ❷커튼봉과 겹치는 위치로 이동하고 클릭하여 완료합니다. ❸F9-Move 설정 창에서 ❹Move Y를 '0.1'로 설정합니다.

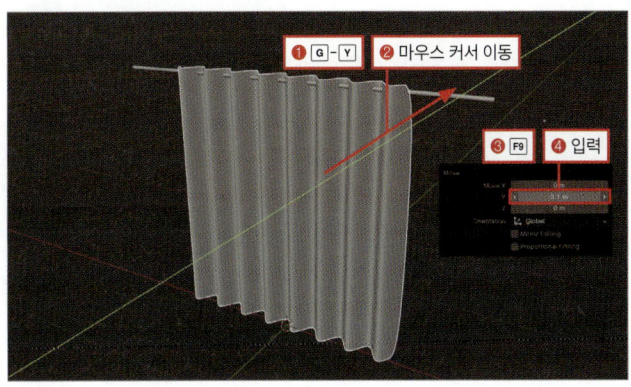

09 커튼의 Origin 위치를 변경하겠습니다. 커튼 오브젝트의 선택을 유지한 상태에서 ❶커튼과 커튼봉이 만나는 오른쪽 끝 지점에 Shift +마우스 오른쪽 버튼을 클릭합니다. ❷마우스 오른쪽 버튼을 누르면 나타나는 메뉴에서 ❸[Set Origin]-[Origin to 3D Cursor]를 클릭합니다.

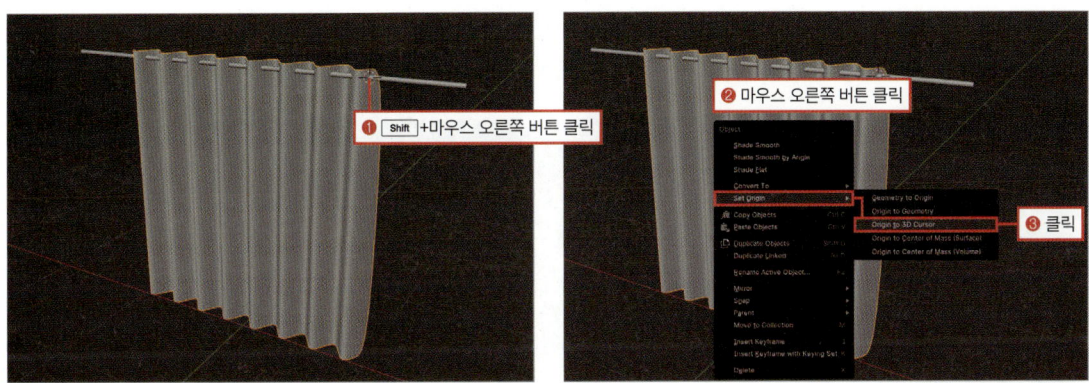

10 커튼을 오른쪽으로 이동시키겠습니다. 커튼 오브젝트의 선택을 유지한 상태에서 ❶ G-X를 눌러 X축으로 방향을 설정합니다. ❷커튼봉의 오른쪽 끝을 넘지 않도록 이동하고 클릭하여 완료합니다.

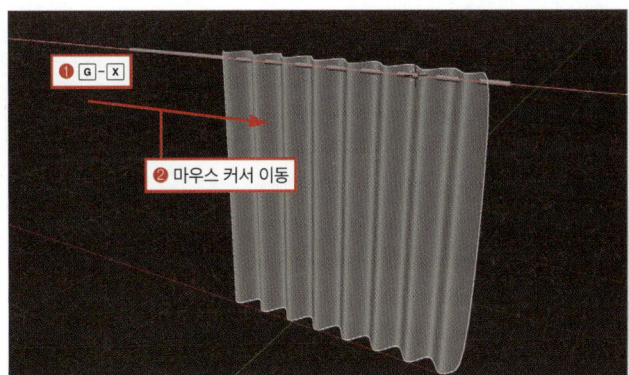

11 커튼의 Scale을 조정하겠습니다. 커튼 오브젝트의 선택을 유지한 상태에서 ❶[S]-[X]를 누른 후 X축으로 방향을 설정합니다. ❷커튼을 펼쳐 놓은 상태로 조절한 후 클릭하여 완료합니다.

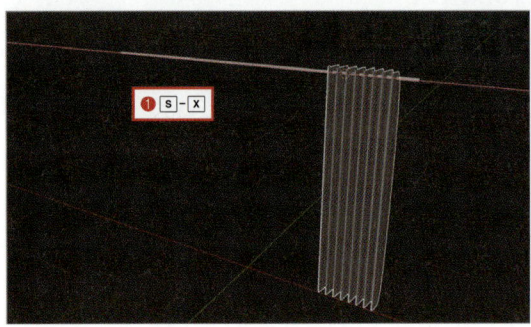 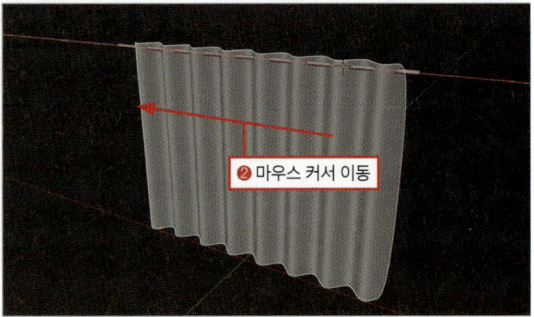

T·I·P Scale을 조절하면 Origin을 기준으로 커튼이 접히고 펼쳐집니다.

12 UV Sphere를 생성하여 커튼봉 장식을 만들겠습니다. ❶헤더 메뉴 [Add]-[Mesh]-[UV Sphere]를 클릭하여 UV Sphere 오브젝트를 만듭니다. 또는 [Shift]+[A]-Add 메뉴에서 [Mesh]-[UV Sphere]를 클릭합니다. ❷[F9]-Add 설정 창에서 ❸Radius를 '0.04', Location X를 '-1.5', Location Z를 '2'로 설정합니다.

13 Sphere를 복사-이동하겠습니다. ❶Sphere 오브젝트를 선택합니다. ❷ Shift + D - X 를 눌러 X축 방향을 선택합니다. ❸커튼봉 오른쪽 끝으로 복사 이동한 다음 클릭하여 완료합니다. ❹F9 - Duplicate Objects 설정 창에서 ❺Move X를 '3'으로 설정합니다.

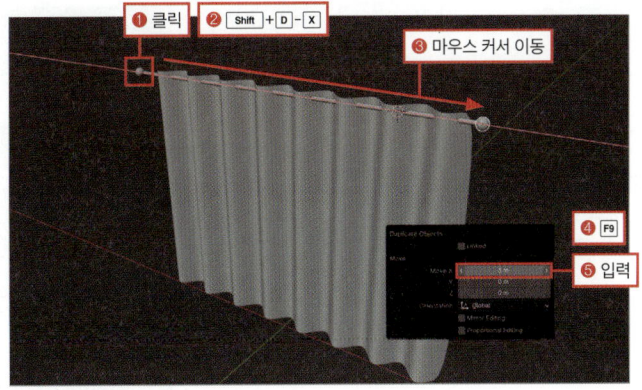

14 커튼봉의 색상을 지정하고 커튼을 완성합니다.

14·1 ❶질감을 확인할 수 있는 Material Preview(◉)로 전환합니다. ❷Cylinder, Sphere, Sphere.001을 동시 선택합니다. ❸Material 속성(◉)에서 ❹[New] 버튼을 클릭하여 새 질감을 추가합니다.

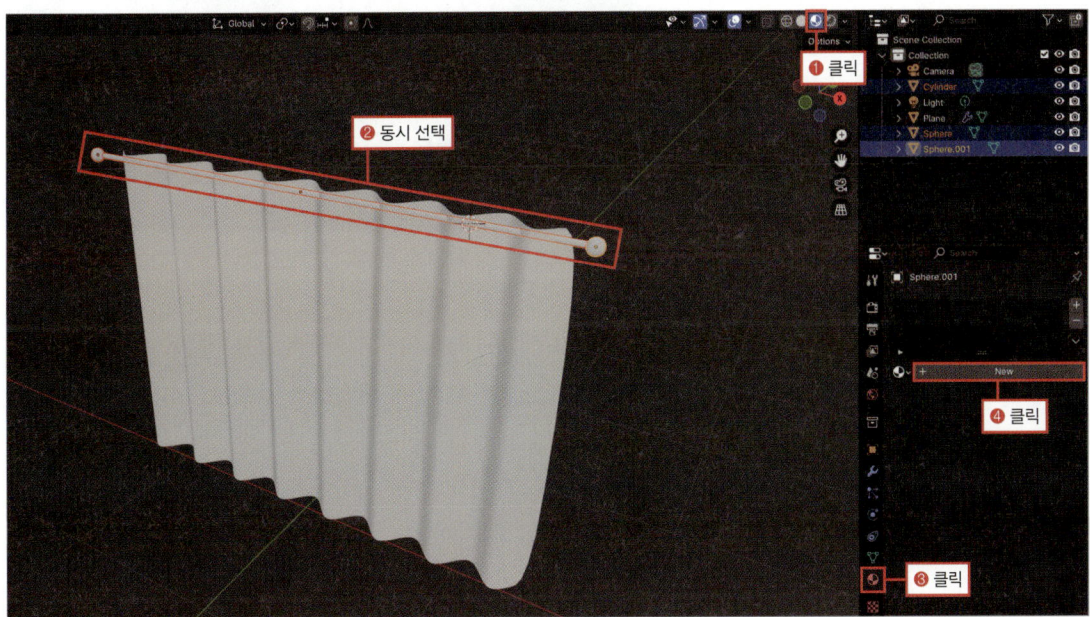

CHAPTER 10. Modifier로 오브젝트를 다양한 방식으로 수정하기 / 313

14·2 ❺Surface의 Base Color를 클릭한 후 ❻Hue, Saturation, Value를 조절하여 색상을 지정합니다.

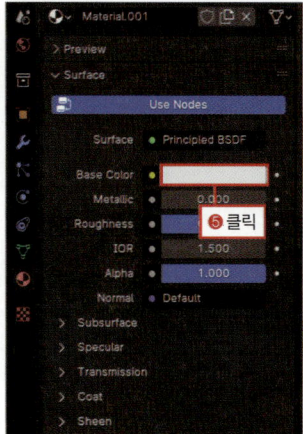 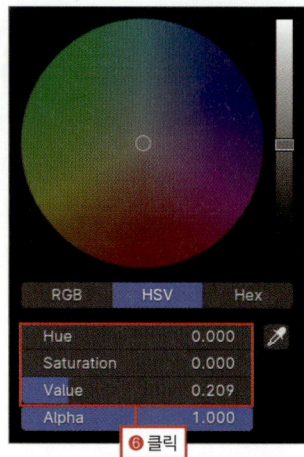

14·3 ❼3D Viewport에서 Ctrl+L을 누르고 ❽[Link Materials]를 클릭합니다.

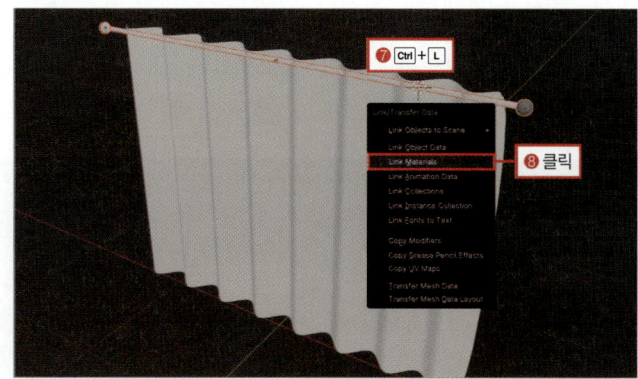

14·4 다음과 같이 커튼이 완성되었습니다. Ctrl+S를 눌러 프로젝트를 저장합니다.

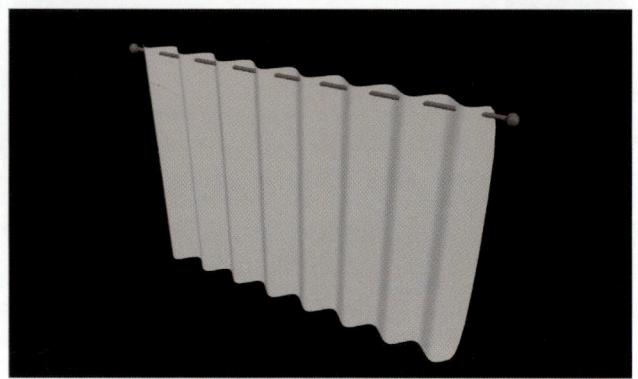

Boolean으로 오브젝트 집합 설정하기

Boolean Modifier를 활용하여 합집합, 차집합, 교집합 방식으로 새로운 오브젝트를 만드는 방법을 익힙니다.

LESSON

Boolean은 2개의 오브젝트를 합집합, 차집합, 교집합 방식으로 계산하여 새로운 결과물을 만들어주는 Modifier입니다.

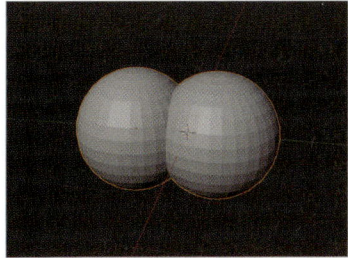

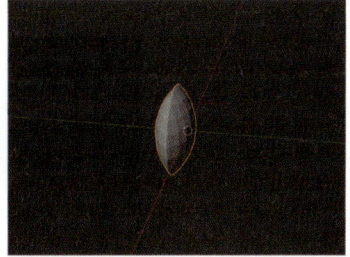

Boolean을 적용하려면 우선 2개의 오브젝트가 있어야 합니다. 둘 중 모집합이 될 오브젝트 ㉠을 선택하고 Modifier 속성(🔧)에서 [Add Modifier] 버튼을 클릭한 후 [Generate]-[Boolean]을 클릭합니다.

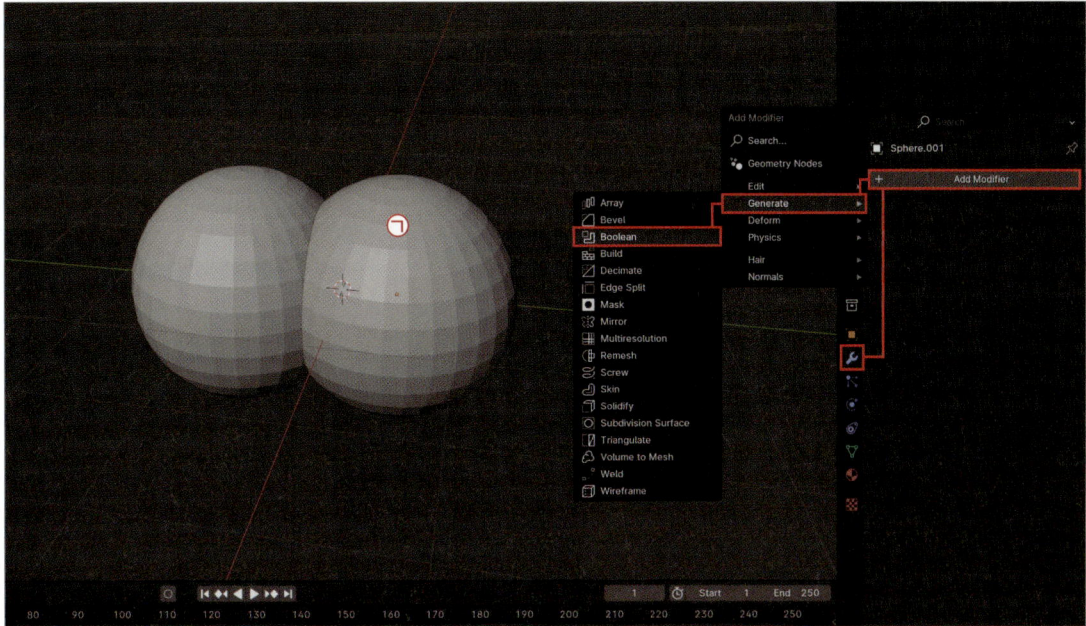

CHAPTER 10. Modifier로 오브젝트를 다양한 방식으로 수정하기 / 315

이러면 다음 그림과 같이 새로운 설정이 나타납니다. 여기서 Object의 Eyedropper Data-Block(🔳)을 클릭하고 집합 계산에 사용될 오브젝트 ⓛ을 지정합니다. 대상 지정 후 Outliner(오브젝트 목록 창)에서 오브젝트 ⓛ의 Hide in Viewport(👁)와 Disable in Renders(📷)를 클릭합니다.

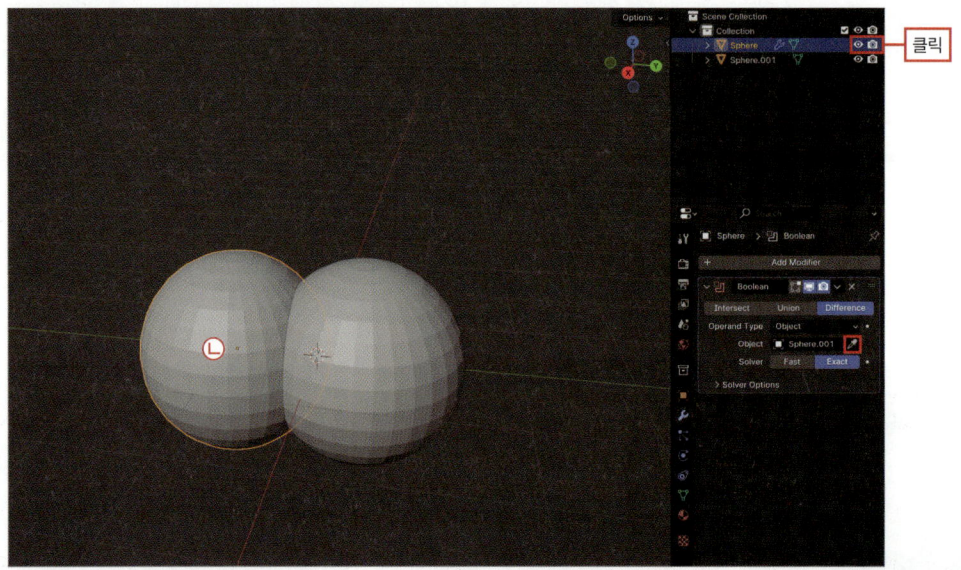

적용 방식은 다음과 같은 Modifier 속성(🔧) 설정 창에서 선택할 수 있으며, ❶Difference(차집합), ❷Union(합집합), ❸Intersect(교집합), 총 3가지입니다.

❶ **Difference**: 차집합 방식으로 계산되며 오브젝트 ⓛ과 겹치는 부분만큼을 오브젝트 ㉠에서 제외합니다.

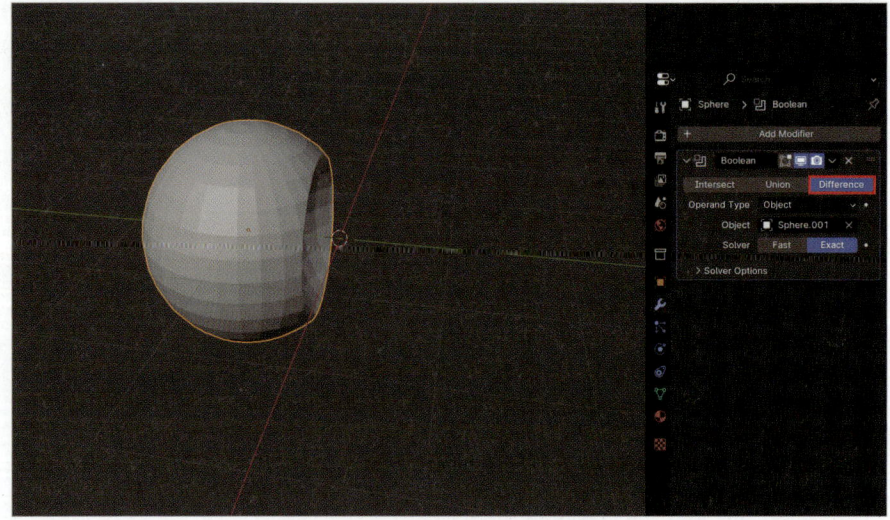

❷ **Union**: 합집합 방식으로 계산되며 오브젝트 ⓛ이 오브젝트 ㉠에 결합됩니다.

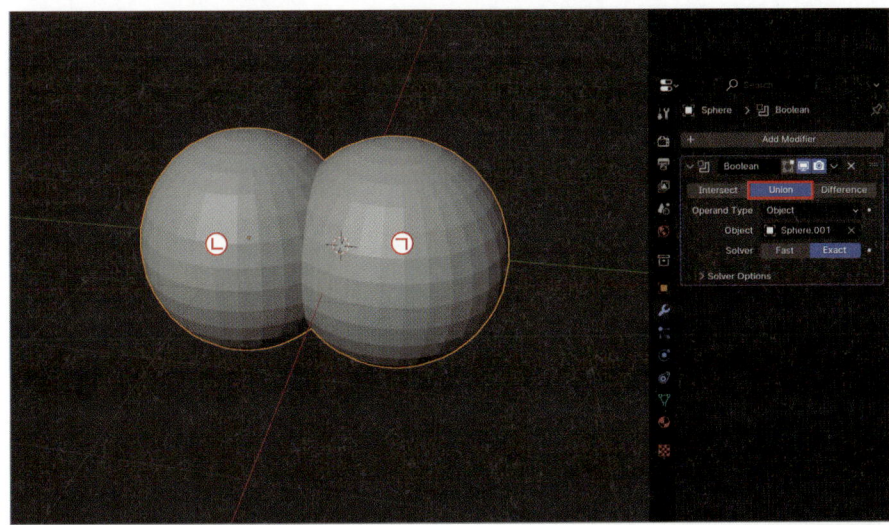

❸ **Intersect**: 교집합 방식으로 계산되며 오브젝트 ㉠과 오브젝트 ⓛ이 겹치는 부분만 남게됩니다.

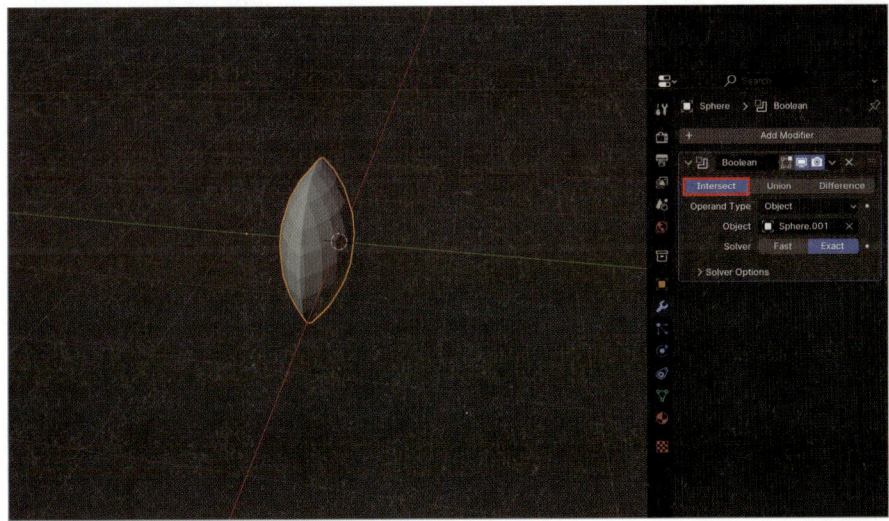

Boolean 결과를 확정하려면 Boolean 드롭다운 메뉴에서 [Apply]를 클릭합니다.

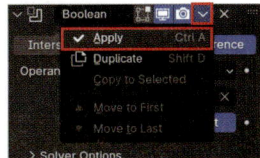

복층룸 만들기

Boolean Modifier를 활용하여 여러 오브젝트를 겹치는 방식으로 복층룸을 만들어봅니다.

⊙ **준비 파일**: chapter10/Floor_diff.jpg

이 예제를 따라하기 위해 알아야 하는 **핵심기능**

- Extrude하기 ← 102쪽 참고
- Bevel하기 ← 122쪽 참고
- Loop Cut하기 ← 140쪽 참고
- Join하기 ← 198쪽 참고
- Boolean하기 ← 315쪽 참고

01 바닥면이 될 Cube를 생성하고 크기와 위치를 설정합니다.

01·1 새 프로젝트를 만들고 디폴트 오브젝트를 전체 선택하여 모두 삭제합니다.

01·2 ❶헤더 메뉴 [Add]-[Mesh]-[Cube]를 클릭하여 Cube 오브젝트를 만듭니다. 또는 Shift + A -Add 메뉴에서 [Mesh]-[Cube]를 클릭합니다. ❷F9-Add 설정 창에서 ❸Size를 '1'로 설정합니다. ❹ Object 속성(■)-Transform에서 Location Z를 '-0.05', Scale X를 '7', Scale Y를 '5', Scale Z를 '0.1'로 설정합니다.

01·3 Num. 을 누른 후 마우스 가운데 버튼을 누른 채로 마우스를 돌려 작업하기 편리한 크기로 뷰를 확대/축소합니다.

01·4 오브젝트의 현재 크기를 기본 Scale로 지정하겠습니다. 오브젝트 선택을 유지한 상태로 Ctrl + A -Apply 메뉴에서 [Scale]을 클릭합니다.

03 바닥면을 Extrude하여 연장합니다.

03·1 오브젝트 선택을 유지한 상태로 Tab을 눌러 Edit Mode로 전환하고 3을 눌러 Face select로 전환합니다.

03·2 ❶ Alt+Z를 눌러 X-ray 뷰로 전환합니다. ❷X축 왼쪽 방향을 바라보고 있는 Face의 가운데 점을 드래그하여 선택합니다. ❸E를 누른 후 ❹마우스 커서를 움직여 Extrude하고 클릭하여 완료합니다. ❺F9-Extrude Region 설정 창에서 ❻Move Z를 '0.1'로 설정합니다.

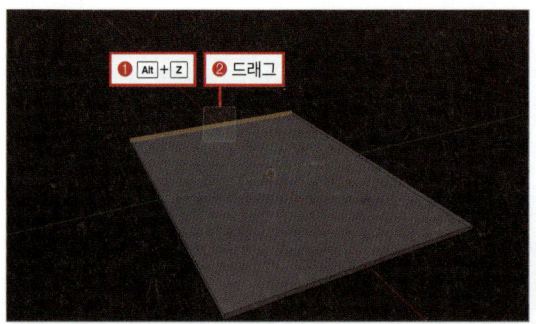 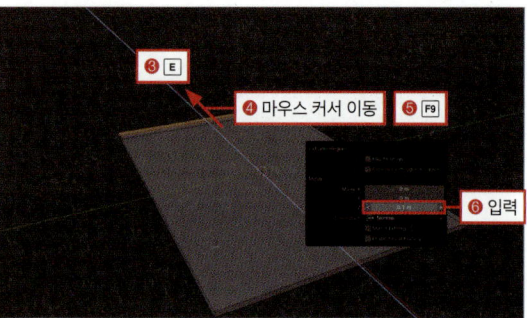

03·3 ❼Y축 오른쪽 방향을 바라보고 있는 2개 Face의 가운데 점을 드래하여 동시 선택합니다. ❽E를 누른 후 ❾마우스 커서를 움직여 Extrude하고 클릭하여 완료합니다. ❿F9-Extrude Region 설정 창에서 ⓫Move Z를 '0.1'로 설정합니다. ⓬Alt+Z를 눌러 X-ray 뷰를 해제합니다.

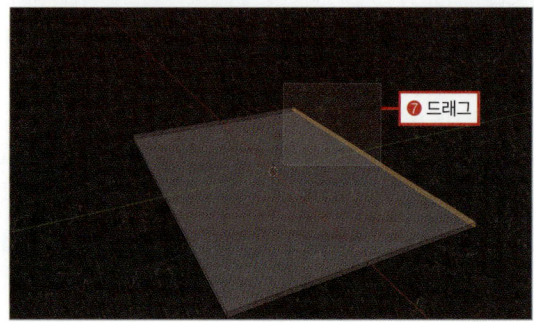 

04 가장자리를 Extrude하여 벽체를 만듭니다.

04·1 ❶연장된 가장자리의 윗면 Face 3개를 동시 선택합니다. ❷`E`를 누른 후 ❸마우스 커서를 움직여 Extrude하고 클릭하여 완료합니다. ❹`F9`-Extrude Region 설정 창에서 ❺Move Z를 '2.4'로 설정합니다.

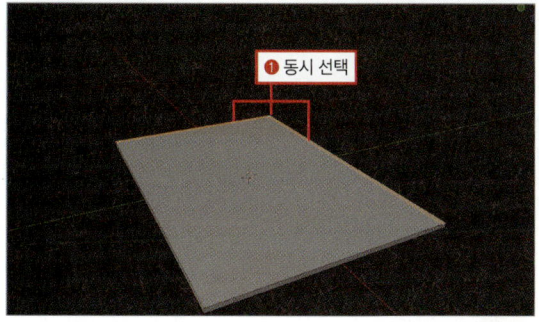 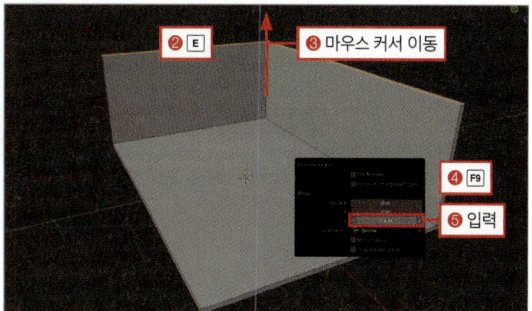

04·2 ❻`Shift`+`R`을 눌러 방금 전 명령(Extrude)을 다시 실행합니다. ❼`F9`-Extrude Region 설정 창에서 ❽Move Z를 '0.1'로 설정합니다.

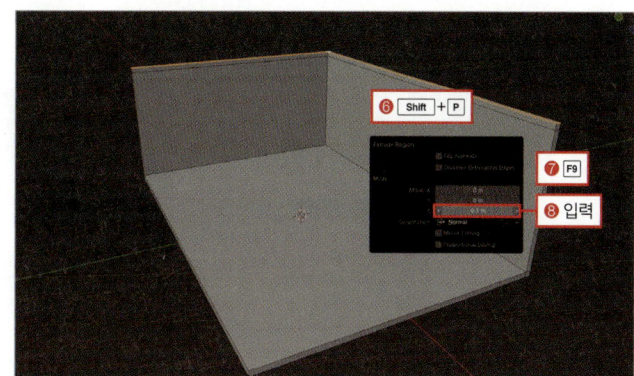

04·3 ❾한 번 더 `Shift`+`R`을 눌러 Extrude를 다시 실행합니다. ❿`F9`-Extrude Region 설정 창에서 ⓫Move Z를 '2'로 설정합니다.

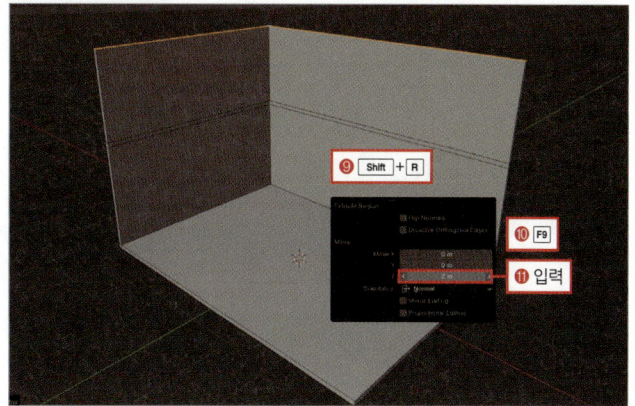

05 Loop Cut으로 Edge를 추가하겠습니다. ❶Ctrl+R을 누른 후 ❷왼쪽 벽면의 Edge를 세로로 나누는 지점에 클릭합니다. ❸마우스 커서를 움직여 Cut 지점을 왼쪽으로 이동하고 한 번 더 클릭하여 완료합니다. ❹F9-Loop Cut 설정 창에서 ❺Factor를 '-0.25'로 설정합니다.

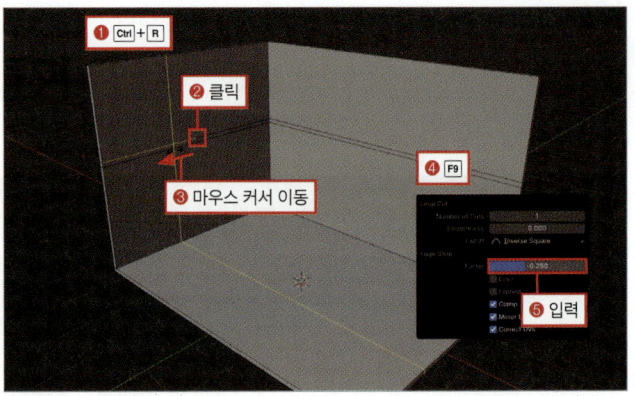

06 복층 바닥면을 Extrude합니다.

06·1 3을 눌러 Face select로 전환합니다.

06·2 ❶왼쪽 벽체에서 바닥면으로 연장할 Face를 선택합니다. ❷Alt+E를 누른 후 ❸[Extrude Manifold]를 선택합니다.

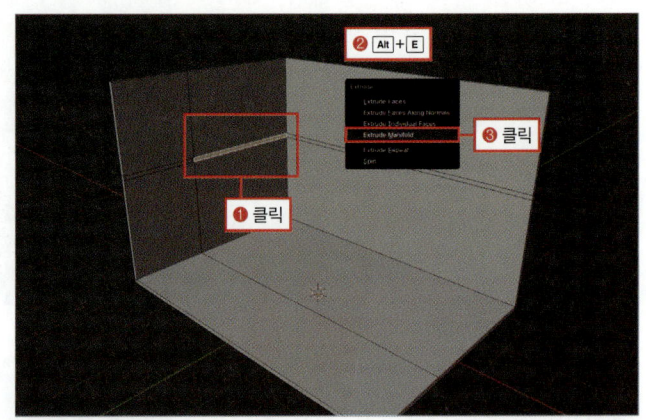

06·3 ❹마우스 커서를 움직여 Extrude하고 클릭하여 완료합니다. ❺F9-Extrude Region 설정 창에서 ❻Move Z를 '3.5'로 설정합니다.

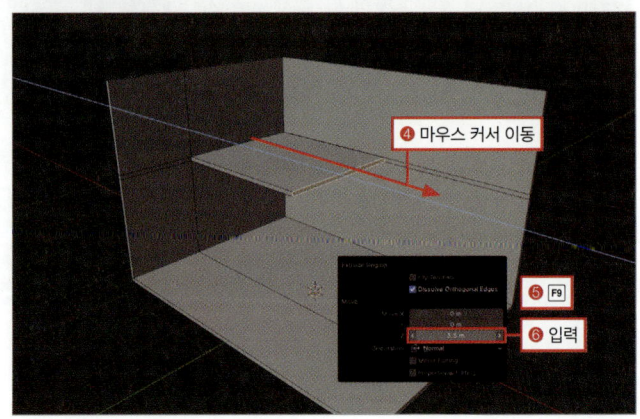

07 Boolean으로 창문과 문을 제작하기 위한 Cube를 생성합니다.

07·1 `Tab`을 눌러 Object Mode로 전환합니다.

07·2 ❶헤더 메뉴 [Add]-[Mesh]-[Cube]를 클릭하여 Cube 오브젝트를 만듭니다. 또는 `Shift`+`A`-Add 메뉴에서 [Mesh]-[Cube]를 클릭합니다. ❷Object 속성(■)-Transform에서 Location X를 '1.8', Location Y를 '2.09', Location Z를 '2.11', Scale X를 '2.5', Scale Y를 '1', Scale Z를 '4.2'로 설정합니다.

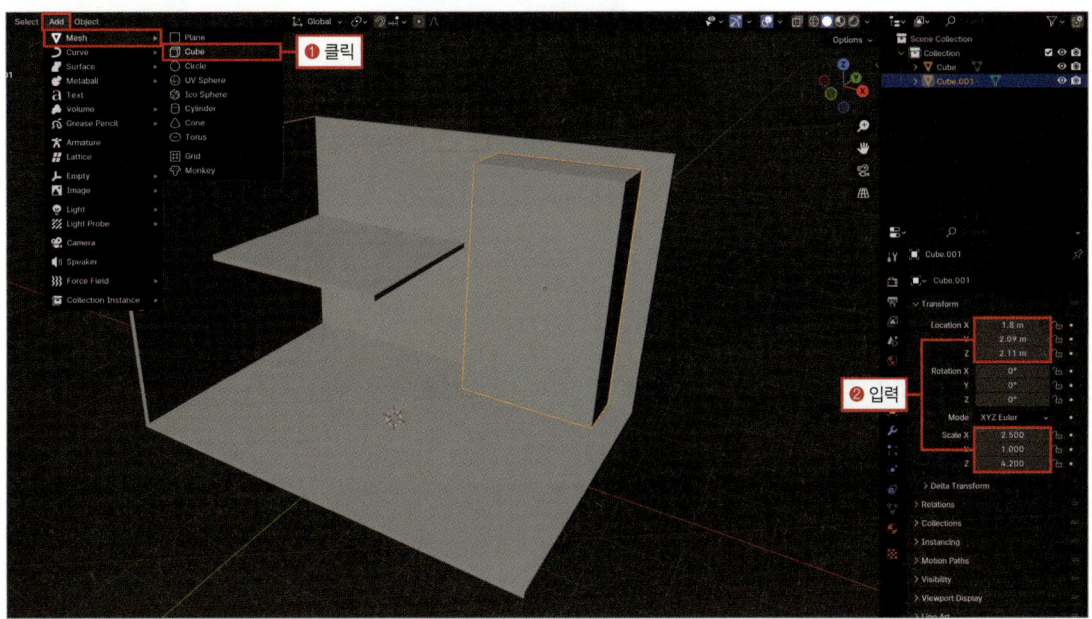

07·3 다음 그림 Ⓐ, Ⓑ, Ⓒ의 Location과 Scale의 수치를 참고하여 3개의 Cube를 더 추가합니다.

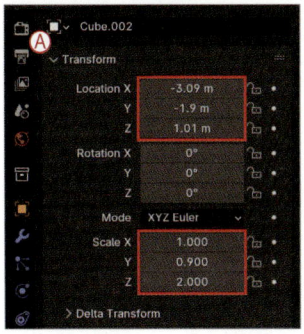 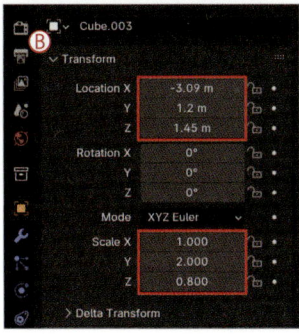 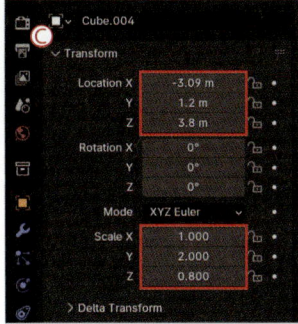

08 창문과 문 위치의 오브젝트들을 Join하여 하나로 합치겠습니다. ❶Join할 모든 오브젝트를 동시 선택합니다. ❷Ctrl +J를 눌러 선택된 오브젝트들을 Join 합니다.

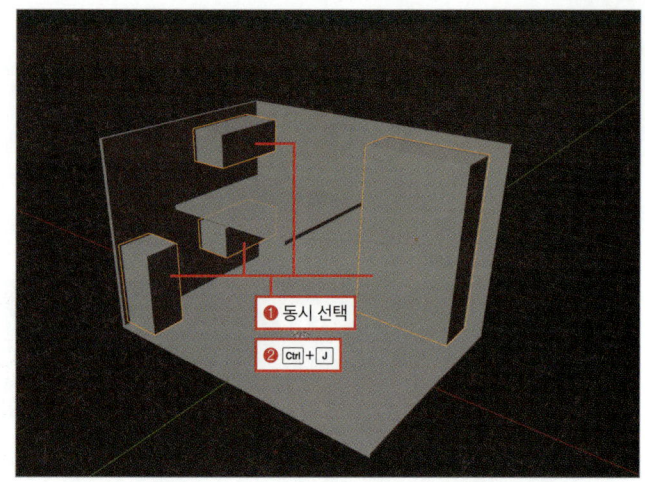

09 Boolean을 적용하여 창문과 문을 만듭니다.

09·1 ❶벽체 Cube 오브젝트를 선택하고 ❷Modifier 속성(🔧)에서 ❸[Add Modifier] 버튼을 클릭한 후 ❹[Generate]-[Boolean]을 선택합니다.

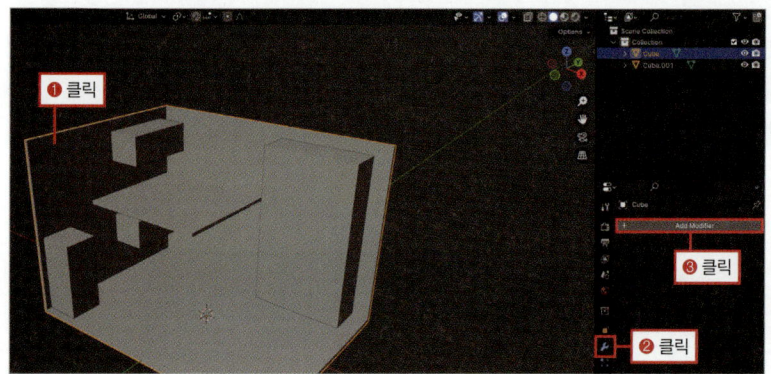
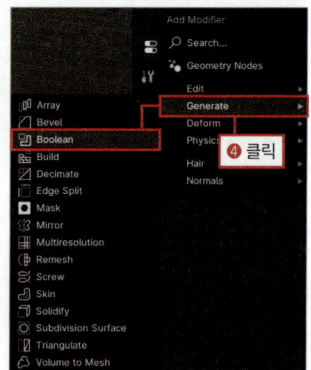

09·2 ❺Object의 Eyedropper Data-Block(💧)을 클릭하고 ❻Cube.001을 선택하여 지정합니다. ❼Outliner(오브젝트 목록 창)에서에서 Cube.001의 Hide in Viewport(👁)와 Disable in Renders(📷)를 클릭하여 감춥니다.

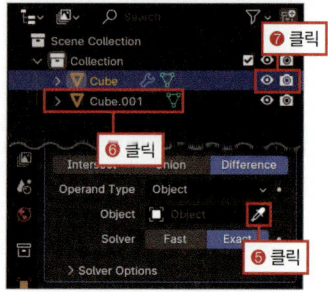

10 주방 제작을 위해 Cube를 생성합니다.

10·1 ❶헤더 메뉴 [Add]-[Mesh]-[Cube]를 클릭하여 Cube 오브젝트를 만듭니다. 또는 `Shift`+`A`-Add 메뉴에서 [Mesh]-[Cube]를 클릭합니다. ❷Object 속성(■)-Transform에서 ❸Location X를 '-3.1', Location Y를 '2.1', Location Z를 '0.4', Scale X를 '0.8', Scale Y를 '0.8', Scale Z를 '0.8'로 설정합니다.

10·2 `Num .`을 누른 후 마우스 가운데 버튼을 돌려 작업하기 편리한 크기로 뷰를 확대/축소합니다.

11 Extrude하여 Cube를 연장합니다.

11·1 오브젝트 선택을 유지한 상태로 `Tab`을 눌러 Edit Mode로 전환하고 `3`을 눌러 Face select로 전환합니다.

11·2 ❶오른쪽 Face를 선택합니다. ❷`E`를 누른 후 ❸마우스 커서를 움직여 Extrude하고 클릭하여 완료합니다. ❹`F9`-Extrude Region 설정 창에서 ❺Move Z를 '0.8'로 설정합니다.

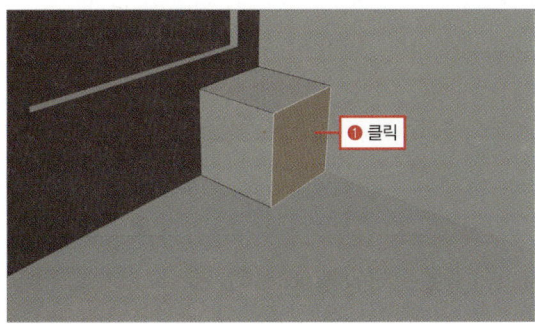
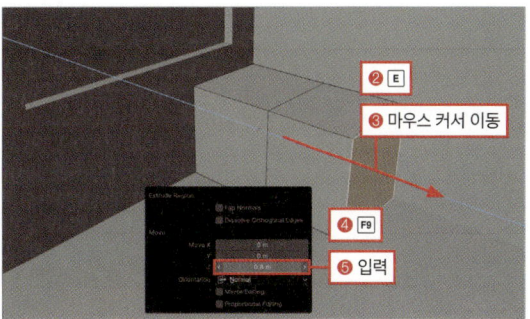

11·3 ❻ `Shift`+`R`을 눌러 방금 전 명령(Extrude)을 다시 실행합니다.

11·4 ❼왼쪽 Face를 선택합니다. ❽`Shift`+`R`을 두 번 눌러 방금 전 명령(Extrude)을 두 번 재실행합니다.

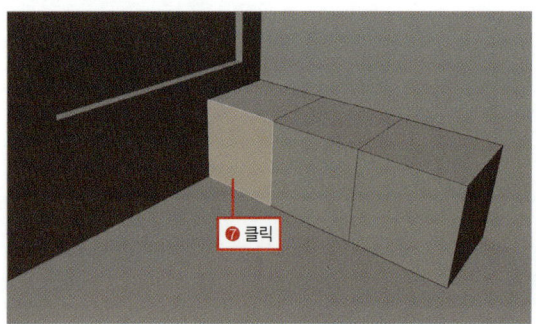
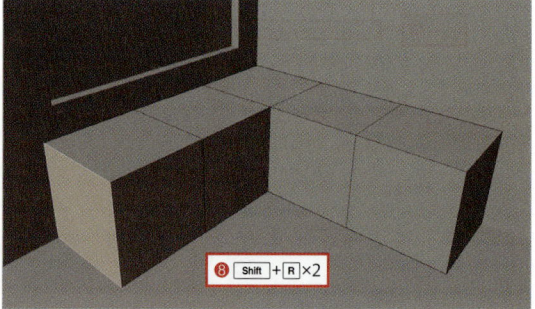

12 윗면 Face를 Extrude하여 상판을 제작하겠습니다. ❶Face 5개를 동시 선택합니다. ❷`E`를 누른 후 ❸마우스 커서를 움직여 Extrude하고 클릭하여 완료합니다. ❹`F9`-Extrude Region 설정 창에서 ❺ Move Z를 '0.05'로 설정합니다.

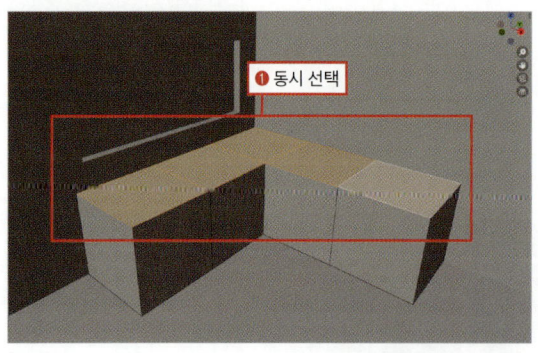
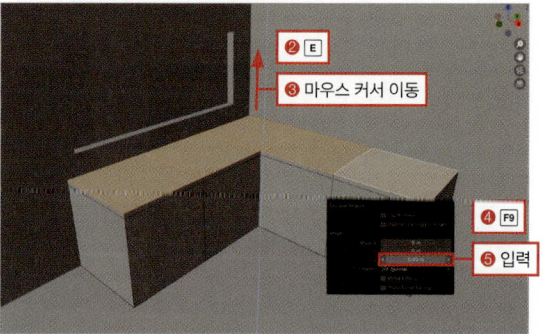

13 측면 Face를 Extrude하여 상판을 연장하겠습니다. ❶Face와 Face 사이 경계를 [Alt]+클릭하여 Loop 선택합니다. ❷[Alt]+[E]를 누른 후 ❸[Extrude Faces Along Normals]를 클릭합니다. ❹마우스 커서를 움직여 Extrude하고 클릭하여 완료합니다. ❺[F9]-설정 창에서 ❻Offset을 '0.05'로 설정하고 ❼Offset Even을 체크합니다.

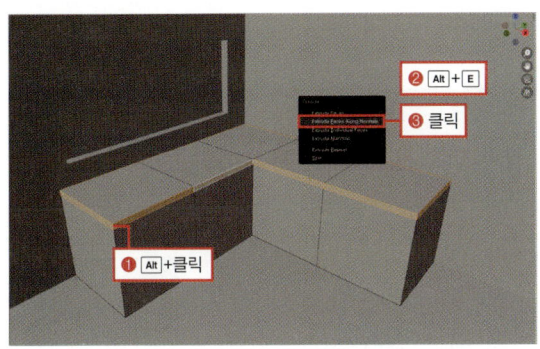 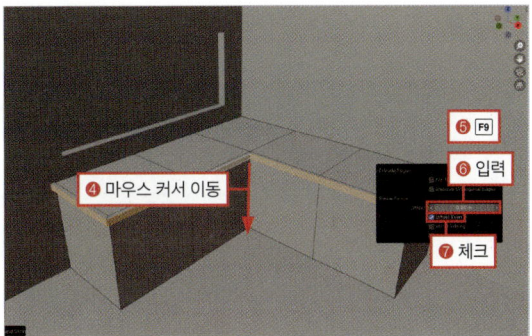

14 Edge를 Bevel하여 수납공간 문을 제작합니다.

14·1 [2]를 눌러 Edge select로 전환합니다.

14·2 ❶정면 Edge 3개를 동시 선택합니다. ❷[Ctrl]+[B]를 누른 후 ❸선택 대상으로부터 먼 쪽으로 마우스 커서를 움직여 Bevel 거리를 정하고 클릭하여 완료합니다. ❹[F9]-Bevel 설정 창에서 ❺Width를 '0.02'로 설정합니다.

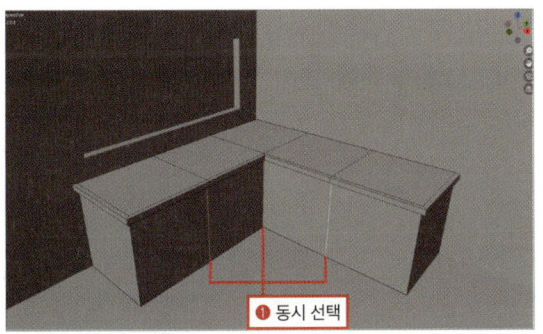 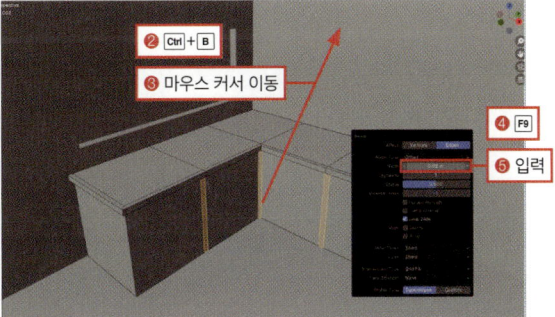

15 Bevel로 생성된 Face를 Extrude하여 홈을 만듭니다.

15·1 ③을 눌러 Face select로 전환합니다.

15·2 ❶Face 3개를 동시 선택합니다. ❷Alt+E를 누른 후 ❸[Extrude Faces Along Normals]를 선택합니다. ❹마우스 커서를 움직여 Extrude하고 클릭하여 완료합니다. ❺F9-Extrude Region 설정 창에서 ❻Offset을 '-0.05'로 설정합니다.

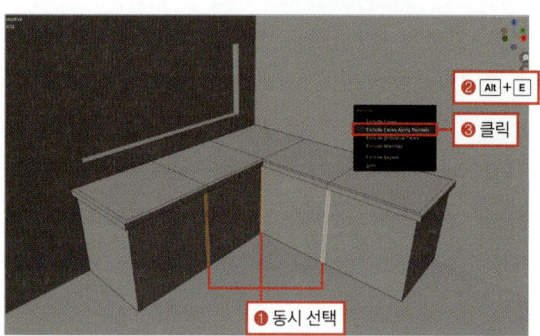
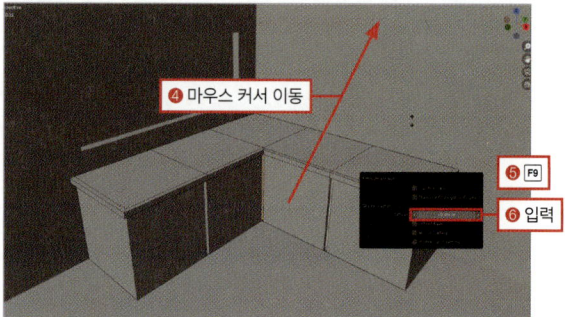

16 Boolean으로 씽크볼을 제작하기 위한 Cube를 생성합니다.

16·1 Tab을 눌러 Object Mode로 전환합니다.

16·2 ❶헤더 메뉴 [Add]-[Mesh]-[Cube]를 클릭하여 Cube 오브젝트를 만듭니다. 또는 Shift+A -Add 메뉴에서 [Mesh]-[Cube]를 클릭합니다. ❷Object 속성(■)-Transform에서 Location X를 '-3.1', Location Y를 '1', Location Z를 '0.9', Scale X를 '0.7', Scale Y를 '1.2', Scale Z를 '0.5'로 설정합니다.

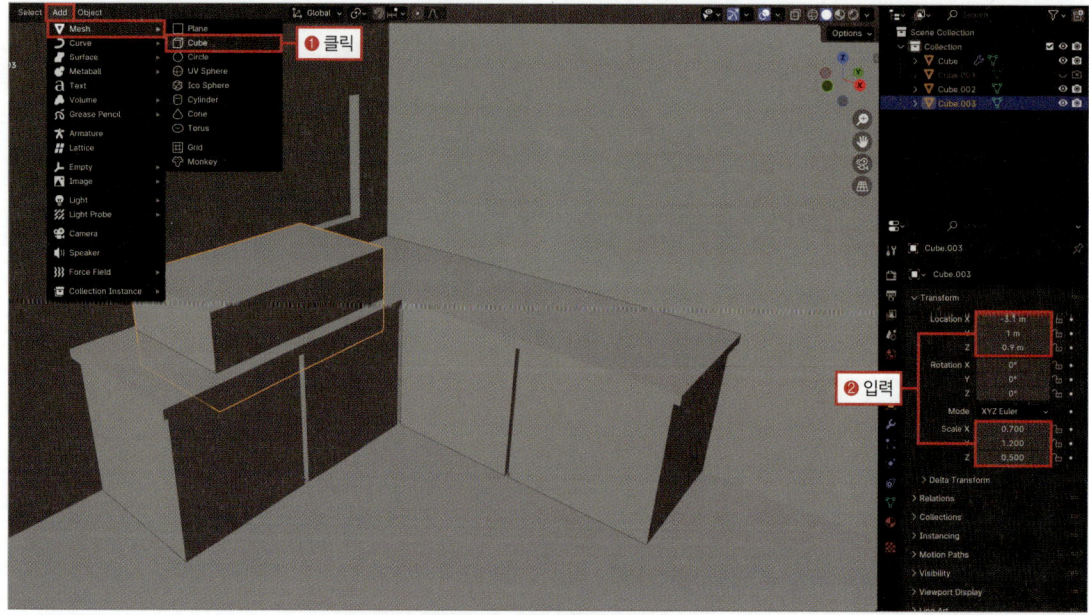

17 각진 Edge들을 Bevel하여 부드럽게 만듭니다.

17·1 오브젝트 선택을 유지한 상태로 `Tab`을 눌러 Edit Mode로 전환하고 `3`을 눌러 Face select로 전환합니다.

17·2 ❶`A`를 눌러 전체 선택합니다. ❷`Ctrl`+`B`를 누른 후 ❸선택 대상으로부터 먼 쪽으로 마우스 커서를 움직여 Bevel 거리를 정합니다. ❹마우스 가운데 버튼을 위로 돌려 Bevel 단계를 높이고 클릭하여 완료합니다. ❺`F9`-Bevel 설정 창에서 ❻Width를 '0.1', Segments를 '5'로 설정합니다.

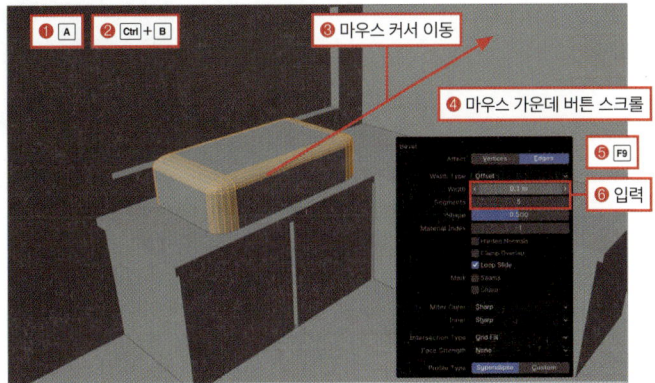

18 Boolean을 적용하여 씽크볼을 만듭니다.

18·1 `Tab`을 눌러 Object Mode로 전환합니다.

18·2 ❶Cube.002를 선택하고 ❷Modifier 속성(🔧)에서 ❸[Add Modifier] 버튼을 클릭한 후 ❹[Generate]-[Boolean]을 선택합니다.

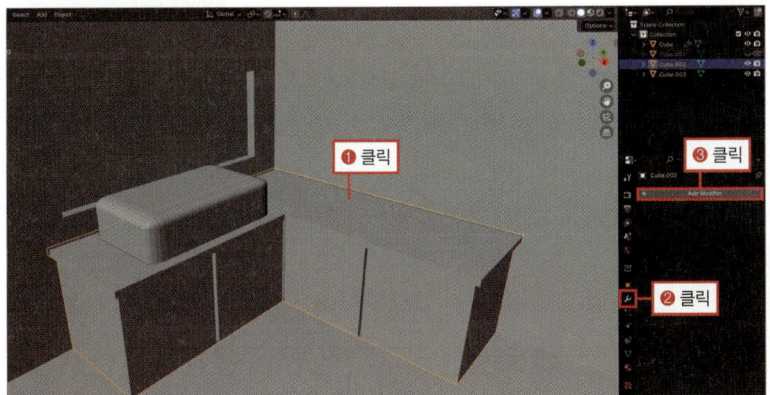
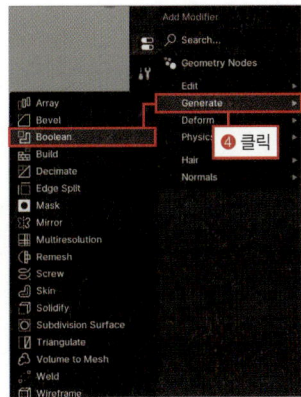

CHAPTER 10. Modifier로 오브젝트를 다양한 방식으로 수정하기

18·3 ❺Object의 Eyedropper Data-Block(🗸)을 클릭하고 ❻Cube.003을 지정합니다. ❼Boolean 드롭다운 메뉴에서 [Apply]를 클릭하여 결과를 확정합니다.

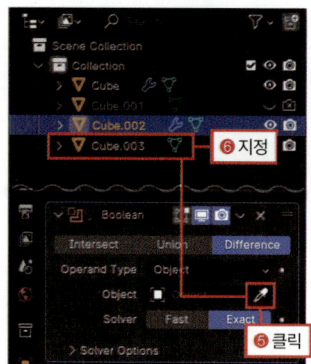

18·4 ❽Cube.003을 선택하고 ❾Delete를 눌러 삭제합니다.

19 Cube.002에 색상을 적용합니다.

19·1 ❶질감을 확인할 수 있는 Material Preview(🔘)로 전환합니다. ❷Cube.002를 선택하고 ❸Material 속성(🔘)에서 ❹[New] 버튼을 클릭하여 새 질감을 추가합니다.

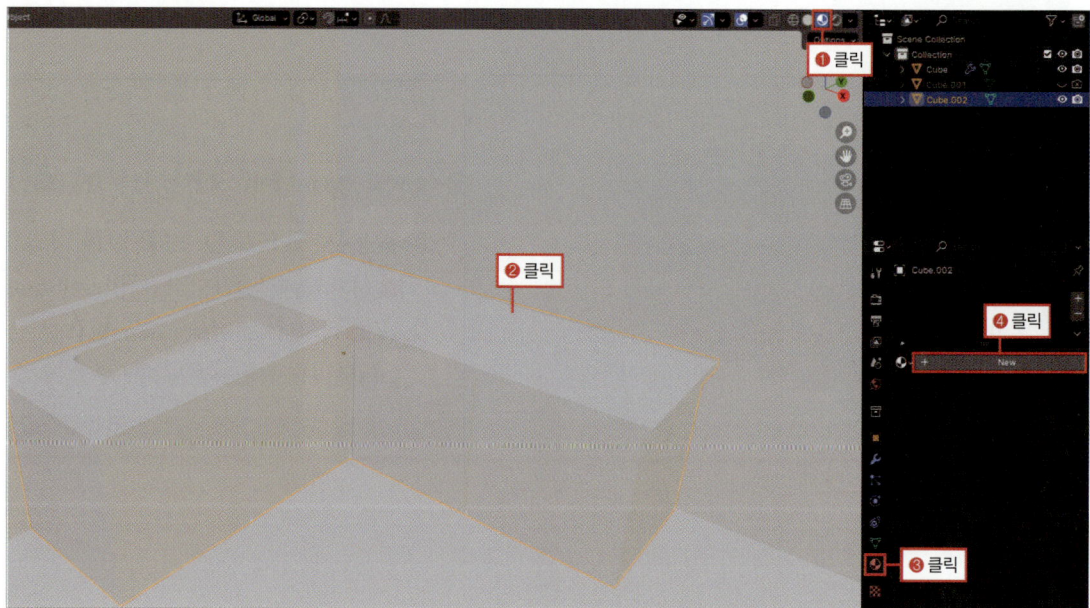

20 상판의 색상을 부분 적용합니다.

20·1 오브젝트 선택을 유지한 상태로 Tab을 눌러 Edit Mode로 전환하고 3을 눌러 Face select로 전환합니다.

20·2 ❶상판의 측면 Face 접점을 Alt+클릭하여 Loop 선택합니다. ❷상판의 윗면 Face 접점을 Alt+Shift+클릭하여 선택 추가합니다. ❸윗면 5개의 Face를 Shift+클릭하여 추가 선택합니다. ❹[+] 버튼을 클릭하여 슬롯을 추가하고 ❺[New] 버튼을 클릭하여 새 질감을 추가합니다. ❻[Assign] 버튼을 클릭하여 선택한 Face에만 질감을 적용합니다.

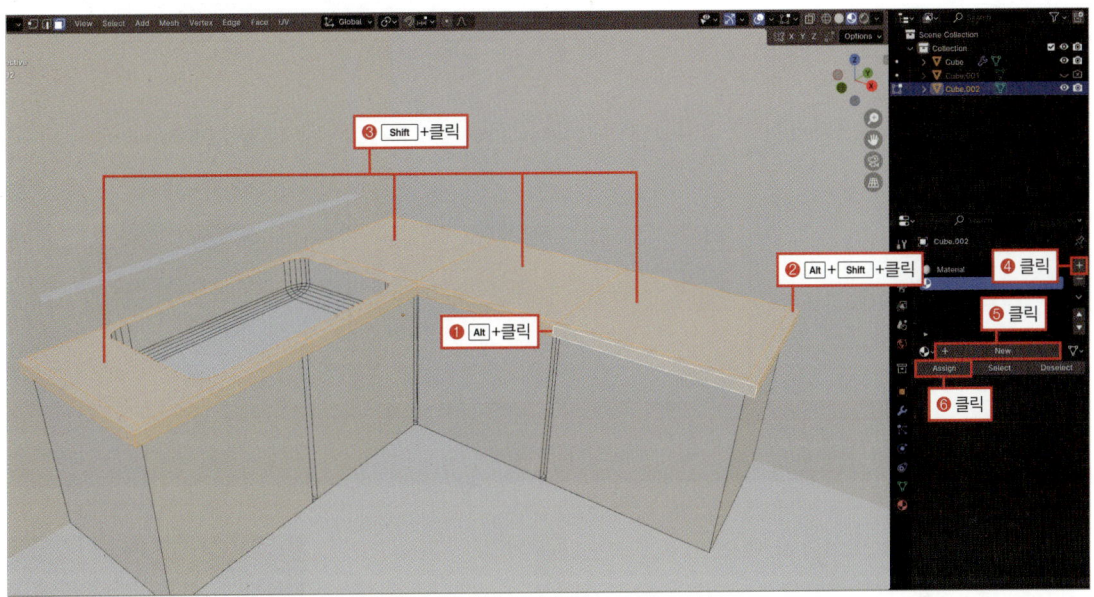

20·3 ❼Surface에서 Base Color를 클릭하고 Hue, Saturation, Value를 조절하여 색상을 지정합니다.

21 벽체 오브젝트에 적용된 Boolean을 확정합니다.

21·1 Tab 을 눌러 Object Mode로 전환합니다.

21·2 ❶벽체 Cube를 선택하고 ❷ Num. 을 누른 후 ❸마우스 가운데 버튼을 돌려 작업하기 편리한 크기로 뷰를 확대/축소합니다. ❸Boolean 드롭다운 메뉴에서 [Apply]를 클릭하여 결과를 확정합니다.

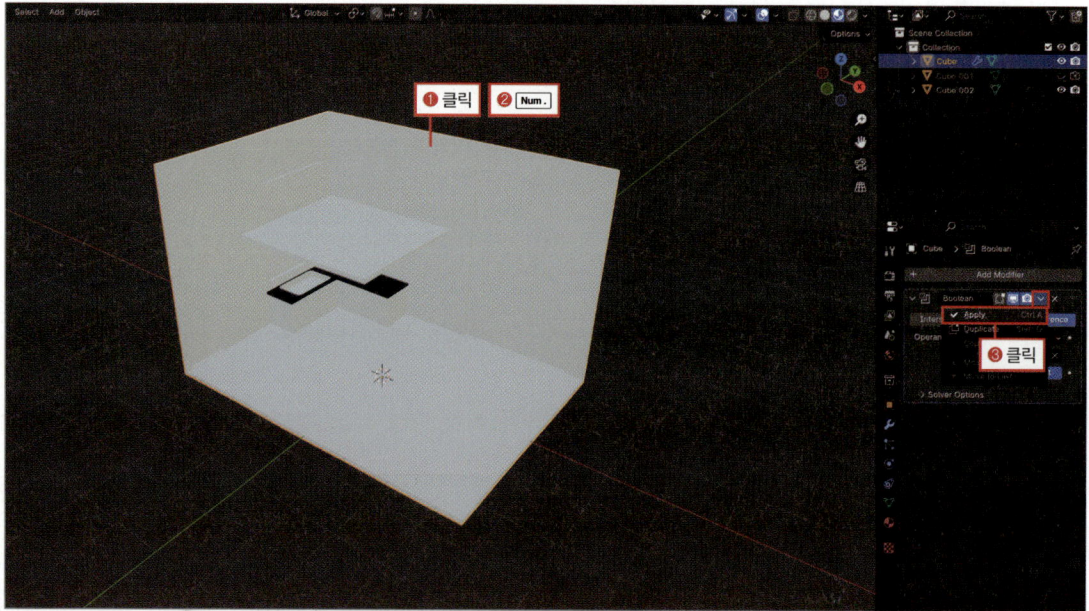

21·3 ❹Cube.001을 선택하고 ❺ Delete 를 눌러 삭제합니다.

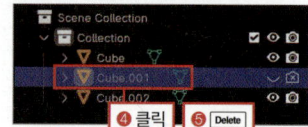

22 벽체 오브젝트에 색상을 적용하겠습니다. ❶먼저 질감을 확인할 수 있는 Material Preview(🔘)로 전환합니다. ❷Cube를 선택하고 ❸Material 속성(🔘)에서 ❹[New] 버튼을 클릭하여 새 질감을 추가합니다.

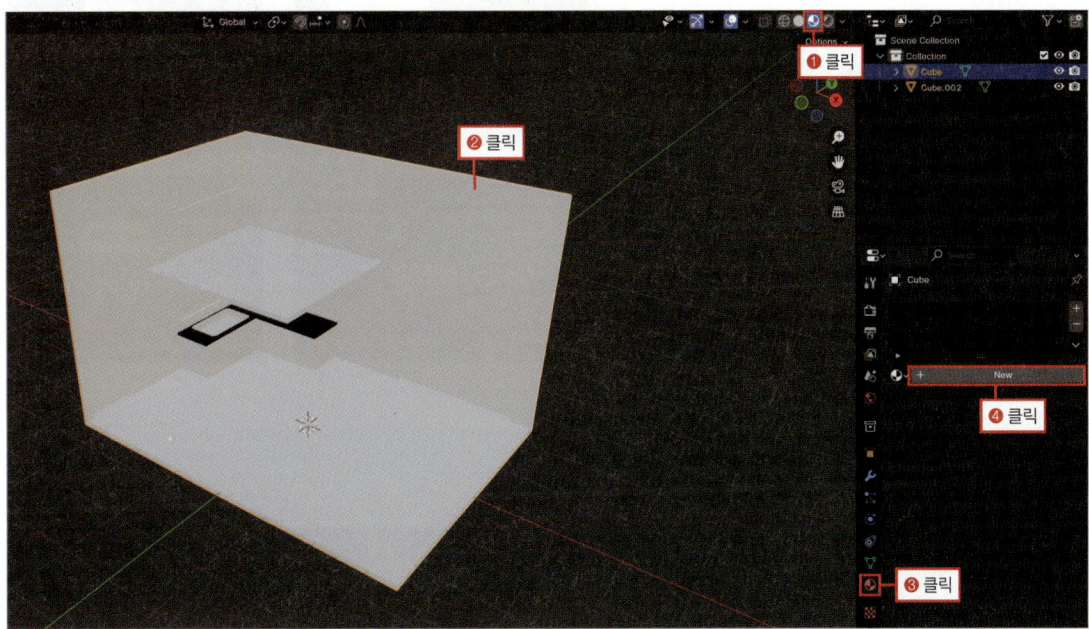

23 바닥면에 Image Texture를 부분 적용하고 복층룸을 완성합니다.

23·1 오브젝트 선택을 유지한 상태로 Tab을 눌러 Edit Mode로 전환하고 3을 눌러 Face select로 전환합니다.

23·2 ❶바닥면 3개를 동시 선택합니다. ❷[+] 버튼을 클릭하여 슬롯을 추가하고 ❸[New] 버튼을 클릭하여 새 질감을 추가합니다. ❹[Assign] 버튼을 클릭하여 선택한 Face에만 질감을 적용합니다.

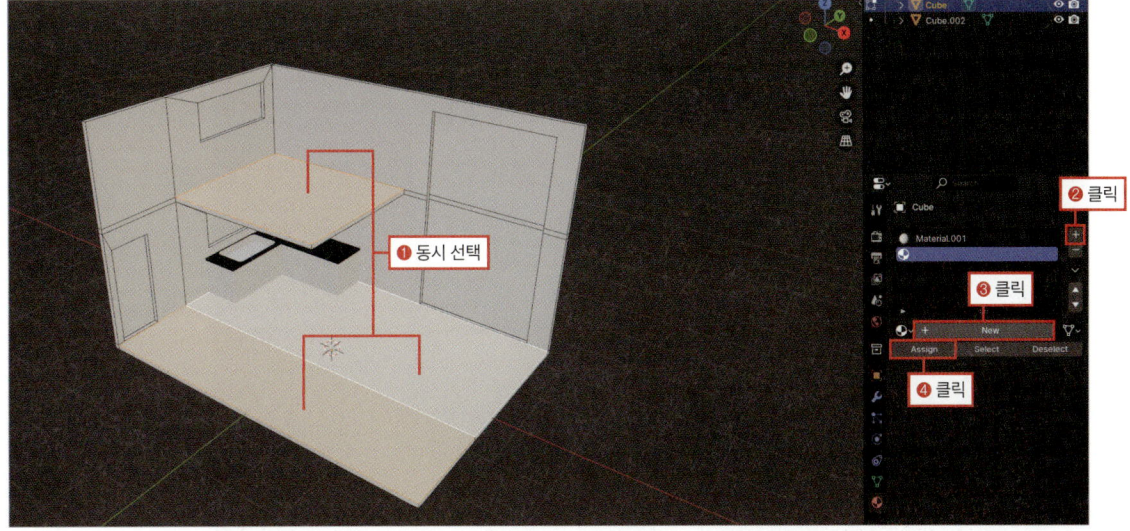

23·3 ❺Surface에서 Base Color의 노란색 점을 클릭하고 ❻[Image Texture]를 선택합니다.

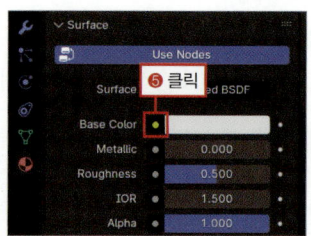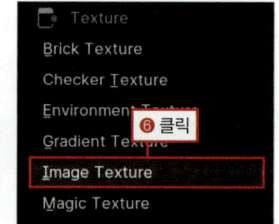

23·4 ❼[Open] 버튼을 클릭하고 준비 파일 'Floor_diff.jpg'를 선택하여 지정합니다. ❽Vector의 보라색 점을 클릭하고 ❾[Mapping]을 선택합니다.

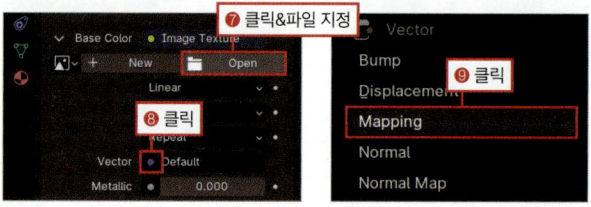

23·5 ❿두 번째 Vector의 보라색 점을 클릭하고 ⓫Texture Coodinate의 [Generated]를 선택합니다. ⓬Scale X, Y, Z를 '5'로 설정합니다.

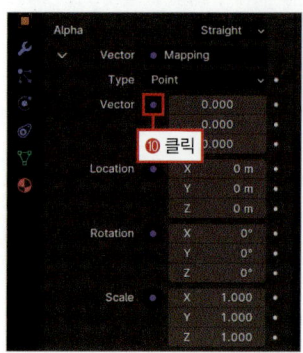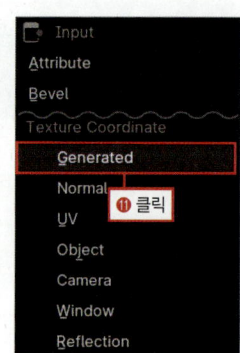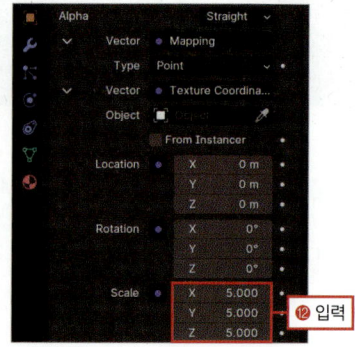

23·6 Tab 을 눌러 Object Mode로 전환하면 다음과 같이 복층룸이 완성된 것을 확인할 수 있습니다. Ctrl + S 를 눌러 프로젝트를 저장합니다.

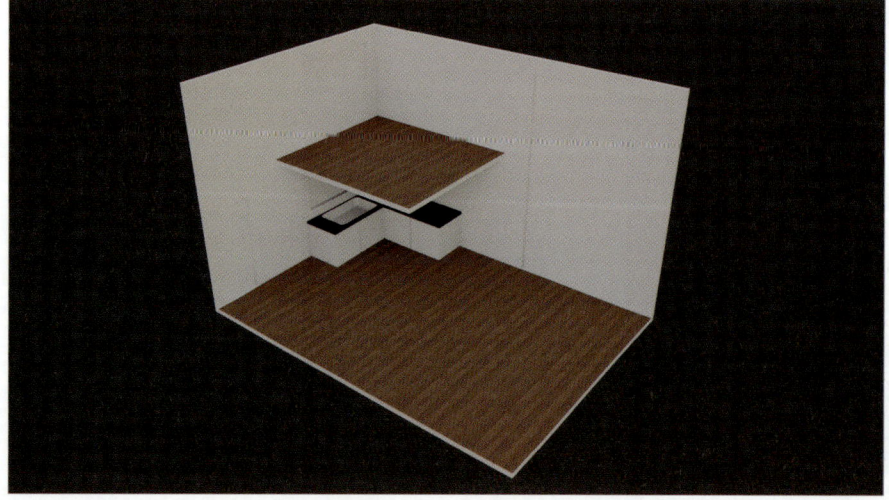

Simple Deform으로 오브젝트를 다양한 형태로 변형하기

Simple Deform Modifier를 활용하여 오브젝트를 비틀고, 접고, 오므리고, 늘이는 방법을 익힙니다.

Simple Deform은 자주 사용되는 모델링 방식인 Twist(비틀기), Bend(접기), Taper(오므리기), Stretch(늘이기)를 쉽게 표현할 수 있도록 도와주는 Modifier입니다.

Simple Deform을 적용하려면 대상 오브젝트를 선택하고 ❶Modifier 속성(🔧)에서 ❷[Add Modifier] 버튼을 클릭한 후 ❸[Deform]-[Simple Deform]을 선택합니다.

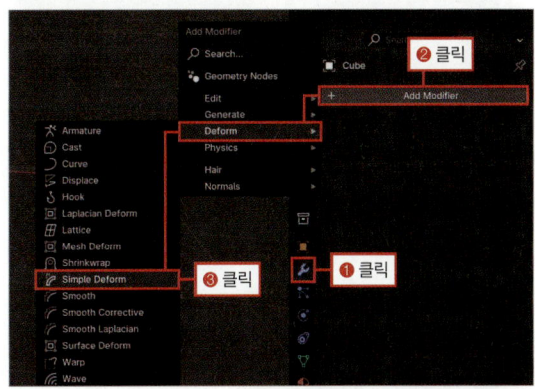

새롭게 나타난 설정에서 ⓐTwist(비틀기), Bend(접기), Taper(오므리기), Stretch(늘이기) 중 변형 방식을 선택할 수 있으며 ⓑAngle과 Factor에서 강도를 설정하고 ⓒAxis에서 변형 방향의 축을 선택합니다.

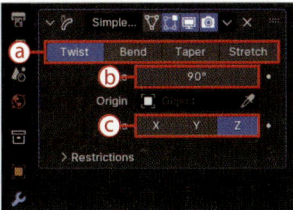

T·I·P 변형 방식에 따라 Angle 또는 Factor가 항목으로 등장합니다. Twist(비틀기), Bend(접기)의 경우 Angle를, Taper(오므리기), Stretch(늘이기)의 경우 Factor를 조절하여 변형 강도를 설정할 수 있습니다.

스탠드 만들기

Simple Deform Modifier를 활용하여 오브젝트를 비틀어 스탠드를 만들어봅니다.

이 예제를 따라하기 위해 알아야 하는 핵심기능

- Origin 활용하기 ← 178쪽 참고
- Simple Deform하기 ← 335쪽 참고

01 Cylinder를 생성하고 크기를 설정합니다.

01·1 새 프로젝트를 만들고 디폴트 오브젝트를 전체 선택하여 모두 삭제합니다.

01·2 ❶헤더 메뉴 [Add]-[Mesh]-[Cylinder]를 클릭하여 Cylinder 오브젝트를 만듭니다. 또는 Shift +A-Add 메뉴에서 [Mesh]-[Cylinder]를 클릭합니다. ❷F9-Add 설정 창에서 ❸Radius를 '0.2', Depth를 '0.01'로 설정합니다.

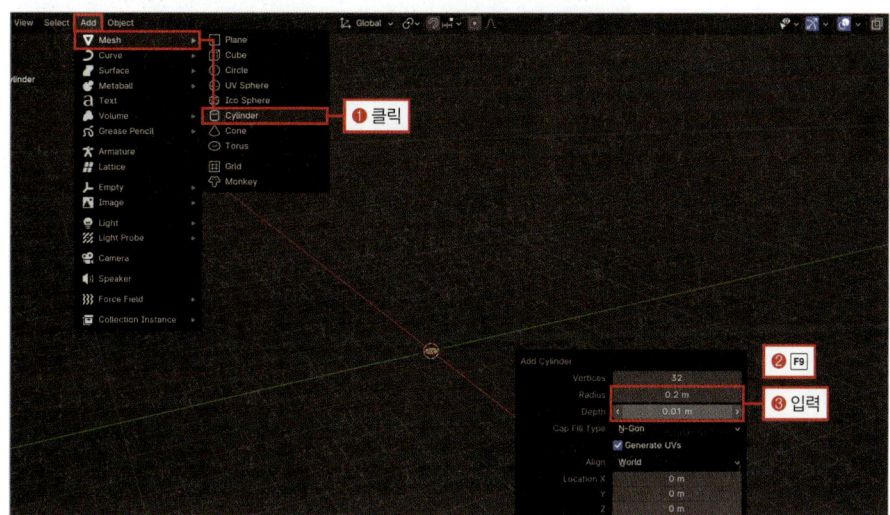

01·3 Num.을 누른 후 마우스 가운데 버튼을 돌려 작업하기 편리한 크기로 뷰를 확대/축소합니다.

02 새로운 Cylinder를 생성하고 크기와 위치를 설정하겠습니다. ❶헤더 메뉴 [Add]-[Mesh]-[Cylinder]를 클릭하여 Cylinder 오브젝트를 만듭니다. 또는 Shift+A-Add 메뉴에서 [Mesh]-[Cylinder]를 클릭합니다. ❷F9-Add 설정 창에서 ❸Vertices를 '16', Radius를 '0.01', Depth를 '1.5', Location Z를 '0.75'로 설정합니다.

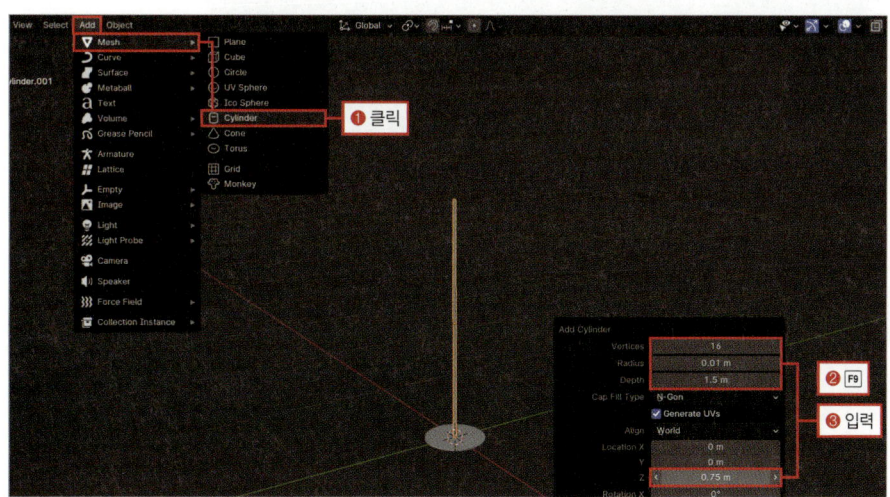

03 Subdivide하여 Segment를 나눕니다.

03·1 오브젝트 선택을 유지한 상태로 Tab을 눌러 Edit Mode로 전환하고 2를 눌러 Edge select로 전환합니다.

03·2 ❶Alt+Z를 눌러 X-ray 뷰로 전환합니다. ❷수직 Edge들을 드래그로 동시 선택합니다. ❸마우스 오른쪽 버튼을 누르면 나타나는 메뉴에서 ❹[Subdivide]를 선택하고 ❺F9- Subdivide 설정 창에서 ❻Number of Cuts를 '50'으로 설정합니다. ❼Alt+Z를 눌러 X-ray 뷰를 해제합니다.

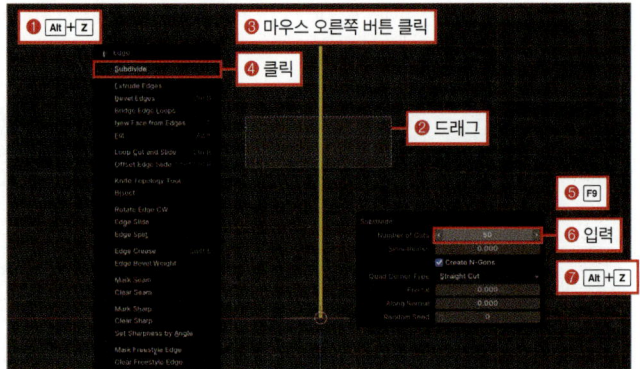

04 Origin의 위치를 변경합니다.

04·1 Tab을 눌러 Object Mode로 전환합니다.

04·2 ❶N을 눌러 사이드 메뉴를 열고 ❷View 탭에서 ❸3D Cursor의 Location Z를 '1.05'로 설정합니다 (Cylinder.001의 70% 정도되는 높이입니다). Cylinder.001의 선택을 유지한 상태에서 ❹마우스 오른쪽 버튼을 누르면 나타나는 메뉴에서 ❺[Set Origin]-[Origin to 3D Cursor]를 클릭합니다. 다시 N을 눌러 사이드 메뉴를 닫아둡니다.

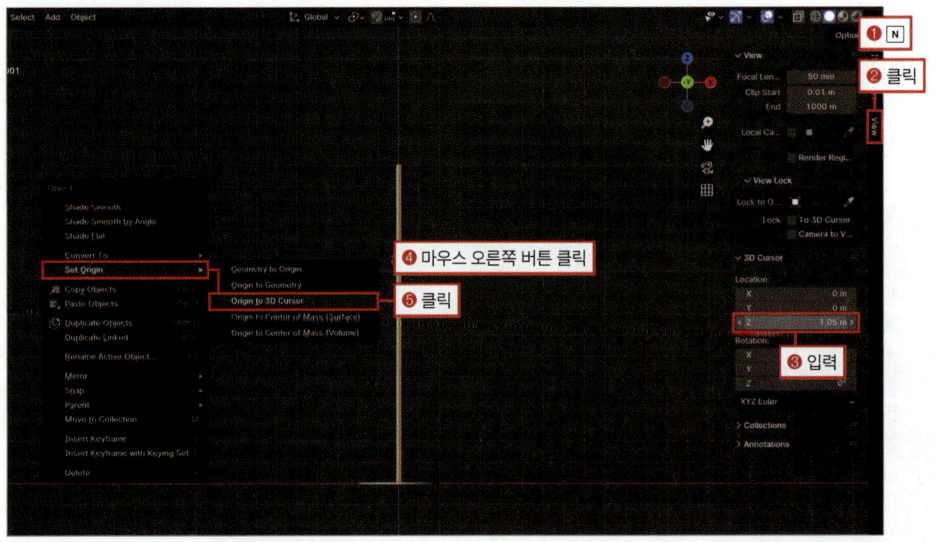

05 Cylinder.001에 Simple Deform을 적용하여 밴딩합니다.

05·1 Cylinder.001의 선택을 유지한 상태로 ❶Modifier 속성(🔧)에서 ❷[Add Modifier] 버튼을 클릭한 후 ❸[Deform]-[Simple Deform]을 선택합니다.

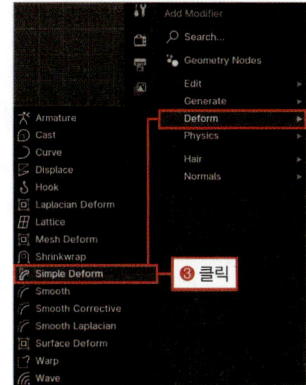

05·2 ❹[Bend]를 클릭하고 ❺Angle을 '150'으로 설정합니다. ❻Axis [X]를 클릭하여 해제하고 ❼[Y]를 클릭하여 활성화합니다. ❽Restrictions을 펼치고 시작 지점을 나타내는 Limits의 첫 번째 칸에 '0.7'을 끝 지점을 나타내는 두 번째 칸에 '0.9'를 입력합니다.

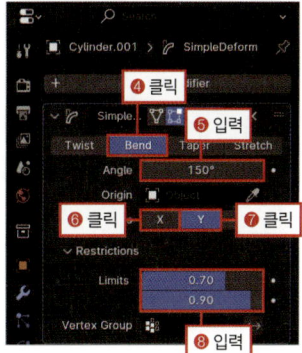

08 전등 갓 제작을 위해 Cone을 생성하겠습니다. ❶헤더 메뉴 [Add]-[Mesh]-[Cone]을 클릭하여 Cone 오브젝트를 만듭니다. 또는 Shift + A - Add 메뉴에서 [Mesh]-[Cone]을 클릭합니다. ❷F9 - Add 설정 창에서 ❸Radius 1을 '0.15', Radius 2를 '0.1', Depth를 '0.3', Location X를 '0.3', Location Z를 '0.9', Rotation Y를 '-20'으로 설정합니다.

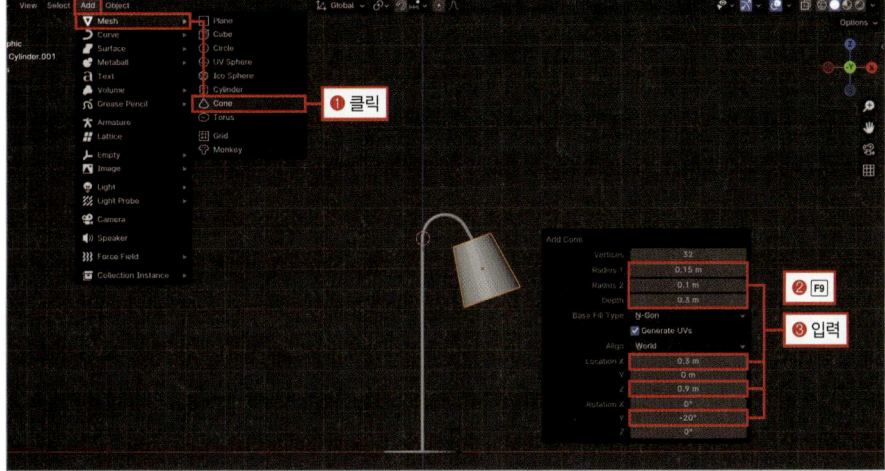

09 Cone의 위/아래 Face를 삭제합니다.

09·1 Edit Mode로 전환하겠습니다. 오브젝트 선택을 유지한 상태로 `Tab`을 눌러 Edit Mode로 전환하고 `3`을 눌러 Face select로 전환합니다.

09·2 Cone의 윗면이 보이도록 시점을 회전합니다. ❶윗면 Face를 선택하고 ❷ `Delete`를 누른 후 ❸[Faces]를 클릭하여 삭제합니다.

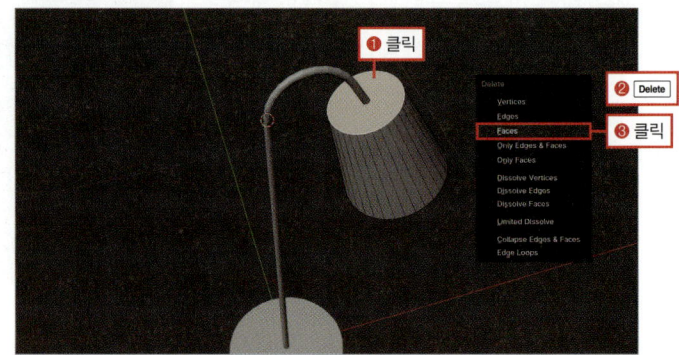

09·3 Cone의 아랫면이 보이도록 시점을 회전합니다. ❹아랫면 Face를 선택하고 ❺ `Delete`를 누른 후 ❻[Faces]를 클릭하여 삭제합니다.

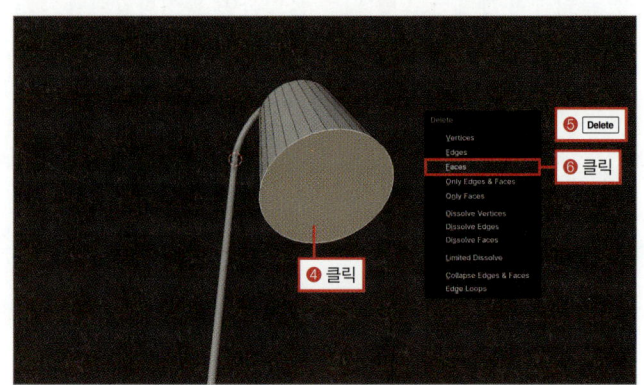

10 오브젝트의 색상을 지정합니다.

10·1 `Tab`을 눌러 Object Mode로 전환합니다.

10·2 ❶질감을 확인할 수 있는 Material Preview(🔵)로 전환합니다. ❷Cylinder를 선택하고 ❸ Material 속성(🔴)에서 ❹[New] 버튼을 클릭하여 새 질감을 추가합니다.

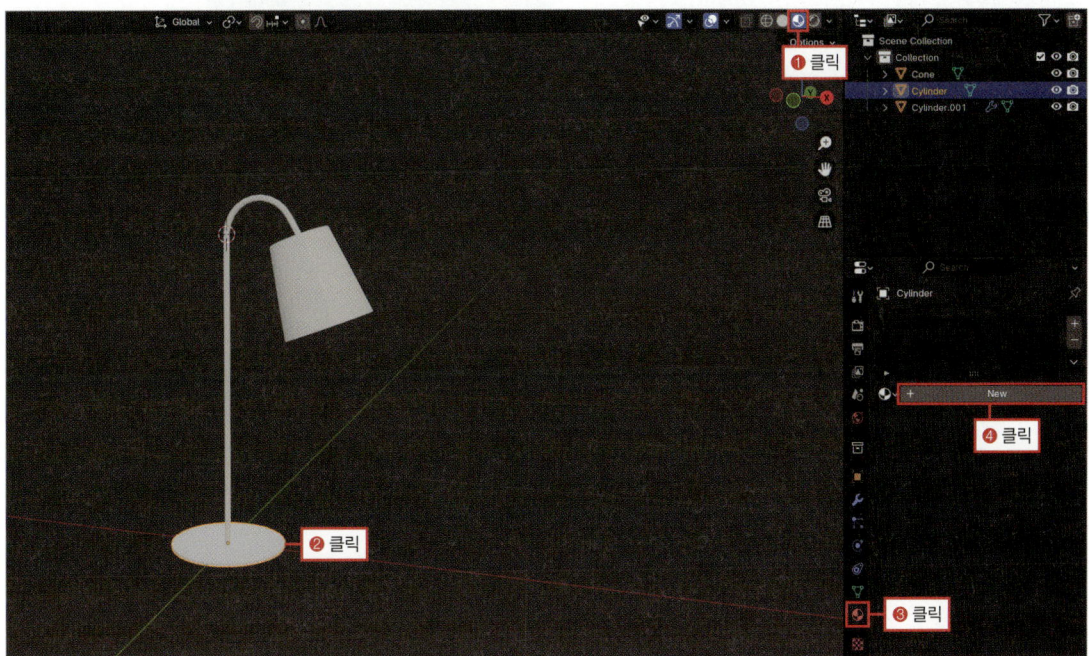

10·3 ❺Surface에서 Base Color를 클릭하고 Hue, Saturation, Value 를 조절하여 색상을 지정합니다.

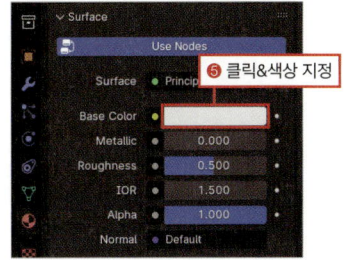

CHAPTER 10. Modifier로 오브젝트를 다양한 방식으로 수정하기

10·4 같은 방법으로 Cylinder.001과 Cone의 색상도 지정하여 다음과 같이 스탠드를 완성합니다. Ctrl +S를 눌러 프로젝트를 저장합니다.

Array로 오브젝트를 규칙적으로 복제하기

LESSON 04

Array Modifier를 활용하여 오브젝트를 규칙적으로 복제하고 배열하는 방법을 익힙니다.

Array는 오브젝트를 규칙적으로 반복 복제 배열하는 Modifier입니다.

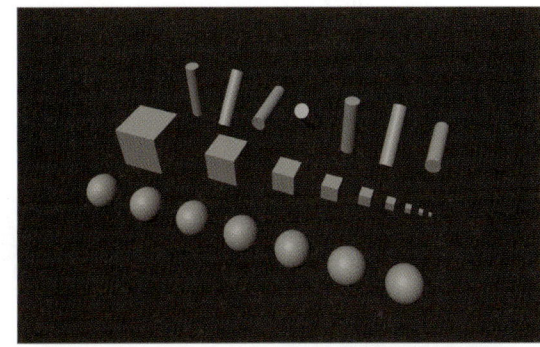

Array를 적용하려면 대상 오브젝트를 선택하고 ❶Modifier 속성( )에서 ❷[Add Modifier] 버튼을 클릭한 후 ❸[Generate]-[Array]를 선택합니다.

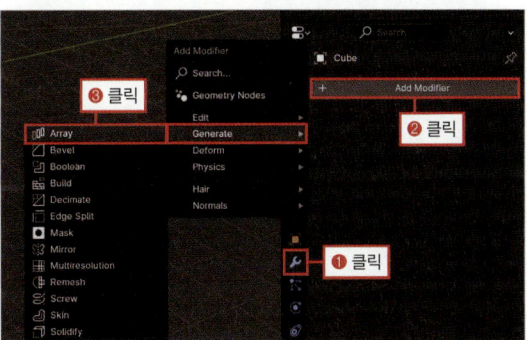

새롭게 나타난 설정의 ⓐCount에서 복제 개수를 설정하고 ⓑRelative Offset의 Factor X, Y, Z에서 배열 방향과 거리를 설정합니다.

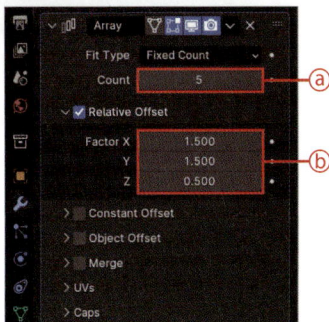

2층 난간 만들기

Array Modifier를 활용하여 오브젝트를 규칙적으로 복제하여 앞서 만든 복층룸에 2층 난간을 추가해보겠습니다.

◉ 준비 파일: chapter10/Room_Step_01.blend

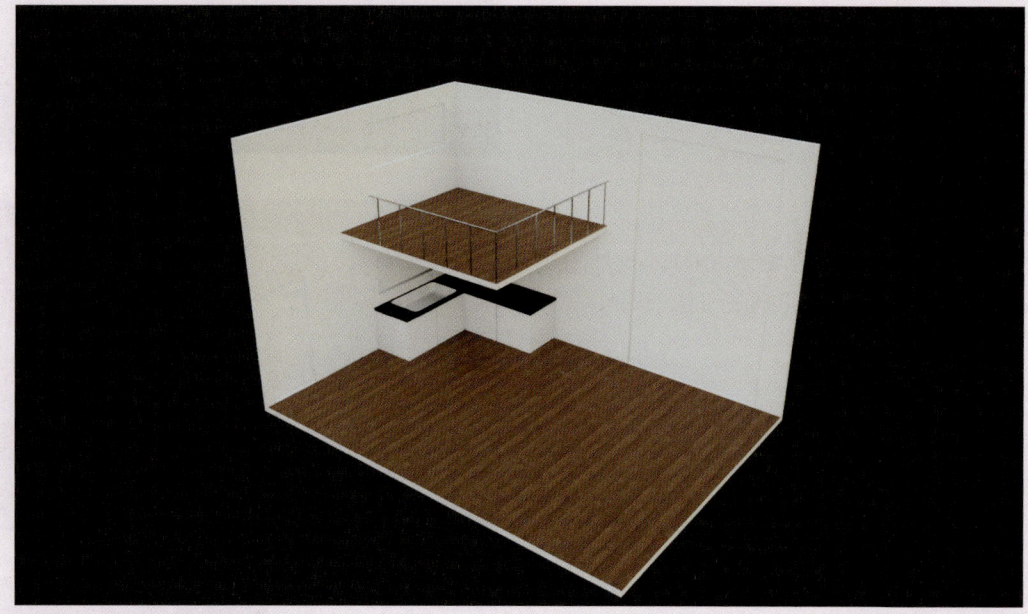

이 예제를 따라하기 위해 알아야 하는 핵심기능

- Bridge하기 ← 152쪽 참고
- Array하기 ← 343쪽 참고

01 '복층룸' 프로젝트를 불러오고 Cylinder를 생성하고 크기와 위치를 설정합니다.

01·1 Ctrl+O를 눌러 앞서 만들었던 예제인 '복층룸' 프로젝트 파일 또는 준비 파일 'Room_Step_01.blend'를 불러온 후 Solid(◯)로 전환합니다.

01·2 ❶헤더 메뉴 [Add]-[Mesh]-[Cylinder]를 클릭하여 Cylinder 오브젝트를 만듭니다. 또는 Shift+A-Add 메뉴에서 [Mesh]-[Cylinder]를 클릭합니다. ❷F9-Add 설정 창에서 ❸Radius는 '0.01', Depth는 '0.8', Location X는 '-0.02', Location Y는 '-0.6', Location Z는 '2.9'로 설정합니다.

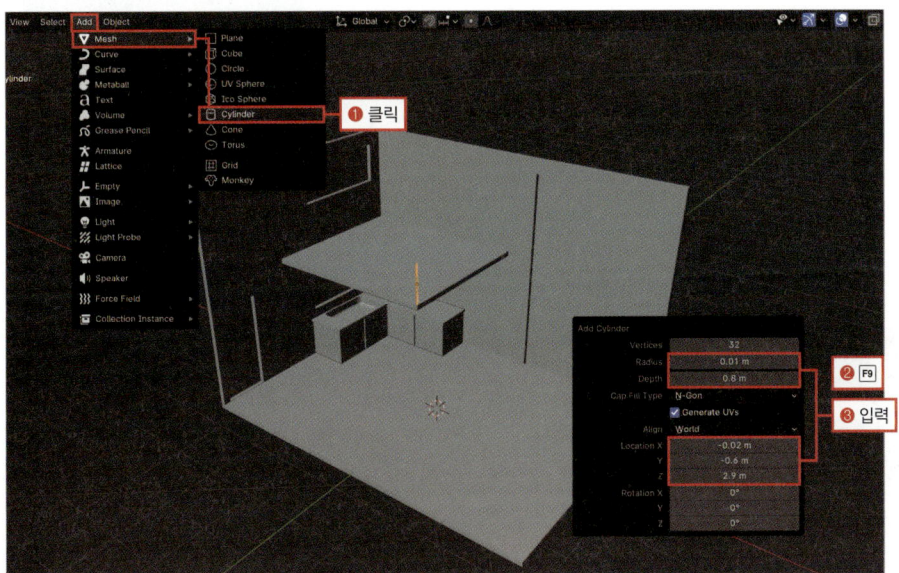

01·3 마우스 가운데 버튼을 돌려 작업하기 편리한 크기로 뷰를 확대/축소합니다.

02 Array를 적용하여 Cylinder를 배열합니다.

02·1 ❶Cylinder를 선택하고 ❷Modifier 속성(🔧)에서 ❸[Add Modifier] 버튼을 클릭합니다. ❹[Generate]-[Array]를 선택합니다.

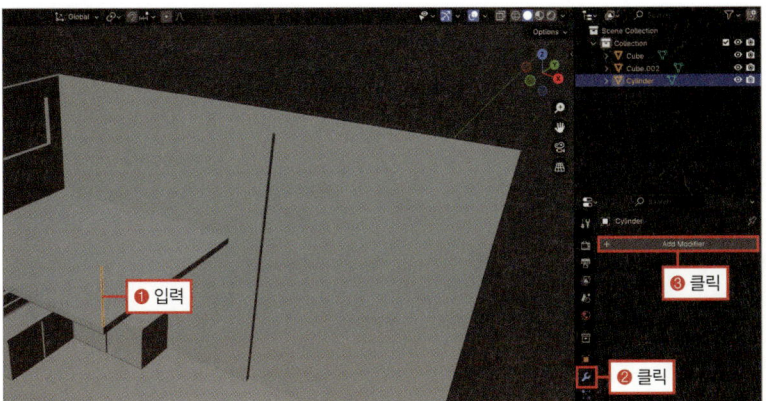
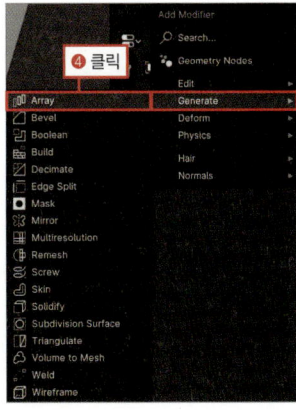

CHAPTER 10. Modifier로 오브젝트를 다양한 방식으로 수정하기

02-2 ❺Count를 '6'으로 설정합니다. ❻Relative Offset를 체크 해제하고 ❼Constant Offset를 체크합니다. Constant Offset 드롭다운 버튼을 클릭하여 하위 메뉴를 열고 ❽Distance X를 '-0.5'로 설정합니다.

03 Array가 적용된 Cylinder를 복사하겠습니다. Cylinder 선택을 유지한 상태에서 ❶ Shift + D 를 누른 후 ❷마우스를 움직이지 않고 클릭하여 제자리 복제합니다. ❸Object 속성(■)-Transform에서 ❹ Location Y를 '-0.1', Rotation Z를 '-90'으로 설정합니다.

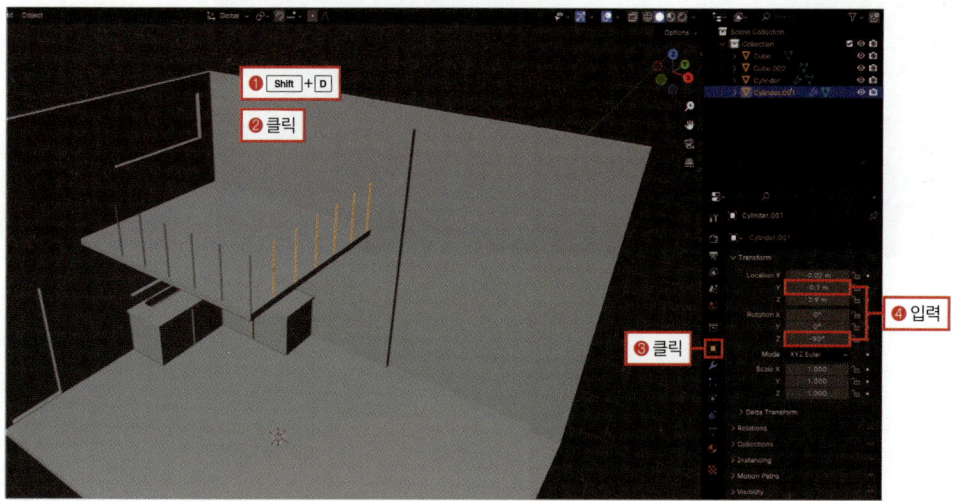

04 Cylinder를 생성하고 크기, 위치, 각도를 설정하겠습니다. ❶헤더 메뉴 [Add]-[Mesh]-[Cylinder]를 클릭하여 Cylinder 오브젝트를 만듭니다. 또는 Shift + A -Add 메뉴에서 [Mesh]-[Cylinder]를 클릭합니다. ❷F9-Add 설정 창에서 ❸Radius를 '0.01', Depth를 '2.7', Location X를 '-1.38', Location Y를 '-0.6', Location Z를 '3.3', Rotation Y를 '90'으로 설정합니다.

05 Cylinder를 하나 더 생성하겠습니다. ❶헤더 메뉴 [Add]-[Mesh]-[Cylinder]를 클릭하여 Cylinder 오브젝트를 만듭니다. 또는 Shift + A -Add 메뉴에서 [Mesh]-[Cylinder]를 클릭합니다. ❷F9-Add 설정 창에서 ❸Radius를 '0.01', Depth를 '3.2', Location X를 '-0.02', Location Y를 '1.01', Location Z를 '3.3', Rotation X를 '90'으로 설정합니다.

06 Cylinder 오브젝트들을 Join하여 하나로 합치겠습니다. ❶Cylinder.002와 Cylinder.003을 동시 선택합니다. ❷[Ctrl]+[J]를 눌러 선택된 오브젝트들을 Join합니다.

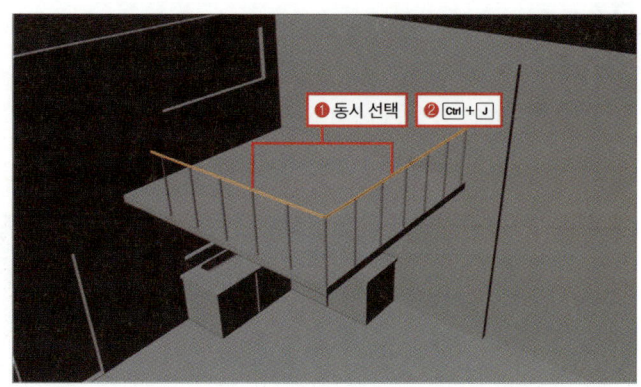

07 병합된 Cyilider를 Bridge하여 연결합니다.

07·1 오브젝트 선택을 유지한 상태로 [Tab]을 눌러 Edit Mode로 전환하고 [3]을 눌러 Face select로 전환합니다.

07·2 마우스 가운데 버튼을 돌려 뷰를 확대합니다. 다음 그림과 같이 ❶Face 2개를 동시 선택합니다.

07·3 ❷마우스 오른쪽 버튼을 누르면 나타나는 메뉴에서 ❸[Bridge Faces]를 선택하고 ❹[F9]-설정 창에서 ❺Number of Cuts를 '7', Profile Factor를 '0.1'로, ❻ Profile Shape을 [Sphere]로 설정합니다.

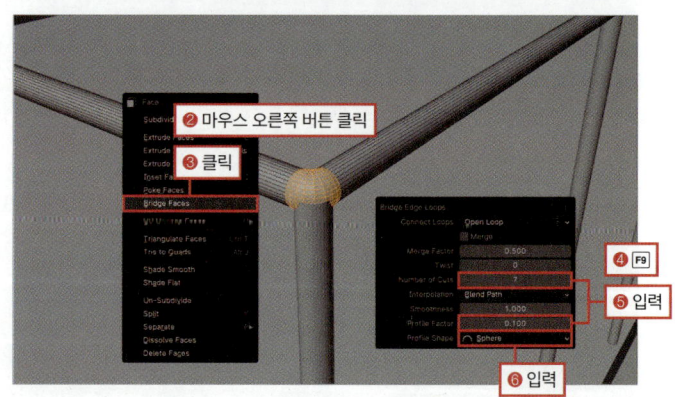

08 난간의 질감을 지정하여 2층 난간을 완성합니다.

08·1 Tab 을 눌러 Object Mode로 전환합니다.

08·2 ❶질감을 확인할 수 있는 Material Preview(◉)로 전환합니다. ❷3개의 Cyilinder를 동시 선택합니다. ❸Material 속성(◉)에서 [New] 버튼을 클릭하여 새 질감을 추가합니다. ❹Surface에서 Metallic을 '1.0', Roughness를 '0'으로 설정합니다.

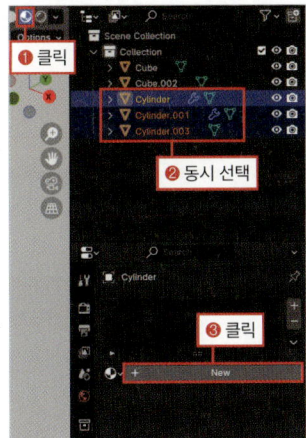
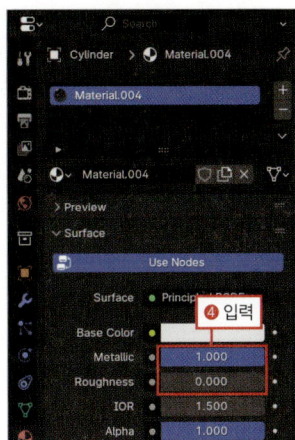

08·3 ❺3D Viewport에서 Ctrl + L 을 누르고 ❻[Link Materials]를 클릭합니다.

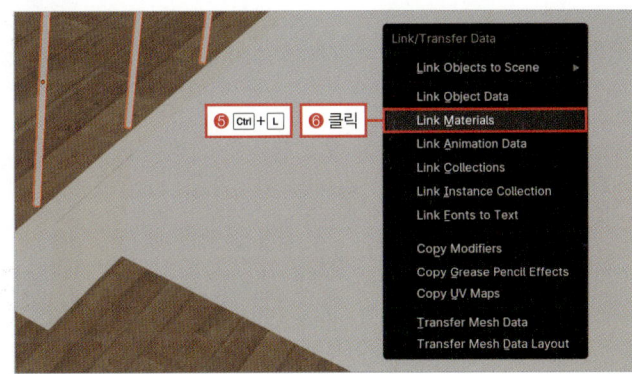

08·4 다음 그림과 같이 복층룸에 2층 난간이 만들어졌습니다. Ctrl + S 를 눌러 프로젝트를 저장합니다.

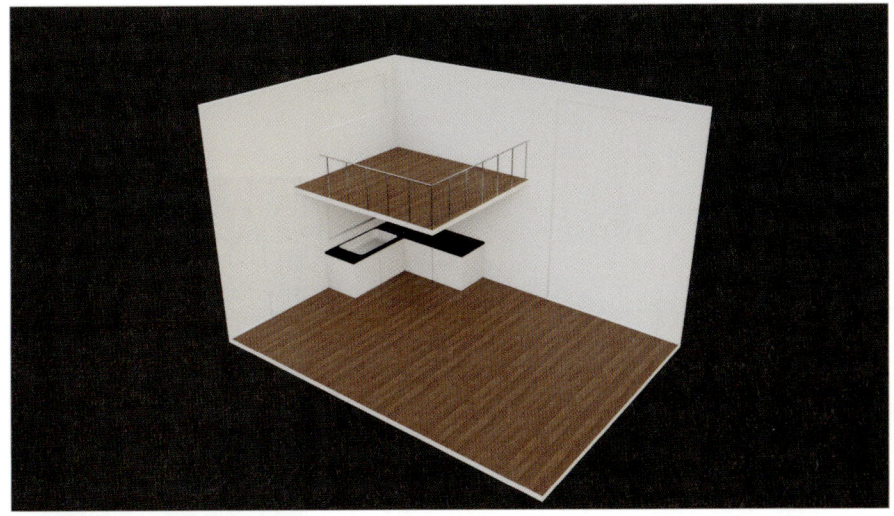

Screw로 일정한 간격을 가지는 오브젝트 만들기

LESSON 05

Screw Modifier를 활용하여 기준점으로부터 일정한 간격을 유지한 채로 오브젝트를 만드는 방법을 익힙니다.

Screw는 오브젝트를 Origin 기준으로 회전시켜 그 궤적을 오브젝트로 만들어주는 Modifier입니다.

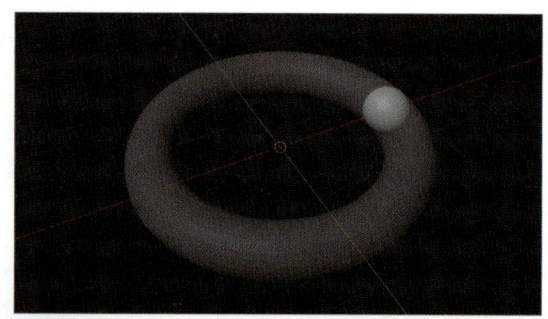

Screw를 적용하려면 대상 오브젝트를 선택하고 ❶Modifier 속성(🔧)에서 ❷[Add Modifier] 버튼을 클릭한 후 ❸[Generate]-[Screw]를 선택합니다.

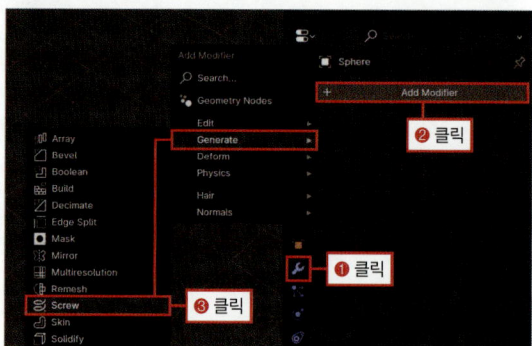

그러면 새로운 메뉴가 나타납니다. 각 메뉴의 항목을 정리하면 다음과 같습니다. 기능이 많으므로 실습을 통해서 익히겠습니다.

ⓐ **Angle**: 회전 각을 설정합니다.
ⓑ **Screw**: 회전하면서 상승하는 거리를 설정합니다.
ⓒ **Iterations**: 반복 횟수를 설정합니다.
ⓓ **Axis**: 회전 축을 설정합니다.
ⓔ **Axis Object**: 기준점으로 삼을 오브젝트를 지정합니다.
ⓕ **Steps Viewport/Render**: 회전 단계 수를 설정합니다.

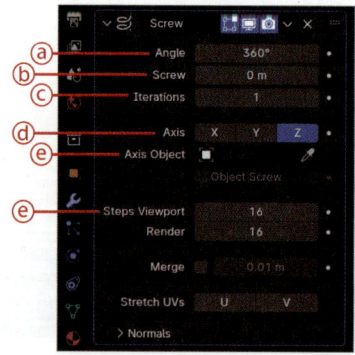

원형 계단 만들기

Screw Modifier를 활용하여 기준점으로부터 일정한 간격을 유지하는 방식으로 앞서 만든 복층룸에 원형 계단을 추가해보겠습니다.

◉ **준비 파일**: chapter10/Room_Step_02.blend, Floor_diff.jpg

이 예제를 따라하기 위해 알아야 하는 **핵심기능** ·······································

- Join하기 ← 198쪽 참고
- Array하기 ← 343쪽 참고
- Screw하기 ← 350쪽 참고

01 '2층 난간' 프로젝트를 불러오고 Cube(계단)를 생성한 후 크기, 위치, 각도를 설정합니다.

01·1 Ctrl+O를 눌러 앞서 만들었던 예제인 '복층룸' 프로젝트 파일 또는 준비 파일 'Room_Step_02.blend'를 불러온 후 Solid(◯)로 전환합니다.

01·2 ❶헤더 메뉴 [Add]-[Mesh]-[Cube]를 클릭하여 Cube 오브젝트를 만듭니다. ❷F9-Add 설정 창에서 ❸Size를 '1'로 설정합니다. ❹Object 속성(■)-Transform에서 Location X를 '-0.4', Location Z를 '0.2', Rotation Z를 '90', Scale X를 '0.3', Scale Y를 '0.8', Scale Z를 '0.05'로 설정합니다.

01·3 Num.을 누른 후 마우스 가운데 버튼을 돌려 작업에 편리한 크기로 뷰를 확대/축소합니다.

02
Cylinder(난간봉)를 생성하고 크기, 위치를 설정하겠습니다. ❶헤더 메뉴 [Add]-[Mesh]-[Cylinder]를 클릭하여 Cylinder 오브젝트를 만듭니다. ❷F9 - Add 설정 창에서 ❸Radius는 '0.01', Depth는 '0.8', Location X는 '-0.75', Location Z는 '0.6'으로 설정합니다.

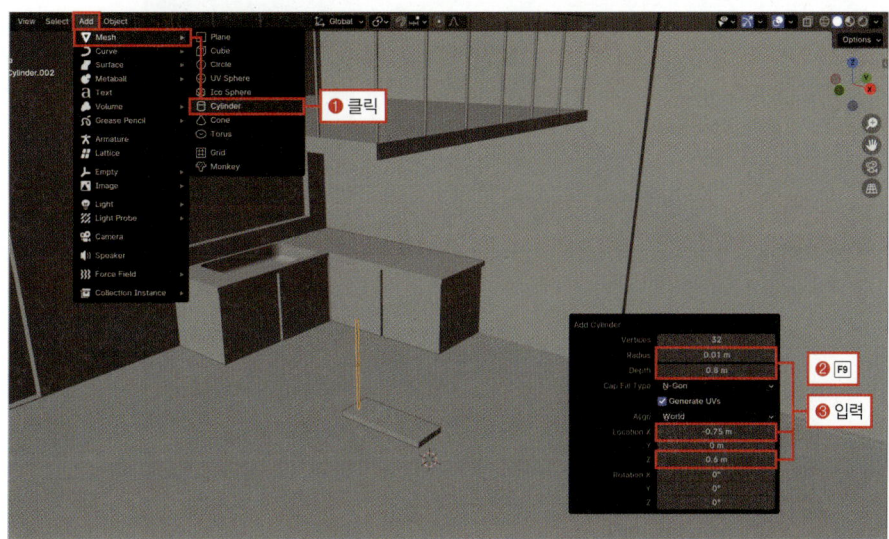

03
난간봉에 반사 질감을 적용하겠습니다. ❶질감을 확인할 수 있는 Material Preview(🔘)로 전환합니다. 난간봉 선택을 유지한 상태로 ❷Material 속성(🔘)에서 [New] 버튼을 클릭하여 새 질감을 추가합니다. ❸Surface에서 Metallic을 '1.0', Roughness를 '0'으로 설정합니다.

CHAPTER 10. Modifier로 오브젝트를 다양한 방식으로 수정하기

04 계단에 Image Texture를 적용합니다.

04·1 ❶계단을 선택하고 ❷Material 속성( )에서 [New] 버튼을 클릭하여 새 질감을 추가합니다.

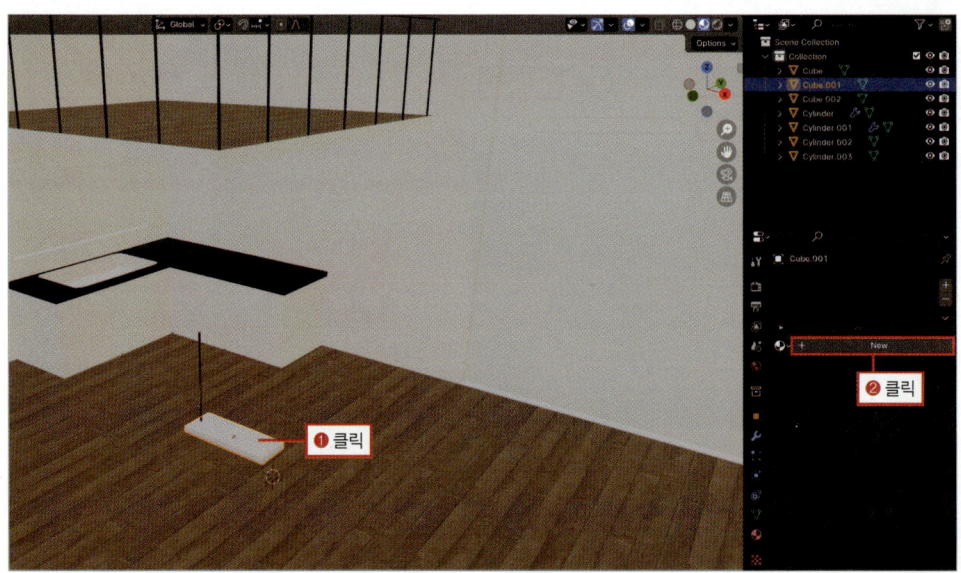

04·2 ❸Surface에서 Base Color의 노란색 점을 클릭하고 ❹[Image Texture]를 선택합니다.

04·3 ❺[Open] 버튼을 클릭하고 준비 파일 'Floor_diff.jpg'를 선택하여 지정합니다.

05   오브젝트들을 Join하여 하나로 합치겠습니다. ❶난간봉과 계단을 동시 선택합니다. ❷Ctrl+J를 눌러 선택된 오브젝트들을 Join합니다. ❸Ctrl+A를 눌러 Apply 메뉴에서 ❹[All Transforms]를 클릭하여 현재 크기, 각도, 좌표를 기본값으로 설정합니다.

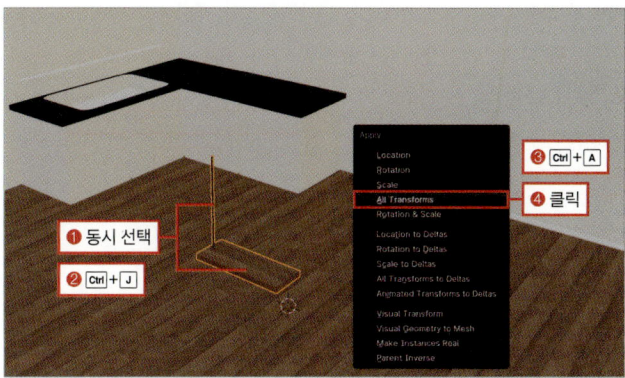

06   Array의 기준이 될 Empty 오브젝트를 생성하겠습니다. 헤더 메뉴 [Add]-[Empty]-[Plain Axes]를 클릭하여 Empty 오브젝트를 만듭니다. 또는 Shift+A -Add 메뉴에서 [Empty]-[Plain Axes]를 클릭합니다.

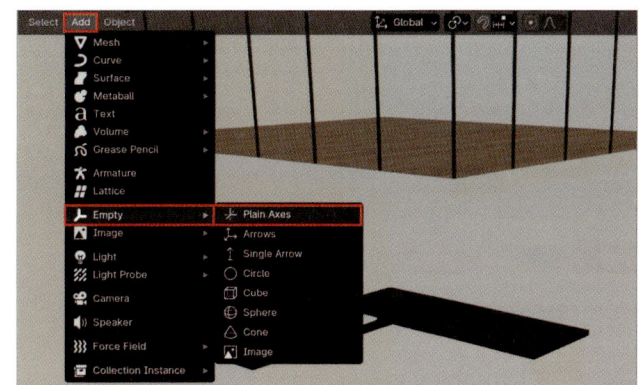

07   Array를 적용하여 계단을 배열합니다.

07·1   ❶하나로 Join된 계단을 선택하고 ❷Modifier 속성(🔧)에서 ❸[Add Modifier] 버튼을 클릭합니다. ❹[Generate]-[Array]를 선택합니다.

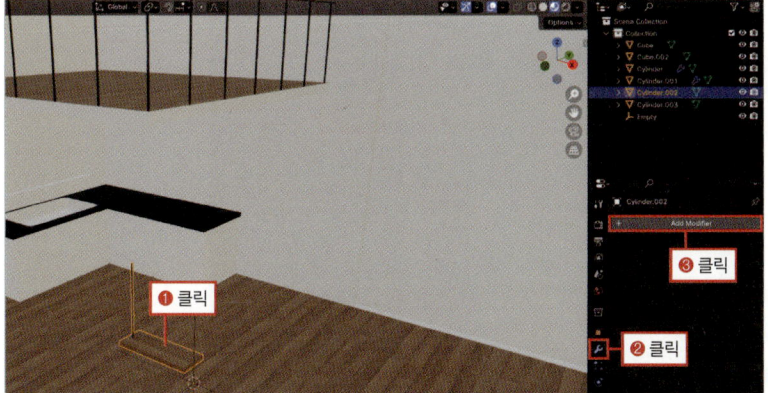 

CHAPTER 10. Modifier로 오브젝트를 다양한 방식으로 수정하기

07·2 ❺Count를 '13'으로 설정합니다. ❻Relative Offset를 체크 해제하고 ❼Object Offset을 체크합니다. ❽Object Offset 드롭다운 버튼을 클릭하여 하위 메뉴를 연 후 Object의 Eyedropper Data-Block(🔗)을 클릭하고 ❾Empty 오브젝트를 지정합니다.

07·3 ❿Empty 오브젝트를 선택하고 ⓫Location Z를 '0.18', Rotation Z를 '-30'으로 설정합니다.

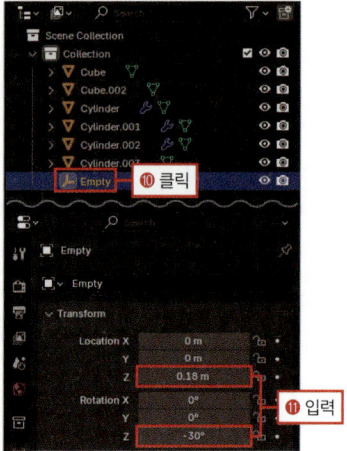

07·4 ⓬Array 드롭다운 메뉴에서 [Apply]를 클릭하여 결과를 확정합니다.

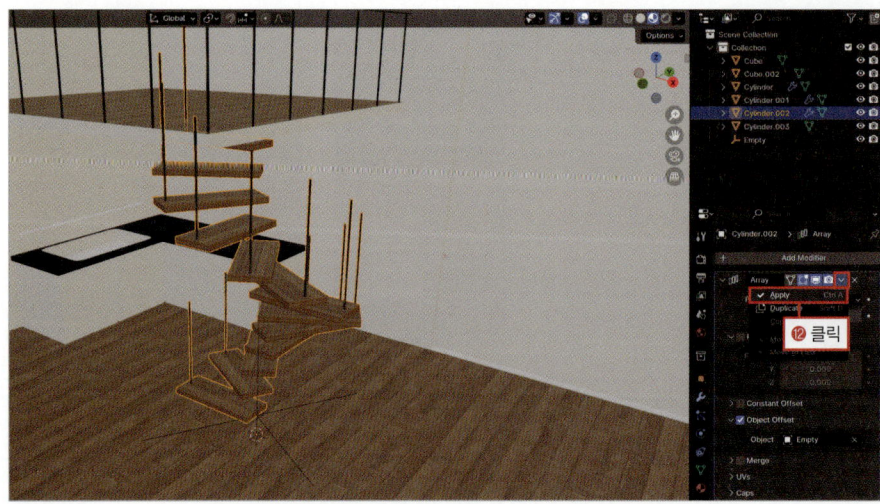

08   Circle(난간 손잡이)을 생성하고 크기, 위치, 각도를 설정하겠습니다. ❶헤더 메뉴 [Add]-[Mesh]-[Circle]을 클릭하여 Circle 오브젝트를 만듭니다. 또는 Shift + A -Add 메뉴에서 [Mesh]-[Circle]을 클릭합니다. ❷F9-Add 설정 창에서 ❸Radius를 '0.01', Location X를 '-0.75', Location Z를 '1', Rotation X를 '90'으로 설정합니다.

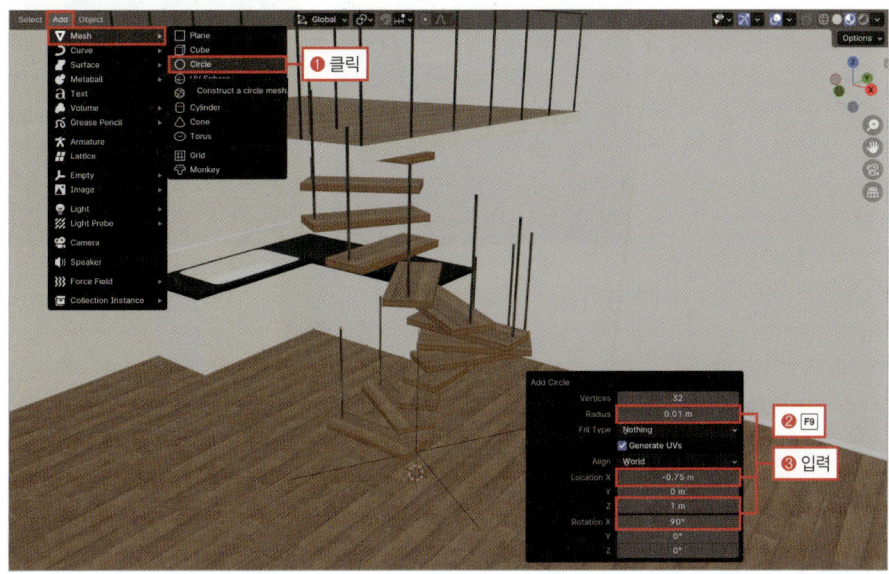

09   Screw를 적용하여 Circle을 난간 손잡이로 제작합니다.

09·1 ❶Circle을 선택하고 ❷Modifier 속성(🔧)에서 [Add Modifier] 버튼을 클릭합니다. ❸[Generate] -[Screw]를 선택합니다.

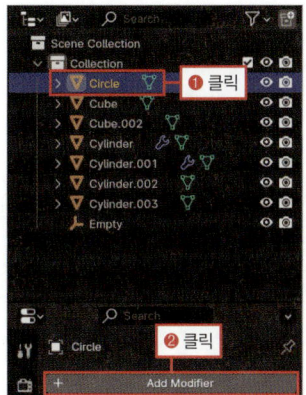 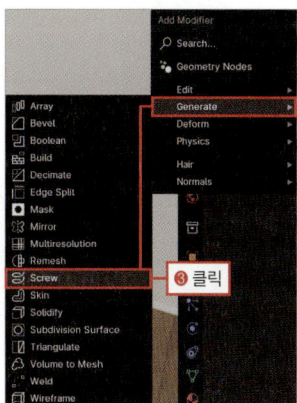

09·2 ❹Axis Object의 Eyedropper Data-Block(🔧)을 클릭하고 ❺Empty 오브젝트를 지정합니다. ❻Angle을 '-360', Screw를 '2.16', Step Viewport와 Render를 '64'로 설정합니다. ❼Screw 드롭다운 메뉴에서 [Apply]를 클릭하여 결과를 확정합니다.

10 UV Sphere(손잡이 마감)를 생성하고 크기와 위치를 설정하겠습니다. ❶헤더 메뉴 [Add]-[Mesh]-[UV Sphere]를 클릭하여 UV Sphere 오브젝트를 만듭니다. 또는 Shift+A-Add 메뉴에서 [Mesh]-[UV Sphere]를 클릭합니다. ❷F9-Add 설정 창에서 ❸Radius를 '0.03', Location X를 '-0.75', Location Z를 '1'로 설정합니다.

11 Sphere(손잡이 마감)를 복사-이동하겠습니다. Sphere 선택을 유지하고 ❶ Shift + D - Z 를 눌러 Z축으로 방향을 선택합니다. ❷복사 이동한 후 클릭하여 완료합니다. ❸ F9 - Duplicate Objects 설정 창에서 ❹Move Z를 '2.16'으로 설정합니다.

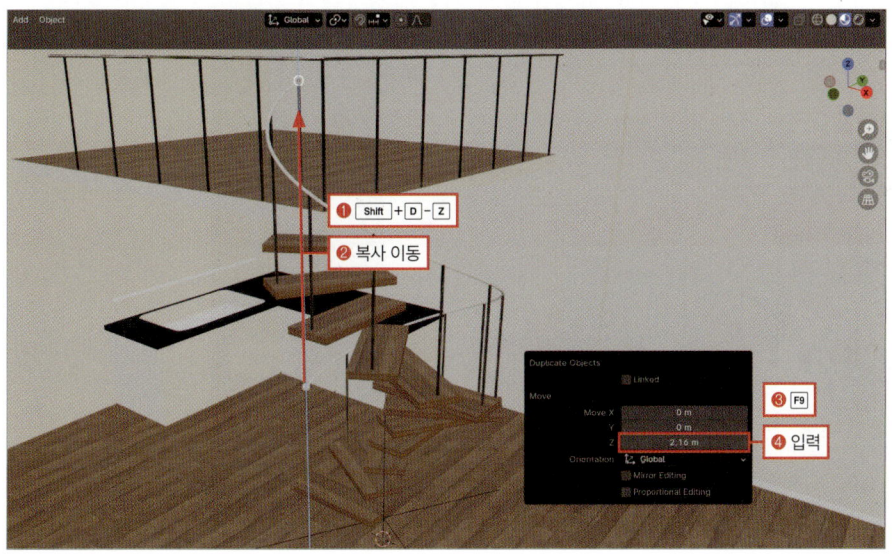

12 손잡이의 색상을 지정하겠습니다. ❶난간 손잡이와 손잡이 마감 2개를 동시 선택합니다. ❷질감이 이미 적용되어 있는 2층 난간 오브젝트를 가장 마지막으로 선택 추가하여 Active 오브젝트로 지정합니다. ❸3D Viewport에서 Ctrl + L 을 누르고 ❹[Link Materials]를 클릭하여 색상을 연결합니다.

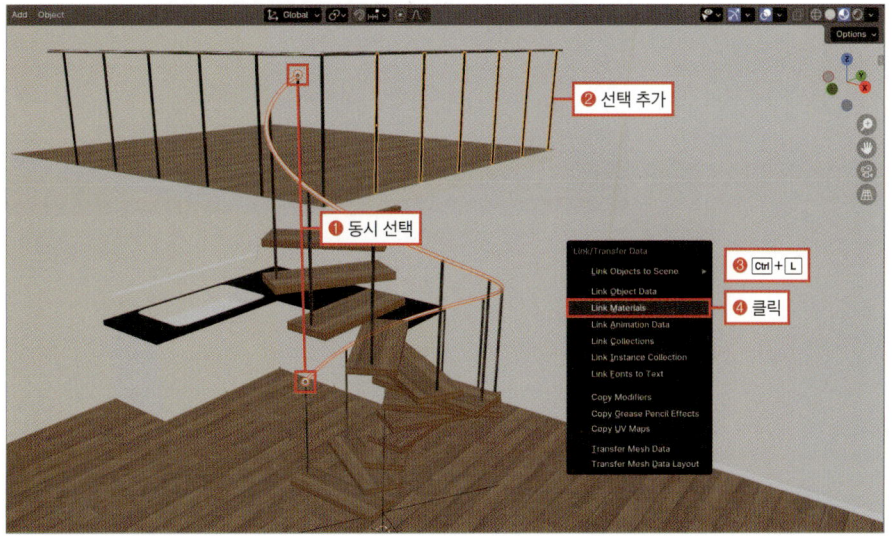

13 Cylinder(계단 기둥)를 생성하고 크기, 위치, 각도를 설정하겠습니다. ❶헤더 메뉴 [Add]-[Mesh]-[Cylinder]를 클릭하여 Cylinder 오브젝트를 만듭니다. 또는 Shift+A-Add 메뉴에서 [Mesh]-[Cylinder]를 클릭합니다. ❷F9-Add 설정 창에서 ❸Radius를 '0.15', Depth를 '3.3', Location Z를 '1.65'로 설정합니다. ❹Material 속성( )에서 ❺[New] 버튼을 클릭하여 새 질감을 추가합니다.

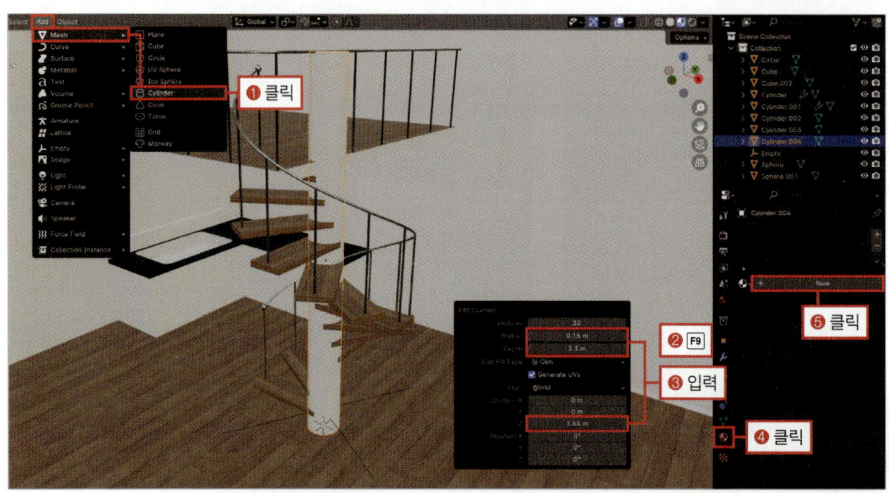

14 원형 계단 오브젝트들을 Join하여 하나로 합치겠습니다. ❶난간 손잡이, 손잡이 마감 2개, 계단을 동시 선택합니다. ❷기둥을 가장 마지막으로 선택 추가하여 Active 오브젝트로 지정합니다. ❸Ctrl+J를 눌러 선택된 오브젝트들을 Join 합니다.

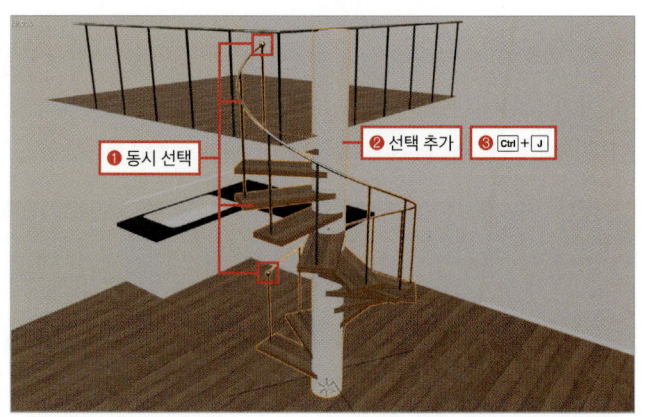

15 원형 계단을 이동하여 완성합니다.

15·1 원형 계단 오브젝트의 선택을 유지하고 ❷Object 속성(■)의 ❸ Transform에서 Location X를 '-2.7', Location Y를 '-0.78', Location Z를 '1.65'로 설정합니다. ❹Empty 오브젝트를 선택하고 Delete 를 눌러 삭제합니다.

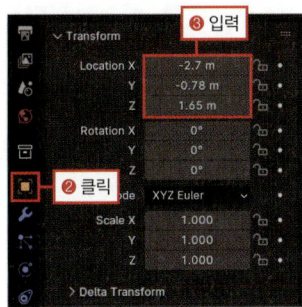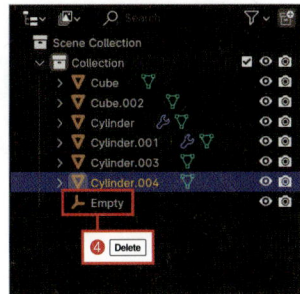

15·2 북층룸에 원형 계단이 추가되었습니다. Ctrl + S 를 눌러 프로젝트를 저장합니다.

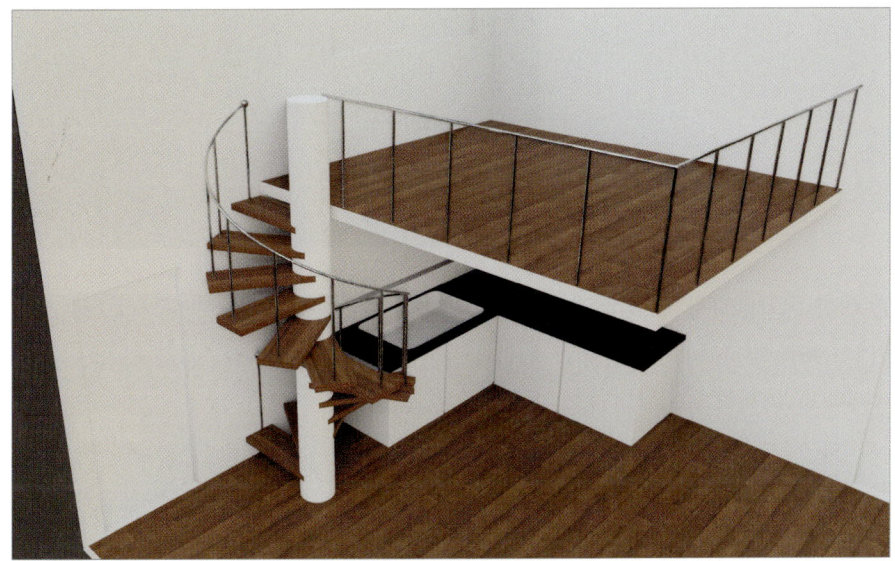

Mirror로 오브젝트를 대칭 복제하기

LESSON

Mirror Modifier를 활용하여 기준점으로부터 오브젝트를 대칭 복제하는 방법을 익힙니다.

Mirror는 오브젝트를 Origin을 기준으로 뒤집어서 복제함으로써 대칭 오브젝트를 제작할 수 있는 Modifier입니다.

Mirror를 적용하려면 대상 오브젝트를 선택하고 ❶Modifier 속성(🔧)에서 ❷[Add Modifier] 버튼을 클릭한 후 ❸[Generate]-[Mirror]를 클릭합니다.

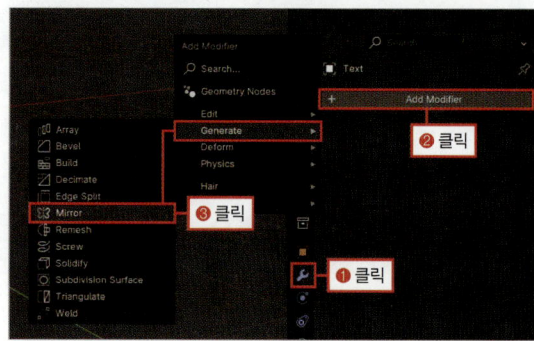

그러면 새로운 메뉴가 나타납니다. 각 메뉴의 항목을 정리하면 다음과 같습니다. 기능이 많으므로 실습을 통해서 익히겠습니다.

ⓐ **Axis**: 대칭 방향을 설정합니다.
ⓑ **Bisect**: 대칭 결과 겹치는 면이 있다면 제거합니다.
ⓒ **Mirror Object**: 대칭점으로 삼을 오브젝트를 지정합니다.
ⓓ **Clipping**: 대칭되면서 중심축을 침범하지 않습니다.
ⓔ **Merge**: 겹치는 점들을 병합합니다.

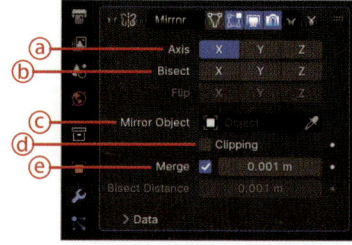

소파 만들기

Mirror Modifier를 활용하여 대칭 복제하는 방식으로 소파를 만들어봅니다.

이 예제를 따라하기 위해 알아야 하는 핵심기능

- Bevel하기 ← 122쪽 참고
- Join하기 ← 198쪽 참고
- Subdivision Surface하기 ← 304쪽 참고
- Mirror하기 ← 362쪽 참고

01 Cube를 생성하고 크기와 위치를 설정합니다.

01·1 새 프로젝트를 만들고 디폴트 오브젝트 중 Cube를 삭제합니다.

01·2 ❶헤더 메뉴 [Add]-[Mesh]-[Cube]를 클릭하여 Cube 오브젝트를 만듭니다. 또는 Shift + A -Add 메뉴에서 [Mesh]-[Cube]를 클릭합니다. ❷F9-Add 설정 창에서 ❸Size를 '1'로 설정합니다. ❹ Object 속성(■)-Transform에서 Location Y를 '0.4', Location Z를 '0.2', Scale X를 '0.6', Scale Y를 '0.8', Scale Z를 '0.4'로 설정합니다.

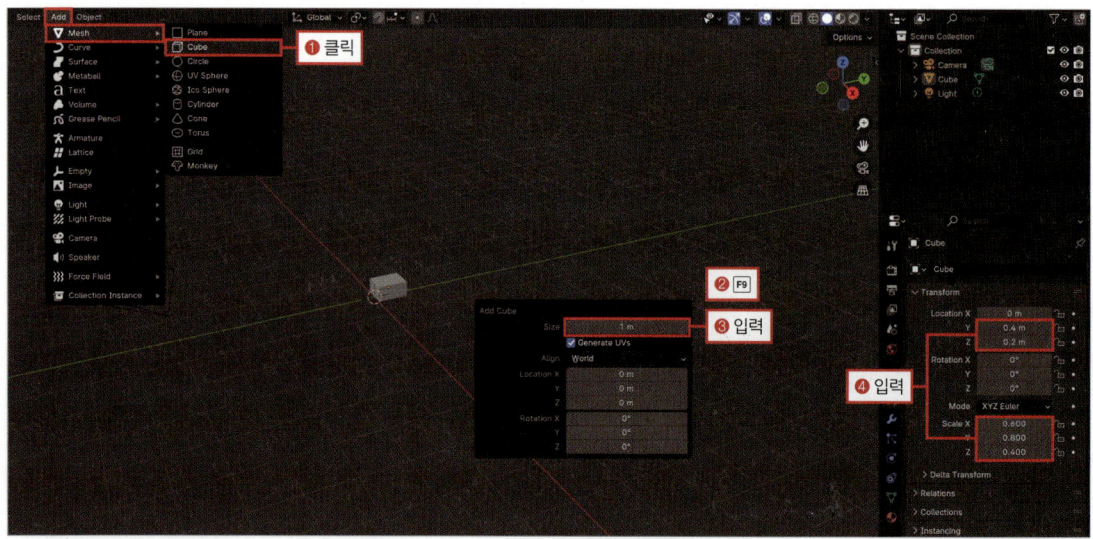

01·3 Num. 을 누른 후 마우스 가운데 버튼을 돌려 작업에 편리한 크기로 뷰를 확대/축소합니다.

01·4 다음 그림 Ⓐ, Ⓑ의 Location과 Scale의 수치를 참고하여 2개의 Cube를 더 추가합니다.

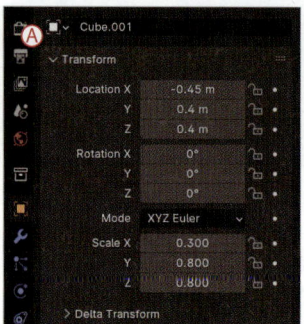 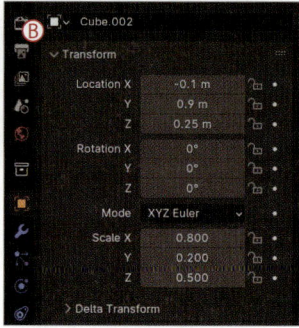

02 오브젝트들을 Join하여 하나로 합치겠습니다. ❶Cube 3개를 동시 선택합니다. ❷Ctrl+J를 눌러 선택된 오브젝트들을 Join합니다. ❸Ctrl+A를 눌러 Apply 메뉴에서 ❹[Scale]을 선택하여 현재 크기를 기본값으로 설정합니다.

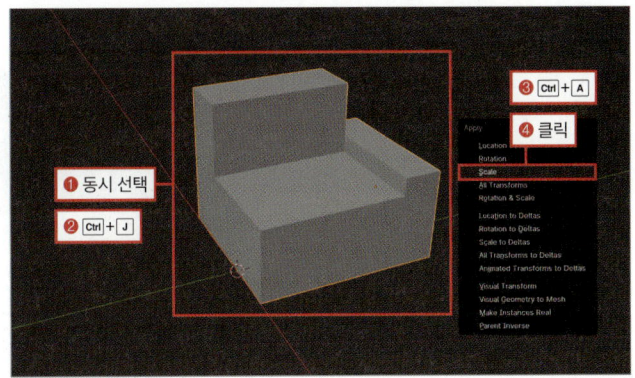

03 각진 Edge들을 Bevel하여 부드럽게 만듭니다.

03·1 오브젝트 선택을 유지한 상태로 Tab을 눌러 Edit Mode로 전환합니다.

03·2 ❶A를 눌러 전체 선택합니다. ❷Ctrl+B를 누른 후 ❸선택 대상으로부터 먼 쪽으로 마우스 커서를 움직여 Bevel 거리를 정합니다. ❹마우스 가운데 버튼을 위로 돌려 Bevel 단계를 높이고 클릭하여 완료합니다. ❺F9-Bevel 설정 창에서 ❻ Width를 '0.08'로 설정하고 Segments를 '4'로 설정합니다.

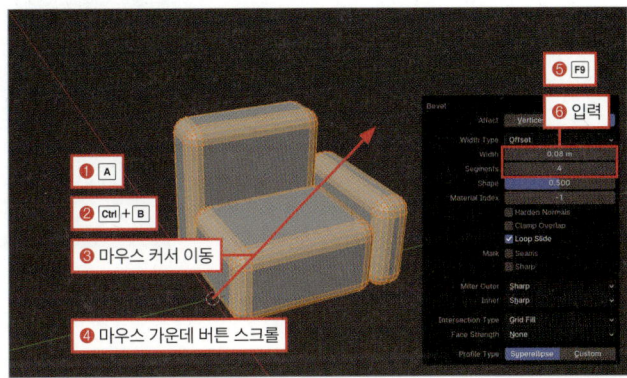

04 Mirror의 기준이 될 Empty 오브젝트를 생성합니다.

04·1 Tab을 눌러 Object Mode로 전환합니다.

04·2 헤더 메뉴 [Add]-[Empty]-[Plain Axes]를 클릭하여 Plain Axes 오브젝트를 만듭니다. 또는 Shift+A-Add 메뉴에서 [Empty]-[Plain Axes]를 클릭합니다.

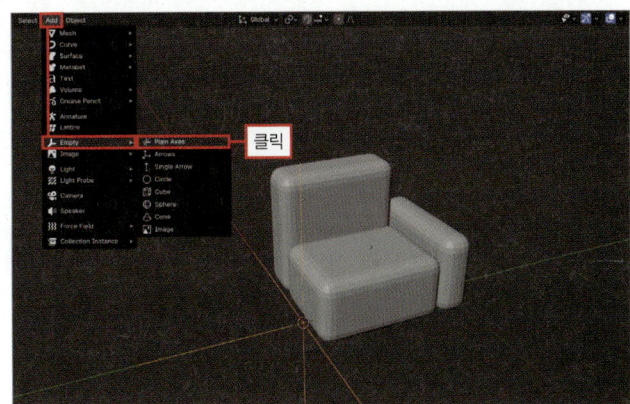

05 Mirror를 적용하여 소파를 Y축 방향으로 미러링합니다.

05·1 ❶소파 Cube.002를 선택하고 ❷Modifier 속성( )에서 ❸[Add Modifier] 버튼을 클릭합니다. ❹[Generate]-[Mirror]를 선택합니다.

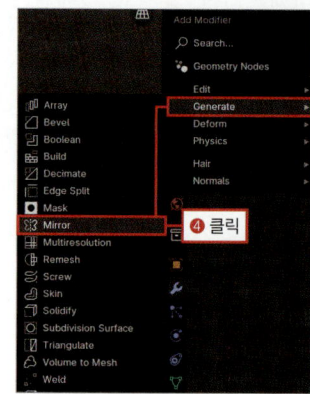

05·2 ❺Axis [X]를 클릭하여 X축을 비활성화하고 [Y]를 클릭하여 Y축을 활성화합니다. ❻Mirror Object의 Eyedropper Data-Block( )을 클릭하고 Empty 오브젝트를 선택하여 지정합니다. ❼Mirror 드롭다운 메뉴에서 [Apply]를 클릭하여 결과를 확정합니다.

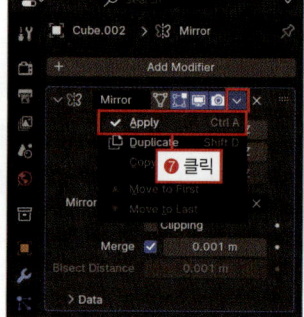

06 Subdivision Surface를 적용하여 표면 연결을 부드럽게 만듭니다.

06·1 ❶소파를 선택하고 ❷Modifier 속성( )에서 [Add Modifier] 버튼을 클릭합니다. ❸[Generate] - [Subdivision Surface]를 클릭합니다.

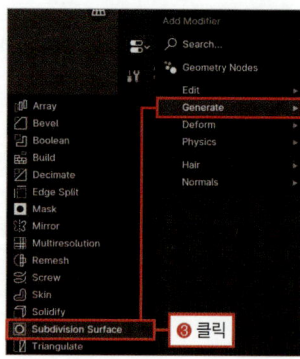

06·2 ❹Levels Viewport를 '2'로 설정합니다.

07 소파의 색상을 지정하여 소파를 완성합니다.

07·1 ❶질감을 확인할 수 있는 Material Preview(🔘)로 전환합니다. ❷Material 속성(🔘)에서 ❸[New] 버튼을 클릭하여 새 질감을 추가합니다.

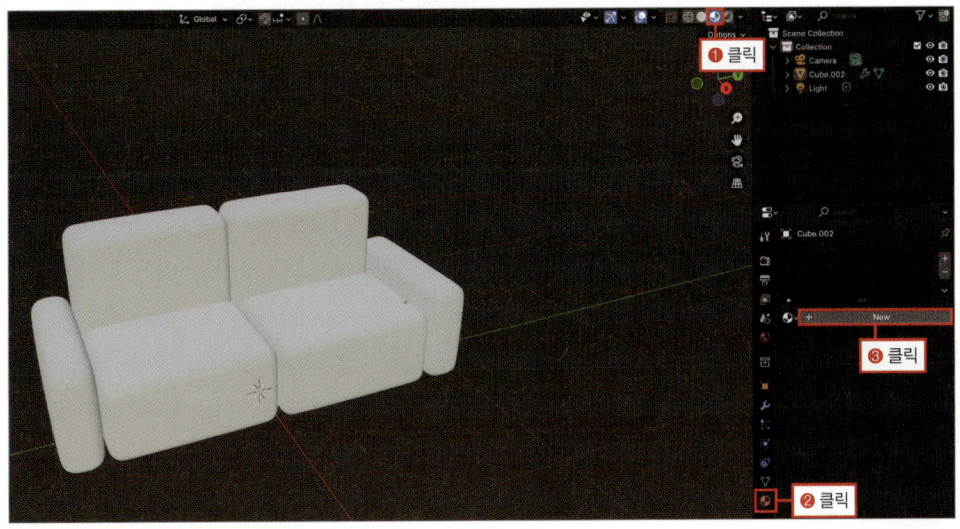

07·2 ❹Surface에서 Base Color를 클릭하고 Hue, Saturation, Value를 조절하여 색상을 지정합니다.

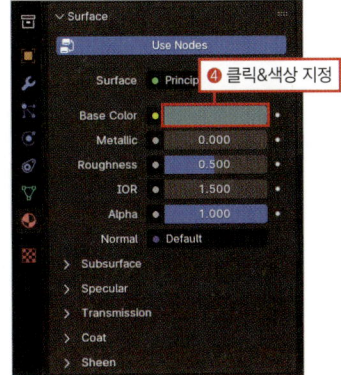

07·3 소파가 완성되었습니다. Ctrl+S를 눌러 프로젝트를 저장합니다.

CHAPTER

11

Light 오브젝트 활용하기

이것만 알아두자!

- Light 오브젝트를 활용하여 빛이 비치는 방향을 설정하는 방법과 그에 따른 그림자 표현 방법을 익힙니다.
- Point Light와 Area Light를 활용하여 스탠드와 복층룸에 조명을 추가해봅니다.

Light 오브젝트로 조명 표현하기

Light 오브젝트를 활용하여 빛이 비치는 방향을 설정하는 방법과 그에 따른 그림자 표현 방법을 익힙니다.

Blender에서는 4가지 유형의 Light 오브젝트를 활용하여 조명과 그림자를 표현할 수 있습니다.

헤더 메뉴 [Add]-[Light]를 클릭하거나 Shift + A 를 누르고 Add 메뉴 - [Light]에서 ❶Point, ❷Sun, ❸Spot, ❹Area, 총 4가지 유형의 Light 오브젝트를 선택하여 배치할 수 있습니다.

T·I·P Light 유형은 나중에 Data 속성(💡)에서 변경할 수 있습니다.

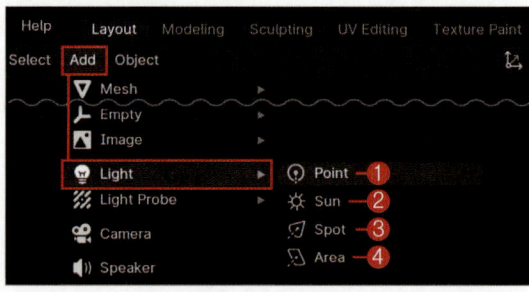

❶ **Point** : 모든 방향으로 빛이 퍼지고 공간 전체를 밝혀줍니다.
❷ **Sun**: 모든 곳에서 빛의 방향이 평행합니다.
❸ **Spot**: 좁은 영역에 빛이 집중됩니다.
❹ **Area**: 넓은 영역에 빛이 퍼지지만 방향성을 띠고 있습니다.

Light 오브젝트를 선택한 후 Data 속성(🔍)에서 다음과 같이 조명 옵션을 설정할 수 있습니다.

ⓐ **Type of Light**: Light 유형을 변경할 수 있습니다.
ⓑ **Color**: Light 색상을 설정할 수 있습니다.
ⓒ **Power**: Light 밝기를 조절할 수 있습니다.
ⓓ **Shadow**: Light로 인해 만들어지는 그림자의 범위, 거리 등을 설정할 수 있습니다.

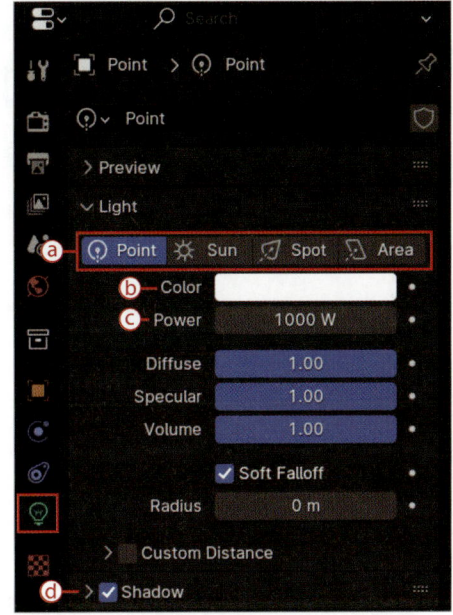

스탠드에 Point Light 추가하기

Point Light를 활용하여 스탠드가 빛을 내도록 만들어봅니다.

◉ 준비 파일: chapter11/Floor Lamp.blend

이 예제를 따라하기 위해 알아야 하는 핵심기능

- Join하기 ← 198쪽 참고
- Light 오브젝트 만들기 ← 370쪽 참고

01 스탠드 오브젝트를 불러오고 사전 준비를 합니다.

01·1 Ctrl+O를 눌러 〈CHAPTER 10〉에서 만들었던 예제인 '스탠드' 프로젝트 파일 또는 준비 파일 'Floor Lamp.blend'를 불러옵니다.

01·2 ❶Bend가 적용된 기둥 부분인 Cylinder.001을 선택하고 ❷ Modifier 속성( )에서 ❸Simple Deform 드롭다운 메뉴의 [Apply]를 클릭하여 결과를 확정합니다.

02
오브젝트를 Join하여 하나로 합치겠습니다. ❶전등갓(Cone), 기둥(Cylinder.001), 원판(Cylinder)을 동시 선택합니다. 이때 원판(Cylinder)을 가장 마지막에 선택 추가합니다. ❷Ctrl+J를 눌러 선택한 오브젝트를 Join합니다.

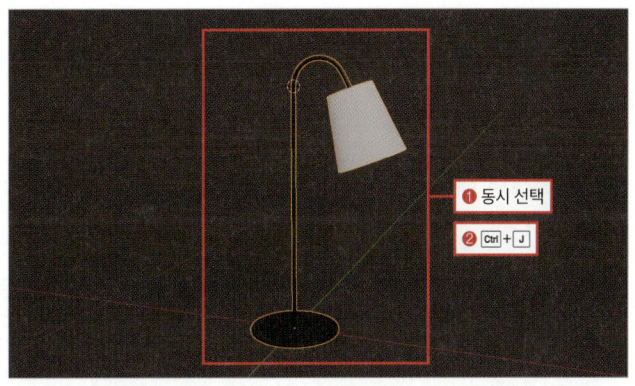

03 Plane을 생성하고 크기를 설정하겠습니다. ①헤더 메뉴 [Add]-[Mesh]-[Plane]을 클릭하여 Plane 오브젝트를 만듭니다. ②F9-Add 설정 창에서 ③Size를 '10', Location X, Y, Z를 '0'으로 설정합니다.

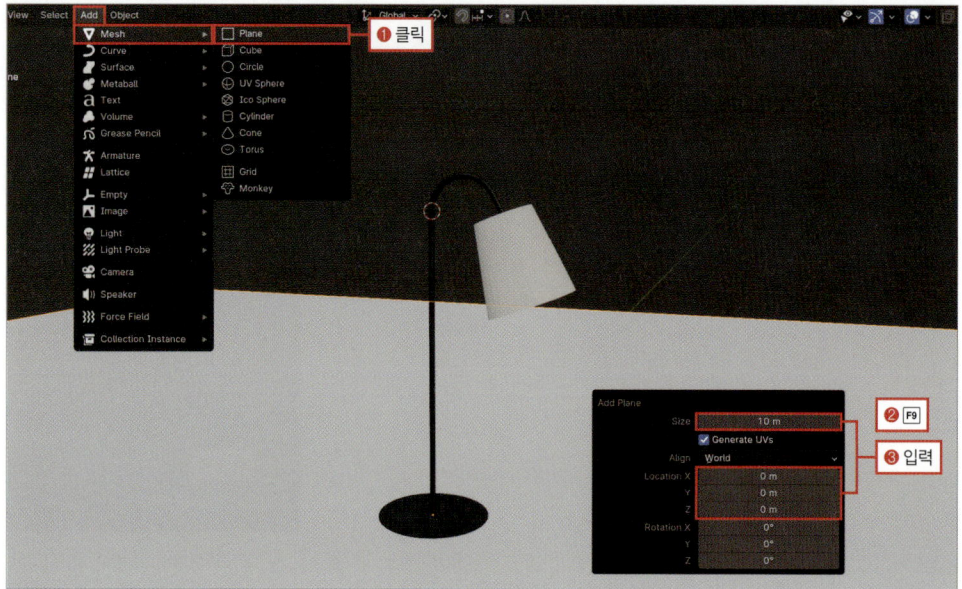

04 Point Light를 생성하겠습니다.

04·1 렌더링 이미지를 확인할 수 있도록 Rendered(◉)로 전환합니다.

04·2 ①헤더 메뉴 [Add]-[Light]-[Point]를 클릭하여 Point Light 오브젝트를 만듭니다. ②F9-Add 설정 창에서 ③Location X를 '0.3', Location Z를 '0.9'로 설정합니다.

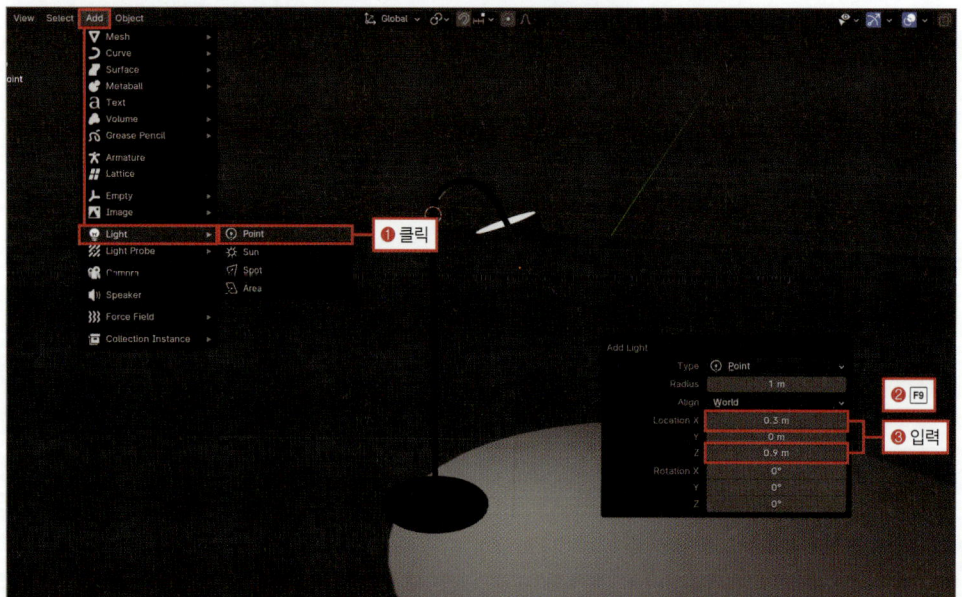

05 Point Light를 이동하여 빛 퍼짐 각도를 결정하겠습니다. Point Light의 선택을 유지한 상태에서 ❶ G - Z 를 눌러 Z축으로 이동 방향을 설정합니다. ❷ 적절한 빛 퍼짐 각이 나오는 지점으로 Light를 이동하고 클릭하여 완료합니다.

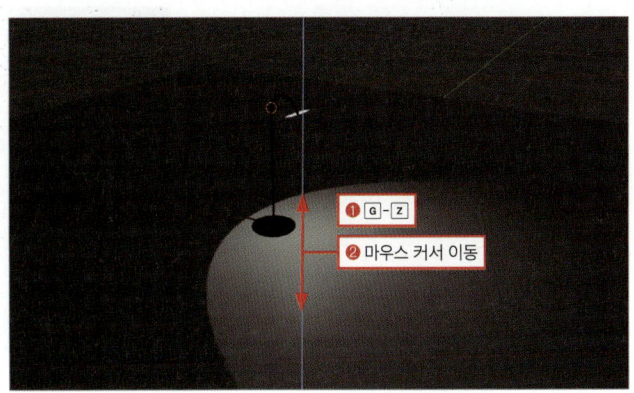

06 Point Light의 속성을 설정하겠습니다. Point Light의 선택을 유지한 상태에서 ❶Data 속성(💡)의 Light에서 ❷Power를 '50'으로 설정하여 밝기를 올립니다. ❸Custom Distance를 체크한 후 화살표를 클릭하여 하위 속성을 펼칩니다. ❹Distance를 '3'으로 설정하여 빛 퍼짐 거리를 줄입니다.

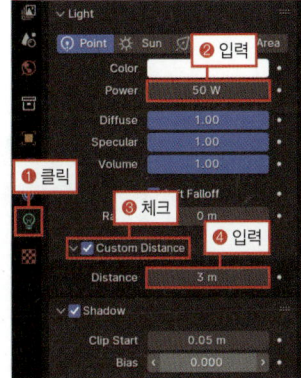

07 Point Light를 조명의 자녀 오브젝트로 등록하여 조명 적용을 완료합니다.

07·1 Outliner(오브젝트 목록 창)에서 Point를 Cylinder(스탠드) 위로 Shift +드래그하여 조명 스탠드의 자녀로 등록합니다.

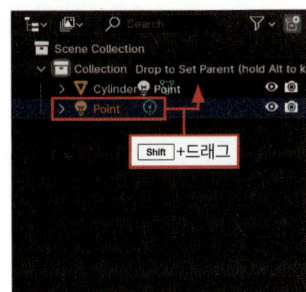 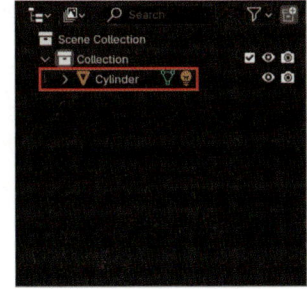

07·2 스탠드에 Point Light 효과가 적용되었습니다.

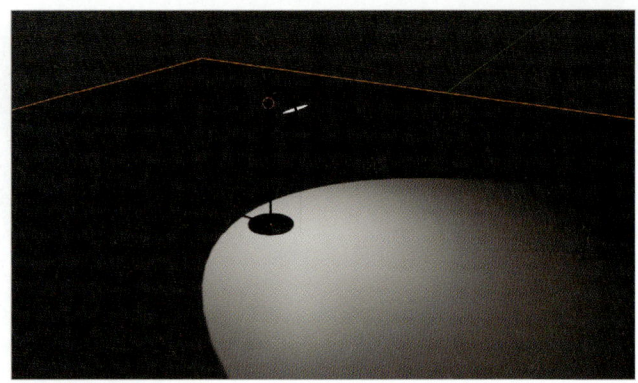

08 Plane을 삭제하고 이름을 변경하여 '스탠드' 오브젝트를 정리하겠습니다. ❶Plane을 선택하고 Delete 를 눌러 삭제합니다. ❷Outliner(오브젝트 목록 창)에서 Cylinder를 더블클릭한 후 ❸이름을 'Floor Lamp'로 변경하고 Enter 를 눌러 완료합니다. 그리고 프로젝트를 저장합니다.

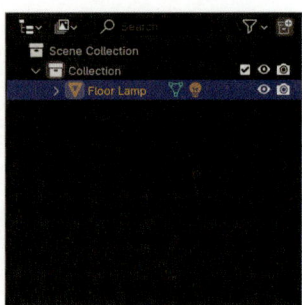

복층룸에 Area Light 추가하기

Area Light 오브젝트를 활용하여 앞서 <CHAPTER 10>에서 만들었던 복층룸의 창문과 문 사이로 빛이 들어오도록 만들겠습니다.

◉ **준비 파일**: chapter11/Room_Step_03.blend, Floor Lamp V2.blend

이 예제를 따라하기 위해 알아야 하는 핵심기능

- Emission 설정하기 ← 248쪽 참고
- Light 오브젝트 만들기 ← 370쪽 참고

01 원형 계단을 추가한 복층룸 프로젝트를 불러오고 작업을 위한 사전 준비를 합니다.

01·1 `Ctrl`+`O`를 눌러 〈CHAPTER 10〉에서 만들었던 예제인 원형 계단을 추가한 복층룸 프로젝트 파일 또는 준비 파일 'Room_Step_03.blend'를 불러옵니다.

01·2 ❶렌더링 이미지를 확인할 수 있도록 Rendered(◎)로 전환한 후 ❷`A`를 눌러 전체 선택하고 ❸ `Num.`을 누른 후 마우스 가운데 버튼을 돌려 작업에 편리한 크기로 뷰를 확대/축소합니다.

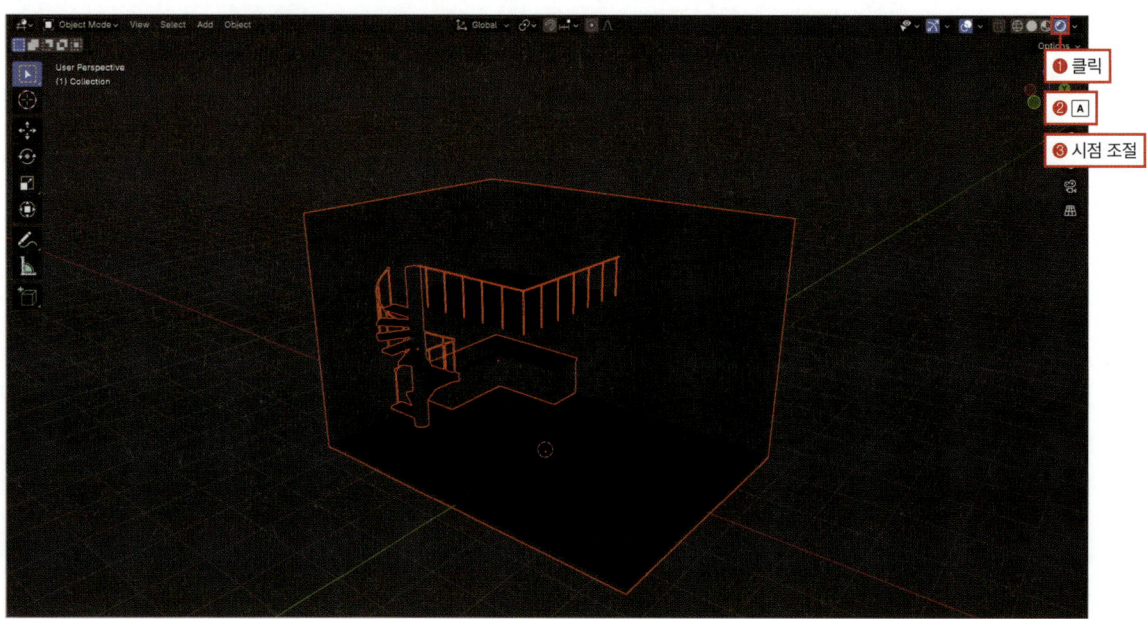

02 조명 반사와 그림자 생성을 위해 Plane을 생성하겠습니다. ❶헤더 메뉴 [Add]-[Mesh]-[Plane]을 클릭하여 Plane 오브젝트를 만듭니다. 또는 `Shift`+`A`-Add 메뉴에서 [Mesh]-[Plane]을 클릭합니다. ❷ `F9`-Add 설정 창에서 ❸Size를 '100', 'Location Z'를 '-0.1'로 설정합니다.

03 기본 조명의 밝기를 낮추겠습니다. ❶World 속성(🌐)의 Surface에서 ❷Strength를 '0'으로 설정합니다.

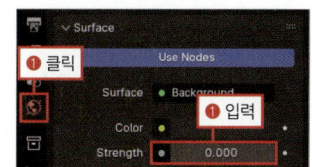

04 공간 전체를 밝혀줄 Point Light를 생성하겠습니다. ❶헤더 메뉴 [Add]-[Light]-[Point]를 클릭하여 Point Light 오브젝트를 만듭니다. ❷F9-Add 설정 창에서 ❸Location Z를 '10'으로 설정합니다. ❹Data 속성(💡)의 Light에서 ❺Power를 '500'으로 설정합니다. ❻Shadow를 체크 해제한 후 ❼Color를 클릭하고 Hue, Saturation, Value를 조절하여 빛 색상을 지정합니다.

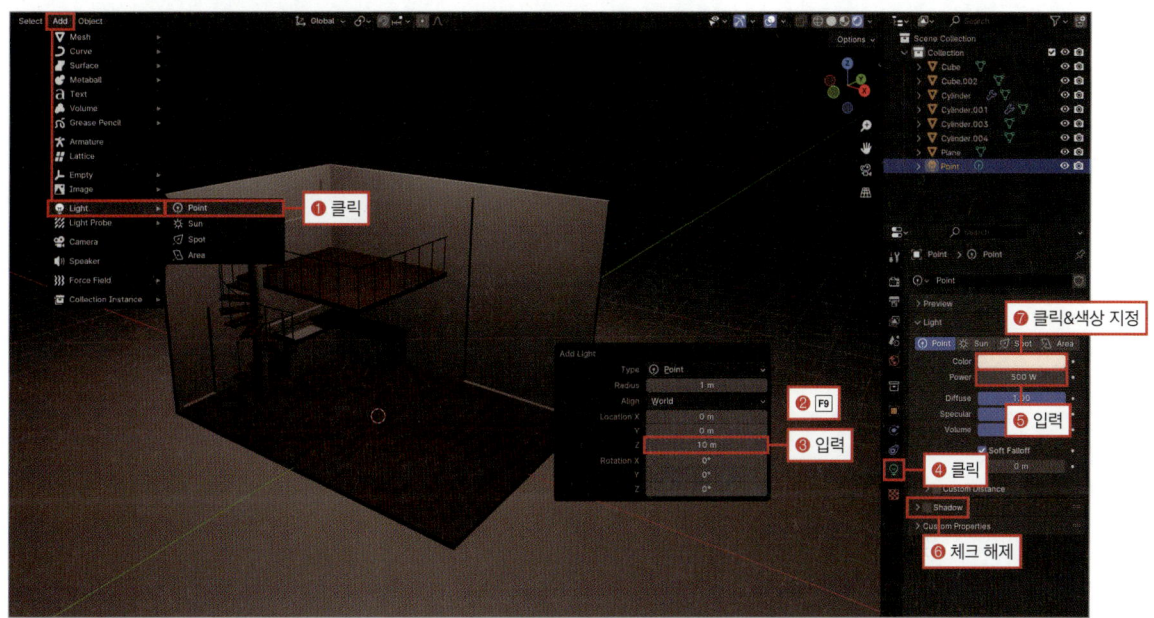

05 창문과 문에 설치할 Area Light를 생성합니다.

05·1 ❶헤더 메뉴 [Add]-[Light]-[Area]를 클릭하여 Area Light 오브젝트를 만듭니다. ❷Object 속성(🟧)의 Transform 탭에서 Location X를 '1.8', Location Y를 '2.59', Location Z를 '2.11', Rotation X를 '-90', Scale X를 '2.5', Scale Y를 '4.2', Scale Z를 '1'로 설정합니다.

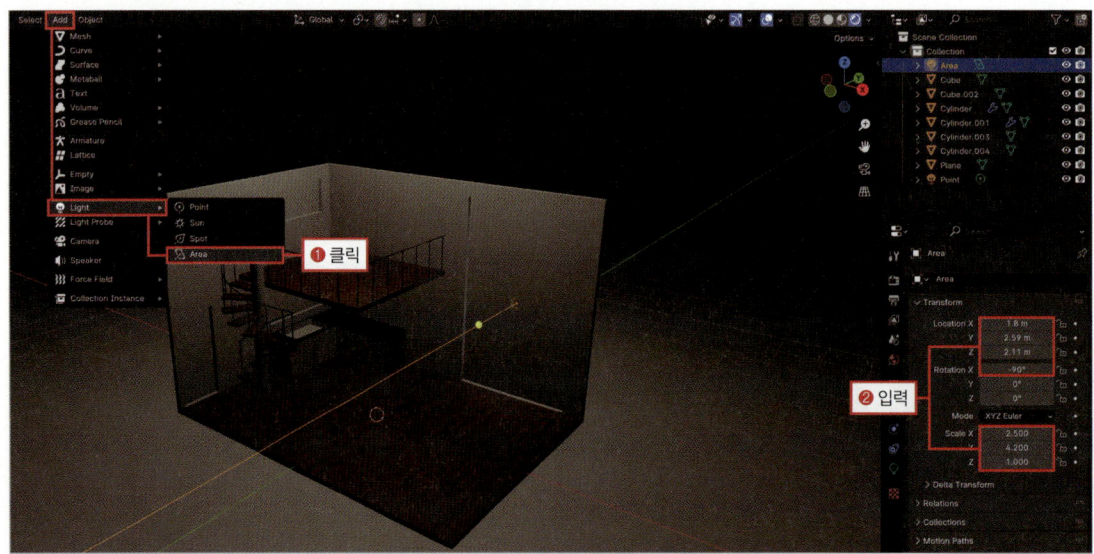

05·2 다음 그림 Ⓐ, Ⓑ, Ⓒ의 Transform의 수치를 참고하여 3개의 Area Light를 더 추가합니다.

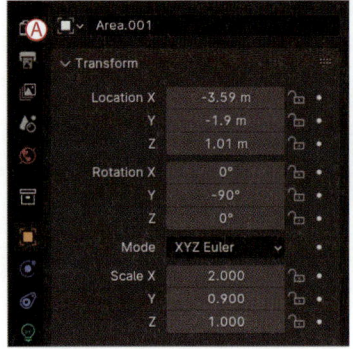 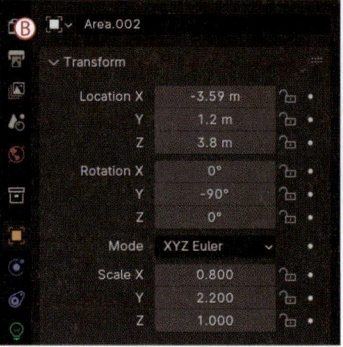 

06 Area Light 오브젝트 설정을 연결하겠습니다. ❶Area, Area.001, Area.002, Area.003을 동시 선택합니다. ❷3D Viewport에서 [Ctrl]+[L]을 누르고 ❸[Link Object Data]를 클릭합니다.

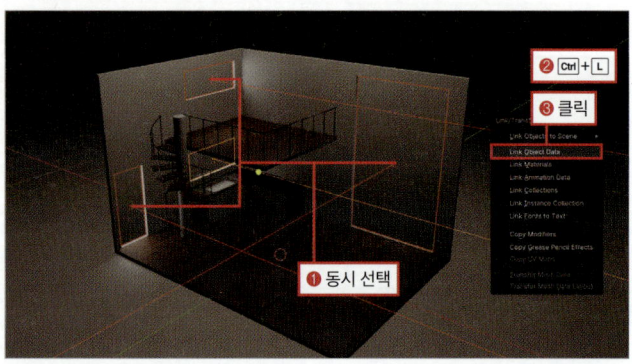

380

07 Area Light의 밝기와 색상을 설정하겠습니다. Area Light 오브젝트 선택을 유지한 채로 ❶Data 속성( )의 Light에서 ❷Power를 '150'으로 설정합니다. ❸Color를 클릭하고 Hue, Saturation, Value를 조절하여 색상을 지정합니다.

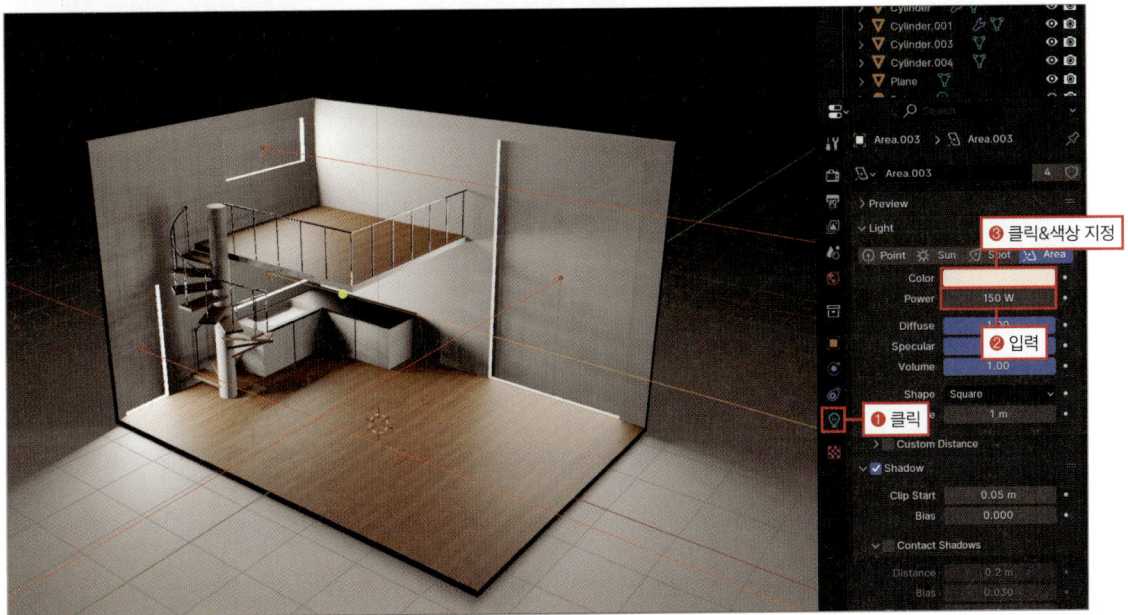

08 창문과 문 부분에 Emission을 적용합니다.

08·1 ❶벽체 Cube 오브젝트를 선택하고 ❷Tab을 눌러 Edit Mode로 전환한 후 ❸3을 눌러 Face Select로 전환합니다.

CHAPTER 11. Light 오브젝트 활용하기

08·2 ❹창문과 문 부분의 Face를 동시에 선택합니다. ❺Material 속성(🔴)에서 [+] 버튼을 클릭하여 슬롯을 추가하고 ❻ [New] 버튼을 클릭하여 새 질감을 추가합니다. ❼[Assign] 버튼을 클릭하여 선택한 Face에만 질감을 적용합니다.

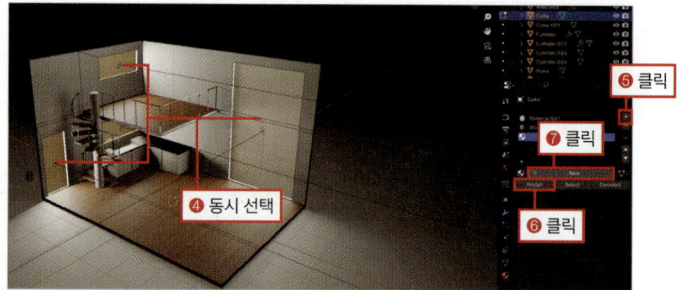

08·3 ❽Surface에서 Emission의 Strength를 '10'으로 설정합니다. ❾Color를 클릭하고 Hue, Saturation, Value를 조절하여 색상을 지정합니다.

08·4 Tab 을 눌러 Object Mode로 전환합니다.

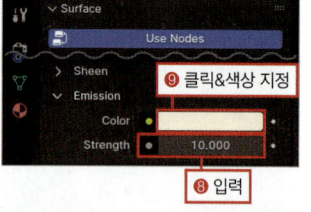

09 Render 옵션을 설정하여 빛의 밝기를 확인하겠습니다. ❶Render 속성(🔴)에서 ❷Render Engine을 'EEVEE'로 설정하고 ❸Raytracing을 체크합니다.

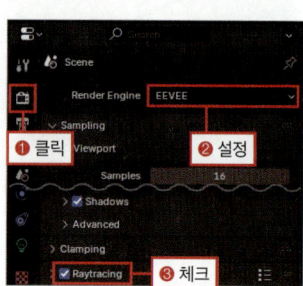

10 〈EXAMPLE 스탠드에 Point Light 추가하기〉에서 만들었던 조명을 가져옵니다.

10·1 윈도우 파일탐색기에서 ❶바로 앞에서 만들었던 예제인 스탠드에 Point Light를 추가한 '조명' 프로젝트 파일 또는 준비 파일 'Floor Lamp V2.blend'를 더블클릭하여 실행합니다.

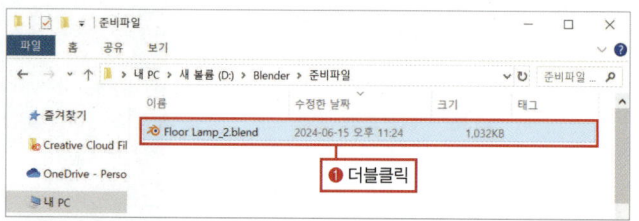

10·2 새 Blender 창이 뜨면 ❷A를 눌러 전체 선택하고 ❸Ctrl+C를 눌러 오브젝트를 복사합니다.

10·3 ❹기존 Room_Step_03.blend 프로젝트 창으로 전환합니다. ❺Ctrl+V를 눌러 복사된 오브젝트를 붙여넣습니다. ❻Outliner(오브젝트 목록 창)에서 Lamp 오브젝트를 선택하고 ❼Object 속성(■)의 ❽ Transform 탭에서 Location X를 '3.1', Location Y를 '-1.7', Rotation Z를 '125'로 설정합니다.

11 Camera를 설치하고 카메라 시점을 Viewport 시점과 일치시키겠습니다. ❶헤더 메뉴 [Add]-[Camera]를 클릭하여 Camera 오브젝트를 만듭니다. 또는 Shift+A-Add 메뉴에서 [Camera]를 클릭합니다. ❷Ctrl+Alt+Num 0을 눌러 카메라 시점과 Viewport 시점을 일치시킵니다. ❸N을 눌러 사이드 메뉴를 열고 ❹View 탭에서 ❺Lock Camera to View를 체크합니다.

T·I·P 상단 메뉴 [View]-[Cameras]-[Set Active Object as Camera]을 클릭해서도 카메라 시점과 Viewport 시점을 일치시킬 수 있습니다.

12 이미지로 렌더링하고 Area Light 추가를 완료합니다.

12·1 ❶뷰를 확대/축소 및 이동하여 렌더링 영역을 설정한 후 ❷`F12`를 눌러 렌더링합니다. 렌더링이 완료되면 `Alt`+`S`를 눌러 렌더링 이미지를 저장합니다.

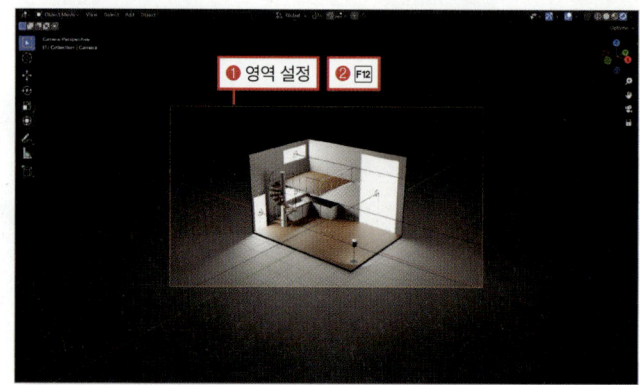

12·2 Blender Render 창을 닫고 `Ctrl`+`Shift`+`S`를 눌러 프로젝트를 기억하기 쉬운 이름으로 저장합니다. 이제 다음과 같이 복층룸에 Area Light가 추가되었습니다.

CHAPTER

12

카메라 활용하기

이것만 알아두자!

- 렌더링 영역 및 화각을 확인하는 방법과 화각을 조절하는 방법을 익힙니다.
- 카메라의 초점을 맞추고 심도를 조절하는 방법을 익힙니다.

화각 조절하기

렌더링 영역 및 화각을 확인하는 방법과 화각을 조절하는 방법을 익힙니다.

LESSON

Blender에서는 렌즈 구경을 설정하여 렌더링 화각을 조절할 수 있습니다.

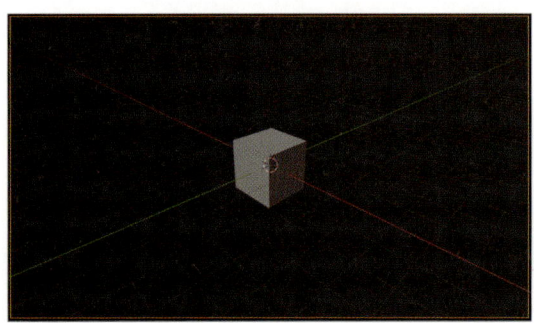
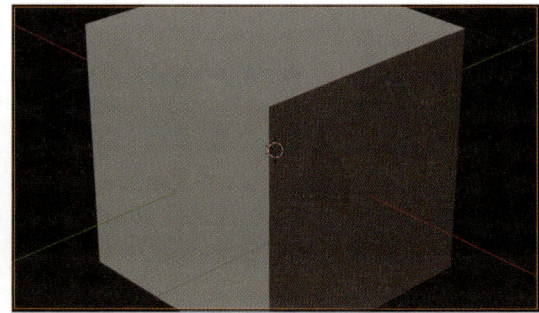

● 렌더링 영역 및 화각 확인하기

렌더링 영역과 화각을 확인하려면 우선 카메라 시점과 Viewport 시점을 일치시켜야 합니다. 두 시점이 일치되면 다음 그림과 같이 3D Viewport 가운데 점선 프레임을 통해 렌더링 영역과 화각을 확인할 수 있습니다.

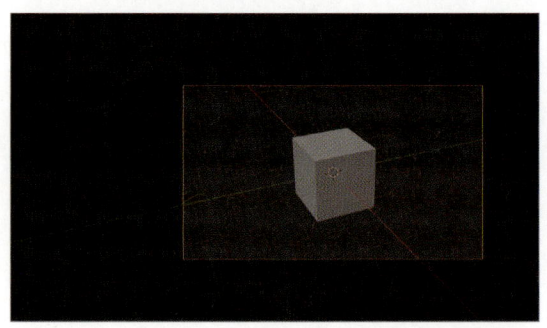

NOTE 카메라 시점과 Viewport 시점을 일치시키는 방법

<CHAPTER 03>에서 카메라 시점과 Viewport 시점을 일치시키는 방법을 설명한 적 있습니다. 여기서 한 번 더 알아보겠습니다.

① **카메라 시점과 Viewport 시점이 다를 때**: Viewpoint Gizmo 아래에 있는 4개의 아이콘 중 Toggle the camera view(📷)를 클릭하거나 [Num 0]을 누르면 뷰가 카메라 쪽으로 이동합니다.
② **카메라 시점과 Viewport 시점이 다를 때**: 상단 메뉴 [View] - [Cameras] - [Set Active Object as Camera]를 클릭하거나 [Ctrl]+[Alt]+[Num 0]을 누르면 카메라가 뷰 쪽으로 이동합니다.

그리고 카메라 시점과 Viewport 시점이 일치할 때 Toggle the camera view(📷)를 클릭하거나 [Num 0]을 누르면 Viewport 시점이 카메라 시점으로부터 벗어납니다.

● 렌더링 화각 설정하기

카메라를 선택한 후 Data 속성( ) - Lens - Focal Length에서 카메라 구경 및 렌더링 화각을 설정할 수 있습니다. Focal Length가 50mm인 경우 사람의 시야각과 비슷한 렌더링 화각이 나옵니다. 따라서 50mm보다 낮은 경우 광각, 높은 경우 망원 효과를 얻을 수 있습니다.

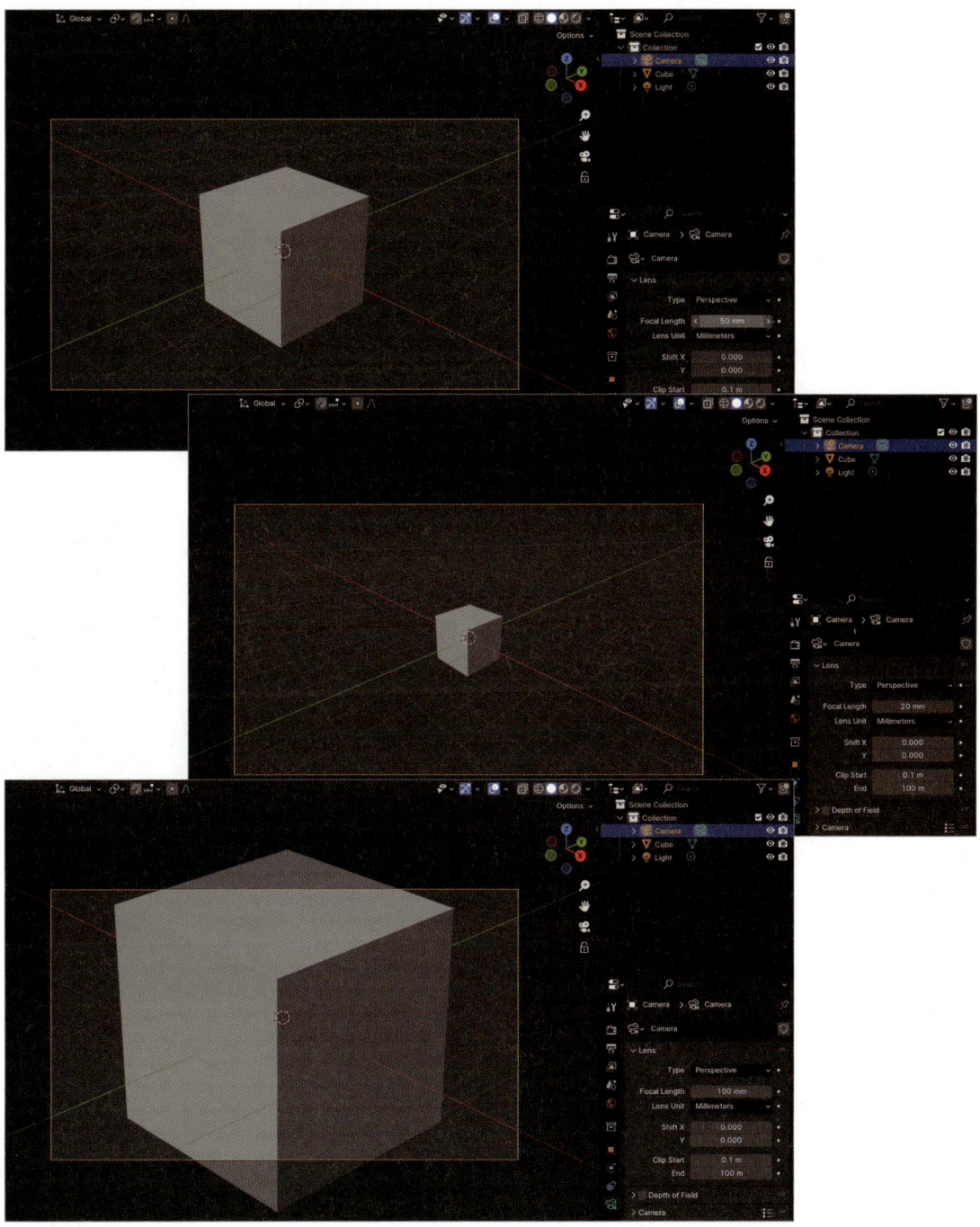

> **TIP** 앞의 참고 이미지는 순서대로 Focal Length 수치를 50, 20, 100mm로 설정한 것입니다.

초점과 심도 조절하기

카메라의 초점을 맞추고 심도를 조절하는 방법을 익힙니다.

LESSON

초점이 맞춰지는 대상 오브젝트와 대상과의 거리를 설정하고 초점이 맞춰지는 범위인 심도를 설정할 수 있습니다. 지금부터 그 방법을 알아보겠습니다.

● **초점 대상 및 거리 조절하기**

❶Outliner(오브젝트 목록 창)에서 Camera를 선택한 후 ❷Data 속성( )의 ❸Depth of Field를 체크하고 화살표를 클릭하여 하위 속성을 펼칩니다. 그러면 초점 대상과 거리를 설정할 수 있는 항목이 나타납니다.

Ⓐ **Focus on Object**: Eyedropper Data-Block( )을 클릭하여 초점이 맞춰질 대상 오브젝트를 선택할 수 있습니다.

Ⓑ **Focus Distance**: 초점이 맞춰지는 지점까지의 거리를 설정할 수 있습니다.

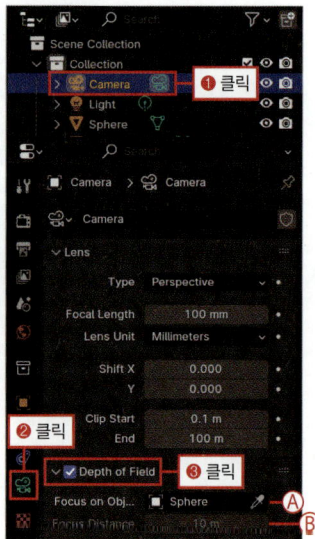

● **심도 조절하기**

Depth of Field - Aperture 하위 속성에서 F-Stop(조리개 값)를 통해 초점이 맞춰지는 범위, 즉 심도를 설정할 수 있습니다. F-Stop 수치가 낮을수록 초점 범위가 좁아지고 수치가 높을수록 초점 범위가 넓어집니다.

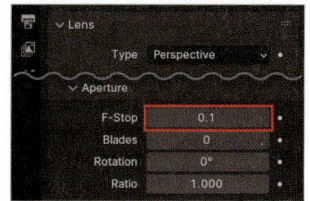

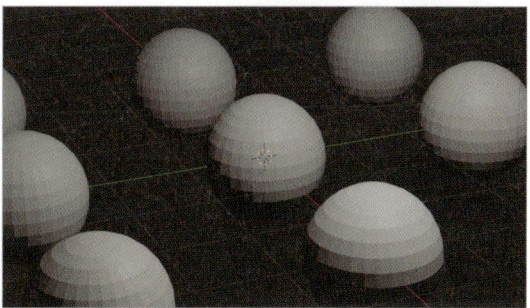

T·I·P 앞의 참고 이미지는 왼쪽에서부터 F-Stop 수치를 0.1, 10으로 설정한 것입니다.

CHAPTER

13

키프레임으로 애니메이션 만들기

이것만 알아두자!

- 키프레임을 생성하고 수정하고 삭제하는 방법과 키프레임을 표현하기 위한 패널인 Timeline에 관해 알아봅니다.
- 키프레임을 활용하여 움직이는 커튼과 POI 중심으로 회전하는 카메라 애니메이션을 만들어봅니다.

키프레임 다루기

LESSON

키프레임을 생성하고 수정하고 삭제하는 방법과 키프레임을 표현하기 위한 패널인 Timeline에 관해 알아봅니다.

키프레임(keyframe)은 시간과 속성 값을 저장하여 일종의 장면(shot)을 만드는 요소를 의미합니다. 2개 이상의 키프레임이 있는 경우 시간의 흐름에 따라 속성 값이 서서히 변하게 되는데 이 원리에 따라 애니메이션을 만들 수 있습니다.

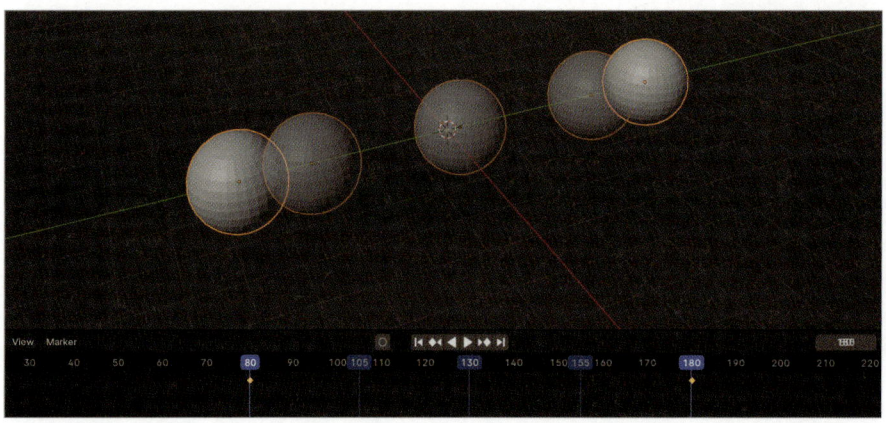

● Timeline

Timeline은 3D Viewport 아래에 위치하고 있으며 애니메이션 키프레임을 제작할 때 시간의 흐름과 키프레임 위치를 확인하기 위한 패널입니다. Timeline은 프레임 단위로 표현되며 Blender 기본 설정은 1초 = 24프레임입니다. ❶Start와 ❷End에서 애니메이션 시작/끝 프레임이 표시됩니다. 여기에 수치를 입력하여 시작/끝 프레임을 수정할 수 있습니다. ❸Current Frame에는 현재 재생/정지 프레임이 표시되고 Timeline 위에서 파란색 인디케이터(지시선)로 프레임의 위치를 확인할 수 있습니다.

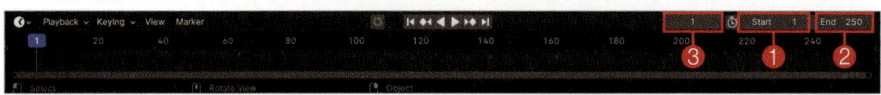

> **NOTE**   **Timeline 조작법**
>
> - **Timeline 확대/축소하기**: (Timeline 위에서) 마우스 가운데 버튼 스크롤
> - **Timeline 이동하기**: (Timeline 위에서) 마우스 가운데 버튼 드래그

● **키프레임 생성하기**

❶오브젝트를 선택하고 ❷Timeline에서 인디케이터를 이동시켜 시간대를 설정한 후 ❸Object 속성(■)에서 각종 수치를 설정하고 ❹3D Viewport 위에서 K 를 누르면 나타나는 Insert Keyframe Menu에서 키프레임으로 지정할 항목을 클릭합니다. 이러면 현재 프레임에 다이아몬드 아이콘이 나타나는데 이를 통해 생성된 키프레임을 확인할 수 있습니다.

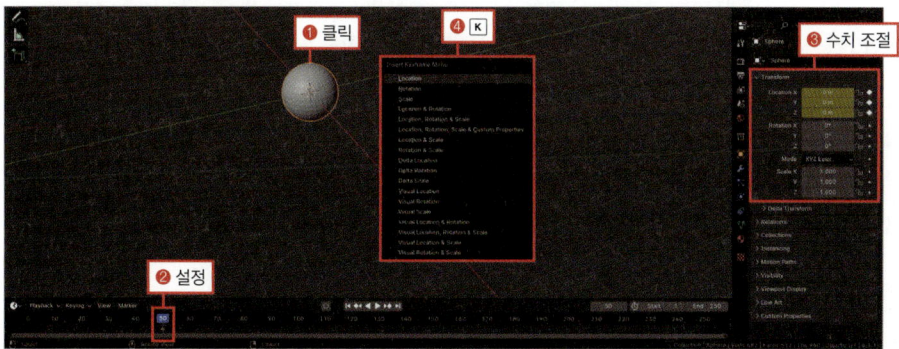

Timeline에서 키프레임을 클릭하여 선택하면 왼쪽 그림과 같이 선택된 키프레임이 노란색으로 변합니다. 선택되지 않은 키프레임은 오른쪽 그림과 같이 회색으로 표시됩니다.

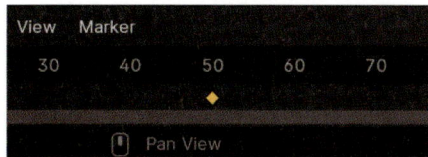 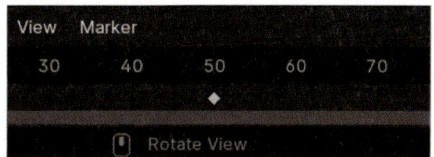

TIP Shift +클릭으로 여러 키프레임을 동시에 선택할 수 있습니다.

● **애니메이션 실행하기**

서로 다른 시간대에 속성 값이 다른 키프레임이 2개 이상 생성되면 해당 키프레임 사이에서 애니메이션이 이루어집니다. Play Animation(▶)을 클릭하여 애니메이션을 실행할 수 있습니다. 또는 Spacebar 를 눌러도 됩니다. 그러면 인디케이터가 Timeline을 따라 움직이면서 애니메이션이 실행되는 모습을 확인할 수 있습니다.

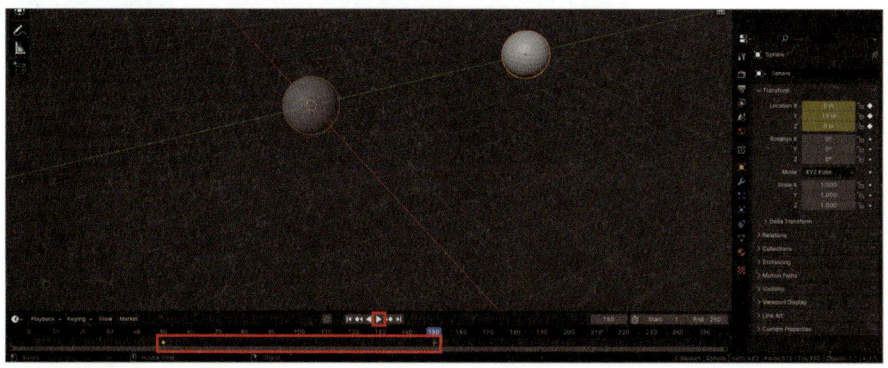

TIP 왼쪽 화살표는 애니메이션을 반대로 실행합니다.

애니메이션 실행을 중지하려면 Stop Animation(■)을 클릭하거나 [Spacebar]를 누릅니다.

● 키프레임 수정 및 삭제하기

❶오브젝트를 선택하고 ❷Jump to Keyframe(◀◀ ▶▶)을 클릭하여 수정하려는 키프레임 위치로 시간대를 이동합니다. ❸Object 속성(■)에서 각종 수치를 변경하고 ❹3D Viewport 위에서 [K]를 누르고 Insert Keyframe Menu에서 ❺수정한 항목을 선택하면 키프레임이 수정됩니다.

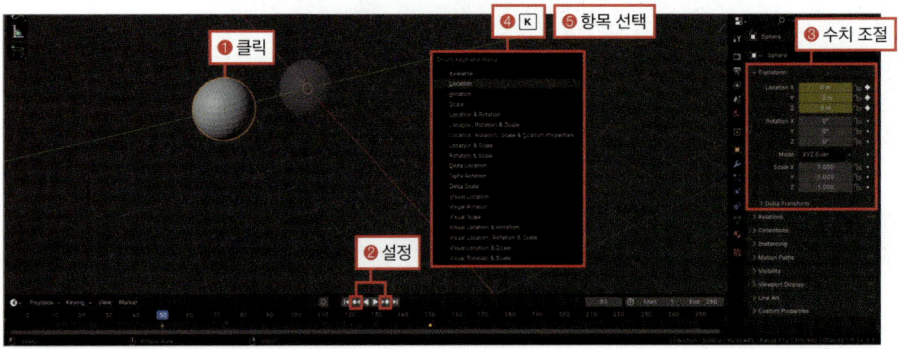

T·I·P 인디케이터를 선택하고 마우스 커서를 움직이거나, Current Frame 수치를 입력해서도 시간대를 이동할 수 있습니다. 하지만 이럴 경우 키프레임이 있는 시간대로 정확히 이동하지 않을 수도 있으므로 키프레임이 있는 시간대로 이동할 때는 가급적 Jump to Keyframe 아이콘을 클릭합시다.

Timeline에서 키프레임을 선택하고 드래그하여 해당 키프레임의 시간대를 조정할 수 있습니다. 이때 여러 키프레임을 함께 선택한 경우 선택된 모든 키프레임이 함께 이동됩니다.

키프레임을 선택하고 Timeline 위에 마우스 커서를 올려둔 상태에서 [Delete]를 눌러 키프레임을 삭제할 수 있습니다.

T·I·P 반드시 Timeline 위에 마우스 커서가 올라가 있어야 합니다. 만약 마우스 커서를 3D Viewport에 올려둔 채로 [Delete]를 누르면 선택된 오브젝트가 삭제됩니다.

복층룸 커튼에 애니메이션 추가하기

키프레임을 활용하여 앞서 <CHAPTER 11>에서 빛을 추가했던 복층룸의 커튼에 애니메이션을 만들겠습니다.

준비 파일: chapter13/Curtain.blend, Room_Step_04.blend

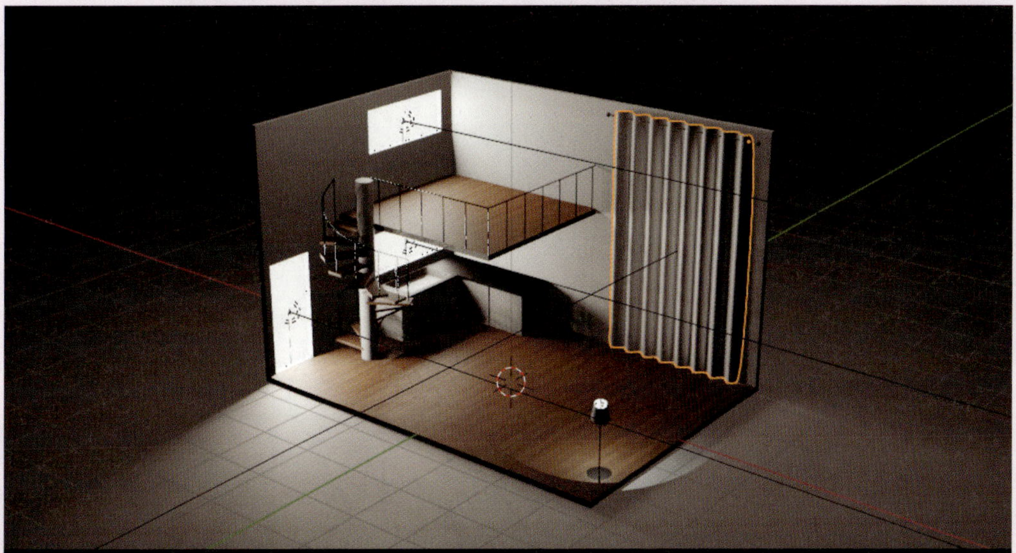

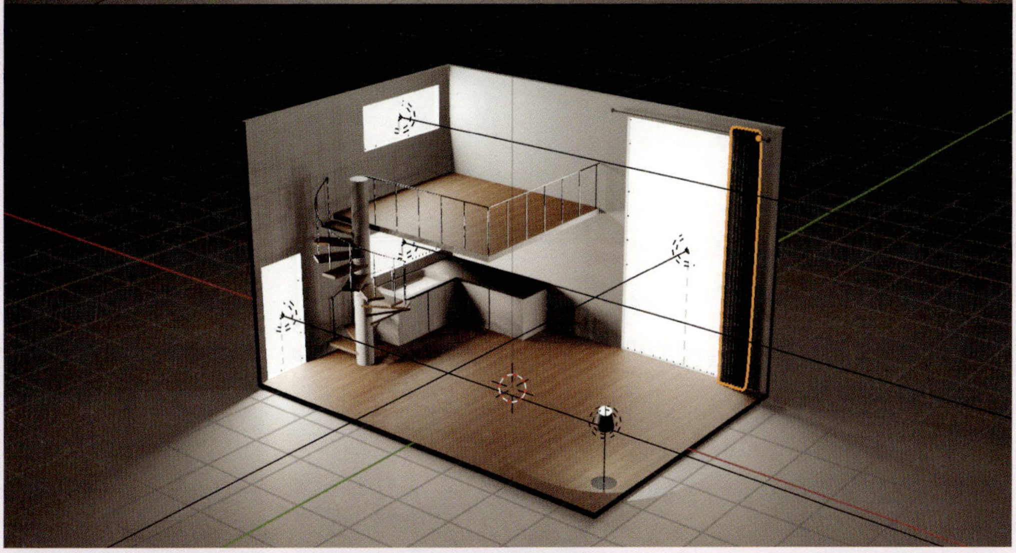

이 예제를 따라하기 위해 알아야 하는 **핵심기능**

- Parent 설정하기 ← 202쪽 참고
- 키프레임 다루기 ← 392쪽 참고

01 커튼 오브젝트를 불러오고 Parent를 설정합니다.

01·1 `Ctrl`+`O`를 눌러 〈CHAPTER 10〉에서 만들었던 예제인 '커튼' 프로젝트 파일 또는 준비 파일 'Curtain.blend'를 불러온 후 ❶Camera와 Light 등 커튼과 관련 없는 오브젝트들을 선택하고 `Delete`를 눌러 삭제합니다.

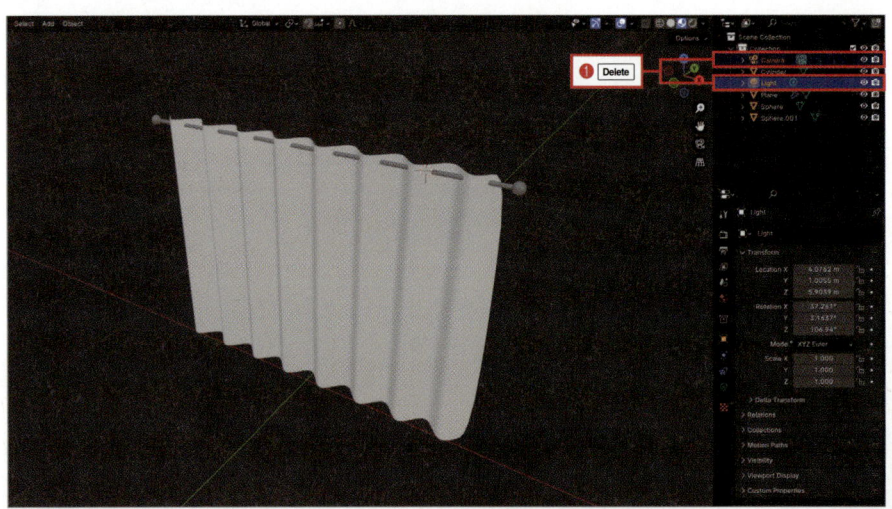

01·2 ❷Cylinder 오브젝트를 클릭하여 Active 오브젝트로 선택합니다. ❸Parent 설정할 모든 오브젝트를 드래그하여 동시 선택합니다. ❹`Ctrl`+`P`를 누르고 Set Parent To 메뉴에서 ❺[Object]를 클릭합니다.

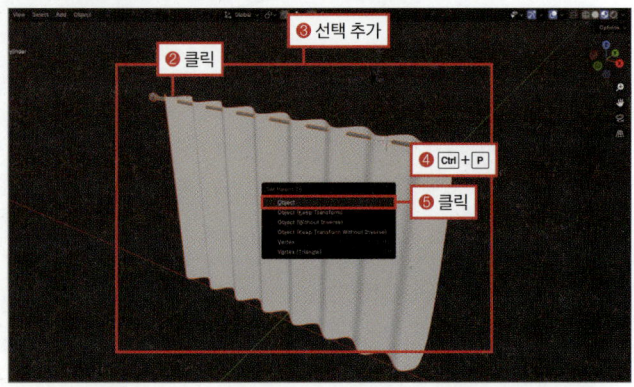

02 오브젝트 이름을 변경하겠습니다. ❶Outliner(오브젝트 목록 창)에서 Cylinder를 더블클릭한 후 ❷'Curtain'을 입력하고 `Enter`를 눌러 이름을 변경합니다.

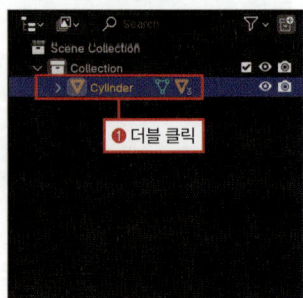 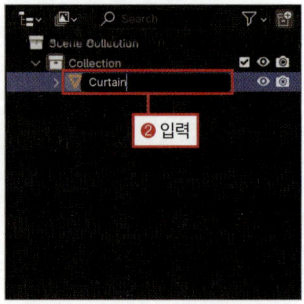

03 커튼 오브젝트를 복층룸 프로젝트로 복사합니다.

03·1 ❶ A 를 눌러 전체 선택하고 ❷ Ctrl + C 를 눌러 커튼을 복사합니다.

03·2 Ctrl + O 를 눌러 〈CHAPTER 11〉에서 수정했던 예제인 '복층룸' 프로젝트 파일 또는 책에서 제공하는 준비 파일 'Room_Step_04.blend'를 불러온 후 ❸Rendered( )로 전환합니다.

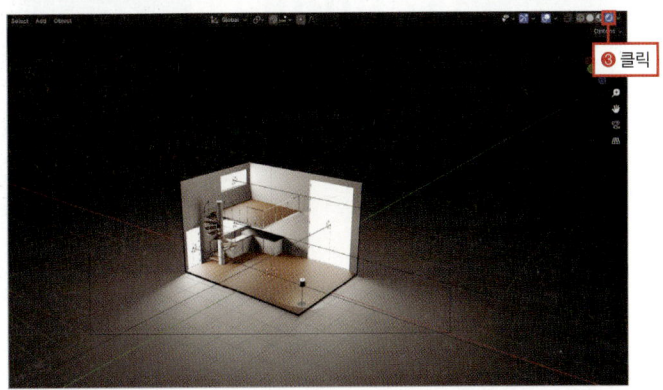

03·3 ❹ Ctrl + V 를 눌러 복사한 커튼을 붙여넣습니다. Num. 을 누른 후 마우스 가운데 버튼을 돌려 작업하기 편리한 크기로 뷰를 확대/축소합니다.

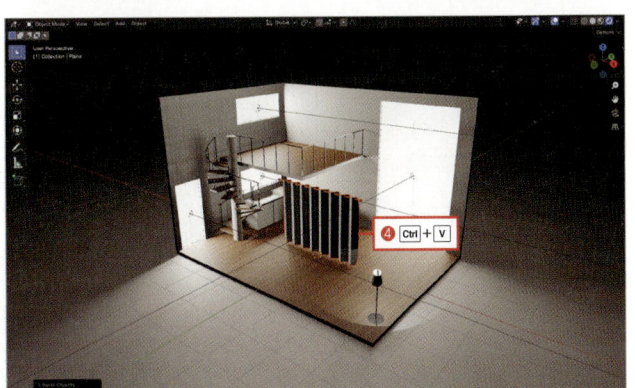

CHAPTER 13. 키프레임으로 애니메이션 만들기

04 커튼을 창문이 있는 위치로 이동합니다.

04·1 ❶Outliner(오브젝트 목록 창)에서 Curtain(커튼봉)을 선택하고 ❷`Num 1`을 눌러 -Y축에서 바라본 시점으로 회전합니다. ❸`G`를 누른 후 ❹창문 위치로 이동하고 클릭하여 완료합니다.

04·2 ❺`Num 3`을 눌러 X축에서 바라본 시점으로 회전합니다. ❻`G`를 누른 후 ❼창문 위치로 이동하고 클릭하여 완료합니다.

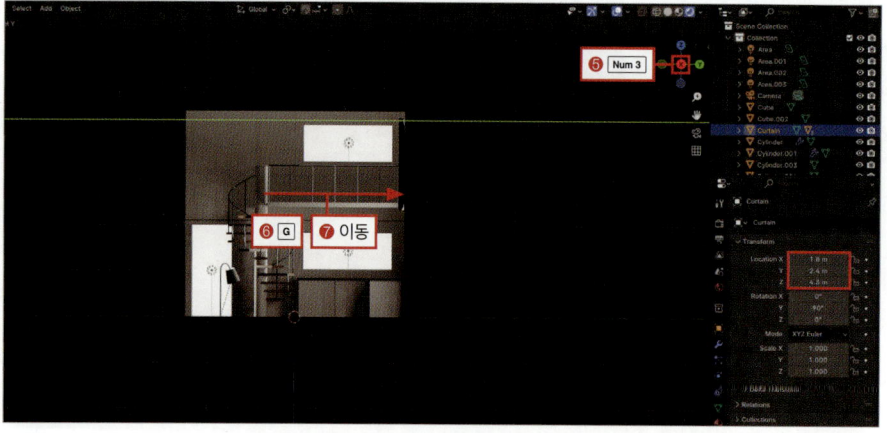

T·I·P 자세한 이동 위치는 그림에 표시되어 있는 Object 속성 - Transform - Location 수치를 참고하시기 바랍니다(X '1.8', Y '2.4', Z '4.3').

05
커튼의 길이를 수정하겠습니다. ❶마우스 가운데 버튼을 누른 채로 드래그하여 Perspective 뷰로 회전합니다. ❷커튼의 Plane을 클릭하여 선택하고 ❸ S - Z 를 눌러 Z축으로 크기 조절 방향을 설정합니다. ❹커튼이 바닥에 닿을 정도로 길이를 연장하고 클릭하여 완료합니다.

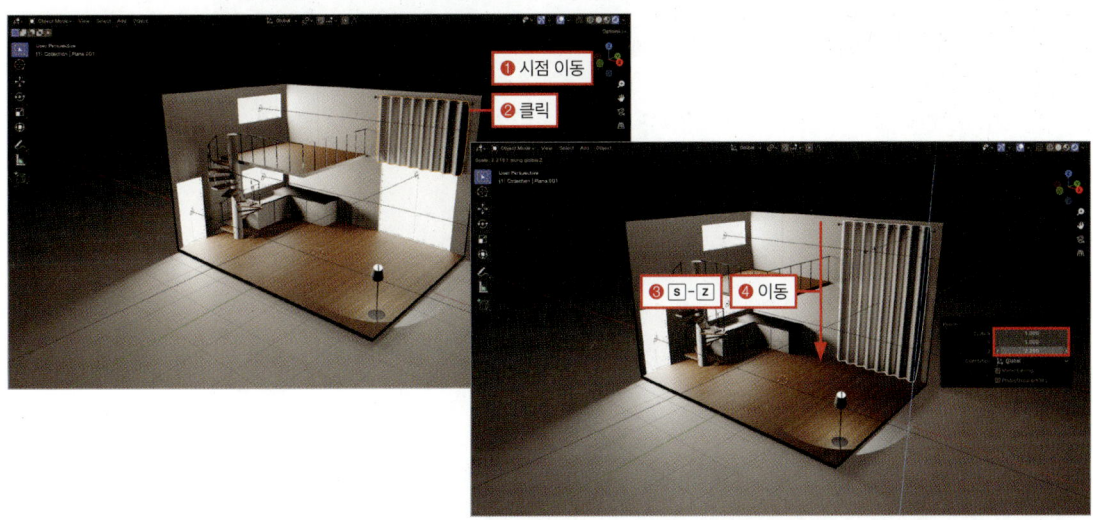

06
25프레임 위치에 애니메이션 키프레임을 생성합니다.

06·1 ❶3D Viewport와 Timeline 경계를 드래그하여 Timeline 패널을 확장합니다. ❷Current Frame에 '25'를 입력하여 25프레임 위치로 이동합니다.

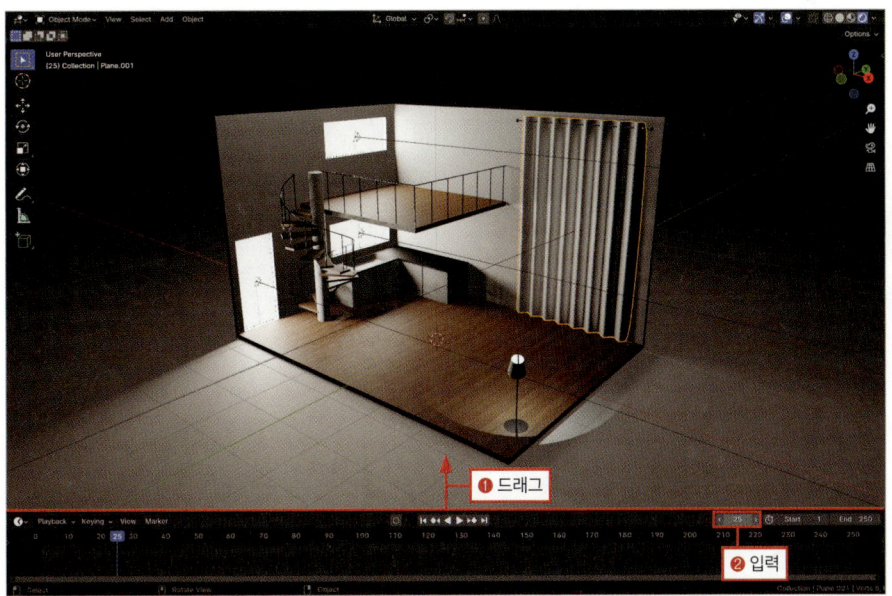

06·2 커튼 Plane의 선택을 유지한 상태에서 ❸ K 를 누르면 나타나는 Insert Keyframe Menu에서 ❹ [Scale]을 클릭하여 키프레임을 생성합니다.

T·I·P 25프레임 위치에 키프레임이 생성된 것을 확인할 수 있습니다.

07 50프레임 위치에 애니메이션 키프레임을 생성합니다.

07·1 ❶ Current Frame에 '50'을 입력하여 50프레임 위치로 이동합니다. 커튼 Plane의 선택을 유지한 채로 ❷ S - X 를 눌러 X축으로 크기 조절 방향을 설정합니다. ❸ 커튼이 접혀 창문의 빛이 들어올 정도로 커튼을 축소하고 클릭하여 완료합니다.

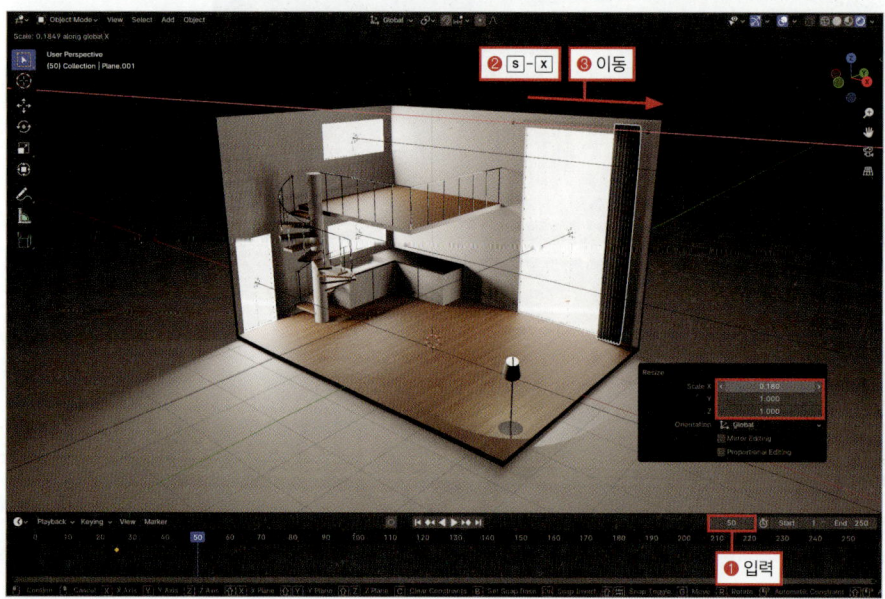

400 / 디자인이 세상을 바꾼다 블렌더 3D

07·2 ❹ K 를 누르면 나타나는 Insert Keyframe Menu에서 ❺ [Scale]을 클릭하여 키프레임을 생성합니다.

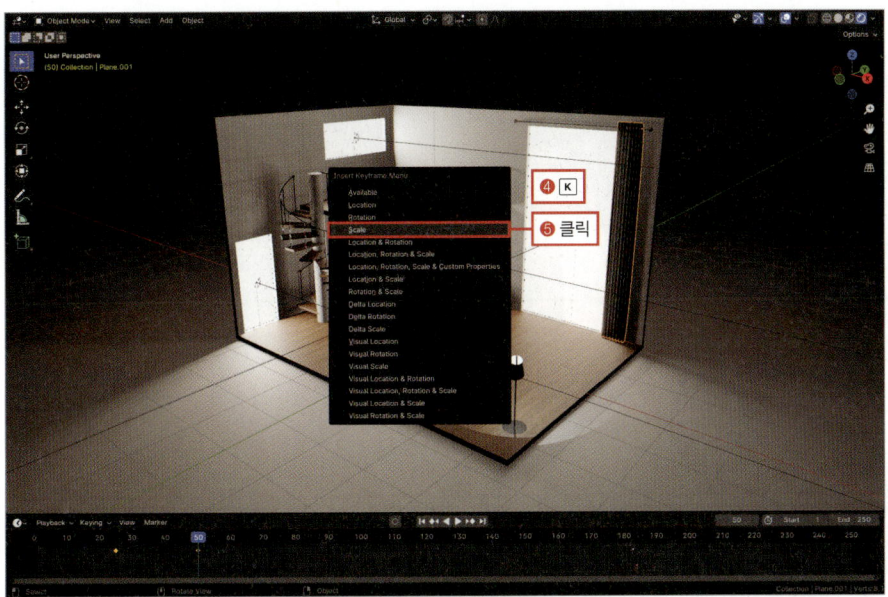

TIP 50프레임 위치에 키프레임이 생성된 것을 확인할 수 있습니다.

08 커튼이 접히는 애니메이션을 재생하여 키프레임 설정을 확인합니다.

08·1 ❶ Num 0 을 눌러 카메라 시점으로 전환합니다. ❷ Current Frame에 '1'을 입력하여 시작 프레임으로 이동하고 ❸ Play Animation(▶)을 클릭하거나 Spacebar 를 눌러 재생합니다.

08·2 애니메이션이 재생되는 것을 확인 후 Stop Animation(⏸)를 클릭하거나 Spacebar 를 눌러 정지합니다. 이처럼 커튼에 키프레임을 추가하여 애니메이션을 완성했습니다. Ctrl + S 를 눌러 프로젝트를 저장합니다.

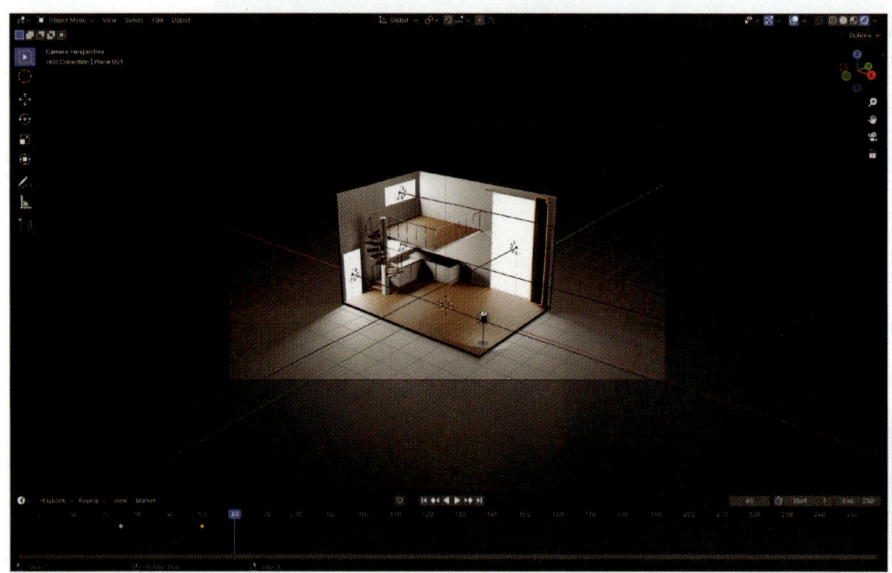

카메라 회전 애니메이션 만들기

커튼에 애니메이션을 추가했던 복층룸 프로젝트에 POI(Point of interest, 관심지점)를 중심으로 카메라가 회전하는 애니메이션을 추가하겠습니다.

◉ **준비 파일**: chapter13/Room_Step_05.blend

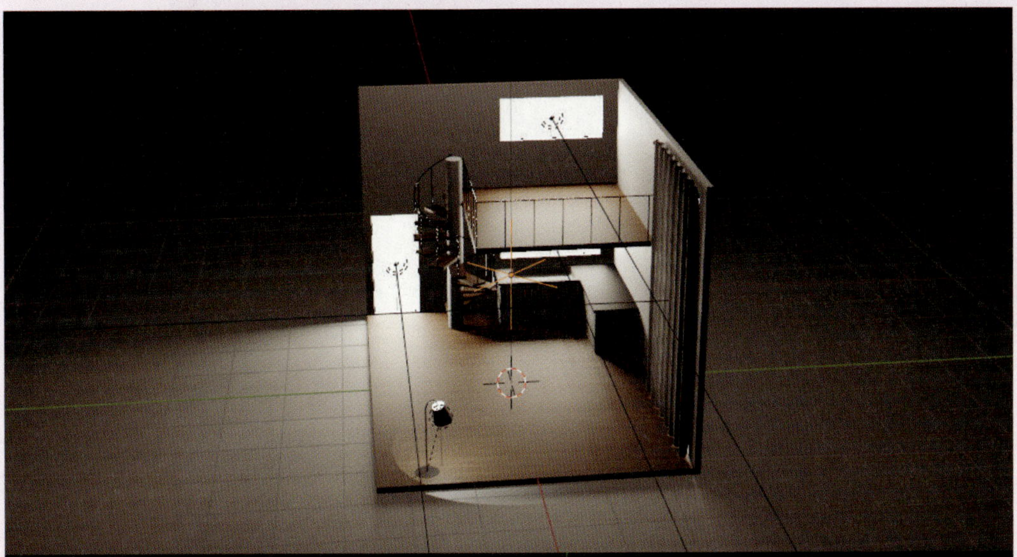

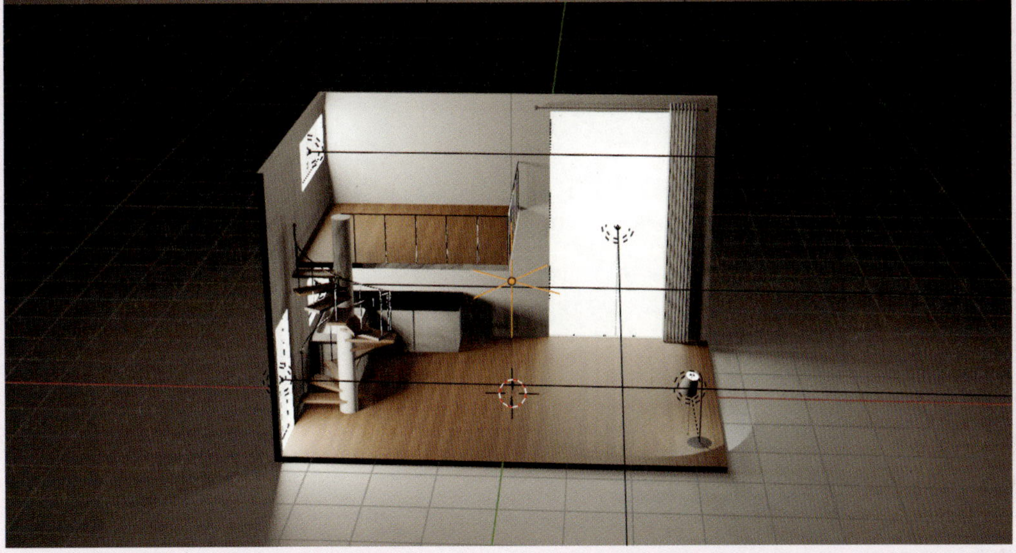

이 예제를 따라하기 위해 알아야 하는 핵심기능

- 렌더링하기 ← 064쪽 참고
- 키프레임 다루기 ← 392쪽 참고

01 복층룸 프로젝트를 불러오고 카메라의 Parent가 될 Empty 오브젝트를 생성합니다.

01·1 Ctrl+O를 눌러 앞서 커튼에 애니메이션을 추가했던 예제인 '복층룸' 프로젝트 파일 또는 준비 파일 'Room_Step_05.blend'를 불러온 후 ❶Rendered(◉)로 전환합니다.

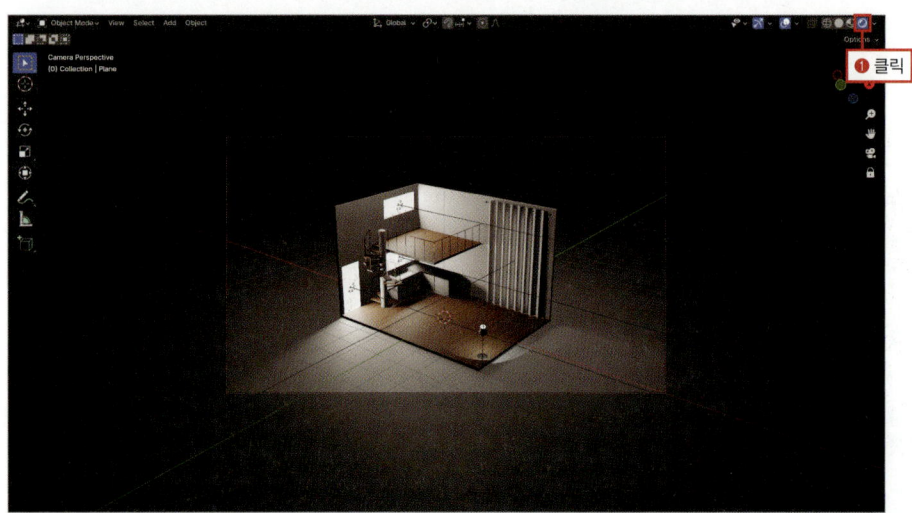

01·2 ❷헤더 메뉴 [Add]-[Empty]-[Plain Axes]를 클릭하여 Empty 오브젝트를 만듭니다. 또는 Shift +A-Add 메뉴에서 [Empty]-[Plain Axes]를 클릭합니다. ❸F9-Add 설정 창에서 ❹Location Z를 '2'로 설정합니다.

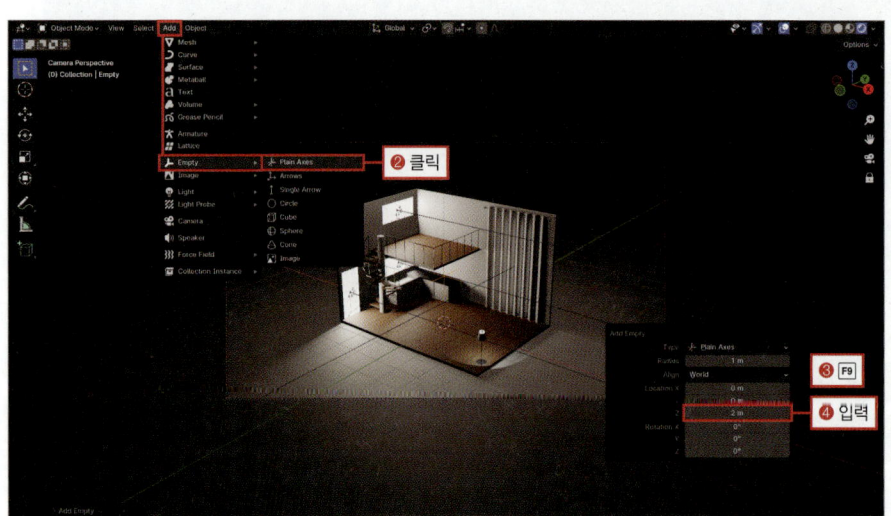

T·I·P Plain Axes은 일반 축을 의미하며 특정 오브젝트를 회전해야 할 때 축으로 삼기 위해 활용되는 오브젝트입니다.

02 Empty 오브젝트가 카메라 시점의 중심이 되도록 설정하겠습니다. Empty 오브젝트가 선택된 상태로 Num. 을 누른 후 시점을 확대/축소하여 렌더링 영역을 다시 설정합니다.

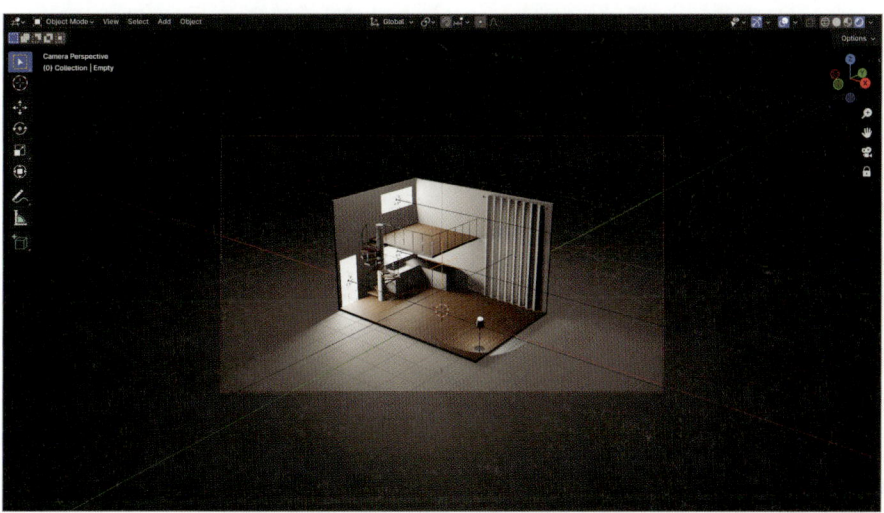

03 Camera와 Empty 오브젝트를 Parent 설정하겠습니다. ❶Outliner(오브젝트 목록 창)에서 Camera를 먼저 선택하고 ❷Empty 오브젝트를 Ctrl+클릭하여 선택 추가합니다. ❸Ctrl+P를 누르고 Set Parent To 메뉴에서 ❹[Object]를 클릭합니다.

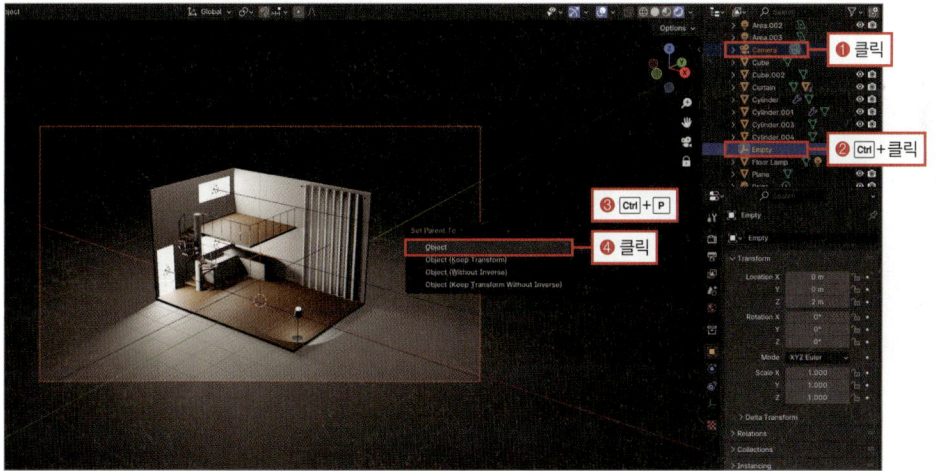

04 1프레임 위치에 카메라 키프레임을 생성합니다.

04·1 ❶3D Viewport와 Timeline 경계를 위쪽으로 드래그하여 Timeline 패널 공간을 충분히 확보합니다. ❷Current Frame에 '1'을 입력하여 1프레임 위치로 이동합니다. Empty 오브젝트 선택을 유지한 상태에서 ❸R-Z를 눌러 회전 축을 Z축으로 설정합니다. ❹오른쪽 방향(X축 방향 가까이)에서 실내를 바라볼 수 있도록 회전시킨 후 클릭하여 완료합니다.

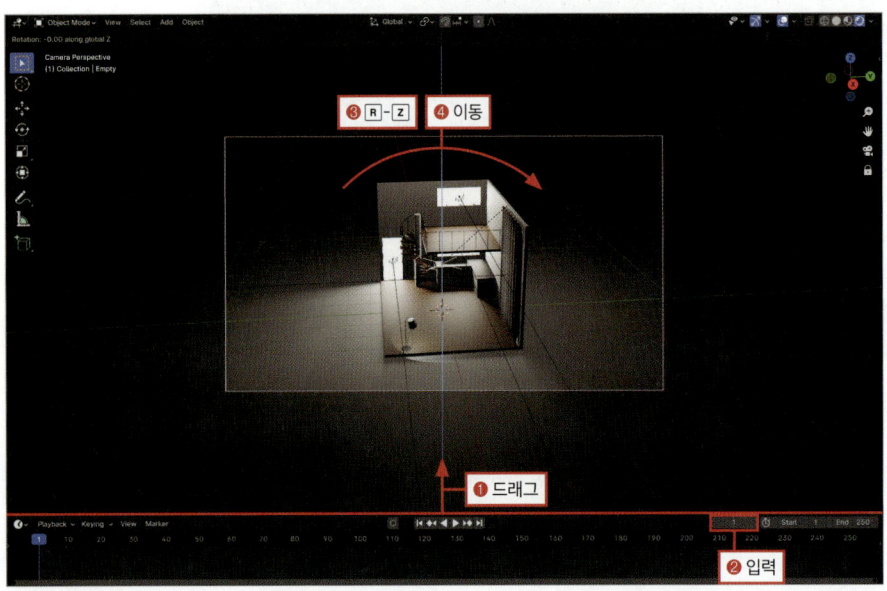

04·2 ❺K를 누르면 나타나는 Insert Keyframe Menu에서 ❻[Rotation]을 클릭합니다.

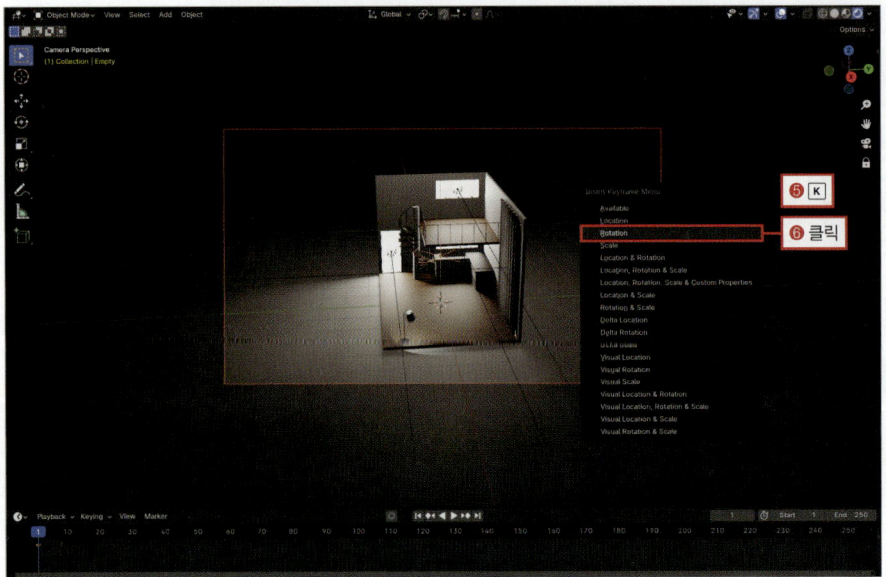

05 125프레임 위치에 애니메이션 키프레임을 생성합니다.

05·1 ❶Current Frame에 '125'를 입력하여 125프레임 위치로 이동합니다. Empty 오브젝트 선택을 유지한 채로 ❷R-Z를 눌러 회전 축을 Z축으로 설정합니다. ❸왼쪽 방향(-Y축 방향 가까이)에서 실내를 바라볼 수 있도록 회전한 후 클릭하여 완료합니다.

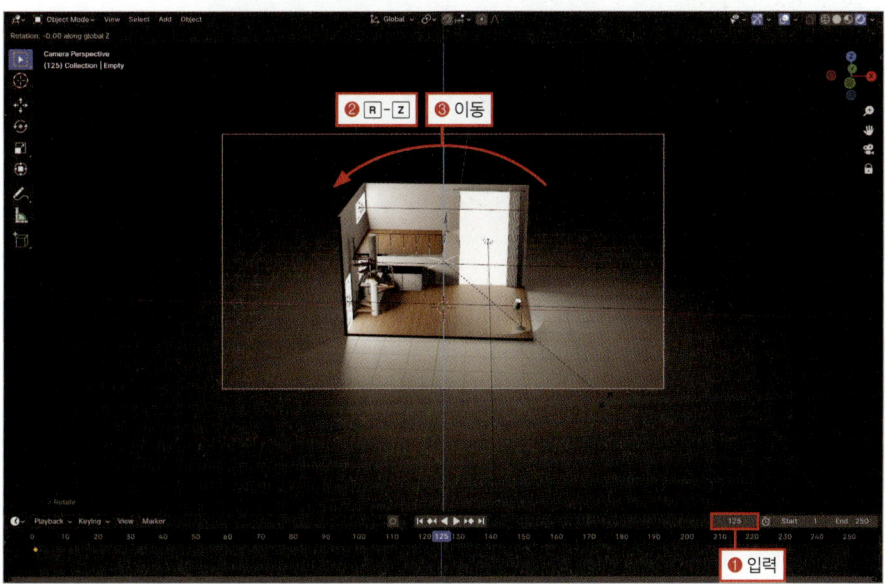

05·2 ❹K를 누른 후 Insert Keyframe Menu에서 ❺[Rotation]을 클릭합니다.

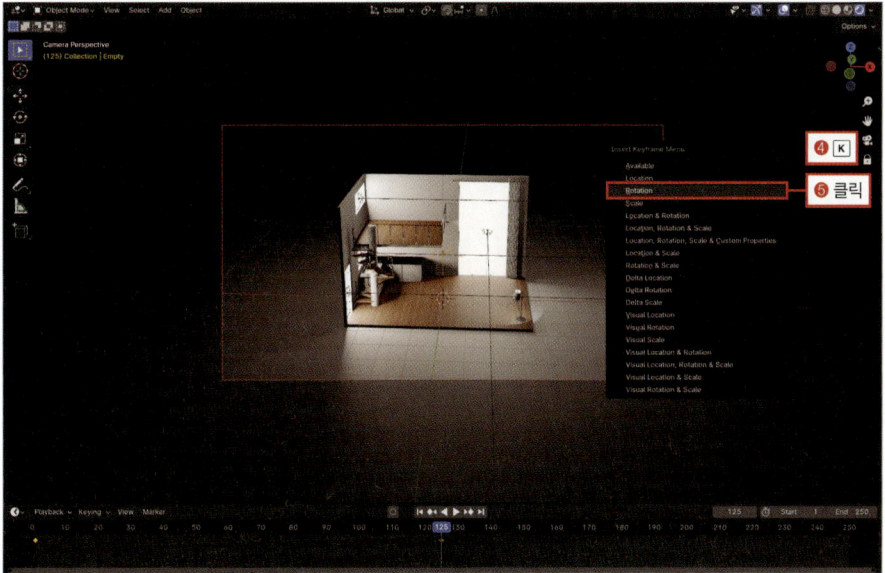

06 Empty 오브젝트를 중심으로 카메라가 회전하는 애니메이션을 재생하여 확인하겠습니다. ❶ Current Frame에 '1'을 입력하여 1프레임 위치로 이동합니다. ❷End에 '175'를 입력하여 애니메이션을 재생할 프레임 구간을 설정합니다. ❸ Spacebar 를 눌러 재생합니다. 애니메이션 확인 후 Spacebar 를 눌러 정지합니다.

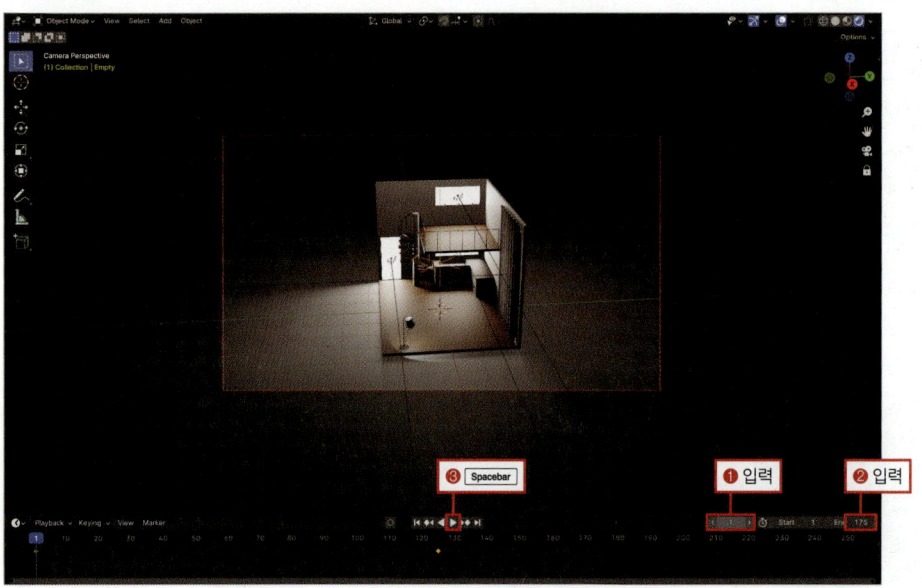

07 애니메이션을 동영상으로 렌더링합니다.

07·1 ❶Output 속성(■)을 클릭하고 ❷Format의 Frame Rate를 25fps로 설정합니다. Output에서 ❸저장경로와 파일명을 설정하고 ❹File Format을 FFmpeg Video로 ❺Encoding-Container를 MPEG-4 로 설정합니다. ❻ Ctrl + F12 를 눌러 동영상 렌더링합니다.

07·2 렌더링이 완료된 후 저장경로로 지정했던 폴더를 열고 mp4 동영상을 실행해보면 다음과 같이 잘 재생되는 것을 확인할 수 있습니다. Ctrl+S를 눌러 프로젝트를 저장합니다.

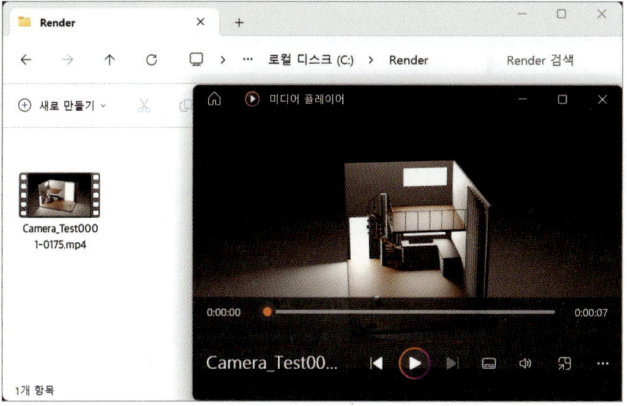

CHAPTER 14

Cloth 시뮬레이션 활용하기

이것만 알아두자!

- Cloth 물리법칙을 적용하여 오브젝트에 천 재질을 가미하는 방법을 알아봅니다.
- Cloth 시뮬레이션을 활용하여 식탁보 덮인 테이블과 이불 덮인 침대를 만들어봅니다.

Cloth 시뮬레이션으로 천 재질 표현하기

Cloth 물리법칙을 적용하여 오브젝트에 천 재질을 가미하는 방법을 알아봅니다.

Cloth는 중력, 질량, 탄성, 반동 등의 물리 법칙을 계산하여 자연스럽게 천 재질을 표현하기 위한 물리법칙입니다. 오브젝트에 이 Cloth 물리법칙을 적용하면 오브젝트가 마치 천과 같이 표현됩니다.

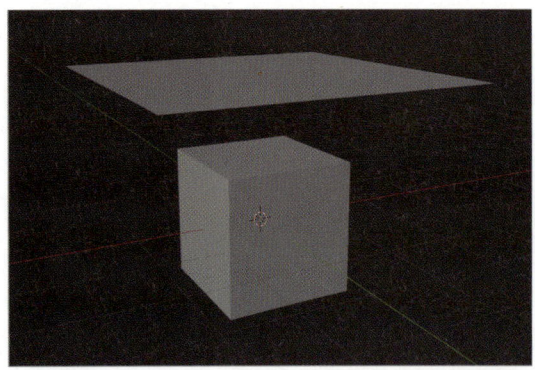
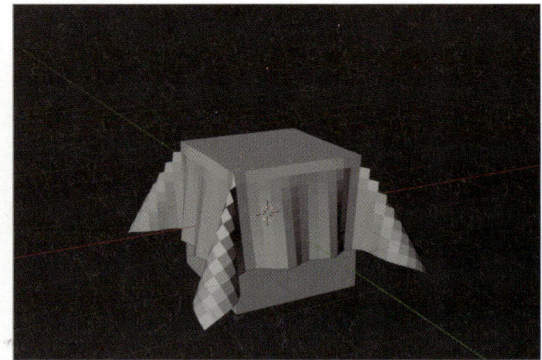

● **Cloth 물리법칙 적용하기**

❶오브젝트를 선택하고 ❷Physics 속성(◎)에서 ❸[Cloth] 버튼을 클릭하여 해당 오브젝트에 Cloth 물리법칙을 적용합니다. 하지만 Cloth 시뮬레이션을 하기 위해서는 ❹Cloth 물리법칙을 적용하지 않은 오브젝트를 선택하고 Physics 속성(◎)에서 ❺[Collision] 버튼을 클릭하여 해당 물리법칙에 영향을 주는 오브젝트를 별도로 설정해야 합니다.

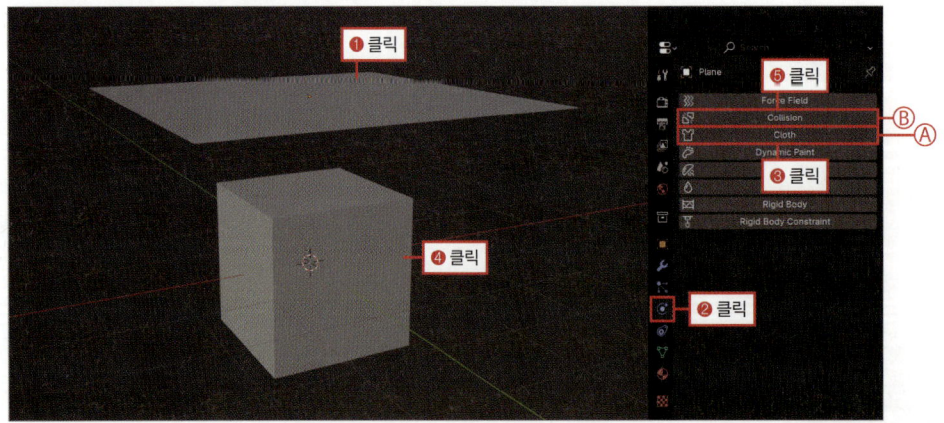

ⓐ **Cloth**: 천 재질 물리법칙을 적용하여 시뮬레이션하게 될 오브젝트(움직이는 오브젝트)
ⓑ **Collision**: 물리법칙이 적용되진 않지만, 시뮬레이션 과정에 영향을 주는 오브젝트(고정 오브젝트)

T·I·P Collision로 설정되지 않은 오브젝트의 경우 시뮬레이션 도중 무시됩니다.

그리고 여기서 한 가지 설정을 더 해주어야 합니다. 물리법칙에 영향을 받는 단위는 폴리곤입니다. 따라서 Cloth 물리법칙을 적용한 오브젝트를 선택한 채로 Edit Mode에서 ❻마우스 오른쪽 버튼을 누르면 나타나는 메뉴에서 ❼[Subdivide]를 클릭하여 폴리곤을 나눠주어야 Cloth 시뮬레이션이 정상적으로 작동합니다.

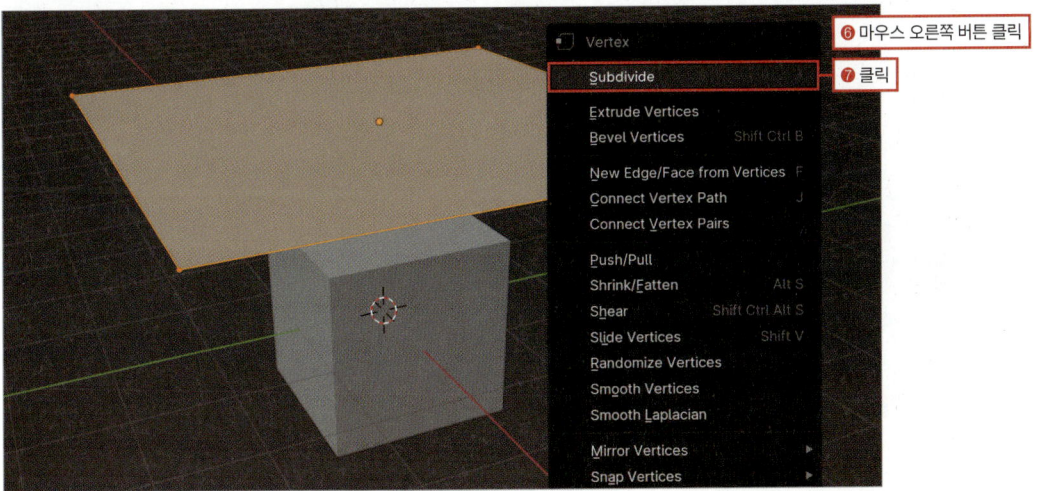

● **Cloth 물리법칙 설정 항목 살펴보기**

[Cloth] 버튼을 클릭하면 다음과 같이 새로운 설정이 나타납니다.

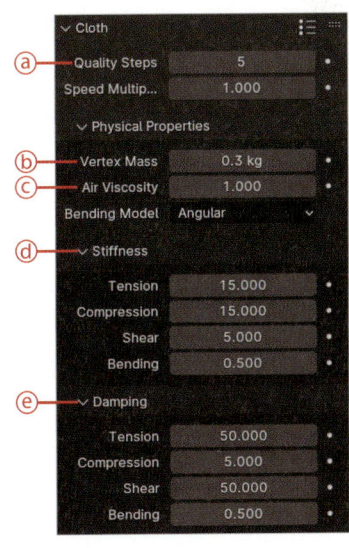

ⓐ **Quailty Steps**: 시뮬레이션 정확도를 설정합니다.
ⓑ **Vertex Mass**: 질량을 설정합니다.
ⓒ **Air Viscosity**: 공기 저항의 영향을 받는 정도를 설정합니다.
ⓓ **Stiffness**: 강성(뻣뻣한 정도)을 설정합니다.
ⓔ **Damping**: 시뮬레이션 지속 정도를 설정합니다.

● **Cloth 시뮬레이션하기**

Cloth 물리법칙 적용과 세부 설정 그리고 Subdivide로 폴리곤을 세부적으로 나눈 후 ❶Timeline에서 Play Animation(▶)을 클릭하거나 Spacebar 를 누르면 시뮬레이션이 진행됩니다. ❷괜찮은 결과를 얻은 지점에서 Stop Animation(■)를 클릭하거나 Spacebar 를 눌러 정지한 후 ❸Modifier 속성(🔧)의 ❹Cloth 드롭다운 메뉴에서 [Apply]를 클릭하여 시뮬레이션 결과를 확정합니다. 이후 Edit Mode에서 추가 수정이 가능합니다.

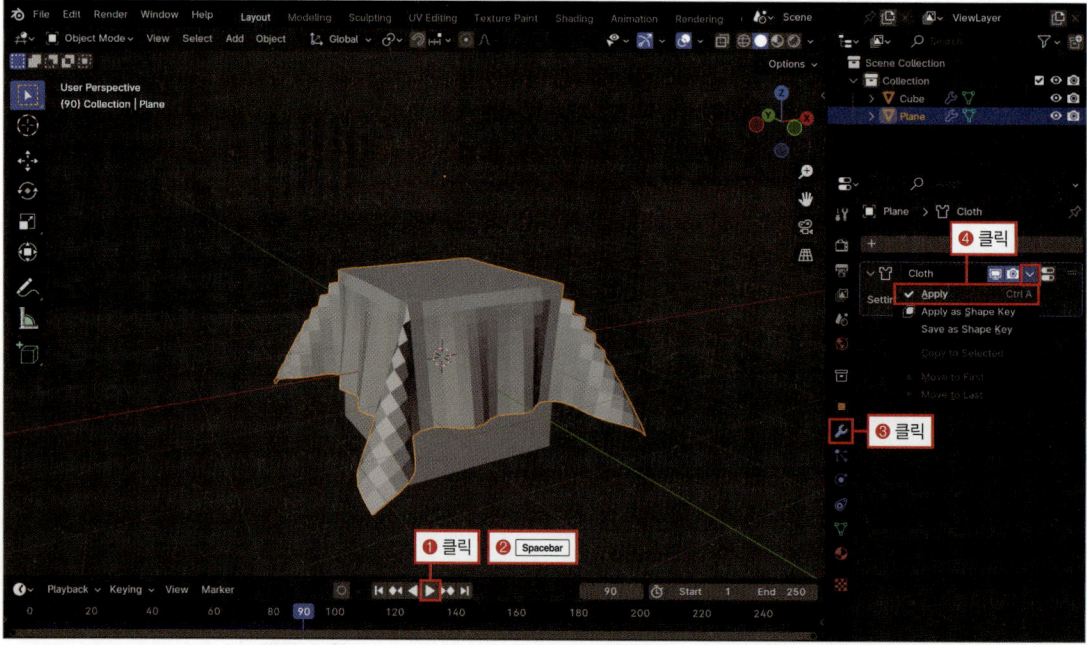

테이블 만들기

지금까지 배운 내용을 바탕으로 테이블을 만들어봅니다. 이때 Cloth 시뮬레이션을 활용하여 테이블 위에 자연스럽게 덮인 식탁보도 만들어봅니다.

준비 파일: chapter14/Pattern.jpg

이 예제를 따라하기 위해 알아야 하는 핵심기능

- Subdivide하기 ← 099쪽 참고
- Parent 설정하기 ← 202쪽 참고
- Image Texture 설정하기 ← 224쪽 참고
- Subdivision Surface하기 ← 304쪽 참고
- Cloth 시뮬레이션하기 ← 412쪽 참고

01 Cube를 생성하고 크기를 설정합니다.

01·1 새 프로젝트를 만들고 디폴트 오브젝트를 전체 선택하여 모두 삭제합니다.

01·2 ❶헤더 메뉴 [Add]-[Mesh]-[Cube]를 클릭하여 Cube 오브젝트를 만듭니다. 또는 Shift + A -Add 메뉴에서 [Mesh]-[Cube]를 클릭합니다. ❷ F9 -Add 설정 창에서 ❸Size를 '0.01'로 설정합니다. ❹ Object 속성(■)- Transform에서 Scale X를 '4', Scale Y를 '100', Scale Z를 '2'로 설정합니다.

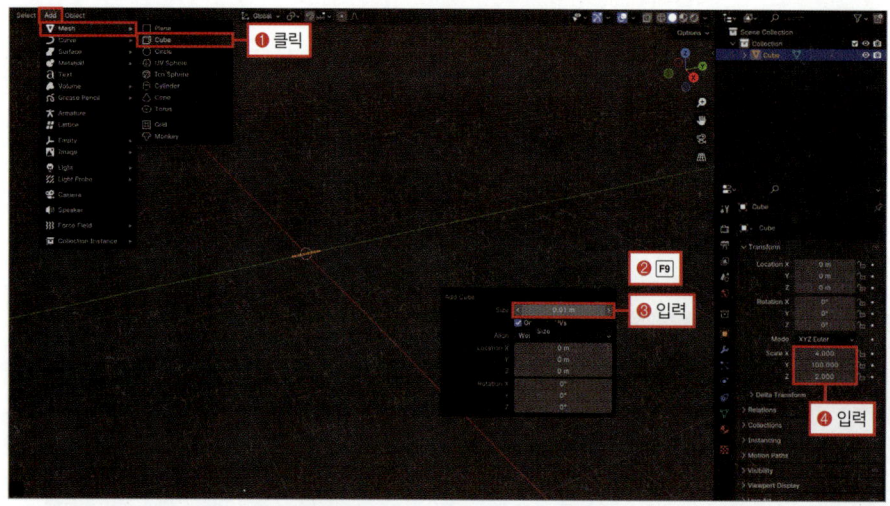

01·3 Num . 을 누른 후 마우스 가운데 버튼을 돌려 작업하기 편한 크기로 뷰를 확대/축소합니다.

02 Cube를 복사-회전하겠습니다. ❶ Cube 오브젝트를 선택하고 ❷ Shift + D - R 을 눌러 복사-회전합니다. ❸ Z 를 눌러 회전 축을 Z축으로 선택하고 ❹ Ctrl 을 누른 채로 마우스 커서를 움직여 90도 스냅 회전되었을 때 클릭하여 완료합니다.

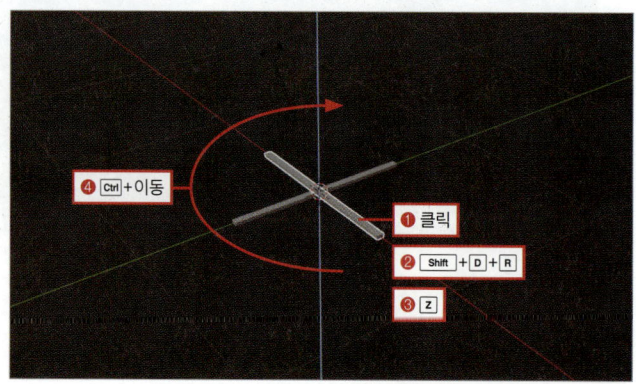

03 기둥 제작을 위해 Cylinder를 생성하고 Transform을 설정하겠습니다. ❶헤더 메뉴 [Add]-[Mesh]-[Cylinder]를 클릭하여 Cylinder 오브젝트를 만듭니다. 또는 Shift + A -Add 메뉴에서 [Mesh]-[Cylinder]를 클릭합니다. ❷F9-Add 설정 창에서 ❸Radius를 '0.03', Depth를 '0.8', Location Z를 '0.4'로 설정합니다.

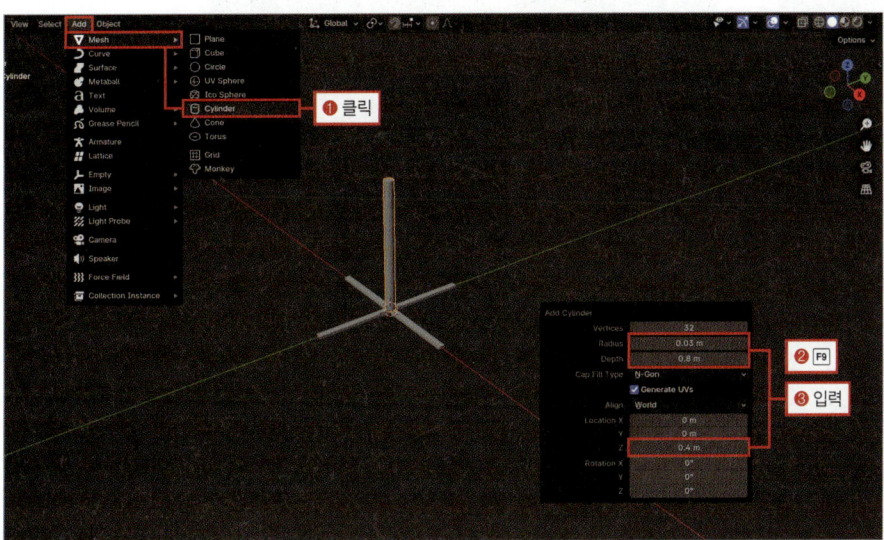

04 상판 제작을 위해 Cylinder를 생성하고 Collision 물리법칙을 적용하겠습니다. ❶헤더 메뉴 [Add]-[Mesh]-[Cylinder]를 클릭하여 Cylinder 오브젝트를 만듭니다. 또는 Shift + A -Add 메뉴에서 [Mesh]-[Cylinder]를 클릭합니다. ❷F9-Add 설정 창에서 ❸Radius를 '0.75', Depth를 '0.04', Location Z를 '0.8'로 설정합니다. ❹Physics 속성( )에서 ❺[Collision] 버튼을 클릭합니다.

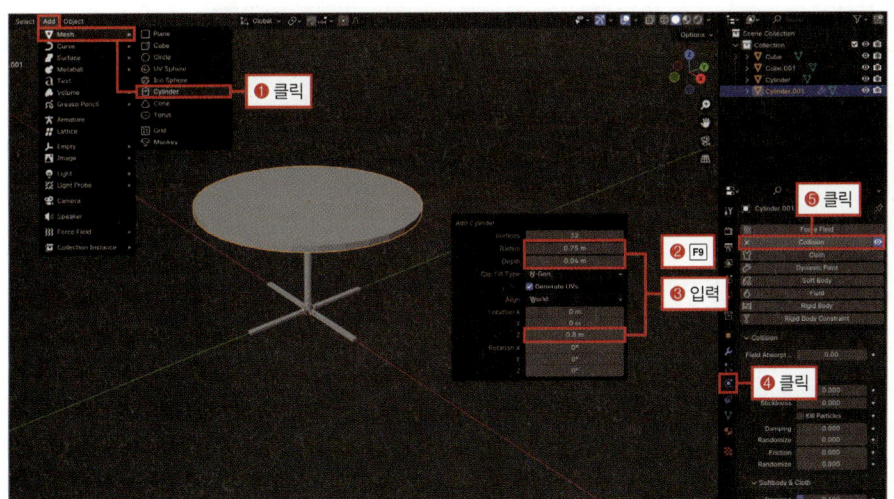

CHAPTER 14. Cloth 시뮬레이션 활용하기

05 Plane을 생성하고 위치를 설정하겠습니다. ❶헤더 메뉴 [Add]-[Mesh]-[Plane]을 클릭하여 Plane 오브젝트를 만듭니다. 또는 Shift + A -Add 메뉴에서 [Mesh]-[Plane]을 클릭합니다. ❷ F9 -Add 설정 창에서 ❸Location Z를 '0.9'로 설정합니다.

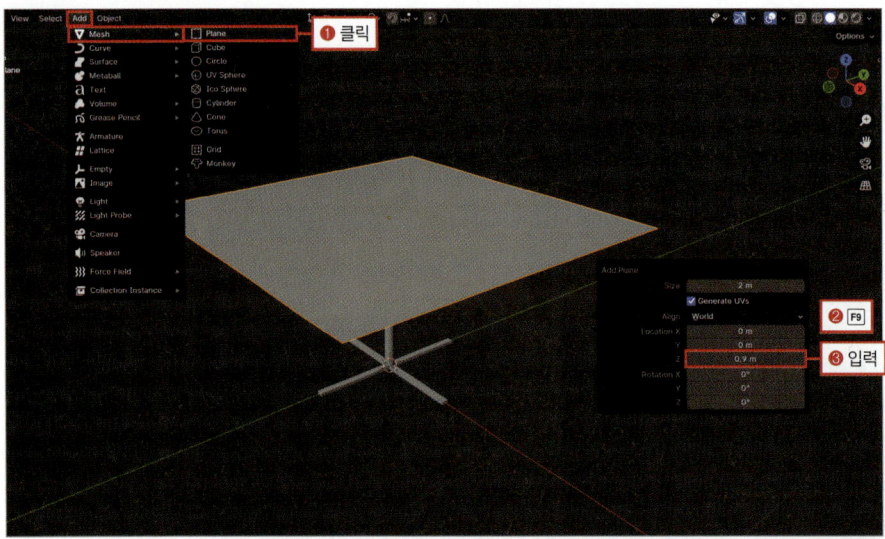

06 Plane을 Subdivide합니다.

06·1 Tab 을 눌러 Edit Mode로 전환합니다.

06·2 ❶Plane 오브젝트를 선택합니다. ❷마우스 오른쪽 버튼을 누르면 나타나는 메뉴에서 ❸ [Subdivide]를 선택하고 ❹ F9 -Subdivide 설정 창에서 ❺Number of Cuts를 '50'으로 설정합니다.

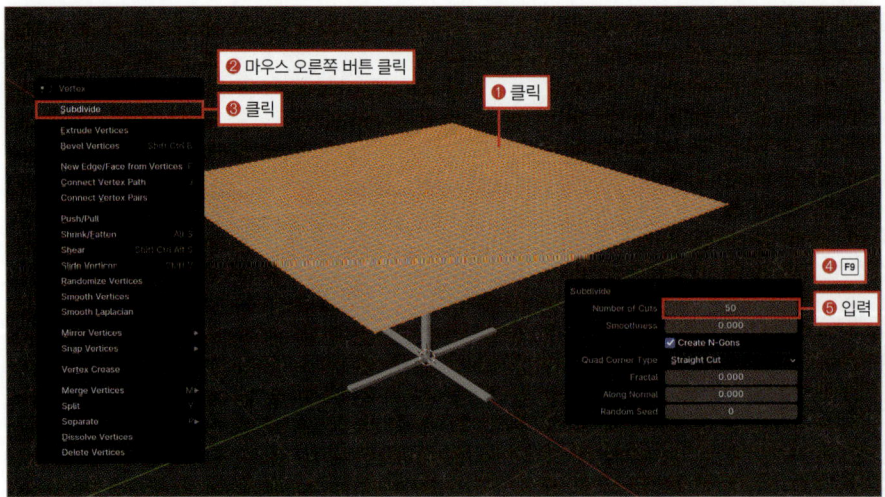

418 / 디자인이 세상을 바꾼다 블렌더 3D

07 Cloth 물리법칙을 적용하고 시뮬레이션을 실행합니다.

07·1 `Tab`을 눌러 Object Mode로 전환합니다.

07·2 Plane 오브젝트의 선택을 유지한 채로 ❶Physics 속성(🔘)에서 ❷[Cloth] 버튼을 클릭합니다. ❸Current Frame이 1인지 확인한 후 Timeline에 커서를 가져간 후 `Spacebar`를 눌러 시뮬레이션을 재생합니다.

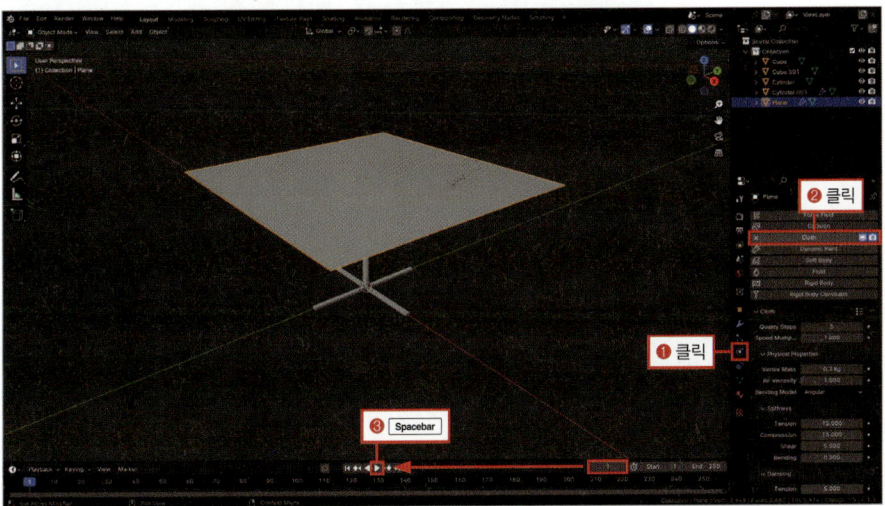

08 시뮬레이션을 정지하고 결과를 확정하겠습니다. ❶식탁보의 시뮬레이션이 안정될 때까지 프레임을 흘려보낸 후 `Spacebar`를 눌러 시뮬레이션을 정지합니다. ❷Modifier 속성(🔧)을 클릭하고 ❸Cloth 드롭다운 메뉴에서 [Apply]를 클릭합니다.

CHAPTER 14. Cloth 시뮬레이션 활용하기

09 Subdivision Surface를 적용합니다.

09·1 Plane 오브젝트의 선택을 유지한 채로 ❶Modifier 속성(🔧)에서 [Add Modifier] 버튼을 클릭한 후 ❷[Generate]-[Subdivision Surface]를 클릭합니다.

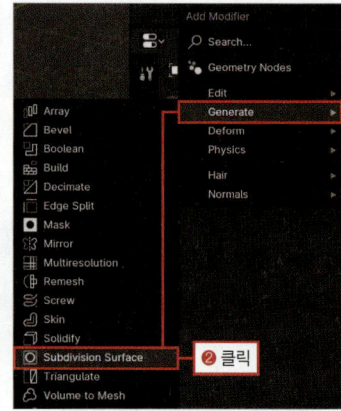

09·2 ❸Levels Viewport를 '2'로 설정합니다.

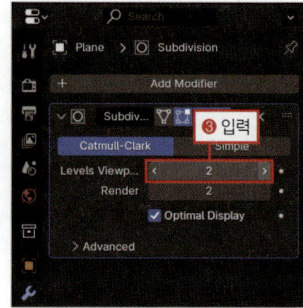

10 Shade Smooth를 적용하겠습니다. Plane 오브젝트 선택을 유지한 채로 ❶마우스 오른쪽 버튼을 누르면 나타나는 메뉴에서 ❷[Shade Smooth]를 선택합니다.

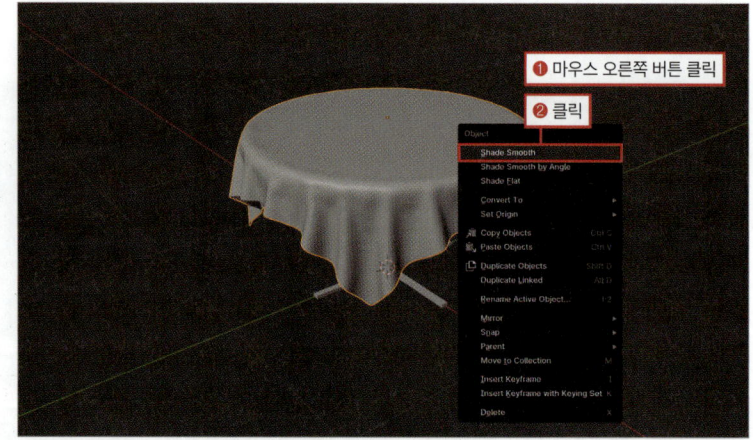

11 Plane에 Image Texture를 적용합니다.

11·1 ❶질감을 확인할 수 있는 Material Preview(⬤)로 전환합니다. Plane 오브젝트의 선택을 유지한 채로 ❷Material 속성(⬤)에서 ❸[New] 버튼을 클릭하여 새 질감을 추가합니다.

11·2 ❹Surface에서 Base Color의 노란색 점을 클릭한 후 ❺[Image Texture]를 선택합니다.

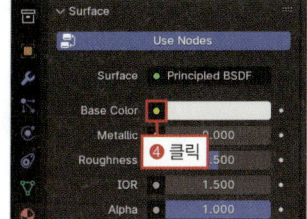 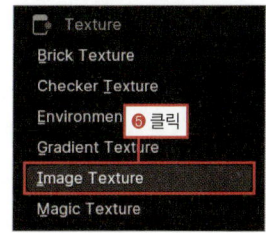

11·3 ❻[Open] 버튼을 클릭하고 준비 파일 'Pattern.jpg'를 선택하여 지정합니다.

12 Cube를 Parent로 지정하고 오브젝트 이름을 변경하여 테이블을 완성합니다.

12·1 ❶Cube를 클릭하여 Active 오브젝트로 선택한 후 ❷A를 눌러 전체 선택합니다. ❸Ctrl+P를 누르면 나타나는 Set Parent To 메뉴에서 ❹[Object]를 클릭합니다.

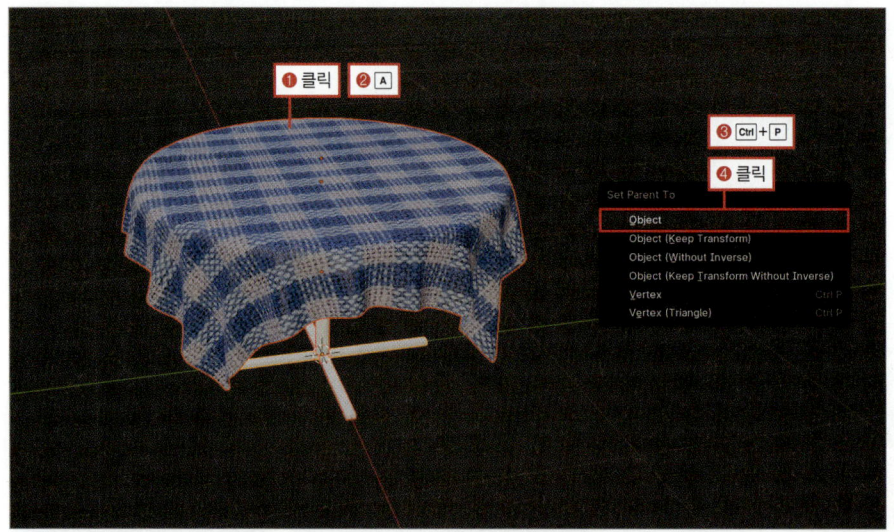

12·2 ❺Outliner(오브젝트 목록 창)에서 Cube를 더블클릭한 후 ❻'Table'을 입력한 후 Enter를 눌러 완료합니다.

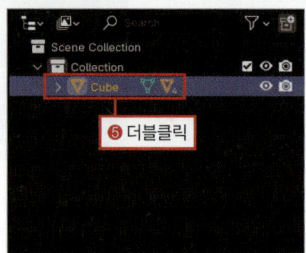 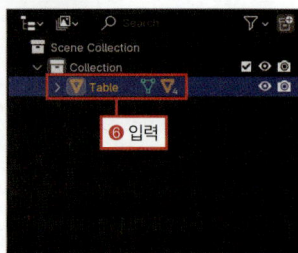

12·3 이렇게 해서 다음과 같이 식탁보 덮인 테이블을 완성했습니다. Ctrl+S를 눌러 프로젝트를 저장합니다.

침대 만들기

지금까지 배운 내용을 바탕으로 침대를 만들어봅니다. 이때 Cloth 시뮬레이션을 활용하여 침대 위에 자연스럽게 덮인 이불도 만들어봅니다.

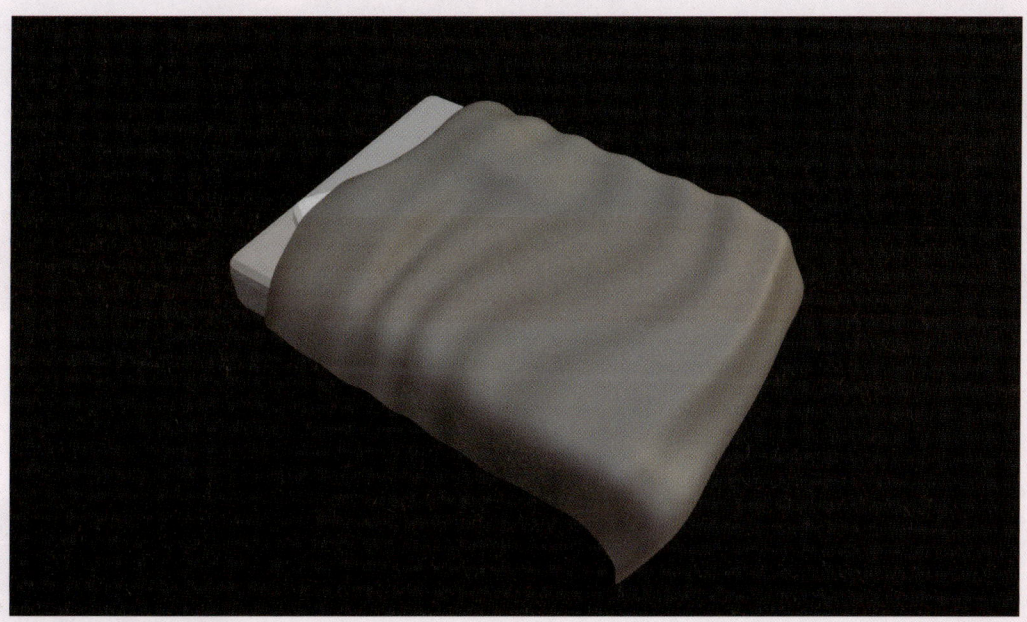

이 예제를 따라하기 위해 알아야 하는 핵심기능

- Bevel하기 ← 122쪽 참고
- Subdivide하기 ← 099쪽 참고
- Proportional Editing 활용하기 ← 208쪽 참고
- Subdivision Surface하기 ← 304쪽 참고
- Cloth 시뮬레이션하기 ← 412쪽 참고

01 Cube를 생성하고 크기를 설정합니다.

01·1 새 프로젝트를 만들고 디폴트 오브젝트를 전체 선택하여 모두 삭제합니다.

01·2 ❶헤더 메뉴 [Add]-[Mesh]-[Cube]를 클릭하여 Cube 오브젝트를 만듭니다. ❷F9-Add 설정 창에서 ❸Size를 '1'로 설정합니다. ❹Object 속성(■)의 Transform 탭에서 Scale X를 '1.5', Scale Y를 '2', Scale Z를 '0.3'으로 설정합니다.

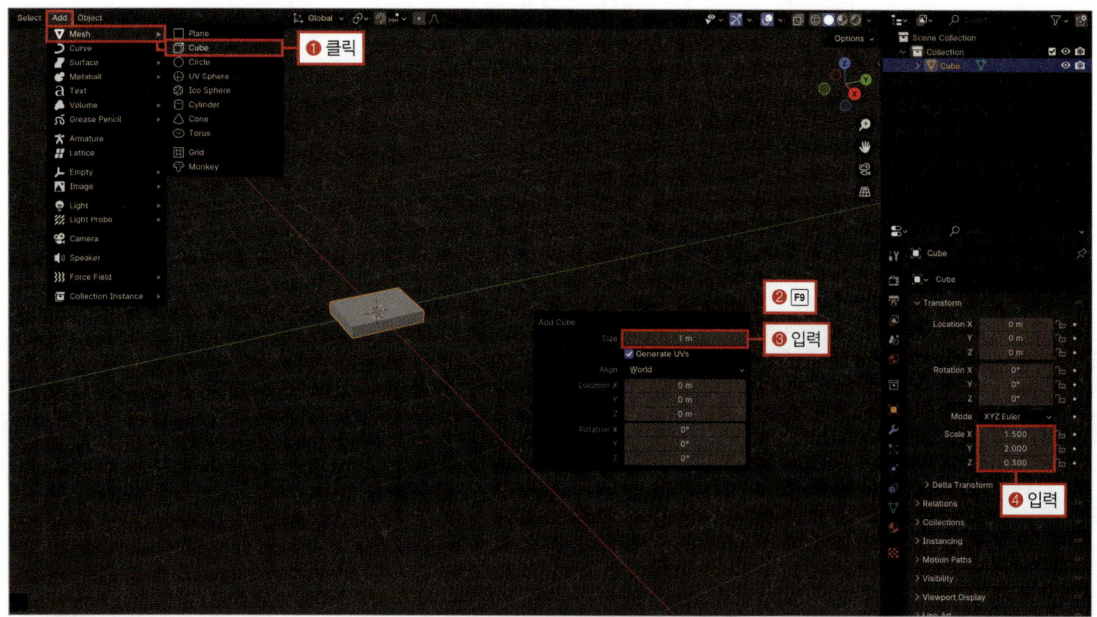

01·3 Num.을 누른 후 마우스 가운데 버튼을 돌려 작업에 편리한 크기로 뷰를 확대/축소합니다.

02 오브젝트의 현재 크기를 기본 Scale로 지정하겠습니다. 오브젝트 선택을 유지한 상태로 ❶Ctrl+A를 누르면 나타나는 Apply 메뉴에서 ❷[Scale]을 클릭합니다.

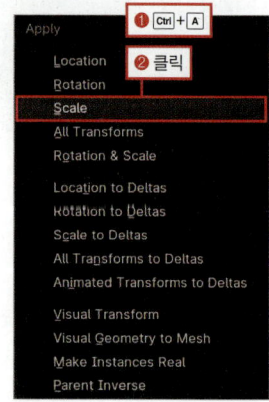

03 각진 Edge들을 Bevel하여 부드럽게 만듭니다.

03·1 `Tab`을 눌러 Edit Mode로 전환합니다.

03·2 ❶`A`를 눌러 전체 선택합니다. ❷`Ctrl`+`B`를 누른 후 ❸선택 대상에서 먼 쪽으로 마우스 커서를 움직여 Bevel 거리를 정합니다. ❹마우스 가운데 버튼을 위로 돌려 Bevel 단계를 높이고 클릭하여 완료합니다.

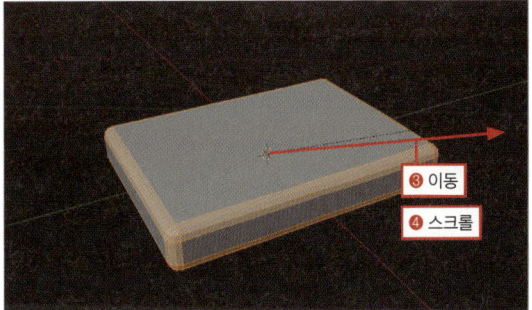

04 Cube를 생성하고 크기와 위치를 설정합니다.

04·1 `Tab`을 눌러 Object Mode로 전환합니다.

04·2 ❶헤더 메뉴 [Add]-[Mesh]-[Cube]를 클릭하여 Cube 오브젝트를 만듭니다. 또는 `Shift`+`A`-Add 메뉴에서 [Mesh]-[Cube]를 클릭합니다. ❷`F9`-Add 설정 창에서 ❸Size를 '0.01'로 설정합니다. ❹ Object 속성(■)-Transform에서 Location Z를 '0.225', Scale X를 '50', Scale Y를 '35', Scale Z를 '15'로 설정합니다.

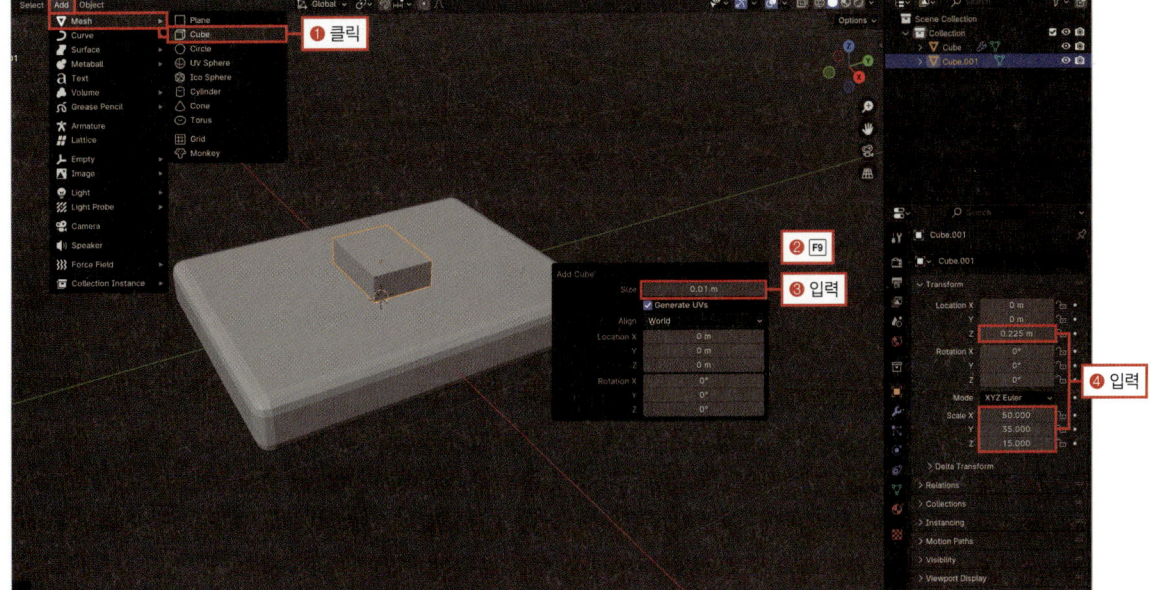

05 오브젝트의 현재 크기를 기본 Scale로 지정하겠습니다. 오브젝트 선택을 유지한 상태로 ❶ Ctrl + A 를 누르면 나타나는 Apply 메뉴에서 ❷ [Scale]을 클릭합니다.

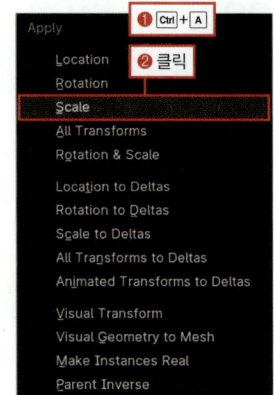

06 각진 Edge들을 Bevel하여 부드럽게 만듭니다.

06·1 Tab 을 눌러 Edit Mode로 전환합니다.

06·2 ❶ A 를 눌러 전체 선택합니다. ❷ Ctrl + B 를 누른 후 ❸ 선택 대상에서 먼 쪽으로 마우스 커서를 움직여 Bevel 거리를 정합니다. ❹ 마우스 가운데 버튼을 위로 돌려 Bevel 단계를 높이고 클릭하여 완료합니다.

 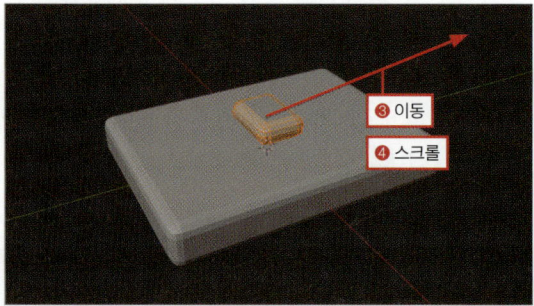

07 베개를 이동/회전합니다.

07·1 `Tab`을 눌러 Object Mode로 전환합니다.

07·2 ❶`Num 7`을 눌러 Z축에서 바라본 시점으로 회전합니다. ❷베개를 선택하고 ❸`G`를 누른 후 ❹베개를 이동하고 클릭하여 완료합니다. ❺`R`을 누른 후 ❻베개를 회전하고 클릭하여 완료합니다.

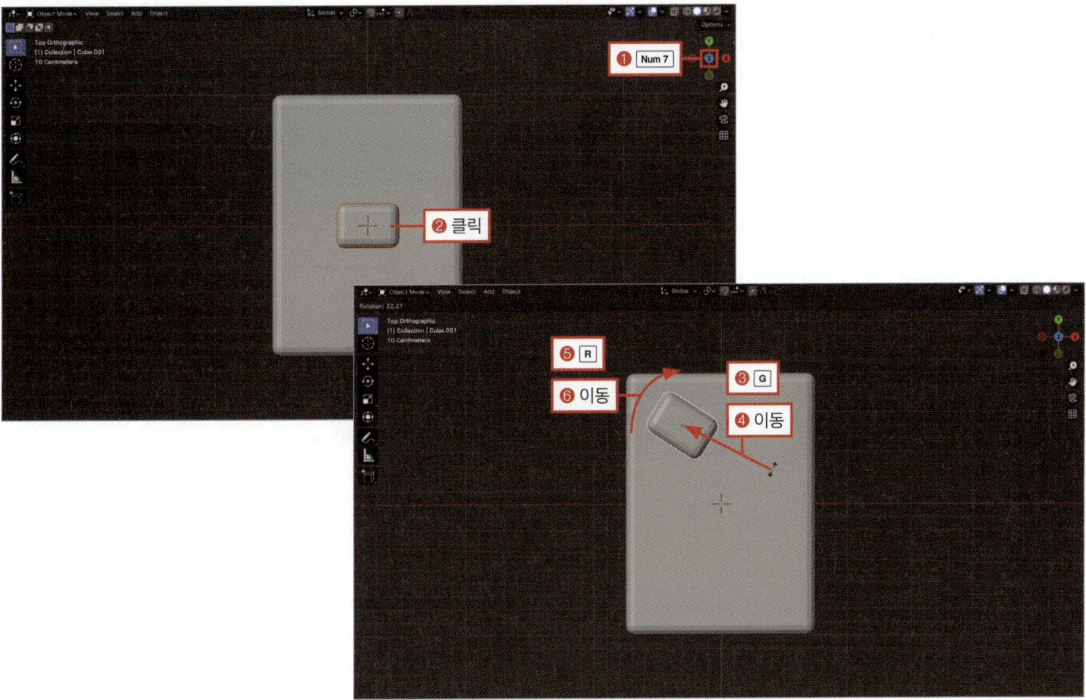

08 베개를 복사, 이동, 회전하겠습니다. 베개 선택을 유지한 채로 ❶`Shift`+`D`를 누른 후 ❷베개를 복사-이동하고 클릭하여 완료합니다. ❸`R`을 누른 후 ❹베개를 적당히 회전하고 클릭하여 완료합니다.

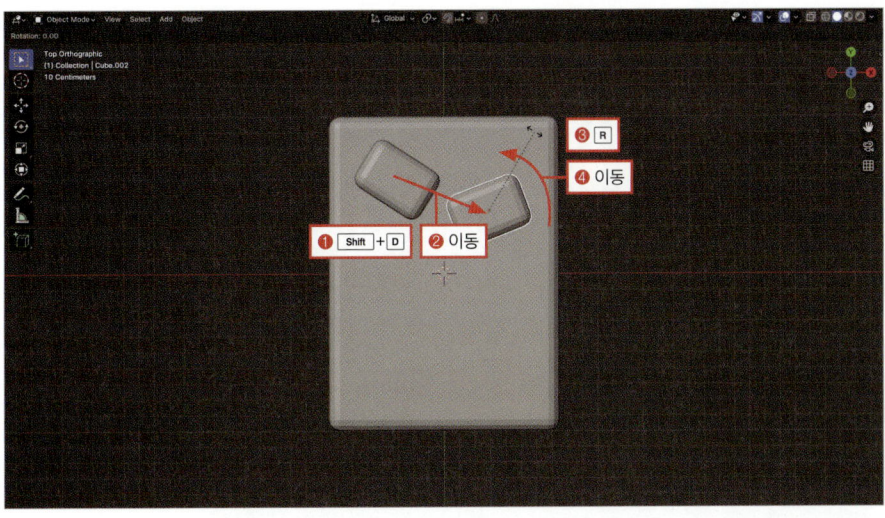

09
Plane을 생성하고 크기와 위치를 설정하겠습니다. ❶헤더 메뉴 [Add]-[Mesh]-[Plane]을 클릭하여 Plane 오브젝트를 만듭니다. 또는 Shift + A -Add 메뉴에서 [Mesh]-[Plane]을 클릭합니다. ❷Object 속성(■)-Transform에서 Location Y를 '-0.2', Location Z를 '0.4', Scale Y를 '0.9'로 설정합니다.

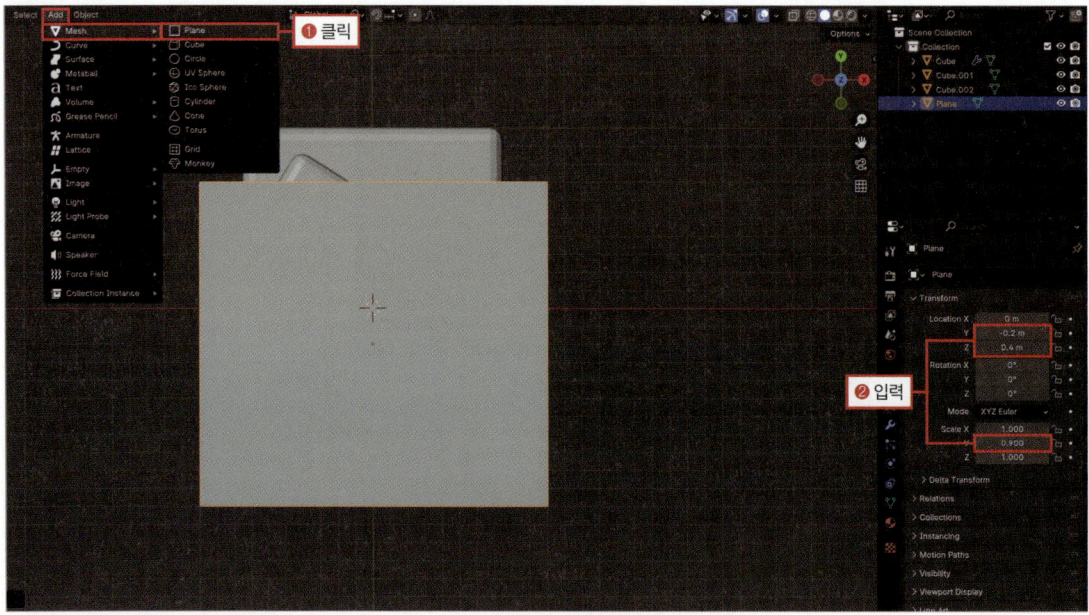

10
Subdivide합니다.

10·1 오브젝트 선택을 유지한 상태로 Tab 을 눌러 Edit Mode로 전환하고 2 를 눌러 Edge select로 전환합니다.

10·2 ❶ A 를 눌러 전체 선택합니다. ❷마우스 오른쪽 버튼을 누르면 나타나는 메뉴에서 ❸[Subdivide]를 클릭한 후 ❹ F9 - Subdivide 설정 창에서 ❺Number of Cuts를 '15'로 설정합니다.

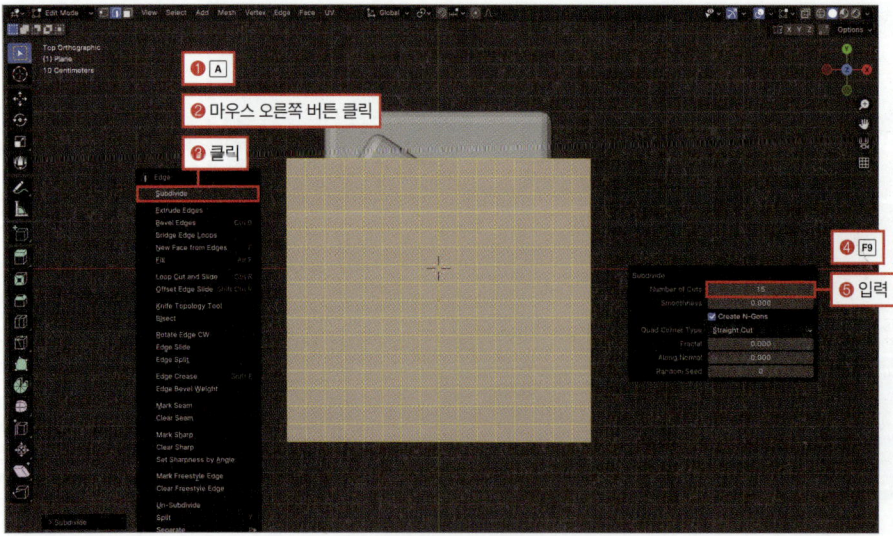

11 Edge를 한 줄씩 건너뛰어 선택하겠습니다. ❶Edge를 Alt+클릭하여 Loop 선택합니다. ❷Alt+Shift+클릭하여 Loop 선택 추가합니다.

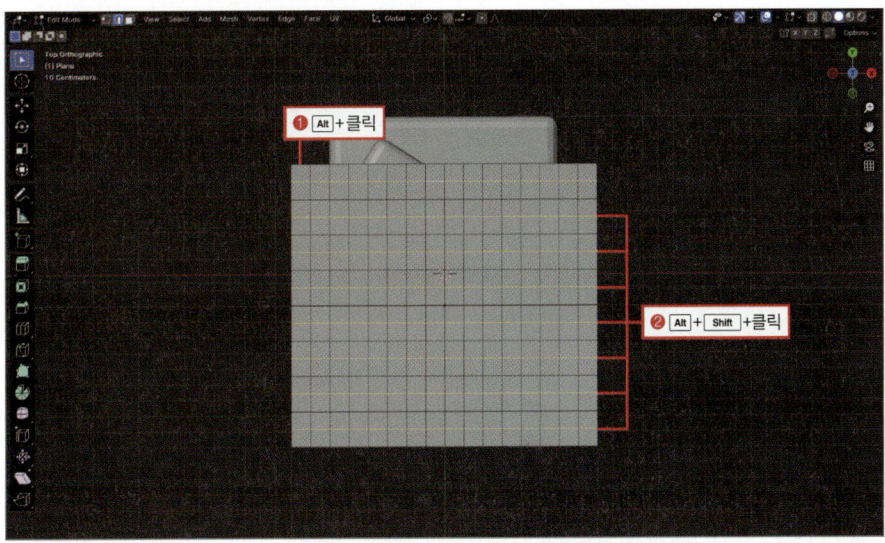

12 선택된 Edge를 위로 올려 지그재그 형태로 만들겠습니다. ❶마우스 가운데 버튼을 누른 채로 드래그하여 Perspective 뷰로 회전합니다. ❷G-Z를 눌러 Z축으로 이동 방향을 설정합니다. ❸지그재그 모양이 되도록 마우스 커서를 위쪽으로 움직인 후 클릭하여 완료합니다. ❹F9-Move 설정 창에서 ❺Move Z를 '0.1'로 설정합니다.

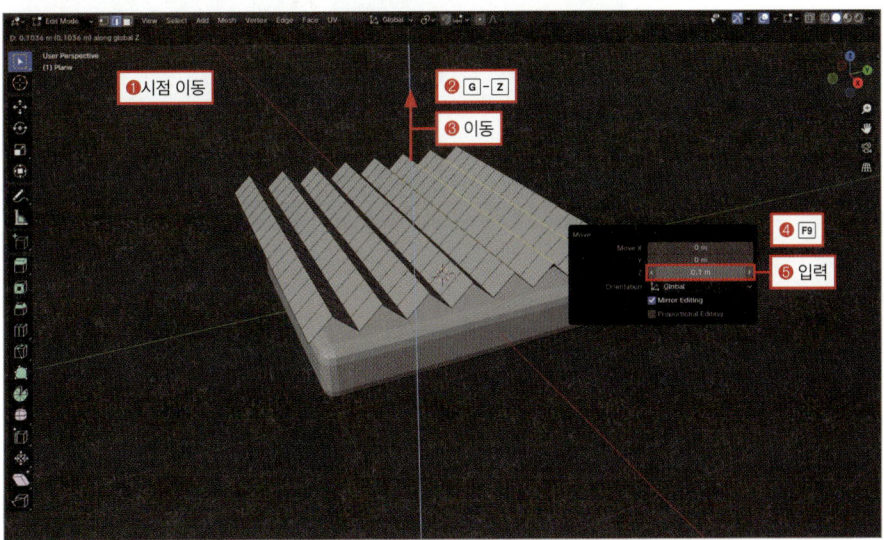

13 침대와 베개에 Collision 물리법칙을 적용합니다.

13·1 `Tab`을 눌러 Edit Mode로 전환합니다.

13·2 ❶침대를 선택하고 ❷Physics 속성(📷)에서 ❸[Collision] 버튼을 클릭합니다.

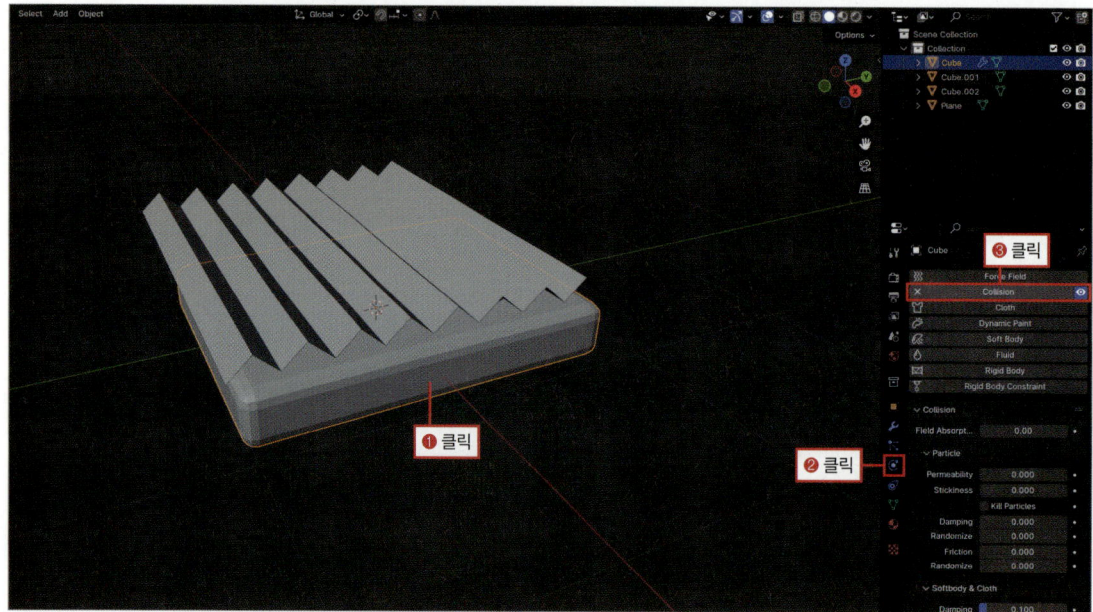

13·2 이어서 2개의 베개(Cube.001, Cube.002)에도 Collision 물리법칙을 적용합니다.

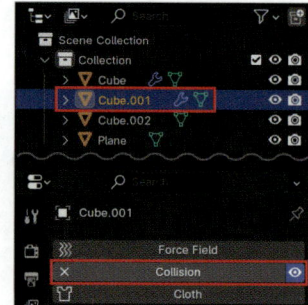
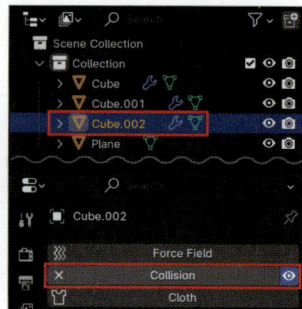

14 이불에 Cloth 물리법칙을 적용하고 시뮬레이션을 실행하겠습니다. ❶이불 Plane을 선택하고 ❷ Physics 속성(⊙)에서 [Cloth] 버튼을 클릭합니다. ❸Shear를 '0'으로 설정합니다. Current Frame이 1인지 확인한 후 ❹Timeline 위에 마우스 커서를 가져간 상태로 Spacebar 를 눌러 시뮬레이션을 재생합니다.

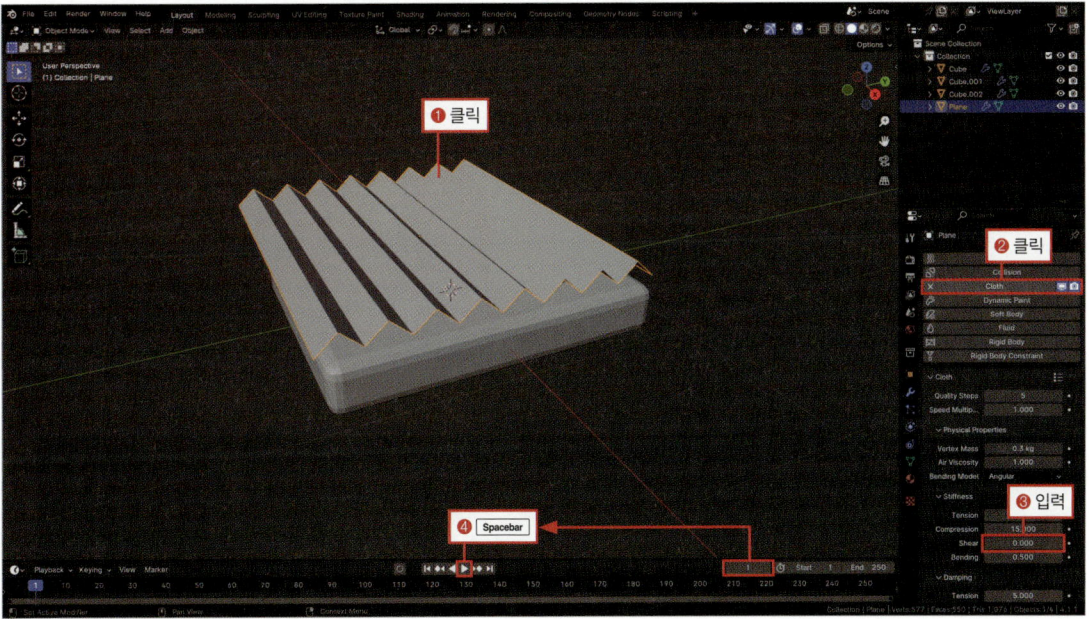

15 시뮬레이션을 정지하고 결과를 확정하겠습니다. ❶이불이 땅에 닿을 때까지(30프레임을 넘지 않도록) 프레임을 흘려보내고 Spacebar 를 눌러 정지합니다. ❷Modifier 속성(🔧)을 클릭하고 ❸Cloth 드롭다운 메뉴에서 [Apply]를 클릭합니다.

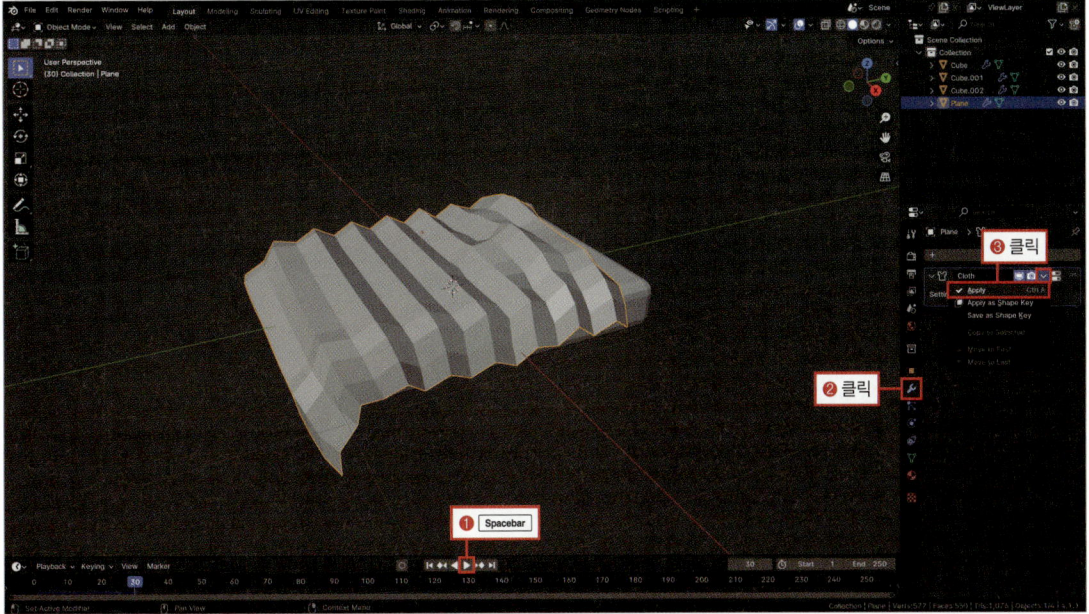

16 Vertex를 Proportional Editing으로 회전하여 굴곡을 자연스럽게 만듭니다.

16·1 오브젝트 선택을 유지한 상태로 ❶ `Tab` 을 눌러 Edit Mode로 전환하고 ❷ `1` 을 눌러 Vertex select로 전환합니다. ❸ `Num 7` 을 눌러 Z축에서 바라본 시점으로 회전합니다.

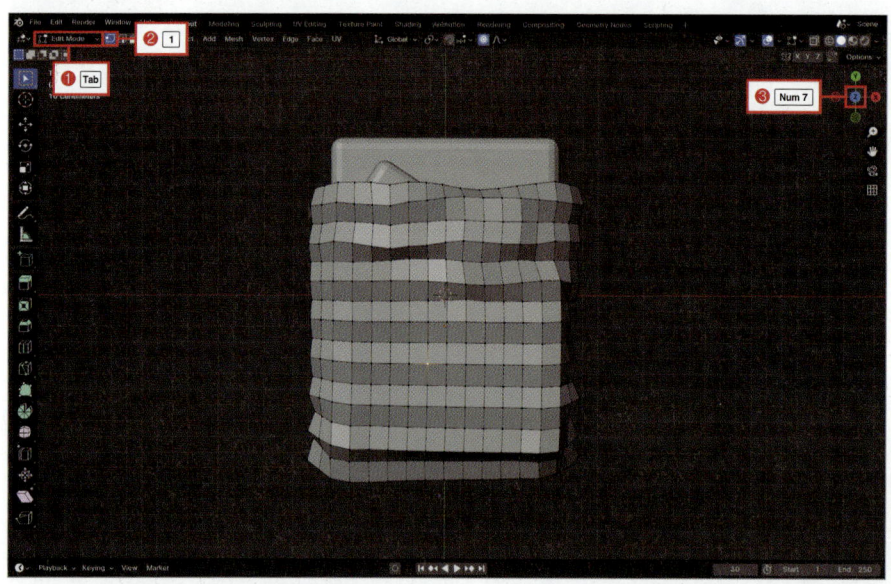

16·2 ❹베개와 겹치지 않은 부분의 Vertex를 선택합니다. ❺ `O` 를 눌러 Proportional Editing을 활성화합니다. ❻ `R` 을 누른 후 마우스 가운데 버튼을 돌려 Proportional 범위를 조절합니다. ❼자연스러운 굴곡이 형성되도록 회전한 후 클릭하여 완료합니다.

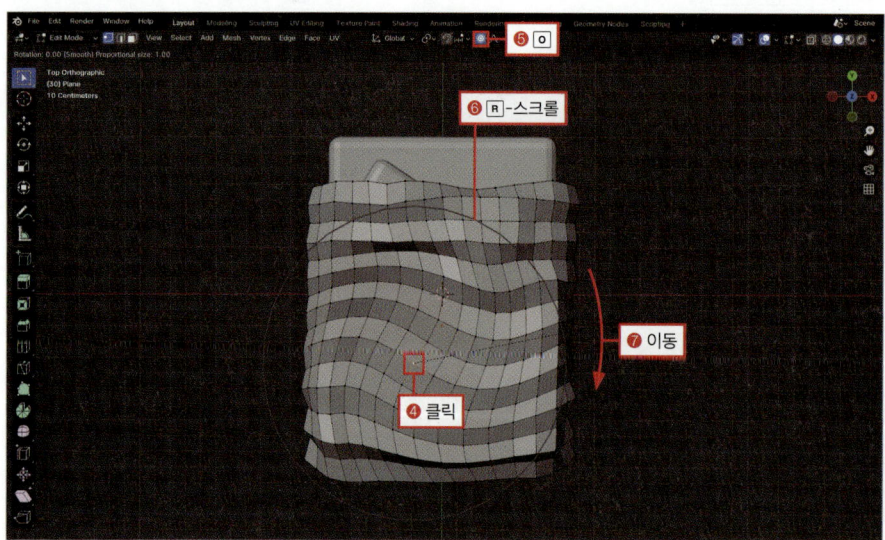

17 Subdivision Surface를 적용합니다.

17·1 ⓞ를 눌러 Proportional Editing을 비활성화하고 Tab 을 눌러 Object Mode로 전환합니다.

17·2 ❶마우스 가운데 버튼을 누른 채로 드래그하여 Perspective 뷰로 회전합니다. Plane 오브젝트의 선택을 유지한 채로 ❷Modifier 속성(🔧)에서 [Add Modifier] 버튼을 클릭한 후 ❸[Generate]-[Subdivision Surface]를 선택합니다.

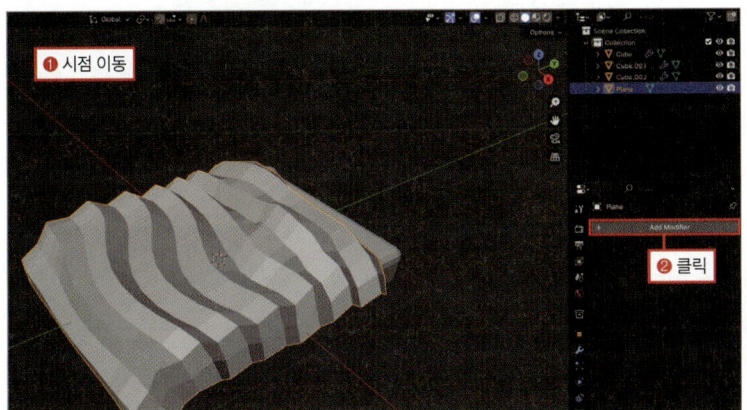
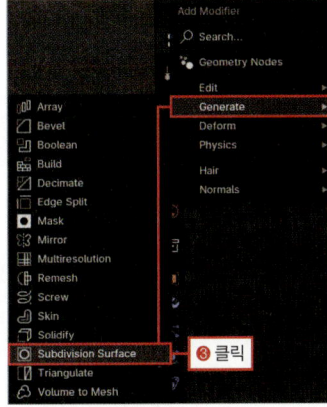

17·3 ❹Levels Viewport를 '2'로 설정합니다.

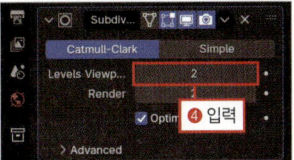

18 Shade Smooth를 적용하겠습니다. Plane 오브젝트의 선택을 유지한 채로 ❶마우스 오른쪽 버튼을 누르면 나타나는 메뉴에서 ❷[Shade Smooth]를 클릭합니다.

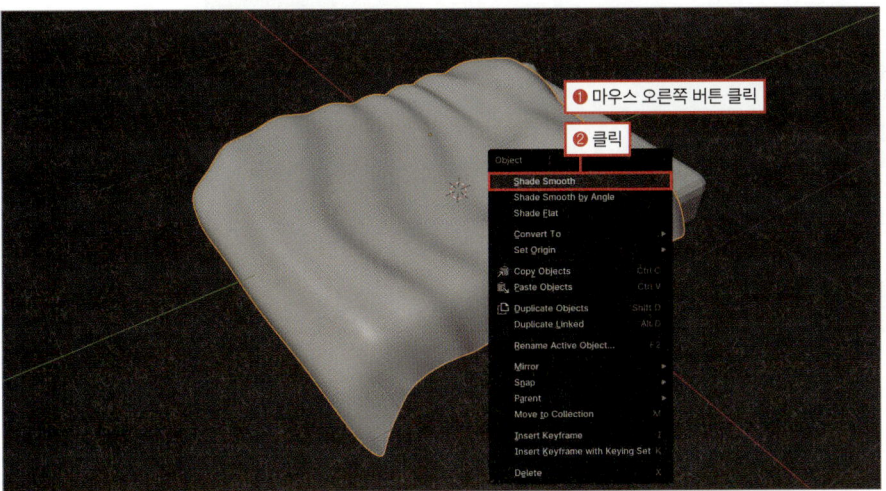

> **T·I·P** 만약 이불과 침대, 베개 오브젝트에 색상을 적용하고 싶다면 Parent 설정을 하기 전인 지금 단계에서 색상을 지정하세요.

19 침대 Cube를 Parent로 지정하고 오브젝트 이름을 지정하여 침대를 완성하겠습니다.

19·1 ❶Cube 오브젝트를 클릭하여 Active 오브젝트로 선택한 후 ❷[A]를 눌러 전체 선택합니다. ❸[Ctrl]+[P]를 누르면 나타나는 Set Parent To 메뉴에서 ❹[Object]를 클릭합니다.

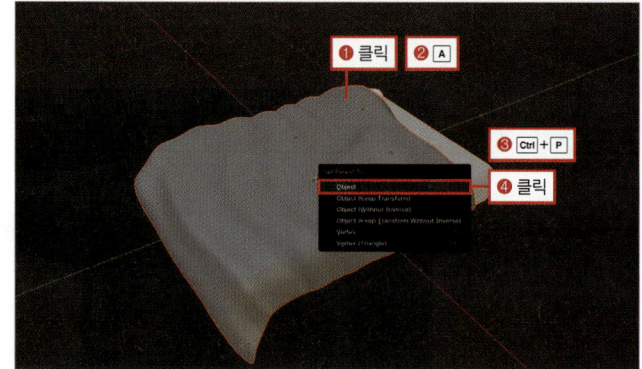

19·2 ❺Outliner(오브젝트 목록 창)에서 'Cube'를 더블클릭한 후 ❻'Bed'를 입력한 후 [Enter]를 눌러 완료합니다.

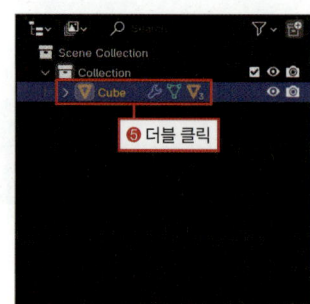 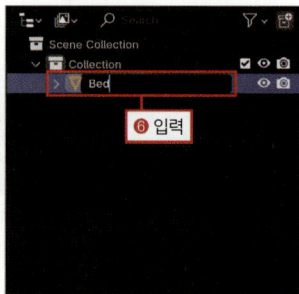

19·3 다음과 같이 침대가 완성되었습니다. [Ctrl]+[S]를 눌러 프로젝트를 저장합니다.

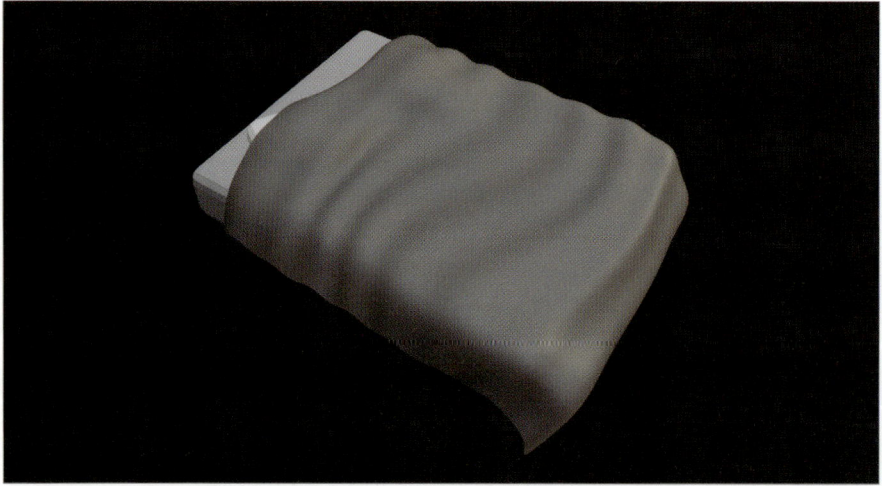

CHAPTER

15

오브젝트 Import 및 배치하기

이것만 알아두자!

- 다른 프로젝트에서 오브젝트를 Import할 때 알아두면 좋은 내용을 익힙니다.
- 지금까지 개별적으로 만들었던 오브젝트들을 Import하여 북층룸에 배치해봅니다.

오브젝트 Import 주의사항 알아보기

다른 프로젝트에서 오브젝트를 Import할 때 알아두면 좋은 내용을 익힙니다..

보통 개별 프로젝트에 오브젝트를 만들어둔 후 필요할 때마다 Import해서 사용합니다. 그러므로 Import 하기 좋은 형태로 오브젝트를 정리해두면 좋습니다. 지금부터 다른 프로젝트에서 제작된 오브젝트를 최종 프로젝트로 Import할 때 하면 좋은 몇 가지 사전 준비 과정을 알아보겠습니다.

● **불필요한 오브젝트 제외하기**

프로젝트에서 모델링 결과나 질감을 확인하기 위해 배치했던 Camera와 Light 그리고 그밖에 삭제하지 못하고 남겨둔 오브젝트들을 제외한 메인 모델링 오브젝트만 Import해야 합니다.
가령, 다음과 같이 〈CHAPTER 09〉에서 Transmission을 적용한 맥주컵을 Import한다고 가정하겠습니다. 이때 Transmission 적용을 확인하기 위해 배치했던 테이블 그리고 Camera, Light 오브젝트는 제외하고 맥주컵만 Import해야 합니다.

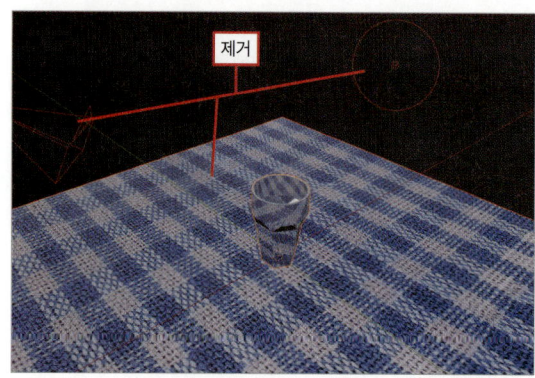

● 오브젝트 이름 변경하기

오브젝트의 이름을 Cube, Cylinder 등으로 두지 말고 알아보기 쉬운 이름으로 변경하여 Import합니다. 그러니 프로젝트 저장 전 Outliner(오브젝트 목록 창)에서 오브젝트 이름을 더블클릭한 후 실제 오브젝트를 알아볼 수 있는 이름으로 변경하는 습관을 들이면 좋습니다.

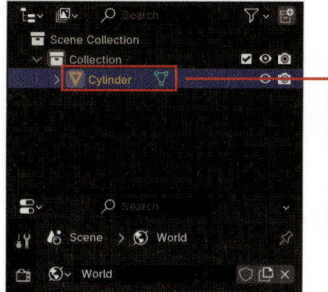 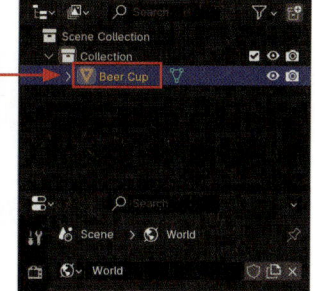

● Modifier 적용하기

오브젝트를 Join하여 Import하려는 경우 Modifier 속성(🔧)에서 모든 오브젝트의 Modifier를 드롭다운 메뉴에서 [Apply]를 클릭하여 적용해야 합니다.

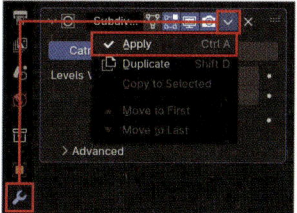

● 질감이 없는 오브젝트에 새 질감 적용하기

오브젝트를 Join하여 Import하려는 경우 Material 속성(🔴)에서 [New] 버튼을 클릭하여 질감이 없는 오브젝트에 새 질감을 적용해야 합니다.

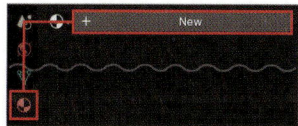

● 오브젝트 그룹화하기

완성한 모델링의 오브젝트가 여러 개 생성된 경우 Join 또는 Parent로 그룹화하여 Import하는 것이 바람직합니다.

Join으로 그룹화하기

Modifier나 물리법칙, 키프레임 등을 [Apply] 버튼을 눌러 모두 적용시켰고, 모든 오브젝트에 질감 또한 적용시켰다면 하나의 오브젝트로 Join하여 Import하는 편이 관리하기 편리합니다.

CHAPTER 15. 오브젝트 Import 및 배치하기 / 437

Parent로 그룹화하기

그 외 경우이거나 메인 프로젝트로 Import하고 난 뒤에 모델링과 질감을 수정해야 한다면 Parent로 그룹화하는 편이 유리합니다.

● **질감/렌더링 설정 통일하기**

모델링 프로젝트에서 특수한 질감 표현을 위해 질감과 렌더링 설정을 했다면 최종 프로젝트에서도 해당 설정을 동일하게 적용하여 질감과 렌더링 결과에 오류가 없도록 해야 합니다.

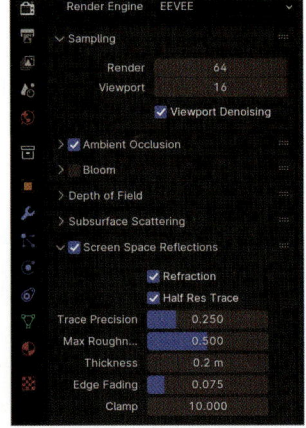

● **스케일 조정하기**

모델링 오브젝트가 최종 오브젝트에 Import되었을 때 스케일이 매칭되지 않아 너무 크거나 작은 경우 적절한 스케일로 조정이 필요할 수도 있습니다. 그럴 때는 당황하지 말고 적당히 크기를 조절합니다.

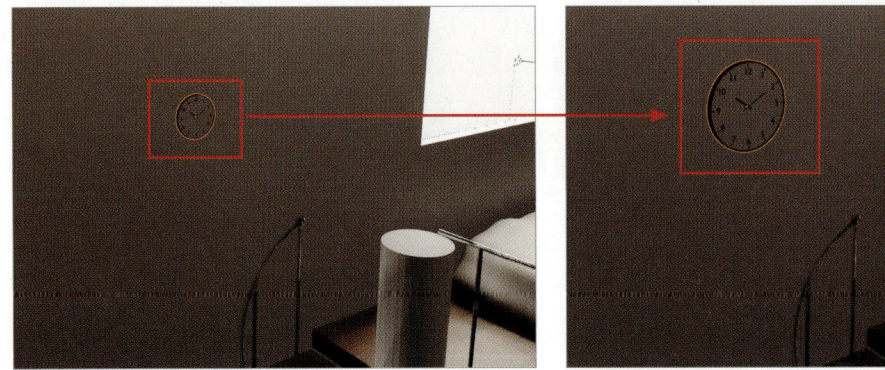

복층룸에 지금까지 제작한 오브젝트를 Import하여 배치하기

지금까지 개별적으로 만들었던 오브젝트들을 Import하여 북층룸에 배치해봅니다.

◉ **준비 파일**: chatper15/Room_Step_06.blend, BeerCup V2.blend, bed.blend, Clock V2.blend, Apple V2.blend, Bookshelf V2.blend, Book V2.blend, Carpet.blend, Cushion.blend, Desk.blend, Dice.blend, Mirror.blend, Mug.blend, Plant A.blend, Sopa.blend, Table.blend, TVtable.blend, TV V2.blend

이 예제를 따라하기 위해 알아야 하는 핵심기능

- Join하기 ← 198쪽 참고
- Image Texture 설정하기 ← 224쪽 참고
- 오브젝트 Import 및 배치하기 ← 436쪽 참고

01 프로젝트 파일을 열고 Import할 준비를 합니다.

01·1 Blender를 두 번 실행하여 2개의 프로그램을 구동시킵니다.

01·2 Ctrl+O를 눌러 〈CHAPTER 13〉에서 POI 중심으로 카메라 회전 애니메이션을 추가한 '복층룸' 프로젝트 파일 또는 준비 파일 'Room_Step_06.blend'를 불러온 후 ❶Rendered(　)로 전환합니다.

01·3 만일 현재 시점이 카메라 시점인 경우에는 Num 0 을 눌러 카메라 시점에서 벗어납니다.

02 맥주컵 프로젝트를 열고 오브젝트를 복사하겠습니다. 다른 Blender 창으로 전환한 후 Ctrl+O를 눌러 〈CHAPTER 09〉에서 Transmission을 적용한 '맥주컵' 프로젝트 파일 또는 준비 파일 'BeerCup V2.blend'를 불러온 후 ❶Solid(　)로 전환합니다. ❷Outliner(오브젝트 목록 창)에서 Cylinder를 더블 클릭하여 이름을 'Cup'으로 변경합니다. ❸맥주컵을 선택하고 ❹Ctrl+C를 눌러 복사합니다.

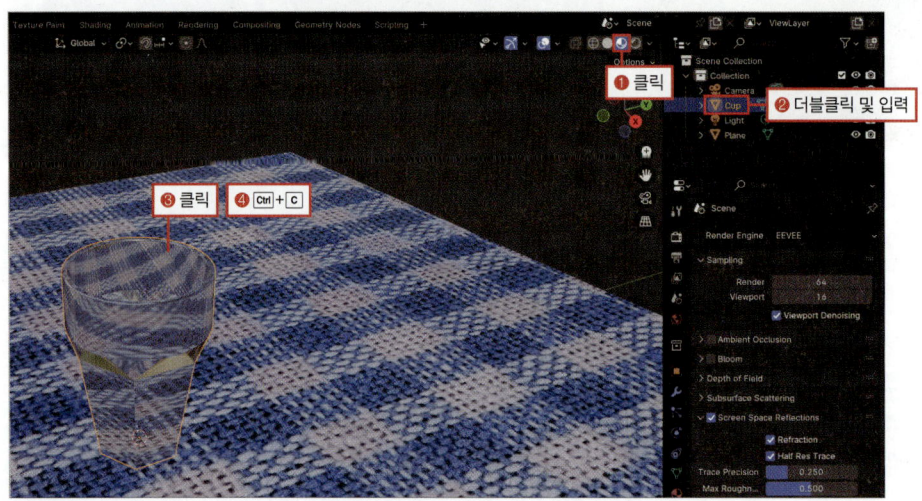

03 맥주컵을 붙여넣고 질감을 확인합니다.

03·1 다시 Room_Step_06.blend가 열려있는 Blender 창으로 전환합니다.

03·2 ❶ Ctrl + V 를 눌러 맥주컵을 붙여넣습니다. Num. 을 눌러 확대하고 EEVEE 렌더러에서 Transmission(투명 효과)이 제대로 표현되는지 확인합니다.

04 만일 Transmission(투명 효과)이 표현되지 않았다면 렌더링 설정을 변경해야 합니다. ❶Render 속성(■)을 클릭하고 ❷Render Engine을 'EEVEE'로 설정한 후 ❸Raytracing을 체크합니다.

05 X축 시점과 Y축 시점에서 맥주컵 위치를 조정합니다.

05·1 ❶ `Num 1`을 눌러 -Y축에서 바라본 시점으로 회전한 후 시점 위치와 확대/축소를 조절합니다. ❷ 맥주컵을 선택하고 ❸`G`를 누른 후 ❹주방 조리대 위로 이동하고 클릭하여 완료합니다.

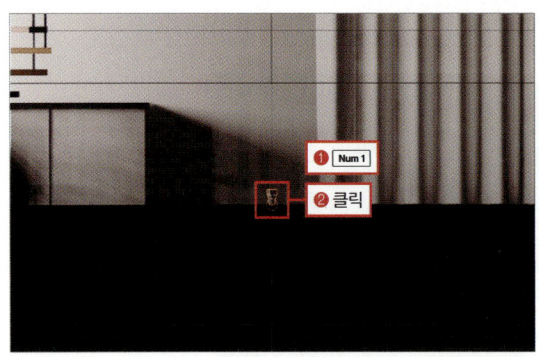 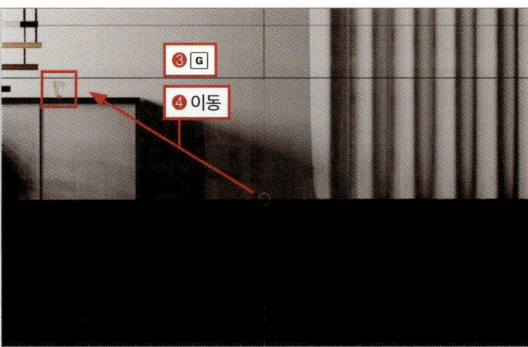

05·2 ❺`Num 3`을 눌러 X축에서 바라본 시점으로 회전합니다. 맥주컵 선택을 유지한 채로 ❻`G`를 누른 후 ❼주방 조리대 위로 이동하고 클릭하여 완료합니다.

 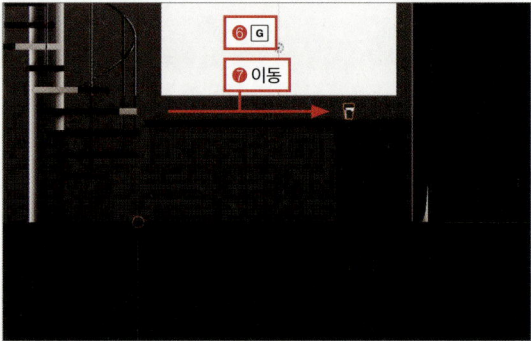

05·3 ❽마우스 가운데 버튼을 누른 채로 드래그하여 Perspective 뷰로 회전한 후 이동 결과를 확인합니다.

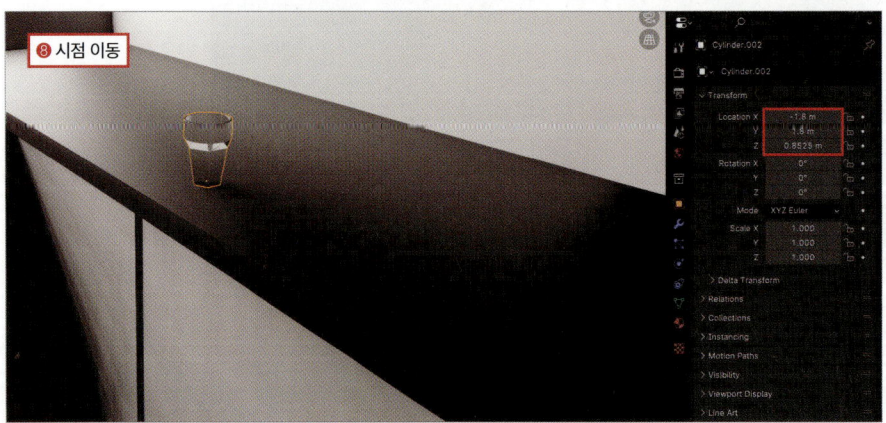

T·I·P 그림과 동일한 위치에 맥주컵을 두고 싶다면 그림에 나와 있는 Location 수치를 참고하시기를 바랍니다(X '-1.8', Y '1.8', Z '0.8525').

05·4 ❾벽체를 선택하고 ❿ Num. 을 눌러 시점을 조정합니다.

06 침대 오브젝트를 불러오고 이불 Plane 오브젝트에 적용된 Modifier 스택을 정리합니다.

06·1 맥주컵 프로젝트가 열려있는 Blender 창으로 전환합니다.

06·2 Ctrl+O를 눌러 〈CHAPTER 14〉에서 만들었던 예제인 '침대' 프로젝트 파일 또는 준비 파일 'bed.blend'를 불러온 후 ❶Solid(◯)로 전환하고 ❷Outliner(오브젝트 목록 창)에서 Bed의 화살표를 눌러 하위 오브젝트를 모두 펼칩니다.

06·3 ❸이불 Plane을 선택하고 ❹Modifier 속성(🔧)을 클릭합니다. ❺ Modifier 드롭다운 메뉴에서 [Apply]를 클릭하여 결과를 확정합니다.

07 질감이 없는 오브젝트에 새 질감을 추가하겠습니다. ❶Cube.001을 선택하고 ❷Material 속성(🔴)에서 ❸[New] 버튼을 클릭하여 새 질감을 추가합니다. ❹Cube.002를 선택하고 ❺Material 속성(🔴)에서 [New] 버튼을 클릭하여 새 질감을 추가합니다.

 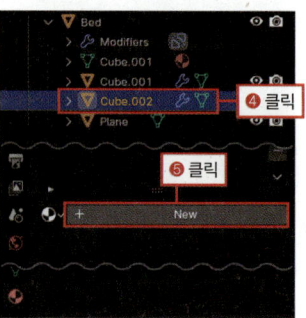

08 침대를 Join하여 하나의 오브젝트로 합치겠습니다. ❶Bed를 클릭하여 Active 오브젝트로 선택한 후 ❷A를 눌러 전체 선택합니다. ❸Ctrl+J를 눌러 선택된 오브젝트들을 Join합니다.

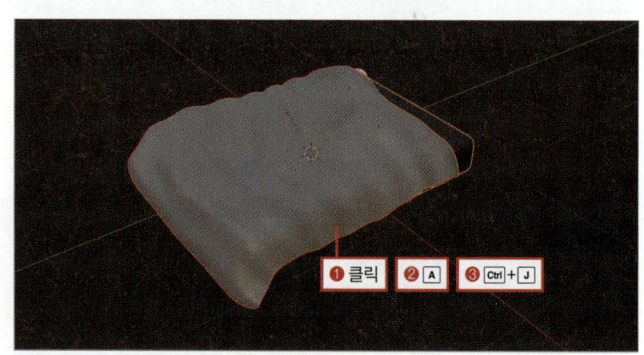

09 침대를 복사하고 복층룸에 붙여넣습니다.

09·1 ❶침대를 선택하고 ❷Ctrl+C로 복사합니다.

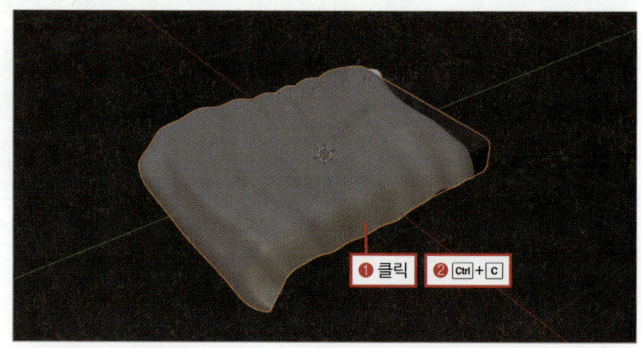

09·2 Room_Step_06.blend가 열려있는 Blender 창으로 전환한 후 ❸ Ctrl + V 를 눌러 침대를 붙여넣습니다.

10 X축 시점과 Z축 시점에서 침대 위치를 조정합니다.

10·1 ❶ Num 3 을 눌러 X축에서 바라본 시점으로 회전한 후 시점 위치와 확대/축소를 조절합니다. ❷ 침대를 선택하고 ❸ G 를 누른 후 ❹ 2층 바닥으로 이동하고 클릭하여 완료합니다.

 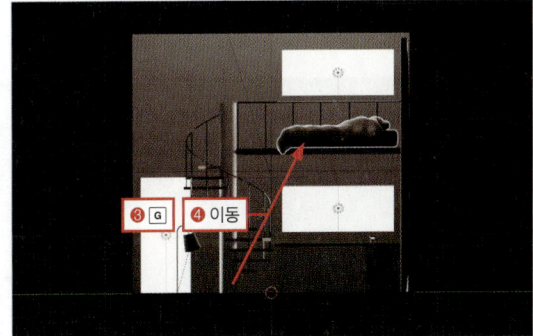

10·2 ❺ Num 7 을 눌러 Z축에서 바라본 시점으로 회전합니다. 침대 선택을 유지한 채로 ❻ G 를 누른 후 ❼ 2층 코너로 이동하고 클릭하여 완료합니다.

 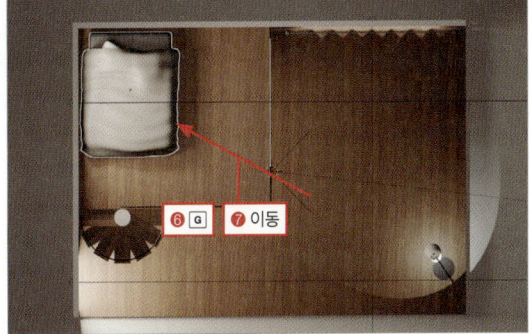

10·3 ❽마우스 가운데 버튼을 누른 채로 드래그하여 Perspective 뷰로 회전한 후 이동 결과를 확인합니다.

T·I·P 책과 동일한 위치에 침대를 두고 싶다면 그림에 나와 있는 Location 수치를 참고하시기를 바랍니다.

10·4 ❾벽체를 선택하고 ❿ Num. 을 눌러 뷰를 조정합니다.

11 시계 프로젝트를 불러오고 붙여넣기를 위한 요소 정리를 합니다.

11·1 침대 프로젝트가 열려있는 Blender 창으로 전환합니다.

11·2 `Ctrl`+`O`를 눌러 〈CHAPTER 07〉에서 Parent를 적용한 '벽걸이 시계' 프로젝트 파일 또는 준비 파일 'Clock V2.blend'를 불러온 후 ❶Solid(◯)로 전환합니다. ❷Camera와 Light를 선택하고 `Delete`를 눌러 삭제합니다.

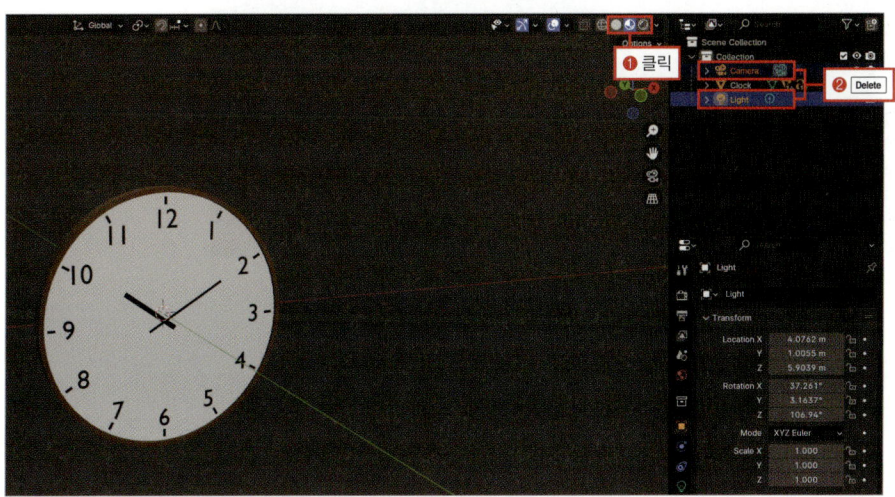

12 시계를 복사하고 복층룸에 붙여넣습니다.

12·1 ❶`A`를 눌러 전체 선택하고 ❷ `Ctrl`+`C`로 복사합니다.

12·2 Room_Step_06.blend가 열려있는 Blender 창으로 전환한 후 ❸`Ctrl`+`V`로 복사한 시계를 붙여넣습니다.

CHAPTER 15. 오브젝트 Import 및 배치하기

13 왼쪽 벽면과 방향을 맞추기 위해 시계를 회전하겠습니다. ❶Clock 오브젝트를 선택하고 ❷ Object 속성(■)의 Transform에서 Rotation Z를 '90'으로 설정합니다.

14 X축 시점과 Y축 시점에서 시계 위치를 조정합니다.

14·1 ❶ Num 3 을 눌러 X축에서 바라본 시점으로 회전한 후 시점 위치와 확대/축소를 조절합니다. ❷ Clock 오브젝트를 선택하고 ❸ G 를 누른 후 ❹계단 위쪽으로 이동하고 클릭하여 완료합니다.

 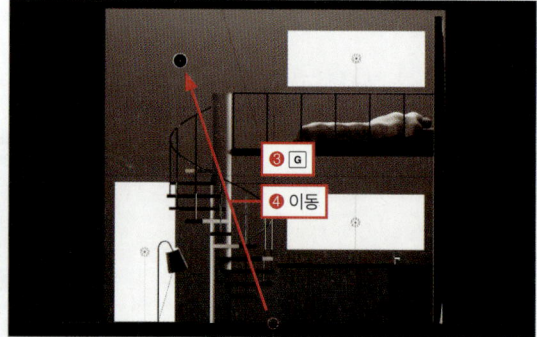

14·2 ❺ Num 1 을 눌러 -Y축에서 바라본 시점으로 회전합니다. Clock 오브젝트의 선택을 유지한 채로 ❻ G 를 누른 후 ❼왼쪽 벽면으로 이동하고 클릭하여 완료합니다.

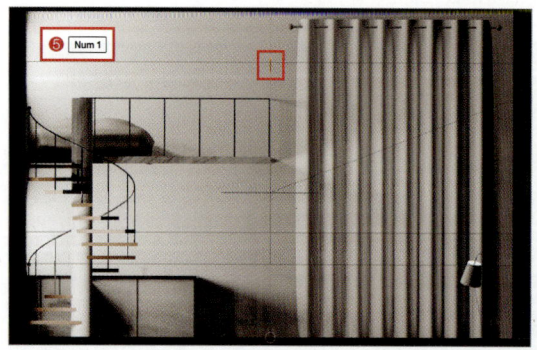 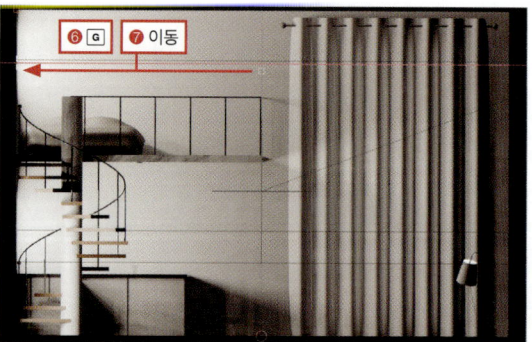

15 시계의 크기를 조절하겠습니다.

15·1 ❶마우스 가운데 버튼을 누른 채로 드래그하여 Perspective 뷰로 회전한 후 크기를 확인합니다.
❷Clock 오브젝트를 선택하고 ❸Object 속성(■)의 Transform 탭에서 Scale X, Y, Z를 '2'로 설정합니다.

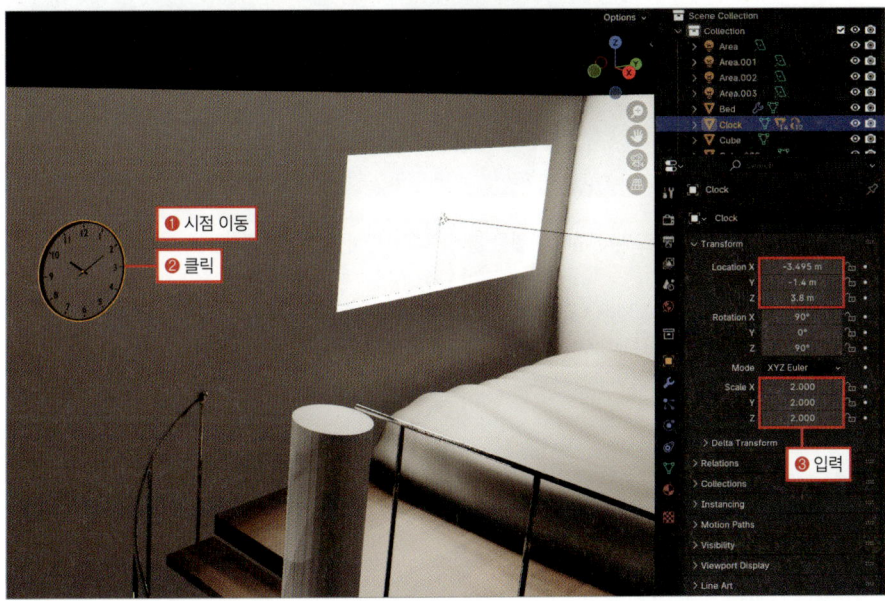

T·I·P 그림과 동일한 위치와 크기로 시계를 두고 싶다면 그림에 나와 있는 Location과 Scale 수치를 참고하시기 바랍니다(Location X: '-3.495', Y: '-1.4', Z: '3.8', Scale X, Y, Z '2').

15·2 ❹벽체 Cube를 선택하고 ❺ Num. 을 눌러 뷰를 조정합니다.

CHAPTER 15. 오브젝트 Import 및 배치하기 / 449

16 예제에서 제작했던 다른 오브젝트들도 맥주컵, 침대, 벽걸이 시계를 Import한 방법과 같은 방식으로 Import 하고 배치합니다.

T·I·P 자신이 저장해두었던 프로젝트 파일을 불러오거나 준비 파일을 불러옵니다. 준비 파일로 제공되는 오브젝트 리스트는 다음과 같습니다.

ⒶApple V2.blend　　ⒷBookshelf V2.blend　　ⒸBook V2.blend　　ⒹCarpet.blend　　ⒺCushion.blend
ⒻDesk.blend　　ⒼDice.blend　　ⒽMirror.blend　　ⒾMug.blend　　ⒿPlant A.blend
ⓀSopa.blend　　ⓁTable.blend　　ⓂTVtable.blend　　ⓃTV V2.blend

NOTE 　　　　　　　　　　　　　　　　　　　　　　　　　　　　**오브젝트 Import 및 배치 시 주의 사항**

오브젝트 Import 및 배치 시 앞서 설명했던, 다음의 규칙을 준수하시기를 바랍니다.

① 불필요한 오브젝트 삭제 또는 제외하고 메인 오브젝트만 복사하기
② 알아보기 쉬운 오브젝트 이름으로 변경하기
③ 오브젝트를 Join하기 전 모든 오브젝트 Modifier를 확정하기
④ 오브젝트를 Join하기 전 질감이 없는 오브젝트에 새 질감 적용하기
⑤ Join 또는 Parent 중 한가지 방법으로 오브젝트 그룹화하기
⑥ 특수 질감 표현을 위해 렌더링 설정한 경우 최종 프로젝트에서도 동일 설정 적용하기
⑦ 적절한 크기로 오브젝트 스케일 조정

17 벽지 Image Texture를 부분 적용하여 Import를 마무리합니다.

17·1 ❶벽체 Cube를 선택하고 ❷Tab을 눌러 Edit Mode로 전환합니다. ❸3을 눌러 Face select로 전환합니다.

17·2 ❹벽지를 적용할 Face를 동시 선택합니다. ❺Material 속성( )에서 ❻[+] 버튼을 클릭하여 슬롯을 추가하고 ❼[New] 버튼을 클릭하여 새 질감을 추가합니다. ❽[Assign] 버튼을 클릭하여 선택한 Face에만 질감을 적용합니다.

17·3 ❾Surface에서 Base Color의 노란 색 점을 클릭하고 ❿[Image Texture]를 클릭합니다.

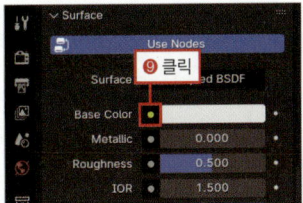 

17·4 ⓫[Open] 버튼을 클릭하고 준비 파일 'Wall Paper.jpg'를 선택하여 지정합니다. ⓬Projection을 Box로 설정한 후 ⓭Vector의 보라색 점을 클릭하고 ⓮[Mapping]을 선택합니다.

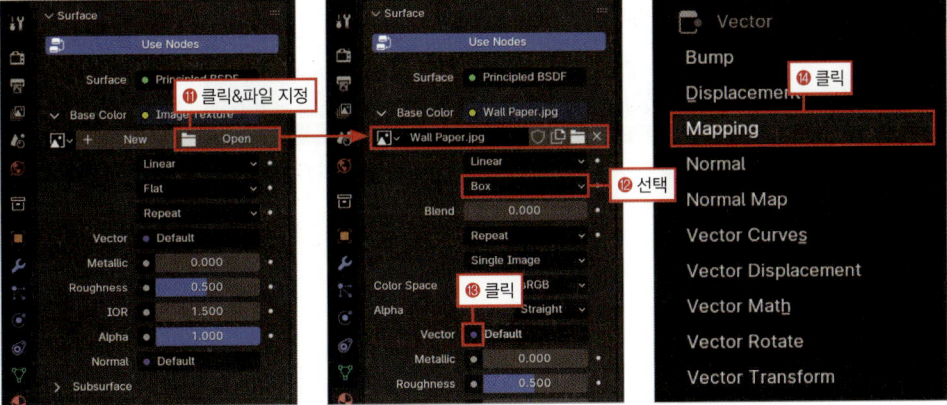

17·5 ⓯두 번째 Vector의 보라색 점을 클릭하고 ⓰Texture Coodinate 아래에 있는 [Generated]를 선택합니다. ⓱Scale X를 '20', Scale Y, Z를 '13'으로 설정합니다.

 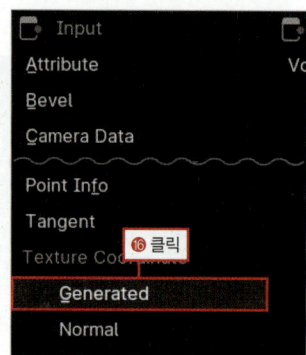 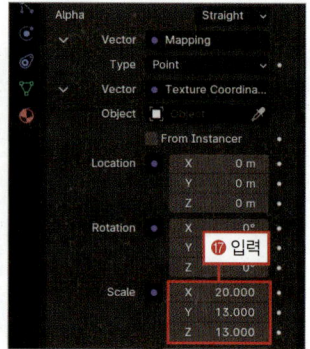

17·6 Tab 을 눌러 Object Mode로 전환합니다. 다음과 같이 각종 오브젝트를 Import하여 복층룸을 완성했습니다. 여러분이 직접 추가적으로 냉장고, 의자 및 그 외 필요한 오브젝트들을 모델링하여 배치해보아도 좋습니다. Ctrl + S 를 눌러 프로젝트를 저장합니다.

CHAPTER

16

리깅하기

이것만 알아두자!

- Armature를 생성하고 뼈를 형성하는 방법을 익힙니다. Weight 설정으로 Armature의 움직임에 따라 오브젝트를 움직이게 하는 방법을 배웁니다.
- 식물과 캐릭터 오브젝트에 Armature를 생성하고 Weight를 설정하여 리깅해봅니다.

Armature 다루기

Armature를 생성하고 뼈를 형성하는 방법을 익힙니다. Weight 설정으로 Armature의 움직임에 따라 오브젝트를 움직이게 하는 방법을 배웁니다.

리깅이란 오브젝트의 관절 모션을 표현하기 위해 골격(Armature)을 제작하여 오브젝트에 심는 작업을 의미합니다. 이렇게 심은 골격에 뼈를 형성하고 해당 뼈를 움직이면 관절 모션을 표현할 수 있습니다.

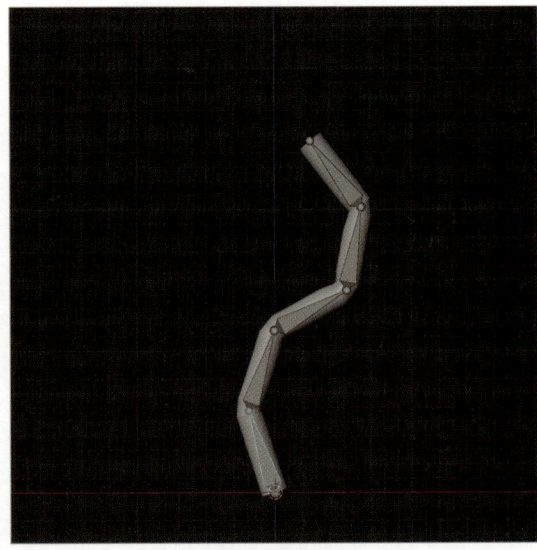

● **Armature 생성하기**

Armature는 골격의 역할을 하는 오브젝트입니다. 최초 Armature 생성할 때는 -Y축 방향에서 진행하는 것이 유리합니다. 따라서 오브젝트 정면이 -Y축 방향과 일치하지 않을 경우 ❶ Num 1 을 눌러 -Y축이 정면이 되도록 시점을 맞춰줍니다.

❷헤더 메뉴 [Add]-[Armature]를 클릭하거나 Shift + A -Add 메뉴에서 [Armature]를 클릭하여 Armature 오브젝트를 생성할 수 있습니다.

Armature 생성 후 ❸Object 속성(■)의 Viewport Display의 Show In Front를 체크해두면 오브젝트와 겹쳐 있는 상태에서도 Armature가 가려지지 않아 골격 작업에 유리합니다.

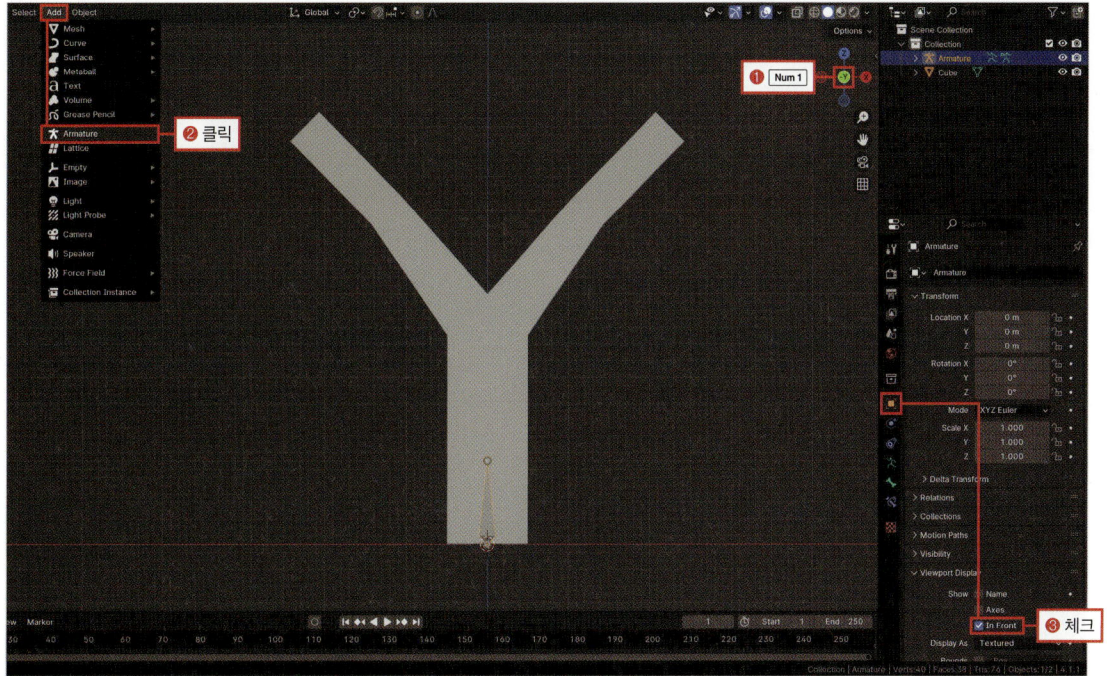

● Armature 뼈 형성하기

뼈는 Armature의 관절 모션을 세부적으로 표현하기 위한 마디 역할을 합니다. 뼈가 많을수록 더 섬세한 동작을 표현할 수 있습니다.

Armature 뼈 형성 역시 -Y축 방향에서 시작하는 것이 유리합니다. ❶Armature를 선택하고 ❷Edit Mode로 전환한 후 꼭지점을 선택하고 ❸Extrude하는 방식으로 Armature를 연장할 수 있습니다.

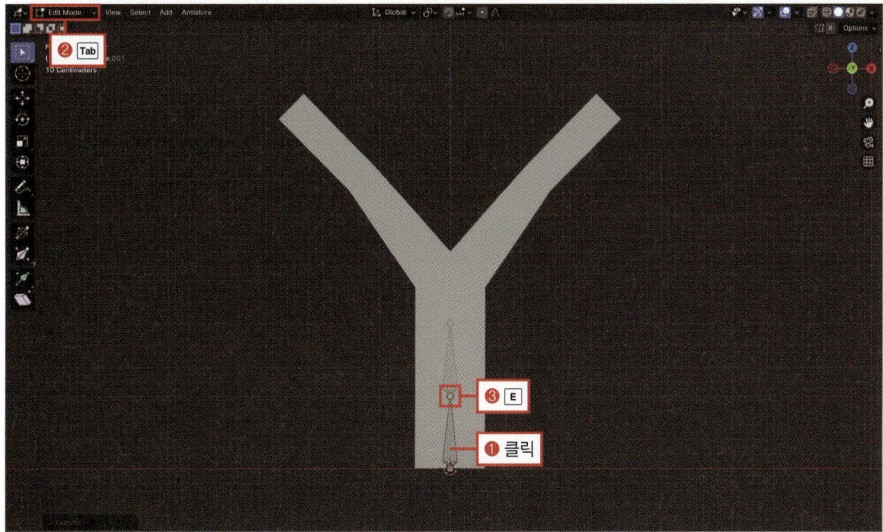

CHAPTER 16. 리깅하기 / 455

뼈를 대칭 형태로 형성해야 하는 경우에는 3D Viewport 오른쪽 위에 있는 ❶X-Axis Mirror(X)를 클릭하여 활성화한 후 ❷꼭지점을 선택하고 Shift + E 로 연장하는 방식을 사용할 수 있습니다.

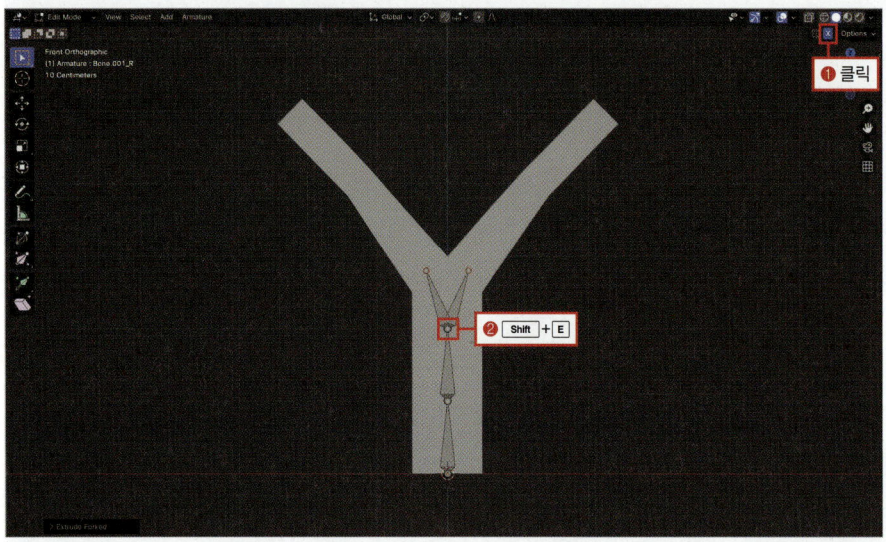

오브젝트와 유사한 형태로 Armature 뼈를 형성하되 관절 지점에서 Armature를 끊어주는 것이 좋습니다. 즉, -Y축(정면), X축(측면), Z축(상단) 모든 방향에서 골격과 오브젝트가 일치하도록 꼭지점의 위치를 이동하여 맞춰야 합니다.

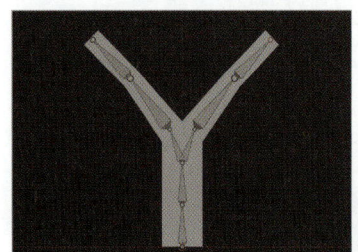 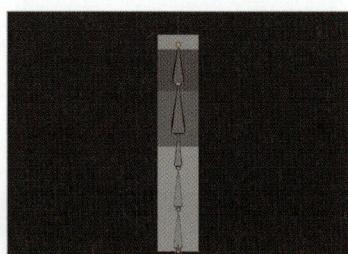 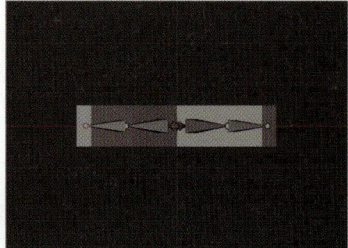

● **Weight 설정하기**

Weight는 Armature가 움직일 때 오브젝트가 Armature를 따라 얼만큼 일치하게 움직일 것인지를 설정하는 가중치입니다.

Armature 뼈를 생성한 후 3D Viewport 왼쪽 위 Object Interaction Mode에서 [Pose Mode]를 클릭하여 전환한 후 각 Armature를 하나씩 회전해보면 관절의 움직임을 만들 수 있지만, 오브젝트가 따라 움직이지는 않습니다.

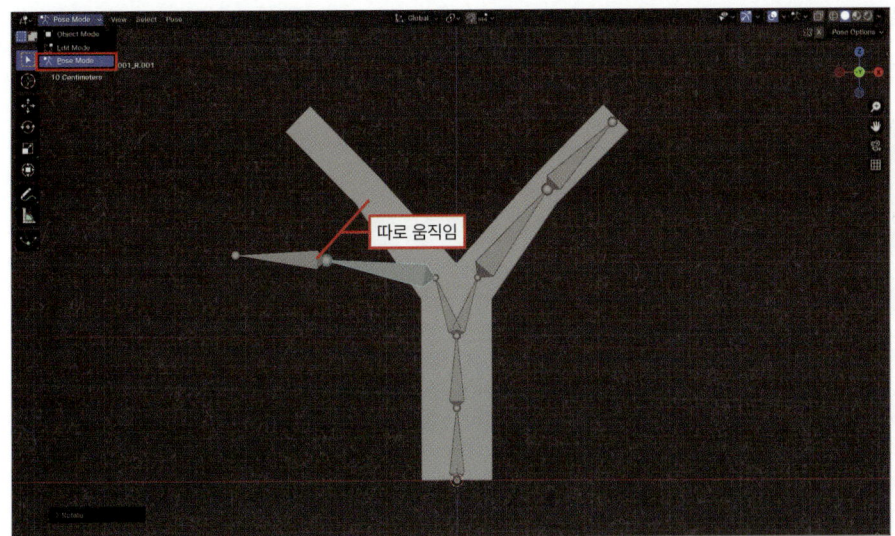

오브젝트가 Armature를 따라 움직이게 하려면 Weight를 설정해주어야 합니다. 우선 ❶Object Mode에서 Armature와 Weight를 설정할 대상 오브젝트를 동시 선택합니다. 이때 Armature가 Active 오브젝트로 선택되어야 합니다. ❷Ctrl+P를 누르면 나타나는 Set parent To 메뉴에서 ❸Armature Deform 아래의 [With Automatic Weights]를 클릭합니다. 이러면 자동으로 Weight가 설정됩니다.

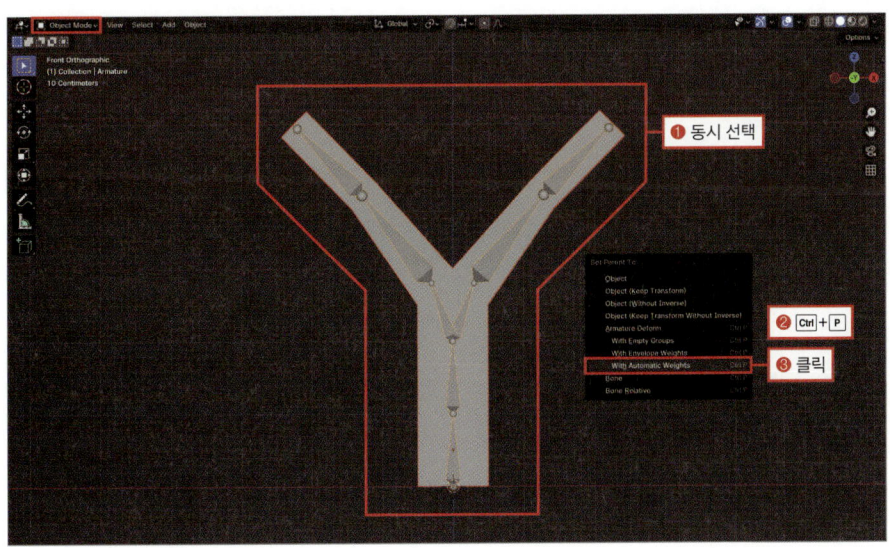

CHAPTER 16. 리깅하기

자동 Weight 설정(With Automatic Weights) 후 다시 Pose Mode에서 각 Armature를 하나씩 회전해보면 Armature의 회전을 따라 오브젝트도 같이 변형되는 것을 확인할 수 있습니다.

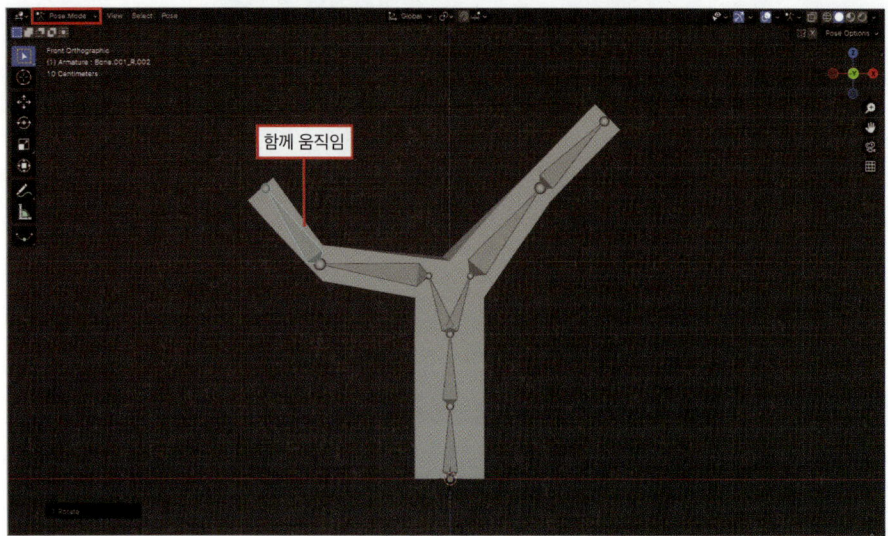

식물 오브젝트 리깅하기

미리 준비되어 있는 식물 오브젝트에 Armature를 생성하고 Weight를 설정하여 리깅해봅니다.

◉ **준비 파일**: chatper16/Plant B.blend

이 예제를 따라하기 위해 알아야 하는 **핵심기능**

- Extrude하기 ← 102쪽 참고
- Armature 다루기 ← 454쪽 참고

01
식물 오브젝트를 불러오겠습니다. Ctrl+O를 눌러 준비 파일 'Plant B.blend'를 불러온 후 ❶ Material Preview(🔘)로 전환합니다. ❷ Num 1 을 눌러 -Y축에서 바라본 시점으로 회전합니다.

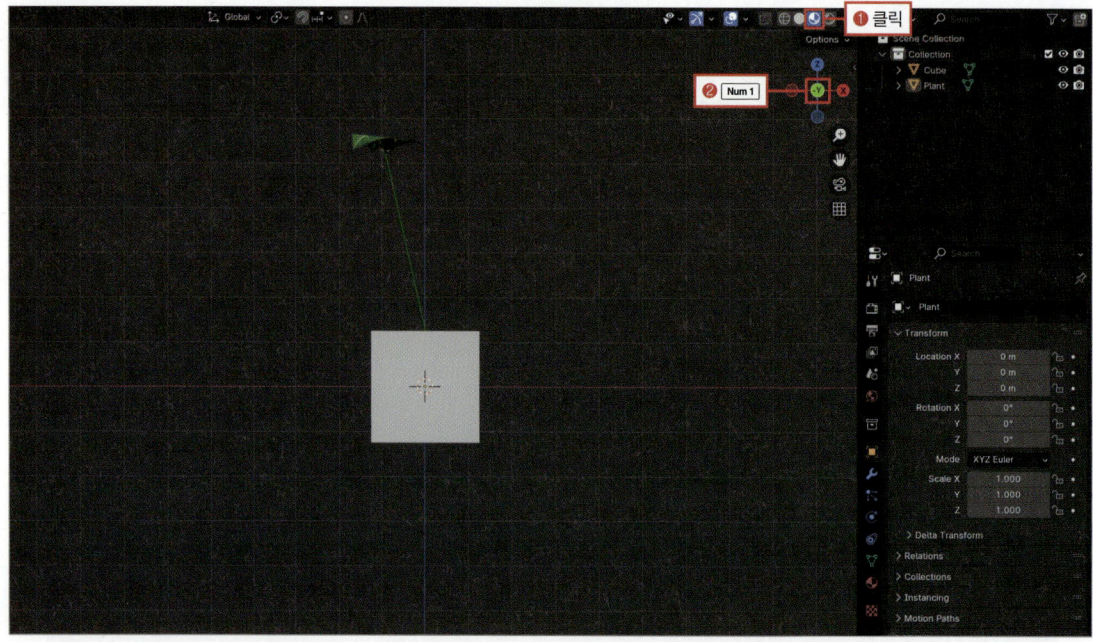

02
Armature를 생성하겠습니다. ❶헤더 메뉴 [Add]-[Armature]를 클릭하여 Armature 오브젝트를 만듭니다. 또는 Shift + A -Add 메뉴에서 [Add]-[Armature]를 클릭합니다. ❷ F9 -Add 설정 창에서 ❸ Radius를 '0.5'로 설정합니다. ❹Object 속성(■)에서 Viewport Display의 Show In Front를 체크합니다.

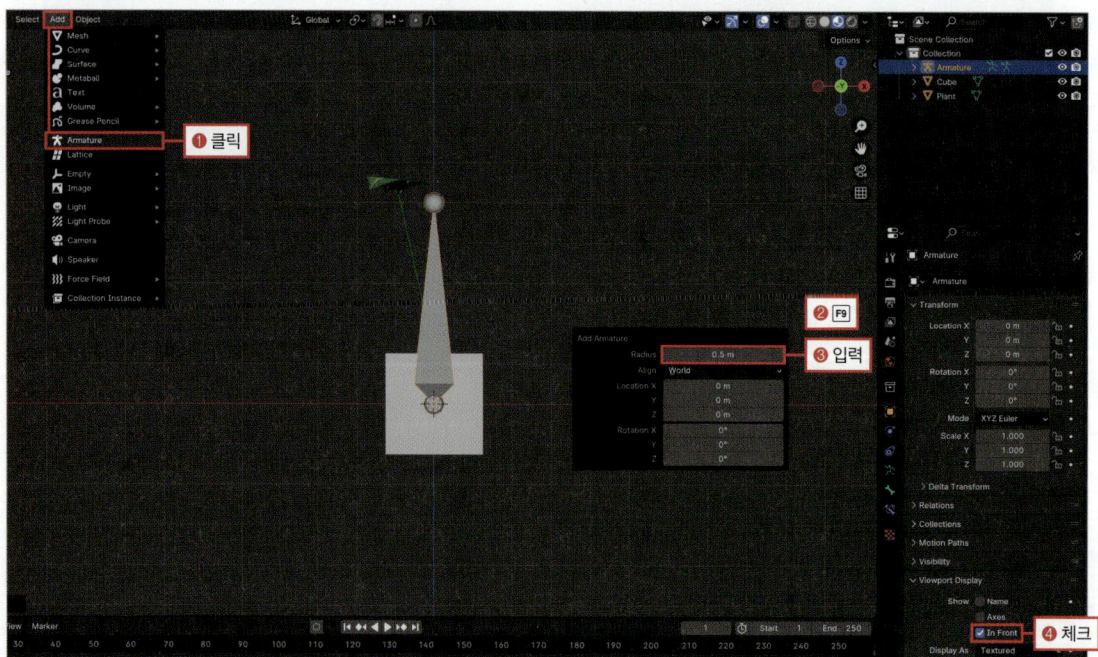

03   Armature를 축소하겠습니다. ❶Armature를 선택하고 ❷Tab을 눌러 Edit Mode로 전환합니다. ❸꼭지점을 선택하고 ❹G를 누른 후 ❺화분과 식물 줄기가 만나는 지점까지 이동하고 클릭하여 완료합니다.

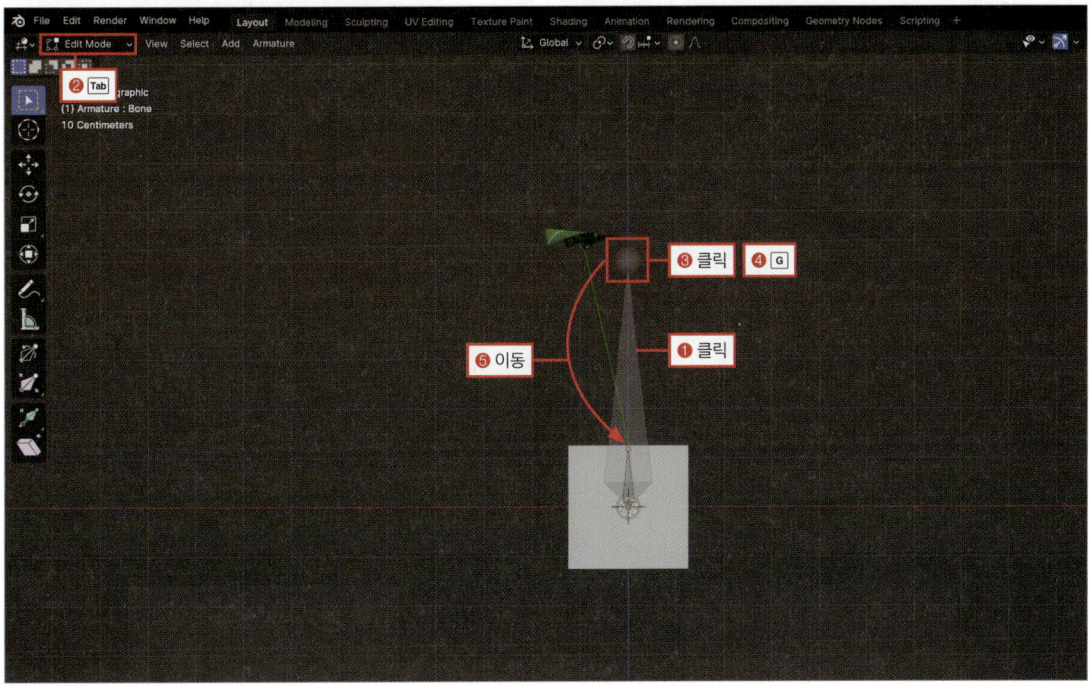

04   Armature를 Extrude하여 뼈를 연장합니다.

04·1   ❶꼭지점을 선택하고 ❷E를 누른 후 ❸줄기의 1/6 정도 길이로 줄기 모양을 따라 연장하고 클릭하여 완료합니다. ❹Extrude를 반복하여 줄기 끝까지 뼈를 연장합니다.

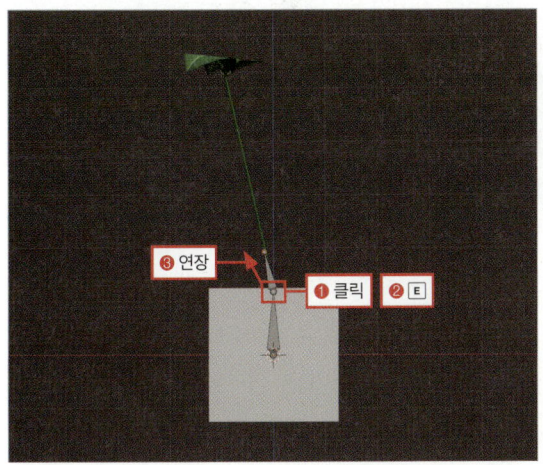 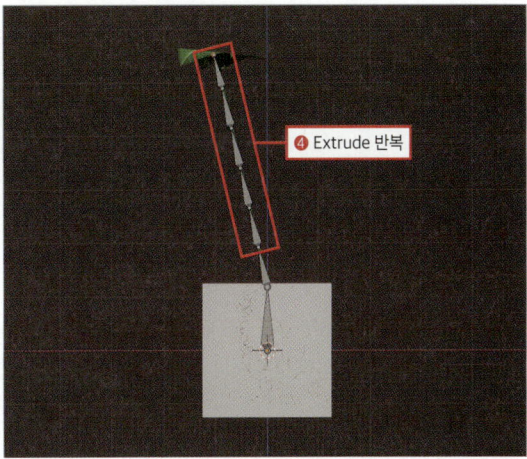

04·2 ❺ `Num 3`을 눌러 X축에서 바라본 시점으로 회전해서 오브젝트와 뼈가 일치하는지 확인합니다. ❻확인 후 `Num 1`을 눌러 -Y축에서 바라본 시점으로 다시 회전합니다.

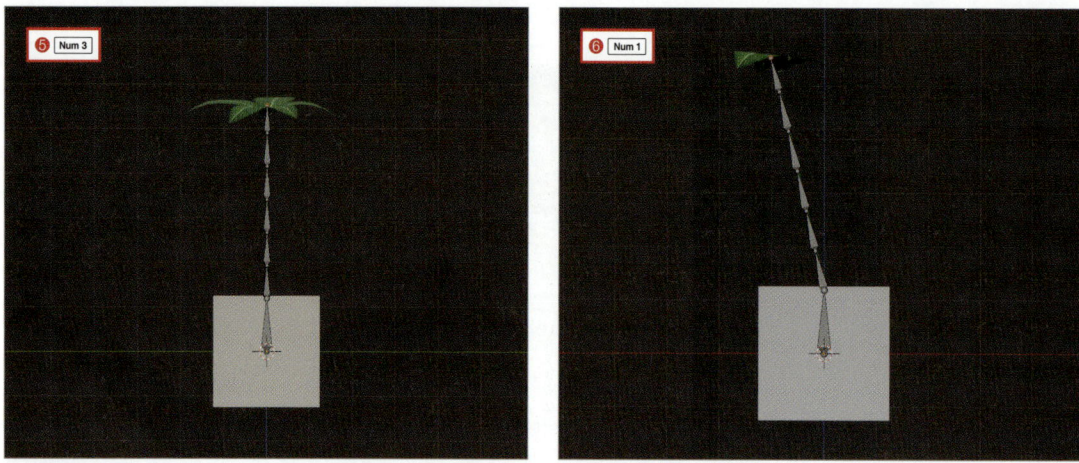

TIP 오브젝트와 뼈가 일치하지 않을 경우 꼭지점을 이동하여 일치하도록 만듭니다.

05 자동 Weight 설정하겠습니다. ❶`Tab`을 눌러 Object Mode로 전환합니다. ❷식물 오브젝트를 먼저 선택하고 ❸Armature를 `Shift`+클릭하여 Active 오브젝트로 추가 선택합니다. ❹`Ctrl`+`P`를 누르면 나타나는 Set parent To 메뉴에서 ❺Armature Deform 아래의 [With Automatic Weights]를 클릭합니다.

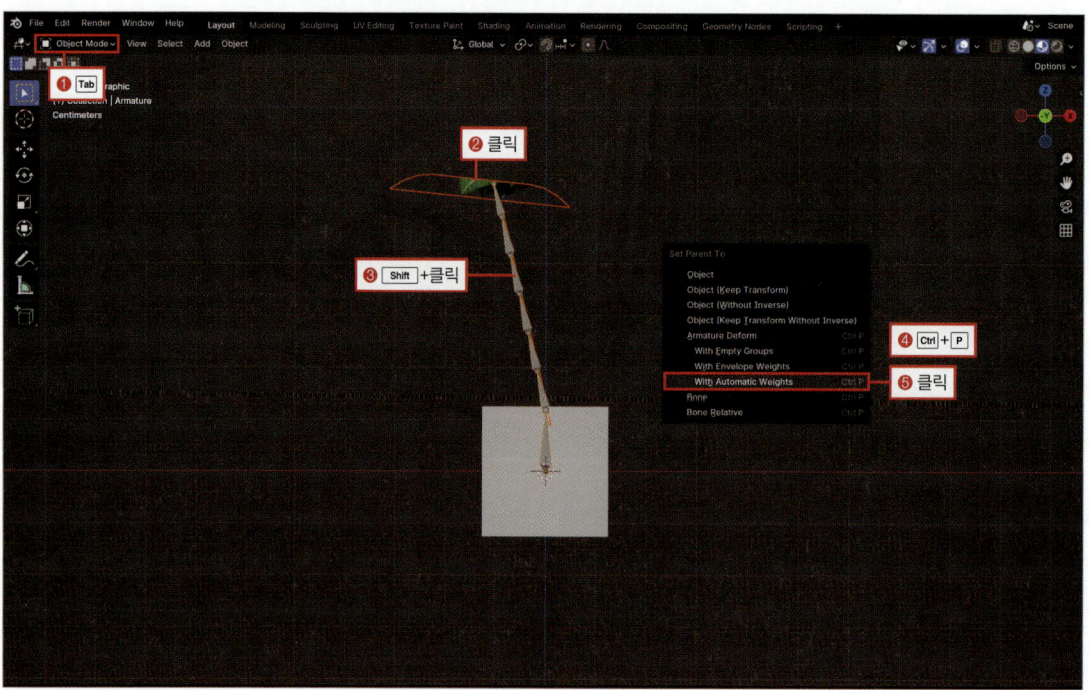

06 Armature를 회전하여 식물을 변형합니다.

06·1 ❶Armature를 선택하고 ❷3D Viewport 왼쪽 위 Object Interaction Mode에서 [Pose Mode]를 클릭하여 Pose Mode로 전환합니다.

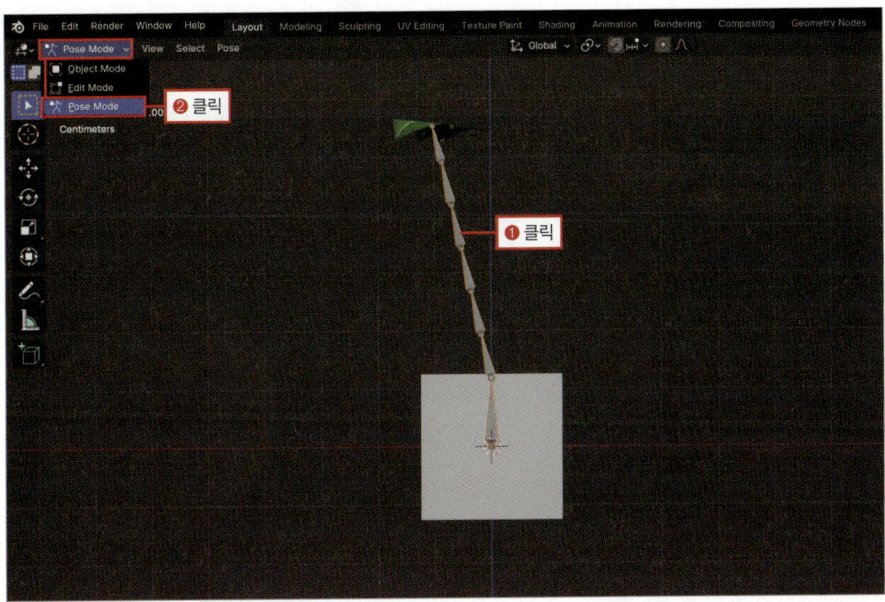

T·I·P Tab은 Edit Mode와 직전 사용했던 작업 모드를 전환하는 단축키이므로 Pose Mode에서 Tab을 누르면 Edit Mode로 변경됩니다. 이때 다시 Tab을 누르면 Pose Mode로 변경됩니다. 따라서 Object Mode와 Pose Mode를 상호 전환할 때는 Object Interaction Mode에서 직접 클릭해야 합니다.

06·2 ❸ 왼쪽 그림의 Ⓐ 지점에 있는 뼈를 선택하고 ❹R을 눌러 왼쪽 그림과 같이 회전시킵니다. ❺ 나머지 뼈도 아래쪽부터 순서대로 회전시켜 오른쪽 그림과 같이 줄기가 꺾이도록 만듭니다.

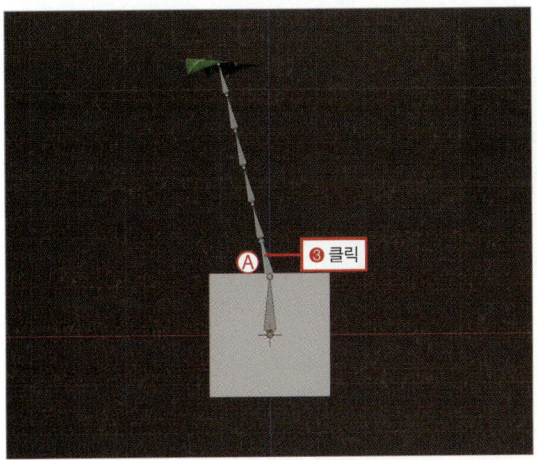
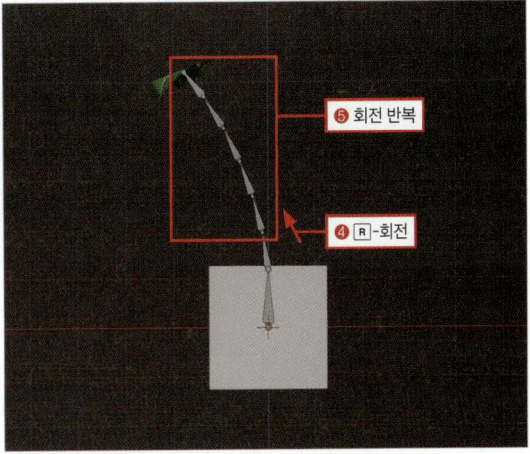

07 변형 결과를 확정하여 리깅을 완료합니다.

07·1 ❶Object Interaction Mode에서 [Object Mode]를 클릭하여 Object Mode로 전환합니다. ❷ Outliner(오브젝트 목록 창)에서에서 Armature의 Hide in Viewport(👁)와 Disable in Renders(📷)를 클릭하여 해제합니다. ❸식물 오브젝트를 선택하고 ❹Modifier 속성(🔧)의 Armature 드롭다운 메뉴에서 ❺[Apply]를 클릭합니다.

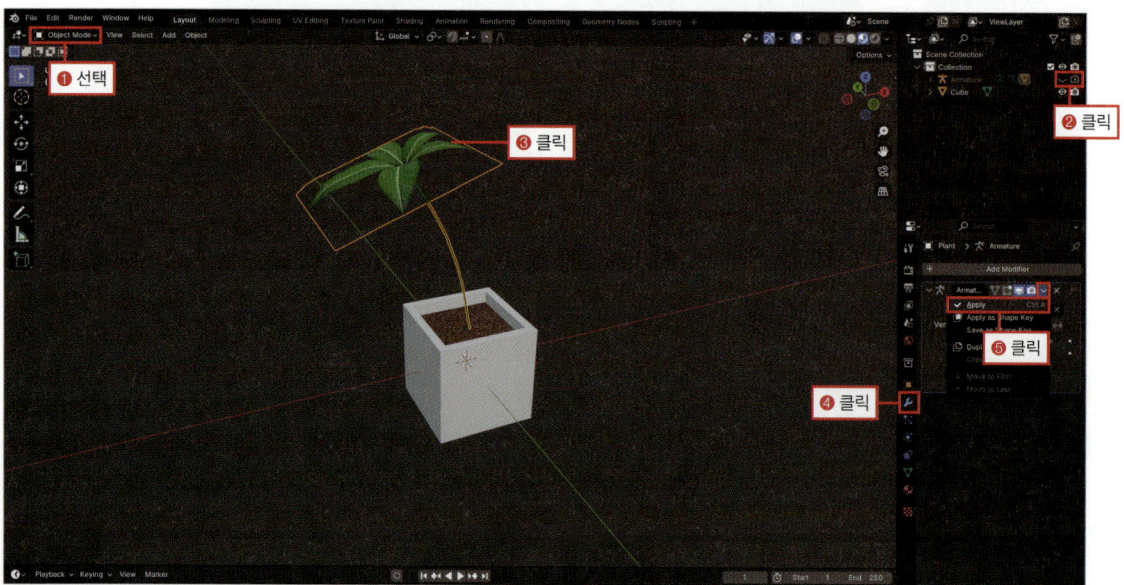

T·I·P 만약 나중에 다른 모양으로 다시 변형할 생각이라면 이 과정을 생략해도 됩니다.

07·2 이렇게 식물 오브젝트에 리깅 적용을 완료했습니다.

캐릭터 오브젝트 리깅하기

미리 준비되어 있는 캐릭터 오브젝트에 Armature를 생성하고 Weight를 설정하여 리깅해봅니다.

⊙ 준비 파일: chatper16/character.blend

이 예제를 따라하기 위해 알아야 하는 핵심기능

- Extrude하기 ← 102쪽 참고
- Armature 다루기 ← 454쪽 참고

01 캐릭터 오브젝트를 불러오겠습니다. Ctrl+O를 눌러 준비 파일 'Character.blend'를 불러온 후 ❶ Material Preview(🔘)로 전환합니다. ❷ Num 1 을 눌러 -Y축에서 바라본 시점으로 회전합니다. ❸ Shift +C(또는 Home)를 눌러 전체 오브젝트가 한 화면에 나오도록 시점을 조절합니다.

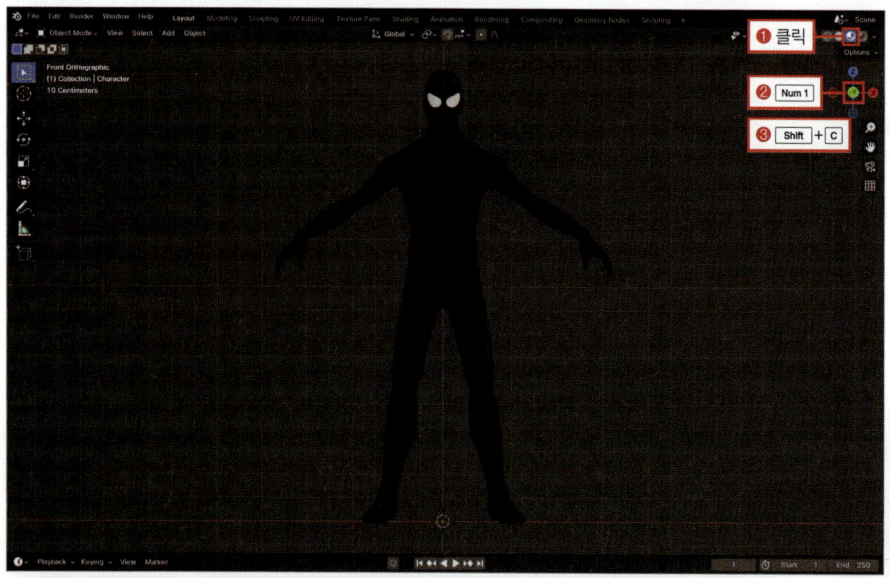

T·I·P Shift+C(또는 Home)는 모든 오브젝트가 한 화면에 표시되도록 하는 시점 단축키입니다. 만약 Camera나 Light 등 다양한 오브젝트가 있다면 그 모든 것을 다 한눈에 볼 수 있는 시점으로 변경됩니다. 헤더 메뉴 [View]-[Align View]-[Center Cursor and Frame All]을 클릭해도 됩니다.

02 Armature를 생성하겠습니다. ❶헤더 메뉴 [Add]-[Armature]를 클릭하여 Armature 오브젝트를 만듭니다. 또는 Shift+A-Add 메뉴에서 [Add]-[Armature]를 클릭합니다. ❷F9-Add 설정 창에서 ❸ Location Z를 '1'로 설정합니다. ❹Object 속성(🟧)에서 Viewport Display의 Show In Front를 체크합니다.

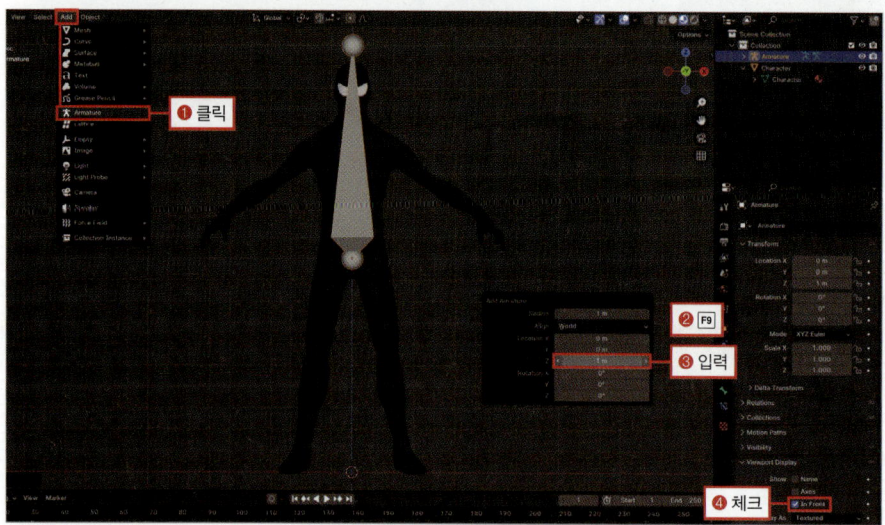

466 / 디자인이 세상을 바꾼다 블렌더 3D

03 Armature를 축소합니다.

03·1 Armature를 선택하고 Tab을 눌러 Edit Mode로 전환합니다.

03·2 ❶꼭지점을 선택하고 ❷G를 누른 후 ❸쇄골 지점까지 이동하고 클릭하여 완료합니다.

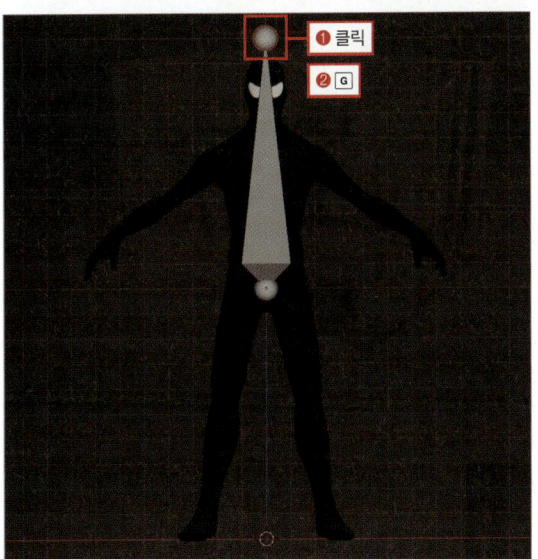 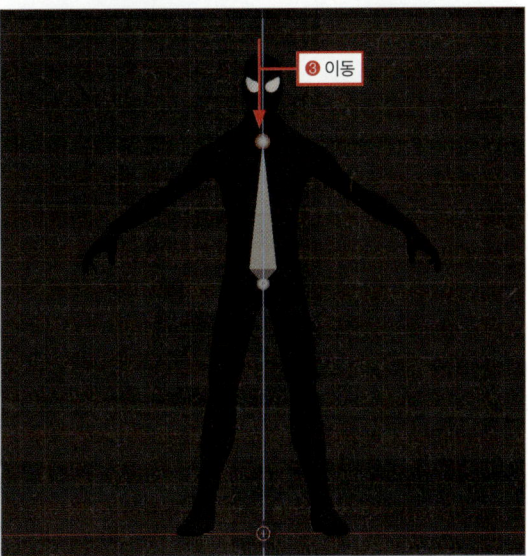

04 Armature를 Extrude하여 머리까지 연장하겠습니다. ❶꼭지점을 선택하고 ❷E를 누른 후 ❸턱까지 연장하고 클릭하여 완료합니다 ❹Extrude를 한 번 더 반복하여 정수리까지 연장합니다.

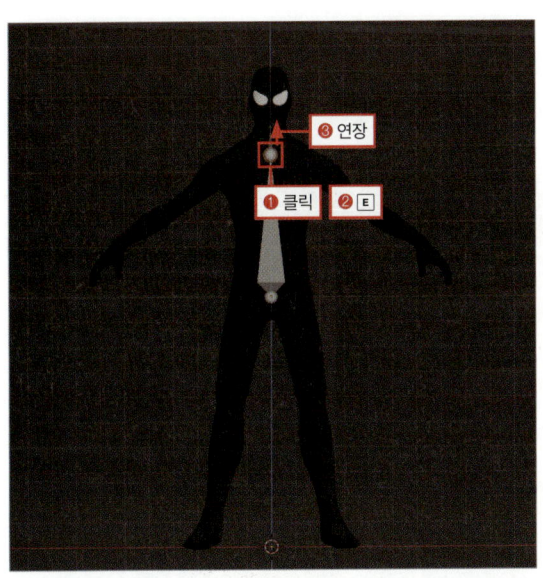 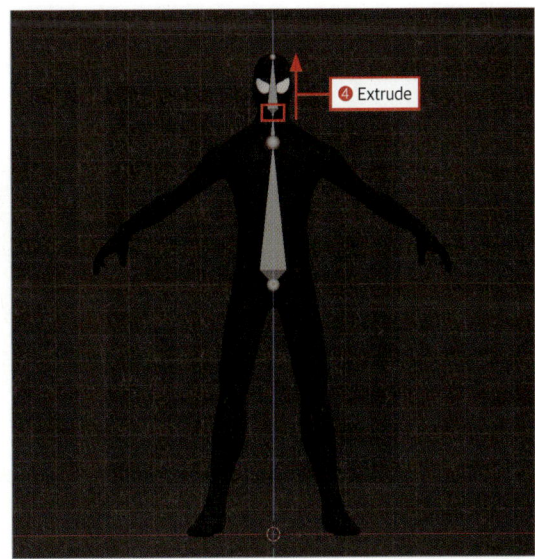

05 Armature를 Extrude하여 손까지 연장하겠습니다. ❶3D Viewport 오른쪽 위에 있는 X-Axis Mirror(X)를 클릭하여 활성화합니다. ❷쇄골 꼭지점을 선택하고 ❸ Shift + E 를 누른 후 ❹어깨까지 연장하고 클릭하여 완료합니다. 다음 그림과 같이 ❺Extrude를 세 번 더 반복하여 손끝까지 연장합니다.

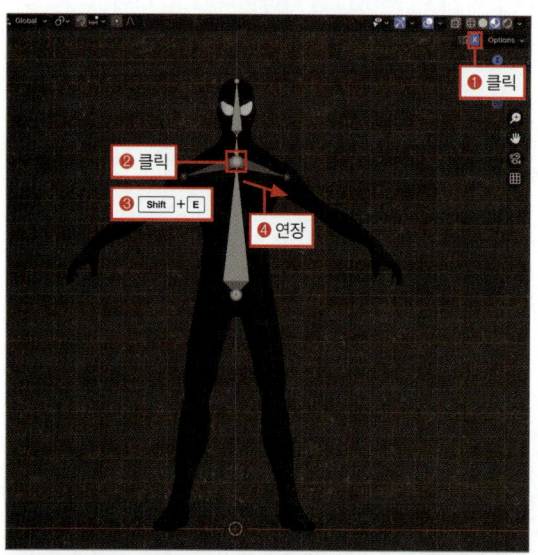 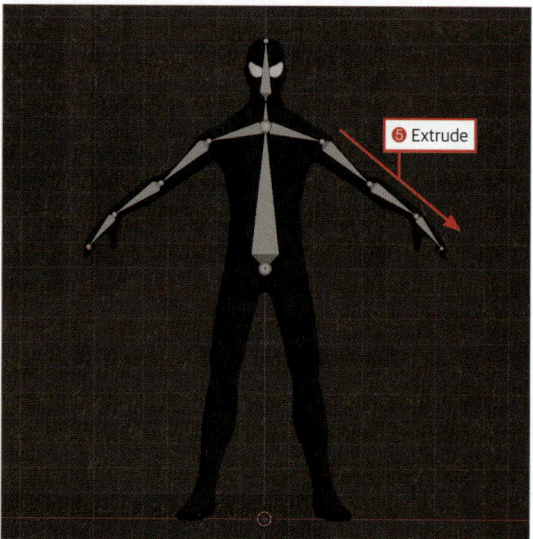

06 Armature를 Extrude하여 발까지 연장하겠습니다. ❶가장 아래쪽 꼭지점(ⓐ 지점)을 선택하고 ❷ Shift + E 를 누른 후 ❸골반까지 연장하고 클릭하여 완료합니다. 오른쪽 그림과 같이 ❹Extrude를 두 번 더 반복하여 발끝까지 연장합니다.

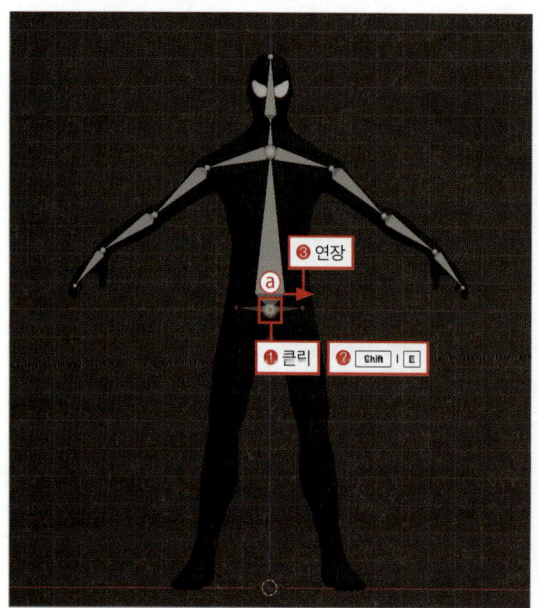 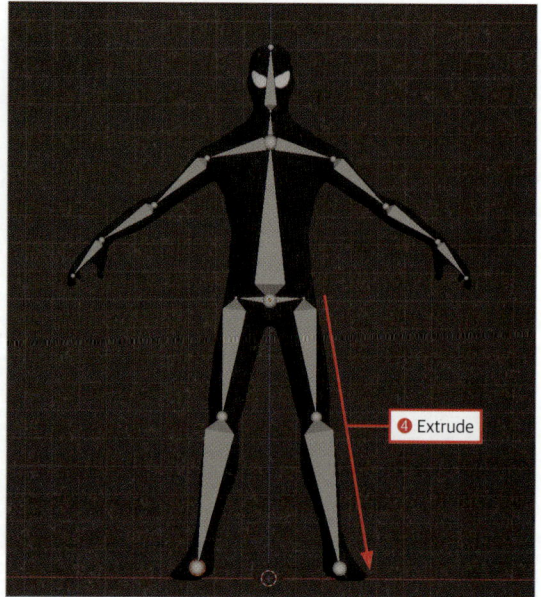

07 측면과 상단에서 오브젝트와 골격의 위치를 맞춰줍니다.

07·1 ❶ Num 3 을 눌러 X축에서 바라본 시점으로 회전합니다. 오른쪽 그림과 같이 ❷오브젝트와 위치가 맞지 않는 Armature의 꼭지점을 이동하여 맞춰줍니다.

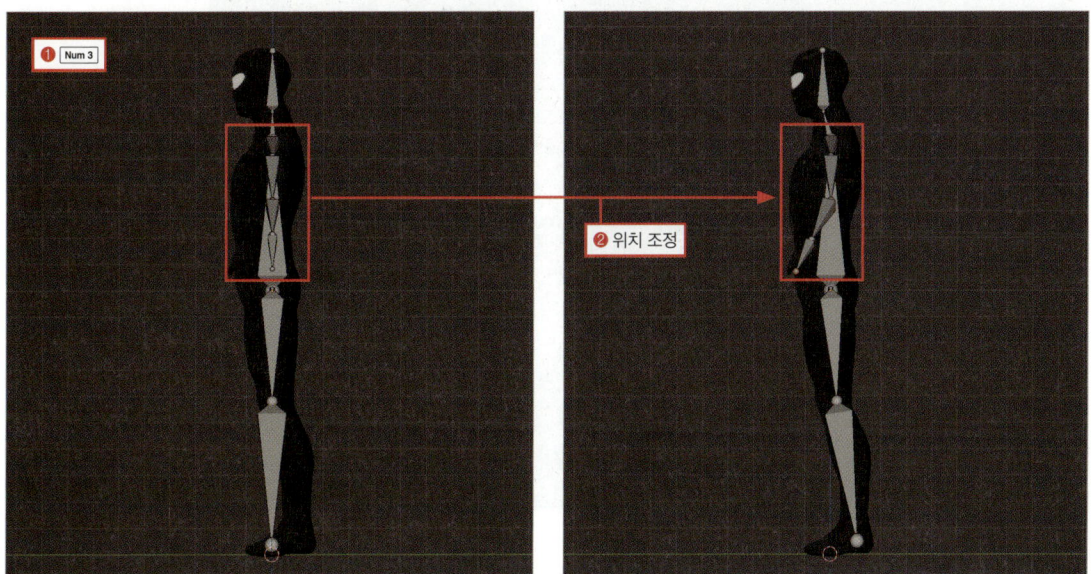

07·2 ❸ Num 7 을 눌러 상단에서 오브젝트와 골격의 위치를 확인합니다. ❹일치하지 않을 경우 Armature의 꼭지점을 이동하여 맞춰줍니다.

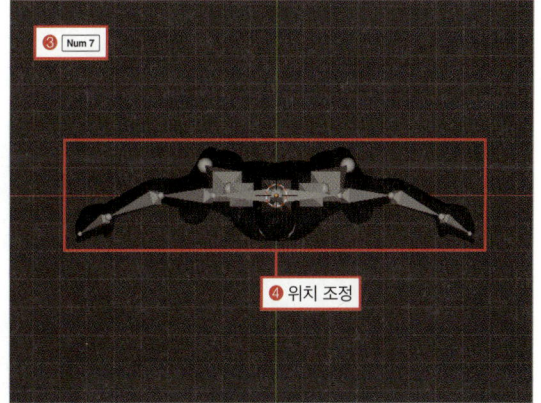

CHAPTER 16. 리깅하기

08

자동 Weight 설정하겠습니다. ❶ Tab 을 눌러 Object Mode로 전환합니다. ❷캐릭터 오브젝트를 먼저 선택하고 ❸Armature를 Shift +클릭하여 Active 오브젝트로 추가 선택합니다. ❹ Ctrl + P 를 누르면 나타나는 Set parent To 메뉴에서 Armature Deform 아래의 ❺[With Automatic Weights]를 클릭합니다.

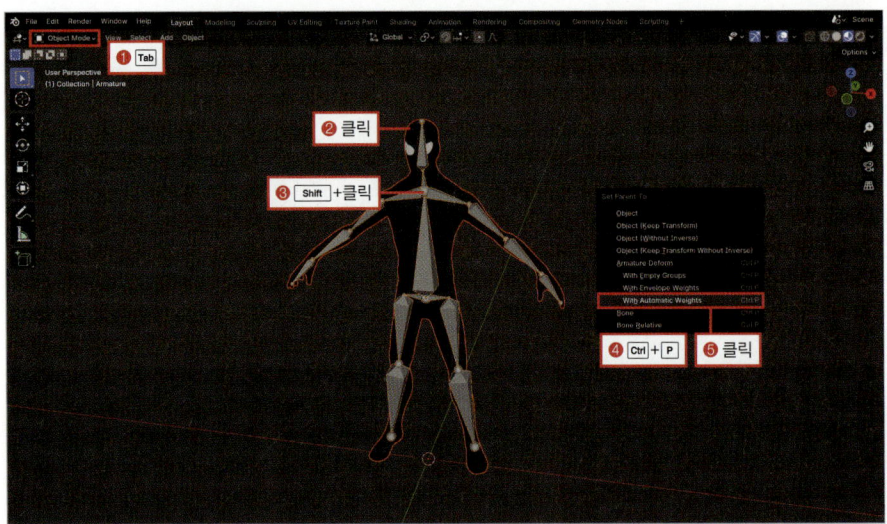

09

Armature를 회전하여 Weight 상태를 확인하겠습니다. ❶Armature를 선택하고 ❷Object Interaction Mode에서 [Pose Mode]를 클릭하여 Pose Mode로 전환합니다. ❸뼈를 선택하고 ❹ R 을 눌러 회전시켜 다음 그림과 같이 원하는 포즈를 잡습니다.

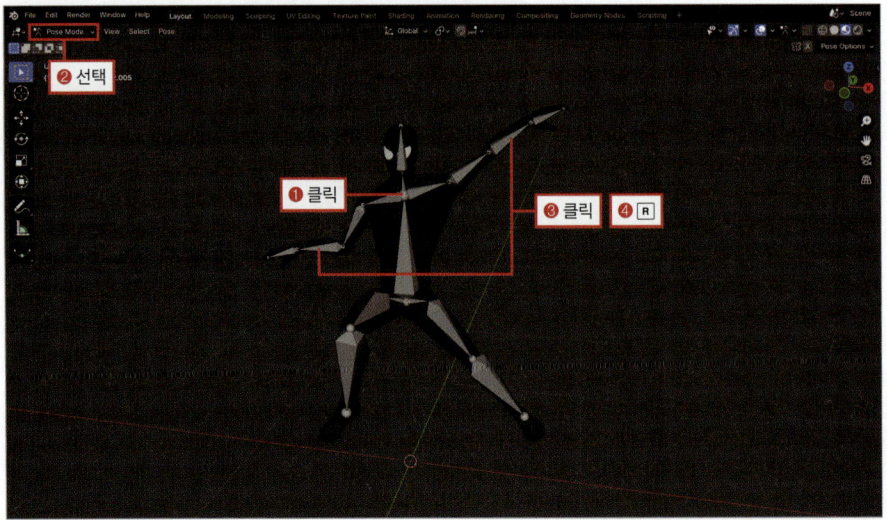

10 정자세로 다시 복귀하고 리깅을 마무리하겠습니다.

10·1 ❶ A 를 눌러 전체 선택하고 ❷ Alt + R 을 눌러 초기 상태로 복귀합니다.

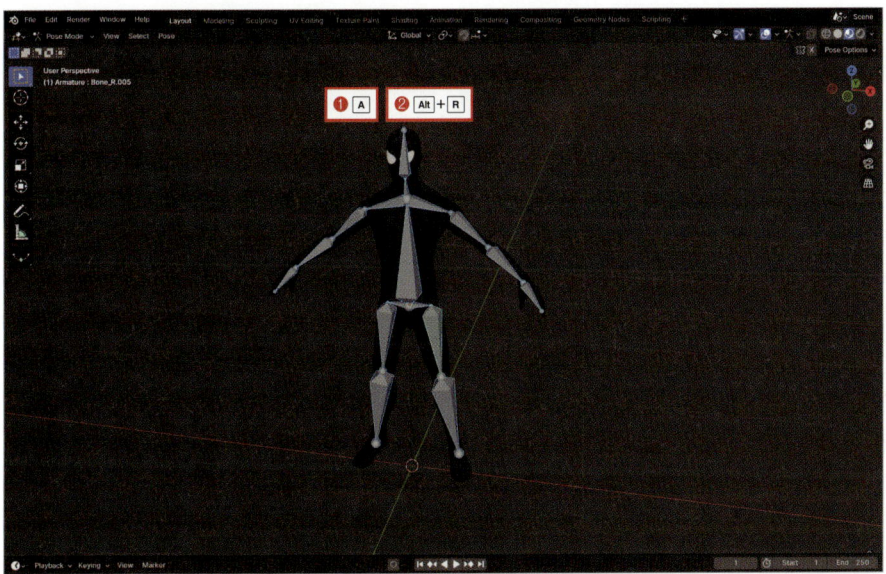

10·2 Object Interaction Mode에서 [Object Mode]를 클릭하여 Object Mode로 전환한 후 프로젝트를 저장합니다.

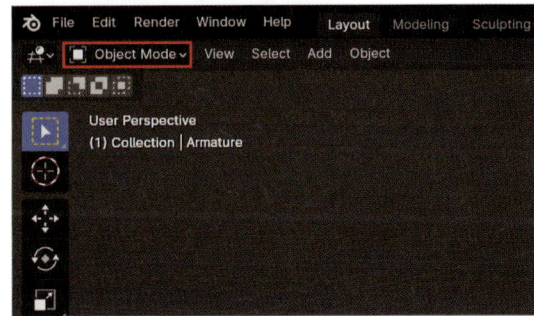

CHAPTER 17

AI 모션 캡처 데이터 활용하기

이것만 알아두자!

- DeepMotion 웹사이트를 활용하여 동영상 속 인물의 행동을 모션 캡처하는 방법을 배웁니다.
- 캐릭터 오브젝트에 모션 데이터를 Import하여 캐릭터 동작 애니메이션을 설정하고, 복층룸에 캐릭터 오브젝트를 복사하고 카메라의 움직임에 따른 키프레임을 적용하여 복층룸에서 춤을 추는 캐릭터를 조망하는 애니메이션을 렌더링해봅니다.

DeepMotion으로 AI 모션 캡처하기

LESSON

DeepMotion 웹사이트를 활용하여 동영상 속 인물의 행동을 모션 캡쳐하는 방법을 배웁니다.

모션 캡처란 연기자가 센서를 부착한 상태로 연기를 함으로써 기록된 모션 데이터를 3D 프로그램에서 활용할 수 있는 키프레임으로 제작하는 프로세스를 말합니다.

최근에는 모션 센서나 캡처용 카메라 장비가 없어도 일반적인 동영상 속의 사람으로부터 움직임을 분석하여 키프레임을 생성해주는 AI 모션 캡처 플랫폼이 등장하고 있습니다.

● **DeepMotion이란**

DeepMotion이라는 AI 모션 캡처 플랫폼에서는 동영상을 업로드하면 키프레임을 포함한 모션 데이터를 추출하여 FBX 파일로 변환해주는 기능을 제공하고 있습니다. 무료 라이선스로는 1개월 단위로 60초 분량의 AI 모션 캡처를 이용할 수 있습니다. 그 이상의 모션 캡처가 필요하다면 유로 구독을 해야 합니다.

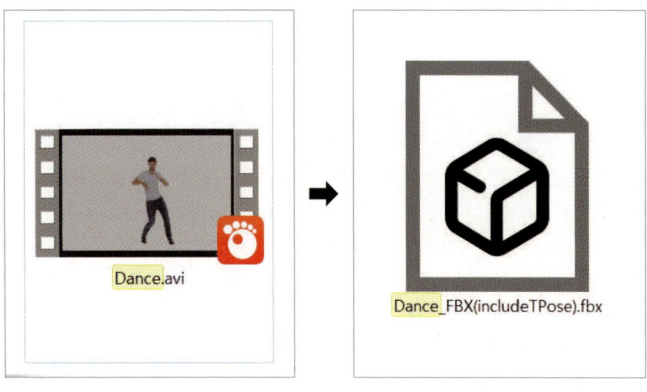

● DeepMotion 사용하기

◎ **준비 파일**: chapter16/Dance.avi

01 웹 브라우저 주소창에 https://www.deepmotion.com/animate-3d를 입력하여 DeepMotion 웹사이트에 접속합니다. 오른쪽 위 Sign up을 클릭하여 계정 생성 페이지로 이동합니다.

02 ❶이메일 주소(Email Address), 비밀번호(Password)를 입력하고 ❷[Continue] 버튼을 클릭합니다. ❸이름(First Name), 성(Last Name)을 입력하고 ❹사용 목적(What Best describes your use case?), 유입경로(How did you hear about DeepMotion?)를 선택한 후 ❺[Create Account] 버튼을 클릭합니다.

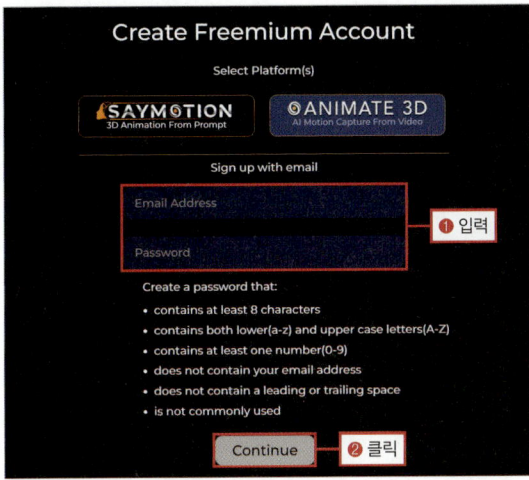
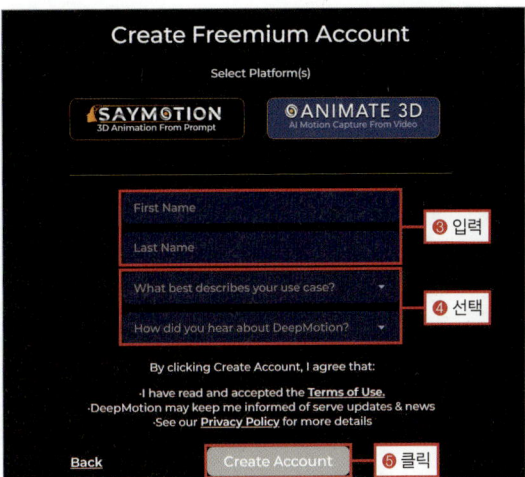

CHAPTER 17. AI 모션 캡처 데이터 활용하기

03 입력한 이메일로 다음과 같은 인증 메일이 오면 [Please Click Here to Activate Your Account] 버튼을 클릭하여 계정을 활성화합니다.

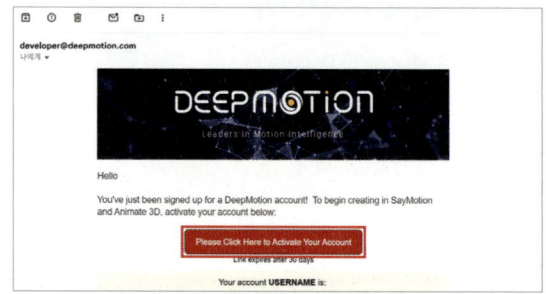

04 다시 DeepMotion 웹사이트로 이동해서 오른쪽 위 Sign in을 클릭하고 로그인합니다. 로그인 후 Animation 3D의 [Launch] 버튼을 클릭합니다.

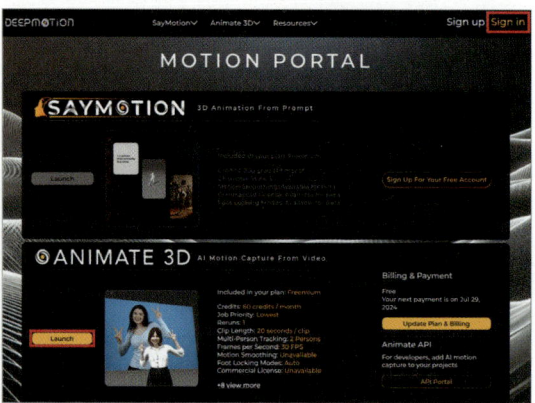

05 다음과 같은 화면이 나타나면 Create 탭을 클릭한 후 Add Video에 준비 파일 'Dance.avi'를 드래그 앤 드롭하여 등록합니다.

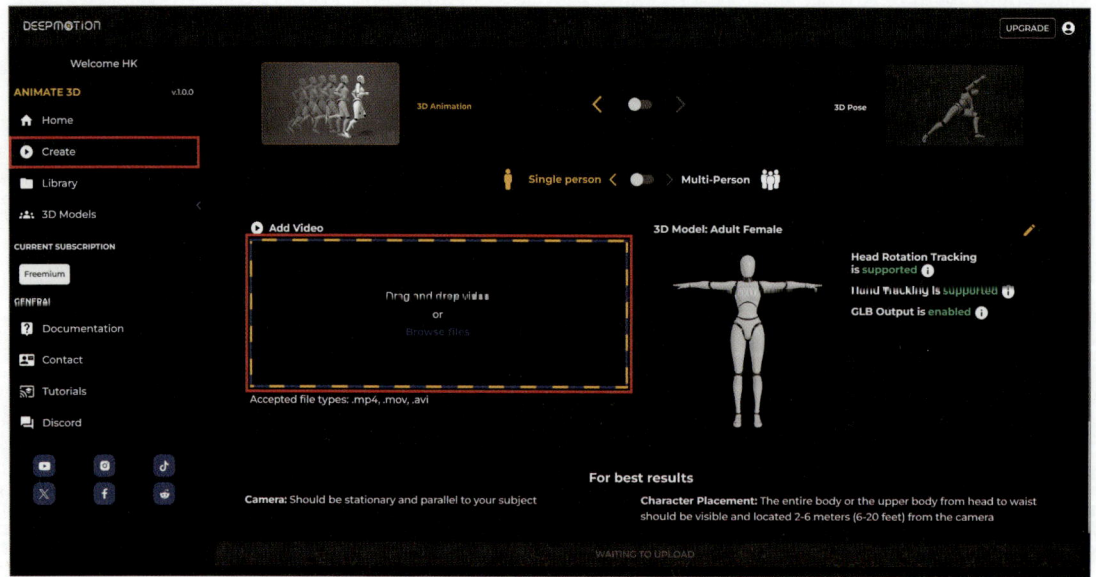

06 등록이 완료되면 스크롤을 아래로 내려 Fallback Pose를 [T-Pose]로 설정하고 [Create Animation] 버튼을 클릭합니다.

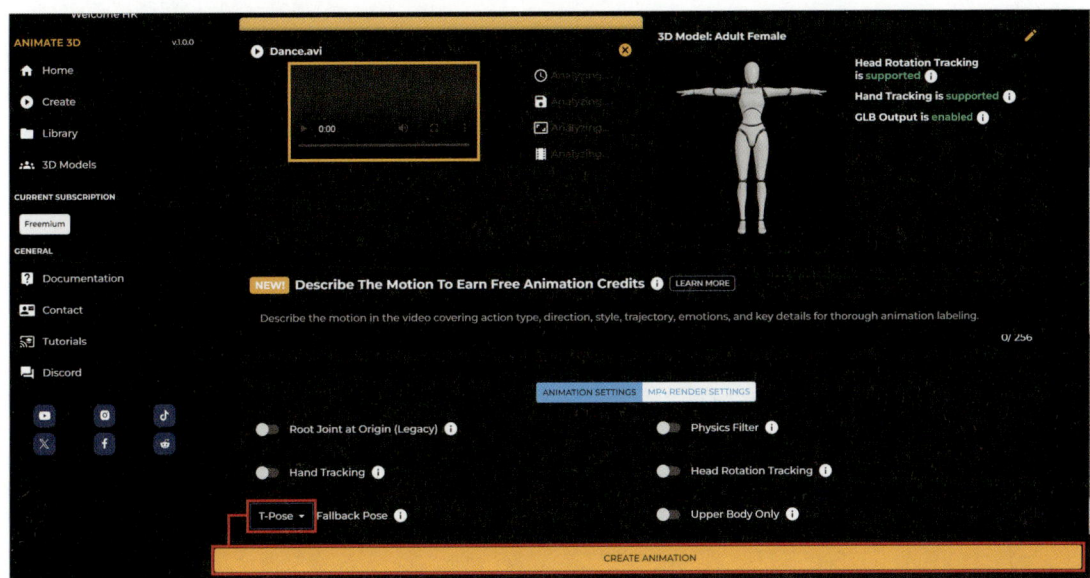

07 다음과 같은 설정 화면이 나타나면 내용을 확인한 후 [Create Animation] 버튼을 클릭합니다.

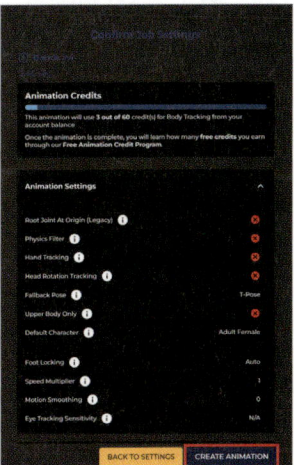

08 분석 및 애니메이션 생성이 완료되면 다음과 같은 화면이 나타납니다. 포맷을 FBX로 선택한 후 [Download] 버튼을 클릭합니다.

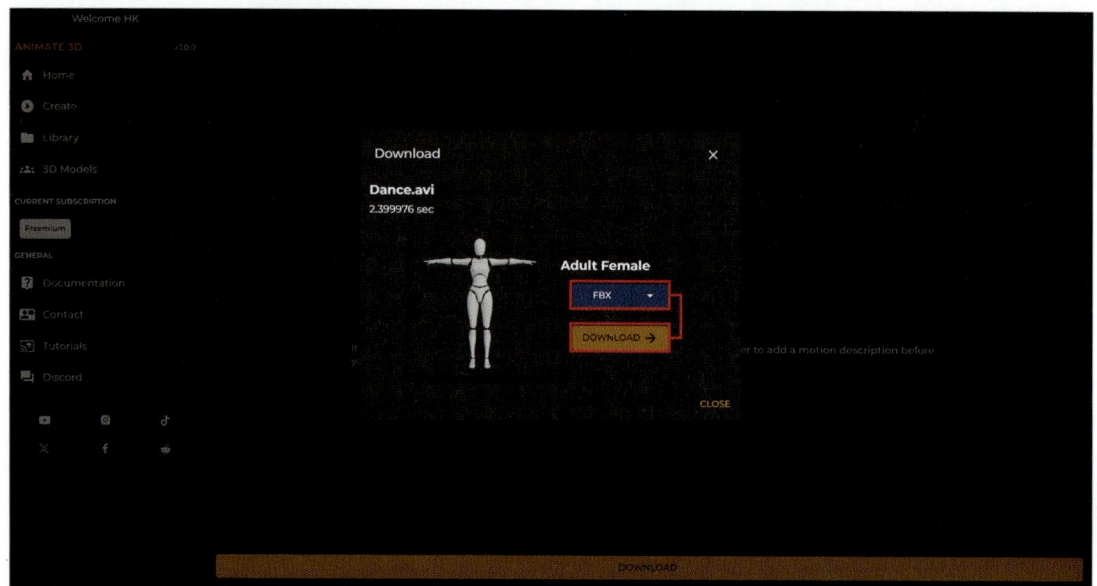

09 다운로드한 압축 파일을 열면 2개의 파일이 있는데 그중 파일명 끝에 '(IncludeTPose)'라는 말이 붙어있는 파일을 압축 해제합니다. 참고로 이 파일이 추출된 모션 데이터입니다.

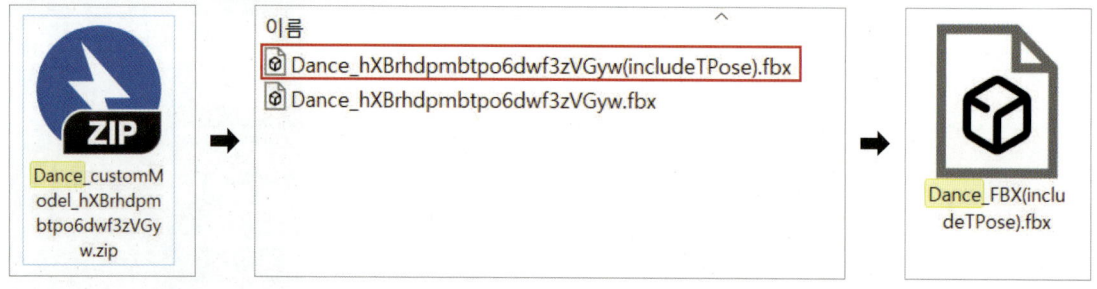

10 만약 새로운 동영상을 업로드하고 모션 데이터를 추출하려면 Create 탭에서 [Continue to Create]를 클릭한 후 이후 과정을 진행하면 됩니다.

모션 데이터 적용하기

캐릭터 오브젝트에 모션 데이터를 Import하여 캐릭터 동작 애니메이션을 설정해봅니다.

◉ **준비 파일**: chatper17/Character V2.blend, Dance_FBX(includeTPose).fbx

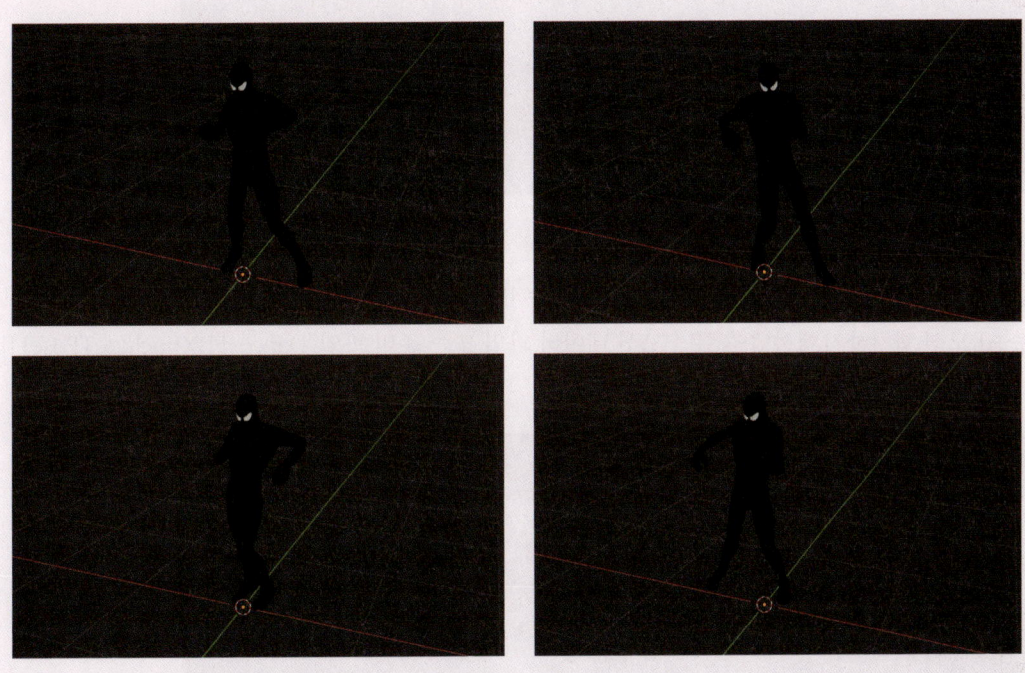

이 예제를 따라하기 위해 알아야 하는 핵심기능

- Import하기 ← 050쪽 참고
- Parent 설정하기 ← 202쪽 참고
- Armature 다루기 ← 454쪽 참고

01 캐릭터 오브젝트를 불러오고 시점을 설정하겠습니다. Ctrl+O를 눌러 〈CHAPTER 16〉에서 캐릭터 오브젝트 리깅을 적용했던 '캐릭터' 프로젝트 파일 또는 준비 파일 'Character V2.blend'를 불러온 후 ❶Solid(◯)로 전환합니다. ❷ Num 1 을 눌러 -Y축에서 바라본 시점으로 회전한 후 ❸ Shift + C (또는 Home)를 눌러 전체 오브젝트가 한 화면에 나오도록 시점을 조절합니다.

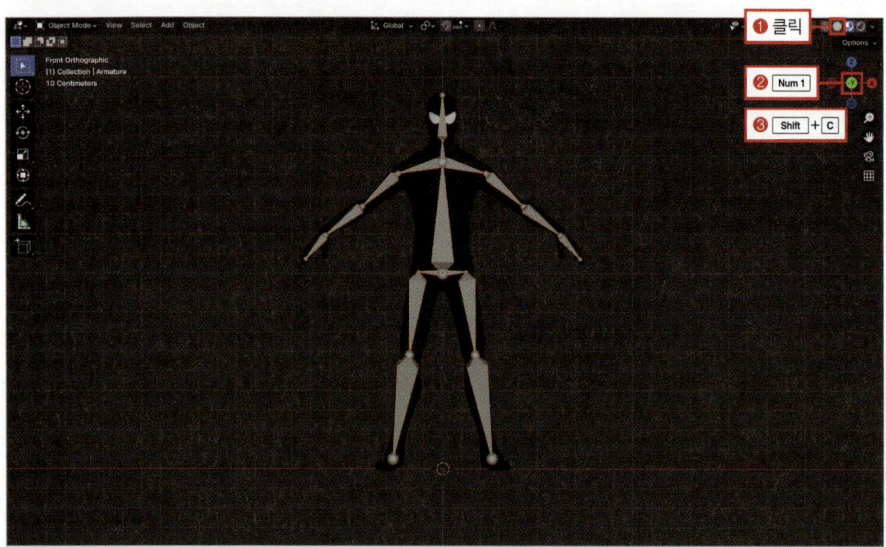

02 모션 데이터를 Import하겠습니다. 상단 메뉴 [File]-[Import]-[FBX]를 클릭하고 앞서 'DeepMotion으로 AI 모션 캡처하기'에서 추출했던 모션 데이터 파일 또는 준비 파일 'Dance_FBX(includeTPose).fbx'을 선택하여 Import합니다.

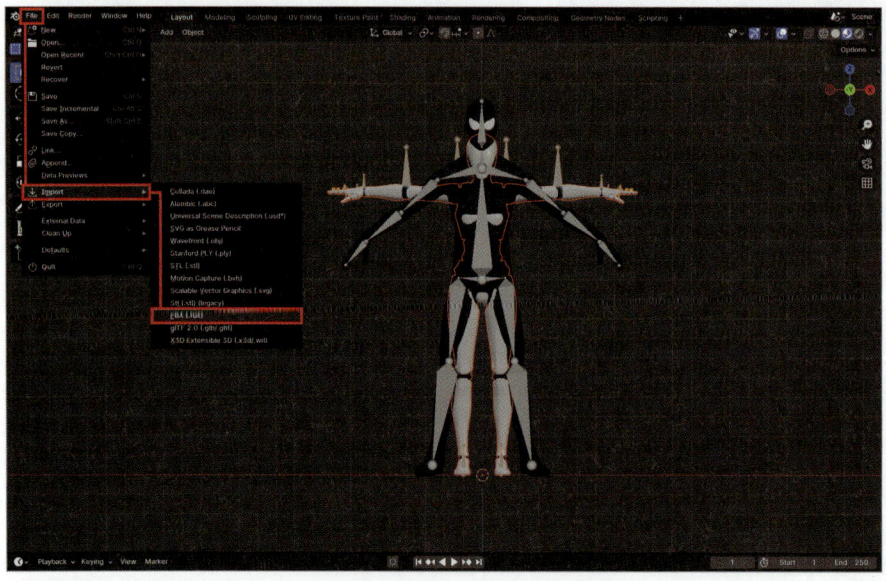

03 오브젝트 크기와 Import된 골격의 사이즈를 일치시키겠습니다. ❶기존 캐릭터의 Armature를 선택하고 ❷Object 속성(■)의 Transform 탭에서 Location Z를 '0.92', Scale X를 '0.900', Scale Y, Z를 '0.920'로 설정합니다.

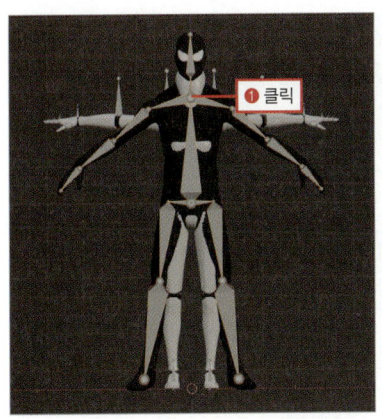 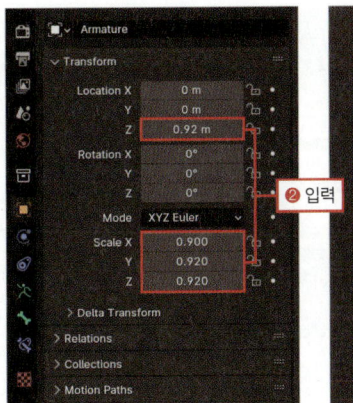 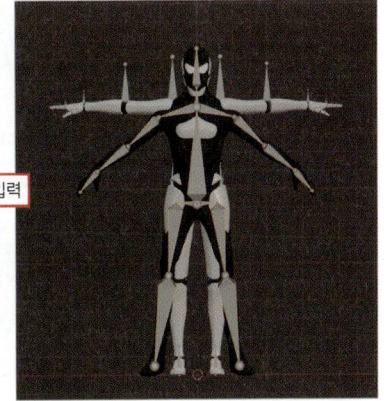

04 정면에서 기존 캐릭터의 자세를 Import한 모션 데이터와 같은 자세로 변경합니다.

04·1 기존 캐릭터의 Armature를 선택하고 3D Viewport 왼쪽 위 Object Interaction Mode에서 [Pose Mode]를 클릭하여 Pose Mode로 전환합니다.

04·2 ❶3D Viewport 오른쪽 위에 있는 X-Axis Mirror(X)를 클릭하여 활성화합니다. ❷Armature의 뼈를 선택하고 ❸R을 눌러 회전시켜 Import한 모션 데이터와 자세를 맞춥니다. 어깨와 팔, 다리를 모두 맞춰줍니다.

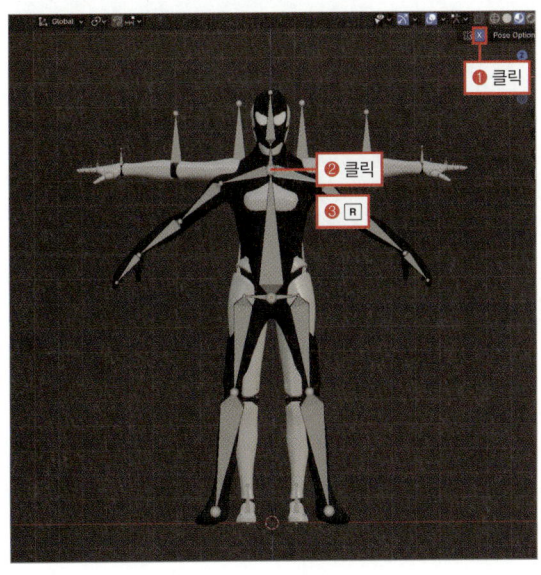 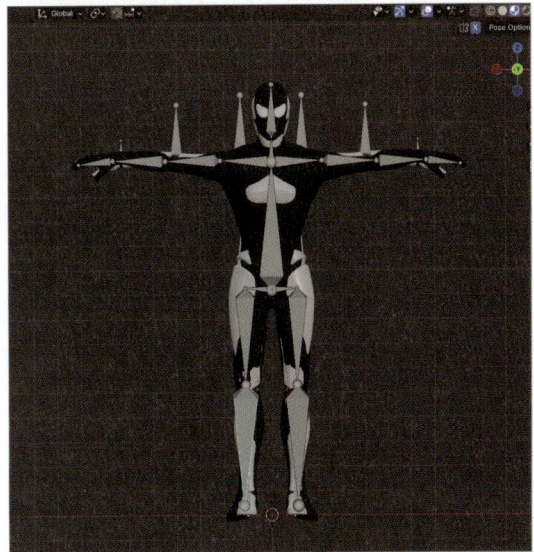

05
측면에서 기존 캐릭터의 자세를 Import한 모션 데이터와 같은 자세로 변경하겠습니다. ❶ Num 3 을 눌러 X축에서 바라본 시점으로 회전한 후 ❷Armature 뼈를 선택하고 ❸ R 을 눌러 회전시켜 Import한 모션 데이터와 자세를 맞춥니다. 다리와 허리의 자세를 맞춰줍니다.

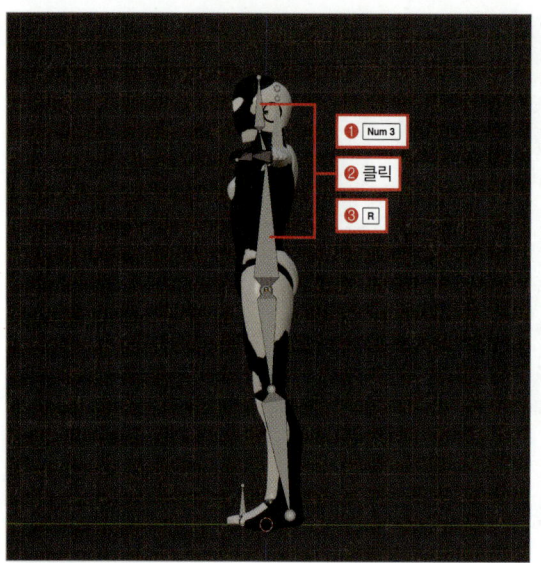
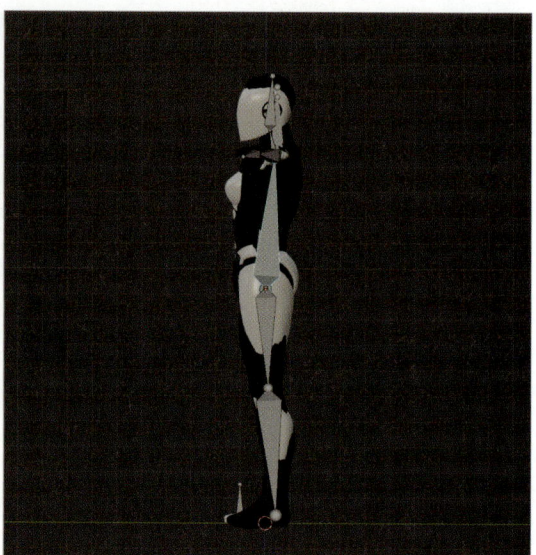

06
상단에서 기존 캐릭터의 자세를 Import한 모션 데이터와 같은 자세로 변경하겠습니다. ❶ Num 7 을 눌러 Z축에서 바라본 시점으로 회전한 후 ❷Armature 뼈를 선택하고 ❸ R 을 눌러 회전시켜 Import한 모션 데이터와 자세를 맞춥니다. 팔의 자세를 맞춰줍니다.

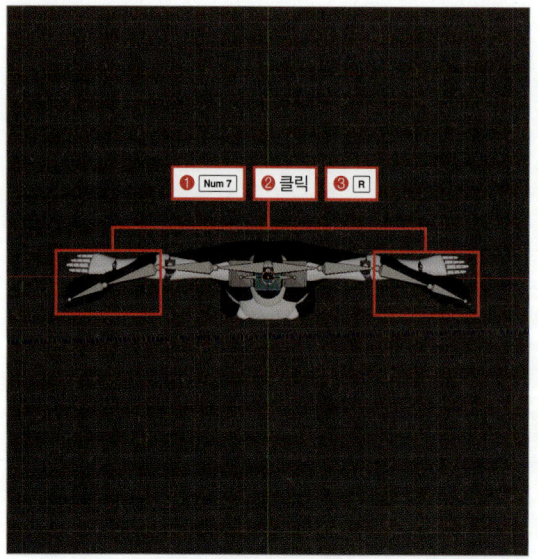

07 캐릭터의 리깅 및 변형 결과를 확정하고 기존 오브젝트와 Armature의 Parent를 해제합니다.

07·1 ❶Object Interaction Mode에서 Object Mode로 전환하고 ❷ Num 1 을 눌러 정면으로 회전합니다.

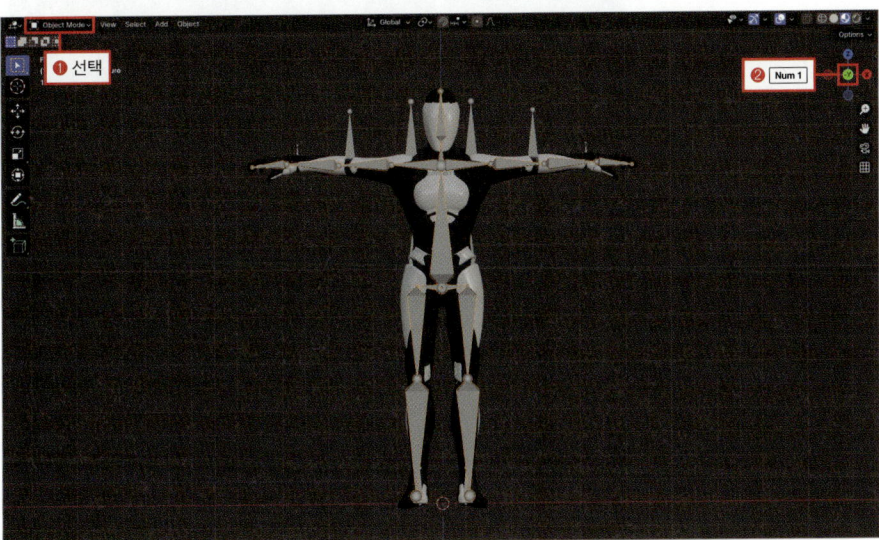

07·2 ❸캐릭터 오브젝트를 선택하고 ❹Modifier 속성( )의 ❺Armature 드롭다운 메뉴에서 [Apply]를 클릭하여 확정합니다. ❻Data 속성( )의 ❼Remove Vertex Group( )을 연속 클릭하여 모든 Vertex Group을 삭제합니다.

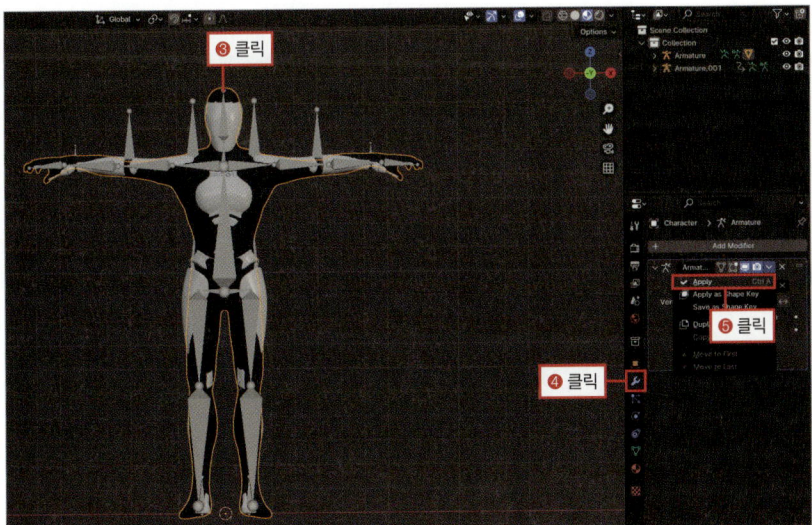 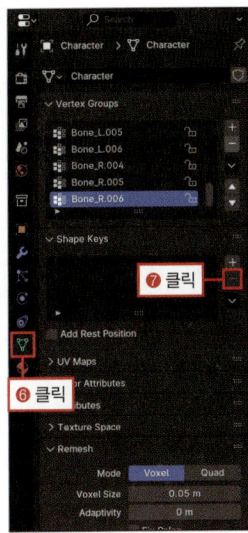

07·3 ❽3D Viewport에 마우스 커서를 가져간 후 Alt+P를 누르고 ❾Clear Parent 메뉴에서 [Clear and Keep Transformation]을 클릭합니다.

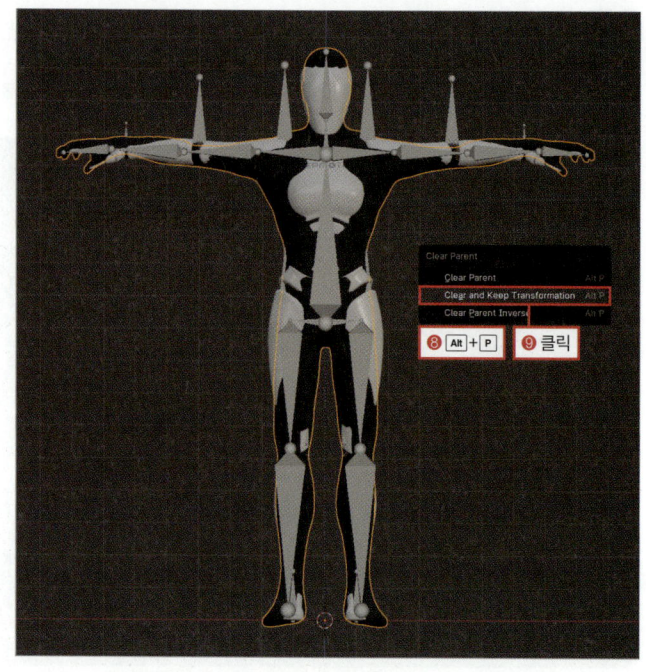

08 기존 오브젝트의 Armature를 삭제하고 Import한 모션 데이터의 Armature를 Parent하여 그룹화합니다.

08·1 Outliner(오브젝트 목록 창)에서 Armature를 선택한 후 X를 눌러 삭제합니다.

08·2 ❶캐릭터 오브젝트인 Character를 먼저 선택하고 ❷Import한 모션 데이터의 골격인 Armature.001를 Shift+클릭하여 Active 오브젝트로 추가 선택합니다. ❸Ctrl+P를 누르고 ❹Set Parent To 메뉴에서 [With Empty Groups]를 클릭합니다.

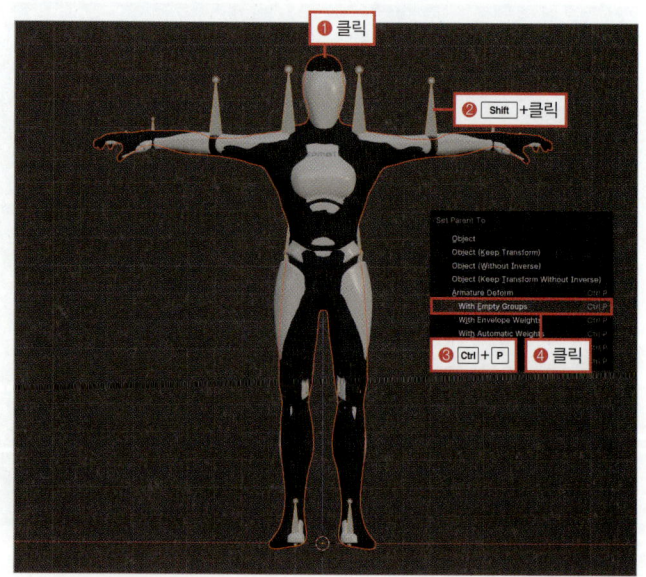

09 Import한 모션 데이터의 Weight 설정 값을 인계하여 가져옵니다.

09·1 ❶캐릭터 오브젝트를 선택하고 ❷Modifier 속성(🔧)의 ❸[Add Modifier] 버튼을 클릭한 후 [Edit]-[Data Transfer]를 선택합니다.

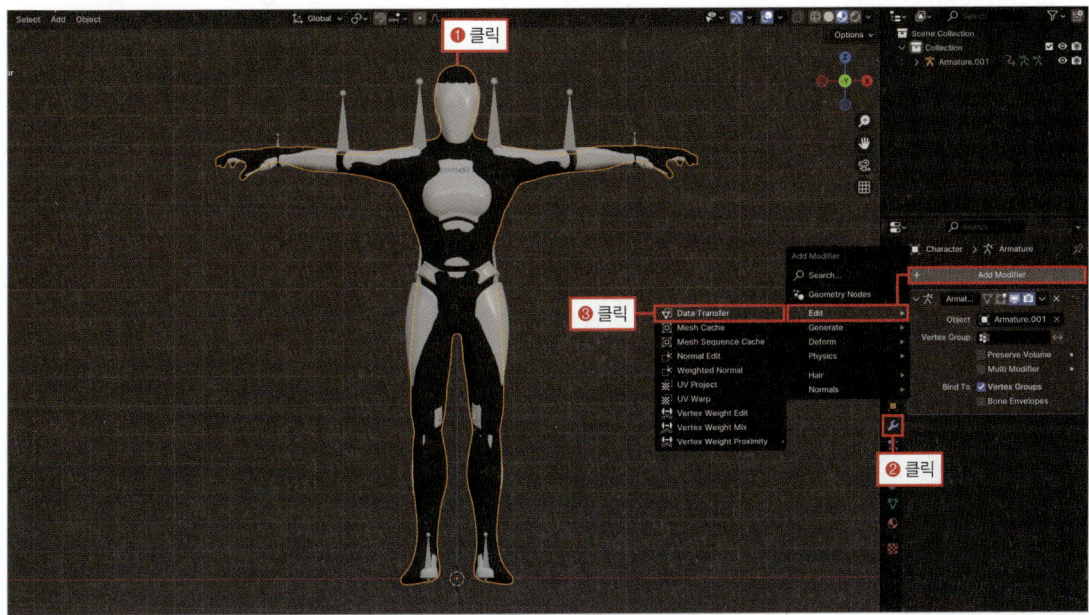

09·2 ❹Source의 Eyedropper Data-Block(🖉)을 클릭하고 ❺Import한 모션 데이터의 Mannequin_Female을 클릭하여 지정합니다. ❻Vertex Data를 체크한 후 ❼하위 속성에서 [Vertex Groups]를 클릭하여 활성화합니다. ❽Data Transfer 드롭다운 메뉴에서 [Apply]를 클릭합니다.

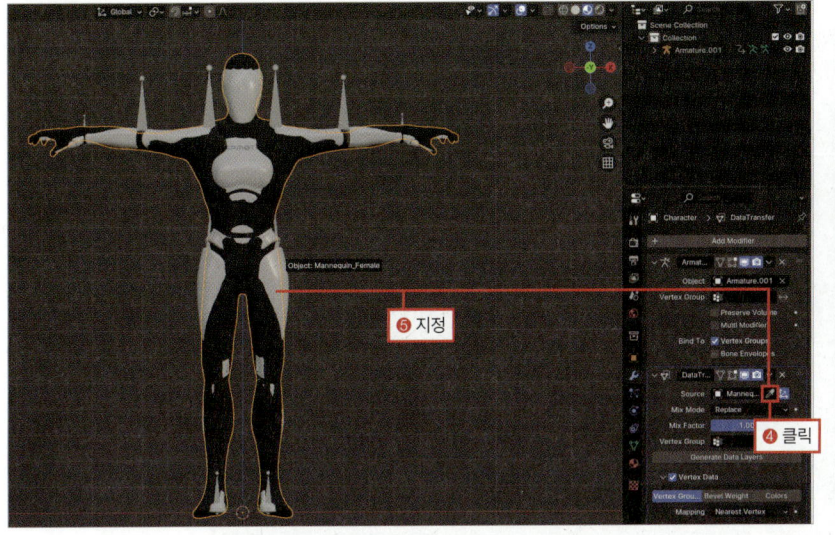

CHAPTER 17. AI 모션 캡처 데이터 활용하기

10 애니메이션을 확인합니다.

10·1 ❶Timeline에서 Play Animation(▶)을 클릭하거나 Spacebar 를 눌러 캐릭터의 모션을 확인합니다. 첫 키프레임이 T자세라는 점과 키프레임이 끝나는 59프레임까지만 움직이고 이후에는 멈추게 된다는 문제점이 확인됩니다.

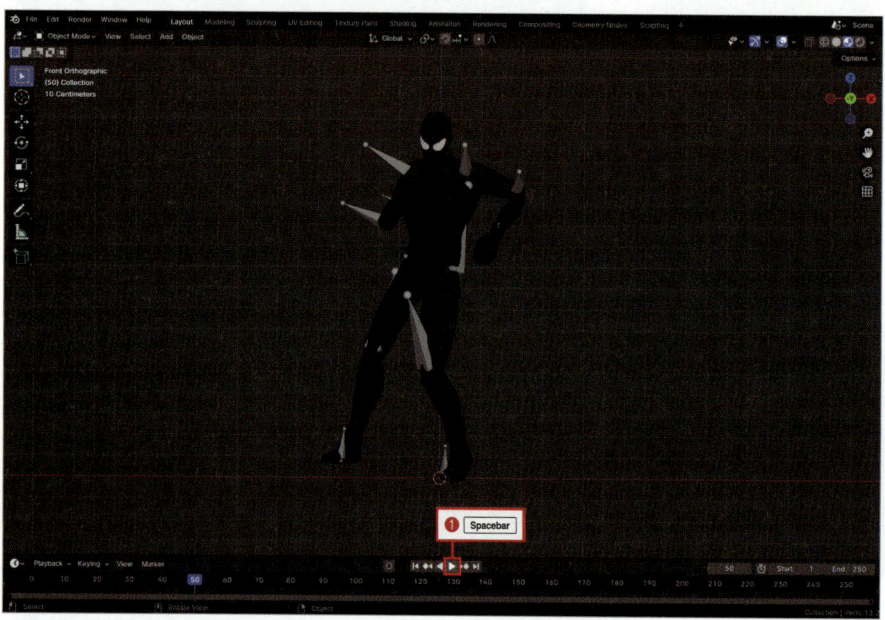

10·2 ❷애니메이션을 정지시킨 후 ❸Timeline 경계를 위로 드래그하여 패널을 확장합니다. ❹하단 슬라이더의 오른쪽 끝 지점을 왼쪽으로 드래그하여 Timeline을 확대합니다.

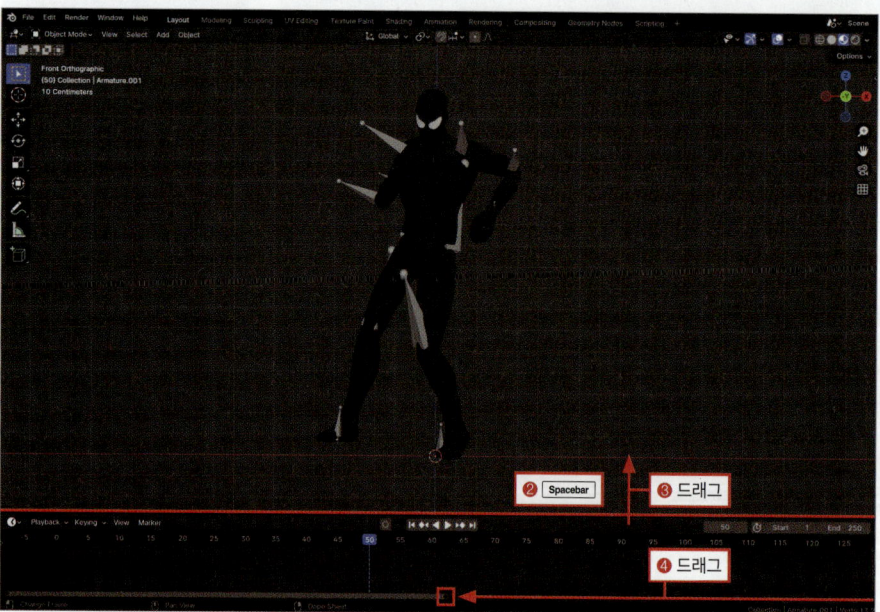

11 초기 T자세를 삭제하겠습니다. ❶Armature.001를 선택한 후 ❷Pose Mode로 전환합니다. ❸A를 눌러 전체 선택하고 ❹Timeline에서 첫 번째 키프레임만 선택합니다. ❺마우스 커서를 Timeline 패널 위에 두고 Delete 를 눌러 선택한 키프레임을 삭제합니다.

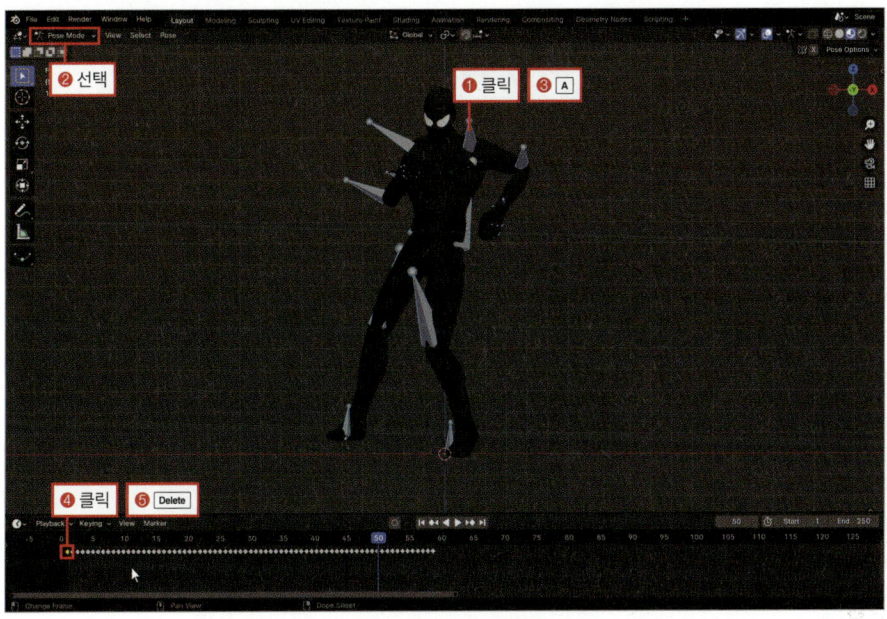

12 무한 반복 키프레임을 적용하겠습니다. ❶마우스 커서를 Timeline 패널 위에 두고 Shift + E 를 누릅니다. ❷Set Curve Extrapolation 메뉴에서 [Make Cyclic (F-Modifier)]를 클릭합니다.

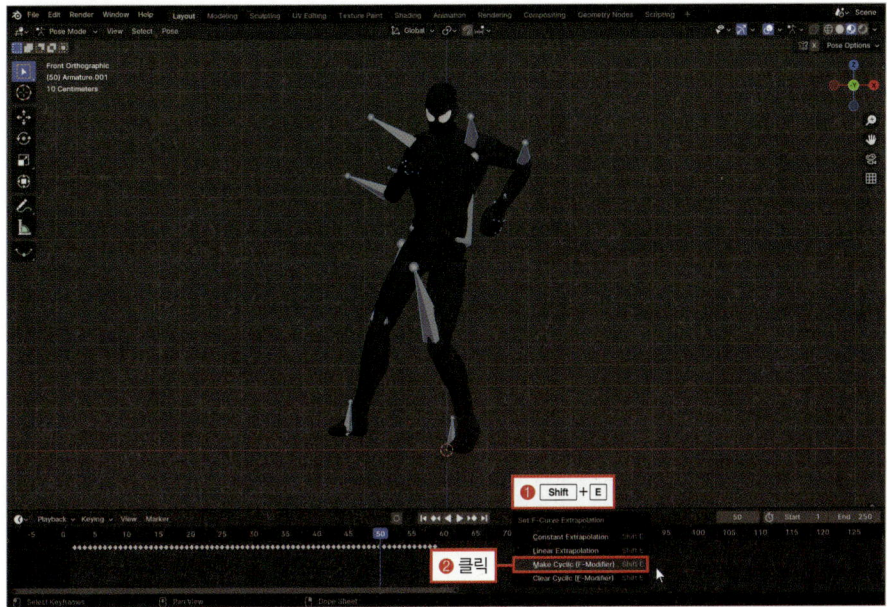

CHAPTER 17. AI 모션 캡처 데이터 활용하기

13 애니메이션을 다시 확인하겠습니다. ❶Object Mode로 전환한 후 ❷Play Animation(▶)을 클릭하거나 Spacebar 를 눌러 캐릭터의 모션을 확인합니다. T자세가 삭제되었고, 키프레임이 끝나는 59프레임 이후에도 모션이 계속됩니다. 애니메이션을 정지시킵니다.

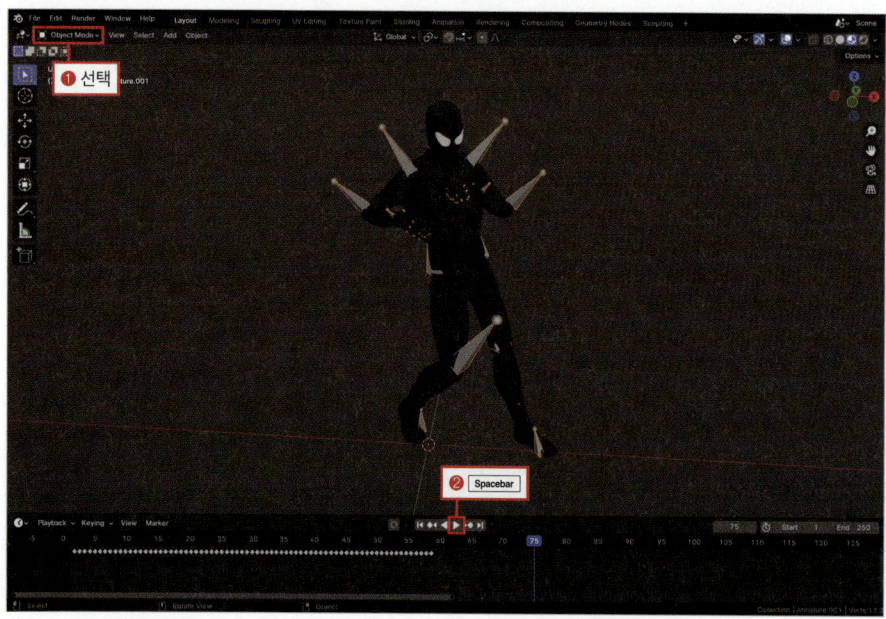

14 Armature.001를 감추고 모션 데이터 적용을 마무리합니다.

14·1 Armature.001의 Hide in Viewport(◉)와 Disable in Renders((◉)를 클릭하여 감춥니다.

14·2 이제 다음과 같이 캐릭터 오브젝트에 모션 데이터가 적용되었습니다.

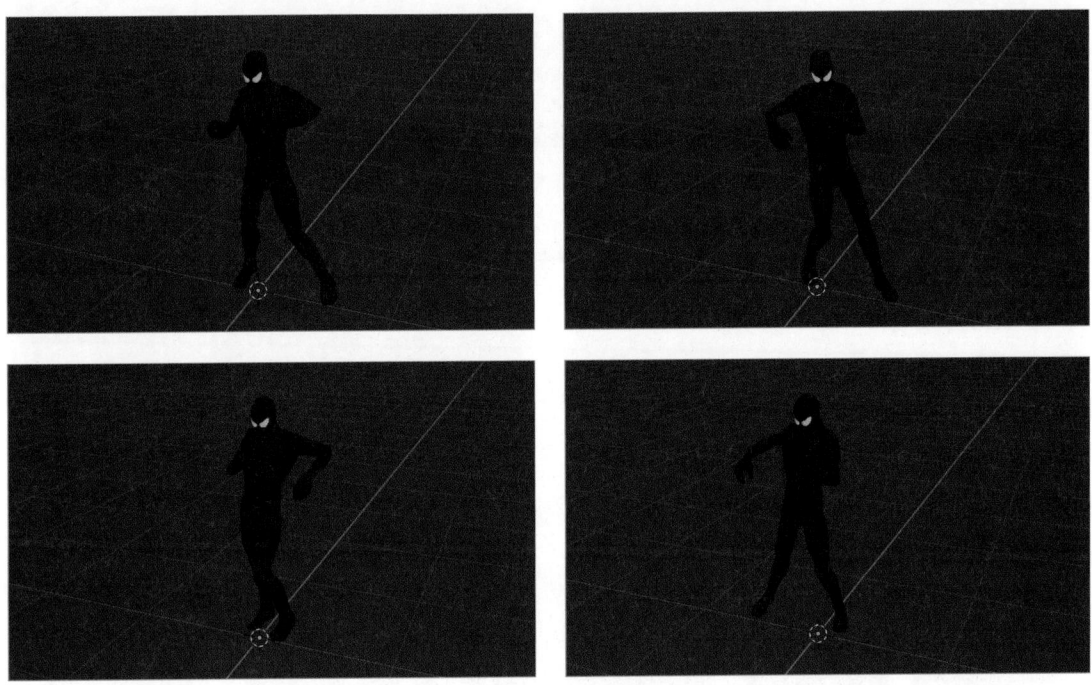

최종 애니메이션 렌더링하기

복층룸에 캐릭터 오브젝트를 복사하고 카메라의 움직임에 따른 키프레임을 적용하여 복층룸에서 춤을 추는 캐릭터를 조망하는 애니메이션을 렌더링해봅니다.

◉ **준비 파일**: chatper17/Character V3.blend, Room_Step_07.blend

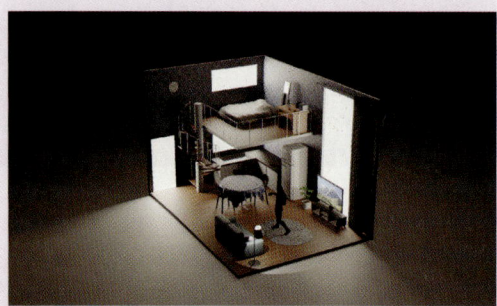

이 예제를 따라하기 위해 알아야 하는 **핵심기능**

- Import하기 ← 050쪽 참고
- 렌더링하기 ← 064쪽 참고
- 키프레임 다루기 ← 392쪽 참고

01 애니메이션 키프레임이 적용된 캐릭터 오브젝트를 복사한 후 복층룸 프로젝트에 붙여넣기합니다.

01·1 Ctrl+O를 눌러 앞서 모션 데이터를 적용했던 '캐릭터' 프로젝트 파일 또는 준비 파일 'Character V3.blend'를 불러온 후 ❶A를 눌러 전체 선택하고 ❷Ctrl+C를 눌러 복사합니다.

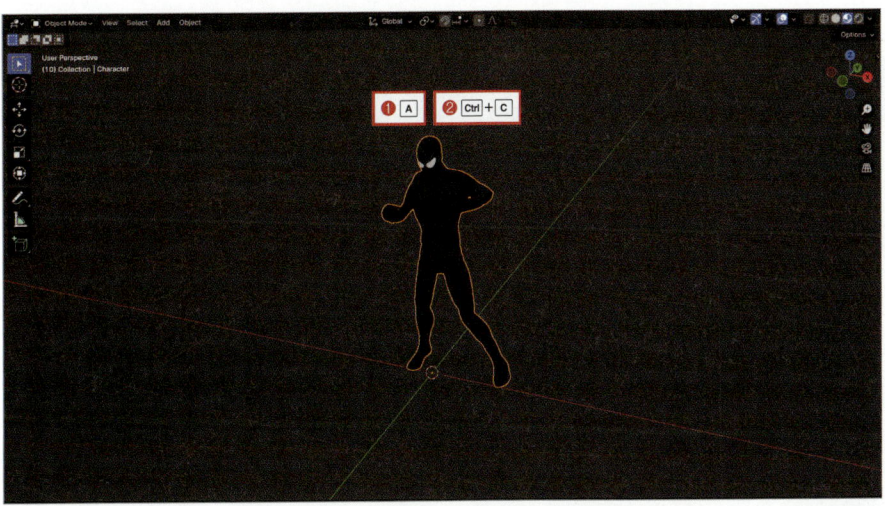

01·2 Ctrl+O를 눌러 앞서 여러 가지 오브젝트를 Import했던 '복층룸' 프로젝트 파일 또는 준비 파일 'Room_Step_07.blend'를 불러온 후 ❸Rendered(⬤)로 전환합니다. ❹Ctrl+V를 눌러 복사한 캐릭터를 붙여 넣습니다.

TIP 만일 현재 뷰가 카메라 시점인 경우에는 Num 0 을 눌러 벗어납니다. Viewport 시점인 경우에는 그대로 둡니다.

02 캐릭터를 카펫 위로 이동시키겠습니다. 붙여넣은 캐릭터 오브젝트의 선택을 유지한 상태에서 ❶ G-X를 눌러 X축으로 이동 방향을 설정합니다. ❷카펫 위치까지 이동하고 클릭하여 완료합니다. ❸ Outliner(오브젝트 목록 창)에서 Armature.001의 Hide in Viewport(◉)를 클릭하여 Armature.001을 3D Viewport에서 감춥니다.

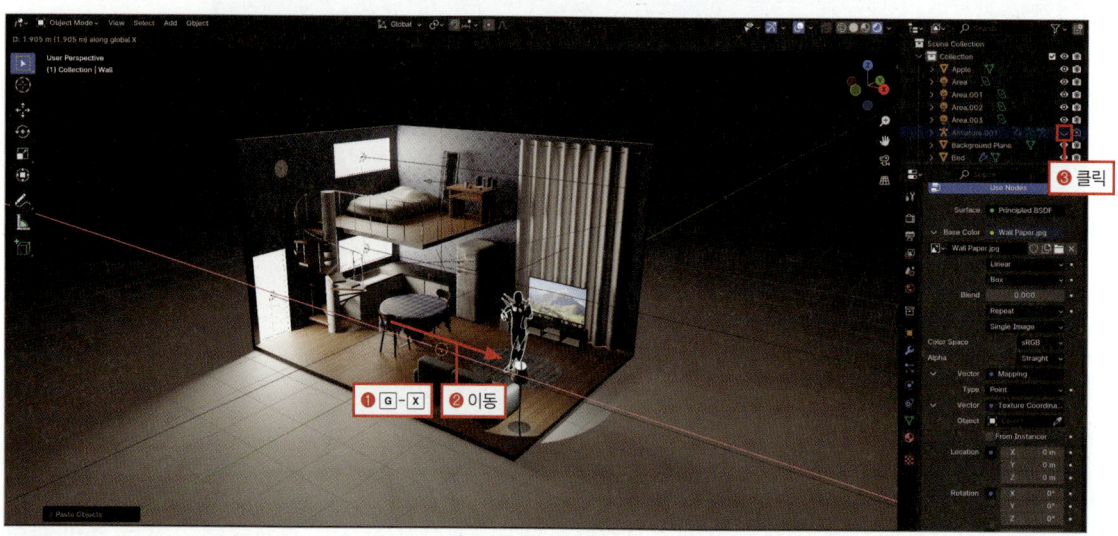

T·I·P Armature.001을 Hide하기 전 위치와 크기를 자유롭게 조정하시기를 바랍니다.

03 1프레임 지점에서 키프레임을 생성하겠습니다. ❶ Num 0 을 눌러 카메라 시점으로 전환합니다. ❷타임라인의 Current Frame에 '1'을 입력합니다. ❸Render 속성( )에서 Color Management를 클릭하여 하위 속성을 펼칩니다. ❹Exposure에 '-10'을 입력한 후 수치 입력창에 커서를 올리고 I를 눌러 키프레임을 생성합니다. ❺Gamma에 '0'을 입력한 후 수치 입력창에 마우스 커서를 올리고 I를 눌러 키프레임을 생성합니다.

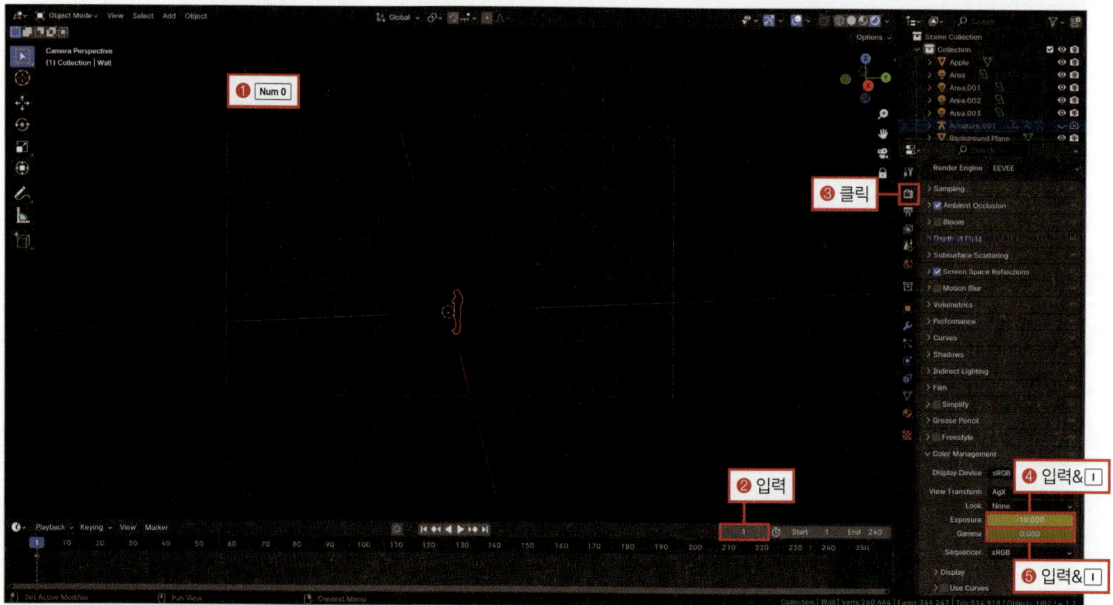

04 20프레임 지점에서 키프레임을 생성하겠습니다. ❶Timeline의 Current Frame에 '20'을 입력합니다. ❷Render 속성( )의 Color Management에서 Exposure에 '0'을 입력한 후 수치 입력창에 마우스 커서를 올리고 I 를 눌러 키프레임을 생성합니다. ❸Gamma에 '1'을 입력한 다음 수치 입력창에 마우스 커서를 올리고 I 를 눌러 키프레임을 생성합니다.

05 150프레임 지점에서 키프레임을 생성하겠습니다. ❶Timeline의 Current Frame에 '150'을 입력합니다. ❷3D Viewport에서 Render 프레임을 클릭하여 카메라를 선택합니다. ❸Data 속성( )에서 ❹ Focal Length 수치 입력창에 마우스 커서를 올리고 I 를 눌러 키프레임을 생성합니다.

CHAPTER 17. AI 모션 캡처 데이터 활용하기 / 493

06

160프레임 지점에서 키프레임을 생성하겠습니다. ❶Timeline의 Current Frame에 '160'을 입력니다. ❷Data 속성()의 Focal Length에 '70'을 입력한 후 수치 입력창에 마우스 커서를 올리고 I를 눌러 키프레임을 생성합니다.

07

220프레임 지점에서 키프레임을 생성하겠습니다. ❶Current Frame에 '220'을 입력하고 ❷Render 속성()의 ❸Color Management에서 Exposure 수치 입력창에 마우스 커서를 올리고 I를 눌러 키프레임을 생성합니다. ❹Gamma 수치 입력창에 마우스 커서를 올리고 I를 눌러 키프레임을 생성합니다.

08
240프레임 지점에서 키프레임을 생성하겠습니다. ❶Current Frame에 '240'을 입력하고 ❷Exposure에 '-10'을 입력한 후 수치 입력창에 마우스 커서를 올리고 [I]를 눌러 키프레임을 생성합니다. ❸Gamma에 '0'을 입력한 후 수치 입력창에 마우스 커서를 올리고 [I]를 눌러 키프레임을 생성합니다.

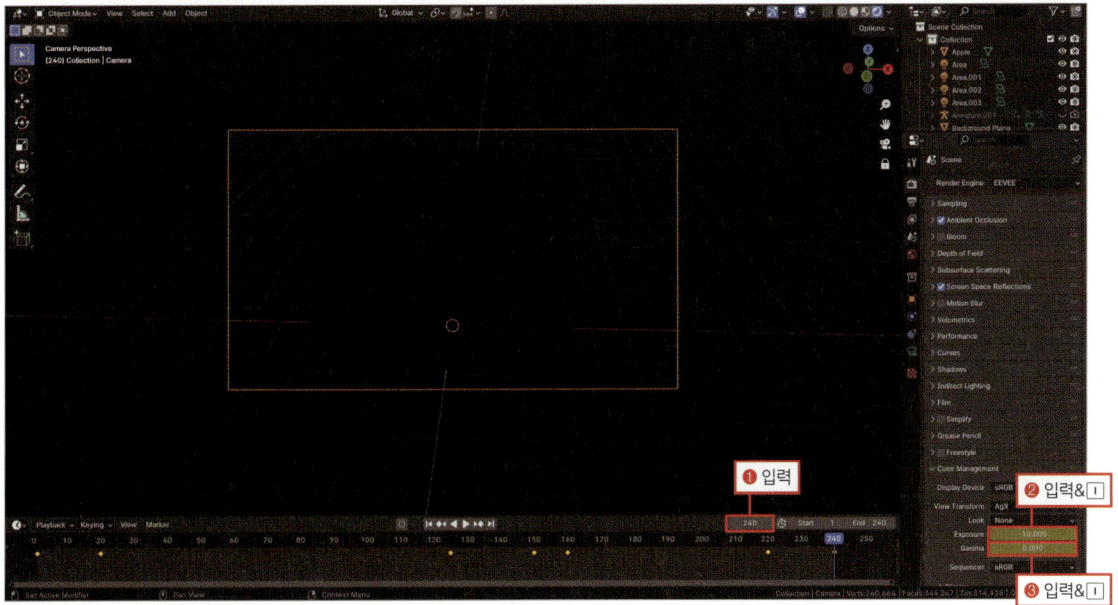

09
애니메이션을 확인하고 동영상으로 렌더링합니다.

09·1
❶Timeline의 Start에 '3'을 입력하고 ❷End에 '238'을 입력하여 애니메이션 구간을 설정합니다. ❸Play Animation(▶)을 클릭하거나 [Spacebar]를 눌러 재생합니다. 애니메이션 확인 후 애니메이션을 정지합니다. ❹Output 속성(🖨)에서 ❺Format 아래에 있는 Frame Rate를 '25'로 설정합니다. ❻Output에서 저장 경로와 파일명을 설정하고 ❼File Format을 FFmpeg Video로 ❽Encoding-Container를 MPEG-4 로 설정합니다. ❾[Ctrl]+[F12]를 눌러 동영상 렌더링합니다.

CHAPTER 17. AI 모션 캡처 데이터 활용하기

09·2 렌더링이 완료된 후 저장경로로 지정했던 폴더를 열고 mp4 동영상을 실행해보면 다음과 같이 잘 재생되는 것을 확인할 수 있습니다. Ctrl + S 를 눌러 프로젝트를 저장합니다.

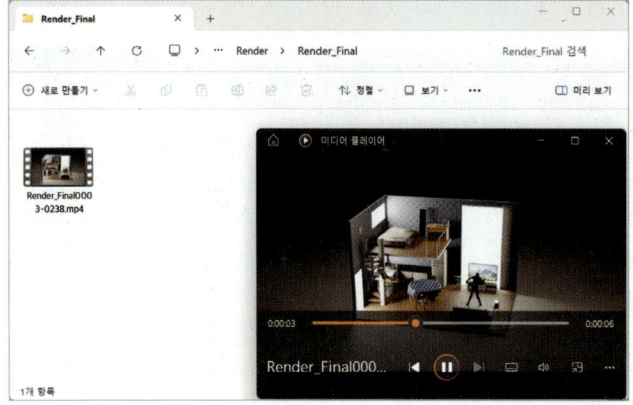